住居の
賃貸借の終了と
利益の比較衡量

ドイツ裁判例研究からの模索

田中英司

日本評論社

はしがき

筆者は、『西南学院大学法学論集』において、「住居の賃貸借の終了をめぐる利益の比較衡量―ドイツ裁判例研究からの模索―」と題する論説を二〇一九年八月から十六回にわたって分割連載してきた（はしがき末尾の添書き参照）。本書は、それらの論説に大幅な省略・修正・割愛を加え、単行本として出版するものである。

本書『住居の賃貸借の終了と利益の比較衡量―ドイツ裁判例研究からの模索―』は、日本法の判例における借家権の存続保護に関する判断枠組み（総合判断方式・利益比較原則）は必ずしも十分に有効な判断枠組みとして機能しているとはいえない面がある（あるいは、詳細な事実の認定と結論としての判断とを結びつける理由をあまり十分に判示しなかったり、十分に判示できなかった判例が存在する）ものの、日本法における学説の理論状況は、既存の判断枠組みの再検討、さらには、再構成をどのような形で試みることができるのかという点について不明な状態にある、という問題意識にもとづいている。そして、そのような問題意識にもとづいて、本書においては、ドイツの住居使用賃借権の存続保護という法領域に関して、「二重の存続保護」の第二段階であるところのＢＧＢ五七四条における賃借人にとっての「苛酷さ」の認否をめぐる裁判例を包括的に考察することによって、賃借人にとっての「苛酷さ」をめぐる住居使用賃貸借関係の解約告知に関する裁判例の判断枠組みを明らかにするという作業を行った。

賃貸人の「自己必要」を理由とする住居使用賃貸借関係の解約告知（ＢＧＢ五七三条二項二号）に関する裁判例の判断枠組みを考察したところの拙著『住居をめぐる所有権と利用権―ドイツ裁判例研究からの模索―』（日本評論社、二〇一三年）、および、相当な経済的利用の妨げを理由とする住居使用賃貸借関係の解約告知（ＢＧＢ五七三条二項三号）に関する裁判例の判断枠組みを考察したところの拙著『住居の賃貸借と経済的利用の妨げ―ドイツ裁判例研究からの模索―』（日本評論社、二〇一九年）とあわせて、本書において、包括的な比較裁判例研究にもとづいて、賃借人にとっての「苛酷さ」をめぐる住居使用賃貸借関係の解約告知（BGB五七四条）に関する裁判例の判断枠組みを考察することによって、ようやく、ドイツの住居使用賃借権の存続保護という法領域に関して、その判断枠組みの全体像が明らかになったのである。あわせて、本書における考察によって、日本法への示唆もいくつか得られた、と考えられるのである。

今後の課題としては、さしあたり、すでに筆者の既存の研究において考察した裁判例、ならびに、今後の筆者の研究において考察する裁判例を振り返ることによって、賃貸借における「協力関係」という理念の機能をより明確に整理・考察することが残されている。

ところで、本書の研究の素材となったドイツの判例集の収集については、二〇一四年九月から二〇一五年八月までの期間において、ドイツ連邦共和国ベルリン自由大学法学部で行った在外研究に依拠している。日曜日の午後、あらかじめ予約しておいた膨大な資料を図書室で受け取り、確認・複写に明け暮れた日々が思い起こされる。

最後に、多くの諸先生の学恩に感謝しなければならないが、今回は、学部のときの演習を通してご指導いただいたところの今は亡き金山正信先生を挙げさせていただきたい。今回十六回にわたる原論文の執筆の過程において迷いが生じることが多々あったが、そのたびに、「おのが道を歩みなさい」、という先生のお言葉が思い起こされた（ちなみに先生のゼミの卒業生の会は「おのが会」と呼ばれる）。心からの感謝をもって本書を金山正信先生にささげさせていただきたい。

二〇二五年一月

田中英司

［添書き］

本書の元となった『西南学院大学法学論集』における筆者の原論文は、次のとおりである。

「住居の賃貸借の終了をめぐる利益の比較衡量――ドイツ裁判例研究からの模索――」

（一）五二巻一号（二〇一九年）三三七頁以下。
（二）五二巻三・四合併号（二〇二〇年）一〇三頁以下。
（三）五三巻一号（二〇二〇年）一九七頁以下。
（四）五三巻四号（二〇二一年）三二七頁以下。
（五）五四巻一号（二〇二一年）一九七頁以下。
（六）五四巻二号（二〇二二年）一六九頁以下。
（七）五四巻三・四合併号（二〇二二年）三一一頁以下。
（八）五五巻一号（二〇二二年）一二九頁以下。
（九）五五巻二号（二〇二二年）一四七頁以下。
（十）五五巻三号（二〇二三年）一三一頁以下。
（十一）五五巻四号（二〇二三年）七九頁以下。
（十二）五六巻一・二合併号（二〇二三年）一四五頁以下。
（十三）五六巻三号（二〇二三年）九九頁以下。
（十四）五六巻四号（二〇二四年）一七五頁以下。
（十五）五七巻一号（二〇二四年）一一三頁以下。
（十六・完）五七巻二号（二〇二四年）九九頁以下。

『住居の賃貸借の終了と利益の比較衡量——ドイツ裁判例研究からの模索——』◆目 次

I

◆

序説

1　本書の位置づけ

(1)　借地借家法二八条は、建物の賃貸人による更新拒絶の通知または建物の賃貸借の解約申入れは、「建物の賃貸人及び賃借人……が建物の使用を必要とする事情のほか、建物の賃貸借に関する従前の経過、建物の利用状況及び建物の現況並びに建物の賃貸人が建物の明渡しの条件として又は建物の明渡しと引換えに建物の賃借人に対して財産上の給付をする旨の申出をした場合におけるその申出を考慮して、正当の事由があると認められる場合でなければ、することができない」、と規定する。借地借家法二八条において法文化されたと理解されるところの判断枠組みは、総合判断方式・利益比較原則と呼ばれる。この判断枠組みにおいては、賃貸人の更新拒絶の通知または解約申入れに必要とされるところの正当事由の認否の判断にあたって、賃貸人および賃借人が建物の使用を必要とする事情のほか、諸般の事情が比較衡量され、総合的に判断されることになる。

日本法における借家権の存続保護に関する判断枠組みは、第二次世界大戦中の大審院判決にはじまり、一九五〇年代に判例法理として確立された[1]。判例法理の確立の後、この判断枠組みについては、財産上の給付の申出の取扱いの点を除くと、大きな変化ないし展開はみられない状況にある。しかし、この判断枠組みが十分に有効な判断枠組みとして機能しているのかといえば、必ずしもそうとはいえない面がある。日本法の判例においては、賃貸人と賃借人の双方の側の事情について詳細な事実の認定が行われるが、しかし、詳細な事実の認定と結論としての判断とを結びつける理由をあまり十分に判示しなかったり、十分に判示できなかった判例が存在する。それにもかかわらず、日本法における学説の理論状況は、既存の判断枠組みの再検討、さらには、再構成をどのような形で試みることができるのかという点について不明な状態にある、といえよう。

(2)　これに対して、ドイツ法においては、わが国の居住を目的とする借家権に対応する住居使用賃借権の存続保護に関して、ドイツ民法典（以下、ＢＧＢ）の二つの規定を柱とする「二重の存続保護」という法的仕組みが存在する。ごく簡潔に述べるならば[2]、「二重の存続保護」という法的仕組みにおいては、期間の定めのない住居使用賃貸借関係(3)が賃貸人の通常の解約告知によって終了するためには、第一に、BGB五七三条における賃貸人の「正当な利益」が肯定され、第二に、BGB五七四条における賃借人にとっての「苛酷さ」が否定されなければならない。したがって、ドイツ法においては、住居使用賃貸借関係の終了にあたって、二段階の法的判断が必要とされる。

「二重の存続保護」という法的仕組みにおいて中核的な役割を担っているのは、BGB五七三条であり、BGB五七四条は、今日、補充的な機能のみを有している、と理解されている。したがって、住居使用賃貸借関係の終了にあたって、より重要となる法的判断は、第一段階における賃貸人の「正当な利益」の認否をめぐる法的判断となる。そして、第一段階における賃貸人の「正当な利益」の認否をめぐる法的判断においては、もっぱら、賃貸人の利益のみが基準とされる。第一段階においては、自己の生活の中心点を維持するという賃借人の一般的な利益だけは考慮されるものの、賃借人の個別的・具体的な利益との比較衡量は行われない。賃借人の個別的・具体的な利益は、第二段階における賃借人にとっての「苛酷さ」の認否をめぐる法的判断においてはじめて考慮されることになる。

(3)　ドイツの住居使用賃借権の存続保護に関する現行法の条文の仕組みの概観は、以上のとおりである。しかし、現行法の条文の仕組みを押さえるだけでは、ドイツの住居使用賃借権の存続保護がどのような判断枠組みのもとで機能しているのかという点は明らかにならない。さらに、「二重の存続保護」という法的仕組みには、かなり長い立法の展開過程が反映しているが、その立法の展開過程を考察しても、その点を解明することはできない。必要とされる作業は、ドイツの住居使用賃借権の存続保護という法領域に関して、包括的な比較裁判例研究を行うことである。ドイツの裁判例の包括的な研究によってはじめて、ドイツの住居使用賃借権の存続保護がどのような判断枠組みのもとで機能しているのかという点を実証的に明らかにすることができるのである。

従来、わが国においては、借家権の存続保護という法領域に限らず、借家権をめぐる法領域全般に関しても、包括的な比較裁判例研究は行われてこなかった。これに対して、筆者は、近時、ドイツの住居使用賃借権の存続保護という法領域に関して、ドイツの裁判例を包括的に考察する作業を行っている。すなわち、第一に、賃貸人の「自己必要」（BGB五七三条二項二号）を理由とする住居使用賃貸借関係の解約告知に関する裁判例の判断枠組みを考察する作業(4)、第二に、相当な経済的利用の妨げ（BGB五七三条二項三号）を理由とする住居使用賃貸借関係の解約告知に関する裁判例の判断枠組みを考察する作業(5)である。

しかし、ドイツの住居使用賃借権の存続保護という法領域に関して、ドイツ法における判断枠組みの全体像を明らかにするためには、さらに、「二重の存続保護」の第二段階であるところのBGB五七四条における賃借人にとっての「苛酷さ」をめぐる裁判例を包括的に考察することが必要である。BGB五七四条における賃借人にとっての「苛酷さ」の認否をめぐる裁判例を包括的に考察することによって、筆者がこれまで継続してきたドイツの裁判例の包括的な比較裁判例研究とあわせて、ドイツの住居使用賃借権の存続保護という法領域に関して、判断枠組みの全体像を明らかにすることができるのである。そして、本書は、賃借人にとっての「苛酷さ」をめぐる住居使用賃貸借関係の解約告知に関する裁判例の判断枠組みを明らかにしようとするものである。

すでに述べたように、賃貸人の利益と対立するところの賃借人の個別的・具体的な利益は、住居使用賃貸借関係の終了をめぐる法的判断がBGB五七四条における賃借人にとっての「苛酷さ」をめぐる法的判断の段階に及ぶときに、はじめて法的な効果を展開する。BGB五七四条においてはじめて、個々の事案における賃貸人と賃借人の諸々の利益の包括的な比較衡量が行われるのである。したがって、本書は、個々の事案における賃貸人と賃借人の諸々の利益の包括的な比較衡量の実体を明らかにするものでもある。

本書における考察が完結し、筆者の既存の比較裁判例研究における考察とあわせて、ドイツの住居使用賃借権の存続保護に関する判断枠組みの全体像が明らかになるとき、わが国における借家権の存続保護に関する判断枠組みを実質的に比較検討することもまた、可能になる。そして、そのような作業を通して、わが国における借家権の存続保護に関する判断枠組みの再構成についても示唆が得られ、日本法における判断枠組みの再構成を模索することが可能になるのである。

2　関連するＢＧＢの規定等の確認

(1)　以上のように、本書は、賃借人にとっての「苛酷さ」をめぐる住居使用賃貸借関係の解約告知に関する裁判例、すなわち、ＢＧＢ五七四条の解釈・適用に関する裁判例を具体的な考察の対象とするが、裁判例の具体的な考察に入る前に、関連するＢＧＢの規定等を確認しておくことが必要であろう。そこで、ここでは、主たる注釈書および体系書(6)を参照しつつ、さらには、筆者の既存の研究にも依拠して、必要な限りにおいてのみ、関連するＢＧＢの規定等を確認しておきたい。

(2)　ＢＧＢ五七三条一項一文は、「賃貸人は、その賃貸借関係の終了について、正当な利益を有するときにのみ、解約告知することができる」、と規定する。賃貸人の「正当な利益」という概念は、不確定・不特定な概念であるため、ＢＧＢ五七三条二項は、住居使用賃貸借関係の終了についての賃貸人の「正当な利益」にあたる場合を具体的・明確に規定上の例示をもって列挙している。このうち、本書において考察する大部分の裁判例にかかわるＢＧＢの例示規定は、「賃貸人が、自己、その家族構成員、または、その世帯構成員のために、それらの空間を住居として必要とする場合」（ＢＧＢ五七三条二項二号）、および、「賃貸人が、その賃貸借関係の継続によって、その土地・建物の相当な経済的利用について妨げられ、それによって、著しい不利益を被る場合」（ＢＧＢ五七三条二項三号）である。

住居使用賃貸借関係の終了についての賃貸人の「正当な利益」が欠けていた場合には、賃貸人の解約告知は無効であり、その使用賃貸借関係は継続される。そして、そのような場合には、もはやＢＧＢ五七四条の適用は問題とならない。ＢＧＢ五七四条にもとづく賃借人の異議申立権は、賃貸人の解約告知が有効であることを前提とするのである(7)。

(3)　しかし、たとえ賃貸人の解約告知が有効であるとしても、ＢＧＢ五七四条一項一文によると、「賃借人は、その賃貸借関係の終了が、賃借人、その家族、または、その世帯の他の構成員にとって、賃貸人の正当な利益を評価しても正当化されることができないところの苛酷さを意味するときには、賃貸人の解約告知に異議を述べ、賃貸人にその賃貸借関係の継続を請求することができる」。

ＢＧＢ五七四条は、二〇〇一年法改正前のＢＧＢ旧五五六ａ条（いわゆる「社会的条項」）に対応する規定であるが、ＢＧＢにおける社会的な使用賃貸借法(8)の核心に属する規定である、とも理解されている。住居の賃借人は、その使用賃貸借関係の終了が「賃貸人の正当な利益を評価しても正当化されることができないところの苛酷さを意味するときには」、賃貸人の解約告知に異議を述べ、その使用賃貸借関係が継続されることを請求する権利を有する。住居に関する使用賃貸借関係においては、その他の債務関係とは異なって、特別な種類の苛酷さが現れうる。ＢＧＢ五七四条の目的は、その使用賃貸借関係の終了のために場合によっては起こりうるところの、賃借人、その家族、または、その世帯の他の構成員の社会的な窮境を可能な限り回避することである。

その使用賃貸借関係の終了において賃借人の側に存在するところの苛酷さは、ＢＧＢ五七四条一項一文にしたがって、賃貸人の正当な利益を評価しても正当化されることができないものでなければならない。ＢＧＢ五七四条は、賃借人にとっての苛酷さが正当化されることができない場合にのみ、賃貸人の解約告知権を制限するのである。したがって、具体的な個々の事案において賃借人の側に存在するところの苛酷さについての理由が、その使用賃貸借関係の終了についての賃貸人の正当な利益に対して比較衡量されなければならないことになる。契約当事者の個人的な諸関係を考慮に入れて行われなければならないところの、個々の事案に関連づけられた利益の比較衡量が必要である。ＢＧＢの体系によると、ＢＧＢ五七三条がもっぱら契約の終了についての賃貸人の利益を考慮に入れているのに対して、ＢＧＢ五七四条の枠組みにおいてはじめて、その使用賃貸借関係の継続についての賃借人の個別的・具体的な利益が、正当に評価され、賃貸人の側と賃借人の側における具体的な利益の比較衡量に取り入れられるのである。ただし、ＢＧＢは、賃借人の個別的な苛酷さについての理由につき、五七四条二項において、「相当な代替住居が要求できる条件で調達されることができない場合にも、苛酷さが存在する」ことだけを明確に規定している。

賃貸人の正当な利益と賃借人にとっての苛酷さとの比較衡量においては、言い換えるならば、賃借人の存続についての利益が、賃貸人の取戻しについての利益と関連づけられなければならないことになる。その使用賃貸借関係の終了が賃借人にとってどのような影響を有するのかという点、および、その使用賃貸借関係の継続が賃貸人にどのような影響をもたらすのかという点が問われなければならない。そして、賃貸人と賃借人の利益の比較衡量においては、基本法の価値決定（Die Wertentscheidungen des Grundgesetzes）が考慮に入れられなければならないことになるのである。

一方、ＢＧＢ五七四ｂ条は、賃借人の異議についての形式および期間について規定する。特に、賃借人の異議は、ＢＧＢ五七四ｂ条一項一文にしたがって、書面によって表明されなければならない。賃借人は、ＢＧＢ五七四ａ条一項一文にしたがって、「その賃貸借関係が、すべての事情を考慮に入れて相当である限り、継続されることを請求することができる」。その場合に、ＢＧＢ五七四ａ条一項二文にしたがって、「その賃貸借関係をこれまでの契約条件で継続することが賃貸人に要求されることができないときには、賃借人は、その賃貸借関係が条件の相当な変更のもとで継続されることのみを請求することができる」。さらに、当事者がその使用賃貸借関係の継続または条件の変更について一致しないときには、ＢＧＢ五七四ａ条二項一文にしたがって、「その賃貸借関係の継続、その期間、ならびに……条件は、判決によって定められる」ことになる。ＢＧＢ五七四ａ条二項二文にしたがって、一定の場合には、「その賃貸借関係は期間の定めなく継続されることが定められうる」。

賃貸人の解約告知に対する賃借人の異議申立ては、住居に関する使用賃貸借関係が問題であることを前提とする。ＢＧＢ五七四条は、住居に関する使用賃貸借関係においてのみ妥当し、これに対して、事業用空間の使用賃貸借関係には妥当しない。

なお、ＢＧＢ五七四条は、同条四項にもとづいて、片面的強行規定である。

(4)　本書における裁判例の具体的な考察に関連するところのＢＧＢ以外の規定としては、民事訴訟法の規定が問題となることがある。特に、民事訴訟法七二一条にしたがって、住居の明渡しを義務づけられた賃借人に執行裁判所によって相当な明渡期間が認められる場合がある（明渡判決の強制執行の枠組みにおける「明渡しからの保護」）。さらに、賃借人の最後の手段として、民事訴訟法七六五ａ条にしたがって、厳格な要件のもとで、「執行からの保護」が問題となることもある。

3 日本法の判例における判断枠組みの確認

(1) 本書は、ドイツの住居使用賃借権の存続保護という法領域に関する筆者の包括的な比較裁判例研究のひとつに位置づけられる。したがって、比較という観点から、ドイツの裁判例の考察に入る前に、日本法の判例における借家権の存続保護に関する判断枠組み（総合判断方式・利益比較原則）を確認しておくことも必要であろう。そこで、ここでは、日本法の判例における借家権の存続保護に関する判断枠組みを確立したと考えられるところの、一九五〇年代の二つの判例を確認しておきたい(9)。

(2) 第一に、最二判昭和二五年二月一四日民集四巻二号二九頁をみておきたい（なお、以下の判例の考察に際しては、原告・被告等の表記をアルファベットに変更して示す場合がある。また、「……」は引用者による省略である）。

［事案の概要と経緯］

Aは、本件建物一と本件建物二を所有していたが、本件建物一をY_1に、本件建物二をY_2に、いずれも期間の定めなく賃貸した。Aは、昭和二一年に財産税納入の資金に充てるため本件建物二棟を売却することを決意し、まずY_1にその買受を交渉したがY_1が応じなかったため、本件建物二棟を一括してXに売り渡すこととした。Aは、昭和二一年八月に、Y_1・Y_2に対して、各々、賃貸借の解約申入れをなしたうえで、昭和二一年一〇月に、本件建物二棟をXに譲渡した。Xは、英国籍を有するインド人であるが、自己の住居、ならびに、インド同胞の集会宿泊の用に供するという目的をもって、本件建物二棟を買い受けた。Xは、本件建物二棟を買い受けた後、改めて、Y_1・Y_2に対して、各々、賃貸借の解約申入れをなし、さらに、昭和二一年一一月に本件建物二棟の所有権移転登記を経由した後にも、何度か、Y_1・Y_2に対して、各々、賃貸借の解約申入れをした。最後の解約申入れは、昭和二二年二月七日付であった。Xは、明渡しに応じなかったY_1・Y_2に対して、各々、本件建物の明渡しを求めて提訴した。第一審はXの請求を棄却したため、Xが控訴した。

原審は、本件解約申入れ（昭和二二年二月七日付）の当否を判断するにあたって、はじめに、旧借家法一条ノ二(10)

の解釈について、次のように論じた。

「もともと借家法は借家人保護のため制定せられた法律であって、解約申入については、猶予期間（告知期間）を民法所定の三月に対し六月に延長したに止まったが、その後漸く住宅難が深刻になるに伴ない、賃借人が賃貸人の恣意によってたやすくその居宅を失わしめられるのを防ぐため、法律を改正して、解約申入に条件をつけこれを制限したのが右法条であって、これによっても、いやしくも賃貸人に賃貸家屋を自ら使用することを必要とする事情の認められる限り、その必要の如何を問わず、正当の事由ある場合として賃貸借を終了せしめて差し支えないようにみえる。

しかしながら、これはあまり文言に捉われた解釈であって、現在のような言語に絶した異常な住宅難の時代には、右正当性の認定をより厳格に解し、よくよくの必要がなければ解約の申入ができないとなすのが正当であって、右正当性の存否を認定するにあたっては、衡平の精神に則って、ひとり賃貸人及び賃借人双方の利害得失を比較考量するばかりでなく、争議発生以来の双方の行動を吟味し、果して信義則に従い誠実に争議の解決に努力したかどうかをも参酌し、さらに、一般の社会情勢その他各般の事情をにらみあわせるとともに、公共の福祉ないし大衆の便益という観点からもながめて、判断すべきであって、けだし、このことは、何人にも異論のないところであろうと思う」。

次に、原審は、X（賃貸人）およびY_1・Y_2（賃借人）双方の側の事情について、詳細な事実の認定を行った。

すなわち、一方において、X（賃貸人）の側の事情についての事実の認定は、次のようであった。

第一に、Xが本件建物二棟をAから買い受けるに至った事情について、次のように認定された。

「Xはインド人であって、昭和一一年以来日本に住み、輸出入商を営んでいるものであるが、かねてから、阪神地方在住のインド人同胞が、貿易その他の用務を帯びて上京しても、適当な宿舎がないため宿泊に困難しているのを見て、これが施設を計画していたところ、たまたまAが財産税納入の資金を調達するため本件第一、第二の建物を売りに出したので、これを廊下でつないで一つとし、右宿泊並びに在京インド人の集会の場所に提供する傍ら自分も住むつもりで、二軒とも買受け、すぐ明渡して貰えるものと思って『ニッポンタイムズ』紙上に数回右施設開設の旨広告を出した」。

第二に、Xが開設しようとしている施設は、営利を目的とするものではなく、いわば私人が設けた公共的施設というべきものであり、Xの計画を知った在日インド人がその施設の開設を待ち望んでいるという事実が認定された。

第三に、Xの使用目的に適う建物は本件建物二棟以外に存在しなかったという事実について、「Xは、現在本件家屋以外、なお肩書住所並びに東京都北多摩郡三鷹町……に住宅を、及び同都中央区……に店舗を所有し、本件解約申入当時には、その外新宿区……に店舗を所有していたが、肩書住所所在の住宅は都心を遠くはなれ、三鷹町所在の住宅は後記のようにY_2のため移転場所として予定せられ、又その他の建物は住居に不向きな店舗であって、しかも新宿区……所在の建物は現在既に売却され、以上いずれもその位置構造面積等からみて前記目的に使用するには不適当であり、本件建物を措いて他にこれに代るべき格好の建物のない……」、と認定された。

第四に、本件建物二棟の前所有者であったAの態様、および、Xの態様、特に、XがY_1・Y_2のために代替住居を提供した事実について、次のように認定された。

「前所有者Aは、本件家屋売却前、賃借人の迷惑を考慮して、訴外Bを代理としてまずY_1に対し、売却理由を告げてその賃借家屋の買受方を求めたが、値段の関係で同人の応ずるところとならなかったので、止むなくXに売却するにいたったもので、これがためあらかじめ昭和二一年八月頃から右家屋の明渡を求め、一方Xは、容易に明渡を受け得るものと信じて本件家屋を買受けたものであるが、Y_1・Y_2等の移転先のないのに同情し、わざわざ当時X等の妻や母等が住んでいた前記三鷹町所在の住宅を明けてY_1に提供し、右母等はX方にひきとったが、Y_1は遠いといって移らず、現在は、Y_1が後記認定のように家屋を所有するにいたったため、専らY_2のため、移転場所に予定して、その儘あけてあり、若しY_2が希望するならば、何時でも移り住み得る状態にしてある事実を認めることができ、Y_1・Y_2等の提出援用するすべての証拠によるもまだ右認定を左右するに足らない」。

他方において、Y_1・Y_2（賃借人）の側の事情についての事実の認定は、次のようであった。

まず、Y_1の側の事情について、次のように事実の認定が行われた。

「Y_1は、昭和九年中本件第一の建物を賃借して以来、引きつづき同所に居住し、硝子製医療器具製造業を営んでいた事実が認められる。そしてその間Y_1に賃貸人の信頼を裏切るような所為その他賃貸借関係の存続を困難ならしめるような事情の存することは、Xの主張しないところであり、又これを認むべき証拠もない。しかしながら……Y_1は、現在東京都文京区……に住宅を所有していて、（右事実はY_1も認めるところである。）Y_1の妻の姉婿にあたる訴外C及びその娘の外Y_1の妻並びに娘の四名が居住し、本件第一の建物には、Y_1その娘及び親族の娘二人の四名が居住している事実、右建物は昭和二二年一〇月頃Y_1が金八万余円を投じて新築したもので、建坪一五坪、六畳六畳四畳半二畳の四間あり、Y_1は、本件家屋に居住する権利あることを確信するが故に、格別自己のため家屋を新築し借家借間を探す等のことをなさず、右家屋もCのため住居を提供する意味において建築したものである事実、並びに従前本件家屋の一部を工場として使用していたが、昭和一九年以降は殆ど専ら住宅として使用し、その後も一時階下の一部を工場として使用した事実はあるが、単に臨時使用したに止まり移転するとしても、営業には何等支障のない事実を認めることができる」。

次に、Y_2の側の事情について、次のように事実の認定が行われた。

「Y_2は、昭和七年中本件第二の家屋を賃借して以来、引きつづき同所に居住し、同所を事務所として弁護士業務に従事している事実、昭和二〇年四月一三日の空襲当時には、Y_2等は率先して防火に努め、漸く本件家屋の焼失を免れた事実並びに、現に右家屋には同人の家族四名外女中一名計五名が居住している事実を認めることができる。しかしながら、本件借家争議勃発以来、Y_2は、自己の権利を衛るに急にして、他に移転先を探す等のことについては、格別努力したという証拠はない」。

さらに、原審は、当時の住宅をめぐる状況について、「東京都においては、罹災戸数もおびただしい数にのぼり、しかも復興は遅々としてすすまず、未曽有の住宅難時代を現出し、一朝一夕に住宅を得ることのできないことは、公知の事実である」ことも認定した。

そのうえで、原審は、本件解約申入れは正当の事由にもとづく有効なものであり、Xの本訴請求は正当として認容すべきものである、と結論を述べたが、そのように判断した理由について、原審は、次のように論じたのである。

「本件において、Y_1・Y_2が、何等責むべき事情もないのに、永年すみなれたその住居を失い、殊にY_2にあってはその弁護士として永年使用した事務所をも失い、業務上多大の支障を来すことは、本人等にとって堪えがたいところであろう。されば、単にXが本件家屋を自己の住居に使用するつもりで、現在肩書住所に居宅を有しながら、本件解約申入に及んだというならば、それは正当の事由のないものとしてこれに左袒すべきではないであろう。しかしながら、Xの本件家屋使用の主たる目的は、多数の在日インド人のため宿泊並びに集会の場所を提供せんとするにあるのである。現在いかにこれ等インド人が宿泊に困難をし、かかる施設の開設を翹望しているかを思うとき、又これ等インド人の多くが貿易業者であって、日本再建に関係深き人々であり、本来日本としてもかかる施設の開設に関心をもたなければならないことを考えるとき、かかる施設が一私人の計画になることを以て、一私人の酔狂事とみなすことは、あまり酷であり、かつ無智であるというべく、場合によってはこれによって被る個人の損害は多衆の利益のため容認しなければならないであろう。しかも、Y_1・Y_2が移転先を求める等争議の解決について積極的に努力せず、Y_1にいたっては、自己が明渡を求められているのに、他人のため家屋を建築したりしているのに反し、Xは、ともかくも、Y_1・Y_2の移転先のないのに同情し、これを提供せんとしているのである。さらに本件争議勃発以来既に二年有余を経ている事実に思いをいたすとき、若し当初から努力していたならば適当な移転先が発見せられたかも知れないとも思われるのである。或はY_1・Y_2は本件解約申入は絶対に無効で、従って本件家屋を明渡す必要がないと確信したため、かかる努力をしなかったのかも知れないが、有効無効は裁判所の判断すべき事項で、相手方の主張に多少でもきくべきことのあるときは、争議の円満な解決のためまず努力すべきである。……以上推論するときは、Y_1・Y_2は事情まことに同情すべき点あるも、結局多数の利益のために譲るべきであって、即ち、前認定にかかる諸事情を総合するときは、本件解約申入は正に正当の事由ある場合と認むべきである。……本件においては、その使用目的を相当と認め、その必要限度はY_1・Y_2のそれにまさるものとして、正当の事由あるものとし、その後の事実は唯これを補強する意味において説明したのにすぎない……」。

原審は、右のように、①Xの本件建物二棟の使用目的は、単にXの居住目的だけにとどまることなく、その主たる使用目的は、一私人の利益を越えた多数の在日インド人の利益のために宿泊ならびに集会の場所を提供しようとする点にあったのであり、Xの本件建物二棟の使用の必要性は、Y_1・Y_2のそれを凌駕していたこと、②Y_1・Y_2が代替住居の調達について何ら努力していなかったのに対して、Xは、Y_1・Y_2の移転先のないことに同情し、代替住居を提供しようとしていたこと、③当初の解約申入れから二年あまりが経過していたため、もし当初からY_1・Y_2が代替住居の調達に努力していたならば、代替住居が確保できたかもしれないこと等を考慮したのである。なお、原審は、①の事情が正当事由の主たる判断要素であり、それ以外の事情は補強的な判断要素にとどまることをも明確にした。

これに対して、Y_1・Y_2は上告した。

［判決理由］

本判決は、結論として、Y_1・Y_2の上告を棄却した。

そのように判断した理由について、本判決は、次のように論じたのである。

「借家法第一条の二の規定は本来何等正当の理由がないのに、賃料値上げ其他家主の単なる私欲の為めに借家人の住居の安定が侵されることを防止する為めに設けられた規定である。……其故法文には『自ら使用することを必要とする場合其他』云々と書いてあって、当初は『自ら使用する』場合は絶対理由と解されて居たのである。しかし其後漸く住宅難が烈しくなるに従い『正当理由』は借家人の事情をも考慮し双者必要の程度を比較考慮して決しなければいけないと解されるに至り、住宅難の度が増すにつれ右の比較において漸次借家人の方に重さが加わり家主の請求が容易に認められなくなって来たけれども、立法本来の趣旨は前記の様なものである。其故本件において原審が認定した様なXの明渡請求事由はXの側だけについて考えれば正当の事由といい得べきこと勿論である。これに対して考えるべきY_1・Y_2側の事情は第一に住宅難であり、容易に移転し行くべき家が得られないということである。目下の住宅難は顕著な事実であるから其事はYにおいて証明することを要しない。しかしそれだからといって絶対に住宅が得られないというわけではない。親戚、友人等の関係から案外容易に得られた例もないわけではない。其故前記の如くXの側に一応正当の理由が存する以上Y_1・Y_2の方でも互譲の精神を以て家を捜がす努力ぐらいはしなければならない。いくら住宅難だからといってそれだけで捜しもしないでがんばっているのはいけない。十分努力して捜したけれども移転すべき家を見出し得なかったという事情であるならば、そのこととXの明渡請求事由とを比較して見て或はY_1・Y_2の拒絶が正当と見られるに至るかも知れない。しかし原審の認定した処によるとXはともかくY_1・Y_2の移転すべき家を提供し今日なお空けてあるに拘わらずY_1・Y_2はこれに一顧も与えず、既に二ヵ年の日時を経過して居るのに其間家を捜す等の努力をした形跡は少しも認めれないというのである。原審はこれ等の事実を参酌した上、それではXの請求を拒絶し得ないものと判定したのであって此判定を違法とすることは出来ない。Xは他に家を持って居たというけれども原審の認定した処によれば其れ等の家は位置、構造等から見てXが本件家屋の明渡を求むる目的には添わないものであるというのだからこれを以てXの請求に正当理由なしとすることは出来ない」。

本判決は、右のように、Xは代替住居をY_1・Y_2に提供し、その代替住居を今日なお空けたままにしていたのに対して、Y_1・Y_2は、その代替住居に一顧も与えず、すでに二年の日時が経過していたにもかかわらず、その間代替住居調達等の努力をした形跡は少しも認められなかったという事実を重要視して、Xの本件解約申入れに正当事由を認め、Xの明渡請求を認容したのである。しかし、本判決は、原審の判断を是認したのであろうが、正当事由の主たる判断要素であるところの賃貸人および賃借人が建物の使用を必要とする事情にかかわる比較衡量について、特に触れることがなかった。この点は、大変気になるところである。この最後の点に関して、本判決の長谷川裁判官の少数意見は傾聴に値すると考えられる。

すなわち、長谷川裁判官の少数意見は、結論として、「原判決は……漫然たる概念にとらわれ本件家屋の明渡しを受けることができない為め被るべきXの損害と明渡すことによって被るべきY_1・Y_2の損害との比較衡量について何人も納得し得る程度の判断を示さないで本件解約申入は正当であると判示したことは正に借家法第一条の二の正当の事由の解釈を誤ったものである」、と論じた。

そのように判断した理由について、長谷川裁判官の少数意見は、次のように論じたのである。

「原判決は……現在居住している家屋の外数個の家屋を所有し且つ新たに家屋を建築して之れを売却などしているXが、本件家屋を買受けた目的はX自ら居住する為めではなく、貿易業に従事する在日インド人が上京の際宿泊したり集会したりする為めの便益に供する為めであるという理由を以てXの為した本件家屋賃貸借の解約申入れは正当の事由によるものと判断したのである。しかし、原判決の所謂インド人というのはどれだけ多数なのか、又如何なる実績をあげて日本再建の為め如何なる貢献をなし得るのか、また本邦人が宿泊集会をなすに不便を感じている程度と之等インド人のそれとはどんなに差異があるのか、又本件家屋をXの企図している集会宿泊の便益に供することができない為めXの被るべき損害はどれだけであるのか、原判決によっては知ることができない。Xが個人事業としてかかる貿易業者の便益を計ることは誠に結構なことであり、之れを助長してやりたいと言う感じは何人も持っているところであろう。しかし、これと同時に借家人としての義務を怠ることなく原判決の所謂『何等責むべき事情もない』Y_1・Y_2の住居の安定を計り、それぞれ家業に専念せしめることもまた日本再建の為め重要なことであるといわなければならない。Xの企図するような施設は、国家又は地方自治体として達成せしめる途もあり必ずしもXの企図した施設によらなければならないとはいい得ないばかりでなく、又Xの企図した施設を達成せしめない為めに如何なる程度に原判決の所謂多衆の利益を害するのか極めて明確でない。Xが企図した目的を達成し得ないことはXにとっては残念なことであろうが、X自ら営利の為めではなく、また自らの住宅にするのでもないと主張しているのであるからX自らの生活に重大な困難を来すほど切実な問題ではないようである。これに反してY_1・Y_2にとっては未曽有の家屋不足の今日、移転先の家屋を探し求めることは事実上、経済上容易なことではなく、ほとんど不可能に近い状態であり、又家屋を新築することは豊かな資力のあるものでなければ不可能であるという事情のもとにおいて、多年住みなれた本件家屋を明渡すことは、生活上切実な苦痛と損害が伴うことであろう。然るに原判決は漫然多衆の利益の為めにはY_1・Y_2は個人の損失を忍んで本件家屋を明渡すべきであると断じたことは未だ充分其審理をつくさず、其実体を明らかならしめざる概念に基づいて本件賃貸借解約申入の当否を決したものであるというそしりをまぬかれない。

およそ賃貸借解約申入れが正当の理由によるものであるか否かは、諸般の事情を参酌して決すべきこと勿論であるから、本件家屋は如何なる用途に向けられるのか、明渡しを求められた借家人が明渡要求は不当であると主張してひたむきに借家人の権利を主張し続け、訴訟が起きてから二年余も経過したにかかわらず、移転先を探し求める等の事をしないという事実（本件第一審においてはXの解約申入れは正当の事由によるものでないと認定してX敗訴の判決を言渡している）及び借家人が移転先を探し求める間家屋所有者において借家人に対し他の家屋を一時使用せしめる意思をもっていたという事実（本件においてはXはYが移転先の家屋を求めるための期間として六ヵ月だけX所有の他の家屋をYに一時使用せしめる意思を有していたようである）もまた解約申入れが正当の事由によるものであるか否かを決する資料に供すべきであろう。しかし右の如き事実は、畢竟一の参考資料にすぎないものであって、当否を決するには専ら明渡しを為すことによって被る借家人の損害と明渡しを受け得ない為めに被る賃貸人の損害について、比較検討をとげ、何人も納得し得る理由に基かなければ……借家法数次の改正の趣旨に鑑みて同法の精神にもそわないといわなければならない」。

(3)　第二に、最二判昭和二五年六月一六日民集四巻六号二二七頁をみておきたい。

［事案の概要と経緯］

Yは、Aから、Aが所有する本件居宅（二階建）およびその付属家屋（平屋建）を賃借し居住していたところ、Xは、右事実を知りながら昭和二二年六月七日に、自ら使用する目的で、Aから本件居宅およびその付属家屋を買い受け、同日所有権移転登記をして賃貸人の地位を承継した。Xは、同月一〇日頃、Yに対して、本件賃貸借の解約の申入れをしたうえで、本件居宅およびその付属家屋の明渡しを求めて提訴した。

第一審は、Yは、Xに対して、本件居宅のうち階下食堂向かい側の事務室一部屋を明け渡し、かつ、その炊事場等を共同に使用させなければならないと命じたほか、Xのそれ以外の請求を棄却した。これに対して、XとYは控訴した。

原審は、本件解約申入れについて旧借家法一条ノ二に規定されたところの正当の事由があるか否かを判断するにあたって、はじめに、「住宅不足の著しい状況のなお解消しない今日において、他人が賃借居住中であることを知りながらその家屋を買い受けた者は、たとえ自らこれを使用する必要があっても、その賃借人に明渡を求めても酷でないというような特別の事情がない限り、正当の事由があるものとはいえない」、と述べた。

次に、原審は、X（賃貸人）およびY（賃借人）双方の側の事情について、事実の認定を行った。

すなわち、一方において、X（賃貸人）の側の事情についての事実の認定は、次のようであった。

「Xは終戦後単身で住む家がなく一時友人宅に同居していたが、自ら使用する目的で本件居宅及びその付属家屋を買い受け、その後Yに本件居宅のうち二室程の明渡方を交渉したが拒絶せられ、又付属家屋に二階を増築してこれに居住しようと工事に着手したが後に認定するような事情から中止し、B方の一室を借り受け居住しているが、同人からは立退を要求せられている。なおXの娘は上海にいて、日本に来てXと同居することを希望しているが当分日本に来る望みはない事実を認めることができる」。

他方において、Y（賃借人）の側の事情についての事実の認定は、次のようであった。

「Yは昭和二一年から本件居宅及び付属家屋を借り受け、Y夫婦は二階建洋風居宅の二階三室を居間、書斎兼応接室、寝室として一階のうち二室を食堂、後記両会社の事務室として使い、なお一階の炊事場、二階の便所風呂場を使用し、又Xが本件家屋を買い受ける前からYが女中兼料理人として雇っているC及びその家族五名に一階の一室と付属の平屋建居宅四畳半二室とを使用居住させておる。Yはオランダ有数の貿易商社であるD及びE両会社の日本における代表者であって、年額百万ドル以上の輸出取引に関係している。右のようなYの社会的地位からみて右家屋の使用状態は不当に余裕があるものといえない。又Yは移転するにも他に適当な家屋がない。それればかりでなくXはYが付属家屋二階増築の提案を拒絶したのに憤慨し、昭和二二年六月二九日裏木戸を破壊してY方に立ち入り大声でYの悪口をどなり同年七月二三日勝手に付属家屋の屋根に上り瓦をはいだためアメリカ官憲にその場から連行せられた。このようなことからXY間の感情の対立はその極に達しており、本来国籍従って風俗習慣を同じくせず、教養程度を異にするXをYと同一家屋内で起居をともにし炊事場便所等を共同に使用させることはYに通常同居によって受ける以上の甚しい苦痛を与えるものである事実を認めることができる」。

そのうえで、原審は、本件解約申入れについて正当の事由は認められないと判断し、Xの本訴請求は全部失当であるとして、Xの請求を棄却し、第一審判決を取り消した。

そのように判断した理由について、原審は、次のように論じたのである。

「以上に認定したXY双方側のいろいろの事情、殊にXは訴訟外で立退を要求せられているとはいえともかく一室を借り受けていること、Yは移転するにも他に適当な家屋がないこと、本件居宅及び付属家屋の使用状態は不当に余裕があるものといえないこと、Xを同居させることはYに通常以上の甚しい苦痛を与えることを比べ合せて考えるとYに本件居宅の全部はもちろんその一部を明け渡させてXと同居させることもYに酷であって、本件解約申入について正当の事由がないものと解するのを相当とする」。

しかし、Xは現在ともかく一室を賃借しているものの訴訟外でその明渡しを請求されていること、確かにXの態様には問題があったとはいえ、Xは、Yの居住にも配慮し、同居、あるいは、付属家屋を増築したうえでのそこへの入居を求めていたこと、Yが代替住居の調達についてどのような努力をしたのかという点が全く不明であるにもかかわらず、Yは移転するにも他に適当な家屋がないとだけ認定されていること等を考えるならば、原審の法的判断に説得力があるとは言い切れないように思われる。

　Xは上告したが、上告代理人の上告理由のうち、次の上告理由は注目に値すると考えられる。

「……従来借家法の解釈は借家人の一方的保護に傾いて居ましたが、現時の情勢の下においては、賃貸人なるが故に決して経済上の強者ではないのであって、借家法の規定の解釈適用も、賃貸人賃借人孰れも経済上平等の立場に在るものとし、家屋使用の必要程度も亦平等であることを前提とせねばなりません。今日の借家法は決して借家人のみを保護する法律ではなく、借家人も家主も平等にその保護を受くべきものであります。すなわち、自己使用の正当性の有無は、『賃貸人賃借人間の利害得失を比較考察するは勿論一般の社会情勢等各般の事情を斟酌』して決定すべく『明渡をえられないことによって賃貸人のうける不利益が明渡を要求されることによって賃借人のうける不利益よりも程度の大なる場合』であるかどうか等をも考慮する必要があります。しかるに、本件において、原審は単に賃借人たるYの利害のみしか考えず、『Xと同居させることもYに酷であって、本件解約申入について正当の事由がない』と断じています。仮令Xとの同居が如何にYに『酷』であろうとも、もし、同居させないことが、より以上にXに『酷』でありとするならば、家屋の絶対量の乏しい今日、互いに不自由を忍んで、乏しきを分ち合う外はないのであります。しかるに原審は、『XをYと同一家屋内で起居をともにし炊事場便所等を共同に使用させることはYに通常同居によって受ける以上の著しい苦痛を与えるものである』と為すのみで、家屋所有者たるXが、現在それ以上の苦痛を受けつつあるかどうかを、少しも考えていません。原審は借家法の『正当の事由』の解釈において、その第一歩を誤って居ります」。

［判決理由］

　しかし、本判決は、原審の確定した事実関係のもとにおいて、原審の法的判断を是認し、Xの上告を棄却した。

　そのように判断した理由について、本判決は、次のように論じたのである。

「按ずるに借家法第一条ノ二に規定する建物賃貸借解約申入の『正当の事由』は賃貸借の当事者双方の利害関係その他諸般の事情を考慮し社会通念に照し妥当と認むべき理由をいうのであってもとより賃借人側の利害のみを考慮して判定すべきものではないことは言うまでもないところである。論旨は本件において原審はY側の利害のみを考えX側の利害を考えていないから正当事由の解釈を誤っていると主張するのである。しかし原審は当事者双方の利害関係を考慮し社会通念に照し本件解約申入について正当の事由がないと判断したものであることは原判文上明らかであるから論旨はその理由がない」。

借家権の存続保護に関する判断枠組みにかかわる判例法理は傍点を付した箇所であるが、本判決が特に論じることなく原審の法的判断を是認した点は大変気になるところである。

4　考察の方法と順序

(1)　本書における考察の方法は、筆者の既存の比較裁判例研究における考察の方法と同じである。すなわち、本書もまた、最終的に、わが国における借家権の存続保護に関する判断枠組みの再構成について示唆を得て、日本法における判断枠組みの再構成を模索することを可能にするための考察を行うものである。そして、そのような目的を達成するために、本書においても、ドイツの住居使用賃借権の存続保護に関する裁判例を包括的に考察するという比較裁判例研究という方法を取る。

本書において取り扱う裁判例についても、最上級審裁判所の裁判例に限られない。下級審裁判所の裁判例をも含めて包括的に考察する。すなわち、ドイツの区裁判所、地方裁判所、上級地方裁判所、および、連邦憲法裁判所と連邦通常裁判所等の裁判例を考察する。本書において考察する裁判例は、量的にはかなりの数に達するが、考察する裁判例を選び出す作業にあたっては、ドイツの代表的な注釈書を参照した(11)。

本書は、具体的には、賃借人にとっての「苛酷さ」をめぐる住居使用賃貸借関係の解約告知に関する裁判例、すなわち、ＢＧＢ五七四条の解釈・適用に関する裁判例を考察の対象とし、どのような判断枠組みが形づくられ、法規範の解釈・適用にあたり、その判断枠組みがどのように用いられ、機能しているのかという点を明らかにしようとするものである。そして、それらの点を明らかにするために、本書においても、判決（あるいは決定）理由における一般的な論述部分（法理）のみならず、判決（あるいは決定）文全体をあとづけ、あわせて、具体的な事実との対応関係を明確にしながら考察したいと考える。さらに、具体的な利益の比較衡量においては、賃借人の側の個別的・具体的な利益に賃貸人の側の利益が対立することになるため、その点にも十分に留意して考察を進めたい。

(2) 本書における考察は、ごくおおまかに述べるならば、次のような順序で行いたい。

まず、比較衡量の前提となることがらにかかわる裁判例（Ⅱの一）から考察をはじめたい。次に、比較衡量それ自体にかかわる裁判例（Ⅱの二）を整理・考察する作業に入り、利益の比較衡量の基本的な枠組みにかかわる裁判例（Ⅱの二の1）と、具体的な利益の比較衡量に関する裁判例（Ⅱの二の2）という二つの範疇に分けて、考察を進めたい。

具体的な利益の比較衡量に関する裁判例を整理・考察する作業においては、第一に、生命・身体・健康の侵害が問題とされた事案、第二に、代替住居の調達が問題とされた事案、第三に、経済的な支出が問題とされた事案、および、第四に、その他の利益の侵害が問題とされた事案、という四つの類型に分けて、関係する裁判例を整理・考察し、最終的に、それぞれの類型の裁判例における具体的な判断の要点を整理したい。

以上のような順序で考察を進めることによって、賃借人にとっての「苛酷さ」をめぐる住居使用賃貸借関係の解約告知に関する裁判例の判断枠組みも明らかになると考えられるのである。

（1）大判昭一九・九・一八法律新報七一七号一四頁、最二判昭二五・二・一四民集四巻二号二九頁、最二判昭二五・六・一六民集四巻六号二二七頁等。佐藤岩夫「日本民法の展開（2）特別法の生成―借地・借家法」広中俊雄・星野英一編『民法典の百年Ⅰ』（有斐閣、一九九八年）二四六頁。

（2）特に、拙著『住居をめぐる所有権と利用権―ドイツ裁判例研究からの模索―』（日本評論社、二〇一三年）七―一〇頁参照。

（3）より正確に述べるならば、初めから期間の定めのない住居使用賃貸借関係のみならず、期間の定めがありながら、「定期賃貸借契約」の要件（ＢＧＢ五七五条一項一文）が満たされない結果、期間の定めのないものとみなされる住居使用賃貸借関係（同条同項二文）を含む。拙著・前掲注（２）八頁。

（4）拙著・前掲注（２）。

（5）拙著『住居の賃貸借と経済的利用の妨げ―ドイツ裁判例研究からの模索―』（日本評論社、二〇一九年）。

（6）Staudinger/Christian Rolfs, *J. von Staudingers Kommentar zum Bürgerlichen Gesetzbuch mit Einführungsgesetz und Nebengesetzen Buch 2 Recht der Schuldverhältnisse §§557-580a*, 2018, §574; MünchKommBGB/Martin Häublein, *Münchener Kommentar zum Bürgerlichen Gesetzbuch Band 3*, 7. Aufl., 2016, §574; Schmidt-Futterer/Hubert Blank, *Mietrecht Großkommentar des Wohn-und Gewerberaummietrechts*, 13. Aufl., 2017, §574; Medicus/Lorenz, *Schuldrecht II Besonderer Teil*, 18. Aufl. 2018, §25, 29-31（以上の注釈書および体系書は現在版が改められている）を参照した。なお、Ｉの２においては、一般に認められていることがらを整理するという点にかんがみて、筆者の既存の研究をも含めて、基本的に、参照箇所・参照頁を示すことなく引用する。

（7）他方において、ＢＧＢ五七四条一項二文にしたがって、賃貸人に特別な即時解約告知の権利を与えるところの理由が存在する場合には、賃借人の異議申立権は排除されている。

（8）社会的な使用賃貸借法については、ドイツにおける住居使用賃借権の存続保護をめぐる一九六〇年以降における立法の展開過程を考察したところの、拙著『ドイツ借地・借家法の比較研究―存続保障・保護をめぐって―』（成文堂、二〇〇一年）一六〇頁以下を参照。

（9）それ以後の裁判例の流れについては、特に、本田純一『借家法と正当事由の判例総合解説』（信山社、二〇一〇年）を参照。

（10）「建物ノ賃貸人ハ自ラ使用スルコトヲ必要トスル場合其ノ他正当ノ事由アル場合ニ非サレハ賃貸借ノ更新ヲ拒ミ又ハ解約ノ申入ヲ為スコトヲ得ス」、という規定であった。

（11）具体的には、注（６）において挙げた三つの注釈書、すなわち、Staudinger/Christian Rolfs, MünchKommBGB/Martin Häublein, Schmidt-Futterer/Hubert Blank を参照した。

Ⅱ

◆賃借人にとっての「苛酷さ」をめぐる住居使用賃貸借関係の解約告知に関する裁判例の判断枠組み

一　比較衡量の前提となることがらにかかわる裁判例

それでは、賃借人にとっての「苛酷さ」をめぐる住居使用賃貸借関係の解約告知に関する裁判例、すなわち、BGB五七四条の解釈・適用に関する裁判例を包括的に考察し、その判断枠組みを明らかにする作業に入ることにする。すでにIの4において述べたように、本書においては、比較衡量の前提となることがらにかかわる裁判例から考察をはじめたい。比較衡量の前提となることがらとして、ここでは、1BGB五七四条の意義等について、2賃借人にとっての「苛酷さ」の意義について、および、3民事訴訟法七二一条にしたがった「明渡しからの保護」との関係について、関係する裁判例を考察することにする。

1　BGB五七四条の意義等について

第一に、BGB五七四条の意義等について、関係する裁判例を考察したい（なお、以下の裁判例の考察に際して、「……」は引用者による省略である）。

(1)　すでに序説（I）においても述べたように、ドイツ法における「二重の存続保護」という法的仕組みにおいては、第一段階における賃貸人の「正当な利益」の認否をめぐる法的判断においては、もっぱら、賃貸人の利益のみが基準とされるのに対して、賃借人の個別的・具体的な利益は、第二段階における賃借人にとっての「苛酷さ」の認否をめぐる法的判断においてはじめて考慮されることになる。

この点については、たとえば、筆者の既存の比較裁判例研究において考察したところの連邦通常裁判所一九八八年一月二〇日決定(1)が、「自己必要が受け入れられうるのかどうかという点を決定する場合には、もっぱら、賃貸人の利益が重要である。個々の事案において存在するところのその使用賃貸借関係を維持することについての賃借人の利益は、BGB五五六a条（現行BGB五七四条に対応する）にしたがったその解約告知に対する賃借人の異議にもとづいてはじめて顧慮されなければならない」(2)、と論じたところである(3)。

この点は、本書において考察するところのBGB五七四条の解釈・適用に関する裁判例においても、同じように確認されることができる。ここでは、二つの裁判例の判決理由から該当する論述を抜き出しておくことにする。

①ボーフム区裁判所一九八〇年四月二三日判決(4)は、原告（賃貸人）が、被告（賃借人）らに賃貸していたところの三つと半分の部屋から構成されていた本件住居と本件屋根裏部屋についての使用賃貸借関係を、原告の息子らをそこに居住させるために、「自己必要」を理由として解約告知したという事案であったが、その判決理由において、次のように論じたのである。

「原告の自己必要を理由とする本件解約告知は、BGB五六四b条二項二号（現行BGB五七三条二項二号に対応する）にしたがって有効であった。……本件解約告知の書面から、原告の息子が、独立した医師として、被告らの三つと半分の部屋から構成されていた本件住居に入居するつもりであったことが判明した。……自己必要を理由とする解約告知の正当さという問題の枠組みにおいては、賃借人の社会的な利益も、他の方法で住居を獲得することができるという可能性も考慮に入れられることはできないのである」(5)。

②ベルリン地方裁判所一九八九年一〇月二六日判決(6)は、原告（賃貸人）が、被告（賃借人）に賃貸していたところの本件住居についての使用賃貸借関係を、原告の孫娘のために、「自己必要」を理由として解約告知したという事案であったが、その判決理由において、次のように論じたのである。

「……原告は、自己必要を理由として、本件解約告知についての正当な利益を、BGB五六四b条一項、二項二号にしたがって有したことから出発されなければならなかった。区裁判所もまた、法ドグマ的に、正しく……自己必要の審理の枠組みにおいては、もっぱら、賃貸人の利益だけが問題であり、BGB五六四b条二項二号の枠組みにおいては、賃借人の利益は審理されることができないことを保持した。賃借人の利益は、BGB五五六a条の審理の枠組みにおいてはじめて顧慮されなければならないのである」(7)。

(2) 次に、BGB五七四条の意義にかかわる裁判例を確認したい。

第一に、カッセル地方裁判所一九六六年二月一七日判決をみておきたい。

【1】カッセル地方裁判所一九六六年二月一七日判決(8)

[事案の概要と経緯]

原告（賃借人）ら夫婦は、一九五七年以来、Kに存在する被告（賃貸人）の本件建物に所在する本件住居を賃借していた。被告は、一九六四年八月一日付の書面をもって、原告らとの本件使用賃貸借関係を解約告知した。これに対して、原告らは、原告・一が、遅くとも、一九六七年一〇月の終わりに退職し、そのときに、原告らはいずれにしてもWに転居するであろうという理由づけをもって、本件解約告知に異議を述べ、本件使用賃貸借関係が一九六七年一一月三〇日まで継続されるという申立てをもって本件訴えを提起したのである。

区裁判所は、本件訴えを認容したため、被告は、地方裁判所に控訴したのである。

控訴審において、被告は、①本件のように、賃借人の年金つき退職が数年内にはじめて間近に迫っている場合には、本件使用賃貸借関係の延長は正当化されることができない、②賃借人らが一九六七年の終わりにWに転居する場合でさえも、二重の転居は、賃借人らの良好な経済的な関係にかんがみて、賃借人らにとって要求できない負担を意味しなかった、と主張したのである。

[判決理由]

地方裁判所もまた、結論として、「第一審の裁判官は、正当なことに……本件使用賃貸借関係が、原告・一の年金つき退職に続く月の終わりまで、しかし、遅くとも、一九六七年一一月三〇日まで継続されることを定めた。本件使用賃貸借関係は、一九六四年八月一日の被告の本件解約告知によって……それ自体としては、一九六五年一月三一日付で解消されていた。しかし、原告らは、形式と期間に適合して、本件解約告知に異議を述べ、その異議は理由づけられていた。ＢＧＢ五五六ａ条にしたがって、賃借人は、その使用賃貸借関係の契約にしたがった終了が、個々の場合の特別な事情のために、その苛酷さが賃貸人の利益を完全に評価しても正当化されることができないところの賃借人またはその家族の生活関係に対する介入をもたらす場合には、その解約告知に異議を述べ、その使用賃貸借関係の相当な継続を請求することができる[9]。これらの要件は、本件において、第一審の裁判官が適切に詳しく述べたように認められていたのである」[10]、と判断した。

その判決理由において、地方裁判所は、ＢＧＢ旧五五六ａ条の意義について、次のように論じたのである。

「被告は、不当なことに、もっぱら、原告らには、場合によっては彼らの収入関係にしたがって、そのような二重の転居が要求されることができることだけを考慮に入れるつもりであった。ＢＧＢ五五六ａ条の文言も、ＢＧＢ五五六ａ条の認識できる意味と目的も、その規定がたとえば経済的に弱い賃借人だけを経済的な負担に対して保護することのための根拠を与えない。その住居は賃借人の生活の中心点を意味し、その結果、経済的のみならず多くの賃借人の利益が、その使用賃貸借関係の解消の妨げになり、個々の事案において、その使用賃貸借関係の延長を正当化することができるのである」[11]。

第二に、エッセン地方裁判所一九六六年七月一四日判決[12]をみておきたい。

地方裁判所は、その判決理由において、「社会的条項」という標語との関連において、ＢＧＢ旧五五六ａ条の意義について、次のように論じたのである。

「区裁判所は、適切な考慮にもとづいて、一九六七年五月三一日まで本件使用賃貸借関係を延長した。ＢＧＢ五五六ａ条の適用が……より高価な居住の必要を有するところの地位の高い収入をともなう賃借人の場合に原則として問題にならないという意にＢＧＢ五五六ａ条を理解するつもりであったならば、それは、ＢＧＢ五五六ａ条の文言によっても、BGB五五六a条の意義によっても支えられないところのBGB五五六a条の解釈である。これは、もしかすると、『社会的条項』という標語によって促進された誤解であり、しかし、これは、同じように、われわれの法秩序における社会的なことという概念をも、資力の劣る人々のための配慮という意味に狭め、それとともに、見誤るであろう。むしろ、もっぱら、その使用賃貸借関係の契約にしたがった終了が、個々の場合の特別な事情のために、その苛酷さが賃貸人の利益を完全に評価しても正当化されることができないところの賃借人またはその家族の生活関係に対する介入をもたらすのかどうかという点だけが重要である」[13]。

第三に、ハンブルク地方裁判所一九八八年一二月一三日判決[14]をみておきたい。

原告（賃貸人）らが、原告・二の母親に本件住居を使用させるために、「自己必要」を理由として、被告（賃借人）らとの本件使用賃貸借関係を解約告知したという事案であった。区裁判所は、BGB旧五五六a条にしたがって、期間の定めなく本件使用賃貸借関係を継続することを命じた。

地方裁判所は、結論として、区裁判所の判断を是認したが、その判決理由において、BGB旧五五六a条の意義について、次のように論じたのである。

「……区裁判所は、正当なことに、BGB五五六a条にしたがって、期間の定めなく本件使用賃貸借関係を継続することを命じた。法的な観点において、原告らは、BGB五五六a条は、例外的な規整の内容をもつのではなく、むしろ、BGB五六四b条における賃貸人の解約告知権限と同価値の対をなすものを意味することを見誤ったのである」[15]。

第四に、ミュンヘン第一地方裁判所一九八九年四月一二日判決[16]をみておきたい。

原告（賃貸人）が、職業上の理由からより広い住居を必要とするために、「自己必要」を理由として、被告（賃借人）との本件使用賃貸借関係を解約告知したという事案であった。というのは、原告は、現在、五四平方メートルの広さの住居に居住していたが、他方において、本件住居は八九平方メートルの広さであったからである。

地方裁判所は、結論として、「本件使用賃貸借関係は、BGB五五六a条にしたがって、一九九〇年六月三〇日まで継続されなければならなかった」[17]、と判断した。

その判決理由において、地方裁判所は、原告によって言及されたところの連邦憲法裁判所一九八九年二月一四日判決[18]との関連において、BGB旧五五六a条の意義について、次のように論じたのである。

「……原告によって言及されたところの連邦憲法裁判所の判決は、確かに、自己必要を理由とする解約告知のための要件を、賃貸人にとって有利な結果になるように緩和したが、しかし、いずれにせよ、BGB五五六a条にしたがった賃借人の継続についての請求において、賃借人と賃貸人との利益を原則としてこれまでと異なって重要さの程度を判定することを命じないことが見て取られなければならないのである」[19]。

第五に、デュッセルドルフ地方裁判所一九九〇年六月二六日判決[20]をみておきたい。

原告（賃貸人）は、一九八五年八月一日に、一階に所在する本件住居を住居所有権として取得した。被告（賃借人）らは、一九三六年以来、本件住居に居住していた。原告は、一九八八年八月二日付の書面をもって、「自己必要」を理由として、被告らとの本件使用賃貸借関係を解約告知した。これに対して、被告らは、原告の「自己必要」を否認し、BGB旧五五六a条にしたがって異議を述べたのである。

区裁判所は、本件明渡しの訴えを棄却し、本件使用賃貸借関係は期間の定めなく継続される、と判断した。

地方裁判所は、結論として、区裁判所の判断を是認したが、その判決理由において、賃貸人の「自己必要」に関する最近の最上級審裁判所の裁判例との関連において、BGB旧五五六a条の意義について、次のように論じたのである。

「賃貸人の自己必要に関する最近の最上級審裁判所の裁判例は、原告の見解に反して、たとえば、BGB五五六a条にしたがった苛酷さについての条項の適用が制限されていることには行き着かなかった。むしろ、自己必要についての以前の制限的な判断とは異なり、賃貸人のあとづけることができ、筋の通った理由にもとづくところの自己の所有物に自分自身で居住するという願望は、原則として、自己必要を理由とする解約告知を正当化することがはっきりさせられた。自己必要に関するより新しい裁判例の背景のもとで、むしろ、社会的条項は、将来、これまでよりも、より大きな意義を獲得することが明らかとなるのである」(21)。

(3)　すでにＩの２において確認したように、ドイツ法においては、その使用賃貸借関係の終了が、「賃貸人の正当な利益を評価しても正当化されることができないところの苛酷さ」を意味するときには、その使用賃貸借関係は、一定の期間または期間の定めなく継続される。したがって、賃借人が高齢であるとしても、たとえば、その使用賃貸借関係が賃借人の一生涯の間継続されるというように定められることはできないことになる。最後に、この点にかかわる裁判例を確認しておきたい。

第一に、リューベック地方裁判所一九九三年九月七日判決(22)をみておきたい。

本件使用賃貸借関係の終了をめぐって、賃借人がＢＧＢ旧五五六ａ条にしたがって異議を述べたが、賃借人の高齢（八一歳）、賃借人の一七年の居住期間、および、賃借人の健康状態が本件使用賃貸借関係の期間の定めのない継続を正当化するのかどうかという点が最終的な争点となった事案であった。

地方裁判所は、結論として、期間の定めなくではなく、むしろ、要求できる代替住居を調達できる可能性が存在することを理由として、一九九五年九月七日までの期間の間だけ本件使用賃貸借関係の継続を命じた。その判決理由において、地方裁判所は、はじめに、「被告（賃借人）らの一生涯の間の継続は、はじめから許容できないものとして除外されなければならなかった」(23)、と述べたのである。

第二に、カッセル地方裁判所一九八九年四月一九日決定(24)をみておきたい。

被告（賃貸人）は、その息子のために、「自己必要」を理由として、原告（賃借人）らとの本件使用賃貸借関係を解約告知したのに対して、原告らは、本件使用賃貸借関係は終了していないことの確認を求めて本件訴えを提起した。区裁判所は、ＢＧＢ旧五五六ａ条にしたがって、本件使用賃貸借関係を七ヶ月だけ延長した。これに対して、原告らは、控訴審において、本件使用賃貸借関係を期間の定めなく継続することを申し立てたのである。

地方裁判所は、結論として、原告らの控訴を棄却したが、その決定理由において、賃借人らの人生の末期まで本件使用賃貸借関係を継続することについて、次のように論じたのである。

「原告らの年齢にかんがみて、病気の経過が変化し、治癒が生じることは期待されることができないのであるから、期間の定めなくではなく、むしろ、原告らの人生の末期までだけ本件使用賃貸借関係を延長することを通しても原告らの利益のために貢献されたであろう。しかし、これは、基本法一四条が侵害されていたという程度において、被告の所有権に関する処分を被告に制限するという結果になったのである」(25)。

2 賃借人にとっての「苛酷さ」の意義について

第二に、賃借人にとっての「苛酷さ」の意義について、関係する裁判例を考察したい。

(1) すでにⅠの2およびⅡの一の1の注(9)において触れたように、BGB五七四条は、二〇〇一年法改正前のBGB旧五五六a条に対応する規定であるが、さらにさかのぼって、BGB旧五五六a条についても法改正が行われていた。時の流れに沿ってその要点のみを確認しておくと、次のようである(26)。

まず、BGB旧五五六a条は、一九六〇年六月二三日に公布されたところの「住居統制経済の廃止および社会的な賃貸借・住居法に関する法律」によってBGBに挿入された。当時のBGB旧五五六a条一項にしたがうと、賃借人は、その解約告知が、賃借人またはその家族の生活関係に対して、「個々の場合の特別な事情のために」、賃貸人の利益を「完全に」評価しても正当化されることができないところの苛酷な介入となるときには、無効という法的効果をもって、その解約告知に異議を述べることができる、と規定されていた。そして、当然のことながら、BGB旧五五六a条は、当時、裁判例・学説において、例外的な規定として取り扱われていた。

このような法的状況に対して、BGB旧五五六a条は、紆余曲折を経たうえで、一九六七年一二月二一日に公布されたところの「賃貸借法の規定の改正に関する第三次法律」によって改正された。すなわち、「個々の場合の特別な事情のために」という文言が削除され、「賃貸人の利益を完全に評価して」という文言が、「賃貸人の正当な利益を評価して」という文言に替えられたのである。ここにおいて、BGB旧五五六a条は、ほぼ、現行BGB五七四条に対応する規定となった。

その後、最終的に、二〇〇一年六月一九日に公布され、二〇〇一年九月一日に施行されたところの「賃貸借法の再編成、簡易化および改革に関する法律」によって、BGB旧五五六a条一項一文は、本質的な変更なしに、現行BGB五七四条一項一文に引き継がれたのである。

したがって、賃借人にとっての「苛酷さ」の意義にかかわる裁判例を考察するにあたっては、さらにいえば、本書における裁判例の考察全般にあたっても、一九六七年一二月二一日に公布されたところの「賃貸借法の規定の改正に関する第三次法律」が妥当する以前の裁判例であるのか、それとも、それ以後の裁判例であるのかという点には十分に留意しなければならないことになる。

(2) 以上の点を踏まえたうえで、はじめに、賃借人にとっての「苛酷さ」の意義にかかわるところの「賃貸借法の規定の改正に関する第三次法律」が妥当する以前の裁判例を確認しておくことにする。

第一に、デューレン区裁判所一九六四年四月二二日判決(27)をみておきたい。

原告の本件解約告知に対して、本件住居の賃借人であった被告らが家族的な理由から異議を述べたという事案であった。

区裁判所は、結論として、「被告らは、本件解約告知が、その苛酷さが賃貸人の利益を完全に評価しても正当化されることができないところの被告らの現在の生活関係に対する介入を意味したことの根拠を十分に申し立てなかった」(28)、と判断した。

その判決理由において、区裁判所は、当時のBGB旧五五六a条が特別な事情の苛酷さについての事案のための例外的な規定であったことを踏まえたうえで、賃借人にとっての「苛酷さ」の意義について、次のように論じたのである。

「……一九六〇年六月二三日の『住居統制経済の廃止および社会的な賃貸借・住居法に関する法律』にしたがった使用賃貸借法の新たな規定から判断すると、賃借されている住居を変更することは、賃借人の生活関係に対する要求できない介入ではないという原則から出発されなければならない。これは、すでに、BGB五五六a条の規定が、特別な事情の苛酷さについての事案のための例外的な規定を含んでいることによって判明する。そのような苛酷さについての事案が存在するのかどうかという点は、個々の事案の事情にしたがって、賃借人ならびに賃貸人の利益を考慮に入れて決定される。……被告（夫）は、職業は自動車運転手であった。もっぱらその事情だけが、一度賃借された本件住居から離れないことを被告に強いることはなかった。さらに、被告らの家族生活の領域にもとづく苛酷さについての理由もまた、存在しなかった。一般的な見解にしたがって、家族の領域にもとづく苛酷さについての理由、たとえば、その賃借住居の周囲の地域と緊密に結ばれていることであるが、さらに、高齢、病気、および、その場所における子供らの職業教育は、それらの理由が、一般に賃借人の場所が替わることを超えて、あらゆる住居の交替が必然的にともなうことがないような苛酷さを意味する場合にのみ考慮されるのである。

確かに、使用賃貸借法の規定の適用においては、社会的な義務性、家族の所有権、および、住居の不可侵性という憲法の原則が考慮に入れられなければならない。しかし、それにもかかわらず、他方において、BGB五五六a条という例外規定の基礎には、使用賃貸借契約の締結を決心した人は、それとともに、はじめから、将来の住居の交替をも甘受したという立法者の考えが存在するのである」(29)。

第二に、カッセル地方裁判所一九六四年八月二〇日判決(30)をみておきたい。

原告の本件解約告知に対して、本件住居の賃借人であった被告が、もっぱら代替住居をもっていないという理由から異議を述べたという事案であった。

地方裁判所は、結論として、「被告によって主張されたところの理由は、その異議を理由づけられたものであると思わせるに適当でなかった」(31)、と判断した。

その判決理由において、地方裁判所は、当時のBGB旧五五六a条にしたがった賃借人の異議は、賃貸人の解約告知に対して、例外的な事案においてのみ偉力を発揮できるということになるという認識にもとづいて、賃借人にとっての「苛酷さ」の意義について、次のように論じたのである。

「住居に関する使用賃貸借関係の終了は、通常、いずれにしても、生活関係への介入を意味するのであるから、BGBは、明確に、特に強い介入、まさしく、正当化されることができない苛酷さという介入を要求するのである。そこから、それにしたがって、賃借人の異議は、例外的な事案においてのみ偉力を発揮できるということになり、あらゆる契約の終了において存在するところの一般的な苛酷さは、もっぱらそれ自体だけで、異議に成果を得させるために十分ではないことが出てくるのである。

その理由から、BGB五五六a条を支配する諸原則にかんがみて、まさしく、本件事案において、意思表示されたところの本件解約告知の要求できない苛酷さが判明する個別的な理由を説明することは、被告の課題であった。しかし、当裁判所の側の対応した指示にもかかわらず、被告は、十分な異議の理由を証明しなかった。被告が代替住居を利用できなかったという事実が、被告にとって、すでに、BGB五五六a条の適用を正当化するところの特別な苛酷さを意味したという被告の見解—被告はもっぱら被告の異議の根拠をそのことに求めた—に、右で説明された諸原則にかんがみると、従われることはできなかった。あらゆる転居において存在する苦労、および、十分なそのほかの住居が欠けていることは、さきに述べたことにしたがって判断すれば、まさしく、賃借人が原則として引き受けなければならないところの要求できる負担である。その理由から、賃借人は、このような事情を、賃貸人の解約告知の意思表示に対して、異議として申し立てることができなかったのである」[32]。

第三に、ベンスベルク区裁判所一九六五年一一月一六日判決[33]をみておきたい。

原告の本件解約告知に対して、本件住居の賃借人であった被告らが、さまざまな理由から異議を述べたという事案であった。

区裁判所は、結論として、被告らの異議の申立ては正当化されていなかった、と判断した。

その判決理由において、区裁判所は、はじめに、一般的・抽象的に、次のような法理を述べたのである。

「賃借人の異議は、その使用賃貸借関係の契約にしたがった終了が、個々の場合の特別な事情のために、その苛酷さが賃貸人の利益を完全に評価しても正当化されることができないところの、賃借人またはその家族の生活関係に対する介入をもたらす場合にのみ理由づけられている。その場合に、あらゆる契約の終了において存在する苛酷さは、たとえその苛酷さが家族の領域に及ぶとしても、賃借人の異議を正当化するのに適当ではない。むしろ、賃借人の異議は、特別な例外的な事案においてのみ偉力を発揮できるようになる。賃借人は、個々の事案において、通常不愉快さの点で住居の交替と結びつけられていることを超えるところの理由を主張しなければならないのである」[34]。

そのうえで、区裁判所は、本件事案の事実関係に照らして、被告らの異議の申し立てが正当化されていなかったことについて、次のように論じたのである。

「被告らが三人の子供らをもち、被告（夫）が五人家族の唯一の養い手であるという事実は、異議の権限を付与するところの被告らの例外的事情を意味しなかったし、特に、子供らの年齢は転居を特にやっかいなものにしなかった。このような事情は、異例ではなかったし、住居市場において、よりしばしば生じた。このような事情を保護することは、特別な社会的な苛酷さについての事案のためにのみ考えられたところのBGB五五六a条という規定の意義ではないのである」[35]。

(3) （2）において確認したところの「賃貸借法の規定の改正に関する第三次法律」が妥当する以前の裁判例に対して、同法が妥当した以後の裁判例においては、賃借人にとっての「苛酷さ」の意義について、どのような解釈が行われているのであろうか。以下、この点に関係する裁判例を考察しておきたい。

まず、一般的な観点から留意しなければならない裁判例として、コーブルク地方裁判所一九六八年三月一日判決をみておきたい。

【2】コーブルク地方裁判所一九六八年三月一日判決(36)

［事案の概要と経緯］

被告は本件土地・建物の所有者であったが、一九六二年七月一一日に、被告の財産に関して破産手続きが開始された。破産管財人は、それにもとづいて、一九六二年の終わり、もしくは、一九六三年のはじめに、次のような内容の使用賃貸借契約を被告と締結した。すなわち、被告は、月あたり八〇ドイツマルクの賃料で、六ヶ月の解約告知期間をもって、本件住居および付属室に居住し、それを利用することができるという内容であった。その後、破産管財人は、一九六六年八月一九日付の公証人が作成した売買契約をもって、本件土地・建物を原告に売却した。

原告は、一九六六年一〇月三一日付の書面をもって、被告に対して、本件住居および付属室の本件使用賃貸借関係を解約告知した。被告は、一九六六年一一月三日付の書面をもって、本件解約告知に異議を述べた。それにもとづいて、原告は、一九六六年一一月二八日付の書面をもって、一九六七年四月三〇日までの明渡期間を被告に認めた。

しかし、被告が、この時点で、本件住居および付属室を明け渡さなかったため、原告は、一九六七年六月一三日付の書面をもって、一九六七年一二月三一日付で、被告に対する明渡しの訴えを提起した。原告は、本件解約告知は時宜を得て行われ、被告の異議は根拠のないものであった、と主張した。本件住居および付属室の明渡しは、被告にとって、被告の生活関係への介入を意味したところの苛酷さではなかったという理由であった。

これに対して、被告は、本件訴えを棄却すること、補助的に、被告の異議にもとづいて、本件使用賃貸借関係を相当な期間の間継続することを申し立てた。被告は、その申立ての理由づけについて、被告は本件建物にすでに一九三七年以来居住し、破産管財人は彼の提案にもとづいて本件建物を原告に売却したのであり、さらに、原告は、被告の娘に本件土地上に存在する小さな建物を売ることを約束し、その場合被告はそこに移ることができたが、しかし、原告はその約束を守らなかった、と述べた。

区裁判所は、本件訴えを認容した。被告の異議は、根拠のないものであったし、本件使用賃貸借関係の継続を正当化しなかった。被告の娘に本件土地上に存在する小さな建物を売るという原告の約束が守られなかったにもかかわらず、被告による本件住居の明渡しは、被告にとって要求できない苛酷さを意味しなかったという理由であった。ただし、区裁判所は、一九六八年七月三一日までの明渡期間を被告に認めた。

これに対して、被告は、地方裁判所に控訴した。控訴審において、被告は、第一審における被告の申立てを繰り返し補足したが、次のように論じることにより、第一審判決はBGB旧五五六a条の改正にもとづいて存続することができなかった、と主張した。すなわち、今や、賃借人と賃貸人の利益の比較衡量のみが問題であり、その比較衡量において、賃貸人の利益が優位にあるわけではなかった。そのような比較衡量において、被告は代替住居を見出すことができなかったし、被告とその妻が、すでに七〇歳であったし、それに加えて、病気であったことは、被告にとって有利な結果になった、と論じたのである。

［判決理由］

地方裁判所は、結論として、「……被告の本件控訴は、根拠のあるものであった。というのは、一九六七年一二月二一日の『賃貸借法の規定の改正に関する第三次法律』によるBGB五五六a条の新たな文言にもとづいて、住居の賃借人のための解約告知からの保護は、著しく改善されていて、その規定にしたがって、本件住居の解約告知および明渡しは、被告にとって、原告の正当な利益を評価しても正当化されることができないところの苛酷さを意味したからである」[37]、と判断した。

その判決理由において、地方裁判所は、「賃貸借法の規定の改正に関する第三次法律」が妥当した状況での賃借人にとっての「苛酷さ」の意義について、一般的に、次のように論じたのである。

「一九六七年一二月二一日の法律……にしたがって本件事案に適用されなければならないところのBGB五五六a条の新たな文言にもとづいて、賃借人の異議は、その解約告知が賃借人の生活関係に対する介入を意味する場合にのみ理由づけられているわけではない。むしろ、その使用賃貸借関係を継続するより低い程度に重大な事情でも十分である」[38]。

（4）　BGB旧五五六a条の新たな文言（ほぼ現行BGB五七四条に対応する）のもとでは、裁判例【2】のように、一般的には、「その使用賃貸借関係を継続するより低い程度に重大な事情」も賃借人にとっての「苛酷さ」にあたると解釈されることになるが、他方において、賃借人にとっての「苛酷さ」は、ＢＧＢ旧五五六ａ条の法改正前と同じように、転居が必然的にともなう通常の事情および煩わしさを超えるところの賃借人の生活関係への侵害を意味すると解釈されている。次に、この点にかかわる裁判例を確認しておくことにする。

第一に、ミースバッハ区裁判所一九七九年二月二二日判決(39)をみておきたい。

原告が、「自己必要」を理由として、被告らとの本件使用賃貸借関係を解約告知したのに対して、被告らが、生命・身体・健康の侵害を理由として、本件解約告知に異議を述べたという事案であった。

区裁判所は、結論として、「本件使用賃貸借関係の終了は、被告らにとって、正当化されることができない苛酷さを意味した」(40)、と判断した。

その判決理由において、区裁判所は、賃借人にとっての「苛酷さ」の意義について、次のように論じたのである。「社会的条項の適用を正当化する苛酷さは、賃借人にとって、転居によって生じる通常の侵害の領域を凌駕し、その理由から、要求することができないところの不利益が生じる場合に存在する。要求することができるのかどうかという問題は、個々の事案において、賃借人の全部の個人的、職業的、および、家族的な状況を取り入れ、評価することにおいて確認されなければならないのである」(41)。

第二に、フェルベルト区裁判所一九八八年三月九日判決(42)をみておきたい。

原告（公益的な住宅建設協同組合）は、原告の組合員であるところの被告らに、本件建物の一階に所在する本件住居を賃貸していたが、隣接する建物の一階に所在する原告の事業空間を拡張するために、被告らとの本件使用賃貸借関係を解約告知したという事案であった。

被告らは、本件解約告知に異議を述べたが、区裁判所は、結論として、「ＢＧＢ五五六ａ条の枠組みにおける被告らの利益を考慮に入れても、本件解約告知は有効なままであった」(43)、と判断した。

その判決理由において、区裁判所は、被告らによって申し立てられた理由がＢＧＢ旧五五六ａ条における賃借人にとっての「苛酷さ」にあたらなかったことについて、次のように論じたのである。

「（本件において）通常の程度を超える苛酷さは、存在しなかった。結果として生じる転居費用、および、新たな住居のための修復費用は、解約告知のための典型的な結果として考慮に入れられることができないのである」(44)。

第三に、コースフェルト区裁判所一九八九年三月七日判決(45)をみておきたい。

被告らは、一〇年以上前から、本件二家族用住宅の一階に所在する本件住居の賃借人であったが、原告らは、競売にもとづいて、本件二家族用住宅を買い受け、被告らとの本件使用賃貸借関係を解約告知した。原告らは、本件解約告知の根拠を（補足的に）「自己必要」に求めたのに対して、被告らが、本件解約告知に異議を述べたという事案であった。

区裁判所は、結論として、「被告らがＢＧＢ五五六ａ条にしたがって本件使用賃貸借関係が期間の定めなく継続されるという確認を求めた限りでいえば、このことに応じられることはできなかった」(46)、と判断した。

その判決理由において、区裁判所は、被告らが、賃借人にとっての「苛酷さ」の理由として、本件住居の賃料がきわめて好都合であったことを引き合いに出したことについて、次のように論じたのである。

「被告らが現在の本件住居における好都合な賃料を引き合いに出した限りでいえば、当裁判所は、この点において、退去のときの通常の侵害の領域を超える苛酷さを認識することができなかった。新たな住居がかつての住居よりも（賃料が）いくらかより高いという、自由意思からでないほとんどすべての住居の交替のときに生じる不利益を、賃借人は、ＢＧＢ五五六ａ条を顧慮しても、住居についての原則としての解約告知可能性が示すように、受け入れなければならないのである」(47)。

第四に、ベルリン地方裁判所一九八九年六月二三日判決(48)をみておきたい。

原告らが、その母親とおばのために、「自己必要」を理由として、被告らとの本件使用賃貸借関係を解約告知したのに対して、被告らが、本件解約告知に異議を述べたという事案であった。

地方裁判所は、結論として、「区裁判所の見解に反して、ＢＧＢ五五六ａ条にしたがった本件解約告知に対する異議の権利は、被告らに当然帰属すべきものではなかった」[49]、と判断した。

その判決理由において、地方裁判所は、賃借人にとっての「苛酷さ」の意義について、次のように論じたのである。

「社会的な苦境を回避するというBGB五五六a条の目的から、正当化されない苛酷さをもって、住居を探すこと、転居費用、および、作業コストのような転居と結びつけられた通常の苦労は考えられていないことが結論づけられなければならない。むしろ、その使用賃貸借関係の終了は、このような通常の侵害を凌駕し、全部の事情を考慮に入れ、社会的な保護目的を顧慮して、要求することができないところの不利益を当然必要としなければならないのである」[50]。

第五に、ハンブルク区裁判所一九九一年九月五日判決[51]をみておきたい。

原告らは、別個独立した二つの使用賃貸借契約にもとづいて、本件建物の三階左側に所在する本件住居、および、本件建物の三階右側に所在する別の住居を被告らに賃貸していた。原告らが、その息子のために、「自己必要」を理由として、本件住居に関する被告らとの本件使用賃貸借関係を解約告知したのに対して、被告らが、本件解約告知に異議を述べたという事案であった。

区裁判所は、結論として、「本件使用賃貸借関係は、被告らの異議にもとづいて、BGB五五六a条にしたがって継続されることもできなかった。本件使用賃貸借関係の契約にしたがった終了は、被告ら、および、その家族にとって、賃貸人の正当な利益を評価しても正当化されることができないところの苛酷さを意味しなかったのである」[52]、と判断した。

その判決理由において、区裁判所は、賃借人にとっての「苛酷さ」の意義について、次のように論じたのである。

「BGB五五六a条の意味における苛酷さは、返還の結果が、転居が必然的にともなう通常の事情および煩わしさを超えるところの賃借人の生活関係への侵害である場合にのみ存在するのである」[53]。

(5) BGB旧五五六a条一項一文は、最終的に、二〇〇一年九月一日に施行されたところの「賃貸借法の再編成、簡易化および改革に関する法律」によって、本質的な変更なしに、現行BGB五七四条一項一文に引き継がれた。それでは、現在の裁判例においては、賃借人にとっての「苛酷さ」の意義について、どのような解釈が行われているのであろうか。続けて、この点にかかわる裁判例を確認しておくことにする。

第一に、ボーフム地方裁判所二〇〇七年二月一六日決定[54]をみておきたい。

被告らは、一九六七年一一月一日から、本件建物の一階に所在する本件住居を賃借していたが、原告は、競売にもとづいて、二〇〇五年一一月二一日付で、本件住居を買い受けた。原告は、その後、「自己必要」を理由として、被告らとの本件使用賃貸借関係を解約告知したのに対して、被告らが、身体・健康の侵害、高齢等を理由として、本件解約告知に異議を述べたという事案であった。区裁判所は、本件明渡しの訴えを棄却し、本件使用賃貸借関係は期間の定めなく継続される、と判断した。

原告は地方裁判所に控訴したが、地方裁判所もまた、結論として、「原告の側には、事実の観点において、BGB五七三条二項二号の意味における自己必要という形態において、本件解約告知についての利益が存在した。しかし、原告の利益は、本件使用賃貸借関係の継続についての被告らの利益を凌駕しなかった」[55]、と判断した。

その決定理由において、地方裁判所は、賃借人にとっての「苛酷さ」の意義について、次のように論じたのである。

「被告らは、実質的に、本件解約告知に異議を述べることができた。というのは、被告らは、本件契約の終了によって、本件契約の終了の結果として生じうるところの経済的、資金的、健康的、家族的、または、個人的な性質の不利益という形態における要求できない苛酷さを被ったからである。

その不利益の発生は、絶対的な確実性をもって確定していなければならないわけではない。そのような不利益がいくばくかの蓋然性をもって予期されることができる場合に十分である。しかし、その不利益の発生の理論的なだけの可能性は十分でない。……その不利益はいくばくかの重要さを有することが必要である」[56]。

第二に、シェーネベルク区裁判所二〇一四年四月九日判決(57)をみておきたい。

被告は、一九九八年三月一二日の本件使用賃貸借契約をもって、補助参加人（Streithelferin）から、本件建物の三階に所在する本件住居を賃借した。その後、本件土地・建物は、二〇〇六年に補助参加人からK有限会社に、二〇〇九年にK有限会社から原告らに譲渡された。原告らは、本件建物を取得してから大規模な改造措置を実行したが、その後、数回にわたって、「自己必要」を理由として、被告との本件使用賃貸借関係を解約告知した。本件において審理の対象とされた解約告知について、原告らは、彼らの二人の子供らによる利用のために本件住居を必要とする、と申し立てた。これに対して、被告は、主として、身体・健康の侵害を理由として、本件解約告知に異議を述べたという事案であった。

区裁判所は、結論として、「本件（明渡しの）訴えは、棄却される。本件使用賃貸借関係は、期間の定めなく継続される」(58)、と判断した。

その判決理由において、区裁判所は、賃借人にとっての「苛酷さ」の意義について、次のように論じたのである。

「……賃借人にとっての要求できない苛酷さは、転居と平行して不可避的に現れる不愉快なことをもって理由づけられることができない。それに対して、明渡しの場合にとっての健康上の不利益は、原則として、苛酷さという抗弁の理由づけのために適当である。この点では、もっぱら確実に生じる健康上の不利益だけが考慮に入れられることができるのではなく、むしろ、すでに、相当な健康上の悪化という真摯な危険もまた、要求できない苛酷さの受入れを正当化することができるのである」(59)。

第三に、ミュンヘン第一地方裁判所二〇一四年七月二三日判決(60)をみておきたい。

被告らは、二〇〇七年以来、原告（賃貸人）から、ミュンヘンに存在する本件住居を賃借し、被告・一が本件住居に居住していた。原告は、二〇一二年に、「自己必要」を理由として、被告らとの本件使用賃貸借関係を解約告知した。原告は、イタリアに居住していたが、一四年前にかかった癌の病気の結果として、規則的に、ミュンヘンにおいてアフターケアのために診察を受けなければならなかった。原告は、その滞在のために、ミュンヘンにおいて相当なホテルの費用が生じることをもって、本件解約告知を理由づけた。これに対して、被告らは、被告・一の生命・身体・健康の侵害、被告・一にとっての本件住居の意義を理由として、本件解約告知に異議を述べたという事案であった。区裁判所は、本件明渡しの訴えを棄却し、本件使用賃貸借関係は期間の定めなく継続される、と判断した。

原告は地方裁判所に控訴したが、地方裁判所もまた、結論として、「区裁判所は、的確に、ＢＧＢ五七四ａ条にしたがって、期間の定めのない本件使用賃貸借関係の継続を言い渡した。その場合に実行されなければならなかったところのＢＧＢ五七四条一項一文の意味における利益の比較衡量において、本件においては、本件使用賃貸借関係の継続についての被告らの利益が優位にあった」(61)、と判断した。

その判決理由において、地方裁判所は、賃借人にとっての「苛酷さ」の意義について、次のように論じたのである。

「当裁判所によって行われなければならない利益の比較衡量のためには、まず第一に、本件使用賃貸借関係の継続についての被告らの利益が確認されなければならない。その契約の終了が、賃借人にとって、正当化されることができない苛酷さを意味することが必要である。その場合に、その契約の終了の結果として生じうるところの経済的、資金的、健康的、家族的、または、個人的な性質のすべての不利益が、苛酷さであると理解されなければならない。その場合に、その不利益の発生は、絶対的な確実性をもって確定していなければならないわけではない。むしろ、そのような不利益がいくばくかの蓋然性をもって予期されることができる場合に十分である」(62)。

第四に、リューベック地方裁判所二〇一四年一一月二一日判決(63)をみておきたい。

原告らは、「自己必要」を理由として、被告との本件使用賃貸借関係を解約告知した。というのは、原告・一は、原告・二との別居および共同の婚姻中の住居から退去した後、その間に賃借していた住居からも退去し、彼女の二二歳の息子とともに、原告・一の所有する本件建物に入居するつもりであったからである。これに対して、本件建物の賃借人であった被告は、被告の一五歳の息子の生命・身体・健康の侵害を理由として、本件解約告知に異議を述べたという事案であった。

地方裁判所は、結論として、「主張されたところの本件明渡しの請求は、本件使用賃貸借関係がＢＧＢ五七四条、五七四ａ条にしたがって二〇一三年七月一二日の被告の異議によって期間の定めなく延長されたのであるから、理由づけられていなかった」[64]、と判断した。

その判決理由において、地方裁判所は、賃借人にとっての「苛酷さ」の意義について、次のように論じたのである。

「……その契約の終了の結果として生じうるところの経済的、資金的、健康的、家族的、または、個人的な性質のすべての不利益が、『苛酷さ』であると理解されなければならない。その不利益の発生は、絶対的な確実性をもって確定していなければならないわけではない。そのような不利益がいくばくかの蓋然性をもって予期されることができる場合に十分である。しかし、その不利益の発生の理論的なだけの可能性は十分でない。その苛酷さについての理由が、一時的なだけであるのか、または、継続的であるのかという点は、その契約の継続の期間のためにだけ、ひとつの役割を演じるのである」[65]。

第五に、ベルリン地方裁判所二〇一五年五月七日判決[66]をみておきたい。

被告は、本件建物（多世帯用住宅）の所有者である原告から、本件建物の中二階に所在する本件住居を賃借していた。原告は、その家族とともに、これまで居住していた三つの部屋から構成されていたメゾネットタイプの住居から、五八平方メートルだけの広さで本件建物の半地階に所在する住居に暫定的に転居した。その後、原告は、彼および彼の妻の健康上の侵害、および、現在の狭められた居住状態を理由として、本件住居に入居することを意図した。これに対して、被告は、生命・身体・健康の侵害を理由として、「自己必要」を理由とする原告の本件解約告知に異議を述べたという事案であった。区裁判所は、本件明渡しの訴えを棄却した。

地方裁判所は、結論として、「原告は、被告に対して……本件住居の明渡しと返還に対する請求権を有しなかった。二〇一二年九月一七日に意思表示されたところの自己必要を理由とする本件解約告知は、結論において、原告と被告との間に存続している本件使用賃貸借関係を終了させなかった。被告は、ＢＧＢ五七四条一項一文、五七四ａ条一項一文にしたがって、二〇一二年一二月二〇日に、有効に本件解約告知に異議を述べた。というのは、本件解約告知は、被告にとって、要求できない苛酷さを意味したからである。被告は、ＢＧＢ五七四ａ条二項二文にしたがって、期間の定めのない本件使用賃貸借関係の継続に対する請求権を有した」[67]、と判断した。

その判決理由において、地方裁判所は、賃借人にとっての「苛酷さ」の意義について、次のように論じたのである。

「ＢＧＢ五七三条以下の関連する規定の解釈と適用において、民事裁判所は、賃貸人の取戻しについての利益とならんで、賃借人の存続についての利益をも考慮に入れなければならないし、対立するこれらの利益を互いに比較衡量し、釣り合いのとれた調整へともたらさなければならない。その契約の終了の結果として賃借人に生じうるところの経済的、資金的、健康的、家族的、または、個人的な性質のすべての不利益が、ＢＧＢ五七四条一項一文の意味における苛酷さであると理解されなければならない。その場合に、賃借人に生じる不利益は、絶対的な確実性をもって確定していなければならないわけではない。特に健康的な不利益においては、すでに、その不利益の発生の重大な危険で十分である」[68]。

第六に、ベルリン地方裁判所二〇一五年七月八日判決[69]をみておきたい。

原告（賃貸人）は、被告（賃借人）らに賃貸していたところの本件住居についての使用賃貸借関係を、「自己必要」を理由として解約告知した。原告は、本件住居を、原告と一緒に生活していたところの原告の成人した息子に使用させるつもりであった。これに対して、被告らは、被告・二の生命・身体・健康の侵害、被告・二にとっての本件住居の意義を理由として、本件解約告知に異議を述べたという事案であった。

地方裁判所は、結論として、「……区裁判所の確定にしたがって、被告・二は、確かに有効であったところの自己必要を理由とする原告の解約告知に対して、二〇一二年四月一一日付の書面をもって、同じく有効に次の結果をともなって異議を述べた。すなわち、本件使用賃貸借関係は、被告・二の請求にもとづいて……期間の定めなく継続されなければならなかったことである。

……本件使用賃貸借関係の終了は、被告・二にとって、原告の正当な利益を評価しても正当化されることができないところの苛酷さを意味したことが確定していた」[(70)]、と判断した。

その判決理由において、地方裁判所は、賃借人にとっての「苛酷さ」の意義について、次のように論じたのである。

「『苛酷さ』という定められていない法概念は、その契約の終了の結果として生じうるところの経済的、資金的、健康的、家族的、または、個人的な性質のすべての不利益を把握する。かなり高齢の賃借人が一定の居住地域に定着すること、要求できる条件の相当な代替住居が欠けていること、重大な病気、または、身体的もしくは精神的な障害と全く同様に、職業的な諸関係の侵害が『苛酷さ』に属しうる。その不利益の発生は、絶対的な確実性をもって確定していなければならないわけではない。むしろ、その不利益がいくばくかの蓋然性をもって予期されることができる場合に十分である。それに反して、その不利益の発生の理論的なだけの可能性は十分でない。転居とともに避けられない不愉快なことは、苛酷さについての理由を意味しないのである」[(71)]。

(6)　ここまで、賃借人にとっての「苛酷さ」の意義について、関係する裁判例を考察してきたが、比較衡量それ自体にかかわる裁判例の考察に入る前に、さらに確認しておきたい裁判例がある。

すなわち、事案によっては、賃借人にとっての「苛酷さ」に当然あたると解釈される場合もある。その一例として、アルンスベルク区裁判所一九八八年三月九日判決[(72)]をみておきたい。

原告（賃貸人）は、一九八七年八月一三日に被告（賃借人）らに本件住居を賃貸したが、すでに一九八七年九月一〇日付の書面をもって被告らとの本件使用賃貸借関係を解約告知した。これに対して、被告らは、本件解約告知に異議を述べたという事案であった。

区裁判所は、結論として、「意思表示されたところの本件解約告知に異議を述べ、本件使用賃貸借関係の継続を請求する権利が、賃借人に当然帰属すべきものであった」[(73)]、と判断した。

その判決理由において、区裁判所は、次のように論じたのである。

「本件において述べられたところの一九八七年九月一八日付の書面、および、一九八七年一一月九日付の書面における異議は、注目すべき重大なものであった。一九八七年九月一〇日付の書面による本件使用賃貸借関係の解約告知は、BGB五五六a条一項一文の意味において、賃借人およびその家族にとって、賃貸人の正当な利益を評価しても正当化されることができないところの苛酷さを意味した。賃貸人が本件使用賃貸借関係がようやく一ヶ月存続した後で本件使用賃貸借関係を解約告知したことは、すでに、苛酷さを意味したのである」[74]。

他方において、事案によっては、BGB五七四条（旧五五六a条）の枠組みにおいて考慮することが可能な利益ではないと解釈される場合もある。最後に、この点にかかわる裁判例を確認しておくことにする。

第一に、コーブレンツ地方裁判所一九八六年一二月二日判決[75]をみておきたい。

本件住居の賃貸人であった原告は、本件住居の賃借人であった被告の母親が死亡した後本件使用賃貸借関係に入った被告に対して、本件使用賃貸借関係を解約告知した。これに対して、被告は、被告の夫が夫婦の住居の必要を適切に満たすところのまた別の住居の賃借人であったにもかかわらず、その住居が被告の母親から相続した家具を収容するためにあまりに狭かったことを理由として、本件解約告知に異議を述べたという事案であった。

地方裁判所は、結論として、「原告は、被告に対して、本件賃貸住居の明渡しと返還に対する請求権を有する。というのは……本件解約告知は有効であり、そのことから、本件使用賃貸借関係は終了させられていたからである」[76]、と判断した。

その判決理由において、地方裁判所は、次のように論じたのである。

「被告は……BGB五五六a条にしたがって、本件使用賃貸借関係の継続を請求することもできなかった。というのは、本件使用賃貸借関係の契約にしたがった終了は、被告にとって、正当化されることができない苛酷さを意味しなかったからである。これは、本件において、すでに、もっぱら被告の夫が夫婦の住居の必要を適切に満たすところのまた別の住居の賃借人であったことだけから出てきた。その住居が被告の母親から相続した家具を収容するためにあまりに狭かったのかどうかという点は、取るに足りないことであった。原告は、正当なことに、被告の相続財産を維持することについての理解できる利益は、BGB五五六a条の社会的条項の枠組みにおいて考慮することが可能な利益ではないことを指摘したのである」[77]。

第二に、デットモルト区裁判所一九八八年五月二七日判決[78]をみておきたい。

被告らは、一九八七年九月一日に、本件住居を原告から賃借したが、原告は、一九八八年一月二六日付の書面をもって、本件使用賃貸借関係を解約告知した。その後、原告は、新たに、一九八八年三月一〇日付の弁護士の書面をもって、一九八八年六月三〇日付で、本件使用賃貸借関係を解約告知した。原告は、目下のところ、原告の母親の住居において母親と一緒に居住しているが、しかし、今や、自己の住居が必要である、という理由であった。

区裁判所は、結論として、「本件明渡しの訴えは、許容しうるし、根拠のあるものであった」[79]、と判断した。

その判決理由において、区裁判所は、はじめに、本件解約告知は「自己必要」についての要件を満たし有効であったことを認めたが、さらに、本件使用賃貸借関係の終了が賃借人にとっての「苛酷さ」を意味しなかったことについて、次のように論じたのである。

「本件使用賃貸借関係の終了は、被告らにとって、原告の正当な利益を評価しても正当化されることができないところの苛酷さを意味しなかった。被告らは、そのような観点を立証的に申し立てなかった。……もっぱら本件住居にさらにより長くとどまるという願望だけでは、被告らの対立する利益として十分ではなかったのである」[80]。

第三に、ボン地方裁判所一九九二年三月一九日判決をみておきたい。

【3】ボン地方裁判所一九九二年三月一九日判決[81]

［事案の概要と経緯］

被告（賃借人）は、一九八六年一二月二七日の使用賃貸借契約をもって、原告らの前主から、一九八七年一月一日以来、付帯費用を加えて月あたり五〇〇ドイツマルクの賃料で、期間の定めなく、本件住居を賃借していた。原告

（賃貸人）らは、一九九〇年一〇月三〇日付の書面をもって、原告らの娘のために、「自己必要」を理由として、被告らとの本件使用賃貸借関係を解約告知した。原告らの娘は、X博士と婚姻生活に入り、本件住居（二戸建住宅の半分）において共同して住居を利用することを意図した。さらに、原告らは、一九九一年七月二五日に、新たに、一九九一年一〇月三一日付で、本件使用賃貸借関係を解約告知したのである（本件解約告知）。

これに対して、被告は、原告らの「自己必要」の真摯さを疑ったほか、次のような理由から、一九九二年の経過する前に本件住居を明け渡すことが可能な状況になかったことを主張した。すなわち、被告は、歯科学の学生であったし、同時に、世界最高のエペ競技者に属し、メダル獲得の見通しをもって、翌年（一九九二年）のバルセロナオリンピックに参加することができることから出発できるところの高度の能力が要求される競技スポーツ選手であったという理由である。

区裁判所は、一九九一年七月二五日の本件解約告知は、本件使用賃貸借関係が一九九一年一〇月三一日をもって終了したという結果をともなって、正当化されたものであったし、さらに、本件使用賃貸借関係の終了は被告にとっての「苛酷さ」にもあたらなかった、と判断した。ただし、他方において、区裁判所は、民事訴訟法七二一条にしたがって、一九九二年八月九日に終了するバルセロナオリンピックを顧慮して、一九九二年九月三〇日までの明渡期間を被告に認めたのである。

〔判決理由〕

地方裁判所もまた、結論として、「原告らは……被告に対して、被告によって居住された本件住居の明渡しと返還に対する請求権を有する。というのは、原告らと被告との間に存続していた本件使用賃貸借関係は、一九九一年七月二五日の原告らの本件解約告知にもとづいて、BGB五六四b条一項、二項二号にしたがって、法的に有効に、一九九一年一〇月三一日付で終了させられていたからである。申し立てられたところの自己必要という解約告知理由は、一九九一年七月二五日の本件解約告知の時点において存在したし、現在もなお存在する。

被告は、BGB五五六a条一項にしたがって、本件使用賃貸借関係の継続に対する請求権を有しなかった。というのは、被告は、本件使用賃貸借関係の終了が、被告にとって、原告らの正当な利益を考慮に入れても正当化されることができないところの苛酷さを意味したことを論理的に説明しなかったからである」[82]、と判断した。

その判決理由において、地方裁判所は、「……BGB五五六a条一項にしたがった比較衡量の枠組みにおいて、被告のスポーツ上の大望は重要でなかった。というのは、スポーツ上の大望は、BGB五五六a条一項の社会的な保護目的に属さないからである」[83]、と解釈したのである。

3　民事訴訟法七二一条にしたがった「明渡しからの保護」との関係について

すでにIの2において確認し、Ⅱの一の2の最後に取り上げたボン地方裁判所一九九二年三月一九日判決（裁判例【3】）においても問題となっていたように、本書において考察する裁判例においては、民事訴訟法七二一条にしたがった「明渡しからの保護」との関係が問題となる場合がある。そこで、第三に、民事訴訟法七二一条にしたがった「明渡しからの保護」との関係について、関係する裁判例を考察したい。

⑴　はじめに

はじめに、民事訴訟法七二一条にしたがった「明渡しからの保護」との関係について、基本となると考えられるところの裁判例を確認しておくことにする。

第一に、エッセン・ルール地方裁判所一九六七年七月一〇日判決をみておきたい。

【4】エッセン・ルール地方裁判所一九六七年七月一〇日判決[84]

［事案の概要と経緯］

原告は、四つの部屋から構成されていた本件住居を、月あたり六〇ドイツマルクの賃料で被告らに賃貸していたが、一九六六年七月一日に、一九六七年一月一日付で、本件使用賃貸借関係を解約告知した。被告らは、一九六六年八月一日付の書面をもって、被告らが建築用地を取得したこと、建築計画およびその実行が完全に動いていたこと等を原告に通知した。

区裁判所は、本件明渡しの訴えを棄却し、本件使用賃貸借関係を一九六八年二月二八日まで継続させた。

原告は、地方裁判所に控訴したが、控訴の理由づけについて、次のように申し立てた。すなわち、被告らが代替住居を完成させるまでにはおよそ二年の月日がかかる。この理由から、本件使用賃貸借関係が延長されなければならないことなしに、より長い明渡期間が被告らに認められることで十分である。

［判決理由］

地方裁判所は、区裁判所の判断を是認し、「賃借人らは、原告の……本件解約告知に対して、第一審の裁判官が詳細に適切に述べたように、成果をもって異議を述べた」(85)、と結論づけた。

その判決理由において、地方裁判所は、ＢＧＢ旧五五六ａ条の適用と民事訴訟法七二一条にしたがった「明渡しからの保護」との関係、および、ＢＧＢ旧五五六ａ条と民事訴訟法七二一条との違い等について、次のように論じたのである。

「確かに、文献においては、民事訴訟法七二一条にしたがって可能な明渡期間—当時二年—の範囲内において取り除かれるところの苛酷さが認められる事案は、いわゆる社会的条項の適用に行き着かないという見解が主張されている。というのは、そのような事案においては、民事訴訟法七二一条にしたがった明渡期間の承認によって、すでに、賃借人にとって、ＢＧＢ五五六ａ条にしたがって必要であるところの苛酷さが取り除かれるからである。

それに対して、当部は、当部のこれまでの恒常的な裁判例から離れない。ＢＧＢ五五六ａ条は、民事訴訟法七二一条の規定に対して、競合関係には立たないし、特に、民事訴訟法七二一条に対して、補足的な性質を有しないのである。

……賃借人は、ＢＧＢ五五六ａ条の要件が存在する場合には、その使用賃貸借関係の延長に対する請求権を有する……裁判所は、その使用賃貸借関係の延長に対する請求権の存在または不存在を審理し、確認する権限だけを備えている。

……

二年の範囲内において取り除かれることができるところの苛酷さにおいては、民事訴訟法七二一条にしたがった明渡期間で十分であるという見解を一貫して貫徹する場合には、その他の点では、一般に社会的条項の主たる適用事例として強調されたところの苛酷さについての事案（賃借人の妊娠状態、賃借人の一時的な病気）が脱落するに違いなかった。というのは、これらの事案においても、今やそのうえさらに二年までの明渡期間が認められうるからには、明渡期間の承認で十分であることができるからである。それとともに、社会的条項、すなわち、『社会的な使用賃貸借法という新たな秩序の核心』は、なおよりいっそうその適用において困難にされ、なおよりまれに適用されなければならない例外規定になるであろう。立法者は、明渡期間を二年に延長するという可能性をもって、確かに、そのことを達成するつもりではなかったのである。

……

……むしろ、社会的条項と明渡期間の承認は、その要件において、および、その法律効果にしたがって、根本的に異なっていることから出発されなければならない。ＢＧＢ五五六ａ条は、実体法上の規整をもっており、その規整によって、はじめに、賃借人が明渡しを義務づけられているのかどうか、または、その使用賃貸借関係が延長されなければならないのかどうかという点が確認されるのである。民事訴訟法七二一条は、その内容にしたがって、執行からの保護の規定であり、まさしく、明渡しについての賃借人の義務を前提とし、それからはじめて、裁判所によって審理され、考慮に入れられうるのである。ＢＧＢ五五六ａ条にしたがった異議は、一定の要件を前提とし……その要件にひとつの法律効果、すなわち、その使用賃貸借関係の延長を結びつける。それに対して、民事訴訟法七二一条は、そのうえさらに職権上顧慮されなければならない裁量規定を含んでいる。……本件において、被告らにとっての特別な苛酷さは、まさしく、被告らが、自分自身の居住計画に入ることができる前に、短い期間の間、さらにもう一度、代替住居に転居しなければならなかったという点に依拠した。そのことから、その苛酷さは、明渡期間を認めることによってではなく、本件使用賃貸借関係の延長によってのみ有効に取り除かれうるのである。……社会的条項によって、賃借人の自宅のための法的な基礎が賃借人に維持されたままであるということになる。というのは、本件解約告知は目下のところ正当化されていないように思われたからである。それに対して、明渡期間は、転居と明渡義務それ自体によって引き起こされた困難さだけを切り抜け和らげるということになる。明渡期間を認めることが、通常、一度確認されたところの賃借人にとっての苛酷さを一掃するために十分ではありえないことは、最終的に、賃借人の法的な地位にかかわるところの相違からも判明する。BGB五五六a条が適用される場合には、その使用賃貸借関係は、これまでのすべての権利・義務をともなって存続したままである。これに対して、民事訴訟法七二一条にしたがった期間の間、その使用賃貸借関係は、終了させられている。なお、特別に整えられなければならない使用関係だけが存在するのである。その使用関係の間も、賃借人を優遇する法律上の請求権が、その使用賃貸借関係にもとづいて、賃借人に当然帰属すべきものであるのかどうかという点は、きわめて疑わしいように思われる。……すべてのことにしたがって、当部は、いわゆる社会的条項の要件が存在する場合には、その使用賃貸借関係の継続が行われなければならないという見解から離れない。これは、継続の期間が二年よりもより少ない場合にも妥当する。BGB五五六a条にしたがって継続されたその使用賃貸借関係の満了した時点ではじめて、民事訴訟法七二一条の枠組みにおいて、明渡期間が認められなければならないのかどうかという点が検討されなければならないのである」(86)。

第二に、シュトゥットガルト上級地方裁判所一九六八年一一月一一日決定をみておきたい。

【5】シュトゥットガルト上級地方裁判所一九六八年一一月一一日決定(87)

［事案の概要と経緯］

本決定は、地方裁判所から提出された法的問題に対して、上級地方裁判所によって下された決定であるが、提出された法的問題は次のとおりである。

すなわち、「賃借人の保護の必要がすでに民事訴訟法七二一条にしたがった明渡期間が認められることによって満たされうる場合に、使用賃貸借関係は、BGB五五六a条にしたがって延長されてしかるべきであるのか。換言すれば、民事訴訟法七二一条の可能な最長の明渡期間の範囲内において、賃借人にとっての苛酷さが取り除かれ、または、本質的に軽減されうることが見通しうる場合にも、ＢＧＢ五五六ａ条は適用可能であるのか」、という法的問題であった。

［決定理由］

はじめに結論を確認しておくと、上級地方裁判所は、次のように判断した。

「……ＢＧＢ五五六ａ条にしたがったその使用賃貸借関係の継続のための要件が認められているのかどうかという問題の審理は、賃借人に敗訴の判決が下される場合に、その範囲内において賃借人のために賃借人の住居の明渡しによって生じる苛酷さが取り除かれ、または、軽減されるところの民事訴訟法七二一条にしたがった明渡期間が賃借人に認められることができたのかどうかという点とはかかわりなく行われなければならない。両方の規定、および、それらの法的効果の相違のために、それらの手段の均衡が取れていることという原則に意義はないのである」[88]。

その決定理由において、上級地方裁判所は、ＢＧＢ旧五五六ａ条の適用と民事訴訟法七二一条にしたがった「明渡しからの保護」との関係、および、ＢＧＢ旧五五六ａ条と民事訴訟法七二一条との違い等について、次のように論じたのである。

「……民事訴訟法七二一条にしたがった明渡期間の承認によって、同じく、賃借人がその使用賃貸借関係の延長を申し立てたところの賃借人によって必要とされた期間が賃借人に認められることができたのかどうかという点は、重要でない。むしろ……社会的条項と明渡期間は、それらの法律上の組み込みにしたがって、それらの要件および法律効果において、根本的に異なることが決定的である。両方の規定は、競合し、相互に排除し、または、重なり合うだけの要件を含むのではなく、むしろ、相並んで、賃借人にとっての苛酷さを取り除き、または、軽減する可能性を与えるのである。

ＢＧＢ五五六ａ条の規定は、実体法に属する。ＢＧＢ五五六ａ条の規定は、その使用賃貸借関係が、そのすべての権利・義務をともなって、その契約当事者のために……存続し続けることを見込んでいる。裁判所によってＢＧＢ五五六ａ条三項[89]にしたがって行われなければならない決定は、明渡期間の承認におけるように、裁量決定ではなく、むしろ、個々の要件の徴標の審理にしたがって、かつ、社会的条項において挙げられ、その解釈にとってはもっぱら

BGB五五六a条だけが基準であるところの定められていない法概念を具体的に満たすことにしたがって下されなければならないのである。そのことから、民事訴訟法七二一条は、この点では、顧慮されていないままでなければならない。

これにしたがって、その使用賃貸借関係の継続のための法律上の要件が認められているならば、賃借人は、その使用賃貸借関係の継続に対して、実体法上の請求権を有する。賃借人は、いわば正しいままである。異なった性質をもつ規定にもとづいて、賃借人の住居の明渡しのための期間が認められうるという理由において、賃借人にその請求権を拒絶することはできないのである。

それに対して、民事訴訟法七二一条は、強制執行の前段階における訴訟法の規定である。民事訴訟法七二一条にしたがった明渡期間の承認は、賃借人が、裁判所の判決にもとづいて、その使用賃貸借関係の終了後に、その住居を明け渡さなければならないこと、すなわち、賃借人がいわば正しくないことを前提とする。明渡期間は、賃借人を助けて、特に、代替住居の調達のときに、明渡義務によって引き起こされた困難さを乗り切らせることだけに役立つということになる」(90)。

第三に、オルデンブルク上級地方裁判所一九七〇年六月二三日決定をみておきたい。

【6】オルデンブルク上級地方裁判所一九七〇年六月二三日決定(91)

[事案の概要と経緯]

原告は、本件住居の賃借人であった被告に対して、一八年の居住期間の後に、一年の解約告知期間をもって、一九六九年一〇月三一日付で、本件使用賃貸借関係を解約告知した。区裁判所は、原告の明渡しの訴えを認容したが、同時に、一九七〇年一月三一日までの明渡期間を認めた。被告は、地方裁判所に控訴し、本件明渡しの訴えの棄却、および、一九七〇年四月一五日までの本件使用賃貸借関係の継続を求めた。というのは、被告は、この時点において、拘束力をもって、代替住居を得る見込みがあったからである。

地方裁判所は、明渡しの判決が下されることにおいて存在する苛酷さは、賃借人が確実に代替住居を得る見込みがあり、民事訴訟法七二一条にしたがって認められうる明渡期間の範囲内においてその代替住居に入居することができる場合には考慮されないという見解であった。しかし、地方裁判所は、そのような判決を下すことについて、シュトゥットガルト上級地方裁判所一九六八年一一月一一日決定（裁判例【5】）によって主張された法的見解によって妨げられる、と判断した。その理由から、地方裁判所は、オルデンブルク上級地方裁判所に、次のような法的問題を提出したのである。すなわち、賃借人が、一年よりもよりわずかな期間で新たな住居に入居することができ、なお、その期間だけが切り抜けられなければならず、その結果、同時に認められるところの民事訴訟法七二一条にしたがった明渡期間のために、明渡しの判決が下されることにおいて正当化されることができない苛酷さがもはや存在しないことが確定している場合に、賃借人は、BGB旧五五六a条にしたがって、その使用賃貸借関係の短い期間における継続に対する請求権を有するのかどうか、という法的問題であった。

［決定理由］

はじめに結論を確認しておくと、上級地方裁判所は、次のように判断した。

「民事訴訟法七二一条の可能な最長の明渡期間の範囲内において賃借人にとっての苛酷さが取り除かれることができる場合にも、賃借人の異議にもとづいて、使用賃貸借関係はBGB五五六a条にしたがって延長されうるのかどうかという問題は、シュトゥットガルト上級地方裁判所とともに……BGB五五六a条にしたがった使用賃貸借関係の継続のための要件は、代替住居を獲得するまで民事訴訟法七二一条にしたがって賃借人に明渡期間が認められることができるのかどうかという点とはかかわりなく審理されなければならないというように答えられなければならないのである」[92]。

すなわち、「当部は、BGB五五六a条の意味における苛酷さの概念にとって、民事訴訟法七二一条にしたがった明渡期間の可能性は顧慮されていないままでなければならないというシュトゥットガルト上級地方裁判所によって主張された見解に従うのである」[93]。

その決定理由において、上級地方裁判所は、BGB旧五五六a条の適用と民事訴訟法七二一条にしたがった「明渡しからの保護」との関係、および、BGB旧五五六a条と民事訴訟法七二一条との違い等について、次のように論じたのである。

「地方裁判所は……BGB五五六a条にもとづく継続の請求権は、要件および法律効果にしたがって、民事訴訟法七二一条にしたがった明渡しからの保護の請求と異なっていることを適切に述べた。BGB五五六a条にしたがった賃借人の継続の請求の場合には、実体法上の請求権の行使にかかわる問題であり、その請求権は、その使用賃貸借契約の当事者間の法的関係の新たな形態に行き着くのに対して、民事訴訟法七二一条にしたがって認められうる明渡期間は、その使用賃貸借関係の解約告知を触れられていないままにしておいて、執行の障害だけをつくりだすのである。……

地方裁判所の見解に反して、BGB五五六a条の意味における苛酷さの概念にとって、民事訴訟法七二一条にしたがった明渡期間によっても賃借人のその住居についての利益に対応されることができたのかどうかという点は意義のないものである。BGB五五六a条一項にしたがって、その使用賃貸借関係の契約にしたがった終了において存在する苛酷さは、社会的条項の適用を理由づける。その苛酷さは、民事訴訟法七二一条の適用のもとで、その使用賃貸借関係が終了したままであり、使用賃貸借に類似しただけの関係がきわめてはるかにより弱い賃借人の権利をともなってその使用賃貸借関係に代わることによって取り除かれることはないのである。……

シュトゥットガルト上級地方裁判所によって主張された法的見解は、地方裁判所の想定に反して、あまりに形式的でもなく、さらに、実際的でない結果に行き着くわけでもない。民事訴訟法七二一条にしたがった明渡期間の承認のための法律上の要件は、継続の請求権を基礎づけるところのBGB五五六a条の要件よりも、著しくより容易に満たされうる。法律上の解約告知期間の範囲内において要求できる代替住居を調達することが落ち度なく主観的にできないことが、その使用賃貸借契約の当事者の利益の比較衡量のもとで、BGB五五六a条の意味における特別な苛酷さについての理由として正当と認められる場合には、賃借人には、賃借人の法的地位に対するその効果の点でよりわずかに評価されなければならない執行からの保護によってだけではなく、その使用賃貸借契約の見込まれた継続による法律によって認められた保護もまた認められなければならないのである」[94]。

第四に、ダルムシュタット地方裁判所一九七一年六月三〇日決定をみておきたい。

【7】ダルムシュタット地方裁判所一九七一年六月三〇日決定(95)

［事案の概要と経緯］

被告らは、一九六九年五月一日から一九七〇年四月三〇日までの期間で、三つの部屋から構成されていた本件住居を原告から賃借した。本件使用賃貸借関係は、そのつど、あらかじめ、遅くとも第三仕事日に、二ヶ月の期間をもって、当事者の一方によって解約告知されない場合には、一ヶ月だけ延長されるということになっていた。

原告は、一九七〇年二月二五日付の書留をもって、一九七〇年四月三〇日付で、本件使用賃貸借関係を解約告知し、本件住居が一九七〇年五月一日から新たな賃貸のために原告の意のままになることの確認を被告らに求めた。被告らは、一九七〇年三月四日付の書留をもって、次のように述べた。すなわち、「原告が本件使用賃貸借関係をさらにおよそ半年の間引き続き存続させておくことができたならば、被告らにとって大変好ましいであろう。原告は、確かに、被告らが被告らの住宅の完成までにさらにもう一度転居したくないことに対して理解があるだろう。特に、そのことは、新たな費用と結びつけられていたからである」。そこで、当事者の間において協議が行われ、それに関連して、原告は、被告らに、新たな使用賃貸借契約書を送付し、被告らが一部に署名をして再び原告に返送することを依頼した。さらに、原告は、付帯費用の支払いとして五〇〇ドイツマルクの振替を催促した。被告らは、送付された新たな使用賃貸借契約書に署名もしなかったし、五〇〇ドイツマルクも支払わなかった。これに対して、原告は、被告らに対して、本件住居の明渡しと返還を求めて訴えを提起した。

区裁判所は、原告の請求を認容しつつも、被告らに、一九七一年二月二八日までの明渡期間を認めた。

被告らは、一九七一年二月一八日に本件住居から退去したが、地方裁判所に控訴した。

被告らは、次のように申し立てた。すなわち、区裁判所は、不当なことに、被告らに明渡しの判決を下し、被告らの新たな建物が入居可能になるまで、被告らに明渡期間だけを認めた。区裁判所は、むしろ、本件解約告知に対する被告らの正当な異議にもとづいて、一九七一年二月二八日まで本件使用賃貸借関係を継続することを命じ、本件明渡しの訴えを棄却しなければならなかったのである。

〔決定理由〕

地方裁判所は、結論として、「区裁判所は、不当なことに、被告らに明渡しの判決を下し、退去までの請求された時間的な猶予を、民事訴訟法七二一条にしたがった明渡期間の形態においてだけ被告らに認めた」(96)、と判断した。

その決定理由において、地方裁判所は、はじめに、本件使用賃貸借関係の契約にしたがった終了は、被告らにとって、原告の正当な利益を評価しても正当化されることができない苛酷さを意味したことについて、次のように論じたのである。

「被告らは、書面によっても、口頭弁論の最初の期日においても……次のことを指摘して、本件解約告知に異議を述べた。すなわち、すでに本件解約告知の時点において建築中であった被告らの自宅が、ようやく、一九七〇年の終わり、もしくは、一九七一年のはじめに完成され、その理由から、また、被告らの子供の就学の義務を顧慮しても、被告らの自宅が入居の用意のできる前の再度の転居は被告らに要求されることができないことである」(97)。

そのうえで、地方裁判所は、BGB旧五五六a条の適用と民事訴訟法七二一条にしたがった「明渡しからの保護」との関係、および、BGB旧五五六a条と民事訴訟法七二一条との違い等について、次のように論じたのである。

「認められた事情のもとで本件使用賃貸借関係の契約にしたがった終了において存在するところのBGB五五六a条一項の意味における苛酷さは、特に……次の理由において否定されなければならなかったわけではない。すなわち、なおこれ以上の転居を避けることについての被告らの利益が民事訴訟法七二一条にしたがった明渡期間の承認によって十分なやり方において顧慮されることができたし、一方においてBGB五五六a条にしたがった本件使用賃貸借関係の延長と、他方において民事訴訟法七二一条にしたがった明渡期間の承認との間の選択において、賃貸人にとってよりわずかに感じられるところの明渡期間の承認に優位が認められなければならなかったという理由である。BGB五五六a条の意味における苛酷さは、たとえば、退去のために請求された時間的な猶予が民事訴訟法七二一条にしたがった明渡期間によって賃借人に認められることができない場合にだけ……存在するのでは決してない。

> ……ＢＧＢ五五六ａ条は、たとえば、民事訴訟法七二一条に対して補足的ではない。むしろ、両方の規定は、シュトゥットガルト上級地方裁判所がその決定[98]において適切に説明したように、それらの法律上の組み込みにしたがって、それらの要件および法律効果において根本的に異なるのである。ＢＧＢ五五六ａ条の要件は、いわゆる定められていない法概念であり、その要件は、その使用賃貸借関係の継続に対する実体的な法的な請求権を賃借人に認める。その要件がいつ満たされているのかということは、完全に民事訴訟法七二一条にしたがった明渡期間の可能性から切り離されて審理されなければならない。……それに対して、賃借人は、民事訴訟法七二一条にしたがった明渡期間の承認に対して、法的な請求権を有しない。明渡期間の承認は、もっぱら、義務にしたがった裁判所の裁量においてだけ存在する。明渡期間の承認は、賃借人が裁判所の決定にもとづいてその使用賃貸借関係の終了後にその住居を明け渡さなければならないことを前提とする。……そのことを超えて、明渡期間は、最大限一年に限定されている……。すべてのことにしたがって、ＢＧＢ五五六ａ条の意味における過酷さの存在は、民事訴訟法七二一条にしたがった明渡期間の可能性とはかかわりなく審理されなければならないし、過酷さが肯定される場合には、その使用賃貸借関係の継続が命じられなければならないのである」[99]。

（2）　（1）において考察した基本となると考えられるところの裁判例の趣旨は個々の裁判例においても同じように確認されることができる。ここでは、いくつかの裁判例の判決理由における関連する論述を確認しておくことにする。

①マンハイム地方裁判所一九六四年一〇月七日判決[100]は、原告（賃貸人）が、一九六四年六月三〇日付で、被告（賃借人）との本件使用賃貸借関係を解約告知したのに対して、被告は、ＢＧＢ旧五五六ａ条にしたがって、一九六五年六月三〇日まで本件使用賃貸借関係を継続することを請求したという事案であった。

地方裁判所は、結論として、「申し立てられたところの一九六五年六月三〇日までの本件使用賃貸借関係の継続のためのＢＧＢ五五六ａ条の要件は、原告の見解に反して、認められていた」[101]、と判断した。

というのは、「被告はすでに本件解約告知期間の満了前に建築用に整備された土地を取得し、被告の建物の建築の開始、ならびに、被告のその建物への入居の可能性は、十分な確実性をもって見通しうるし、その結果、一九六五年六月三〇日までの中間の期間のために、二重の転居、および、そのほかの代替住居を求める努力が被告に要求されることはできない」[102]、という理由であった。

その判決理由において、地方裁判所は、「確かに、立法者の意思にしたがって……明渡義務のある賃借人の転居についての一般的な困難さは民事訴訟法七二一条にしたがった明渡期間の手続きにおいて考慮に入れられなければならない……。しかし、民事訴訟法七二一条は……転居についての一般的な困難さだけを対象とするのであるから、本件事案の特別な諸関係が、BGB五五六a条の適用を正当化したのである」[103]、と論じたのである。

②カッセル地方裁判所一九六五年一月七日判決[104]は、賃貸人が、半身不随で車いすの使用に頼らざるをえなかった七三歳の賃借人との本件使用賃貸借関係を解約告知したという事案であった。

地方裁判所は、その判決理由（ただし、判例集の要約による）において、「BGB五五六a条は、社会的な使用賃貸借法の中核として、賃借人に一種の明渡期間だけを承認するのではない。BGB五五六a条は、むしろ……賃借人に、賃借人の住居のための存続保護を認めるということになる。BGB五五六a条は、これまでの賃借人保護に代わり、その使用賃貸借関係を相当な期間の間真に継続することを可能にする。三年という継続期間は、特別な場合において、賃借人が適当な代替住居を見出すことができるために必要不可欠である」[105]、と論じたのである。

③フライブルク地方裁判所一九六五年一二月一五日判決[106]は、原告（賃貸人）らが、被告（賃借人）らとの本件使用賃貸借関係を解約告知したのに対して、被告らは、BGB旧五五六a条にしたがって、すでに見出されたところの代替住居に入居できる時点まで本件使用賃貸借関係を継続することを請求したという事案であった。

地方裁判所は、結論として、「本件使用賃貸借関係は、被告らの申立てに対応して、代替住居（に入居できる）時点まで延長されなければならなかった」[107]、と判断した。

その判決理由において、地方裁判所は、BGB旧五五六a条の適用と民事訴訟法七二一条にしたがった「明渡しからの保護」との関係等について、次のように論じたのである。

「BGB五五六a条にしたがったその使用賃貸借関係の継続は、同様の目的が、結果において、まったく同じくらい、民事訴訟法七二一条にしたがった明渡期間の承認によって達成されることができたことによっても、排除されることはない。ＢＧＢ五五六ａ条の規定は、補足的なだけの性質ではない。ＢＧＢ五五六ａ条の適用可能性は、むしろ、独立して審理されなければならないし、しかも、民事訴訟法七二一条の適用の前に審理されなければならない。民事訴訟法七二一条は、ＢＧＢ五五六ａ条のように、その使用賃貸借関係の継続自体を可能にするのではなく、むしろ、その使用賃貸借関係の終了に手をつけずにおいて、明渡執行だけを延期するのである」[108]。

④すでにⅡの一の1において取り上げたところのカッセル地方裁判所一九六六年二月一七日判決（裁判例【1】）は、その判決理由において、次のように論じたのである。

「……原告（賃借人）らの保護に値する利益は、本件使用賃貸借関係が、原告・一の年金つき退職のあとしばらくのあいだまで、つまり、遅くとも一九六七年一一月三〇日まで延長される場合にのみ維持されることができる。かろうじて三年だけ延長することは、ＢＧＢ五五六ａ条にしたがって、全く許容しうるように思われた。ＢＧＢ五五六ａ条にしたがって、すべての事情を考慮に入れて相当であるところの期間が選択されなければならないのであり、このことは、個々の事案において、数年になりうるのである。ＢＧＢ五五六ａ条は、『社会的な使用賃貸借法の中核』として、賃借人に……必要な期間の間、賃借人の住居のための真の存続保護を認めるのであり、特別な明渡期間だけを認めるのではない。民事訴訟法七二一条にしたがって、明渡期間は、すでに、明渡判決の既判力（発生）後一年まで延長されることができるが、ＢＧＢ五五六ａ条にしたがった本件使用賃貸借関係の延長は、原則として、相当により長い期間の間も、いずれにせよ、かろうじて三年の間可能でなければならないのである」[109]。

⑤シュトゥットガルト地方裁判所一九九〇年一二月六日判決[110]は、原告（賃貸人）らが、原告・三の息子のために、「自己必要」を理由として、本件住居に関する使用賃貸借関係を解約告知したのに対して、被告（賃借人）は、ＢＧＢ旧五五六ａ条にしたがって、一九九一年三月三一日まで本件使用賃貸借関係を継続することを請求したという事案であった。

地方裁判所は、結論として、「確かに、当事者相互間に、原告らが、法的に有効に、原告・三の息子の自己必要を理由として、本件住居に関する本件使用賃貸借関係をＢＧＢ五六四ｂ条二項二号にしたがって解約告知する権限のあったことは議論の余地もなかった。しかし、当部の確信にしたがって……本件解約告知に異議を述べたところの被告に、ＢＧＢ五五六ａ条にしたがって……一九九一年三月三一日まで本件使用賃貸借関係を継続することに対する請求権が当然帰属すべきものであった」[111]、と判断した。

その判決理由において、地方裁判所は、シュトゥットガルト上級地方裁判所一九六八年一一月一一日決定（裁判例【5】）にしたがって、民事訴訟法七二一条にしたがった「明渡しからの保護」という可能性にもかかわらず、ＢＧＢ旧五五六ａ条の要件が存在する場合には、その使用賃貸借関係が継続されなければならないことについて、次のように論じたのである。

「……確かに、被告の継続の請求は、通常民事訴訟法七二一条にしたがった明渡期間として認められるところの枠組みにおいて、控訴審の審理からなおおよそ引き続き四ヶ月だけの間存在する。しかし、このような考慮は、ＢＧＢ五五六ａ条一項にしたがった苛酷さの事案の存在についての判断において行われることができない。というのは、民事訴訟法七二一条においては、裁量決定にかかわる問題であり、民事訴訟法七二一条は、訴訟に関する規定として、強制執行の前段階において妥当するのに対して、ＢＧＢ五五六ａ条は、一定の要件をともなう実体法の規定であり、それらの要件が存在する場合には、ＢＧＢ五五六ａ条二項にしたがった継続の請求権が賃借人に当然帰属すべきものであるからである。明渡期間の承認の可能性にもかかわらず、ＢＧＢ五五六ａ条の要件が存在する場合には、その使用賃貸借関係の延長が述べられなければならないことは、すでに、シュトゥットガルト上級地方裁判所一九六八年一一月一一日決定から判明するのである」[112]。

（1） BGHZ 103, 91.

（2） BGHZ (Fn.1), S.96.

（3） 賃貸人の「自己必要」に関する審理においては賃借人の個別的・具体的な利益との比較衡量は行われない構造となっている理由の点をも含めて、拙著『住居をめぐる所有権と利用権――ドイツ裁判例研究からの模索――』（日本評論社、二〇一三年）三三

―四一頁、九八―九九頁、一一一―一一二頁参照。

（4）AG Bochum WuM 1980, 226.

（5）AG Bochum WuM（Fn.4）, S.226.

（6）LG Berlin GE 1990, 493.

（7）LG Berlin GE（Fn.6）, S.493.

（8）LG Kassel WuM 1966, 76.

（9）本判決の当時、ＢＧＢ旧五五六ａ条がこのような文言であったこと、および、その後同条について法改正がなされたことについては、拙著『ドイツ借地・借家法の比較研究―存続保障・保護をめぐって―』（成文堂、二〇〇一年）一六六―一七五頁参照。

（10）LG Kassel WuM（Fn.8）, S.77.

（11）LG Kassel WuM（Fn.8）, S.77.

（12）LG Essen ZMR 1966, 330.

（13）LG Essen ZMR（Fn.12）, S.330.

（14）LG Hamburg WuM 1989, 238.

（15）LG Hamburg WuM（Fn.14）, S.238.

（16）LG München I WuM 1989, 296.

（17）LG München I WuM（Fn.16）, S.296.

（18）BVerfGE 79, 292. 拙著・前掲注（3）四三―四七頁参照。拙著・前掲注（3）において考察したように、連邦憲法裁判所は、所有権の保障の実質は、所有権の目的物に関する私的な有益性と原則としての処分権能によって特徴づけられ、賃貸人が所有権の目的物を自ら使用するという自由・権能もまた、所有権の本質に属すること等を論じたのである。

（19）LG München I WuM（Fn.16）, S.297.

（20）LG Düsseldorf WuM 1991, 36.

（21）LG Düsseldorf WuM（Fn.20）, S.37.

（22）LG Lübeck WuM 1994, 22.

（23）LG Lübeck WuM（Fn.22）, S.22.

（24）LG Kassel WuM 1989, 416.

（25）LG Kassel WuM（Fn.24）, S.417.

(26) 拙著・前掲注(9)一六六―一七五頁、および、拙稿「ドイツ使用賃貸借法の新たな展開と住居使用賃借権の存続保護」京都学園法学二〇〇三年二号(二〇〇三年)五〇頁以下参照。
(27) AG Düren WuM 1964, 138.
(28) AG Düren WuM (Fn.27), S.138.
(29) AG Düren WuM (Fn.27), S.138.
(30) LG Kassel DWW 1964, 363.
(31) LG Kassel DWW (Fn.30), S.363.
(32) LG Kassel DWW (Fn.30), S.363.
(33) AG Bensberg MDR 1966, 508.
(34) AG Bensberg MDR (Fn.33), S.508.
(35) AG Bensberg MDR (Fn.33), S.508.
(36) LG Coburg WuM 1969, 26.
(37) LG Coburg WuM (Fn.36), S.27.
(38) LG Coburg WuM (Fn.36), S.27.
(39) AG Miesbach WuM 1979, 190.
(40) AG Miesbach WuM (Fn.39), S.190.
(41) AG Miesbach WuM (Fn.39), S.190.
(42) AG Velbert WuM 1988, 430.
(43) AG Velbert WuM (Fn.42), S.431.
(44) AG Velbert WuM (Fn.42), S.431.
(45) AG Coesfeld DWW 1989, 230.
(46) AG Coesfeld DWW (Fn.45), S.230.
(47) AG Coesfeld DWW (Fn.45), S.230.
(48) LG Berlin ZMR 1989, 425.
(49) LG Berlin ZMR (Fn.48), S.425.
(50) LG Berlin ZMR (Fn.48), S.425.

(51) AG Hamburg WuM 1992, 373.

(52) AG Hamburg WuM (Fn.51), S.373.

(53) AG Hamburg WuM (Fn.51), S.373.

(54) LG Bochum ZMR 2007, 452.

(55) LG Bochum ZMR (Fn.54), S.453.

(56) LG Bochum ZMR (Fn.54), S.454.

(57) AG Schöneberg GE 2014, 1278 (JURIS). なお、この裁判例の参照については、ＪＵＲＩＳデータベースを利用した。ＪＵＲＩＳを利用した場合、以下、この注のように、ＪＵＲＩＳに挙げられている当該裁判例の掲載文献を掲げ、あわせて、それをＪＵＲＩＳで参照したことを、(JURIS) というかたちで示すことにする。

(58) AG Schöneberg GE (Fn.57), Tenor.

(59) AG Schöneberg GE (Fn.57), Rn.43.

(60) LG München I NZM 2014, 638.

(61) LG München I NZM (Fn.60), S.639.

(62) LG München I NZM (Fn.60), S.639.

(63) LG Lübeck WuM 2015, 97.

(64) LG Lübeck WuM (Fn.63), S.98.

(65) LG Lübeck WuM (Fn.63), S.98.

(66) LG Berlin WuM 2015, 439.

(67) LG Berlin WuM (Fn.66), S.440.

(68) LG Berlin WuM (Fn.66), S.441.

(69) LG Berlin WuM 2016, 180.

(70) LG Berlin WuM (Fn.69), S.180.

(71) LG Berlin WuM (Fn.69), S.180.

(72) AG Arnsberg DWW 1988, 182.

(73) AG Arnsberg DWW (Fn.72), S.183.

(74) AG Arnsberg DWW (Fn.72), S.183.

(75) LG Koblenz WuM 1987, 201.
(76) LG Koblenz WuM（Fn.75）, S.201.
(77) LG Koblenz WuM（Fn.75）, S.202.
(78) AG Detmold DWW 1988, 216.
(79) AG Detmold DWW（Fn.78）, S.217.
(80) AG Detmold DWW（Fn.78）, S.217.
(81) LG Bonn WuM 1992, 610.
(82) LG Bonn WuM（Fn.81）, S.610.
(83) LG Bonn WuM（Fn.81）, S.610.
(84) LG Essen/Ruhr WuM 1968, 199.
(85) LG Essen/Ruhr WuM（Fn.84）, S.199.
(86) LG Essen/Ruhr WuM（Fn.84）, S.199f.
(87) OLG Stuttgart NJW 1969, 240.
(88) OLG Stuttgart NJW（Fn.87）, S.241.
(89) 現行ＢＧＢ五七四ａ条二項に対応する。同規定については、すでにＩの２において触れた。
(90) OLG Stuttgart NJW（Fn.87）, S.241.
(91) OLG Oldenburg ZMR 1970, 329.
(92) OLG Oldenburg ZMR（Fn.91）, S.330.
(93) OLG Oldenburg ZMR（Fn.91）, S.330.
(94) OLG Oldenburg ZMR（Fn.91）, S.330.
(95) LG Darmstadt WuM 1972, 31.
(96) LG Darmstadt WuM（Fn.95）, S.33.
(97) LG Darmstadt WuM（Fn.95）, S.33.
(98) 裁判例【5】。
(99) LG Darmstadt WuM（Fn.95）, S.33.
(100) LG Mannheim NJW 1964, 2307.

(101) LG Mannheim NJW (Fn.100), S.2307.
(102) LG Mannheim NJW (Fn.100), S.2307.
(103) LG Mannheim NJW (Fn.100), S.2307.
(104) LG Kassel MDR 1965, 831.
(105) LG Kassel MDR (Fn.104), S.831.
(106) LG Freiburg MDR 1966, 419.
(107) LG Freiburg MDR (Fn.106), S.419.
(108) LG Freiburg MDR (Fn.106), S.419.
(109) LG Kassel WuM (Fn.8), S.77.
(110) LG Stuttgart WuM 1991, 347.
(111) LG Stuttgart WuM (Fn.110), S.347.
(112) LG Stuttgart WuM (Fn.110), S.347.

二 比較衡量それ自体にかかわる裁判例

Ⅱの一においては、比較衡量の前提となることがらにかかわる裁判例を整理・考察したが、そこでの考察を踏まえたうえで、次に、比較衡量それ自体にかかわる裁判例を整理・考察する作業に入ることにする。

比較衡量それ自体にかかわる裁判例については、大きく、二つの範疇に分けて考察を進めたい。すなわち、利益の比較衡量の基本的な枠組みにかかわる裁判例と、具体的な利益の比較衡量に関する裁判例である。

1 利益の比較衡量の基本的な枠組みにかかわる裁判例

まず、利益の比較衡量の基本的な枠組みにかかわる裁判例を整理・考察するが、ここでは、利益の比較衡量の基本について、当事者の態様・認識について、および、当事者の利益が均衡している場合について、関係する裁判例を考察することにする。

(1) 利益の比較衡量の基本について

第一に、利益の比較衡量の基本について、関係する裁判例を考察したい。ここでは、連邦憲法裁判所および連邦通常裁判所等の裁判例と、下級審裁判所の裁判例とに分けて考察を進めることにする。

①連邦憲法裁判所および連邦通常裁判所等の裁判例

はじめに、連邦憲法裁判所および連邦通常裁判所等の裁判例を考察したい。

㋐ まず、賃借人が、憲法訴願を申し立て、または、上告したところの裁判例を考察しておきたい。第一に、連邦憲法裁判所一九九三年二月一二日決定をみておきたい。

【8】 連邦憲法裁判所一九九三年二月一二日決定(113)

［事案の概要と経緯］

異議申立人らは、およそ一〇〇平方メートルの居住面積を有し、四つの部屋から構成されていた本件住居の賃借人であった。一九八六年に本件住居について住居所有権が設定されたが、原告らは、一九八七年二月四日に、本件住居所有権を取得し、その後、一九九〇年二月一一日付の書面をもって、「自己必要」を理由として、本件使用賃貸借関係を解約告知した。原告らは、原告らによって使用されたところの三つの部屋から構成されていた住居が、原告ら自身、および、原告らの二人の子供ら（一歳と三歳）にとって十分ではなかった、と主張した。

これに対して、異議申立人らは、本件解約告知に異議を述べた。異議申立人らは、主として、一九四七年五月二〇日に生まれた異議申立人・一が、本件住居を失ったときに明らかに今にも悪化しそうであったところの慢性の多発性関節炎にかかっていたことを引き合いに出した。異議申立人・一の病気を理由とするところの転居に条件づけられた「苛酷さ」について、異議申立人らは、特に、本件住居およびいつもながらの環境を失うことは、具体的に、今にも異議申立人・一の炎症性の関節の病気の劇的な悪化に行き着きそうであったし、その結果、運動能力における現在の制限が、毎日の慢性的な継続的苦痛と結びついて、広範囲な運動能力のないことにまで悪化させられることができた、と申し立てた。その際、抽象的・理論的な危険ではなく、むしろ、具体的・現存の危険にかかわる問題であった。確かに、異議申立人・一は、集中的に、異議申立人・一の健康状態を安定させること、および、本件住居の強要された放棄が劇的な健康の悪化に行き着くという非常に強い危険に対する心的な「免疫化」を得ようと努めた。しかし、このような集中的な努力は、自由意思からでない本件住居の喪失という危険が存在することを何も改めなかった。主張されたところの病気の経過の点では鑑定書が提出された。異議申立人らは、それに加えて、証明資料として、一九九一年四月五日付の内科医（X）の診断書を提出した。その診断書は、次のようであった。

「その患者（異議申立人・一）は、ずっと以前から、重大なリューマチ性の病気に苦しんでいた。その病気は病状悪化で進行し、そのような病状悪化をひき起こすものは、身体的な性質でもあり、心的な負担でもありえた。特に、ずっと以前から居住していた本件住居からの強制的な転居は……その患者にとって、重大な危機をひき起こしうるし、それによって、周知の慢性的な病気を新たな病状悪化のような推移に動かしうる。その病気の病状悪化のような推移は、その患者の日常において、重大な苦痛の状態だけを意味するのではなく、むしろ、全部の予想に向けての相当な結果を有する。というのは、その病気によって、病気にかかった器官と異なる器官もまた、そのつど病状悪化に襲われうるからである。そのことから、医学的な見地から、あらゆるストレス状況をその患者から遠ざけておくことが要求されなければならないし、特に、医学的な見地から、その患者が現在の本件住居を維持することが歓迎されなければならないのである」。

区裁判所は、本件明渡しの訴えを認容した。区裁判所は、まず、賃貸人らの客観的な「自己必要」から出発し、異議申立人らの申立てを顧慮しても、原告らの自己使用の願望を疑う理由を見出さなかった。さらに、区裁判所は、次のように論じることにより、ＢＧＢ旧五五六ａ条にしたがった異議申立人らの異議をも退けた。すなわち、異議申立人・一の運動能力の現在の制限が広範囲な運動能力のないことに悪化させられることができたことは、詳しく証明されていなかったし、特に、「具体的・現存の」危険ではなかった。これは、まさしく提出された診断書から、必要なやり方において読み取られることができなかった。確かに、その文面は、異議申立人らにプラスの材料を提供するように見えた。しかし、医学的な見地から、異議申立人・一が現在の本件住居を維持することが「歓迎されなければならない」という結論から、その診断書においては、好ましさの証明にかかわる問題であることが判明した。懸念され、もしくは、主張されたところの病気の進行に関する具体的な根拠が欠けているために、これに関して、証拠調べをも必要としなかったのである。

異議申立人らの控訴もまた、成果のないままであった。異議申立人らは、控訴をもって、異議申立人らの第一審の申立てを繰り返し強め、特に、異議申立人・一の健康状態の差し迫った悪化に関して、なおこれ以上の二つの診断書（一九九二年五月五日付のH博士の診断書と一九九二年四月二八日付のZ博士の診断書）を提出した。地方裁判所にとっては、区裁判所と同じく、異議申立人らによって申し立てられた事情は、本件住居を自己使用することについての賃貸人らの意思を真摯に疑うために十分ではなかった。さらに、地方裁判所の見解にしたがって、原告らの利益は、BGB旧五五六a条にしたがった異議申立人らの利益に屈しなかった。詳細な委曲を尽くした具体的な説明なしにも、諸々の事情から、原告らにとって、両親、および、特に、成長する子供らの空間的な展開を要求するところの原告らの家族の有益ななおこれ以上の生活が明らかに危険にさらされていることは、地方裁判所に理解できるものであった。

もっとも、異議申立人・一の重大な病気は、本質的に同じ文面の医師の三つの診断書があるため、地方裁判所には、疑わしいように思われなかった。それらの診断書によって仲介されたところの異議申立人・一の病気の全体像は、心的な負担が住居の交替のときに相当な否定的な影響を有することができたし、その結果、新たな病状悪化が制御できない結果をともなって懸念されなければならなかったことをも、あとづけることができるものとした。そのことから、原告らの家族の存在にかかわる展開は、異議申立人・一の健康上の利益と競合したのである。

しかし、妥協によって解決されることができない困難な葛藤状態において、原告らの利益が優先した。原告らの展開についての妨げは、複数の人々に向けられ、小さな子供らは特に深刻であった。家族用の住居を調達するために一般的な住居市場に乗り換えることは、その住居の取得のときに存在する資金を事前かつ計画的に投入する場合、原告らに要求されることができなかったし、本件住居を譲渡するという提案は、真摯に要求されることができる逃げ道ではなかった。それに対して、異議申立人らには、限定された範囲において、異議申立人・一が実際の影響を免れることによって、転居による目下の負担を減少させることが可能であった。心的な負担は、精神療法的に、心的な領域の危険を減少させるために、異議申立人・一に付き添っていかれることで対応されることができたのである。

これに対して、異議申立人らは、基本法一〇三条一項(114)、二条二項(115)等の違反を理由として、憲法訴願を申し立てたのである。異議申立人らは、主として、次のように主張した。すなわち、区裁判所は、本件住居を喪失する場合に差し迫っているきわめて重大な健康上の損害についての異議申立人らの事実の申立てを完全に無視し、それによって、基本法一〇三条一項、ならびに、基本法二条二項を無視したのである。他方において、地方裁判所は、控訴審手続において、確かに、異議申立人・一の存在にかかわる健康上の利益と取り組んだが、しかし、地方裁判所は、意外に、基本権の対立を評価するときに、申し立てられず予期できない事情から出発し、このようにして、同じく、基本法一〇三条一項、結果として、基本法二条二項にも違反したのである。

［決定理由］

連邦憲法裁判所は、結論として、区裁判所の判決、および、地方裁判所の判決は、基本法一〇三条一項に違反する、と判断し、それらの判決を破棄し、差し戻した。

もっとも、連邦憲法裁判所は、その決定理由において、はじめに、次のように論じることにより、区裁判所と地方裁判所が、基本法一〇三条一項に違反することなしに、賃貸人らの「自己必要」を理由とする本件解約告知がBGB旧五六四b条二項二号にしたがって有効であると判断したことを確認した。

「もっとも、区裁判所と地方裁判所の判決の出発点に対して、憲法上の疑念は存在しなかった。地方裁判所と同じように、区裁判所は、憲法に違反することなしに、自己必要を理由とする解約告知の要件が、BGB五六四b条二項二号にしたがって、本件において、客観的に存在しただけではなく……全く同様に、本件住居に入居するという賃貸人らの真摯な意図のために、主観的にも存在したことを確認した。この関連において異議申立人らによってとがめられたところの法的聴聞（を請求する権利）の侵害のための根拠は存在しなかった。……区裁判所と地方裁判所は……異議申立人らによって述べられたところの自己使用の願望の真摯さについての疑念を詳細に審理し、その疑念の理由づけのために申し立てられた間接事実を真実であると想定したときさえも、十分であるとしなかったのである」(116)。

しかし、連邦憲法裁判所は、「本件憲法訴願は、それが、BGB五五六a条にしたがって必要であるところの利益の比較衡量との関連において、法的聴聞（を請求する権利）の原則に対して、区裁判所と地方裁判所の違反をとがめた限りで言えば、成果があった」(117)、と判断したのである。なお、連邦憲法裁判所は、「それに加えて、異議申立人らが考えたように、区裁判所と地方裁判所の判決が、身体的な損傷のないことに対する異議申立人・一の基本権を侵害したのかどうかという点は、なおこれ以上の審理を必要としなかった」[118]、と述べた。

連邦憲法裁判所は、まず、これまでの連邦憲法裁判所の裁判例にしたがって、基本法一〇三条一項について、一般的に、次のように論じた。

「連邦憲法裁判所の恒常的な裁判例にしたがって、基本法一〇三条一項は、当事者の本質的な申立てを考慮に入れることを命じる。もっとも、基本法一〇三条一項は、規則的に、裁判所が実際の事情に正しい意義を認めないことから保護するわけではない。基本法一〇三条一項は、裁判所が手続法上または実体法上の理由から（当事者の）申立てを顧慮せずにおくことに対しても保護を認めない。しかし、このことは、顧慮せずにおくことが、訴訟法または実体法に根拠を見出さない場合には、妥当しない。連邦憲法裁判所は、裁判所が、権利の追求または権利の防御に役立つところの本質的な事実の主張を総じて聞きおかなかったか、または、決定のときに明らかに考慮しなかったことを特別な事情が明確に明らかにした場合に介入する。その要件は、本件において認められているのである」[119]。

したがって、連邦憲法裁判所によると、区裁判所と地方裁判所は、異議申立人らの権利の追求または権利の防御に役立つところの本質的な事実の主張を総じて聞きおかなかったか、または、決定のときに明らかに考慮しなかった、ということになる。

そのうえで、連邦憲法裁判所は、地方裁判所の判決が、ＢＧＢ旧五五六ａ条にしたがって必要であるところの利益の比較衡量において、基本法一〇三条一項に違反すると判断した理由について、次のように論じたのである。

「地方裁判所によって行われたところの利益の比較衡量は、確かに、実体法上の観点において、憲法上の疑念に遭遇しなかった。特に、次のことは、憲法上、許容しうることであった。すなわち、明渡しのときに賃借人に差し迫っている身体的・精神的な負担が、付き添っていく精神療法の治療を通して本質的に減少させられることができるならば、二人の小さな子供らをともなう四人家族の存在にかかわる利益に、重大な病気の賃借人の利益に対しても、優位を認めることである。さらに、現在四五歳の異議申立人・一に対して、異議申立人・一の病気の危険を減少させることをめざしてあらゆる要求できる努力を期待することは、危惧する必要のないことであった。

しかし、地方裁判所は、手続法上訴訟法にもはや根拠を見出さない方法において、そのような比較衡量に行き着いたのである。一方において、地方裁判所は、彼らの現在の住居を維持するときに、賃貸人ら、および、その家族に特に重大な負担をかけることを、当事者の申立てにおけるあらゆる根拠なしに、単に、想定した。原告らの書面も……一九九二年二月一四日付の区裁判所の調書も、このために、何かあるものをもたらさなかった。人生経験もまた、『原告らの家族の有益なおこれ以上の生活が明らかに危険にさらされている』という広範囲な結論のために、本件において説明されなかった具体的な根拠なしに要求されることはできなかったのである。それに加えて、地方裁判所は、他方において、異議申立人・一の精神療法の治療の成功が見込まれるという可能性から出発することによって、もはや正当化できない範囲において、異議申立人らの申立てとの矛盾に置かれたのである。異議申立人らは、地方裁判所によって言及されたところの一九九一年四月二六日付の書面における説明をもって、心的な『免疫化』を得ようという異議申立人・一の努力だけを説明したのであり、しかし、同時に、自由意思からでない本件住居の喪失という危険が、変わりなく……存在したことを強調した。その説明から、地方裁判所によって前提とされたところの病気の危険の考えうる減少の容認は、全く読み取られることができなかったのである」(120)。

第二に、ベルリン憲法裁判所二〇〇二年五月一六日決定をみておきたい。

【9】 ベルリン憲法裁判所二〇〇二年五月一六日決定(121)

［事案の概要と経緯］

原告（一七人から構成されている民法上の組合）は、一九九五年以来、ベルリンに所在する一四二・三八平方メートルの広さの本件住居の所有者であり、賃貸人であった。異議申立人・一と二は、一九九四年二月以来、本件住居の賃借人であり、一九九九年九月以来、本件住居は転貸されていた。異議申立人・一と二は、原告の二人の前主から本件住居を賃借したが、前主のひとりは異議申立人・二の母親であった。一九九四年二月九日の本件使用賃貸借契約においては、七〇〇ドイツマルクの暖房費抜きの賃料が合意されていたが、その賃料は、経営費を除いて、二〇〇四年七月一日まで増額されてはならなかった。合意されたところの有利な賃料、および、二〇〇四年七月までのその賃料の増額の排除は、異議申立人・二の家族における時間的に先行して先取りされた相続についての調整の要素であり、ある土地がこの関連において異議申立人・二の兄弟に譲渡されていたことに対する調整を意味した。異議申立人・一と二は、二〇〇二年の終わりまでアフリカにいたが、異議申立人・二は、そこで、ドイツ発展途上国援助奉仕において働いていた。

原告は、原告の当時の業務執行組合員であった弁護士・Lのために、「自己必要」を理由として、二〇〇〇年五月三一日付で、本件使用賃貸借関係を解約告知した後で、異議申立人らに対して本件住居の明渡しと返還の訴えを提起した。弁護士・Lとその伴侶は、一九八九年以来、ヴェディングにおいて、分離されたトイレのない狭い浴室だけを使えたところの狭苦しい裏側の建物の五階に所在する住居において生活していた。

地方裁判所は、本件明渡しの訴えを認容したが、異議申立人・一と二は、ベルリン憲法裁判所に憲法訴願を申し立てたのである。

［決定理由］

ベルリン憲法裁判所は、結論として、「本件憲法訴願は、許容でき、理由づけられていた。ベルリン地方裁判所の判決は、異議申立人・一と二の憲法上保障された所有権を侵害した」[122]、と判断した。

その決定理由において、ベルリン憲法裁判所は、はじめに、次のように論じることにより、異議申立人（賃借人）・一と二の財産的価値のある権利は、原則として、憲法上、所有権の保障の保護に属することを確認した。

「……地方裁判所の明渡判決は、特別な憲法上の保護を義務づけられているところの異議申立人・一と二の財産的価値のある地位をも侵害した。……本件においては、市場にしたがった賃料と住居の利用という枠組みにおいて、ほぼ対等に相対峙するところの通常の使用賃貸借契約にかかわる問題ではなく、むしろ、以前の賃貸人が、時間的に先行して先取りされた相続の方法において、極端に有利な賃料の合意と比較的長い期間の間の賃料増額の排除によって、賃借人に経済的な利点を当然受けさせておくつもりであったところの普通でない使用賃貸借契約にかかわる問題であった……そのような使用賃貸借契約は、その住居についての占有のほかに、毎月毎月現実化されるところの利得を与え、そのことから、憲法上の意味における所有権に属するところの財産的価値のある権利をも意味する。私法の領域において、権利者が法秩序にしたがって自己責任による決定に応じてその私的な利用のために行使してしかるべきであるところの財産的価値のある権利は、原則として、所有権の保障の保護に属するのである」(123)。

次に、ベルリン憲法裁判所は、賃貸人と賃借人の利益の比較衡量の基本について、一般的に、次のように論じたのである。

「そのことから、本件においては、一方においてBGB五六四b条一項と二項、他方においてBGB五五六a条一項一文の解釈と適用において、所有権の保障によって引かれた限界が維持され、憲法にしたがった基礎にもとづいてBGBにおいて表現されたところの利益の比較衡量が、両方の側の所有権の保護を顧慮し、所有権に対する過度の制限を回避するやり方において、あとづけられなければならないのである。それにしたがって、言及されたところの使用賃貸借法の規定の解釈と適用において、賃貸人の利益、すなわち、賃貸人の取戻しについての利益とならんで、賃借人の利益、すなわち、賃借人の必要性についての利益もまた、適切に考慮に入れられなければならないし、両方の側の利益が、相互に比較衡量され、釣り合いのとれた調整にもたらされなければならない。法律の解釈は、本件においても、まず第一に、所轄の裁判所のことがらのままであり、基本権の誤認、または、基本権の原則として正しくない適用が問題になっている限りでだけ、ベルリン憲法裁判所による審理に開かれている。……賃借人は、裁判所が、賃借人の存続についての利益の意義と射程範囲を正当に評価するやり方において、賃借人の抗弁を究明しようとすることを要求することができる。そのことを超えて、賃借人は、連邦憲法裁判所の裁判例にしたがって、裁判所が、BGB五五六a条の社会的条項、特に、『苛酷さ』という概念の解釈においても、賃借人の存続についての利益の重みと射程範囲を十分に把握し、考慮に入れることを要求してしかるべきである」(124)。

最後に、ベルリン憲法裁判所は、地方裁判所の判決が、賃貸人と賃借人の利益の比較衡量において、賃借人らの側における特別な財産的損失を無視し、それとともに、賃借人らの所有権を侵害したことについて、次のように論じたのである。

「地方裁判所の判決は、これらの基準を満たさなかった。一九九四年二月九日の本件使用賃貸借契約は、七〇〇ドイツマルクの金額における暖房費抜きの総賃料を見込み……二〇〇四年七月一日前にその賃料を増額することを排除していた。原告自身によって申し立てられたように、その暖房費抜きの賃料額は、四二〇ドイツマルクだけの正味の暖房費抜きの賃料を含み、他方において、市場で一般に行われているものでは、一七〇〇ドイツマルクの正味の暖房費抜きの賃料が定められなければならなかった。このことから、存続している本件使用賃貸借契約は、まず第一に、異議申立人・一と二に、二〇〇四年七月まで、月あたり一二八〇ドイツマルクの金額における財産的価値のある利益を保障することが出てくる。妥当している使用賃貸借法にしたがって、その賃料は、二〇〇四年七月になってから、三九ヶ月ごとに最大限二〇パーセントだけ増額できるのであるから、本件使用賃貸借契約から生じる財産的利益は、その日付以降も続くのである。現在の使用賃貸借法の要件のもとで、かつ、原告の争われていない申立てにしたがって相当な一七〇〇ドイツマルクの金額における賃料が一定のままであるという想定のもとで、本件使用賃貸借契約から、二〇〇〇年五月三一日以後、すなわち、解約告知された期日以後、もっぱら二〇〇四年までだけで、異議申立人らが、自分自身で、または、転貸借の方法で本件使用賃貸借関係を継続する場合に、二五万ドイツマルクの金額における財産的価値のある利益が、異議申立人・一と二に生じるのである。そのことから、本件使用賃貸借契約の終了とともに、少なくともその金額における財産的価値が、異議申立人らから取り上げられるのである。

　地方裁判所は、このことを認識しなかったか、または、その比較衡量において、正当に評価しなかったか、もしくは、適切に評価しなかった。地方裁判所は、むしろ、異議申立人・一と二は、退去によって、本質的な資金的損失を被らなかった、と述べた。それとともに、地方裁判所の判決の考慮は、明らかに適切でなかった。

　地方裁判所は、BGB五五六a条一項一文にしたがった社会的な苛酷さの存在の審理において、異議申立人・一と二が現在不在であるという問題、ならびに、近代化の費用のための調整という問題だけを審理した。地方裁判所は、その比較衡量において、異議申立人らの側における特別な財産的損失を無視し、それとともに、異議申立人らの所有権を侵害した。……地方裁判所によって行われた比較衡量は、憲法に合致していないものであると証明される。地方裁判所は、憲法の抽象的な評価を、自己必要を理由とする解約告知という本件事案に、憲法に合致したやり方において転用しなかったのである」[125]。

第三に、連邦通常裁判所二〇一七年三月一五日判決をみておきたい。

【10】連邦通常裁判所二〇一七年三月一五日判決[126]

［事案の概要と経緯］

被告らは、一九九七年以来、本件建物（多世帯用住宅）の一階に所在する三つと半分の部屋から構成されていた本件住居の賃借人であった。賃貸人は、当初、二〇一四年七月に亡くなったWであったが、Wは、原告の夫であり、原告の息子（反訴被告）の父親であった。原告の息子は、二〇一四年一月以来、本件土地・建物の所有者であった。原告の息子は、その四人家族とともに、本件建物の上階に所在する住居に居住していた。屋階には、これ以外の部屋があった。これらの部屋は、二〇一〇年まで、第三者によって住居として利用されていたが、それ以来空いていた。Wは、そのつど、「自己必要」に依拠して、何度か、本件使用賃貸借関係を解約告知した。Wは、二〇一四年一月二四日の本件解約告知を、本件住居が、原告の息子とその全部で四人の家族によって必要とされるという趣旨で理由づけた。原告の息子は、これまでの狭められた居住関係を取り除くことに向けてより多くの住居をその家族のために作り出すために、上階と一階の住居を一つにまとめることを意図した。現在寝室の七・五平方メートルだけの広さの更衣のための部分に居住させられていた二歳の娘に自分自身のより広い部屋を自由に使わせるために、これ以外の部屋が必要とされた。原告の息子の現在の住居における部屋を異なる形で分割することは可能ではなかった。というのは、原告の息子夫婦は、夫の病気のために、分離された寝室とまた別のトイレを必要としたからである。それに加えて、第三の寝室が七歳の息子のために見込まれていた。

被告らは、本件解約告知に異議を述べ、特に、原告の息子はその家族とともに選択的に空いている屋階の住居を利用することができる、と主張した。さらに、被告らは、個人的な「苛酷さ」にもとづいて、本件使用賃貸借関係の継続を請求することができる、と主張した。というのは、一九三〇年に生まれた被告・一は、多数の健康的な制限をもっており、被告・一がいつもながらの環境から引き離されるときには悪化するように思われるところの始まった痴呆に苦しんでいたからである。

区裁判所は、共同相続関係のために訴訟を受け入れたところの原告の本件明渡しの訴えを認容し、原告の息子に対して提起されたところの被告らの本件反訴を棄却した。被告らは控訴したが、本件控訴もまた、成果がなかった。

これに対して、被告らは、連邦通常裁判所に上告したのである。

［判決理由］

はじめに結論を確認しておくと、連邦通常裁判所は、「控訴審判決は存続することができなかった。そのことから、控訴審判決は破棄されなければならなかった。本件訴訟は、最終的な判決の時期に達していなかった。というのは、ＢＧＢ五七四条一項の枠組みにおいて必要であるところのなおこれ以上の確定が、先の見通しとしては専門的知識のある審理のもとで埋め合わせられなければならないからである。そのことから、本件は、控訴審裁判所に差し戻されなければならなかった」[127]、と判断した。

その判決理由において、連邦通常裁判所は、まず、次のように、控訴審裁判所の判決理由を確認した。

「控訴審裁判所は、その判決理由について……次のように論じた。

主張されたところの本件住居の明渡しと返還に対する請求権は……原告に当然帰属すべきものであった。というのは、被告らとの本件使用賃貸借契約は、遅くとも、二〇一四年一月二四日の通常の本件解約告知によって終了させられていたし、その結果、被告らによって反訴によって求められたところの本件使用賃貸借関係が継続するという確認もまた、成果をもつことができなかったからである。

ＢＧＢ五七三条三項一文[128]の形式的な要求を満たすところの自己必要を理由とする本件解約告知は、有効であった。というのは、原告の息子は、その家族とともに、その拡張された居住の必要を満たすために、被告らの本件住居を必要としたからである。屋階をもとのままにして、本件建物全部を一家族用住宅に改造するという原告の息子によって追求されたところの願望の真摯さについて疑われることはできなかった。そのことから、その利用の願望の基礎には、尊重されなければならないところの筋の通り、あとづけることができる理由が存在した。このような背景の前で、原告の息子は、屋階の住居の利用を指示されることを甘受しなければならないわけでもなかったのである。……

……

被告らは、ＢＧＢ五七四条一項にしたがって、本件使用賃貸借関係の継続を請求することもできなかった。確かに、被告らは、苛酷さについての理由の存在を申し立てた。それにしたがって、被告・一は、結果として、老人介護施設への転居が本件住居にとどまることに対する唯一の現実的な選択肢であることをともなうところの多数の健康的な苦痛を有した。……それに加えて、被告・一がいつもながらの環境から引き離されるときには、被告・一の始まった痴呆が悪化するであろう。

しかし、たとえば鑑定書によって立てられるところの……その苛酷さについての理由の証明は、命じられていなかった。その苛酷さについての理由の被告らの申立てを真実であると想定し、完全に広範囲に的確なものとして本判決の基礎に置いたときでさえも、予期されなければならない侵害と不利益の特別な重みにもかかわらず、賃貸人の側の利益に対する被告らの利益の優位に行き着かなかった。というのは、追加的な居住の必要を満たすことについての原告の息子とその家族の利益が、被告らの利益に対峙したからである。原告の息子とその家族は、そうでなかったら、見通しのきかない期間の間、自己の住居において、二人の子供らをともなう家族にとって適当ではないところの狭められた居住関係において生活するように強いられていた。原告の息子は、同じく、屋階の住居の利用を指示されなければならないわけではなかった。というのは、その住居が一般に居住の利用のために適当であるのかどうかという問題にもかかわらず、その住居の利用は原告の息子らの正当で高く評価すべき利用の考えと矛盾したからである」[129]。

これに対して、連邦通常裁判所は、以下において確認するように、詳細な論述をもって、「（右の）控訴審裁判所の判断は、法的な審理に耐えることができなかった」[130]、「控訴審裁判所によって認められたところの理由づけをもって、本件使用賃貸借関係の継続に対する被告らの請求権は否定されることができなかったし、被告らによって賃借された本件住居の明渡しと返還に対する請求権は原告らに認められることができなかった。というのは、被告らの継続の請求についての控訴審裁判所の判断は、決定的な点において、法的な誤りにとりつかれていたからである。対応したことは、反訴として原告の息子に対して提起されたところの本件使用賃貸借関係の継続に対する確認の請求についての判断に妥当した」[131]、と結論づけた。

もっとも、連邦通常裁判所は、控訴審裁判所が、法的な誤りなく、賃貸人らの「自己必要」を理由とする本件解約告知の有効性を認めたことについて、次のように論じた。

「もっとも、控訴審裁判所は、法的な誤りなく、自己必要を理由とする本件解約告知は、BGB五七三条三項の理由づけの要求を正当に評価し、上告の見解に反して、すでにその理由から無効ではなかったことから出発した。

……

控訴審裁判所は、同じく、的確に、賃貸人（W）が、本件解約告知の意思表示のときに、被告らとの本件使用賃貸借関係の終了について正当な利益を有したことを受け入れた。というのは、原告の息子の家族を含めて、家族構成員らが、一階の本件住居の部屋を、自己のために、住居として必要としたからである。本件上告が、すでに、この代わりに、原告の息子に彼に要求しうるところの本件解約告知の選択肢として屋階の住居の利用を指示するつもりであることによって、そのように表現された自己必要の正当さを否認しようとした限りで言えば、本件上告は、そのことを貫徹することができなかった。

当部の裁判例にしたがって、裁判所は、賃貸されていたその住居を今や自分自身で利用し、または、狭く引かれたところの特権を与えられた第三者の範囲によって利用せしめるという賃貸人の決心を、原則として尊重し、その法発見の基礎に置かなければならない。特に、裁判所は、賃貸人が自己またはその構成員のためにどのような居住の必要を相当であると考えるのかという点を尊重しなければならないし、そのことから、拘束力をもって、相当な居住に関する裁判所の考えを賃貸人（またはその構成員）の人生の計画策定の代わりに置く権限もないのである。

もっとも、賃貸人の取戻しについての願望に対して、すでに、BGB五七三条二項二号の段階において、賃借人の正当な利益を維持するために、ある程度の外的な限界が置かれている。それにしたがって、裁判所は、原則として、次のことにもとづいてのみ賃貸人の自己使用の願望を審理してしかるべきである。すなわち、賃貸人の自己使用の願望が真摯に追求されるのかどうかという点、賃貸人の自己使用の願望が、筋の通り、あとづけることができる理由によって支えられているのかどうかという点、または、たとえば、主張されたところの居住の必要がはるかに過大であるという理由において、その住居が賃貸人の利用の願望を一般に満たすことができないという理由において、もしくは、その居住の必要が、賃貸人のほかの（空いていた）住居において、本質的な削減なしに満たされることができるという理由において、賃貸人の自己使用の願望が権利の濫用であるのかどうかという点である。本件上告は、成果なしに、被告らにとって有利な結果になるように、最後に挙げられた観点を主張した。

……

しばらく前から空いていた屋階を再び住居として利用するのではなく、むしろ、高められた居住の必要を満たすために、上階に所在する住居をこれまで被告らによって居住された一階の本件住居と一つにまとめるという原告の息子の意図は、それ自体として、あとづけることができる考慮にもとづいていたのである」[132]。

しかし、連邦通常裁判所は、「本件上告は、成果をもって、被告らが本件使用賃貸借関係の継続を請求することができるのかどうかという問題についての控訴審裁判所の評価は、法的な誤りによって影響を及ぼされていた、と異議を述べたのである」[133]、と判断した。

連邦通常裁判所は、はじめに、住居使用賃貸借関係の終了をめぐる賃貸人と賃借人の利益の比較衡量において、まず、事実審の裁判官の判断の余地を尊重しなければならないという点、ならびに、上告審裁判所にどのような審理の余地が残されているのかという点について、一般的に、次のように論じたのである。

「賃借人は、BGB五七四条一項一文にしたがって、その使用賃貸借関係の終了が、賃借人またはその家族にとって、賃貸人の正当な利益を評価しても正当化されることができないところの苛酷さを意味するときに、それ自体正当化されていたところの賃貸人の通常の解約告知に異議を述べ、賃貸人に対して、その使用賃貸借関係の継続を請求することができる。これについて事実審の裁判官によって徹底的かつ綿密な事実の確定にしたがって行われなければならないところの両方の側の利益の重要さの程度の判定と評価、および、BGB五七四条一項一文の定められていない法概念のもとへのその包摂において、上告審裁判所は、確かに、事実審の裁判官の判断の余地を尊重しなければならないないし、通常、次の点だけを審理することができる。すなわち、控訴審裁判所が、法概念についての判断を誤り、もしくは、そうでなければ、適切でない法的な基準をあてはめたのかどうかという点、控訴審裁判所が、思考法則と一般的な経験則を十分に顧慮したのかどうかという点、または、控訴審裁判所が、たとえば、本質的な行為についての事情を見落としたか、完全に評価しなかったことによって、上告によってとがめられた手続違反が控訴審裁判所に起こったのかどうかという点である。控訴審裁判所の判断は、このような基準に方向づけられた審理に耐えることができなかったのである」(134)。

そのうえで、連邦通常裁判所は、住居使用賃貸借関係の終了をめぐる賃貸人と賃借人の利益の比較衡量において、控訴審裁判所の判断が具体的にどのように法的に誤っていたのかという点について、次のように論じたのである。

「確かに、控訴審裁判所は、その出発点において、的確に、被告らにとって転居と結びつけられていたところの結果は、有用な苛酷さについての理由として考慮に値するために、住居の交替と典型的に結びつけられているところの不愉快さから明確に際立っていなければならないことから出発した。もっとも、控訴審裁判所は、法的に誤って、被告らによって申し立てられた苛酷さについての理由を真実であると形式的にだけ想定することに限られていたし、そのことによって、これらの理由を被告らの申立てにしたがって実際はこれらの理由に帰属するのが当然である意義をもって苛酷さについての事案の比較衡量に入れ、その重要さの程度を判定することをしなかったのである。

控訴審裁判所は、被告らに認められたところの苛酷さの理由についての被告らの申立てを真実であると想定したが、それから、それにもかかわらず、その申立ては予期されなければならない侵害と不利益の特別な重みにもかかわらず、賃貸人の側の利益に対する優位に値しないという結論に達するために、その申立てを完全に大々的に的確なものとして控訴審裁判所の判決の基礎に置くつもりであった。その場合に、控訴審裁判所は、その主張は、当事者がその主張をしたように引き受けられることが許容しうる真実の想定の要件に属することを見誤った。このことは、比較衡量に重要な事情において、その事情が原則として主張者によってその事情に付与された重みをもって真実であると想定されることをも前提とする。

本件上告は当然にそのことを指摘したが、被告らは、被告らの継続の請求のために、決定的に、被告・一の健康上の侵害、特に、高齢に起因する虚弱性を超えて住居の喪失の場合に具体的に差し迫るところの痴呆によって自己の位置づけのできない状態、および、被告・一にとっても、被告・二とのなおこれ以上の夫婦の共同生活にとっても、そのことから結果として生じる帰結を考慮に入れた。控訴審裁判所が、この点において明らかになったところの存在にかかわるこれまでの本件住居の意義、および、被告らにとって本件住居を維持することの対案のないことを……命じられたやり方において把握し、むしろ形式的にだけ心に留めることを超えて、内容的にも、その申立てに帰属するのが当然である特別な重みを考慮に入れて、そのことと根本的に取り組んだことを、控訴審裁判所の考慮は認識せしめなかったのである。

行われたところの真実の想定は、むしろ、それにしたがって訴訟となった場合には不可避に存在するところの要件のための控訴審裁判所の判断力をさえぎった。すなわち、これまでの本件住居を維持することについての必要を指摘するところの被告らの利益に関する深い独自の観念を手に入れるという要件である。というのは、特に、基本法二条二項一文からも、裁判所は、差し迫る重大な健康の侵害または生命の危険において、憲法上、裁判所の判決を支える力のある基礎のうえに置き、証拠の申出を特に入念に究明し、ならびに、対立する利益の比較衡量において、そのことから結果として生じる危険を十分に顧慮することを義務づけられていることが出てくるからである。

その理由から、賃借人が、強制された住居の交替のこれほどに重大な健康上の影響を主張したならば……裁判所は、本件においても説明されなかったところの裁判所の専門的知識が欠けていたときには、専門的知識をもった援助によって、次のことに関して、表面にだけはり付いているのではない綿密な観念を手に入れなければならない。すなわち、その賃借人にとって、どのような健康上の結果が、詳細に、転居と結びつけられているのかという点、特に、予期されなければならない健康の侵害がどのような重大さの程度に達しうるのかという点、および、このことがどのような蓋然性をもって生じうるのかという点である。このことが、はじめて、そのような事案において、その賃借人にとって転居と結びつけられているところの結果の重要さの程度をBGB五七四条一項にしたがって必要不可欠な比較衡量の枠組みにおいてことがらに適合して判定する状態に裁判所を置くのである。

それに加えて、本件上告は同じく当然にそのことを指摘したが、控訴審裁判所の説明は、控訴審裁判所が賃貸人の側の取戻しについての利益にあまりに大きな重要さを認めたことを危惧せしめた。というのは、自己必要を理由とする解約告知についての賃貸人の利益の重要さの程度の判定にとって、自己必要それ自体の審理におけるとは異なって、BGB五七四条一項の枠組みにおいて、主張された居住の必要の緊急性もまた、意義を得ることができるからである。この点では、若い家族のために主張されたところの高められた居住の必要において、完全に不十分な狭められた居住関係を取り除くことにかかわる問題であるというよりも、むしろ、『居住の快適さ』を高めることにかかわる問題であることができたという考慮がおのずと心に浮かんできた。それに加えて、控訴審裁判所は、過渡期の間……原告の息子の居住の必要が、完全に、または、部分的に満たされることができたところの諸々の部屋の存在が、比較衡量のときに考慮に入れられなければならないことを見誤ったのである。……」(135)。

㋑ 次に、賃貸人が、憲法訴願を申し立て、または、上告したところの裁判例を考察しておきたい。

第一に、連邦憲法裁判所一九九三年八月四日決定をみておきたい。

【11】連邦憲法裁判所一九九三年八月四日決定(136)

［事案の概要と経緯］

職業が画家であるところの被告とその妻は、異議申立人（賃貸人）が所有するところの、ベルリンの都心に存在し、アトリエをともなう一七六平方メートルの広さの五つの部屋から構成されていた本件住居の賃借人であった。被告は、彼の伴侶とひとりの子供とともに本件住居に居住していた。異議申立人は、一九九〇年八月に、「自己必要」を理由として、本件使用賃貸借関係を解約告知した。被告は、本件解約告知に異議を述べた。

区裁判所は本件明渡しの訴えを棄却したが、地方裁判所もまた、次のような理由をもって、異議申立人の控訴を棄却し、本件使用賃貸借関係はこれまでの条件において期間の定めなく継続される、と判断した。

すなわち、確かに、異議申立人の本件解約告知は有効であった。異議申立人の「正当な利益」も存在した。というのは、異議申立人の現在の賃借住居は総体において重大な欠陥があったからであり、また、その欠陥の排除に関して異議申立人の賃貸人と争う代わりに、自己の本件住居を引っ張り出すことは、筋の通らないことではなかったからである。異議申立人の場所についての必要もまた、考慮に入れられなければならなかった。仕事部屋、および、時代ものの家具を収集するための空間は、居住の必要に属した。

しかし、被告は、本件使用賃貸借関係の継続に対する請求権を有した。というのは、被告は、見通すことのできる期間の間、要求できる条件の相当な代替住居を調達することができなかったからである。相当な代替住居は、画家のアトリエを設備するために適当であるところの、およそ一五〇平方メートル広さの住居だけであった。賃借人は、社会的な「苛酷さ」のための理由づけについて、その住居使用賃貸借関係の終了が、賃借人の職業的な関係を侵害し、または、職業の行使を妨げることをも引き合いに出すことができる。芸術家において、通常、居住としての利用と職業としての利用を切り離すことは可能ではない。都市の周辺におけるアトリエと一体となった住居は、相当な代替空間であると考えられることができなかった。被告の芸術家としての状況は、都心の場所を必要とした。というのは、被告は、「都市風景画家」という芸術の流派に組み込まれなければならないからである。被告は相当な代替住居のために月あたり二〇〇〇ドイツマルクだけを調達することができるが、それと引き換えに、都心の場所において対応して適当な代替住居が獲得されることはできない。その理由から、代替住居の賃借のための機会はきわめて不適切であり、BGB旧五五六a条が適用されなければならなかったのである。

これに対して、賃貸人であった異議申立人は、憲法訴願を申し立てたのである。

［決定理由］

連邦憲法裁判所は、結論として、「（右の）地方裁判所の判決は、基本法一四条一項一文[137]にもとづく異議申立人の基本権を侵害した」[138]、と判断した。

その決定理由において、連邦憲法裁判所は、はじめに、これまでの連邦憲法裁判所の裁判例において形成されたところの憲法上の判断基準（法理）について、次のように確認した。

「裁判所は、BGB五六四b条二項二号の解釈と適用において、所有権の保障を通して引かれた限界を尊重しなければならないし、所有権の基本権としての保護を尊重し、所有権に対する過度の制限を避けるというやり方において、憲法にしたがった基礎にもとづいてBGBのなかに表現された利益の比較衡量をあとづけなければならない。民事裁判所の判決が、基本法一四条一項一文の意義、特に、その保護領域の範囲に関する原則として正しくない考え方に依拠し、その実体的な意義においても、具体的な法的事案にとって、いくばくかの重要さがあるところの解釈の誤りを認識させた場合には、連邦憲法裁判所が修正しなければならないところの憲法違反の境目に達するのである」(139)。

そのうえで、連邦憲法裁判所は、右の憲法上の判断基準（法理）にかんがみて、地方裁判所の判決が、BGB旧五五六a条にしたがって必要であるところの利益の比較衡量において、基本法一四条一項一文にもとづく異議申立人の基本権を侵害したと判断した理由について、次のように論じたのである。

「地方裁判所は、確かに、異議申立人の利益を、自己必要を理由とする解約告知のための筋の通り、あとづけることができる理由という観点のもとで審理し、異議申立人に帰属する本件住居の取り戻しについての異議申立人の正当な利益を肯定した。しかし、地方裁判所は、BGB五五六a条の審理の枠組みにおいて、異議申立人の利益を賃借人の利益に対して後方に退けさせておき、地方裁判所がその前に異議申立人によってもくろまれた計画策定を筋の通り、あとづけることができると表明したにもかかわらず、異議申立人の人生とは違った計画策定を異議申立人に要求したのである。異議申立人によって賃借された住居についての異議申立人によって主張された不適切な状態が改善され、異議申立人が彼の賃貸人に対応した措置を要求できることが考えうると思われることを受け入れることをもって、地方裁判所は、異議申立人に対して、異議申立人がやむをえないときには不確かな結果をともなう司法上の論争に入ることを期待した。異議申立人が彼の骨董品の収集に連れ戻されなければならない限りで言えば、地方裁判所は、異議申立人の場所の必要を過大であると考えた。地方裁判所は、いちばんはじめに、五つの部屋から構成されていた本件住居を博士の学位を授与された化学者（異議申立人）のために不相応に広いとは考えなかったにもかかわらず、そう考えたのである。それとともに、地方裁判所は、またもや、異議申立人が人生の形成を正しいと考え、裁判所もまた、筋の通り、あとづけることができると表明したところとは違った人生の形成を異議申立人に要求したのである。最後に、地方裁判所は、その伴侶との異議申立人の生活共同体を本件住居において共同して形成するという異議申立人の意図に、現在の諸々の関係が親密な関係と生活共同体の維持を不可能にさせておかないと思われると述べたときに、どんな意義も認めなかったのである。

地方裁判所は、さらに、なぜ被告には変化した人生の計画策定が要求されることができないのかという点について、あとづけることができる理由づけが認められることなしに、被告によって申し立てられた理由を異議申立人の理由よりもより重要なものであると評価した。それで、被告は、『都市風景画家』として、比較しうる状況における都心の住居に死活にかかわるほど頼らざるを得ないということであった。しかし、なぜ被告が都心に位置していない住居において都市の風景を描くことができないのかという点は説明されていなかった。なぜ被告は都心の領域におけるアトリエと一体となった住居に頼らざるを得ないのか、そして、都市の外の周辺における賃料額がより好都合であるところのアトリエと一体となった住居によっても、芸術家および芸術大学の非常勤講師としての彼の活動に専念することができないのか、および、なぜ仕事の場所と住居の分離が可能ではないということになるのかという点についても、地方裁判所はあとづけることができる理由づけを与えなかったのである。

確かに、住居の明渡しが賃借人にとってＢＧＢ五五六ａ条一項の意味における苛酷さを意味するのかどうかという問題においては、単なる法の問題にかかわっている。しかし、地方裁判所の比較衡量は、所有権者の人生形成にはせいぜいのところ従属した意義が帰属するのが当然であるという、憲法上異議が唱えられなければならない見解によって影響が与えられていたのである」[140]。

第二に、連邦憲法裁判所一九九九年五月二〇日決定をみておきたい。

【12】 連邦憲法裁判所一九九九年五月二〇日決定[141]

[事案の概要と経緯]

異議申立人は、被告によって建築され、一九八九年に異議申立人に譲渡されたところの本件建物の所有者であった。その譲渡後に、被告は、異議申立人と締結された本件使用賃貸借契約にもとづいて、本件建物に居住し続けていた。異議申立人は、本件建物の近くに、室内装飾、ならびに、塗装工作業およびラッカー塗装作業のための事務所を構えていた。異議申立人の現在の住居からその事務所までの走行時間は、およそ四〇分であった。異議申立人は、一九九六年に、「自己必要」を理由として、本件使用賃貸借関係を解約告知した。異議申立人は自己の事務所の場所のすぐ近くに住居を必要とした、という理由であった。被告は、ＢＧＢ旧五五六ａ条にしたがって本件解約告知に異議を述べ、本件使用賃貸借関係の継続を請求した。

区裁判所は、次のような理由をもって、本件住居の明渡しと返還を求めたところの異議申立人の訴えを棄却した。すなわち、異議申立人の本件解約告知は無効であった。というのは、本件使用賃貸借関係の終了について、「正当な理由」が説明されていなかったからである。その場合に、異議申立人が自己の居住地を自己の事務所の場所の近くに移すつもりであった限りで言えば、住居と事務所の場所はすでに本件使用賃貸借契約の締結のときにばらばらに分かれていたことが顧慮されなければならなかった。また、被告は、本件解約告知に異議を述べ、本件使用賃貸借関係の契約にしたがった終了は、被告にとって、異議申立人の利益を評価しても正当化されることができないところの「苛酷さ」を意味したという理由においても、本件解約告知は無効であった。

地方裁判所もまた、次のような理由をもって、異議申立人の控訴を棄却した。すなわち、確かに、異議申立人の見地から、本件建物を今後異議申立人の家族とともに自分自身で利用するという願望のために、筋の通り、あとづけることができる理由が存在した。それとともに、異議申立人の「自己必要」は原則として認められていた。しかし、BGB旧五五六a条にしたがって行われなければならないところの両当事者の利益の比較衡量は、本件使用賃貸借関係の継続を求める被告の願望に優位が当然与えられるべきであることに行き着いたのである。

地方裁判所のより詳しい理由づけは、次のようであった。

すなわち、すでに本件使用賃貸借関係の開始のときに、異議申立人は、自己の事務所から若干隔たって居住していた。一九九二年に、異議申立人は、当時の彼の伴侶とその子供とともに、今や利用されていた異議申立人の住居に引っ越した。かなり長い期間の間、異議申立人は、異議申立人の表現にしたがって、そのことと結びつけられた不利益を甘受した。このことは、確かに、異議申立人の「自己必要」を排除しなかった。特に、異議申立人の世帯には、その間に、現在の伴侶のほかに、二人の未成年の子供らが生活していたし、このために、異議申立人の住居は、地方裁判所によって証人として尋問された伴侶の証言にしたがって、無条件に適当であるわけではなかった。しかし、それにもかかわらず、これについて、ともかくも、異議申立人は、かなり長い期間の間、異議申立人の居住状態を、自分自身で、変更が差し迫って命じられていたほどに快適でないとは感じなかったことが判明したのである。

他方において、一九二五年に生まれた被告は、およそ三〇年前に本件建物を建築し、それ以来、本件建物に居住していたことが考慮に入れられなければならなかった。そのことから、たとえ、たとえば市内の住居がそのことと結びつけられた諸々の長所をもって被告の年齢の人のためにより有利であったことが正しいといってよいだろうとしても、被告が彼によって居住されたところの周辺の地域に特に定着していたことはあとづけることができた。それに加えて、区裁判所によって求められたところの鑑定書にしたがって、被告が、一九八三年ないし一九八四年に、一年より以上の入院治療を必要としたところの長期の抑鬱性の段階を経験したことから出発されなければならなかった。強制された住居の交替のときに、新たな病気が引き起こされるという危険が存在した。口頭弁論において得られた印象にしたがって、被告は……自己の建物を近い将来において放棄しなければならないという可能性だけを感じていた。

このような事情のもとで、本件使用賃貸借関係の継続についての被告の利益は、異議申立人の「自己必要」が後方に退いていなければならないほどに、現在重大なものである、と考えられなければならなかったのである。

これに対して、異議申立人は、両方の民事裁判所の判決に対して、憲法訴願を申し立てたのである。異議申立人は、基本法一四条の違反を理由として、次のように申し立てた。

すなわち、民事裁判所の判決は、賃貸人の利益を見誤ったところの、不完全な、完全に一方的な比較衡量にもとづいていた。このような比較衡量が一般に適用されたならば、所有権の帰結として出てくるところの「自己必要」を理由とする解約告知の権利は、実際に空転しただろう。地方裁判所によって見て取られ、しかし、誤って重要さの程度が判定されたところの異議申立人の利益に対して、ほぼ等しい賃借人の利益は対峙しなかったのである。

地方裁判所が、賃借人は、本件建物を建築し、絶え間なくおよそ三〇年以来の定着という結果をともなって本件建物に居住したことを決定的に考慮に入れた場合に、地方裁判所は、すでに、賃借人の利益を過大に評価した。被告は、売買が済んでから、最後に、本件建物を賃借しただけであり、その結果、賃借人が長期間本件建物に居住することができないことは常に明確であったに違いなかった。被告の精神的な病気もまた、所有権という地位の優位を疑問視することはできなかった。地方裁判所は、被告の硬直し固定した基本的な態度にさえも言及した。このことは、異議申立人の重大な所有権という利益を軽視することにマイナスの材料を提供した。

地方裁判所の評価は、憲法上、被告が重大に病気になり、生命の危険が存在した場合にだけ正当化できただろう。しかし、このような危険は認識されることができなかったし、特に、本件住居は、被告およびその妻にとって、不利益を示したし、地方裁判所もまた認めなければならなかったように、市の中心地により近い住居が賃借人らの年齢にはより適当であったのである。

［決定理由］

連邦憲法裁判所は、結論として、「……本件憲法訴願は、理由づけられていた。というのは、（右の）区裁判所と地方裁判所の判決は、基本法一四条一項一文にもとづく異議申立人の基本権を侵害したからである」[142]、と判断した。

その決定理由において、連邦憲法裁判所は、はじめに、これまでの連邦憲法裁判所の裁判例において形成されたところの憲法上の判断基準（法理）について、次のように確認した。

「基本法一四条一項一文によって保障された所有権は、その法的な内容において、所有権の目的物に関する所有権者の私的な有益性と原則としての処分権能によって特徴づけられている。所有権は、所有権者にとって、私的なイニシアチブの基礎として、および、自己責任による私的な利益において、有益であるということである。その理由から、基本権としての所有権の保障は、所有権の目的物を自分自身で利用するという権能をも含むのである。賃貸借をもって、所有権者は、最終的に、その権能を放棄したのではない。民事裁判所は、BGB五六四b条二項二号の適用において、自己必要に依拠した解約告知について判断しなければならない場合に、このことを考慮に入れなければならない。民事裁判所は、その居住の必要に関する所有権者の決定を原則として尊重しなければならない。というのは、賃貸人が、自己およびその構成員のために、どのような居住の必要を相当なものであると考えるのかという点を決定することは、所有権という基本権から結果として生じるところの賃貸人の単独の権能の支配下にあるからである。その権能は、その必要がどのような時点から自己必要を理由とする解約告知のための原因であるということであるのかという点に関する決定をも含むのである。

もっとも、基本法一四条一項一文は、解約告知権の制限を排除しない。憲法にしたがったところのBGB五六四b条一項、二項二号の規定、および、BGB五五六a条の規定が解約告知権の制限をあらかじめ考慮に入れているように、排除することはない。その制限は、賃貸人の所有権とならんで、賃借人の占有権もまた基本法一四条一項一文の保護を享受するという事情を顧慮する。その理由から、言及されたところの使用賃貸借法の規定の解釈と適用において、民事裁判所によって、賃貸人の利益、すなわち、賃貸人の取戻しについての利益とならんで、賃借人の利益、すなわち、賃借人の存続についての利益もまた、適切に考慮に入れられなければならないし、両方の側の利益が、相互に比較衡量され、釣り合いのとれた調整にもたらされなければならない。その場合に得られた結果は、連邦憲法裁判所によって、限定された範囲においてだけ審理可能である。連邦憲法裁判所は、憲法違反のときにだけ憲法訴願にもとづいて介入する。……次の場合にはじめて、憲法違反の境目に達する。すなわち、民事裁判所の解釈が、所有権の保障の意義、特に、その保護領域の範囲に関する原則として正しくない考え方に依拠し、その実体的な意義においても、具体的な法的事案にとって、いくばくかの重要さがあるところの誤りを認識させた場合である」(143)。

そのうえで、連邦憲法裁判所は、「これらの原則によってはかり比べると、攻撃された判決は、基本法一四条一項一文と相いれなかった」(144)、と判断した。

そのように判断した理由について、連邦憲法裁判所は、次のように論じたのである。

「地方裁判所は、確かに、区裁判所と異なって、異議申立人が、異議申立人の自己必要の願望のために、筋の通り、あとづけることができる理由を引き合いに出したことを的確に認識した。しかし、地方裁判所は、それとともに自己必要が『原則として認められていた』という確認にもかかわらず、異議申立人の取戻しについての利益を、同じく所有権として保護されたところの被告の存続についての利益との比較衡量において、住居の所有権者という法的地位のための基本法一四条一項一文の意義を根本的に見誤るやり方において、誤ってその重要さの程度を判定したのである。同じことは、区裁判所によって追加的に行われたところの利益の評価に妥当した。

異議申立人が、一九九二年以来、彼の当時の伴侶とその子供とともに、現在利用されていた彼の住居に入居したことによって、異議申立人の表現にしたがって、その住居と結びつけられた不利益をかなり長い期間の間甘受したという地方裁判所の考慮は、すでに適当でなかった。たとえ、このことが事実そうであったとし、その理由から、異議申立人が、地方裁判所がさらに続けて考えたように、その期間の間ずっと、その居住状態を、その変更がどうしても必要であったと考えたように好ましくないものとは感じなかったとしても、このことは、次の点について何も変えなかった。すなわち、異議申立人が、一九九六年に、その間により高齢にもなったし、本件解約告知をする決心を固めたときに、彼の居住関係、および、彼の事務所と彼の住居の隔たりに新たな判断を受けさせてしかるべきであったし、事実新たな判断を受けさせもしたし、その場合に、これまでとは違った評価に達したことである。対応したことは、異議申立人の自己必要を理由とする解約告知を評価するときには、異議申立人の住居と事務所の場所は被告との本件使用賃貸借契約の締結以来ばらばらに分かれていたことが顧慮されなければならないという区裁判所の考慮に妥当した。その理由から、必要な利益の比較衡量の枠組みにおいて、一九九六年前の諸関係を考慮に入れることのために余地はなかったのである。むしろ、異議申立人の生活の中心点を今や異議申立人の事務所の場所の近くに移すという異議申立人の筋の通り、あとづけることができる願望は、以前の態様を顧みずに、その比較衡量に採り入れられなければならなかったのである。

　このことは、異議申立人の家族状況が本件訴えの手続きの間に以前に対して重大に変化したのだから、それだけ妥当した。伴侶とひとりの子供ではなくて、異議申立人は、その間に、伴侶と二人の未成年の子供らと一緒に、異議申立人によって現在利用されていた住居に居住していた。したがって、その居住関係は、地方裁判所によって証人として尋問されたところの伴侶の証言にしたがって、きわめて狭められていた。異議申立人によって居住されたところの住居が挙げられた範囲の人々にとって『無条件に適当であるわけではなかった』という地方裁判所の評価が、実際の実状を十分に正当に評価したのかどうかという点は、未決定のままでありうる。というのは、そのこととはかかわりなく、異議申立人の世帯において異議申立人と同居する人々の数が被告との本件使用賃貸借契約の締結後により大きくなったという事情は、異議申立人に帰属するところのより広い本件住居に転居するという願望のために、また別の筋の通り、何の問題もなくあとづけることができる理由を形成するからである。このこともまた、被告の利益との比較衡量の枠組みにおいて、必要な重要さをもって考慮に入れられていなかったのである。

……

　その理由から、自分自身の本件住居に入居するという異議申立人の願望のための理由が、正当に評価され、それらの理由に帰属するのが当然であるところの事実どおりの重みをもって考慮に入れられていたならば、異議中立人により有利な判決が行われていたであろうこともまた、排除されることはできなかったのである」[145]。

第三に、連邦通常裁判所二〇〇四年一〇月二〇日判決をみておきたい。

【13】連邦通常裁判所二〇〇四年一〇月二〇日判決[146]

［事案の概要と経緯］

原告は、一九九二年以来、Dに存在する本件建物、および、本件建物の敷地の所有者であった。被告らは、一九五九年以来、本件建物の一階（中二階）において、およそ七〇平方メートルの広さで、台所と浴室をともなう二つの部屋から構成されていた本件住居を賃借していた。原告は、本件建物の一階において、およそ九〇平方メートルの居住面積で、台所のほかに二つのまた別の部屋から構成されていた住居に居住していた。原告のトイレは、両方の住居のための入口の領域を形成していたところの一階の廊下を経由してのみ到達されることができた。原告は、一九九六年以来肺癌であったし、そのことを超えて、強度に視力に障害があったが、原告の住居は、浴室をもっていなかった。原告は、半地階にある浴室を使用した。その浴室は、本件建物内では、石造りの螺旋階段を経由して、または、外からは、急傾斜の、粗末に固められたところの本件建物の周囲の道を経由して到達することができた。同じくひとつの浴室を使えるところの二階の住居は、空いていた。

原告は、現在八一歳と八二歳の被告らに対して、二〇〇〇年四月六日付の書面をもって、「自己必要」を理由として、本件解約告知を意思表示した。原告は、本件建物の一階の住居を五つの部屋から構成されていた住居に改造するつもりであったし、それとともに、ケルンにおいて生活していた原告の両親が、少なくとも時々、そこに原告と一緒に居住し、原告の健康状態がそのことを必要とする場合に、原告の世話をすることができた、と主張した。上階の住居を利用することは、原告の高齢の両親にとって可能ではなかった。

これに対して、被告らは、原告の「自己必要」を否認したほか、本件解約告知に異議を述べた。被告らは、被告らの健康状態―被告・一は癌になっていた―にもとづいて、ほかの住居に転居することは被告らに要求できなかった、と主張した。

原告は、被告らによって居住されたところの一階の本件住居の明渡しを求めて訴えを提起したが、区裁判所は、本件建物の実地調査を行うことにしたがって、本件明渡しの訴えを棄却した。地方裁判所もまた、原告の控訴を棄却した。

これに対して、原告は、連邦通常裁判所に上告したのである。

［判決理由］

連邦通常裁判所は、結論として、本件上告を棄却した。

その判決理由において、連邦通常裁判所は、はじめに、次のように、控訴審裁判所の判決理由を確認した。

「原告の本件解約告知は、被告らに対する明渡請求を正当化しなかった。

賃貸人は、住居に関する使用賃貸借関係を、原則として、その終了について正当な利益を有する場合にのみ解約告知することができる。この正当な利益は、特に、賃貸人が、その空間を、住居として、自己またはその家族構成員のために必要とする場合に認められている。このことは、筋の通り、あとづけることができる理由がその住居の利用にプラスの材料を提供する場合にそうである。その際に、賃貸人の利益だけが考慮に入れられなければならない。賃借人の特別な利益は、ＢＧＢ五七四条の苛酷さについての条項の枠組みにおける比較衡量において顧慮されなければならない。

これらの原則にしたがって、自己必要が肯定されなければならなかった。原告の病院における入院滞在、および、付き添って行われたところの原告の化学療法を背景にすると、原告が、その両親による世話と援助を必要としたことは明らかであった。当部の確信に関して、原告の両親は、彼らの娘の癌という病気にもとづいて、真摯に、原告を助け援助するために、Ｄへと転居する決心を固めたことが確かであった。原告の両親が、彼らによって現在居住されたところのケルンの住居を維持し、被告らの本件住居を、とりわけ、彼らの娘が彼女の病気にもとづいて援助と世話を必要とするときに利用するつもりであった場合でさえも、これは、被告らとの本件使用賃貸借関係の終了についての原告の正当な利益の妨げになっていなかった。

しかし、本件使用賃貸借関係の終了は、本件解約告知が、被告らにとって、指摘されたところの原告の利益を評価しても正当化されることができないところの苛酷さを意味するという理由において問題にならなかったのである。被告・一は、重い癌であった。診断書によって仲介された全体像は、被告らの年齢にかんがみても、転居と同時に現れる身体的・精神的な負担が相当な否定的な影響を有するだろうことをあとづけることができるようにした。さらに、ほかの環境への転居は、すでに、それ自体として、ひとつの苛酷さを意味することがつけ加わった。というのは、被告らの年齢における人々は、彼らの環境になじみ、そこに定着しているのであり、その結果、新たな環境にもはやなじむことができなかったし、新たな環境の勝手がわかることがもはやできなかったからである。もっとも、同じようなやり方において、その家族の範囲内における相互の援助を求める原告の願望が、被告らの健康的・個人的な利益と競合した。このような困難な心的葛藤の状態において、被告らの利益が優先した。というのは、原告には、ともかくも、限定された範囲において、原告の両親をDにおける彼らの一時的な滞在の間ずっと本件建物自体においてほかの方法で居住させることが可能であったからである。というのは、いずれにせよ、屋階において、十分な住居が意のままになったからである。確かに、原告の母親にとって、階段をのぼることはつらかった。しかし、原告が階層を克服するための機械による援助装置（階段の昇降機または類似のもの）を取り付けることは要求し得る、と思われた。このようにして、階段の利用と同時に現れる困難さに対処するためであった」[147]。

連邦通常裁判所もまた、「（右の）控訴審裁判所の論述は、法的な審理に耐えるものであった」[148]、と判断した。

そのように判断した理由について、連邦通常裁判所は、次のように論じたのである。

「控訴審裁判所は、正当なことに、原告の側における自己必要の存在を、連邦憲法裁判所の裁判例と一致して肯定した。この評価は、原告によって、原告に有利なものとして攻撃されなかった。

地方裁判所は、さらに、法的な誤りなく、本件使用賃貸借関係の終了が、被告らにとって、指摘されたところの原告の利益を評価しても正当化されることができないところの苛酷さを意味するという結論に達した。

控訴審裁判所は、ＢＧＢ五七四条の枠組みにおいて両方の側の利益を評価するときに、徹底的かつ綿密な事実の確定にしたがって、特に、第一審裁判所による本件建物の実地調査にもとづいて、被告らの利益に、より大きな重みを認めたのである。これは、控訴審裁判所によって行われたところのBGB五七四条一項一文の定められていない法概念へのその包摂にもとづいた。この点では、上告審裁判所は、事実審裁判所の判断の余地を尊重しなければならない。上告審裁判所は、通常、次の点だけを審理することができる。すなわち、控訴審裁判所が法概念についての判断を誤ったのかどうかという点、および、上告によってとがめられたところの手続違反が事実審裁判所に入り込んでいたのかどうかという点である。たとえば、事実審裁判所が、本質的な行為についての事情を見落とし、もしくは、完全に評価しなかったか、または、経験則に違反したというような場合である。これにしたがって考慮に入れられなければならない法的な誤りを、本件上告は指摘することができなかったのである」(149)。

第四に、ベルリン憲法裁判所二〇一四年六月一八日決定をみておきたい。

【14】ベルリン憲法裁判所二〇一四年六月一八日決定(150)

〔事案の概要と経緯〕

異議申立人は、ベルリンのクロイツベルクに存在する本件多世帯用住宅に所在するところの互いに隣接している二つの住居の所有者であった。異議申立人は、前方に所在するおよそ八九平方メートルの広さの住居に、二〇一〇年に生まれた彼女の息子とともに居住していた。他方において、一九三三年生まれの被告は、側翼に所在するかろうじて四八平方メートルの広さの本件住居の賃借人であった。本件住居は、浴室を備えていなかったし、ストーブによって暖房されていた。異議申立人は、「自己必要」を理由として、次のような理由づけをもって本件使用賃貸借関係を解約告知した。すなわち、異議申立人は、その息子の父親である彼女の伴侶と一緒に入居するために、所有する二つの住居を結びつけることを意図した、という理由づけであった。

区裁判所は、本件住居の明渡しと返還を求めたところの本件訴えを棄却した。たとえ「自己必要」を理由とする解約告知の要件が存在したとしても、本件使用賃貸借関係の終了は賃借人にとって正当化されることができない「苛酷さ」を意味した、という理由であった。賃借人は、本件住居において彼女の生活の中心点を有し、一九六八年以来、クロイツベルクにおいて生活し、近隣に定着していた。そのほかに、賃借人の健康状態が転居を可能にするのかどうかという疑念が存在した。さらに、要求できる条件の相当な代替住居の調達はおそらく賃借人に可能でないだろうことがつけ加わった。それに対して、家族に適合した住居を作り出すことについての異議申立人の利益は、後方に退かなければならなかった。特に、異議申立人によって居住された住居は、異議申立人が即座により広い住居に頼らざるを得ないほどに小さく、かつ、狭められてはいなかったのである。

地方裁判所もまた、異議申立人の控訴を棄却し、本件使用賃貸借関係は継続される、と判断した。確かに、本件使用賃貸借関係の終了について「正当な利益」が異議申立人に否定されることはできなかったが、しかし、本件住居の明渡しと返還、および、ほかの住居への転居は、賃借人にとって、要求することができない、異議申立人の「正当な利益」を考慮に入れても正当化されることができない「苛酷さ」を意味した、という理由であった。

地方裁判所のより詳しい理由づけは、次のようであった。

すなわち、一九六八年以来本件建物に居住していた賃借人は、きわめて特別なやり方において、本件建物、および、その周辺の地域に定着していた。これは、賃借人が八〇歳になるかならぬかであったし、異議申立人の申立てにしたがっても、すでに年齢に応じたところの賃借人の健康と能力についての諸々の制限が存在したのであるから、それだけいっそうより重みをもっていた。このような背景のもとで、（地方裁判所の）当部は、転居することが、賃借人の年齢において、賃借人の意思に反して、もはや賃借人に要求されることができないところの変化および制限と結びつけられていたことから出発した。特に、賃借人は、彼女の一般的な状態が、主張されたところの「自己必要」、および、そのことと関連している論争によって悪化したことを申し立てた。これは、信用できそうであった。というのは、これほどに高齢の人々が居住および生活関係の変化をしばしばもはや処理しきれないことは、一般に周知であるからである。賃借人は、異議申立人の申立てにしたがって、対応した写真を提出して、自分自身でなお薪を切る状態であるし、したがって、なおある程度良好な身体的な状態であるのであるから、賃借人は、本件住居において、なお自分自身で彼女の生活を形成することができることから出発されなければならなかった。特に、賃借人の娘らの家族、または、甥らの家族に受け入れられることが問題にならないことは、口頭弁論における論究の対象であったし、異議申立人によって否認されていなかった。異議申立人が、ひとりで子供を育て、それとともに、特別な負担にさらされているという事情を考慮に入れても、利益の比較衡量の枠組みにおいて、その意思に反する転居による賃借人の侵害が優位にあったのである。

これに対して、異議申立人は、所有権および身体的な損傷のないことに対する異議申立人の権利の侵害を理由として、ベルリン憲法裁判所に憲法訴願を申し立てたのである。異議申立人は、主として、区裁判所も、地方裁判所も、「自己必要」に依拠した明渡しの訴えの判決に対して憲法上顧慮されなければならない要求（に応えること）を原則として誤ったし、地方裁判所の判決の基礎には、利益の評価の結果のために憲法上命じられたところのあとづけることができる理由づけがなかった、と主張したのである。

［決定理由］

ベルリン憲法裁判所は、結論として、「異議申立人の本件憲法訴願は……理由づけられていた。……地方裁判所の判決は、ベルリン憲法二三条一項一文(151)にもとづく所有権に対する異議申立人の権利を侵害した」(152)、と判断し、地方裁判所の判決を破棄し、差し戻した。

その決定理由において、ベルリン憲法裁判所は、はじめに、本件において憲法上の審理の基準は所有権であることを前提とし、ベルリン憲法二三条一項一文は解約告知権の制限を排除しないことを確認したうえで、賃貸人と賃借人の利益の比較衡量の基本について、および、ベルリン憲法裁判所による審理はどのような場合に行われるのかという点について、次のように論じたのである。

「憲法上の審理の基準は所有権である。異議申立人によってさらに主張されたところのベルリン憲法八条一項一文にもとづく身体的な損傷のないことに対する権利、および、ベルリン憲法一二条にもとづく家族の保護が言及される限りで言えば、これらの規定は、ベルリン憲法二三条一項一文の背後に後退する。

ベルリン憲法二三条一項一文によって保障された所有権は、その法的な内容において、所有権の目的物に関する所有権者の私的な有益性と原則としての処分権能によって特徴づけられている。ベルリン憲法二三条一項一文によって保障された所有権は、所有権者にとって、私的なイニシアチブの基礎として、および、自己責任による私的な利益において、有益であるということである。その理由から、基本権としての所有権の保障は、所有権の目的物を自分自身で利用するという権能をも含むのである。賃貸借をもって、所有権者は、最終的に、その権能を放棄したのではない。民事裁判所は、ＢＧＢ五七三条二項二号の適用において、自己必要に依拠した解約告知について判断しなければならない場合に、このことを考慮に入れなければならない。民事裁判所は、その居住の必要に関する所有権者の決定を原則として尊重しなければならない。というのは、賃貸人が、自己およびその構成員のために、どのような居住の必要を相当なものであると考えるのかという点を決定することは、所有権という基本権から結果として生じるところの賃貸人の単独の権能の支配下にあるからである。その権能は、その必要がどのような時点から自己必要を理由とする解約告知のための原因であるのかという点に関する決定をも含むのである。

もっとも、ベルリン憲法二三条一項一文は、ＢＧＢ五七四条における規定がそれを見込んでいるように、解約告知権の制限を排除しない。その制限は、賃貸人の所有権とならんで、賃借人の占有権もまたベルリン憲法二三条一項一文の保護を享受するという事情を顧慮する。その理由から、言及されたところの使用賃貸借法の規定の解釈と適用において、民事裁判所によって、賃貸人の利益、すなわち、賃貸人の取戻しについての利益とならんで、賃借人の利益、すなわち、賃借人の存続についての利益もまた、適切に考慮に入れられなければならないし、両方の側の利益が、相互に比較衡量され、釣り合いのとれた調整にもたらされなければならないのである。

その場合に、手続きの形成、事実の確定と評価、法の解釈、および、個々の事案に対する法の適用は、本件においても、原則として、所轄の裁判所のことがらであり、次の点においてだけ憲法裁判所の審理を受け入れる。すなわち、所轄の裁判所が、客観的に恣意的であると思われ、または、所有権の保障の意義、特に、その保護領域についての原則として正しくない考え方に依拠し、その実体的な意義においても、具体的な法的事案にとって、いくばくかの重要さがあるところの誤りを認識させた場合である。いずれにせよ、賃貸人もしくは賃借人の利益が完全におろそかにされ、一方の側の筋の通り、あとづけることができ、かつ、重大な論拠が見過ごされ、または、基本権が法の適用において無視される場合には、所有権の保障の内容の誤解から出発されなければならないのである。

所有権の保障の意義と射程範囲についてのそのような誤解は、裁判所が、BGB五七四条の意味における正当化されない苛酷さの理由づけのために賃借人によって申し立てられた事情に対する賃貸人の抗弁を十分に究明しようとしなかったという点にも存在しうる。この点でも、賃貸人の所有権の保護は、その構造において、賃借人の所有権の保護と区別されない。裁判所が、賃借人によって説明されたところの所有権者の自己使用の願望の真摯さについての全部の疑念を究明しようとしなければならないのと全く同様に、所有権者の利益は、説明と証明の負担がかけられた賃借人によって正当化されない苛酷さの理由づけのために申し立てられた事情に対する（所有権者の）相当な申立てを考慮に入れ、必要とあれば、証拠調べの方法において、次の点に関する確定を行うことを命じるのである。すなわち、どのような具体的な不利益が賃借人に実際に生じ、その理由から、賃借人の利益を、命じられた比較衡量において、所有権者の取戻しについての利益に対して優先すると思わせたのかという点である」(153)。

そのうえで、ベルリン憲法裁判所は、具体的に、地方裁判所の判決が憲法上の要求を正当に評価しなかったことについて、次のように論じたのである。

「地方裁判所の判決は、これらの憲法上の要求を正当に評価しなかった。地方裁判所によってその比較衡量の基礎に置かれたところの生活についての事情は、両方の側の基本権によって保護された利益に関して行われた決定を異議申立人の負担において憲法上支えるために、十分ではなかった。地方裁判所は、特別な苛酷さについての理由づけのために、決定的に、地方裁判所の判決の時点において八〇歳になるかならぬかの賃借人において、異議申立人の申立てにしたがっても、年齢に応じたところの健康と能力についての諸々の制限が存在し、そのことから、転居が要求できないことが推論されることを考慮に入れた。地方裁判所は、この関連において、本件民事訴訟の当事者の間で議論の余地のあったところの賃借人の一般的な状態が、主張されたところの自己必要、および、そのことと関連している論争によって悪化したという賃借人の申立てが信用できそうであったことの確定で満足した。その際に、地方裁判所が、主張されたところの侵害の性質と重要さをより詳細に解明し、特に、このために証明の負担をかけられたところの賃借人によって提案され、口頭弁論において控訴審裁判所において検討されたところの鑑定書を求めることはなかった。これについて、異議申立人が、転居は賃借人にとって医学的な理由から要求できないし、賃借人の健康状態の明確な悪化を懸念せしめるという賃借人の主張を、提出された写真をも含めて、提出された診断書についての賃借人の申立てとともに、訴訟に関する重大なやり方において否認したという理由においても、根拠が存在した。

地方裁判所の判決は、地方裁判所が、憲法違反を認識したときに、異議申立人の取戻しについての利益を優先させたであろうことが排除されることができなかったという理由において、基本権の侵害にもとづいていた。新たな判決において、地方裁判所は、そのつど所有権によって保護されたところの両方の側の利益を包括的に考慮に入れ、比較衡量する機会をもつであろう」(154)。

②下級審裁判所の裁判例

次に、利益の比較衡量の基本に関係する下級審裁判所の裁判例を考察したい。

㋐ その使用賃貸借関係の終了が賃借人にとっての「苛酷さ」を意味するのかどうかという問題は、一般的にいうと、個々の事案のすべての事情を考慮に入れたうえで、賃貸人の利益と賃借人の利益とのあいだの比較衡量にもとづいて判断されることになる。この場合に、その問題は、個々の事案から引き離されて、無制限に肯定されることも、否定されることもできないし、何が賃借人にとっての「苛酷さ」であると考えられなければならないのかという点がすべての事案に妥当する確実性をもって述べられることもできないのである。

まず、これらの点に関する裁判例として、バイエルン上級地方裁判所一九七〇年七月二一日決定をみておきたい。

【15】 バイエルン上級地方裁判所一九七〇年七月二一日決定(155)

［事案の概要と経緯］

ひとり暮らしであった被告は、一九五九年四月一日以来、原告の本件建物の三階に所在する五つの部屋から構成されていた本件住居の賃借人であった。被告は、そのうち、四つの部屋を転貸していた。原告は、一九六九年九月三〇日付で、本件使用賃貸借関係を解約告知した。本件解約告知に対する被告の異議にもとづいて、原告は、本件住居の明渡しと返還を求めて訴えを提起した。

区裁判所は、本件明渡しの訴えを棄却し、本件使用賃貸借関係を一九七一年一二月三一日まで延長した。

これに対して、原告は控訴したが、地方裁判所は、上級地方裁判所に、次の法的問題を提出したのである。すなわち、「もっぱら、賃借人が、賃借されたその住居の部分的な転貸から自己の本質的な収入を得ているという事情だけで、その異議を正当化することができるのか」、という法的問題であった。

［決定理由］

上級地方裁判所は、提出された法的問題について、次のように論じたのである。

「……BGB五五六a条一項の意味における苛酷さについての事案が認められているのかどうかという問題は、確かに、本質的に事実の問題である。このことに関する決定は、個々の事案のすべての事情を考慮に入れてのみ行われることができる。それにもかかわらず、このことに関する決定は、事実の問題において汲みつくされるのではなく、むしろ、確定された事実が『苛酷さ』という定められていない法概念をそもそも満たすことができるのかどうかという点にも立てられる。

BGB五五六a条一項の社会的条項の焦眉の目的は、賃借人に―ひとり暮らしの賃借人にも―その生活関係の中心点としての賃借人の自宅のために保護を認めることである。その理由から、社会的条項は、賃貸人によるその使用賃貸借関係の通常の解約告知の事案において、賃借人の異議にもとづいて、その使用賃貸借関係の契約にしたがった終了が賃借人にとって正当化されることができない苛酷さを意味した場合に適用されなければならない。しかし、その判断は、賃貸人の利益と賃借人の利益とのあいだの比較衡量をも要求する。何が苛酷さであると考えられなければならないのかという点は、すべての事案のために妥当する確実性をもって述べられることができないのである。

賃貸人が、非常に大きな住居に関係があるところの個人と存続している使用賃貸借関係を解約告知した場合に、このことは、通常、すでに、賃借人が転貸から金銭的利益を引き出し、その収入源がその住居の放棄をもって賃借人から失われるという理由において、BGB五五六a条一項の意味における苛酷さではない。もっぱら、個人の適切な居住の必要のために持ちこたえることができる関係にないところの住居を個人に維持することは、社会的条項の意味に対応しない。これは、特に、その住居の非常に大きな部分が賃借人の自分自身の居住目的に役立つのではなく、むしろ、追加的な収入源として使われる場合に妥当する。すでに述べられたように、社会的な使用賃貸借法の特に重要な課題は、むしろ、賃借人の生活関係の中心点を、したがって、賃借人の保護に値する居住の必要に適合した自宅を保護することである。BGB五五六a条一項の異議権は、社会的な使用賃貸借法のこのような目的から切り離されて、賃借人に転貸からの収入だけを保障するために用いられてはならないのである。基本法一四条によって保障されたところの所有権の社会的な拘束もまた、原則として、賃貸人が、いかなる場合にも、転貸を可能にすることによって賃借人に収入源を得させなければならないし、もしくは、維持しなければならないというように広く及ぶことはないのである。したがって……たとえば、ひとり暮らしの人には、原則として、より狭い住居で満足することが要求されうるのである。

したがって、決定のために立てられたところの地方裁判所の問題は、決して無制限に肯定されることができない。もっとも、同じく、この問題は、個々の事案から引き離されて、無制限に否定されることもできない。というのは、たとえ個々のすべての事情がもっぱらそれ自体だけでなお苛酷さの要件を満たさなかったとしても、関連において見て取って、一定の広範囲に転貸された住居の放棄を苛酷さであると思わせておくところの特殊性がつけ加わる場合に、ほかの判断が命じられうるからである」(156)。

㋑　その使用賃貸借関係の終了が賃借人にとっての「苛酷さ」を意味するのかどうかという問題は、賃貸人の利益と賃借人の利益とのあいだの比較衡量にもとづいて判断されることになるが、賃貸人と賃借人の利益の比較衡量において、まず第一に、両方の側の利益は、等価値のもの、均衡しているものとして取り扱われなければならないのであり、はじめから、賃貸人または賃借人の利益に優位が認められてはならないのである。

次に、この点に関する裁判例を確認しておきたい。

第一に、ヴァルツフート・ティンゲン区裁判所一九八九年八月四日判決をみておきたい。

【16】ヴァルツフート・ティンゲン区裁判所一九八九年八月四日判決(157)

［事案の概要と経緯］

被告（賃借人）らは、彼らの家族とともに、一九七四年四月一日以来、B市に存在する本件住居に居住していた。一九七九年七月一三日に、B市と被告らの間に、一〇年に期限づけられた本件使用賃貸借契約が締結された。本件使用賃貸借関係は、一九七九年一月一日から一九八八年一二月三一日まで継続し、自動的に延長されないということになっていた。被告らは、一九八八年一〇月一〇日に、本件使用賃貸借契約の条項にしたがって、本件使用賃貸借関係の継続を請求した。B市の市長は、一九八八年一〇月一三日付の書面をもって、本件使用賃貸借関係の終了についてのB市の「正当な利益」を引き合いに出して、その継続の請求に異議を述べた。被告らは、これに対して、一九八八年一一月三日付の手紙をもって抵抗した。そこで、原告は、一九八八年一二月一四日付の書面をもって、被告らの当時の代理人に対して、および、一九八九年一月一三日付の書面をもって、被告ら自身に対して、被告らによる本件住居の利用の継続に異議を述べたうえで、本件住居の明渡しの訴えを提起した。

原告（B市）は、次のように主張した。すなわち、原告は、その公法上の課題を履行するために本件住居を必要としたのであるから、本件使用賃貸借関係の終了について「正当な利益」を有した。というのは、原告は、一九八八年一二月一二日の「亡命者収容法」にしたがって、ラントによって原告に割り当てられたところの二六名の亡命を求める人々を収容しなければならなかったからである。強制移住者およびその家族の将来の割当もまた、予期されなければならなかった。そうであるからには、差し迫っているホームレス状態を防ぐために、これらの人々は収容されなければならなかった。たとえば、住居の賃貸借によって関係する人々をほかの方法で収容することは、原告がその所有権の利用によってその必要を満たすことができる限り、原告に要求されることができなかったのである。

これに対して、被告らは、反訴を提起し、本件使用賃貸借関係を延長することを求めたのである。

［判決理由］

区裁判所は、結論として、本件明渡しの訴えを認容し、本件反訴を棄却した。

その判決理由において、区裁判所は、はじめに、次のように論じることにより、原告（賃貸人）が本件使用賃貸借関係の終了について「正当な利益」を有したことを確認した。

「原告と被告らの間の本件使用賃貸借関係は、原告の代理人による本件使用賃貸借関係の継続の拒絶によって有効に終了させられた。というのは、原告は、これについて、正当な利益を有したからである。

本件使用賃貸借関係は、一九八八年一二月三一日まで期限づけられていたが、その理由から、BGB五六四c条(158)の適用領域に帰属した。被告らは、確かに、一九八八年一〇月一〇日に、適時に、本件使用賃貸借関係の継続を請求した。しかし、原告の市長は、(本件使用賃貸借関係の)終了についてその正当な利益を指摘したことによって、その請求に有効に異議を述べたのである。……

原告は、公法上の法人として、BGB五六四c条一項、五六四b条の意味における『正当な利益』を引き合いに出すことができるのであり、その場合に、私法上の自然人または法人によっても同じように行使されうるところの利益のみならず、公法から結果として生じるところの利益もまた引き合いに出すことができる。たとえば、地方自治体が『亡命者収容法』にしたがって義務づけられているところの亡命を求める人々の収容のように、公法上の課題を履行することもまた、このなかに含まれるのである。……

本件使用賃貸借関係の終了についての正当な利益は、原告に当然帰属すべきものであった。BGB五六四c条一項二文にしたがって、BGB五六四b条が対応して妥当し、したがって、BGB五六四b条二項もまた妥当する。

本件においてはBGB五六四b条二項において挙げられたところの三つの場合のどれにもかかわる問題ではないにもかかわらず、その文言の表現(「特に」)から、『正当な利益』として、同じような同等の利益が存在しなければならないことが読み取られることができる。これは、公法上の義務にもとづいてB市の義務であるところの亡命を求める人々の収容についての義務においてそうであった。

確かに、本件のような訴えの枠組みにおいては、すでに、それをもって本件使用賃貸借関係の継続が拒絶されたところの書面において挙げられたところの理由だけが考慮に入れられなければならなかった。

しかし、すでに、一九八八年一〇月一三日付の書面において、亡命を求める人々の間近に迫っている割当について問題になっていた。一九八八年一二月一二日の『亡命者収容法』はなお妥当していなかったのではあるが、すでに、この時点において、地方自治体の受入義務は存在した。……亡命を求める人々の将来の割当、および、それと同時に現れるところの地方自治体の側における収容義務が理由として述べられたことで十分であった。

……

たとえば住居の賃貸借によって、亡命を求める人々をほかの方法で収容することが原告には可能であるという被告らによって申し立てられたところの観点もまた、原告の正当な利益について何も変えなかったのである。

原告の義務を履行するためにその所有権を引っぱり出すという原告の請求は、権利の濫用ではなかった。すでに説明したように、原告の所有権の利用の願望のために、筋の通り、あとづけることができる理由が存在したのである」[159]。

そのうえで、区裁判所は、賃貸人と賃借人の利益の比較衡量において、まず第一に、両方の側の利益は均衡しているものとして取り扱われなければならないのであり、はじめから、賃貸人の利益に優位が認められてはならないことを確認したうえで、本件においては、本件使用賃貸借関係の終了についての賃貸人の利益が優位にあったと判断したことについて、次のように論じたのである。

「かくして確定されたところの本件使用賃貸借関係の終了についての賃貸人の正当な利益に対して、賃借人としての被告らの存続保護についての利益が対立させられなければならなかった。その際、本件使用賃貸借関係の終了についての原告の利益が優位にあったのである。

両方の側の利益の比較衡量において、まず第一に、均衡性から出発されなければならないし、はじめから、賃貸人の利益に優位が認められてはならないのである。

本件においては、右において確定されたところの原告の利益が、被告らの利益よりも、より重要であった。……賃借人は、その使用賃貸借関係の終了が賃借人にとって要求できない苛酷さを意味するときには、その使用賃貸借関係の終了に異議を述べることができる。（しかし、）本件においては、要求できない苛酷さは確定されることができなかったのである」[160]。

なお、区裁判所は、それに引き続いて、被告（賃借人）らによって申し立てられたところの論拠は、いずれの論拠についても賃借人らにとっての「苛酷さ」を意味しなかったことを論じた。

第二に、コーブレンツ地方裁判所一九八九年九月二二日判決をみておきたい。

【17】コーブレンツ地方裁判所一九八九年九月二二日判決(161)

［事案の概要と経緯］

原告（賃貸人）らが、彼らの一八歳と二〇歳の子供らを本件住居に入居させるために、「自己必要」を理由として、本件使用賃貸借関係を解約告知したのに対して、被告（賃借人）が、ＢＧＢ旧五五六ａ条にしたがって異議を述べたという事案であった。被告の側においては、高齢と結びつけられて被告の健康が損なわれていたこと、長い居住期間にもとづいて被告がその居住地域に強く定着していたことが考慮に入れられた。

［判決理由］

地方裁判所は、結論として、「原告らと被告の利益の比較衡量にもとづいて、当部は、被告の利益が優位にあったという確信に行き着いた」(162)、と判断した。

その判決理由において、地方裁判所は、そのように判断した理由について、次のように論じたが、その際、ＢＧＢ旧五五六ａ条の枠組みにおいて、当事者の利益は、原則として、等価値のものとして取り扱われなければならないこと、および、賃貸人は、基本法一四条にもとづく賃貸人の権利を独立した利益として主張することができないことを確認したのである。

「……原告らの両方の成人した子供らのためのさらに追加される住居についての原告らの利益に対して、被告の高齢、および、それと結びつけられたところの被告の健康が損なわれていたことが対峙した。……

被告の重大な利益に対して、原告らの両方の一八歳と二〇歳の子供らを本件住居に入居させておくという原告らの理解できる利益は後退しなければならなかった。原告らによって居住されたところの住居は、八五平方メートルをもって、その家族によるなおこれ以上の暫定的な利用が完全に要求できなかったほど狭くはなかった。その場合に、BGB五五六a条の枠組みにおいて、当事者の利益は、原則として、等価値のものとして取り扱われなければならないことから出発されなければならない。したがって、この関連において、賃貸人らは、基本法一四条にもとづく賃貸人らの権利を独立した利益として主張することができないのである。これについて、BGB五六四b条に関する連邦憲法裁判所の裁判例もまた、何も変えなかった。……本件においては……被告の健康的な危険に応じた精神的な危険に、原告らの家族の一時的な空間的制限だけが対峙した……そのことから、原告らの自己必要は後方に退いていなければならなかったのである」(163)。

第三に、コーブレンツ地方裁判所一九九一年一月一四日判決をみておきたい。

【18】コーブレンツ地方裁判所一九九一年一月一四日判決(164)

［事案の概要と経緯］

原告（賃貸人）は、本件建物の所有者であった。被告（賃借人）らは、一九七六年七月から、その間に、世話を必要とするところの被告らの両方の母親らとともに、本件建物の二階右側に所在する本件住居に居住していた。

原告は、一九八七年九月一一日に、その時まで原告とその夫によって居住されていたところの一世帯用住宅を売却し、それ以来、その夫とともに、成人した原告の息子のもとで生活していた。一九八七年一〇月一九日付の書面をもって、原告は、「自己必要」を理由として、一九八八年一〇月三一日付で、被告らとの本件使用賃貸借関係を解約告知した。これに対して、被告らは、BGB旧五五六a条にしたがって本件解約告知に異議を述べたのである。

区裁判所は、本件住居の明渡しの訴えを棄却した。原告は、一世帯用住宅の売却の結果審理をもたらし、したがって、被告らの本件住居に入居する真摯な意図は存在しなかった、という理由であった。

これに対して、原告は、地方裁判所に控訴したのである。

［判決理由］

地方裁判所は、結論として、「原告の正当な本件解約告知に対して、被告らは、本件使用賃貸借関係の継続に対する請求権を有した。というのは、契約にしたがった終了は、正当化されることができない苛酷さを意味したからである」(165)、と判断した。

その判決理由において、地方裁判所は、はじめに、次のように論じることにより、原告（賃貸人）の本件解約告知はそれ自体として有効であったことを確認した。

「自己必要に依拠したところの原告の本件解約告知は、確かに、それ自体として有効であった。……

原告は、主張されたところの自己必要のために、筋の通り、あとづけることができる理由をも申し立てた。原告は、被告らによって賃借された本件住居が所在するところの本件建物の所有者であったし、自己の所有物に入居したかったのである。現在、原告は、その夫とともに、原告の息子の建物に居住していた。原告が、その息子が成人していることを顧慮して、再び、自分自身の分離された世帯を得ようと努める場合に、そのことはあとづけることができるのである」(166)。

しかし、地方裁判所は、BGB旧五五六a条にしたがって行われなければならない利益の比較衡量において、賃貸人と賃借人の利益は等価値で考慮に入れられなければならないことを確認したうえで、本件においては、本件使用賃貸借関係の終了が、被告（賃借人）らにとって、正当化されることができない「苛酷さ」を意味したことについて、次のように論じたのである。

「BGB五五六a条にしたがって行われなければならない利益の比較衡量において、賃貸人と賃借人の利益は等価値で考慮に入れられなければならない。

被告らは、高齢であるところの被告らの母親らを、本件使用賃貸借期間の間に、本件住居に受け入れた。被告らは、これについて権限を付与されていた。……

被告らによって受け入れられた母親らは、高齢であったのみならず―これは、もっぱらそれ自体だけで考えられて、BGB五五六a条の意味における特別な苛酷さに行き着かなければならないわけではない―、それに加えて、二人とも、身体的もしくは精神的に、重大に病気になっていた。このことは、鑑定人の詳細で綿密な鑑定書から判明した。すでに、熟知している環境から引き払うという意味における転居（いよいよもってもちろん療養施設での世話への転居）は、鑑定人の納得のゆく、かつ、あとづけることができる説明にしたがって、鑑定人によって診察された両方の高齢で慢性的に病気の人々において、ほとんど確実といってよいくらいである蓋然性をもって、母親らの健康状態の重大な悪化を必然的にともなうであろう。……

被告らが社会的条項を引き合いに出したことは、本件使用賃貸借関係の期間の定めのない延長に行き着いた。というのは、両方の高齢の人々がどれほど長い間なお生きるのか、もしくは、両方の高齢の人々が死亡するまで被告らとの住居共同体にとどまるのかどうかという点は予測可能でなかったからである」(167)。

㋒その住居の明渡しの訴えにおいて、賃借人は、「賃貸人の正当な利益を評価しても正当化されることができないところの苛酷さ」を理由づけるために、複数の理由・事情を主張することが多い。このとき、もっぱら個々の理由・事情だけでは不十分であるとしても、主張されたところの理由・事情が、その全体において、賃借人にとっての「苛酷さ」を形成すると判断されうる場合もある。

続けて、この点に関する裁判例を確認しておきたい。

第一に、リューベック地方裁判所一九九三年六月二四日判決をみておきたい。

【19】リューベック地方裁判所一九九三年六月二四日判決(168)

［事案の概要と経緯］

原告らは、はじめに、本件建物をF会社に賃貸し、F会社は、一九八七年八月二八日に、本件建物を被告らに転貸した。それから、原告らとF会社との間の使用賃貸借関係が終了した後、原告らは、被告らに対して、一九九一年一二月九日付の書面をもって、被告らとF会社との間の使用賃貸借契約の条件で使用賃貸借関係の継続を申し出たところ、被告らは、一九九一年一二月一九日付の書面をもってその申出を受け入れた。したがって、原告らと被告らとの間には、一九九一年一二月以来、本件建物に関して、期間の定めのない本件使用賃貸借関係が存在していた。

その後、原告らは、一九九二年二月四日に、「自己必要」を理由として、本件使用賃貸借関係を解約告知した。原告らの息子が婚姻し、そのパートナーとともに本件建物に入居するつもりであるという理由であった。これに対して、被告らは、BGB旧五五六a条にしたがって本件解約告知に異議を述べたのである。

［判決理由］

地方裁判所は、結論として、「一九九二年二月四日の原告らの本件解約告知の意思表示は、まず第一に、当事者の間の本件使用賃貸借関係の終了に行き着いた。というのは、原告らの本件解約告知の意思表示は、BGB五六四b条二項二号にしたがった自己必要に依拠し、理由づけられていたからである。……（しかし、）原告らの正当な明渡請求に対して、被告らは、正当なことに、本件解約告知に対する異議のもとで、本件使用賃貸借関係の継続を申し出たのである」(169)、と判断した。

その判決理由において、地方裁判所は、はじめに、原告（賃貸人）らは本件使用賃貸借関係を有効に解約告知したことについて、次のように論じた。

「一九九二年二月四日に原告らによって意思表示されたところの自己必要を理由とする本件解約告知は、形式にしたがって意思表示されていた。本件解約告知においては、自己必要という解約告知理由が、十分に明確に表現されていた。被告らは、その内容にしたがって議論の余地のない本件解約告知の書面から、原告らが、彼らの息子、したがって、その家族構成員による自己使用のために、婚姻し、そのパートナーとともに本件建物に入居するという原告らの息子の意図のために、本件建物を必要としたことを読み取ることができたのである」(170)。

しかし、地方裁判所は、本件使用賃貸借関係の終了が被告（賃借人）らにとっての「苛酷さ」を意味するのかどうかという問題について、被告らによって主張されたところの複数の理由に関して、もっぱら個々の理由だけでは不十分であるとしても、主張されたところの理由が、その全体において、被告らにとっての「苛酷さ」を形成すると判断されうることを明らかにしたのである。すなわち、次のような論述であった。

「BGB五五六a条にしたがって、その使用賃貸借関係の契約にしたがった終了が、賃借人またはその家族にとって、賃貸人の正当な利益を評価しても正当化されることができないところの苛酷さを意味するときには、賃借人は、住居に関する使用賃貸借関係の解約告知に異議を述べ、賃貸人にその使用賃貸借関係の継続を請求することができる。本件事案は、そうであった。被告らによって主張されたところの理由は、それぞれの理由が、もっぱらそれ自体だけで考察されると、本件使用賃貸借関係の継続を請求するのに適当ではなかった。しかし、被告らによって主張されたところの理由の全体をみると……被告らにとって、原告らの利益との比較衡量において、明渡義務の妨げになっているところの苛酷さであることが明らかになるのである。

……当裁判所は、被告らに関して、本件建物の明渡しが、被告らにとって、次のことを意味することから出発する。

―被告・一がハンブルクにおける仕事の後に一九九一年からSにおいて獲得したところの仕事場への近さを失うこと、

―被告・二が四年の失業後に一九九二年に再び獲得したところの仕事場への近さを失うこと、

―まさしくはじめて獲得された幼稚園の場所から五歳の子供を取り除くこと、

―直接の生活環境から知人らと友人らを引き離すこと、

―被告・二がおよそ一九九二年のはじめから癌になったという事情を特別に考慮に入れて、三人家族の転居と一般的に結びつけられているところの苦労、

―議論の余地のない一万ドイツマルクの金額の投資によって、より長い期間の居住に向けて、賃借された本件建物に整えられたものについての被告らの経済的な損失、転居費用によって生じるところの被告らの経済的な損失、および、たぶんより高い賃料、ならびに、長期間の被告・二の失業にもとづく議論の余地もなく緊張した被告らの経済状態にかんがみての被告らの経済的な損失（が生じること）である。

挙げられたところの被告らにおける苦労、事情、および、苛酷さは、一緒に考察して、当部の確信において、原告らの息子に本件建物において婚約女性との試みの居住を可能にするという比較的ぜいたくな原告らの願望よりも、本質的により重大な重みをもっていた。当部は、原告らが、本件建物の所有権者として、被告らによる使用賃貸借の利

用によって、彼らの所有権において少なからず侵害されることを知っている。（しかし、）その社会的な意義において重大であるところの被告らの住居使用賃借権にかんがみて、本件の個別的な事案において、現在行われなければならないところの住居をめぐる利益に対する所有権をめぐる利益の比較衡量において、被告らの利益に、原告らの利益に対する優位が認められなければならなかったのである」(171)。

第二に、エッセン地方裁判所一九九九年三月二三日判決をみておきたい。

【20】エッセン地方裁判所一九九九年三月二三日判決(172)

［事案の概要と経緯］

原告（賃貸人）らが、彼らの三〇歳の娘を本件住居に入居させるために、「自己必要」を理由として、本件使用賃貸借関係を解約告知したのに対して、被告（賃借人）が、BGB旧五五六a条にしたがって異議を述べたという事案であった。被告の側においては、被告が、八九歳半の年齢であり、八〇パーセントの重度身体障害であったこと、長い居住期間にもとづいて被告がその居住地域に定着していたこと等が考慮に入れられた。

［判決理由］

地方裁判所は、結論として、「区裁判所は、正当なことに、本件建物に所在する本件住居の明渡しの訴えを棄却し、期間の定めのない本件使用賃貸借関係の継続を命じた」(173)、と判断した。

その判決理由において、地方裁判所は、そのように判断した理由について次のように論じたが、その際、被告（賃借人）によって主張されたところの複数の事情に関して、もっぱら個々の事情だけでは不十分であるとしても、主張されたところの事情が、その全体において、被告にとっての「苛酷さ」を形成すると判断されうることを明らかにしたのである。

「原告らの三〇歳の娘は本件住居に入居するつもりであるから、原告らに自己必要が存在したことは、疑う余地のありえないことであった。原告らの娘は、両親の住居の子供部屋において、不十分にだけ自分自身の住居を提供されていた。

もっとも、被告においては、ＢＧＢ五五六ａ条の意味における苛酷さについての理由が存在した。被告は、一九七六年以来、賃借された本件住居に居住し、八九歳半の年齢であり、ひとりで生活し、期日に提出された証明書にもとづいて八〇パーセントの重度身体障害であった。被告は、日々の家事の世話に頼らざるを得なかったし、被告の長い居住期間にもとづいて、その居住地域に定着していた。それらの事情もまた、もっぱらそれ自体だけで考えられると、社会的な苛酷さを理由づけなかったかもしれないが、それらの事情は、その全体において、当部の見解にしたがって、社会的な苛酷さを十分に形成したのである。

それにしたがって行われなければならないところの両方の側の利益の比較衡量は、本件使用賃貸借関係の契約にしたがった終了は、正当化されることができなかったし、被告にとって、むしろ、要求できなかったことを明らかにした。その場合に、当部は、特に、使用賃貸借関係においては、原則として……期限つきの利用関係だけにかかわる問題であること、および、原告らの所有権が原告らのために戦っていることを考慮に入れた。また、原告らの娘の窮屈な居住関係は、その自己使用の願望を差し迫ったものであると思わせたし、特に、原告らは、すべての家族構成員の展開の自由がこのことによって制限されていたことを指摘した。それにもかかわらず、当部は、被告による本件住居の明渡しを、被告にとって社会的な苛酷さを理由づけたところの右に挙げられた諸々の事情を考慮に入れて、要求できないものであると判断したのである」[174]。

㋓　その使用賃貸借関係の終了が賃借人にとっての「苛酷さ」を意味するのかどうかという問題は、賃貸人の利益と賃借人の利益とのあいだの比較衡量にもとづいて判断されることになる。この場合に、裁判所による判断にとって基準となるのは、事実審の最終口頭弁論の時点における諸関係である。したがって、賃借人にとっての「苛酷さ」を意味する理由・事情が事実審の最終口頭弁論の時点までになくなったときには、賃借人にとっての「苛酷さ」はもはや考慮されることができないことになる。

さらに続けて、この点に関する裁判例として、オルデンブルク地方裁判所一九九〇年一〇月一七日判決をみておきたい。

【21】オルデンブルク地方裁判所一九九〇年一〇月一七日判決[175]

［事案の概要と経緯］

原告（賃貸人）は、一九八八年九月七日以来、本件土地・建物の所有者であったが、被告（賃借人）らは、一九三五年以来、使用賃貸借で本件建物に居住していた。原告は、「自己必要」を理由として、本件解約告知にもとづいて本件建物の明渡しを請求した。

これに対して、被告らは、本件解約告知に異議を述べ、本件使用賃貸借関係の終了は、被告らにとって、BGB旧五五六a条の意味における正当化されることができないところの「苛酷さ」を意味する、と主張した。その理由づけのために、被告らは、次のように申し立てた。すなわち、被告らは八〇歳をはるかに超えており、しかも、被告・一は八九歳であったし、被告・二は八六歳であった。被告らは、今やすでに五〇年を超えて本件建物において生活していたのであるから、本件建物ときわめて結びつけられていた。さらに、被告・一は、ほとんど盲目であったし、その理由から、周知の環境にとどまることに頼らざるを得なかった。それに加えて、被告・一は、前立腺の病気にかかっており、その理由から、常にカテーテルを身につけていなければならなかった。他方において、被告・二に関して、被告らは、特に、被告・二がはなはだしく歩行困難であった、と主張した。

区裁判所は、本件明渡しの訴えを棄却した。被告らの高齢、および、五〇年を超えて継続しているところの本件建物への定着のために、本件建物の明渡しは被告らにもはや要求されることができなかった、という理由であった。

これに対して、原告は地方裁判所に控訴したが、被告・一（被告・二の夫）は、一九九〇年五月二九日に死亡した。

［判決理由］

地方裁判所は、結論として、「今やひとりであとに残された被告・二は、本件賃借物を明け渡し、返還するように義務づけられていた。というのは、原告によって一九八八年一〇月二六日付の書面をもって意思表示されたところの本件解約告知は有効であったからである」[176]、と判断した。

その判決理由において、地方裁判所は、そのように判断した理由について、次のように論じたのである。

「原告は、本件使用賃貸借関係の終了について正当な利益を有した。というのは、原告は、全く、筋の通り、あとづけることができる理由にもとづいて、その家族とともにでも、本件賃貸物に入居したかったからである。このことは、被告らによっても真摯に疑問視されなかった。

請求されたところの明渡しが、被告らにとって、原告の利益を評価したときも要求できないところのBGB五五六a条の意味における苛酷さを意味するのかどうかという点、および、その理由から、本件解約告知が無効であるのかどうかという点だけが問題であることができた。

被告・一がなお生きていた限り、このことが肯定されることができたのかどうかという点は、未決定のままでありうる。というのは、被告・一の死亡とともに、被告・一において理由づけられたところの苛酷さもまた存在しなくなったし、最終口頭弁論の時点における諸関係が決定的であるからである。被告らは、まず第一に、被告・一において理由づけられていたところの理由を申し立てた。被告・一は、特に、重い弱視のために、被告・二よりも熟知している環境にとどまることができることに頼らざるを得なかったのである。

確かに、被告・二において、被告・二がすでにきわめて高齢であったこと、被告・二が、五〇年を超えた長い滞在によって本件建物と強く結びつけられていたこと、および、被告・二が、歩行困難のために一階に所在する住居にだけ入居することができたこともまた、まだ考慮に入れられなければならなかった。これらの事情は、確かに、重みをもっていたが、しかし、（空間的な）変化が被告・二にとって完全に要求できないように思われなければならなかったほど重大であるとは思われなかった。彼女の夫の死亡とともに、被告・二の生活は、いずれにしても強く変化した。被告・二がなお彼女の夫の存命中と同じように古くなった本件住居にきわめて依存しているのかどうかという点、および、被告・二が一般に本件住居にひとりで引き続き生活するという状態であるのかどうかという点は、今や疑わしくもあるように思われた。したがって、現在の時点は、空間的な変化のために都合の悪いことはないといってよいだろう。確かに、被告・二のために適当な住居を見出すことは、被告・二にとって、きっと容易ではないであろうが、しかし、このことは、何の問題もなく、はじめから見込みのないものであると考えられることができないのである。特に、原告は、反論なしに、被告らの息子が同じ都市においてひとつの多世帯用住宅と広々としたひとつの一家族用住宅をもっていることを申し立てたのである。

原告の側では、特に、被告・二が原告の本件建物にとどまることは、原告にとって、十分な賃料の増額によって原告から取り除かれることができないところの継続する相当な経済的負担を意味することもまた、考慮に入れられなければならなかった。すなわち、被告・二によって支払われなければならない賃料は、原告から経済的な負担を完全に取り除いてやる程度に引き上げられることができなかったのである」(177)。

㋔裁判所は、賃貸人の利益と賃借人の利益とのあいだの比較衡量にもとづいて、その使用賃貸借関係の終了が賃借人にとっての「苛酷さ」を意味するのかどうかという問題を判断するとき、賃貸人と賃借人のそれぞれの基本権としての地位が対立する状況において、ひとつの判断・解決を探し求めなければならないことになる。この点は、裁判例の判決理由において、抽象的に、「裁判所は、利益の比較衡量において、基本法の価値決定をも考慮に入れなければならない」、と述べられるところである。

この点は、具体的な利益の比較衡量に関する裁判例の考察（Ⅱの二の2）にも関係することであるが、最後に、ここでは、「利益の比較衡量の基本について」という観点から、この点に関する裁判例を考察することによって裁判例における具体的な判断の枠組みをみておくことにしたい。

第一に、すでにⅡの一の1において取り上げたところのハンブルク地方裁判所一九八八年一二月一三日判決をみておきたい。

【22】ハンブルク地方裁判所一九八八年一二月一三日判決(178)

［事案の概要と経緯］

原告（賃貸人）らは、原告・二の母親に本件住居を使用させるために、「自己必要」を理由として、被告（賃借人）らとの本件使用賃貸借関係を解約告知したが、被告らは、ＢＧＢ旧五五六ａ条にしたがって本件解約告知に異議を述べた。

区裁判所は、期間の定めなく本件使用賃貸借関係を継続することを命じたため、原告らは、地方裁判所に控訴したのである。

［判決理由］

地方裁判所は、結論として、「区裁判所とともに、ＢＧＢ五六四ｂ条二項二号の意味における自己必要が原告らの側に存在することから出発されることができた。というのは、請求されたところの本件住居は、アメリカ合衆国からハンブルクへとその息子のところに移り住むことを意図したところの原告・二の六九歳の母親の使用のためにおかれるということであるからであった。

しかし、区裁判所は、正当なことに、ＢＧＢ五五六ａ条にしたがって、期間の定めなく本件使用賃貸借関係を継続することを命じたのである」[179]、と判断した。

その判決理由において、地方裁判所は、そのように判断した理由について、次のように論じたのである。

「区裁判所の利益の比較衡量に対して異議が述べられることはできなかった。その際、諸々の利益の重要さが、確かめられ、互いに対比されることができた。

原告・二が、その母親を、母親の願望に対応して、ハンブルクの自己の近くに居住させておくことによって、原告・二の所有権を利用して、自分自身の生き方を、原告・二がこのことを正しいと考えるように形成するという権利が、原告・二に有利な材料を提供した。

（他方において、）被告らにとって有利な結果になるように、その居住地域における定着が効果をあらわす。というのは、被告らは、その居住区域に一九四五年以来居住していたからである。この苛酷さについての理由の確定は、長い居住期間を超えていた。というのは、この定着は、賃借人の社会的な環境にも関係づけられているし、賃借人のこれ以外の諸関係との関連においてのみ確認されなければならないからである。本件においては、この長い居住期間に、八三歳である被告の高齢がつけ加わった。別の通りにある被告らの住居所有権は、確かに、比較できる居住地域に存在したが、しかし、反論の余地なく、三三平方メートルないし五六平方メートルだけの広さであり、それとどもに、代替住居として適当ではなかった。さらに、提出されたところの医師の証明書から、被告・一が、重大な心臓病であり、狭心症の発作に苦しみ、その結果、強制された住居の交替は、その健康状態を危険にさらすことに行き着くであろうことが出てきた。単なる可能性の形でおおわれていたのではないその証言は、同じく、言及されたところの被告・一の高齢と関連して判断されなければならなかった。連邦憲法裁判所一九七九年一〇月三日決定にしたがって、裁判所は、利益の比較衡量において、基本法の価値決定をも顧慮しなければならない。特に、裁判所は、基本権の侵害が、懸念されなければならないのかどうか、および、どのような範囲において懸念されなければならないのかという点をも顧慮しなければならない。このことは、まさしく、健康の侵害の危険においても命じられている。……一方において自由な人生の形成に対する権利と、他方において身体的に損傷のないことに対する権利との比較衡量において、優位は、後者に認められなければならないのである。被告・一における事情が、欲せられなかった転居が被告・一にとって健康的に要求されることができるというほどまで変化するのかどうか、および、いつ変化するのかという点は見て取られることができなかったのであるから、区裁判所は、当然、期間の定めのない本件使用賃貸借関係の継続を命じたのである」[180]。

第二に、オルデンブルク地方裁判所一九九一年二月七日判決をみておきたい。

【23】オルデンブルク地方裁判所一九九一年二月七日判決[181]

［事案の概要と経緯］

原告（賃貸人）は、その息子に本件住居を使用させるために、「自己必要」を理由として、被告（賃借人）らとの本件使用賃貸借関係を解約告知したが、被告らは、BGB旧五五六a条にしたがって本件解約告知に異議を述べたのである。

［判決理由］

地方裁判所は、結論として、「本件解約告知は、一九九〇年一月二日付の書面をもって有効に意思表示されていた。通知された理由は、まさしく、被告らがその理由を検討することができたほど、なお十分に明確に説明されていた。

それにもかかわらず、被告らは、本件賃借住居の明渡しと返還を義務づけられていなかった。というのは、被告らは、正当なことに、ＢＧＢ五五六ａ条の社会的条項を指摘して、本件解約告知に異議を述べたからである」[182]、と判断した。

その判決理由において、地方裁判所は、そのように判断した理由について、次のように論じたのである。

「……両方の側の利益の比較衡量は、本件使用賃貸借関係がこれまでの条件において期間の定めなく継続されなければならないという命令に行き着いた。原告のためには、自己の所有権を利用し、本件賃貸住居を原告の息子に自由に使わせるという権利が有利な材料を提供した。（これに対して、）被告らにとって有利な結果になるように、一方において、被告らがすでに一五年以来本件住居に居住し、そのことから、特に、六九歳という年齢において、その居住地域に定着していたことが重要であった。他方において、そして、このことは決定的であったが、被告・一は癌になっていた。被告・一の主治医、すなわち、証人（Ｚ）は、被告・一が、すでに強く損なわれた精神的な状態において、なお住居の交替という負担にさらされる場合に、『自殺する傾向のある歩み』が危惧されなければならなかったことを信ずべく申し立てた。一方において所有権と、他方において身体的に損傷のないことに対する権利との比較衡量において、後者に優位が認められなければならないのである。このことは、本件において、証人（Ｂ）は……Ｌにおいて、原告の息子もまたそこに入居することができるほど十分に広い住居をもっているのであるからいっそう妥当した。その場合、証人らの負担は、証人（Ｂ）が、これまでと同じように、Ｌから、彼女の仕事場へ乗り物を使わなければならないという点にだけ存在した。この不利益は、被告・一が住居の交替のときにさらされているところの健康上の危険に対して、比較的低く評価されなければならなかった。転居が被告・一に健康上要求されることができるのかどうか、および、いつ要求されることができるのかという点は見て取られることができなかったのであるから、本件使用賃貸借関係の継続が期間の定めなく命じられなければならなかったのである」[183]。

第三に、ベルリン地方裁判所一九九一年一〇月二五日判決をみておきたい。

【24】ベルリン地方裁判所一九九一年一〇月二五日判決(184)

［事案の概要と経緯］

原告（賃貸人）は、被告（賃借人）によって居住されたところの二つと半分の部屋から構成されていた本件住居（ほぼ七七・五〇平方メートル）の所有者であった。原告は、その夫とともに、夫の所有であり直接に本件住居の横に所在したところの同様に整えられた二つと半分の部屋から構成されていた住居に居住していた。原告の世帯には、その夫のほかに、なお（一九八六年と一九九〇年の間に生まれた）三人の子供らもまた生活していたが、それらの子供らは、現在、第三の一四・五五平方メートルの広さの部屋に居住させられていた。また、原告夫婦は、九・七平方メートルの寝室だけをもっていた。

原告は、被告に対して、「自己必要」を理由として、本件使用賃貸借関係を解約告知した。相並んで所在したところの両方の住居が、壁を打ち抜くことによって相互に結び合わせられる形で利用され、もしくは、このことが実行不可能であると証明されたならば、玄関を経由して利用されるということになるという理由であった。

他方において、被告は、七四歳であったが、二八年以来本件住居に居住していたし、白内障、高血圧症、心筋衰弱、および、退化による抑鬱症に苦しんでいる、と主張した。被告は、転居することが、被告にとって致命的な結果を負わされうるという理由にもとづいて、本件使用賃貸借関係の継続を請求した。

区裁判所は、本件明渡しの訴えを認容した。

これに対して、被告は、地方裁判所に控訴したのである。

［判決理由］

はじめに結論を確認しておくと、地方裁判所は、第一に、「原告によって意思表示されたところの本件解約告知は……有効であった。原告は、ＢＧＢ五六四ｂ条二項二号にしたがって、終了についての正当な利益を有した」(185)、第二に、「ＢＧＢ五五六ａ条一項にしたがった本件使用賃貸借関係の継続は命じられていなかった。契約にしたがった終了は、被告にとって、被告自身の申立てを正しいものと想定して、原告の本件解約告知についての正当な利益を考慮に入れても正当化されることができないところの苛酷さを意味しなかった」[186]、と判断した。

その判決理由において、地方裁判所は、はじめに、原告（賃貸人）の「正当な利益」が肯定されると判断した理由について、次のように論じた。

「……かろうじて八〇平方メートルの広さの隣接する二つの住居に統一体として五人家族とともに居住するという計画は、自己使用の願望のために、筋の通り、あとづけることができる理由を意味した。これは、それらの住居が、壁を打ち抜くことによって結び合わせられて利用されるのか、または、共通の玄関の間を経由して利用されるのかという点とはかかわりなく妥当する。原告は、意図された利用を、やむをえないときには、後者のやり方においても実行するつもりであるのであるから、原告によって計画されたところの壁を打ち抜くことが建築法上許可可能であるのかどうかという点は未決定のままでありうる。

両方の利用の可能性を包括するところの原告の自己使用の願望は、原告によって、BGB五六四b条三項[187]に対応するやり方においても本件解約告知の書面において申し立てられた。自己必要を理由とする解約告知を理由づけるためには、次のことで十分である。すなわち、その住居が必要とされるところの人々を挙げること、および、その住居を取り戻すことについてのそれら人々の利益が依拠するところの具体的な生活の事象を説明することである。その解約告知の理由は、その解約告知の書面において、その理由が確認され、ほかの理由（事情、生活の事象）から区別されることができるようにだけ詳しく表されていなければならない。取戻しについての利益について一般に行われたところの供述は十分である。その供述は、なお明渡訴訟の経過においても、詳細に説明を加えられることができる。原告は、本件解約告知の書面において、原告がどういう人々と共同でこれまで被告によって居住された本件住居を利用するつもりであるのかという点を申し立てた。原告は、もっぱら現在の住居だけでは、原告の大きくなった家族のために、および、なおこれ以上の子供の間近に迫っている出産にかんがみて、あまりに狭くなったことをも説明した。それとともに、原告は、その取戻しについての利益の根拠を求めたところの具体的な生活の事象を表した。それは十分であった。原告が二つの住居においてその家族の居住をどんなふうにととのえるつもりであるのかという問題は、言及されないままであることができたのである」[188]。

さらに、地方裁判所は、被告（賃借人）にとっての「苛酷さ」が否定されると判断した理由について次のように論じたが、その際、裁判所は、賃貸人と賃借人のそれぞれの基本権としての地位が対立する状況において、ひとつの判断・解決を探し求めなければならないことを確認したのである。

「……被告によって主張されたところの転居の結果として懸念されなければならない生命の危険は、立証的に説明されていなかった。白内障による視力障害も、心筋衰弱による機能の低下も、高血圧症における血液循環の危険も、相当な準備と用意周到な実行において、説得力をもって、それによって打撃を与えられる人の転居の妨げになっていなかった。これは、退化による抑鬱症にも妥当した。白内障を除いて、これらの病気は、広がった老化現象であった。階段をのぼるときの困難さにおいて生じるところのこれらの病気の程度は、限界より低い位置にあったこともまた、考慮されなければならなかった。そのことから、住居の交替は、被告にとって、すべての問題にもかかわらず、職業的な援助を利用し、原告の継続する援助の申出にかんがみて、健康上、実行不可能ではなかったのである。

継続する被告の健康上の危険は、その基本法上の意義を考慮に入れても、原告の利益との比較衡量において、ほかの結果に行き着かなかった。基本法二条二項において保障されたところの身体的に損傷のないことに対する権利は、すべての基本権の基礎にある人間の尊厳の重要な根本的前提である。その権利は、基本権の目録において挙げられたところの基本権の担い手の精神的、観念的、文化的、および、経済的な価値実現の可能性のための生物学的・自然のままの価値の前提を保護する。しかし、原告の側においても、基本法一四条をもって、憲法の中心的な基本権が関係させられていた。その基本権は、考慮の対象になるあらゆる健康の危険のときに、それだけでもう、後方に退いていなければならないわけではない。むしろ、基本権の地位の対立において、具体的な状況における基本権の地位の意義と重要さ、ならびに、基本権の地位に差し迫っている侵害の強さが対比され、基本権の地位のそのときどきの内容の可能な限り広範囲な実現のもとで、ひとつの解決が探し求められなければならないのである。このことは、本件事案において、次のことを意味する。すなわち、被告によって主張された病気にもとづいて、場合によっては起こり得る健康の危険の迫っていることが見積もられ、原告の所有権の権能の起こり得る侵害の強さと比較されなければならないことである。

その評価は、被告の側において、相当な健康の侵害は、対応した予防措置によって避けられるのであり、それとともに、結果において、起こりそうではないことを明らかにした。被告は、転居の準備と進展において、他人の援助を確保しておかなければならない。このことを行うことは、被告に要求されることもできる。原告においては、自己使用の権利が問題であった。この自己使用の権利は、強い人的な関連を備えており、そのことから、所有権者の諸々の権能によって包括されたところの一般的な人格権の要素を顧慮しても、基本法一四条一項一文によって保護されているところの所有権者の諸々の権能の本質的な部分である。原告にとって、この自己使用の権利は、本件使用賃貸借関係の継続において、その長さに応じて、限定された期間の間、または、期間の定めなく、取りのけておかれていた。予期されなければならないところの原告の所有権の縮減は、本質的に、場合によっては起こり得る被告のための健康の危険よりも、より間近に迫っていて、より徹底的であるのであるから、当事者の基本権の比較衡量もまた、原告の利益が優位を占めなければならないことを明らかにしたのである」[189]。

地方裁判所は、右のように、一方において原告（賃貸人）の所有権という基本権と、他方において被告（賃借人）の身体的に損傷のないことに対する権利という基本権が対立する状況において、第一と第二の裁判例とは異なる事情のもとで、異なる判断をしたのである。

第四に、ケンプテン地方裁判所一九九三年一〇月二七日判決をみておきたい。

【25】ケンプテン地方裁判所一九九三年一〇月二七日判決[190]

［事案の概要と経緯］

被告（賃借人）らは、原告（賃貸人）から、本件建物の二階に所在する本件住居を賃借していた。本件住居は、三つの部屋、ひとつの物置部屋等から構成されていた。原告は、一九九〇年一〇月二〇日付の書面をもって、ＢＧＢ旧五六四ｂ条四項[191]にしたがって、補助的に「自己必要」を理由として、一九九二年一月三一日付で、本件使用賃貸借関係を解約告知した。原告の娘が、病気をかかえた原告を世話するために本件住居に入居するということになるという理由であった。これに対して、被告らは、BGB旧五五六a条にしたがって、特に、被告らの高齢および病気を引き合いに出して本件使用賃貸借関係の継続を請求したのである。

区裁判所は、本件明渡しの訴えを認容した。補助的に行われたところの「自己必要」を理由とする本件解約告知は認められていたし、BGB旧五五六a条にしたがった本件使用賃貸借関係の継続に対する被告らの請求権は存在しなかったという理由であった。

これに対して、被告らは、地方裁判所に控訴したのである。

[判決理由]

地方裁判所は、結論として、「被告らの控訴は……理由づけられていなかった。

本件使用賃貸借関係は、一九九〇年一〇月二〇日の本件解約告知によって、一九九二年一月三一日付で終了させられていたし、その結果、被告らは明渡しを義務づけられていた」[192]、と判断した。

その判決理由において、地方裁判所は、はじめに、「本件解約告知は、はっきりとBGB五六四b条四項一号に依拠していた。……

被告らの本件住居は、二つの住居だけを備えた居住用建物に所在した。……

それとともに、原告は、本件使用賃貸借関係の終了について、特別な正当な利益を申し立て、または、証明しなければならないことなく、解約告知することができたのである」[193]、と論じた。

さらに、地方裁判所は、被告（賃借人）らにとっての「苛酷さ」が否定されると判断したが、そのように判断した理由について、以下において考察するように詳細に論じたのである。地方裁判所は、賃貸人と賃借人らのそれぞれの基本権としての地位が対立するところの利益の比較衡量がきわめて困難な状況において、ひとつの判断・解決を探し求めたのである。

地方裁判所は、まず結論を述べたうえで、一方において、被告（賃借人）らの側の事情について、次のように確定した。

「被告らの形式と期間に適合したところの本件解約告知に対する異議は、当部が本件事案の特別な事情をおろそかにしたことなく、被告らの継続の請求を正当化しなかった。（明渡期間をともなう）本件使用賃貸借関係の契約にしたがった終了は、すなわち、被告らにとって、原告の正当な利益を評価しても正当化されることができないところの苛酷さを意味しなかったのである。

確かに、証拠調べは、被告らにとって有利な結果になるところの相当な理由を明らかにした。被告（夫）は八二歳、被告（妻）は八〇歳であった。被告（夫）は、社会福祉事業対象者であったし、しかも、およそ二年以来強まった精神的な疲弊およびそれによって生じた痴呆にもとづいていた。ある人がさらに行わなければならないところのすべての毎日の勤めは、第三者によって可能にされなければならなかった。その理由から、被告（夫）を入浴させ、丹念にきれいにし、着替えをさせるために、ひとりの修道女が朝に一時間ないし一時間半やってきた。その後、ひとりの兵役代替社会奉仕勤務従事者が三時間やってきて、彼は、本件住居をきれいにし、洗濯をし、同時に、被告（妻）の世話をもした。しかし、挙げられた人々の援助は、土曜日と日曜日には行われなかった。被告（妻）は、大きな努力をもって、彼女の夫の面倒をみたが、しかし、これは、彼女自身の衰えた状態にもとづいて、彼女に特別な困難をもたらした。被告（妻）は、運動器官について障害を有したし……十分な成果をともなったのではあるが、両側の腰の手術を受けた。ひざの関節は変形させられていたし、動くときに痛かった。その理由から、被告（妻）は、もはや本件建物から出なかった。被告（妻）は、本件住居においてもほとんど歩くことができなかった。肩の関節は、部分的に硬くなっていた。これは、行動範囲の制限に行き着いた。（そして、）このことは、彼女の夫の世話を相当に困難にした。その理由から、被告（妻）は、必要なやり方において、十分に彼女の夫の世話をすることができなかった。もっとも、被告（妻）は、このことを理解できなかった。被告（妻）は、ひとりでその世帯を切り盛りすることができなかった。被告（妻）の状態はこのような負担のもとで悪化することが予測されなければならなかった。

……そのような事案に関して専門的知識のあるところの鑑定人の証言から、被告らを老人ホームや社会福祉施設に入居させることが差し迫って命じられていることが判明した。……それとともに、被告（夫）は面倒を見られ、しかも……被告（妻）が外来の世話のサービスとの結びつきにおいても達成することができないようなやり方においてであった。これは、被告らにとって、彼らの健康状態において、本質的な軽減でもあった。特に、被告らは、その場合、現在存在する孤立から解放されることができた。鑑定人は……たとえば、老人ホーム（X）において、被告（夫）の完全な世話および被告（妻）の部分的な世話をともなう対応して広い部屋が、両者のために四五〇〇ドイツマルクかかることを確認した。その費用が弁済されることができなかったならば（これは、被告らのこれまでの申立てから十分に導き出されることができなかった）、対応した社会福祉施設が被告らの味方をするであろう。

鑑定人は……被告（夫）とのコミュニケーションが可能でなかったのであるから、被告（妻）にも、このような差し迫った医師の助言を与えた。しかし、鑑定人は、理解のなさに出くわした。

確かに、鑑定人の証言から判明したように、被告らは……場合によってはあり得る転居を自分自身で個人的に実行することができなかった。しかし、このことは……社会施設の対応した援助をもって、ある程度の準備期間をともなって行われるであろう」(194)。

他方において、地方裁判所は、原告（賃貸人）の側の事情について、次のように確定した。

「他方において、両方の側の利益の比較衡量において、原告にプラスの材料を提供するところの重大な理由もまた、証明されていた。もっとも、それらの理由が事後的に生じたのでない限りは、原告の解約告知の書面において挙げられたところの理由だけが顧慮されなければならない。原告は、原告の解約告知の書面において、原告の健康状態を次のように説明した。

『確かに、私の個人的な諸関係は、あなたがた（被告ら）に十分に周知である。私は、本件解約告知（BGB五六四b条四項一号）についての正当な利益として、かなり前から重大な病気であるし、それに加えて、再び手術を受けなければならないことを指摘する。これについて、私の娘が、私のところへ赴き、私の本件建物において本件住居を自分のものにし、私の面倒をみる、もしくは、私の世話をすることが必要である。……』。

たとえ『重大な病気』が本件解約告知の書面において詳しく説明されていなかったとしても、しかし、その指摘は十分であった。というのは、その指摘は、明らかに被告らに周知であるところの原告の健康状態を十分に指摘していたからである。

証拠調べにもとづいて、そのことは確かであったし、それとともに、次のことから出発されなければならなかった。

原告は、七二歳であったし、数年前から、実際に重い高血圧に苦しんでいた。一九九〇年と一九九一年に、そのつど、卒中発作になった。障害として、話し方がある程度遅くなることと時々言葉を探す障害、左手にある程度の運動機能の不全と感覚の障害があとに残った。一九八九年に、すでに、両方の頸動脈にカルシウムの沈着が確認され、それは、脳への供給を対応して制限した。一九九一年に、頸動脈の一方は七〇パーセントだけ、他方は五〇パーセントだけ制限されていることが確認された。そのことから、意識の喪失のための説明が生じた。意識の喪失は、一九九三年にも、最後に一九九三年の四月に、それに引き続いて三週間の病院滞在をともなって生じた。この状態は、鑑定人が信ずべく述べたように、危険をはらんだものであった。本質的に制限されたところの頸動脈における（血液の）流れの力は、たとえば、興奮するときに取り去られ、したがって、十分な脳の血行が保証されていない場合、軽い場合には、めまい、吐き気、および、嘔吐に至り、重い場合には、そのうえさらに、卒倒、すなわち、意識の喪失に至る。原告は、このことをわかっていたし、それによって、心的な負担をも受けた。鑑定人の説明にしたがって、それによって、用心のための健康の援助が届け出られていた。そのことから、鑑定人は、医師の見地から、原告が、被告らの本件住居において、ある人を置いていて、その人が、ときおり、原告に気を配り、同時にまた、原告の世帯の面倒をみることができることを当然である、と考えた。対応した発作のときに、原告が迅速に援助を受けないならば、次の卒中発作は、致命的な結果に終わりうるし、少なくとも、完全な社会福祉事業対象者を生ぜしめうるだろう。たとえば、被告らが経験したところの外来の世話が、同時に、このような世話の課題を引き受けることができるだろうことは、鑑定人の説得力のある見解にしたがって、特に、当事者相互間の相当に負担をかけられた関係を顧慮して、十分ではなかった。むしろ、本件建物に居住し、場合によっては、それが計画されているところの対応した呼びりんの配線によって迅速に呼んで来られることができるところのひとりの人が存在しなければならないだろう。

証拠調べから、原告は、確かに、被告らと比べて、はるかにより元気であることが判明した。原告がなお短い距離を乗用車に乗ることを、鑑定人は、責任を負えないことと考え、これが、安全という理由から、叙述されたところの健康状態にもとづいて控えられることが指示された。原告がなお旅行をしたという事情もまた、原告の重大な危険をはらんだ状態を何も変えなかった。

その個人的な関係（原告の真の甥）および場所的な近さにもとづく頻繁なつながりを基礎としての証人の信ずべき証言から判明したように、原告の問題についての計画された解決の可能性のひとつは……原告の娘がその夫とともにZから被告らの本件住居に転居することであった。原告の娘は、その心構えをしていることを明らかにした。原告の娘は、これまで、彼女のしゅうとの世話をしたが、そのしゅうとは一年半前に亡くなった。そのことから、原告の娘は、今や強められてその母親（原告）を気にかけた。原告の娘の夫は、A市において働いていた（したがって、いずれにしても、通勤しなければならなかった）。証人は、説得力をもって、原告の娘が、その夫とともに、原告の健康状態において、必要な援助を原告に与えるために……被告らの本件住居に転居する心構えをしていることを信ずべきことであると考えたことを述べた。

もっとも、証拠調べによって、原告は、ある家族がきわめて有利な価格で本件住居に入居し、本件住居において、その夫人が……原告の面倒をみることができ、原告を援助するというやり方においても解決を見出すことが証明されていた。その理由から、すでに、赤十字社の救護隊員が、子供を待ち望んでいるところの恋人とともに連絡もしてきた。彼らは、明らかに、本件住居に転居する心構えをしていた。

それとともに、当部にとって、原告は、原告を援助でき援助するということになるところの入居する人々を本件住居に入居させておくことを前面に押し出しただけではなく、原告がこのことを本当にするつもりであること、および、その願望は医学的な見地からも正当化されていることもまた確かであった。ある家族が、住居として考えられることができないところの両方の屋根裏部屋に入居しないこともまた理解できた。確かに、そのような解決によって、危険をはらんだ状態が回避されうるという原告のための絶対的な保証もまた与えられていなかったことは正しかった。しかし、それでも、原告が、対応した契約による防護策を通じて、法的にのみならず、特に精神的な観点においてもまた防護策を受けるという状態が生じるのである。

原告が本件解約告知の書面において援助する人として原告の娘だけを示したことは、その苛酷さについての理由が十分に示されていたことについて、何も変えなかった。その苛酷さについての理由は、原告の健康状態であり、原告の健康状態は、被告らの本件住居に対応する援助する人を入居させることを生ぜしめるのである。」[195]。

そのうえで、地方裁判所は、本件事案において、「本件使用賃貸借関係を終了させることを正当化できないことであるとは考えなかった」が、そのように判断した理由について、次のように論じたのである。

「本件事案において、きわめて困難な、かつ、両方の当事者にとって重大な影響をもつ比較衡量において、当部は、被告らにプラスの材料を提供するところのすべての事情にもかかわらず、本件使用賃貸借関係を終了させることを正当化できないことであるとは考えなかった。

原告は、所有権者である。確かに、原告の所有権は、相対化されなければならない。というのは、特に長年にわたる賃借人もまた、憲法の裁判例が改めて強調したように、基本法によって防護された対応する保護を与えられているからである。（しかし、）原告は、健康上強くおびやかされた状況にあったし、その状況は、原告が、その娘（または……対応する援助する人）が被告らの本件住居に入居することができることを達成するつもりであることを理解させ、正当化したのである。確かに、このこと（原告の娘が被告らの本件住居に入居することができること）は……原告の健康状態の具体的に差し迫っている悪化に対して、場合によっては致命的な出来事に対しても、絶対的な保護ではなかった。しかし、ともかくも、そのような展開の危険は、まったく相当に減少させられていた。原告が、本件建物の所有権者として、原告の所有権を、このような理解できる保護をもたらすために利用するつもりであることが決定的なものであった。

原告の娘は結婚している。原告の娘が彼女の夫とともに（両方の屋根裏部屋を含めて）原告の住居に入居することを要求することは、本件において、やりすぎであった。世話のサービスを介入させること、または、緊急呼び出し電話への接続もまた、同じ結果に行き着かなかったし、特に、精神的な観点において、同じ結果に到達しなかった。同じことは、原告の娘が彼女の夫とともに（入居する）代わりに、ほかの家族がその課題を引き受ける場合にも妥当した。

確かに、被告らは、的確に、被告らの病状を指摘した。被告らの病状は、現在、原告の病状よりも、質的に、より重大であると整理されなければならなかった。しかし、このことから、本件使用賃貸借関係の契約にしたがった終了が被告らにとって原告の正当な利益を評価しても正当化されることができないところの苛酷さを意味することを導き出すことは、当部の見解にしたがって……被告らの義務であるところの優位にある利益の証明を行われたものであると考えるために適当ではないのである。すなわち、被告らにプラスの材料を提供する苛酷さについての理由において、被告らは、本件住居にとどまるという被告らの願望が本件使用賃貸借関係の延長を正当化するのに十分でないところの健康状態にあることが顧慮されなければならないのである。鑑定人が的確に述べたように、医師の見地からは、被告らが老人ホームもしくは社会福祉施設に転居することが必要不可欠である。そのようにしてだけ、被告らの病気がなおそれ以上に悪化することが妨げられることができるのである。このような事情のもとで、本件住居にとどまるという被告らの願望は、比較衡量において、特に客観的に無分別な、十分でないものであると考えられなければならないのである。確かに、被告らは、基本法によって保護された自己決定権を有する（基本法二条[196]）。そのことから、被告らは、医師のすべての分別に反して、原則として、医師の助言にしたがい、意味のあることを行うことのほうを取らないことにすることができる。しかし、BGB五五六a条の意味における比較衡量において、このような意味において被告らの決定を審理することが裁判所に妨げられていることはできないのである」[197]。

ただし、地方裁判所は、最後に、次の点をも付言した。

すなわち、「しかし、対応する十分な明渡期間の量定を通じて、被告らの利益に適合されなければならなかった（民事訴訟法七二一条）。被告らは、心理学上の理由からも、新たな状況に適応することができ、必要な予防措置を講じるために、十分な時間を有しなければならなかった。被告らは、認められた明渡期間において、このことを十分にすることができるのである」[198]、という点であった。

なお、被告らは、地方裁判所（および、区裁判所）の判決に対して、憲法訴願を申し立てたが、連邦憲法裁判所は、次のように論じることにより、地方裁判所の判断を是認したのである。

「地方裁判所が、病気にもかかわらずさらに続けてこれまでの本件住居にとどまるという異議申立人らの願望を、無分別であると示した限りで言えば、このことは、異議申立人らの人格の自由な発展に対する異議申立人らの権利を侵害しなかった。……地方裁判所の判決は、本件において、問題の評価を、利益の比較衡量の枠組みにおいて行った。裁判所に課されたところの逆方向の利益の重要さの程度を判定することが、一定の人生の計画策定が現実的であるのかどうかという問題を考慮に入れることをも必要としうることは、なおこれ以上の解明を必要としないのである」(199)。

第五に、すでにⅡの一の2において取り上げたところのシェーネベルク区裁判所二〇一四年四月九日判決をみておきたい。

【26】シェーネベルク区裁判所二〇一四年四月九日判決(200)

［事案の概要と経緯］

被告は、一九九八年三月一二日の本件使用賃貸借契約をもって、補助参加人から、本件建物の三階に所在する本件住居を賃借した。本件住居は、台所、浴室、トイレ、および、玄関ホールを備えた二つの部屋から構成されていた。補助参加人と締結された本件使用賃貸借契約の四条三項においては、「補助参加人は、原則として、自発的に、本件使用賃貸借関係を解消しない。しかし、補助参加人は、特別な例外的な場合において、補助参加人の重要な正当な利益が本件使用賃貸借関係の終了を必要不可欠にするときには、書面によって、法律上の期間を遵守して、本件使用賃貸借関係を解約告知することができる」と規定されていた。二〇〇六年に、補助参加人は、本件土地・建物をK有限会社に譲渡し、さらに、本件土地・建物は、二〇〇九年に、K有限会社から原告らに譲渡された。

原告らは、本件建物を取得してから大規模な改造措置を実行した。本件使用賃貸借契約の締結の時点において、本件建物には、互いに分離された三つの住居があったが、その改造措置にともなって、一階と二階の住居は統合された。これらの住居の各々の住居は、もともとは、少なくとも、一つと半分の部屋、ならびに、台所と浴室を備えていたが、その改造作業の結果として、特に、壁の除去によって、新たに作り出され、今や原告らによって利用されたところの住居は、ひとつの居間、ひとつの寝室、ひとつの子供部屋、ならびに、台所と浴室を備え、全部で一一六平方メートルの平面であった。

原告らは、二〇〇九年一一月二日付の書面をもって、「自己必要」を理由として、最初の解約告知を意思表示した。その際に、原告らは、本件住居が原告の姉妹とその家族のために使用されるということになることに依拠した。この明渡しの訴えは、区裁判所、地方裁判所を経て、連邦通常裁判所に上告されたが、差戻後に、取り下げられた。

その間に、原告らは、二〇一二年一月三日付の弁護士の書面をもって、再び、「自己必要」を理由として、二〇一二年一〇月一日付で、本件使用賃貸借関係を解約告知した(201)。原告らは、本件解約告知の理由づけのために、彼らの二人の子供らによる利用のために本件住居を必要とすることを申し立てた。原告らによって利用された住居を被告によって賃借された本件住居だけ拡張し、その結果、将来、原告らの子供らの各々のために固有の部屋が使用されることが計画されていた。

他方において、被告は、健康的に損なわれていたし、多発性硬化症に苦しんでいた。そのことを超えて、被告には、右脚の麻痺と痙性疾患があった。被告は、彼女の病気にもとづいて、物理療法士の治療と心理学上の治療の状態にあった。被告には、抑鬱症、ならびに、いわゆる倦怠症候群が証明されたし、援護庁によって八〇パーセントの障害の程度が証明された。被告は、完全な生計能力の減退のために年金をもらっていた。被告は、それらの病気を参照するように指示して、二〇一二年七月二四日付の弁護士の書面をもって、本件解約告知に異議を述べ、次のことを補足した。すなわち、被告の健康状態にもとづいて、転居は被告に要求されることができないし、強制された住居の探索と被告の日常の再編成は、被告にとって、過大な要求を意味し、身体的・精神的な結果と結びつけられている。本件住居の喪失は、被告の自立した生き方の喪失と同一視されなければならない。それに加えて、被告は、被告の歩行困難にもとづいて、駐車と買い物の可能性に頼らざるを得ないし、近隣において、社会的な環境を作り出していたのである。

原告らは、本件住居の明渡しと返還を求めて訴えを提起したが、次のように主張した。すなわち、原告らの住居を拡張するという原告らの願望は相当であるし、原告らが、原告らの現在の居住状態において、第三の子供をもつという原告らの願望を実現することができなかったという点でも必要不可欠である。他方において、被告によって利用された本件住居は、被告の健康状態にもとづいて、被告にとって不適当である。被告は、いずれにしても、かなり近い周辺の地域において、被告にとっての医師の世話の必要を満たさなかった。それに加えて、被告は、転居の準備のために、援助する物理療法士の治療を受けることを拒絶したのであるから、「苛酷さ」という抗弁を引き合いに出すことができないのである。

これに対して、被告（および補助参加人）は、本件明渡しの訴えの棄却を求め、次のように主張した。すなわち、被告は、本件住居の検分のときに、賃借人保護の条項が存在し、その条項は本件使用賃貸借関係から離れないことを原告らに知らせた。被告は、その条項はさらに順送りされなければならないことをK有限会社にも指摘した。すでに被告の異議の書面において挙げられたところの理由から、転居ないしは退去は、被告に可能ではないし、資金的な観点においても被告に要求されることができない。それに加えて、被告は、じきじきの隣人らによる重要な援助を与えられた。その援助もまた、自律的な日常のために必要である。それに加えて、原告らによって利用された住居は、原告らの必要のために十分であるし、対応して改造されることができるかもしれない。いずれにせよ、原告らは、その改造措置の結果として、自分自身で不十分な居住状態の責任を負わなければならなかった。……それに加えて、被告と補助参加人は、かつて補助参加人によって締結された売買契約の規定は、本件使用賃貸借関係の解約告知の妨げになっているという見解であった。というのは、その規定は、本件使用賃貸借契約の構成要素になったからである。

［判決理由］

はじめに結論を確認しておくと、区裁判所は、「本件解約告知は、返還請求権を正当化することができなかった。というのは、当事者の間に存在する本件使用賃貸借関係は、規定どおりに解約告知することができるし、それに加えて、原告らは、本件使用賃貸借関係の終了についてそれ自体として十分な利益を有するのではあるが、被告は、明渡しの場合に被告にとって生じる要求できない苛酷さのために、原告らに対して、本件使用賃貸借関係の継続を請求することができるからである」、(202)と判断した。

その判決理由において、区裁判所は、まず、「当事者の間に存在する本件使用賃貸借関係は、規定どおりに解約告知することができる」こと、すなわち、「BGB五七三条一項一文、二項二号にしたがった自己必要を理由とする賃貸人の通常の解約告知は、本件において、全く排除されていなかった」[203]ことを論じた。

次に、区裁判所は、「原告らは、本件において、本件使用賃貸借関係の終了について、重要な正当な利益を引き合いに出すことができる」[204]ことを論じた。

すなわち、BGB五七三条二項二号の適用においては、「全く取るに足りないことはない重要さをともなう筋の通り、正当と認める価値のある取戻しについての利益で十分である」[205]。「しかしながら、本件においては、本件使用賃貸借契約の四条三項が……賃貸人の重要な正当な利益がこのことを必要不可欠にするときにだけ、本件使用賃貸借関係の終了を見込んでいたことが考慮に入れられなければならない」[206]。したがって、「単なるあとづけることができ正当と認める価値のある利益は、もはや十分ではなかった。むしろ、賃貸人の利益は、それ自体として解約告知できない契約関係の解消を例外的に正当化するために適当であるほどに重要でなければならなかった」[207]。しかし、「本件において、原告らの重要な正当な利益が認められていたのである」、と論じられた[208]。

区裁判所は、「原告らの重要な正当な利益が認められていた」と判断するにあたって、次のように論じることにより、原告（賃貸人）らの基本権としての地位を考慮に入れたのである。

「その場合に、賃貸人による解約告知の各々の意思表示は、まず第一に、憲法上保護されたところの賃貸人の所有権（基本法一四条一項一文）の利用として現れる。そのとき、そのうえさらに、このことは、賃貸人が、賃借人によって利用された住居を、単に、格納するためのフロア、趣味のための部屋として、または、ときどき週末にだけ利用するつもりである場合にも妥当する。しかし、原告らは、これほどに低い敷居の利用の願望を追求したのではない。むしろ、原告らは、彼らの子供らに被告の本件住居を自由に使わせることを意図した。そのときに、原告らは、現在の住居に制限されることによって、それに加えて、なおこれ以上の子供を授かることについて妨げられると判断した。その場合に、この利益は、すでに、婚姻と家族は、基本法六条一項[209]にしたがって、国家秩序の特別の保護を受けるのであるから、際立った意義がある。この点では、本件において、妨げられない、かつ、希望どおりの家族計画について基本法上保護された原告らの利益は、所有権という基本権の側につき、その重要性の点で賃貸人の利益を相当に高める効果を発揮したのである」[210]。

しかし、区裁判所は、最後に、「それにもかかわらず、原告らの重要な正当な利益は、明渡しの請求権を理由づけるために適当ではなかった。というのは、被告は、BGB五七四条一項一文、五七四a条一項一文、および、同条二項にしたがって、本件使用賃貸借関係の終了が、被告にとって、正当化されることができない苛酷さを意味し、それに加えて、いつその苛酷さの基礎にある事情が存在しなくなるのかという点が不確定であるのであるから、期間の定めなく本件使用賃貸借関係の継続を請求することができるからである」[211]、と判断したのである。

区裁判所は、「当事者の対立する利益の比較衡量は、被告が本件住居の明渡しの判決を下される限り、被告に要求できない苛酷さの受入れに行き着いた」[212]と判断した理由について、以下において考察するように詳細に論じたのである。

区裁判所は、はじめに、本件においては、「その住居の放棄が、賃借人にとって、先の見通してとしては、どのような身体的・精神的な結果と結びつけられていたのかという点が考慮に入れられなければならない」[213]、と述べたうえで、次のように論じたのである。

「……（明渡しの場合にとっての健康上の）不利益は、それから、所有物の取戻しについての賃貸人の利益との関係に置かれなければならない。そのときに、そのつど打撃を与えられる基本権としての地位が、実際的な対照（Konkordanz）の方法において、基本権の各々ができるだけよく効果を発揮するほどに調整へともたらされなければならない。その場合に、本件において、明渡しの場合に被告によって甘受されなければならない負担が、本件住居の取戻しについての原告らの利益の価値よりも、より高くその重要さの程度が判定されなければならなかったのである。

その際、まず第一に、基本法一四条一項一文、および、六条にしたがった原告らの権利は、抽象的な考察において、基本法一条一項[214]と結びついた二条二項、および、二条一項にしたがった被告の権利よりも、憲法上より少ない重要さがあることが考慮に入れられなければならない。具体的な個々の事案の事情の評価もまた、被告の利益の優位に行き着いたのである」[215]。

次に、区裁判所は、被告（賃借人）の側の事情について、次のように確定した。

「強制された住居の放棄の場合に被告によって引き受けられなければならない精神的な結果は、その結果が被告の自殺を少なくとも起こりうるものと思わせておき、いかなる場合にも、被告の精神病の入院治療の必要性を引き起こすほどに重大であった。その場合に、治療の成果の見通しは、きわめて疑わしいように思われた。そのうえ、多発性硬化症の形態において存在する身体的な病気の悪化もまた排除されることができなかった。このことは、実行された証拠調べにしたがって、当裁判所の確信のために確定していた。

それで、鑑定人は、その鑑定書において、観念的にあとづけることができ、矛盾なく理由づけられたやり方において、被告が精神的にわずかな程度においてだけ負担に耐えうることを述べた。被告のストレスに耐える能力およびフラストレーションに耐える能力は損なわれていたし、被告は、部分的に、きわめて感情的に、かつ、状況に相当でなく反応した。被告の適応・順応能力は、同じく、低下させられていた。潜在する自殺傾向のための持続する傾向が確認されなければならなかった。被告とともに住居の交替のための条件を仕上げるという純然たる試みにおいて、被告は、限定されてだけ制御することもできるところの気質的な激昂に置かれていた。被告は、病気に条件づけられて、このことが被告の意識的な意思の形成に到達可能であることをともなわずに、理性的に転居に適応する状況にはなかった。最後に、予期されなければならない精神的な負担は、先の見通しとしては、被告の多発性硬化症の病気の経過にも不都合な影響をもたらすだろう。鑑定人は、二〇一四年三月五日の口頭弁論における鑑定書の口頭の説明の枠組みにおいて、さらに、被告において存在する人格障害が、新たな環境と信頼に満ちて掛かり合うことを被告に不可能にすることを述べた。それに加えて、鑑定人は、もう一度、被告が、被告の精神的な侵害にもとづいて、そもそも転居という問題と建設的に取り組む状況にはないことを強調した。裁判所によって強制された転居の場合には、自分自身を傷つけるところの被告の行為に至らないことを保障するために、被告の精神病の入院治療が必要不可欠であった。

当裁判所は、このような専門的知識をもった確定にしたがい、みずからの確信の形成にもとづいて、この確定をわがものとした。

……

……（また、）多発性硬化症の病気の悪化にもとづいて考えられる身体的な結果は、それ自体として考えて同じくすでに強く被告の自己決定の自由に介入するところの精神病の入院治療の不確かな成果の見通しと結びついて、裁判所によって強制される住居の交替は被告に要求されることができないことに行き着いた。

その場合に、当裁判所において、二〇一四年三月五日の口頭弁論の枠組みにおいて被告から得られた個人的な印象にもとづいて、それに加えて、ことがらに即した論究の方法において、選択的な居住の可能性の探索は被告に関してほとんど可能ではないという確信が固まった。このことは、おそらく、鑑定人によって診断された人格障害に負わされているといってよいだろう」[216]。

続けて、区裁判所は、さきに確認したところの原告（賃貸人）らの重要な正当な利益との比較衡量を行うことになるが、その比較衡量において、区裁判所は、原告らにマイナスの事情として、原告らは、彼らの現在および将来の必要のために原告らによって不適当であると感じられた居住関係を、もともとはより多い数において存在した部屋の統合によって自分自身で作り出したことを重要視した。すなわち、次のような論述であった。なお、このことは、後に、Ⅱの二の1の（2）において考察するところの当事者の態様・認識にかかわる点である。

「……当裁判所は、比較衡量の枠組みにおいて、原告らが、本件において、本件住居の取戻しについて高められた正当な利益を自己のために要求することができることを見誤らなかった。しかし、原告らは、まず第一に、十分な居住平面が原告らの意のままにならないことを原告らの解約告知の根拠としなかった。むしろ、原告らにとっては、優先的に、なおこれ以上の分離された部屋、もしくは、分離することのできる部屋の取戻しが問題であった。しかし、この点では、原告らの現在および将来の必要のために原告らによって不適当であると感じられた居住関係を、もともとはより多い数において存在した部屋の統合によって自分自身で作り出したのは原告らであったことが考慮に入れられなければならなかった。確かに、その場合に、所有権者かつ賃貸人に対して、自己必要を理由とする解約告知を意思表示する権利が、もっぱら、所有権者かつ賃貸人が故意にその必要についての理由をもたらしたという理由だけで拒絶されることはできない。しかし、なお、BGB五七四条一項一文にしたがった利益の比較衡量の枠組みにおいて、その事情を考慮に入れることの禁止が、これとともに平行して現れることはない。その際、原告らによって自分自身の建築措置によってもたらされたところの減少させられた部屋の数は、原告らが、本件建物の取得の時点においても、原告らが、将来において、被告に賃貸されていた本件住居だけ原告らの住居を拡張することができることを信頼することができなかったという事実と全く同様に、原告らの利益が保護に値することの引下げに行き着いた。というのは、要求できない苛酷さを理由づける事実は、被告の重大な健康上の侵害の形態において、その頃もすでに存在したし、それに加えて、原告らに周知であったからである」[217]。

最後に、区裁判所は、「すべてのことにしたがって、被告の社会的な異議は断固とした処置を取った。それに加えて、被告の健康状態の被告に好都合な変化は予期されることができないのであるから、本件使用賃貸借関係は期間の定めなく継続されなければならなかったのである」[218]、と結論づけたのである。

第六に、すでにⅡの一の2において取り上げたところのミュンヘン第一地方裁判所二〇一四年七月二三日判決をみておきたい。

【27】ミュンヘン第一地方裁判所二〇一四年七月二三日判決[219]

［事案の概要と経緯］

被告（賃借人）らは、二〇〇七年以来、原告（賃貸人）から、ミュンヘンに存在する本件住居を賃借し、被告・一が本件住居に居住していた。原告は、二〇一二年に、「自己必要」を理由として、被告らとの本件使用賃貸借関係を解約告知した。原告は、イタリアに居住していたが、一四年前にかかった癌の病気の結果として、規則的に、ミュンヘンにおいてアフターケアのために診察を受けなければならなかった。その診察のために必要なホテルの滞在は、原告に明らかに資金的な無理を強いることに行き着いた。さらに、原告は、現在、イタリアにおいて知人の家に居住しているが、個人的な理由にもとづいて退去することを強いられていた。

被告らは、二〇一二年七月一二日付の書面をもって、本件解約告知に異議を述べ、被告・一が、いくつかの病気—慢性の複合している精神的外傷後の負荷障害、重い抑鬱症、ならびに、クローン病—にもとづいて退去する状態ではない、と述べた。被告・一は、賃借した本件住居において彼女の生活の中心点を見出し、そこできわめて具合よく感じている。被告・一の健康状態は、そこで顕著に改善された。考えうる退去においては、被告・一の健康状態の相当な悪化という危険が存在する。

証人の尋問による証拠調べ、および、被告・一についての専門的知識をもった鑑定にしたがって、区裁判所は、本件明渡しの訴えを棄却し、本件使用賃貸借関係は期間の定めなく継続される、と判断した。

これに対して、原告は、地方裁判所に控訴し、鑑定書に対する攻撃のほかに、特に、被告・一が二〇〇九年の半ば以来「自己必要」を理由とする本件解約告知とそれに引き続く明渡しをめぐる手続きの影響のもとでもはや自殺未遂を試みなかった、と申し立てたのである。

［判決理由］

地方裁判所もまた、結論として、「区裁判所は、的確に、五七四a条にしたがって、期間の定めのない本件使用賃貸借関係の継続を言い渡した。その場合に実行されなければならなかったところのBGB五七四条一項一文の意味における利益の比較衡量において、本件においては、本件使用賃貸借関係の継続についての被告らの利益が優位にあった」[220]、と判断した。

その判決理由において、地方裁判所は、はじめに、一方において、本件使用賃貸借関係の存続についての被告（賃借人）・一の利益について、次のように論じた。

「本件においては、苛酷さについての理由として、被告・一の健康上の諸制限が考慮に入れられなければならない。病気にもとづいて明渡しに適していないことは、身体的な病気にかかわる問題であるのか、精神的な病気にかかわる問題であるのか、または、情緒的な病気にかかわる問題であるのかという事情にもかかわらず、BGB五七四条の枠組みにおける苛酷さについての理由として考慮に入れられなければならない。これらの事案においては、賃借人が、賃借人の身体的・精神的な状態にもとづいて代替住居を見出し、そこへ転居する状態ではない場合、または、賃借人の健康状態や一般的な生活状態が、転居によって相当に悪化させられる場合に、明渡しに適していないことが存在する。

……区裁判所の確定にもとづいて、被告・一は、本件住居を喪失する場合に自殺するという差し迫った危険に瀕していることが確定していた。このことは、区裁判所のために、鑑定人の鑑定書から判明した。鑑定人は、次の結果に至った。すなわち、被告・一においては……精神的外傷後の負荷障害……再発する抑鬱性の障害、摂食障害、ならびに……情緒的に不安定な人格障害が存在するという結果であった。鑑定人は、その診断を、『深刻に　精神的に　健康をそこなっている』、と要約した。

それに加えて、鑑定人は、被告・一のための本件住居の意義を顧慮して、その居住状態は被告・一にとって全く根本的であるとまで、その病気（の性質）を整理した。被告・一は、安定性と確実性を、子供との協力関係または交わりにも見出さなかったし、満足すべき職業上の状態も被告・一のために存在しなかった。被告・一が、その前に、常に、母親（被告・二）のもとで生活し、場合によっては、二年の期間の間治療上の住居共同体において生活し、もしくは、かなり長い期間病院で過ごしたあとで、最初の自分自身の本件住居は、被告・一にとって、特別な意義を有したのである。本件住居は、母親、もしくは、テラピストや精神病医という関連する人々のほかに、被告・一の病気にもとづいて強く制限された生活状態において、被告・一の唯一の安定性のある要素を意味したのである。

そのことから、専門的知識をもった見地から、住居という安定性の要因の差し迫った喪失を、被告・一についての困難に制御することができる精神的な負担、もしくは、重大な脅威であると呼ぶことが正当化されていた。……鑑定人は、現在、被告・一において、被告・一の居住状態にも帰せられることができるところの被告・一の状態の安定が存在することを説明したのである」[221]。

他方において、地方裁判所は、本件住居の取戻しについての原告（賃貸人）の利益について、次のように確認した。

「原告は、彼女が、癌の病気にもとづいて、規則的に、ミュンヘンにおいて診察されなければならないが、しかし、現在、Ｒの南に居住し、その隔たりにもとづいて、それぞれの滞在のために、ミュンヘンにおいて相当なホテルの費用が発生することをもって、本件解約告知を理由づけた。ミュンヘンへの規則的な旅行は、資金的な負担に行き着き、その資金的な負担にもとづいて、原告は今やミュンヘンの自分自身の本件住居に転居したがっていた。それに加えて、原告の私的な状況は変化した。原告は、現在、知人の家に居住していたが、個人的な理由にもとづいて、この家から退去しなければならなかった。原告のこのような利益の確定に関してもまた、当部は、区裁判所の確定に拘束されていたのである」[222]。

そのうえで、地方裁判所は、賃貸人の利益と賃借人の利益とのあいだの比較衡量にもとづいて、本件使用賃貸借関係の終了が賃借人にとっての「苛酷さ」を意味するのかどうかという問題の判断に入ったが、はじめに、結論を述べたうえで、その利益の比較衡量においては、基本法の価値決定が考慮に入れられなければならないこと、さらに、自己の健康・生命を維持することについての賃借人の利益は、一般に、賃貸人の資金的な利益に対して優先することを論じたのである。すなわち、次のような論述であった。

「区裁判所は、そのように確定されたところの原告もしくは被告の利益を、対立する利益に関して比較衡量し、そのときに、本件においては、被告・一の利益が優位にあり、したがって、本件使用賃貸借関係は継続されなければならないという結論に行き着いた。その利益の比較衡量は、当部の見地からも、疑念に出くわさなかったのである。

ＢＧＢ五七四条の利益の比較衡量においては、賃借人の存続についての利益が、賃貸人の取戻しについての利益と関連づけられなければならない。その場合に、契約の終了が賃借人のためにどのような影響を有するのかという点、および、契約の継続が賃貸人にどのような結果をもたらすのかという点が問われなければならない。その利益の比較衡量においては、基本法の価値決定が考慮に入れられなければならない。したがって、一方において、自己の所有物を取り戻すことについての賃貸人の所有権、他方において、賃借人の存続についての利益、ならびに、本件事案におけるように、基本法によって保護されたところの賃借人の生命および健康の領域もまた、基本法によって保護された地位として現れる。それによって、自己の健康を維持することについての賃借人の利益は、一般に、賃貸人の……資金的な利益に対して優先する。明渡しが賃借人にとって生命の危険と結びつけられているときにも、賃借人の存続についての利益が優位にある」[223]。

さらに、地方裁判所は、次のように論じることにより、本件事案の事実関係に照らして、賃貸人の利益と賃借人の利益とのあいだの比較衡量を行ったのである。

「本件において、まず第一に、控訴の理由づけの論述に反して、本件訴えの棄却は原告を健康上危険にさらすことには行き着かないことが心にとめておかれなければならなかった。原告は、控訴の理由づけにおいて、原告の癌の病気が、被告・一の抽象的なだけの自殺の危険よりもよりわずかに評価された、と述べた。原告がもしかするとなお数年だけ生きることができるし、緊急に必要な医学的な治療を実行しなければならないという背景のもとで、本件住居についての原告の差し迫った取戻しについての利益を看過することは法的に正当化できない。しかし、それにもかかわらず、原告の側から、原告が本件住居に入居できないという事情さえも、医学的な治療が可能でないことには行き着かないことが見落とされた。原告は、本件訴えの棄却によって、今後もミュンヘンにおいて医学的なアフターケア診察と予防診察の機会をとらえることについて妨げられなかったのである。

第一審における本件訴えの棄却が原告の医学的な治療の拒絶に行き着くという原告の代理人の側から呼びさまされた外観には反対されなければならなかった。原告には、これまでも、原告がミュンヘンにおける住居を意のままにできなかったという事情にもかかわらず、ミュンヘンにおいて医学的な治療の機会をとらえることが可能であったのである。

したがって、本件訴えの棄却は、決して、原告に対して、医学的な援助が妨げられ、もしくは、全く拒絶されることには行き着かなかった。もっぱら、医学的な援助によって、より高い資金的な費用が原告のために生じるという事情だけで、原告の側における健康上の侵害に至ることには行き着かなかった。それに加えて、原告の癌の病気は、今や一四年前のことであった。その病気が現在差し迫って再び現れたことは、原告の側から申し立てられなかった。必要不可欠な診察は、原告の側において、自分自身で、アフターケアの治療とだけ呼ばれた。しかし、そのアフターケアの診察、ならびに、申し立てられたなおこれ以上の予防の診察の機会をとらえることについて、原告は妨げられていなかった。本件使用賃貸借関係の継続によって健康上危険にさらされることは生じなかった。原告の健康上の侵害は、本件訴えの棄却によって現れなかったのである。

他方において、本件住居の明渡しは、被告・一にとって……健康状態の重大な侵害を意味した。したがって、区裁判所は、原告の生命を、被告・一の生命よりも、よりわずかに評価したわけではなかったのである。原告が自分自身で述べたように、結局、資金的な利益に関係した。というのは、ミュンヘンにおける医学的な治療は、原告にとってより高い費用と結びつけられていたからである。

それに対して、本件使用賃貸借関係を継続することについての被告・一の利益は優位にあった。鑑定人は、彼の診断書にもとづいて、本件住居の喪失は、被告・一にとって、不可避的に、彼女の精神的な健康状態の悪化と平行して現れなければならないという結論に至った。鑑定人は、さらに続いて、精神的な状態の悪化が懸案となっているのみならず、そのことを超えて、わずかではない蓋然性をもって本件住居の喪失が新たな差し迫った自殺傾向にも行き着くことを説明した。

したがって、当部にとって、利益の比較衡量の枠組みにおいて、被告・一の側において、本件住居の明渡しのときに、一方において、被告・一の精神的な状態の悪化に至ることが考慮に入れられなければならないし、他方において、被告・一の差し迫った自殺傾向に至りうるという危険が存在することもまた考慮に入れられなければならないのである。その蓋然性は、鑑定人の側から、わずかであると格付けされたのでもなく、むしろ、鑑定人はわずかではない蓋然性を申し立てた。前述の説明に対応して、このことは、ＢＧＢ五七四条の要件の受入れのために十分であった。

原告の側から、被告・一は二〇〇九年以来もはや自殺行為に至らなかったし、本件解約告知と明渡しをめぐる手続きの印象のもとでも、被告・一の側から新たな自殺未遂が試みられていなかったのであり、したがって、明渡しが自殺傾向に行き着くことは証明されていなかったという抗弁が申し立てられた限りで言えば、その論述は、鑑定人の申立てと矛盾する。被告・一がこれまで自殺未遂を試みなかったことによって、将来においても、自殺未遂が考慮に入れられることができないという結論は、当部に対して心を開かなかった。

原告の側から申し立てられたところの明渡しをする力に達するための措置もまた、断固とした処置を取ることはできなかった。当部は、確かに、原則として、賃借人は明渡しをする力をもたらすことに協力しなければならないという原告の論述にしたがう。その場合に、住居の問題の解決のための選択的な考えもまた、考慮に入れられなければならない。もっとも、その場合に、当部は、当事者の考えを尊重しなければならない。それに関連して、被告・一の全部の状況にもとづいて、被告・一はむしろ被告・一の母親のもとで生活しなければならなかったという原告の代理人の考えは貫徹することができなかった。このことは、まず第一に、当部は当事者の人生の考えに拘束されているという法的な論拠から出てくる。被告・一は、自分自身の住居に入居することによって、彼女が自分自身の住居において生活もしたいことを明確にした。当部は、被告・一に、彼女の人生の考えを断念し、今や再び被告・二のところへ戻ることを義務づけることができない。自分自身の住居における単独の居住を含むところの被告・一の人生のひな型は尊重されなければならない。他方において、鑑定人の論述にもとづいて、当部にとって、被告・二のところへ戻ることもまた、被告・一にとって、『壮大な後退』を意味することも確定していた。鑑定人は、彼の聴聞において、このような元の場所へ戻ることは、精神的な治療上の観点において……後退に行き着くことを説明した。この点でも、被告・二のところに入居することは、考慮に入れられなければならない利益を顧慮して、正当化されていなかったし、そのような入居は、被告・一にとって、依然として、被告・一の精神的な健康の悪化に行き着くであろう。この場合にも、被告・一の利益が優位にあった。

当部は、被告・一は明渡しをする力をもたらすために全く医師の援助を引っぱり出さなければならないという点で、原告に同意する。もっとも、このことは、原告の代理人が述べたように、被告・一が入院治療に入らなければならないという範囲内で経過することはできない。原則として、医師が付き添って行って明渡しをする力をもたらし、援助することによって、医師の助けを借りて賃借人の明渡しをする力をもたらすことは、賃借人に全く要求することができる。鑑定人は、彼の聴聞において、明渡しをする力を通院でもたらすことは可能ではないことを説明した。

精神病の病院への収容、おそらくそのうえさらに、閉鎖的な病棟における収容によってのみ被告・一の十分な付添が保障されることができる。……

しかし、利益の比較衡量の枠組みにおいて、賃借人に対して、本件住居の取戻しのために、見通すことのできない期間の間、入院治療に、場合によっては、閉鎖的な病棟における入院治療に入ることが要求されることはできない。そのことと結びつけられたところの被告・一の状態の侵害は重大であったので、その侵害は取戻しについての利益を凌駕した。それに加えて、そのような場合には、自由意思から出たのではない入院の受入れにおいてどのように決定されなければならないのかという問題が立てられる。明渡しをする力をもたらすために賃借人を強制的に（病院に）収容することは、いずれにせよ、行われなければならない利益の比較衡量の意味において、不釣り合いであった。

……

……

当部は、鑑定人をもう一度聴聞することを義務づけられてもいなかった。……原告が、今や、口頭弁論において、被告・一が、二〇一三年六月八日に、錠剤の服用によって新たな自殺未遂を試みたという事情にもとづいて、被告・一は差し迫った明渡しとはかかわりなくとも自殺未遂を試みることが判明したと述べた限りで言えば、このことは、同じく、貫徹することができなかった。被告・一の新たな自殺未遂から、専門的知識をもった説明を考慮に入れて、まさしく、鑑定人の側から説明されたところの明渡しによる被告・一の精神的な状態の悪化において、なおこれ以上の自殺未遂に至ることがありうることが判明した。この新たな試みは、まさしく、鑑定人の側から要求された安定性が、被告・一をなおこれ以上の自殺行為から守るために、本件使用賃貸借関係を継続することによって維持されなければならないことを示すのである」[224]。

最後に、地方裁判所は、本件使用賃貸借関係は期間の定めなく継続されなければならなかったという点についても区裁判所の判断を是認した。すなわち、次のような論述であった。

「区裁判所の側からは、正当なことに、期間の定めなく本件使用賃貸借関係を継続することが、同じく述べられた。BGB五七四a条二項二文にしたがって、その使用賃貸借関係の終了が賃借人のために苛酷さを意味するところの事情が、先の見通しとしては、いつ存在しなくなるのかという点が不確定である場合には、期間の定めなくその使用賃貸借関係を継続することが述べられなければならない。……聴聞における鑑定人の説明にもとづいて、その範囲内で被告・一の明け渡しをする力が達成されうるところの一定の期間は確定されることができなかった。したがって、本件使用賃貸借関係は、期間の定めなく継続されなければならなかったのである」[225]。

第七に、すでにⅡの一の2において取り上げたところのリューベック地方裁判所二〇一四年一一月二一日判決をみておきたい。

【28】 リューベック地方裁判所二〇一四年一一月二一日判決(226)

［事案の概要と経緯］

原告（賃貸人）らは、二〇一三年三月二八日に、「自己必要」を理由として、本件建物の賃借人であった被告との本件使用賃貸借関係を解約告知した。というのは、原告・二は、原告・二との別居および共同の婚姻中の住居から退去した後、その間に賃借していた住居からも退去し、彼女の二二歳の息子とともに、原告・一の所有する本件建物に入居するつもりであったからである。これに対して、被告は、二〇一三年七月一二日に、彼女の一五歳の息子の生命・身体・健康の侵害を理由として、本件解約告知に異議を述べたのである。

［判決理由］

地方裁判所は、結論として、「主張されたところの本件明渡しの請求は、本件使用賃貸借関係がBGB五七四条、五七四a条にしたがって二〇一三年七月一二日の被告の異議によって期間の定めなく延長されたのであるから、理由づけられていなかった」(227)、と判断した。

その判決理由において、地方裁判所は、はじめに、原告（賃貸人）らの「自己必要」を理由とする本件解約告知は有効であったことについて、次のように論じた。

「……区裁判所は、二〇一三年三月二八日の原告らの自己必要を理由とする本件解約告知は、二〇一三年九月三〇日付で有効であったことを的確に受け入れた。自己必要という解約告知理由は、BGB五七三条一項、二項二号にしたがって、賃貸人が、その空間を、住居として、自己、その世帯に属する人々、または、その家族構成員のために必要とすることを前提とする。そのことから、自己必要は、真摯な利用の意思、ならびに、筋の通った利用の利益を前提とする。利用の意思は、議論の余地もなく存在した。原告らは、反論の余地なく、原告・一が彼女の息子とともに本件賃貸物に入居するつもりである、と申し立てた。原告・一は、必要不可欠な利用の利益をも有した。利用の利益もしくは委譲の利益を決定するためには、連邦通常裁判所一九八八年一月二〇日決定(228)が基本である。それにしたがって、賃貸人が、自己または優遇された人のためにその住居を利用するために、筋の通り、あとづけることができる理由を有する場合に十分である。連邦通常裁判所の見解にしたがって、賃貸人が不十分に居住させられていることは必要ではない。連邦憲法裁判所は、この関連において、裁判所は、その居住の必要に関する所有権者の決定を原則として尊重しなければならないし、相当な居住、および、所有権者のひき続いての人生の計画策定に関して、他人の考えを所有権者に押しつけてはならないことを強調した。もっとも、その利用の利益または委譲の利益が十分な重要さを有しない場合には、言及された要件の徴標が欠けている。たとえば、その住居が短い期間の間だけ必要とされるから、その解約告知が理性に反しているか恣意的であるから、または、賃貸人が過度な必要を主張するからである。本件において、自己必要を理由とする本件解約告知は、原告・一が、（原告・二との別居および共同の婚姻中の住居から退去した後）その間に賃借された住居から退去し、彼女の二二歳の息子とともに、原告・一の所有する本件建物に入居するつもりであることに依拠した。賃借住居を利用する代わりに所有物を利用することは、経済的に有意義であり、筋の通った理由を意味する。原告・一の賃借住居が原告・一の所有する本件建物とほぼ同じ広さを有したという事情は、この点では、理性に反することを理由づけなかった。原告・一の所有物を自分自身で利用するというあとづけることができる利益が決定的である」[229]。

次に、地方裁判所は、賃借人が身体的・精神的な状態にもとづいてその住居の明渡しについて妨げられていることと賃借人にとっての「苛酷さ」との関係、賃貸人の利益と賃借人の利益とのあいだの比較衡量においては基本法の価値決定が考慮に入れられなければならないこと、さらに、その利益の比較衡量における具体的な判断の枠組みについて、一般的に、次のように論じたのである。

「……賃借人が病気であるという理由で明渡しについて妨げられているならば、その事情もまた苛酷さについての理由を意味する。このことは、身体的な病気にも、精神的な病気にも妥当する。高齢の賃借人の事案におけるように、ここでもまた、賃借人が、賃借人の身体的・精神的な状態にもとづいて代替住居を見出し、そこへ転居する状態ではない場合、または、賃借人の健康状態や一般的な生活状態が、転居によって相当に悪化させられる場合に、明渡しに適していない事案が存在する。その性質にしたがって一時的であるところの病気にもとづく明渡しの困難さにおいて、その使用賃貸借関係は一定の期間の間継続されなければならない。その侵害の終わりが見積もられることができない場合には、期間の定めのない契約の継続が問題になる。身体的・精神的な障害にもとづいて転居が要求されることができないところの賃借人の使用賃貸借関係は、賃貸人が明渡しについて特に重大な利益をもたない場合には、期間の定めなく継続されなければならない。……賃借人の苛酷さについての理由が契約の継続に行き着くのかどうかという点は、賃貸人の正当な利益を評価して判断されなければならない。……利益の比較衡量においては、賃借人の存続についての利益が、賃貸人の取戻しについての利益と関連づけられなければならない。契約の終了がどのような影響を賃借人にとって有するのかという点、および、契約の継続がどのように賃貸人に効果を現すのかという点が問われなければならない。基本法の価値決定が考慮に入れられなければならない。明渡しが賃借人にとって生命の危険と結びつけられているならば、賃貸人の利益は後方に退いていなければならない。自己の健康を維持することについての賃借人の利益は、一般に、賃貸人の一般的な資金についての利益よりも重要である。逆に、自己および自己の家族のために相当な住居をもたらすという賃貸人の願望は、賃借人の資金についての利益よりも優位にある。裁判所は、当事者の住居の問題の解決において、どのような選択肢が当事者の意のままになるのかという点を考慮に入れることができる。当事者の利益が等しく重みをもっているならば、賃貸人の取戻しについての利益に優位が当然与えられるべきである[230]」[231]。

続いて、地方裁判所は、次のように論じることにより、本件事案の事実関係に照らして、賃貸人の利益と賃借人の利益とのあいだの比較衡量を行ったのである。

「本件においては、疑いもなく、被告の一五歳の息子のために、ＢＧＢ五七四条一項の意味における苛酷さから出発されなければならなかった。被告の息子は……精神的に最重度に障害があり、それに加えて、盲目である。鑑定人は、区裁判所によって求められた書面による鑑定書において、被告の息子が出生時にこうむったところの脳出血が運動障害と精神的な障害に行き着いたことを述べた。鑑定人が目のあたりに見たところの被告の息子の状態、および、母親の過去の申立ては、五〇に達しない数の知能指数にプラスの材料を提供し、その結果、重大な精神的な障害から出発されなければならなかった。被告の息子は、それに加えて、脳の傷害の結果として、過去において重大な痙攣の発作になったところの発作の病気にかかっている。これらの痙攣の発作は、対応した期間において、脳のなおこれ以上の傷害になりうるところの危険をともなった。……そのような連続した発作は、過去において、癲癇に対抗する薬剤の投与にもかかわらず、繰り返し現れたし、集中的な医学的な治療によってだけ妨げられることができる。脳の傷害は、その障害のある人々の適応力が極度にわずかであることに行き着く。その障害のある人々は、確固たる儀式に結びつけられているし、逸脱はパニック状態を惹起しうる。内心を打ち明ける力は強く制限されているのであるから、これらのパニック状態は自分を傷つけることに行き着くであろう。……被告の息子は、変化に対する反応を特別な程度において示す。極端な場合には、そのような反応は、痙攣の発作になりうる。住居の交替は、被告の息子にとって、鑑定人の見解にしたがって、自己の確実さの構造に対する根本的な侵害を意味し、高い蓋然性をもって、次のことから出発されなければならないのである。すなわち、被告の息子は、住居の交替に対して、自分自身を傷つける態様をもって、場合によっては、摂食障害または痙攣の発作のようなほかの態様の障害をもっても反応することである。専門的な見地から、被告の息子が規則的なことと熟知している構造について極度に高い程度を必要とすることについて疑念はない。被告の息子が、再び調和のとれた安定性を獲得する限りで言えば、新たな環境に精通するまでかなり長い時間がかかるといってよいだろう。したがって、鑑定人は、確かに、被告の息子が住居の交替によって彼の健康状態の侵害をこうむることを述べることができた。生活の事情の変化に対する反応の枠組みにおいて、生命の危険をはらんだ状態にもなりうることは排除されることができなかった。それで、癲癇性の病状のために、死亡率は、一〇パーセント未満からはじまり、三〇パーセントを超えるまで申し立てられた。そのときに、これは、またもや、根本的な病気にも依存した。被告の息子は、彼の障害によって、いずれにしても高められた死亡の危険を有し、その結果、住居の交替と痙攣の発作との間の厳密な因果関係の関連を作り出すことは、考えられる転居がすんでからの致命的な癲癇性の病状の場合において困難であろう。しかし、専門的な見地から、確実に、住居の交替のような変化は、被告の息子の身体的・精神的な状態を悪化させるし、それとともに、高い蓋然性をもって、被告の息子の死亡の危険を高めることが述べられることができた。……

鑑定人の論述にしたがって、住居の交替が被告の息子にとって直接の生命の危険を意味するのかどうかという点は最終的に明確にならないのではあるが……しかし、ここから、確実に、または、いずれにせよ高い蓋然性をもって……生命の危険をはらみうるところの痙攣の発作にまで行き着きうるところの重大な健康侵害が生じるだろうことが明確に判明した。住居の交替による被告の息子の健康状態の悪化は、さらに続けて、高い蓋然性をもって被告の息子の死亡の危険を高めるだろう。原告らの解約告知の書面において引き合いに出されたところの基本法一四条によって保護された原告らの取戻しについての利益は、基本法一三条[232]、ならびに、基本法二条（身体的に損傷のないことに対する基本権）によって保護された被告の存続についての利益の背後に後退しなければならない。下級審裁判所の裁判例においては、賃借住居の明渡しは、賃借人またはその世帯において生活している構成員の健康の危険に行き着いてはならないし、この点では、賃借人の健康に、賃貸人の取戻しについての利益に対して優位が認められなければならないことが正当と認められている[233]。……この点では、被告の息子の生命の危険が確認されることは必要不可欠でない。その他の点では、おびやかされた法益が価値の高いものであればあるほど、危険、もしくは、危険の確認について、ますますわずかな要求が立てられなければならないという一般的な法原則が妥当する。そのことから、生命のような高い法益、したがって、きわめて高い法益においては、発生の蓋然性についてのよりわずかな程度が要求されなければならない。危険にさらされた人に、信頼のおける正確な予測が問題提起の複雑性にもとづいて可能ではないという危険が負わせられることができるときに、考えうる損害は、本件においてあまりに高く、あまりに取り返しのつかないものである。その理由から、当部の見解にしたがって、本件においては、鑑定書にしたがって認められているところの生命をおびやかす痙攣の発作の理論的なだけではない可能性で十分でなければならないのである。

それに対して、原告らは、原告らの解約告知の書面において、利用の利益として、所有物を利用するという利益とならんで、原告・一が彼女の息子とともに本件建物に入居するつもりであることを申し立てた。原告・一の息子は、境界性障害（Borderline-Störung）、ならびに、抑鬱症に苦しんでいる。二〇一一年に、原告・一の息子は、自殺未遂を試み、本日まで労働能力がなかった。原告・一の息子は、母親（原告・一）の援助を必要としたし、その理由から、彼の現在の住居にひとりでとどまることができなかった。これらの事情は、被告によって、すでに……否認されていた。それに応じて、区裁判所は、ＢＧＢ五七四条一項にしたがった比較衡量において、証拠調べなしにこれらの事情を基礎に置いてはならなかった。二〇一三年一二月二〇日付の原告らの書面において、原告らは、原告らの息子が、重い境界性障害に苦しみ、原告・一と一緒に入居することが必要不可欠であることを申し立てた。このために、原告・一は、医学博士（B）の証言、ならびに、鑑定書を求めることを引き合いに出した。しかし、この申立ては十分に立証されていなかった。同封物として添付された……B博士の証明書から、B博士は、主治医の見地から、原告・一の息子が彼の恋人と母親とともに本件建物に一緒に居住したいことだけを歓迎することができることだけが読み取れた。このことは、全部で、精神的・身体的な全部の状態にとって有益なだけである。医療の必要性は、ここから演繹されることができなかった。それ以外に同封物として提出されたところの二〇一三年三月二日付のS病院の診断書から、原告・一と一緒に入居する必要性は、同じくほとんどないと判明した。しかし、最終的に、十分な立証の問題が重要ではなかった。原告・一にとって有利な結果になるように、原告・一の息子と一緒に入居することが医学的な理由から必要不可欠であることが想定される場合さえも、原告・一は、このために、やむを得ないほど、被告に賃貸された本件建物を利用しなければならないわけではなかった。原告・一は、息子と共同の賃借住居に入居することもできた。それに対して、被告と被告の息子において、状況は異なっていた。ここでは、転居とともに本件建物を離れることは、健康を害すること、さらに、生命を危険にさらすことにまで行き着きうることが確実である。したがって、賃借人の側におけるとは異なって、原告・一とその息子は、住居を賃借することをもってなんとかすることができるのである。……そのことから、原告・一の利用の利益は、共同の所有物の利用についての利益だけであり、しかし、結局、その利益を超えなかった。このことは、原告らは、被告によって居住された本件建物のほかに、なお、これ以外の住居所有権（かつての婚姻中の住居）をもっており、その住居所有権は、原告らの別居後に意図された財産の整理にしたがって原告・二のものにだけなるのであるから、それだけよりいっそう妥当した。……結局のところは、原告・一の取戻しについての利益は、生命および健康に対する被告の息子の基本権の背後に後退したのである」[234]。

最後に、地方裁判所は、次のように、結論を述べたのである。

「BGB五七四条、五七四a条にしたがって理由づけられた異議の法的効果は、本件明渡しの訴えが棄却され、本件使用賃貸借関係が継続されることが決定されることである。本件使用賃貸借関係は、この点では、期間の定めなく継続されていた。というのは、被告の息子が、二年のうちに、障害者の仕事場への統合において被告の世帯を離れるのか、または、さらに続けてそこに居住し続けるのかという点は、被告の決定であるからである」[235]。

第八に、すでにⅡの一の2において取り上げたところのベルリン地方裁判所二〇一五年五月七日判決をみておきたい。

【29】ベルリン地方裁判所二〇一五年五月七日判決[236]

［事案の概要と経緯］

被告は、本件建物（多世帯用住宅）の所有者である原告から、本件建物の中二階に所在する本件住居を賃借していた。その後、控訴手続中に、原告は、その家族とともに、これまで居住していた三つの部屋から構成されていたメゾネットタイプの住居から、相当により狭い五八平方メートルだけの広さで本件建物の半地階に所在する住居に暫定的に転居した。

区裁判所は、本件明渡しの訴えを棄却した。確かに、原告の「自己必要」は存在したが、しかし、本件解約告知は、被告にとって、ＢＧＢ五七四条一項の意味における特別な「苛酷さ」を意味したという理由であった。

これに対して、原告は、地方裁判所に控訴し、次のように主張した。すなわち、二〇一五年三月一〇日に共通の子供を出産したところの原告の妻は、先の見通しとしては一年半の治療期間を必要とするところの出生前の心不全に苦しんでいた。原告の妻は、その病気にもとづいて、その息子を適切に世話し、毎日の生活の活動を実行する状態ではなかった。原告とその家族が、同じく原告の所有に属するところの五八平方メートルの広さで本件建物の半地階に所在する住居に転居した後、現在の生活条件、特に、狭められた居住状態が決定的に変化しなかったときに、被告においてのみならず、原告の妻においても、今や「自殺傾向」が排除されていなかった。原告にとって、原告の所有に属するこれ以外の代わりの住居を利用することと同様に、相当な代替住居を賃借することは可能ではなかったし、要求できなかった。また、区裁判所は、その判決において、相互の当事者の利益および個人的な生活状況を不十分にだけ評価し、その場合に、裁判所自身の専門的知識なしに、被告が永続的に明渡しに適していないことから出発したのである。

［判決理由］

地方裁判所は、結論として、「原告は、被告に対して……本件住居の明渡しと返還に対する請求権を有しなかった。二〇一二年九月一七日に意思表示されたところの自己必要を理由とする本件解約告知は、結論において、原告と被告との間に存続している本件使用賃貸借関係を終了させなかった。被告は、ＢＧＢ五七四条一項一文、五七四ａ条一項一文にしたがって、二〇一二年一二月二〇日に、有効に本件解約告知に異議を述べた。というのは、本件解約告知は、被告にとって、要求できない苛酷さを意味したからである。被告は、ＢＧＢ五七四ａ条二項二文にしたがって、期間の定めのない本件使用賃貸借関係の継続に対する請求権を有した」[237]、と判断した。

その判決理由において、地方裁判所は、はじめに、原告（賃貸人）において、ＢＧＢ五七三条二項二号（「自己必要」）の要件は認められていたことについて、次のように論じた。

「もっとも、解約告知の理由が原告の側に存在した。というのは、ＢＧＢ五七三条二項二号と結びついた五七三条一項一文の要件が存在したからである。ＢＧＢ五七三条二項二号の意味における十分な解約告知の理由は、賃貸人が、自己、その世帯に属する人々、または、その家族構成員のために、その住居を必要とする場合に認められている。その要件は、たとえ被告が原告の自己使用の意思を否認したとしても満たされていた。というのは、原告は、本件解約告知の意思表示のときに、および、さらに引き続いても、被告によって保持された本件住居に入居することを意図したからである。

……

控訴手続きの過程において、原告とその家族が、これまで原告によって居住されたメゾネットタイプの住居から相当により狭い半地階に所在する住居へと暫定的に転居したことにしたがって、一応、当部の完全な確信のために、原告が、本件解約告知の意思表示のときに、本質的に健康上の理由から、被告によって保持され、原告の場所についての必要に対応したところの中二階に所在する本件住居に入居することを本当に意図したし、さらに引き続いても意図することが確かであった。というのは、原告の側から提出された医師の診断書によって裏づけられたところの賃貸人（の側）の身体的な侵害とは異質の納得のゆく動機は、一般的な人生経験にしたがって、三階に位置し三つの部屋とひとつの廊下から構成されていたメゾネットタイプの住居の利用を、五八平方メートルだけの広さで家族の居住の必要と場所についての必要を不十分にだけ満たす半地階に所在する住居のことを考えて放棄するという決心には行き着かないからである。……原告は、その意図を（実行に）移すことについて、もっぱら被告が本件住居にとどまることによってだけで妨げられていたので、一時的に、原告の必要と比べて不十分である半地階に所在する住居の利用によって原告の居住の必要を満たす決心を固めたのである」[238]。

しかし、地方裁判所は、それに続けて、「それにもかかわらず、本件使用賃貸借関係は、BGB五七四条一項一文、五七四a条二項一文と二文にしたがって、期間の定めなく継続されなければならなかった。……その要件は、区裁判所が結論において的確に判決を下したように満たされていたのである」[239]、と判断した。

そのように判断した理由について、地方裁判所は、以下において考察するように論じたのである。

まず、地方裁判所は、被告（賃借人）の身体的・精神的な状態にもとづいて、本件使用賃貸借関係の終了は正当化されることができないところの「苛酷さ」を意味したこと、および、地方裁判所は、控訴審において埋め合わせられた証拠調べの結果としてそのような判断に行き着いたことについて、次のように論じたのである。「被告の健康的な状態は、正当化されることができない苛酷さを理由づけた。というのは、被告は、被告の身体的・精神的な全部の状態にもとづいて、明渡しに適していないからである。明渡しに適していないことは、賃借人が、賃借人の身体的・精神的な状態にもとづいて代替住居を見出し、そこへ転居する状態ではない場合、または、賃借人の健康状態や一般的な生活状態が、転居によって相当に悪化させられる場合に存在する。その要件は、満たされていた。というのは、被告は、相当な身体的な侵害に苦しんでいたのみならず、本件住居を喪失する場合には、根拠のある自殺の危険が存在したからである。

もっとも、被告に差し迫っている自殺の危険、および、本件使用賃貸借関係の終了の妨げになっている被告の健康上の一般的な状態は、当部の確信のために、なお、行われたところの区裁判所の事実の確定から判明したのではなかった。区裁判所は、もっぱら審理の期日において被告を観察することによってだけで、『医学の素人にとっても、被告の病弱さにもとづいて、被告が階段をのぼり、転居の辛労を引き受ける状態ではないことが明確に認識できる』という確信に行き着いた。本件控訴は、正当なことに、区裁判所によって被告にとって有利な結果になるように行われた事実の確定は、原告の重大な否認にもかかわらず、鑑定書を求めることなしに行われたことをとがめた。裁判所自身の専門的知識にもとづく事実の確定は、鑑定書を求めることなしに、せいぜいのところ、裁判所の専門的知識が当事者に前もって知らされ、その判決において詳細に説明された場合に、手続きの誤りなく行われているのである。しかしながら、第一審において、訴訟指揮においても、第一審判決の理由においても、対応する説明が欠けていたのである。

しかし、被告が明渡しに適していないことは、当部の確信のために、第二審において埋め合わせられた証拠調べの結果として判明した。当部によって求められた鑑定書は、審理の期日における鑑定人の口頭の説明と一致して、被告においては、身体的な多数の罹病率とならんで、少なからぬ自殺傾向が確認されなければならないという確かに矛盾なく基礎づけられた所見に行き着いた。特に、被告の身体的な障害という背景、および、本件住居の放棄と結びつけられた精神的な負担の前で、診査との関連において述べられた自殺の考えの蓋然性は、鑑定人の説得力のある証言にしたがって、五〇パーセントより以上と格付けされなければならなかった。当部は、被告の自殺の表現の真摯さ、および、専門的知識をもって確認されたところの被告の（実行に）移す蓋然性の程度について、全く同様に矛盾のない納得のゆくように基礎づけられ本件控訴によってさらに続けて攻撃もされなかったところの鑑定人のこれ以外の所見にもとづいて疑念をもたなかった。その所見にしたがって、被告は、確認された身体的・精神的な全部の状態にもとづいて、本当は存在しない自殺傾向の訴訟戦術上の見せかけができる状態ではなかったのである」[240]。

次に、地方裁判所は、賃貸人の利益と賃借人の利益とのあいだの比較衡量において考慮に入れられなければならない諸々の点について、次のように論じたのである。

「したがって当部の確信のために圧倒的に蓋然性のあるところの本件使用賃貸借関係の終了の場合における被告の

自殺の危険の現実化は、ＢＧＢ五七四条一項一文にしたがって、原告の正当な利益を評価しても、本件使用賃貸借関係の継続を命じる。原告によって主張され、被告によって否認された原告自身の健康的な侵害、原告の祖母の世話の必要性、および、今や申立てによって生じたところの原告の妻の健康的な侵害が本当に存在した場合でさえもそうである。というのは、ＢＧＢ五七四条一項の枠組みにおいて行われなければならない利益の比較衡量において、賃借人の存続についての利益が、賃貸人の取戻しについての利益と関連づけられなければならないし、そのときに、賃借人にとっての契約の終了の影響が、賃貸人に対する契約の継続の影響に対して比較衡量されなければならないからである。利益の比較衡量においては、基本法の価値決定が考慮に入れられなければならないし、その結果、その明渡しが、本件のように、賃借人にとって、生命の危険と結びつけられている場合には、賃貸人の利益は、原則として、後方に退いていなければならない。このような原則としての評価は、たとえ、原告が……今や、原告の側から、はじめて第二審において現れたところの原告の妻の重大な健康的な侵害、および、現在居住された半地階に所在する住居に原告の妻がとどまる場合のために……原告の妻の自殺傾向を主張したとしても、本件においても妥当するのである。

契約の継続によって触れられるところの……原告の利益が、原告の健康、または、原告の妻の健康にかかわらない限りで言えば、原告の利益は、全部の比較衡量においても、契約の終了によって触れられるところの被告の生命にかかわる利益の背後に後退する。もっとも、主張され、当部によって原告にとって有利な結果になるように想定された原告自身の健康的な侵害、ならびに、原告の妻の健康的な侵害に対して、行われなければならない利益の比較衡量のために、少なからぬ重要さが当然与えられる。というのは、賃貸人または賃貸人の家族もまた、自己のために、基本法二条の保護を請求することができるからである。本件において原告によって主張されたように、賃貸人の側に、同じく、賃貸人の健康の維持、または、賃貸人の家族構成員の健康の維持について、同様の、もしくは、似ている程度において保護に値する利益が存在するならば、どのような選択肢が当事者の住居の問題の解決において当事者の意のままになるのかという点もまた考慮に入れられなければならない。両方の側の利益が等しく重みをもっている場合にのみ、賃貸人の取戻しについての利益に優位が当然与えられるべきである[241]。しかし、このような均衡は、本件において存在しなかったのである」[242]。

右の諸点を踏まえて、地方裁判所は、次のように論じることにより、本件事案の事実関係に照らして、賃貸人の利益と賃借人の利益とのあいだの比較衡量を行ったのである。

「本件においては、原告の居住の必要を場合によっては一時的にだけでも他の方法で満たすことが原告に要求できる。というのは、原告は、議論の余地もなく、本件多世帯用住宅の所有者であるのみならず、Xに存在する二戸建て住宅の半分、および、また別の多世帯用住宅の所有者でもあるからである。それに加えて、本件建物の二階には、およそ一一〇平方メートルの広さで四つの部屋から構成されていた住居があり、その住居は、被告によって保持されたところの中二階に所在する本件住居と比較できた。原告が、これまで原告によって締結されたこれ以外の使用賃貸借関係の枠組みにおいて原告に開かれた法律上の終了の可能性を利用し、このようにして代替住居を調達することを何ひとつ講じなかったことは、本件において原告の負担に帰した。いずれにせよ、専門的知識をもった鑑定の結果にしたがって、本件住居の喪失が賃借人にとって具体的な生命の危険と結びつけられていることが確定しているところの本件事案において、賃貸人には、その危険を妨げるために、高められた努力が請求されなければならないのである。

このような背景の前で、原告は、本件住居が、現在、賃貸されているのであるから、原告の意のままにならないことをも引き合いに出すことができなかった。確かに、賃貸人は、原則として、解約告知のために考慮に値する複数の使用賃貸借関係において社会的選択を行うことを義務づけられていない。しかし、本件のように、最後に解約告知された賃借人において要求できない苛酷さが存在するならば、賃貸人は、その場合、そのことから結果として生じる法的な効果を受け入れなければならないのである。……諸々の代替住居の平面の差異、および、本件目的物とXに位置しているこれ以外の建物との間の一〇キロメートルよりもよりわずかな空間的な隔たりもまた、少なくとも、全部の比較衡量において相当に重要ではなかった。特に、原告は、原告自身の申立てにしたがって、Yにおける原告の勤め口をいずれにしても放棄したのである。原告の所有の状態にある、少なからぬこれ以外の手持ちの不動産が短期間で意のままにならなかった限りで言えば、原告は、原告自身の健康的な必要、および、原告の家族の健康的な必要を、必要とあれば、本件において実際にも経済的にも排除されないところの必要に適合し相当な代替住居を一時的に賃借することによって顧慮することを義務づけられているのである。」

それに対して、被告の明渡しをする力それ自体を積極的に回復させることは被告にとって可能ではなかった。鑑定人の説得力のある確定にしたがって、通院の精神療法は、被告の自殺傾向に有効に対応するために十分ではないし、日々の病院での治療は、被告の身体的な侵害のために実行可能ではない。永続的な完全な入院滞在は、被告にとって、特に、被告のかなりの年輩にかんがみて、本件使用賃貸借関係の継続の選択肢として要求できないのである」[243]。

最後に、地方裁判所は、次のように結論を述べたのである。

「すべてのことにしたがって、当部は、期間の定めのない本件使用賃貸借関係の継続を言い渡さなければならなかった。このことは、ＢＧＢ五七四ａ条二項二文にしたがって、それにもとづいてその使用賃貸借関係の終了が賃借人のために苛酷さを意味するところの事情が、先の見通しとしてはいつ存在しなくなるのかという点が不確定である場合に行われなければならない。……本件の審理と実行された証拠調べの結果にもとづいて、その範囲内で被告の明渡しをする力が回復させられうるところの一定の期間は確認されることができなかった。したがって、本件使用賃貸借関係は期間の定めなく継続されなければならなかったのである」[244]。

第九に、すでにⅡの一の2において取り上げたところのベルリン地方裁判所二〇一五年七月八日判決をみておきたい。

【30】ベルリン地方裁判所二〇一五年七月八日判決[245]

［事案の概要と経緯］

原告（賃貸人）は、被告（賃借人）らに賃貸していたところの本件住居についての使用賃貸借関係を、「自己必要」を理由として解約告知した。原告は、本件住居を、原告と一緒に生活していたところの原告の成人した息子に使用させるつもりであった。これに対して、被告らは、被告・二の生命・身体・健康の侵害、被告・二にとっての本件住居の意義を理由として、本件解約告知に異議を述べたのである。

〔判決理由〕

地方裁判所は、結論として、「……区裁判所の確定にしたがって、被告・二は、確かに有効であったところの自己必要を理由とする原告の解約告知に対して、二〇一二年四月一一日付の書面をもって、同じく有効に次の結果をともなって異議を述べた。すなわち、本件使用賃貸借関係は、被告・二の請求にもとづいて……期間の定めなく継続されなければならなかったことである。

……本件使用賃貸借関係の終了は、被告・二にとって、原告の正当な利益を評価しても正当化されることができないところの苛酷さを意味したことが確定していた」[246]、と判断した。

その判決理由において、地方裁判所は、はじめに、次のように論じることにより、本件使用賃貸借関係の終了は、被告（賃借人）・二にとって、原告（賃貸人）の正当な利益を評価しても正当化されることができないところの「苛酷さ」を意味した、と判断したのである。

「……鑑定人は、本件において、明渡しのときにはじめてではなく、むしろすでに明渡判決が出されたときに、重大な健康的な侵害の危険があることを確かに確定した。

……

さらに続けて、鑑定人の確定にしたがって、被告が、数十年以来被告および被告の家族によって利用された本件住居を、その間に、被告の個人的な存在の一部であるとみなしたことは重大であることが証明された。本件住居自体も、庭と近隣をも含めて直接の居住地域も、情緒的に高く占められていて、拡張された『自我』という意味における自己のアイデンティティーの表現であった。本件住居の利用は、人生を充実させる不可欠なものであると考えられた。本件住居の喪失に行き着くという場合には、このことは、被告において、不可避的に激しくおびやかされているという感情と無に帰せしめられるという感情をひき起こすであろう。本件住居の考えうる喪失は、被告にとって、配偶者の死亡と比較できる激しい転機を意味するのである。

……本件住居は、八二歳の被告が彼の妻と五人の子供らとともにそこで一九六七年の九月以来過ごしたところの生命感・人生の明確な表現である。

　鑑定人にとって、鑑定人の確定の結果として、外部的な枠組み、すなわち、本件住居が存在しなくなったときに、被告の破滅が予見することができ、被告にとってもはや克服されることができないことが出てくる。鑑定人によってそれに加えて確認されたはっきりした認知に関する被告における不足は、さらに付け加えて、成果の豊かな危機の防御に関する被告の能力を激しく制限したのである。……

　強制的な明渡しが実行されるときに被告によって主観的に感じられたところの外部的な諸条件を制御できないことにもとづく援助のない状態は、鑑定人の見地から、精神的な均衡の完全な喪失を予期せしめた。その精神的な均衡の完全な喪失は、被告が、障害にもとづいて、これまで適切にこのような生活の出来事に対する準備をすることができなかったことによって強められた。このような破滅は、鑑定人の見地から、疑いもなく、予見できない短絡的反応をともなう激情の突発の危険を含み、そのような危険は、自殺行為または疑似自殺行為をも含めるといってよいだろう。個人的な反応と形態は、強度に付随事情に依存し、困難にのみ予測されうる。すでに今や認識できるところの……抑鬱と心的葛藤の防御のもろさは、被告において、明渡し、もしくは、明渡しの予告の場合において、過小に評価されることができないが、百分率によって厳密に見積もることができないところの自殺の危険にプラスの材料を提供する。このことは、被告において、一般的な住民にとってよりも、また、同じ年齢の人々にとってよりも明確により高かったのである。

　……

　確かに、原告にとって有利な結果になるように、原則として、明渡しについての障害を取り除くことについての協力、および、可能であり好ましい限りで言えば、要求できる医師の治療に入るという義務が賃借人の責任であることが考慮に入れられなければならなかった。しかし、この点でも説得力のある鑑定人の確定にしたがって、明渡判決の言渡しをもって予期されなければならないところの存在する抑鬱性の総体的症候の硬化は、重大な高齢の抑鬱症の効果をともなって、より長い見地でも治療上の措置を受け入れやすくはなかった。……確かに、直接の自殺の危険に対して、一時的な補助策、たとえば、構成員らによる継続的な監視と援助によって、過渡期の間対処されることができた。しかし、明渡判決の長期間の影響に対して、通院または入院による専門の治療によっても十分に対処されることはできなかったのである。

……

鑑定人の論述にしたがって被告において具体的な自殺の危険から出発されることはできないし、高齢の抑鬱症の発生は苛酷さについての事案を意味するのではなく、むしろ、一般的な生存にともなう危険に組み込まれなければならないという原告の抗弁は、右において叙述され鑑定人によって綿密に確かめられ理由づけられた具体的な事情にもとづいてもちこたえなかった。そのこととはかかわりなく、最上級審裁判所によって展開された基準にしたがって、明渡しの確実な結果が考慮に入れられなければならないのみならず、すでに、相当な健康の悪化という重大な危険は要求できない苛酷さの受入れを正当化することができるのである。

そのことから、このような背景のもとで、被告においては、最終的に、蓋然性のどのような厳密な程度をもって、場合によってはそのうえさらに明渡判決の言渡しの場合に自殺が懸念されなければならないのかという点は重要ではなかった。鑑定人の論述にしたがって、いずれにせよ、確実に、被告の精神的な破滅と健康的な全状態の重大な悪化が起こることが考慮に入れられなければならなかった。それとともに、本件事案においては、明渡判決の言渡しの影響は、明渡しによって打撃を与えられる賃借人において典型的に生じるところの否定的な結果をはるかに超えたのである」[247]。

そのうえで、地方裁判所は、次のように論じることにより、本件事案の事実関係に照らして、賃貸人の利益と賃借人の利益とのあいだの比較衡量を行ったのである。

「苛酷さについての理由の確定にしたがって行われなければならないところの、そのことの結果として出てくる賃借人の存続についての利益を賃貸人の取戻しについての利益に対して比較衡量することもまた、綿密な事実の確定にもとづいて、本件において、被告の利益により大きな重要さが認められなければならないことに行き着いた。その場合に、基本法の価値決定によって引かれた限界が顧慮されなければならない。基本法一四条一項一文の所有権の保障は、賃借人および賃貸人にとって有利な結果になるように効果をもつ。賃貸人の所有権とならんで、賃借人の占有権もまた、基本法一四条の保護を享受する。利益の比較衡量において、裁判所は、許容できないやり方において当事者の人生の計画策定に介入してはならないし、特に、裁判所の価値決定を当事者の価値決定の代わりに置いてはならないのである。

確かに、本件住居を原告と一緒に生活していたところの原告の成人した息子に自由に使用させるという原告の願望は、原告の所有権の権能の行使の枠組みにおいて、正当な、あとづけることができる、重要な利益を意味した。しかし、その願望は、命じられた全観点において、基本法によって保護された占有権のみならず、身体的に損傷のないことに対する権利にも依拠したところの本件住居の維持についての被告の重大な存続についての利益を凌駕しなかったのである。本件住居は、被告、および、被告の精神的な均衡、ならびに、今後の被告の身体的な状態にとっても、特別な個々の事案の事情にもとづいて中心的な意義があるのである」[248]。

第一〇に、ベルリン・ミッテ区裁判所二〇一六年六月七日判決をみておきたい。

【31】ベルリン・ミッテ区裁判所二〇一六年六月七日判決[249]

［事案の概要と経緯］

被告は、二〇一一年五月一〇日に、本件住居に関する使用賃貸借契約を本件住居の当時の所有者と締結した。その後、原告らは、二〇一五年七月七日に、本件住居の所有者として登記された。原告らは、二〇一五年七月二四日付の書面をもって、被告に対して、「自己必要」を理由として、二〇一五年一〇月三一日付で、本件使用賃貸借関係を解約告知した。原告らはハンブルクにおいて生活しているが、原告・二は、ベルリンにおいて仕事をし、本件住居を仕事日に必要とするからであった。被告は、二〇一五年八月四日付の書面をもって本件解約告知に異議を述べた。

被告は、原告らに対して、被告が癌にかかり転居することが可能ではないことを通知し、これについて、医師の診断書を提出した。この病気にもとづいて、被告は、彼の喉頭の手術による切開を受けなければならなかった。その処置にもとづいて、被告は彼の声帯を失い現在もはや話すことができない。それに加えて、被告は、心臓の病気、すなわち、心筋の病気、ならびに、心臓リズムの障害と慢性の気管支炎に苦しんでいる。被告の健康状態にもとづいて、ベルリンの健康・社会福祉局は、二〇一六年三月二九日付の通知をもって被告の障害の程度を確認した。健康・社会福祉局は、その通知において、被告の健康状態の再検査を二〇二一年に予定した。被告は、家具職人としての彼の職業をもはや営むことができないし、その健康状態のために転職のための再訓練を継続することができなかった。

これに対して、原告らは、原告・二の仕事に由来するベルリンにおける仕事日の滞在のために本件住居を必要とする、と主張した。それに加えて、その家族もまた原告・二を訪ね、このために本件住居を利用するつもりである。原告らは、転居することは被告にとって要求できない「苛酷さ」を意味しないし、そのことから本件使用賃貸借関係は継続されることができない、と考えた。さらに、原告は、もし本件使用賃貸借関係が継続されなければならないならば、いずれにせよ、ほかの居住の可能性のための原告らのより多くの支出を顧慮するところの相当な賃料が定められなければならない、と主張した。

［判決理由］

はじめに、賃貸人と賃借人の利益の調整のあり方として、区裁判所の結論に留意すべきである。すなわち、区裁判所は、結論として、「原告らは、本件住居の明渡しと返還に対する請求権を……二〇一八年一月一日付で有する。本件使用賃貸借関係は、確かに、二〇一五年七月二四日の原告らの自己必要を理由とする本件解約告知によって、二〇一五年一〇月三一日付で、有効に終了させられていた。しかし、本件使用賃貸借関係は、被告の重大な健康の侵害にもとづいて、BGB五七四条にしたがって二〇一七年一二月三一日まで継続されなければならないのである」(250)、と判断した。

その判決理由において、区裁判所は、まず、原告（賃貸人）らが、本件使用賃貸借関係の終了について「正当な利益」を有したことについて、次のように論じた。

「BGB五七三条一項と二項の要件は存在した。原告らは、本件使用賃貸借関係の終了について正当な利益を有した。というのは、原告らは、自己のために本件住居を必要としたからである。

当裁判所は、原告・二の労働契約と原告・二の転貸借契約の提出にしたがって、原告・二が彼の住所をハンブルクにもち、彼の規則的な仕事場をベルリンに有することについて法的に重大な疑念をもたなかった。対立している根拠が欠けていたために……当裁判所は……原告・二が週のあいだは本件住居を自分自身のために利用するつもりであることから出発したのである」(251)。

しかし、区裁判所は、それに続けて、「それにもかかわらず、本件使用賃貸借関係は、ＢＧＢ五七四条一項一文、五七四ａ条二項一文と二文にしたがって、二〇一七年一二月三一日まで継続されなければならない。ＢＧＢ五七四条一項一文にしたがって、賃借人は、その賃貸借関係の終了が、賃借人、その家族、または、その世帯の他の構成員にとって、賃貸人の正当な利益を評価しても正当化されることができないところの苛酷さを意味するときには、賃貸人の解約告知に異議を述べ、賃貸人にその賃貸借関係の継続を請求することができる。その要件は満たされていたのである」(252)、と判断した。

そのように判断した理由について、区裁判所は、以下において考察するように論じたのである。

まず、区裁判所は、賃貸人の利益と賃借人の利益とのあいだの比較衡量において考慮に入れられなければならない基本権について、次のように論じたのである。

「ＢＧＢ五七三条以下の関連する規定の解釈と適用において、裁判所は、賃貸人の取戻しについての利益とならんで、賃借人の存続についての利益もまた考慮に入れなければならないし、これらの対立する利益を互いに比較衡量し、釣り合いのとれた調整にもたらさなければならない。そのときどきの利益を評価するときには、一方において、自己の所有物を自分自身の意向にしたがって自由に処理するという基本法一四条にもとづく所有権者の基本権が考慮に入れられなければならないし、他方において、基本法一四条それ自体に置かれたところの所有権の制限(253)、特に、所有権の社会的な拘束、ならびに、国家権力の担い手としての裁判所によって常に保護されなければならないところの基本法一条にしたがった被告の人間の尊厳が考慮に入れられなければならないのである。被告の人間の尊厳は、本件において、被告の健康の侵害、および、そのことから結果として生み出されたところの、支払い可能かつ相当な、すなわち、比較できる住居を見出すという被告の困難さによって具体化されたのである」(254)。

次に、区裁判所は、被告（賃借人）の身体的な状態にもとづいて、一方において、即時の期限どおりの本件使用賃貸借関係の終了は正当化されることができないが、他方において、被告は絶対的・永続的に明渡しに適していない状態ではないと判断したことについて、次のように論じたのである。

「被告の健康状態は、正当化されることができないところの即時の明渡しのための苛酷さを理由づけた。明渡しに適していないことは、特に、賃借人が、賃借人の身体的・精神的な状態にもとづいて代替住居を見出し、そこへ転居する状態ではない場合に存在する。その要件は、いずれにせよ、現在、満たされていた。というのは、被告は、重大な身体的な侵害に苦しんでいるからである。もっとも、当裁判所の見解では、絶対的・永続的に明渡しに適していないことが存在するのではなく、むしろ、民事訴訟法七二一条にしたがった明渡期間の枠組みにおいて十分に考慮に入れられることができなかったところの住居の探索における困難さが存在するのである。

その場合に、とりわけ、当裁判所は、被告の癌の病気によって後遺症状とともに惹起されたところの被告の生活をするなかでの激しい侵害についてみずからの印象を手に入れることができたことが心にとめておかれなければならなかった。特に、被告は、いずれにせよ現在電話によって住居を得ようと努める状態ではないことについて疑念は存在しなかった。というのは、被告は、およそ、もはや正しく話すことができないからである。書面によって合意された住居の検分もまた、何の問題もなくある成果、すなわち、賃貸借に行き着くことはないであろう。というのは、現在、病気休業補償金をもらっている被告は、話す機能の中期間ないし長期間の回復においても……問題なく労働市場に社会復帰させられることができないし、その結果、賃金補償もしくは社会福祉給付に頼らざるを得ないだろうからである。このことは裁判所に周知であるが、被告は、通常の市場の条件のもとで規則的な収入をもっているところのたくさんのほかの賃貸借の希望者らと、対応した住居について競合するだろう。被告は、賃借人として、強度に緊張した住居市場において、自分自身の落ち度なしに彼の競争相手よりもおよそより少なく魅力的である。当裁判所の見解では、このような背景の前で、相当な代替住居を調達することは、被告にとって、加重された条件のもとでだけ可能である。したがって、期限どおりの本件使用賃貸借関係の終了は、不当な苛酷さであったのである」[255]。

続いて、区裁判所は、本件住居の取戻しについての原告（賃貸人）・二の利益、本件住居の取戻しについての原告らの必要の緊急性について、次のように論じたのである。

「他方において、原告ら、特に、原告・二は……高い賃料と住居の必要に直面していた。原告らは、これらのことを……すでに本件解約告知の書面において説明した。原告・二もまた、週のあいだは、仕事に由来するベルリンにおける滞在のために住居を必要とした。これについて、原告・二は、永続的に、費用のかさむ家具付きの部屋またはホテルを賃借することを指示されることができなかった。原告・二が彼の側で長期間ほかの住居を賃借することができるという被告の側の指摘は、確信のあるものではなかった。原告・二は、本件住居の共有者として……ほかの住居を賃借することを義務づけられていなかった。それに加えて、原告・二は、特に、本件賃貸借のための代替住居を本件住居のかなり近い周辺の地域においてほとんど賃借することができないという、いまや被告と同じ問題の前に立っていた。市場は、およそほとんどなおこのことをもたらさない。しかし、原告らの原則的な必要の緊急性は、当裁判所の見解では、被告のそれと同じ形態において認められてはいなかった。というのは、原告・二にとって、代案としての一時的な住居の手はずをととのえることは、これまでも可能であったからである。このことは、確かに、より費用のかさむものであり、不愉快なことを意味する。しかし、原告らは、被告に住居の探索を可能にするために一時的に住居の手はずをととのえることを受け入れなければならないのである」[256]。

最後に、区裁判所は、本件使用賃貸借関係の永続的な継続は適切ではなく、本件使用賃貸借関係を期間の定めをもって継続することが相当であると考えた理由について、次のように論じたのである。

「当裁判所は、すべてのことにしたがって、正当化できる条件のほかの使用賃貸借関係へのきちんとした移行を被告に可能にするために、本件使用賃貸借関係を期間の定めをもって継続することを相当である、と考えた。それに対して、当裁判所は、BGB五七四a条一項にしたがって本件使用賃貸借関係を永続的に継続することを適切ではない、と考えた。というのは、被告にとって短期間の住居の探索の困難さにもかかわらず、転居することが将来において被告にとって完全に不可能であり、または、要求できなかったことは明らかではないからである。住居の交替によって直接に被告の健康状態がなおこれ以上悪化させられることは明らかではない。確かに、そのような住居の交替は、被告がさらに続けて居住地の近くで治療してもらいたい場合に、医師の交代を必要とするかもしれない。しかし、もっぱらこのことだけが健康の悪化という憂慮を正当化することはない。というのは、ベルリンのほかの区域もしくは地域の一部においても、専門医を備えた地域全体をおおう医療的な世話が、裁判所に周知のように保障されているからである。医師の交代は、医師と患者との間の特別な信頼関係にもかかわらず、原則として要求されることもできる。熟知している周辺の地域の喪失は、一方において必然的ではない。というのは、被告は、その周辺の地域においても住居の探索を進めることができるからである。それに加えて、被告によって申し立てられたところの住居の交替によって懸念されなければならないなおこれ以上の健康の侵害のことを顧慮して、この点では十分な結びつける事実が欠けていた。特に、被告の申立てから、住居の交替がなぜ抑鬱症になるのかという点は具体的に読み取れなかった。当裁判所は、被告が彼の病気と声の喪失にもとづいて抑鬱性の不調に苦しんでいることを否定するつもりはない。しかし、その苦痛のなおこれ以上の悪化は、医学的な診断によって証明されなかったのである。提出されたところの医学博士の診断書は、同じく十分な医学的ないとぐちを含まなかった。……

被告は、それに加えて、所轄の社会福祉局において、住居の探索と転居の援助における支援を得ようと努める機会を持っている。本件使用賃貸借関係の継続は、この点では、原則として被告の権利である支援の履行に対する申請が、周知のごとく職員に関して完全に人員不足のベルリンの官庁において、裁判所に周知のように数ヶ月またはなおより長く処理されていないままであるという理由においても大まかに量られることができる。当裁判所は、すべてのことにしたがって、被告が、すべての困難さにもかかわらず、およそ一八ヶ月以内にそのほかの住居を調達し、転居の手はずをととのえることができるだろうことを可能である、と考えるのである」(257)。

③小括

本節（Ⅱの二の1の（1））においては、ここまで、利益の比較衡量の基本について、関係する裁判例を考察してきた。すなわち、第一に、連邦憲法裁判所および連邦通常裁判所等の裁判例を考察し、第二に、下級審裁判所の裁判例を考察した。ここでは、それらの考察を通して明らかにされたところの裁判例における利益の比較衡量の基本について、整理しておくことにする。

㋐　まず、一般的に、利益の比較衡量の基本は、次のようにまとめることができる。

賃貸人の利益、すなわち、賃貸人の取戻しについての利益とならんで、賃借人の利益、すなわち、賃借人の存続についての利益もまた、適切に包括的に考慮に入れられなければならないし、両方の側の利益が、相互に比較衡量され、釣り合いのとれた調整にもたらされなければならないのである。

利益の比較衡量においては、賃借人の存続についての利益が、賃貸人の取戻しについての利益と関連づけられなければならないし、そのときに、賃借人にとっての契約の終了の影響が、賃貸人に対する契約の継続の影響に対して比較衡量されなければならない。賃貸人もしくは賃借人の利益が完全におろそかにされ、一方の側の筋の通り、あとづけることができ、かつ、重大な論拠が見過ごされ、または、基本権が法の適用において無視されてはならない。そのつど打撃を与えられる賃貸人と賃借人の基本権としての地位が、実際的な対照の方法において、基本権の各々ができるだけよく効果を発揮するほどに調整へともたらされなければならないのである。

裁判所は、徹底的かつ綿密な事実の確定にしたがって、BGB五七四条の枠組みにおいて両方の側の利益を評価しなければならないし、確定された事実を賃借人にとっての「苛酷さ」という法概念に包摂しなければならない。この場合に、裁判所による判断にとって基準となるのは、事実審の最終口頭弁論の時点における諸関係である。

なお、賃借人は、「賃貸人の正当な利益を評価しても正当化されることができないところの苛酷さ」を理由づけるために、複数の理由・事情を主張することが多いが、このときに、もっぱら個々の理由・事情だけでは不十分であるとしても、主張されたところの理由・事情が、その全体において、賃借人にとっての「苛酷さ」を形成すると判断されうる場合もある。

㋑　次に、賃貸人の利益と賃借人の利益とのあいだの比較衡量においては、賃貸人と賃借人のそれぞれの基本権としての地位が対立する状況が生じる。したがって、㋐においてまとめたところにもあるように、裁判所は、利益の比較衡量において、基本法の価値決定をも考慮に入れなければならないのであり、特に、基本権の侵害が、懸念されなければならないのかどうか、および、どのような範囲において懸念されなければならないのかという点をも顧慮しなければならないのである。そのうえで、裁判所は、基本法の価値決定をも考慮に入れて、ひとつの判断・解決を探し求めなければならないのである。裁判所は、基本権の地位の対立において、具体的な状況における基本権の地位の意義と重要さ、ならびに、基本権の地位に差し迫っている侵害の強さを対比し、基本権の地位のそのときどきの内容の可能な限り広範囲な実現のもとで、ひとつの判断・解決を探し求めなければならないのである。

この点について、個々の裁判例における個々の判断が積み重なると、裁判例における具体的な判断の枠組みも形成される。ここでは、本節における裁判例の考察にもとづいて、裁判例における具体的な判断の枠組みをまとめておくことにする。

確かに、その使用賃貸借関係の終了が賃借人にとっての「苛酷さ」を意味するのかどうかという問題は、個々の事案から引き離されて、無制限に肯定されることも、否定されることもできないし、何が賃借人にとっての「苛酷さ」であると考えられなければならないのかという点がすべての事案に妥当する確実性をもって述べられることもできないのは事実である。また、賃貸人の利益と賃借人の利益とのあいだの比較衡量において、まず第一に、両方の側の利益は、等価値のもの、均衡しているものとして取り扱われなければならないのであり、はじめから、賃貸人または賃借人の利益に優位が認められてはならないことも確かである。しかし、賃貸人と賃借人のそれぞれの基本権としての地位が対立する状況において、具体的な裁判例の考察にもとづいて、裁判例における具体的な判断の枠組みをまとめることは可能である。

ⓐ賃貸人と賃借人のそのときどきの利益を評価するときには、一方において、自己の所有物を自分自身の意向にしたがって自由に処理するという基本法一四条にもとづく所有権者の基本権が考慮に入れられなければならないし、他方において、基本法一四条それ自体に置かれたところの所有権の制限、特に、所有権の社会的な拘束、ならびに、国家権力の担い手としての裁判所によって常に保護されなければならないところの基本法一条一項にしたがった賃借人の人間の尊厳（特に、生命および身体を害されない権利（基本法二条二項）が人間の尊厳と結びつく）が考慮に入れられなければならないのである。

ⓑ一方において、賃貸人は、自己の所有権を行使して、自由な人生の形成に対する権利を有するが、他方において、賃借人は、身体的に損傷のないことに対する権利を有する場合、利益の比較衡量において、一般に、優位は、後者に認められなければならない。所有権という基本権によって保護された賃貸人の取戻しについての利益は、身体的に損傷のないことに対する基本権（基本法二条二項）によって保護された賃借人の存続についての利益の背後に後退

しなければならないのである。

ⓒまた、賃貸人の利益が、所有権という基本権に加えて、婚姻と家族の保護にかかわる利益（基本法六条一項にしたがって基本法上保護された利益）によって、その重要性の点で相当に高められていたとしても、賃貸人の権利は、抽象的な考察において、人間の尊厳と結びついた生命および身体を害されない権利、および、人格の自由（基本法二条一項）にしたがった賃借人の権利よりも、憲法上より少ない重要さがある。

ⓓさらに、自己の健康・生命を維持することについての賃借人の利益は、一般に、賃貸人の資金的な利益に対して優先する。明渡しが賃借人にとって生命の危険と結びつけられているときにも、賃借人の存続についての利益が優位にある。このとき、おびやかされた法益が価値の高いものであればあるほど、危険、もしくは、危険の確認について、ますますわずかな要求が立てられなければならないことから、生命のようなきわめて高い法益においては、発生の蓋然性についてのよりわずかな程度が要求されなければならないのである。

ⓔもっとも、賃貸人または賃貸人の家族もまた、自己のために、身体的に損傷のないことに対する基本権の保護を請求することができるのであるから、賃貸人の側の健康的な侵害に対して、行われなければならない利益の比較衡量のために、少なからぬ重要さが当然与えられる。賃貸人の側に、同じく、賃貸人の側の健康の維持について、同様の、もしくは、似ている程度において保護に値する利益が存在するならば、どのような選択肢が当事者の住居の問題の解決において当事者の意のままになるのかという点もまた、考慮に入れられなければならないのである。

ⓕなお、賃貸人の所有権とならんで、賃借人の占有権もまた、基本法一四条の保護を享受するのであるから、基本法一四条一項一文の所有権の保障は、賃借人および賃貸人にとって有利な結果になるように効果をもつのである。

ⓖしかし、賃貸人の所有権という基本権は、賃借人の側において考慮の対象になるあらゆる健康の侵害という危険のときに、それだけでもう、後方に退いていなければならないわけではない。予期されなければならないところの賃貸人の所有権の縮減が、本質的に、場合によっては起こり得る賃借人のための健康の侵害という危険よりも、より間近に迫っていて、より徹底的である場合には、当事者の基本権の比較衡量もまた、賃貸人の利益が優位を占めなければならないのである。

ⓗさらに、健康上強くおびやかされた状況にあったところの賃貸人が、本件住居の所有権者として、賃貸人の所有権を、賃貸人の娘が賃貸人を世話するために賃借人らの本件住居に入居することができることを達成するために利用するつもりであるのに対して、確かに、賃借人らの病状は、現在、賃貸人の病状よりも、質的に、より重大であったが、医師の見地からは、賃借人らの病気がなおそれ以上に悪化することを妨げるために、賃借人らが老人ホームもしくは社会福祉施設に転居することが必要不可欠であるという事情があった場合には、本件住居にとどまるという賃借人らの願望は、利益の比較衡量において、客観的に無分別な、十分でないものである、と考えられなければならないのである。確かに、利益の比較衡量において、裁判所は、許容できないやり方において、当事者の人生の計画策定に介入してはならないし、特に、裁判所の価値決定を当事者の価値決定の代わりに置いてはならない。しかし、利益の比較衡量の枠組みにおいて、裁判所に課されたところの逆方向の利益の重要さの程度を判定することは、一定の人生の計画策定が現実的であるのかどうかという問題を考慮に入れることをも必要としうるのである。

㋒　最後に、利益の比較衡量において、具体的に、個々の裁判官・裁判所に求められる点、個々の裁判官・裁判所が留意しなければならない点は次のようにまとめることができる。

ⓐ賃借人は、裁判所が、賃借人の存続についての利益の意義と射程範囲を正当に評価するやり方において、賃借人の抗弁を究明しようとすることを要求することができるし、「苛酷さ」という概念の解釈においても、賃借人の存続についての利益の意義と射程範囲を十分に把握し、考慮に入れることを要求してしかるべきである。

ⓑ裁判所は、賃借人によって申し立てられた「苛酷さ」についての理由を真実であると形式的にだけ想定することに限られてはならないのであり、これらの理由を賃借人の申立てにしたがってこれらの理由に帰属するのが当然である意義をもって「苛酷さ」についての事案の比較衡量に入れ、その重要さの程度を判定しなければならないのである。

ⓒ賃借人が強制された住居の交替の重大な健康上の侵害を主張したならば、裁判所は、専門的知識をもった援助によって、その賃借人にとって、どのような健康上の結果が転居と結びつけられているのかという点、予期されなければならない健康の侵害がどのような重大さの程度に達しうるのかという点、および、このことがどのような蓋然性を

もって生じうるのかという点に関して、表面にだけはり付いているのではない綿密な観念を手に入れなければならないのである。

ⓓ裁判所は、賃貸人の利益を賃借人の利益に対して後方に退けさせておいてはならないし、裁判所がその前に賃貸人によってもくろまれた計画策定を筋の通り、あとづけることができると表明したにもかかわらず、賃貸人の人生とは違った計画策定を賃貸人に要求してはならないのである。

ⓔ裁判所は賃借人にはなぜ変化した人生の計画策定が要求されることができないのかという点について、あとづけることができる理由づけが認められることなしに、賃借人によって申し立てられた理由を賃貸人の理由よりもより重要なものであると評価してはならないのであり、住居の明渡しが賃借人にとって「苛酷さ」を意味するのかどうかという問題についての裁判所の比較衡量において、所有権者の人生形成にはせいぜいのところ従属した意義が帰属するのが当然であるという見解が影響を与えてはならないのである。

ⓕ裁判所が、賃借人によって説明されたところの賃貸人の自己使用の願望の真摯さについての全部の疑念を究明しようとしなければならないのと全く同様に、賃貸人の利益は、説明と証明の負担がかけられた賃借人によって正当化されない「苛酷さ」の理由づけのために申し立てられた事情に対する賃貸人の相当な申立てを考慮に入れ、必要とあれば、証拠調べの方法において、どのような具体的な不利益が賃借人に実際に生じ、その理由から、賃借人の利益を賃貸人の取戻しについての利益に対して優先すると思わせたのかという点に関する確定を行うことを命じる。裁判所は、賃借人によって主張されたところの健康の侵害の性質と重要さをより詳細に解明し、場合によっては、鑑定書を求めなければならないのである。

ⓖ賃貸人の利益と賃借人の利益とのあいだの比較衡量においては、裁判所による基本法一〇三条一項（法的聴聞を請求する権利）の違反が問題となることもある。すなわち、裁判所が、当事者の権利の追求または権利の防御に役立つところの本質的な事実の主張を、総じて聞きおかなかったか、または、決定のときに明らかに考慮しなかったことを特別な事情が明確に明らかにした場合についての問題である。

（2）当事者の態様・認識について

すでにⅡの二の1の（1）の③において裁判例における利益の比較衡量の基本について整理したところでも触れたように、裁判所は、徹底的かつ綿密な事実の確定にしたがって、BGB五七四条の枠組みにおいて両方の側の利益を評価しなければならないし、確定された事実を賃借人にとっての「苛酷さ」という法概念に包摂しなければならない。このとき、裁判所は、事案によっては、賃貸人の利益と賃借人の利益とのあいだの比較衡量において、当事者の態様・認識についても考慮することがある。

そこで、第二に、当事者の態様・認識について、関係する裁判例を考察したい。ここでは、①当該契約の締結時または当該住居の取得時における当事者の態様・認識が問題とされた事案、②当該解約告知の対象の選択における賃貸人の態様・認識が問題とされた事案、および、③当事者の態様・認識が問題とされたその他の事案、という三つの類型に分けて、関係する裁判例を考察することにする。

①当該契約の締結時または当該住居の取得時における当事者の態様・認識が問題とされた事案

まず、当該契約の締結時または当該住居の取得時における当事者の態様・認識が問題とされた事案を考察したい。

第一に、筆者の既存の研究[258]においても取り上げたところのバート・ホンブルク区裁判所一九八九年四月一三日判決をみておきたい。

【32】バート・ホンブルク区裁判所一九八九年四月一三日判決[259]

［事案の概要と経緯］

原告は、一九八一年に、本件建物を被告に賃貸した。本件土地上には、ひとつの居住用建物、ならびに、住居として使用されるところの二つの物置小屋が存在した。それらの本件建物は、全部でおよそ一五〇平方メートルの居住面積であった。被告は、本件使用賃貸借関係に関する原則的な合意にもとづいて、一九八一年八月一日に本件建物に居住した。それから、当事者は、比較的長い交渉を経て、一九八一年一二月一九日に書面による本件使用賃貸借契約を締結した。

本件使用賃貸借契約の締結に際して、被告は、原告およびその妻から、原告が雇用された医師としての自己の活動を終えた後自己の診療所を開業したいこと、および、原告はこのような理由からその後本件土地・建物を売買したいことを指摘されていた。このような理由から、原告は、さしあたり、五年間に期限づけられた使用賃貸借契約を締結することを意図したが、それに反して、被告は、一〇年間の有効期間をともなう契約を望んだ。最終的に、当事者は、書面による本件使用賃貸借契約に表れていたように、延長条項をともなう五年間の契約期間に合意したのである。

原告は、一九八七年七月三〇日付の書面をもって、被告に対して、本件使用賃貸借関係は一九八八年七月三一日付で終了し、同時に、一九八八年七月三一日付で、本件使用賃貸借関係を解約告知したことを指摘した。その書面においては、さらに、「本件土地・建物は売買されるであろう」、とされていた。

原告は、次のように主張した。すなわち、賃貸されていた状態において、本件土地・建物は経済的に利用できなかった。本件建物の実態は、取り壊されなければならなかったほど好ましくない状態であり、本件建物の改造は可能ではなかった。原告は、本件土地・建物に賃借人がいない場合にのみ買主を見出すであろう。

これに対して、被告は、本件解約告知は有効ではなかった、という見解であった。すなわち、被告は、本件使用賃貸借契約は延長条項に対応して期間の定めなく延長されたのであり、一九八七年七月三〇日付の書面において挙げられたところの本件解約告知の理由（本件土地・建物の売買）は十分に立証されていなかった、と主張した。

［判決理由］

区裁判所は、右の本件事実関係を踏まえて、「本件訴えは根拠のあるものである。一九八七年七月三〇日の原告の本件解約告知にもとづいて、本件使用賃貸借関係は、一九八八年七月三一日付で終了した。その理由から、被告は、本件土地・建物の返還を義務づけられている」(260)、と判断した。

その判決理由において、区裁判所は、筆者の既存の研究において考察したように、まず、本件解約告知が形式的に有効であったこと、次に、経済的な利用の妨げ・賃貸人の著しい不利益という要件が満たされたことを論じた(261)。

そのうえで、区裁判所は、次のように論じることにより、賃貸人の利益と賃借人の利益とのあいだの比較衡量において、本件使用賃貸借契約の締結時における賃借人の認識についても考慮したうえで賃借人にとっての「苛酷さ」を否定したのである。

「BGB五五六a条にしたがった被告（賃借人）の異議にもとづいて本件使用賃貸借関係を延長する理由もまた存在しなかった。原告と被告の相互の利益を比較衡量する場合に、被告が、すでに本件使用賃貸借契約の締結時に、原告が自己の診療所の設立に出資するために本件土地・建物の利用を全く具体的にもくろんでいたことを知っていたこと、その結果、本件使用賃貸借関係は、すでに書面による本件使用賃貸借契約の署名のときに期間の定めのないものではなかったことが考慮に入れられなければならないのである。原告は、適時に、被告に対して、本件使用賃貸借関係の終了を指摘したのでもあるから、被告は、これまですでにほぼ二年間ほかの住居を探す機会を十分に有したであろう。被告は、この点で、何らかの努力を試みたことを主張すらしなかったのである」[262]。

第二に、すでにⅡの一の1において取り上げたところのデュッセルドルフ地方裁判所一九九〇年六月二六日判決をみておきたい。

【33】デュッセルドルフ地方裁判所一九九〇年六月二六日判決[263]

［事案の概要と経緯］

原告（賃貸人）は、一九八五年八月一日に、デュッセルドルフの本件建物の一階に所在する本件住居を住居所有権として取得した。被告（賃借人）らは、一九三六年以来本件住居に居住していた。被告らは、その間に八〇歳ないし八二歳であった。

原告は、一九八八年八月二日付の書面をもって、「自己必要」を理由として、一九八九年八月三一日付で、被告らとの本件使用賃貸借関係を解約告知した。原告は、本件解約告知の書面において次のように述べた。すなわち、原告らが現在（賃借人として）居住しているところの住居に関してこれまで協調的に経過した使用賃貸借関係は、突然悪化した。原告とその妻は多くの論争に引きずり込まれ、訴訟となった。その使用賃貸借関係は、感情的に強く負担がかけられていた。これは、その賃借建物においては、賃貸人側と原告らだけが居住しているという理由でも不適切な影響をもたらした。それに加えて、原告の妻は、一九八五年の終わり以来重い病気になり、全部で三回の重大な手術を受けなければならなかった。原告の妻は、八〇パーセントの重い障害であった。なおこれ以上の手術が決まっていた。原告の妻は、彼女の健全でない健康状態にもとづいて、その使用賃貸借関係における常なるあつれきをこれ以上耐えることができないし、その理由から、原告らは、彼らの所有物に入居したかったのである。

さらに、原告は、次のように申し立てた。すなわち、原告は、一階の本件住居、および、その下に所在する半地階にある住居を、それらの両方の住居を結びつけそこに居住するという意図をもって取得した。原告らの「自己必要」は、また、理由づけられてもいた。というのは、現在の（原告の）使用賃貸借関係は、原告にとって、要求できない負担を意味し、原告の妻のきわめて不健全な健康状態は、自分自身の四つの壁のなかに居住することを必要とするからであった。原告の妻は、一九八五年に乳がんの手術を受け、それに引き続いて化学療法の治療が行われ、さらに、一九八八年の夏には重い抑鬱症にかかった。原告の妻は、腫瘍の最善のアフターケアという枠組みにおいて、不安および神経的負担のない家庭環境にいなければならない。このことは、本件住居においてだけ可能である。

これに対して、被告らは、原告の「自己必要」を否認したほか、BGB旧五五六a条にしたがった異議について、次のように申し立てた。すなわち、両方の被告らの疲れきった健康状態において、住居の交替は、被告らにとって「苛酷さ」を意味し、しかも、賃貸人の「正当な利益」を考慮に入れてもそうであった。被告らは、さらに引き続いて、デュッセルドルフの本件住居に彼らの生活の中心点を有したし、デュッセルドルフに居住している娘が被告らを訪問し世話をした。被告（妻）は、重い心臓病にかかっていたし、被告（夫）は、心臓の機能の重大な制限があった。被告らが、夏の間彼らの自分自身の建物において、しかし、狭い半地階にある住居に居住していたことは正しかった。夏の間、被告らは、その建物に所在する住居を広範囲に賃貸していた。被告らは、それらの住居からの収入に頼らざるを得なかった。というのは、被告（夫）は、自力によっていたし、年金によっては十分に自分自身を守れなかったからである。被告らが、たとえ、四月から九月までジュルトのWに滞在したとしても、被告らの生活の中心点は、それにもかかわらずデュッセルドルフにあった。さらに、被告らが、要求できる条件の代替住居をこれまで見出すことができなかったことがつけ加わった。職業が建築家であるところの被告らの娘とその夫は、集中的に代替住居の調達に努力した。その場合に、被告らにとって、一階の住居だけが考慮に値したが、賃貸人らは、八〇歳を超える夫婦への賃貸を論外であるとして拒絶した。そのことから、被告らの異議は、期間の定めなく本件使用賃貸借関係を継続することに向けられていたのである。

区裁判所は、本件明渡しの訴えを棄却した。原告の「自己必要」は、確かに、ＢＧＢ旧五六四ｂ条二項二号にしたがって存在した。しかし、被告らは、ＢＧＢ旧五五六ａ条三項にしたがって、期間の定めなく本件使用賃貸借関係を継続することに対する請求権を有した、と判断した。

これに対して、原告は、地方裁判所に控訴したのである。

〔判決理由〕

地方裁判所は、結論として、「原告の本件控訴は、許容することができた。しかし、原告の本件控訴は、実質的に正当化されていなかった。

区裁判所は、正当なことに、被告らに対する本件明渡しの訴えを棄却し、本件使用賃貸借関係は継続される、と判決を下した。区裁判所の判決の適切な理由は詳細に引用される。

本件控訴の理由づけもまた、異なる判断を正当化しなかった。区裁判所は、原告の自己必要の要件を認め、それから、この自己必要に、本件住居にとどまり続けることについての被告らの利益を、被告らの利益が凌駕するという結論をともなって対比した。それに対して、法的に誤りのある利益の比較衡量をとがめるところの原告の批判は、正当に理解できなかったのである」[264]、と判断した。

その判決理由において、地方裁判所は、次のように論じることにより、賃貸人の利益と賃借人らの利益とのあいだの比較衡量において、本件住居の取得時における賃貸人の態様・認識についても考慮したうえで賃借人らにとっての「苛酷さ」を肯定したのである。

「被告らによって居住された本件住居に被告らがとどまり続けるためにプラスの材料を提供するところの理由は、

原告の正当な、かつ、あとづけることができる自己必要に対して凌駕した。本件においては、まず第一に、被告らの高齢、被告らの健康状態、および、デュッセルドルフの範囲内において住居を交替することによる憂慮すべき結果が考慮に入れられなければならなかった。また、被告らが五〇年を超えて以来本件住居に居住していることも、全く相当に重要であった。それに対して、原告は、本件住居について自己必要を理由づけるために一九八五年に本件住居（住居所有権）を取得した。そのころすでに高齢の被告らが、長年利用された本件住居にとどまり続けることについての被告らの利益を原告の主張された自己必要に対置するであろうという点に存在するところの危険が、原告にはよくわかっていたに違いなかった。……原告は、一九八五年に、どのような理由から、空いている住居所有権を取得しなかったのかという点について問われなければならないのである。今日と同じように当時、住居所有権についての供給は、賃貸住居についての供給よりもより大きかったのである。

被告らは、また、ジュルトにおける被告らの休暇用住居に行くように指示されることもできなかった。この点においても、区裁判所の判決の適切な理由が、引用されるのである」[265]。

第三に、ミュンヘン第一地方裁判所一九九三年一月一三日判決をみておきたい。

【34】ミュンヘン第一地方裁判所一九九三年一月一三日判決[266]

［事案の概要と経緯］

原告（賃貸人）らは、被告（賃借人）に賃貸された本件住居（住居所有権）を購入したあと、一九九一年四月二九日に、「自己必要」を理由として、被告との本件使用賃貸借関係を解約告知した。というのは、原告らの二五歳の娘が、もはや両親の建物に居住するつもりはなく、自分自身の世帯を構えるために、彼女の恋人と一緒に被告の本件住居に入居するつもりであったからである。これに対して、被告は、かなり高齢であったが、BGB旧五五六a条にしたがって本件解約告知に異議を述べ、本件使用賃貸借関係の継続を請求した。

［判決理由］

地方裁判所は、結論として、「本件使用賃貸借関係は（一九九三年一二月三一日まで）継続され、したがって、本件訴えは棄却されなければならなかった」(267)、と判断した。

その判決理由において、地方裁判所は、はじめに、原告（賃貸人）らの「自己必要」を理由とする本件解約告知は有効であったことについて、次のように論じた。

「まず第一に、区裁判所は、的確な理由づけをもって……一九九一年四月二九日の自己必要を理由とする本件解約告知を有効であったと判断したことが確認されなければならなかった。次の場合には、ＢＧＢ五六四ｂ条二項二号の意味における、筋の通り、あとづけることができる自己必要についての理由を意味した。すなわち、二五歳の娘が、もはや両親の建物に居住するつもりはなく、自分自身の世帯を構えるために、彼女の恋人と一緒に被告の本件住居に入居するつもりであった場合である」(268)。

しかし、地方裁判所は、次のように論じることにより、賃貸人らの利益と賃借人の利益とのあいだの比較衡量において、本件住居の取得時における賃貸人らの態様・認識についても考慮したうえで賃借人にとっての「苛酷さ」を肯定したのである。

「しかし、被告は、被告の継続を求める異議をもって、原告らの利益を考慮に入れても本件使用賃貸借関係を一九九三年一二月三一日まで継続することを正当化するところのＢＧＢ五五六ａ条の意味における苛酷さについての理由を主張したのである。

本件使用賃貸借関係の継続についての被告の利益は、本件使用賃貸借関係の終了についての原告らの利益に対して優位にあった。この関連において……彼らの娘のための原告らの自己必要は、一年の間本件住居への転居を待つことが原告らになお要求されることができなかったのと同じように重くのしかかってはいないことが考慮に入れられなければならなかった。ともかく、原告らは、賃貸された住居所有権を購入し、その結果、原告らは、はじめから、かなり高齢の賃借人に対して、自己必要を理由とする解約告知を貫徹するときに困難さに陥ることを考慮に入れなければならなかったのである」(269)。

第四に、レヴァークーゼン区裁判所一九九三年一月二六日判決をみておきたい。

【35】レヴァークーゼン区裁判所一九九三年一月二六日判決(270)

［事案の概要と経緯］

被告は、本件建物の二階に所在する本件住居の賃借人であった。七九歳の被告は、彼女の幼年時代から本件住居に居住し、彼女の両親の死亡後、一九六〇年からは本件住居の主たる賃借人であった。他方において、原告らは、一九九〇年に売買によって本件建物を取得し、権利の承継の方法において、本件住居使用賃貸借関係の賃貸人になった。本件建物には、二階に所在する本件住居のほかに、同じ広さの一階の住居（五八平方メートルの広さで二つの部屋等から構成されていた）、および、屋階にまた別の住居があった。

原告らは、一九九一年四月二六日付の弁護士の書面をもって、「自己必要」を理由として、一九九二年四月三〇日付で、本件使用賃貸借関係を解約告知した。というのは、原告・一が、一階の住居と一緒に、妻と四人の子供らをともなう彼の家族のために本件住居を必要としたからである。これに対して、被告は、一九九二年一月七日付の賃借人協会の書面をもって、本件解約告知に異議を述べたのである。

［判決理由］

区裁判所は、結論として、「原告らは……本件住居の明渡しと返還に対する請求権を有しなかった。というのは、一九九一年四月二六日の有効な本件解約告知にもかかわらず、BGB五五六a条にしたがって被告の社会的な異議が貫徹され、その結果、本件使用賃貸借関係の継続が命じられなければならなかったからである」(271)、と判断した。

その判決理由において、区裁判所は、はじめに、原告（賃貸人）らの「自己必要」を理由とする本件解約告知は有効であったことについて、次のように論じた。

「BGB五六四b条一項、二項二号の解約告知理由が原告らに味方した。というのは、原告・一は、妻と四人の子供らとともに……現在本件建物の一階の住居において不十分に居住させられていたからである。それらの部屋と居住面積にかんがみて、最上級審裁判所の裁判例の意味における筋の通り、あとづけることができる理由が、二階に所在する被告の本件住居が原告・一による居住の利用のために自由に使えるようにもたらされなければならないことに有利な材料を提供するのである」[272]。

しかし、区裁判所は、次のように論じることにより、賃貸人らの利益と賃借人の利益とのあいだの比較衡量において、本件住居の取得時における賃貸人らの態様・認識についても考慮したうえで賃借人にとっての「苛酷さ」を肯定したのである。

「それにもかかわらず、被告は、本件事案における特別な事情を考慮に入れると、BGB五五六a条にしたがって明渡しを義務づけられていなかった。というのは、本件使用賃貸借関係の契約にしたがった終了は、原告・一の正当な利益を考慮に入れても正当化されることができないところの苛酷さを意味したからである。ひとり暮らしの被告の長期の居住期間、被告の高齢、および、被告の歩行障害にかんがみると、自由意思からでない転居は、そのことと結びつけられた身体的および精神的な負担を考慮に入れると要求できなかった。被告が老人ホームにおいてよりよく世話されるのかどうかという点は、不確定でありうるし、いずれにせよ原告らの判断の影響下にはなかった。原告らは、これらに関する事情を知って本件建物を取得したのであり、素人の見地からも本件住居の明渡しは何の問題もなく達成されることができなかったことを予見することができたのである。原告・一は、その間に、たとえ狭いとしても本件建物に居住していた。そのことから、すべての事情を考慮に入れると、本件使用賃貸借関係は期間の定めなく継続されなければならなかったのである」[273]。

第五に、ケルン地方裁判所一九九三年二月二五日判決をみておきたい。

【36】ケルン地方裁判所一九九三年二月二五日判決[274]

［事案の概要と経緯］

被告は、本件建物に所在する本件住居の賃借人であった。被告は、八〇歳であり、一三年以来本件住居に居住していた。他方において、原告（賃貸人）らは、本件住居が所在する本件建物を売買によって取得したうえで、その居住状態を改善するために、「自己必要」を理由として、被告との本件使用賃貸借関係を解約告知した。これに対して、被告は、ＢＧＢ旧五五六ａ条にしたがって本件解約告知に異議を述べ、本件使用賃貸借関係の継続を請求したのである。

［判決理由］

地方裁判所は、結論として、「原告らが自己必要を理由として有効に解約告知したのかどうかという点は、不確定でありうる。……

いずれにせよ、本件使用賃貸借関係は、ＢＧＢ五五六ａ条の社会的条項にもとづいて期間の定めなく延長されなければならなかった。というのは、本件使用賃貸借関係の終了は、被告にとって、原告らのすべての正当な利益を評価しても正当化されることができないところの要求できない苛酷さを意味したからである」(275)、と判断した。

その判決理由において、地方裁判所は、次のように論じることにより、賃貸人らの利益と賃借人の利益とのあいだの比較衡量において、本件住居の取得時における賃貸人らの態様・認識についても考慮したうえで賃借人にとっての「苛酷さ」を肯定したのである。

「……その際、とりわけ、被告が八〇歳であることが考慮に入れられなければならなかった。一般的な人生経験にしたがって、このような年齢の人々は、新たな環境において勝手がわかり社会的なつながりを結ぶという状況にはや十分にはないのである。さらに、被告は一三年以来本件住居において生活し、そのことから、被告は被告の周辺の地域に定着したことから出発されなければならないことがつけ加わった。

確かに、もっぱら賃借人の高齢それ自体だけで、なお要求できない苛酷さに行き着くことはない。むしろ、そのような事案においても、当事者の利益が互いに比較衡量されなければならない。しかし、長い居住期間にもとづくその周辺の地域への定着のような事情、および、代替住居の調達が困難にされたことは、より若い賃借人の場合よりも、高齢の賃借人の場合には、むしろ正当化されていない苛酷さに行き着きうるのである。被告は、健康であり、経済的に守られているかもしれない。しかし、本件事案の特別な事情は、原告らの利益が後方に退いていなければならないことに行き着いたのである。

原告らは、その間に、原告らの本件建物において、二階の住居と屋階の住居に入居し、このようにして、少なくともおよそ原告らの自己必要を実現する状況にあった。原告らは、このようにして、原告らによって得ようと努められた完全な居住面積に達することができなかったし、屋階の住居に全部の設備品を収容することができなかったかもしれない。しかし、このような解決策は、原告らによって説明されたこれまでの居住状態に対して、すでに相当な改善を意味したであろう。

さらに、原告らには、はじめから高齢の賃借人が生活するところの建物を取得したことが周知であったことがつけ加わった。原告らは、はじめからそのような使用賃貸借関係を何の問題もなく自己必要を理由として解約告知できることから出発することができなかった。原告らは、原告らによって主張されたところの、被告が退去するであろうという本件売買契約締結前の被告の説明をあてにすることができなかった。

このような説明は、たとえそれが行われたとしても、法的に有効ではなかったであろう」(276)。

第六に、ケルン区裁判所一九九六年四月二五日判決をみておきたい。

【37】ケルン区裁判所一九九六年四月二五日判決(277)

［事案の概要と経緯］

区裁判所における競売手続きにおいて、本件建物に所在する二つの住居が競売のために提供されたが、それらのうちのひとつの住居は賃貸されていた本件住居であり、もう一方は空いていた住居であった。原告は、一九九五年三月一六日の区裁判所の決定によって、賃貸されていた本件住居を競売にもとづいて買い受けた。本件住居の賃借人らは、当時の時点において被告らであった。原告（賃貸人）は、一九九五年三月二八日付の書面をもって、「自己必要」を理由として、一九九五年六月三〇日付で、被告ら夫婦との本件使用賃貸借関係を解約告知した。

原告は、「自己必要」を理由とする本件解約告知についての原告の利益が被告らの側から申し立てられた「苛酷さ」についての理由を凌駕する、と考えた。原告は、大学で勉学している原告の二人の娘らのよりよい展開の可能性のために、本件住居を差し迫って必要とする、と主張した。これらの二人の娘らは、現在の時点において、部分的に両親の住居において、きわめて狭い部屋でその他の家族構成員とともに生活し、部分的に友人らのもとで生活していた。したがって、二人の娘らの勉学の目標が危険にさらされていた。それに加えて、自由な住居市場において住居を見出すことは、外国人の女子学生らにとって実際に不可能である。

これに対して、被告ら夫婦は、一九九五年四月一九日付の書面をもって、本件解約告知は被告らにとって特別な「苛酷さ」を意味したという理由づけをもって異議を述べた。被告ら夫婦は、今や二三年以来本件住居に居住していた。被告（妻）は、八三歳であり、健康上の理由から、もはや本件住居を離れなかった。被告（夫）は、八八歳で重病であり、死に瀕していた。七五一ドイツマルク三八ペニヒの金額における月あたりの年金から、四九〇ドイツマルクが賃料費用に支払われた。被告（夫）は、一九九五年一〇月一八日に死亡した。被告は、その後も、転居することは、被告にとって、被告の高齢および健康状態を考慮に入れると差し迫った生命の脅威と結びつけられている、と主張した。

［判決理由］

区裁判所は、結論として、「本件訴えは、理由づけられていなかった」[278]、と判断した。

その判決理由において、区裁判所は、はじめに、原告（賃貸人）が本件解約告知について「正当な利益」を有したことについて、次のように論じた。

「確かに、原告は、一方において、一九九五年三月二八日付の本件解約告知の書面によって……解約告知し、他方において、BGB五六四b条二項二号にしたがった自己必要を理由として、本件解約告知について正当な利益をも有した。すなわち、本件証拠調べは、原告の二人の娘らが本件住居を共同の所帯をもつという目的のために必要とすることを明らかにした。証人らは、当裁判所に、全部で七人によって居住されたところの両親の四つの部屋から構成されていた住居における現在の居住状態が、証人らの個人的な展開において要求できないやり方において証人らを制限したこと、および、大学の卒業試験に対する準備が説明された事情によって特別な程度において困難にされたことを納得させたのである」[279]。

しかし、区裁判所は、次のように論じることにより、賃貸人の利益と賃借人の利益とのあいだの比較衡量において、本件住居の取得時における賃貸人の態様・認識についても考慮したうえで賃借人にとっての「苛酷さ」を肯定したのである。

「しかし、被告は、正当なことに、一九九五年四月一九日付の形式と期間に適合した書面において、本件解約告知に異議を述べた。というのは、本件住居の明渡しは、被告にとって、原告の正当な利益を評価しても正当化されることができないところのＢＧＢ五五六ａ条一項の意味における特別な苛酷さを意味したからである。

当事者の両方の側の利益の比較衡量のために、八三歳という被告の高齢、ならびに、被告が医師の診断書によって証明したところの被告の健全でない健康状態が、第一に決定的であった。被告は、被告の病状にもとづいて、かなり前から、もはや本件住居を離れなかったし、被告の息子および孫の世話に頼らざるを得なかった。このことは、被告の現在の生活環境への特別な定着を示した。さらに、被告の環境への特別な定着に行き着いたところの、今や二三年という長い使用賃貸借期間がつけ加わった。被告の願望に反していつもの被告の生活環境から被告を引き離すことは、生命の脅威までの被告の健康状態のなおこれ以上の悪化を結果としてともなうという危険が大きかった。全く同様に、被告の高齢は、すべての人生経験にしたがって、新たな住居と居住地域に適応し、そこで快適に感じることを不可能にした。被告によって達せられた年齢において、被告は、身体的および精神的に比較的大きな損害をこうむることなしに、被告の残りの人生のために自発的ではない住居と環境の交替に適応する状態ではもはやなかったのである。

さらに、両方の側の利益の比較衡量において、原告が本件住居を取得したときに賃貸されていたことを知っていたことが考慮に入れられなければならなかった。原告が申し立てたように、賃借人の年齢がその時点において原告に知られていなかった場合でさえも、それにもかかわらず、原告は、はじめから、素人の見地からも自己必要を理由とする解約告知を貫徹するときに問題が生じることを考慮に入れなければならなかったのである。それに対して、本件において同じ本件建物において競売のために提供されたところの空いていた住居のためには、確かに、より高い価格が支払われなければならなかったが、しかし、その代わりに、原告の娘らがその取得直後にそこに入居することができたことが保証されていたのである。

自由な住居市場において住居を見出すことは規則正しい収入のない外国人の女子学生らとしての原告の娘らにとって実際に不可能であるという原告の申立てもまた、ほかの法的な評価を正当化しなかった。……本件において存在するところの被告の側における特別な苛酷さについての理由にかんがみて、原告の娘らが住居を探すことを継続することは、原告の娘らに要求されなければならない。いずれにせよ、原告の娘らの問題は、利益の比較衡量の枠組みにおいて、被告の利益の背後に退いていなければならなかったのである。

ＢＧＢ五五六ａ条一項の意味における被告の側に存在する特別な苛酷さについての理由は単に一時的な性質のものではなかったし、先の見通しとしてはいつこれらの事情が存在しなくなるのかという点は不確定であったのであるから、当裁判所は、ＢＧＢ五五六ａ条三項二文にしたがって本件使用賃貸借関係が期間の定めなく継続されることを定めるのである」(280)。

第七に、ツヴィカウ地方裁判所一九九七年一二月一二日判決をみておきたい。

【38】ツヴィカウ地方裁判所一九九七年一二月一二日判決(281)

［事案の概要と経緯］

本件住居の賃借人であった被告は、二五年以来本件住居に居住していた。被告は、その間に八四歳であったし、病気で障害があった。他方において、原告（賃貸人）らは、本件住居を取得したうえで、被告との本件使用賃貸借関係を解約告知した。これに対して、被告は、ＢＧＢ旧五五六ａ条にしたがって本件解約告知に異議を述べ、本件使用賃貸借関係の継続を請求したのである。

地方裁判所に控訴したのは原告らであった。

［判決理由］

地方裁判所は、結論として、「許容しうる本件控訴は理由づけられていなかった」[282]、と判断し、原告らの本件控訴を棄却した。

その判決理由において、地方裁判所は、賃貸人らの利益と賃借人の利益とのあいだの比較衡量において、本件住居の取得時における賃貸人らの態様・認識を重要視したうえで賃借人にとっての「苛酷さ」を肯定した。しかも、地方裁判所は、賃貸人らには新たな法的な状況についての照会義務までもある、と論じたのである。すなわち、次のような論述であった。

「……本件控訴手続きにおける原告らの側の申立ては区裁判所の判決の変更を正当化しなかった……本件賃貸目的物の取得のときに、本件賃貸目的物にはかなり高齢の二人の賃借人らがいたことが原告らに周知であった。原告らは、ドイツ法は社会的な使用賃貸借法であり、まさにかなり高齢の人々は、何の問題もなく住居から解約告知されることができないのであり、むしろ、まさにかなり高齢の人々においては、住居の交替は特別な苛酷さを意味しうるのであるから、本件においては……特別な社会的な保護が存在することをはっきり認識していなければならなかったのである。……原告らは、存続している使用賃貸借関係に関する原告らの知識にかんがみて、特別な注意と慎重さをはたらかせることができたし、場合によっては、原告らにとって……新しかったところの法的な状況について照会しなければならなかっただろう。被告が一度いつか将来退去するだろうと述べたかもしれない限りでは、これは、そのことから被告の特別な法的拘束の意思が導き出されることができないところの表明であった。まさにかなり高齢の人々においては、彼らが、不必要にその使用賃貸借関係に負担をかけないために全く退去に同意していると表明するが、しかし、それから、その住居を交替することに関して大変な思いをすることが考慮に入れられなければならない。それに加えて、被告は、具体的な退去の日付に言及しなかった。これは、すでに、その表明に拘束力のないことにプラスの材料を提供した。かなり高齢の人々、特に八〇歳を超えた人々は、ほとんど四半世紀以来居住するところの住居から退去するという精神的な柔軟性または情緒的な柔軟性をもはや備えていないことは一般的な心理学上の事実である。……

原告らにとって本件使用賃貸借関係の継続が要求しうるように、高齢で障害のある被告にとって本件使用賃貸借関係の終了は要求できなかった。かなり高齢の人々の特別な保護の必要は、特にかなり高齢の人々が病気で障害のあるときには、裁判例において正当と認められている。……これらの裁判例に関する概観は、高齢の人々がドイツの使用賃貸借法においてどのような保護を享受するのかという点を示した。

本件事案においては、当部の見解にしたがって、引用された裁判例におけると同じような状況が認められていた。被告は、その間に八四歳であった。被告は、病気で障害があったし、二五年以来本件住居において生活していた。被告のためにある住居がすぐ近くに調達されうるという事実を考慮に入れてさえも、このことは、本件解約告知および被告による明渡しが要求できることに行き着かなかった。かなり高齢の人々にとって、もっぱらすでに住居の交替それ自体だけで、その住居が旧住居の近隣に存在しようとも、たとえば、異なる住居の様式が判明するのであるから、混乱させ妨害するものでありうる。特にかなり古くなった建物において、ある住居は、ほかの住居と同様ではない。その場合に、かなり高齢の人々は、古くなった建物にかかわる問題であろうとも、または、新たな建物にかかわる問題であろうとも、新たな住居において勝手がわかるのは困難である。さらに、本件事案においては、被告が、原告らの見解とは異なり、本当に障害もあるということから出発されなければならないという事情がつけ加わった。このことは、一九九七年一一月五日のY病院の主任医師・私講師・医学博士の報告から判明した。それにしたがって、被告は、一九九七年一一月三日にその病院に入院させられ、差し迫って必要不可欠な延期不可能な手術が行われなければならなかったのである。……

……その他の点では、原告ら自身は、新たな住居を探し、場合によってはかつての住居を賃借することができる。原告らは、被告よりもより若く、それとともにより柔軟であるのである」[283]。

第八に、ヴィッテン区裁判所二〇〇六年一〇月二〇日判決をみておきたい。

【39】ヴィッテン区裁判所二〇〇六年一〇月二〇日判決(284)

［事案の概要と経緯］

被告らは、本件建物に所在する本件住居の賃借人であった。被告らは、一階に所在する本件住居においてほとんど四〇年以来生活していた。被告らの全賃料は、四四六ユーロ五九セントであり、その金額は、三〇ユーロ六八セントの車庫の賃料、および、五三ユーロ九四セントの付帯費用の前納額を含んでいた。一方、原告は、競売手続きにおいて本件住居を買い受けた。二〇〇五年一一月二一日に、本件建物の一階の全部の住居についての所有権が地下室と車庫とともども原告に譲渡された。登記簿への登記は、二〇〇六年三月一六日に行われた。

原告は、二〇〇六年一月二日付の書面をもって、二〇〇六年九月三〇日付で、被告らとの本件使用賃貸借関係を解約告知した。本件解約告知は、「自己必要」をもって理由づけられた。被告らは、二〇〇六年一月四日付の書面をもって、ならびに、二〇〇六年一月一七日付の訴訟代理人の書面をもって本件解約告知に異議を述べた。原告は、二〇〇六年三月一六日に所有権者として登記されたあとで、もう一度二〇〇六年六月三〇日付の書面をもって、二〇〇六年一二月三一日付で解約告知したが、今度もまた「自己必要」を理由とした。被告らは、この解約告知にも異議を述べた。原告は、当事者の間の本件使用賃貸借関係が、本件解約告知によって二〇〇六年九月三〇日付で、補助的に二〇〇六年一二月三一日付で終了したことの確認を求めた。

原告は、次のように主張した。すなわち、原告は、彼の妻、および、一九九二年と一九九五年に生まれた彼の子供らとともに、三つの部屋、台所、および、浴室から構成されていた住居に居住していた。子供らは、およそ一四平方メートルの居住面積を備えたひとつの部屋を分かちあっていた。子供らは異なった性別であり、そのつど固有の部屋を必要とした。これは、原告が被告らによって居住された本件住居に転居することによってのみもたらされることができる。原告は、被告らの本件住居を一〇〇平方メートルを超えたものに拡張することを意図した。その建築許可手続きはすでに発せられた。一階の本件住居における改築は、取りつけられた階段を通して地下室の住居が利用できるようにもたらされるというほどに行われることになる。そのことを超えて、原告の現在の住居は庭を有しなかった。計画された改築は、原告の妻に独立した仕事部屋を持つことをも可能にする。また、原告は、経済的な状況を乗り切るためにも本件住居を必要とした。原告は、本件住居にかかわる融資費用を支払い、同時に、現在居住していた住居の賃料を調達しなければならなかった。原告は、本件住居を自分自身で使用する場合にのみ自宅手当をも受け取ることができる。さらに、原告は、被告らの状況に対して目を閉ざしていなかった。原告は、老齢者に適合した住宅団地において、ほんのわずかに隔たって被告らのための代替住居を見出そうと努めた。その代替住居は、六〇平方メートルの広さであり、同じようにコストの安いものであったのである。

これに対して、被告らは、次のように申し立てた。すなわち、被告らの本件住居は、七九平方メートルの居住面積のみであり、およそ一〇〇平方メートルへの本件住居の拡張の意図と可能性は否認される。そのことを超えて、被告らは、本件解約告知に有効に異議を述べた。そのことから、被告らは、本件使用賃貸借関係の期間の定めのない継続を請求することができた。八一歳と八五歳の被告らは、健康的に強くそこなわれていた。被告（夫）は、転移する前立腺癌、高血圧症、および、退化しつつある脊柱症候群に苦しんでいた。被告（夫）は、癌の病気のために何度か手術された。被告（妻）は、ほとんど盲目であり、なお二パーセントの視力のみを有していた。被告（妻）は、未知の環境において、完全に自己の位置づけのできない、頼るもののない状態であった。さらに、被告（妻）は、心機能障害、高血圧症に苦しみ、一九九九年以来同じく癌になった。被告らの高齢と健康状態にもとづいて、転居することは相当な身体的・精神的な負担と結びつけられていた。新たな環境への転居は、高齢の人々としての被告らにとって、特に被告（妻）にとって、彼女の失明にもとづいて特別な苛酷さを意味した。利益の比較衡量は、全く明確に被告らにとって有利な結果になる。被告らは高齢であり、重大な病気であった。もっぱらこの理由だけから、被告らは、四〇年以来存続している本件使用賃貸借関係の期間の定めのない継続について正当な優先する利益を有したのである。本件住居をその家族とともに使用するという原告の利益は、その背後に退いていた。原告は、本件住居にかかわる所有権を取得する前に、本件建物の居住者ら、特に被告らの状況について調査しなければならなかったのである。

［判決理由］

区裁判所は、結論として、「被告らは、ＢＧＢ五七三条二項二号にしたがった原告の本件解約告知に対して、ＢＧＢ五七四条にしたがって異議を述べたのであり、期間の定めのない本件使用賃貸借関係の継続を請求することができた」[285]、と判断した。

その判決理由において、区裁判所は、次のように論じることにより、賃貸人の利益と賃借人らの利益とのあいだの比較衡量において、本件住居の取得時における賃貸人の態様・認識についても考慮したうえで賃借人らにとっての「苛酷さ」を肯定したのである。

「当裁判所の見解にしたがうと、本件使用賃貸借関係の終了は、被告らにとって、原告の正当な利益を評価しても正当化されることができないところの苛酷さを意味した。

まず第一に、原告の側から申し立てられたところの自己必要を理由とする解約告知のための理由（経済的な状況、自分自身の住居の状況、家族の状況）がひとつひとつ適切であるのかどうかという点は不確定でありうる。これについての証拠調べは必要ではない。本件解約告知の書面において申し立てられた理由が適切なものとして想定される場合でさえも、両方の側の利益の比較衡量は、被告らが本件使用賃貸借関係の継続を請求することができることを明らかにした。

被告らにおいては、すでにほとんど四〇年以来本件住居において生活しているところの八一歳と八五歳の夫婦にかかわる問題であった。さらに、被告（妻）は、ほとんど盲目になったことがつけ加わった。このことについて、当裁判所は、口頭弁論において納得することができた。

そのほかに被告らがどれほど重大に病気であるのかという問題とはかかわりなく、すでに四〇年を超えて以来本件住居に定住しているところの高齢の夫婦の利益が、本件住居を買い受けた所有権者の利益を凌駕した。諸々の利益を全部評価することにしたがって、当裁判所は、明確に、本件住居にとどまり続けること、および、それとともに本件使用賃貸借関係の継続についての被告らの利益は、明らかに、原告の利益よりもより高度に重みをもっているという確信に達したのである。

原告は、二〇〇五年の終わりにはじめて本件住居を買い受け、二〇〇六年三月にはじめて所有権者として登記されていた。原告は、買受け前に本件住居に関する観念を得ることができたし、原告によって買い受けられた本件住居における居住状態について承知していた。自宅手当てを融資の構想に組み込むこと、および、取得された本件住居のための融資の分割払い金の支払いと自分自身の住居のための賃料の支払いによる二重の支払義務のような経済的な観点は、被告らの利益の背後に退いていなければならなかった。対応する緊張した経済的状況において、原告は、とりわけ自宅手当てを獲得できるために、取得された住居にすぐに入居できることに価値を置かなければならなかった。しかし、原告は、意識して四〇年以来高齢の夫婦によって居住されていたところの本件住居を買い受けることのほうを取ることにしたのである。当裁判所は、異なった性別の子供らのために分離された子供部屋を任意に使わせ、ならびに、仕事部屋と庭を自由に使用できるという利益をきわめて十分に認めた。しかし、原則として正当な理解できる利益において、とりわけ、原告の必要、同じく原告の家族の必要に近いより適当な目的物をくまなく探すことは原告の義務であったのである。

他方において、被告らにおいては、高齢の夫婦にかかわる問題であり、彼らは、数十年以来直接の周辺の地域においてだけではなく、特に本件住居自体にも定住し熟知していた。このことは、特に、失明した被告（妻）にとってきわめて重要なことであった。当裁判所は、弁論期日において、被告らの個人的な印象を得ることができた。それにしたがって、被告（夫）は、明らかに自己および妻のことを心配する状態であった。被告（夫）の援助をもって、長い間周知している本件住居において視力なしにも勝手がわかることが被告（妻）に可能であった。これ以外の病気にもかかわらず、高齢、失明した被告（妻）の個人的な状態、および、本件住居に数十年にわたって定着していることは、本件住居にとどまり続けることについての被告らの利益の優位のために決定的であったのである。

当裁判所は、原告が、特に看護された居住の領域において、被告らに別の可能性を指摘するように努力したことを見誤らなかった。しかし、自己の四つの壁のなかにとどまり続けることがいつ高齢という理由または健康上の理由から放棄されるのかという点は、おのおのの個人の個人的な決定のままでなければならないのである。高齢者の威厳は、そのような決定がなお行われうる限り、自分自身の住居に自己責任にもとづいてとどまり続けることがいつもはや可能ではないという点を自分自身で決定することを命じるのである。その際、理性の観点をもちだすところの客観的な第三者の基準が考慮に入れられてはならない。年をとったおのおのの個々の人は、彼がこのことをなおすることができる限り、自己の四つの壁のなかに自己責任にもとづいてとどまり続けることがいつもはや可能ではないという点を自分自身で決定する可能性を有しなければならないのである。当裁判所は、現在の状況において、被告（夫）の援助、および、被告ら夫婦自体がなお一緒にいることにもとづいて、四〇年以来熟知している周辺の地域にとどまり続けることがなお可能であるという印象を得たのである。

ＢＧＢ五七四ａ条二項二文にしたがって、被告らは、本件事案において、本件使用賃貸借関係が期間の定めなく継続されることを請求することができる。……本件においては、本件使用賃貸借関係の終了をもはや苛酷さであると思わせないところの理由が生じるのかどうかという点、および、いつ生じるかという点は予測されることができなかったのである」(286)。

第九に、ベルリン・ミッテ区裁判所二〇一三年一一月二〇日判決をみておきたい。

【40】ベルリン・ミッテ区裁判所二〇一三年一一月二〇日判決(287)

［事案の概要と経緯］

被告は、一九八〇年から、ベルリンに存在するひとつと半分の部屋から構成されていた本件住居の賃借人であった。一九九七年三月二七日、当時の賃貸人は、住居所有権に変更された本件住居をＡに譲渡し、その売買契約の一一条のもとで、Ａが現在の賃借人に対して「自己必要」を理由とする解約告知を意思表示しないように義務づけられること、および、本件住居のなおこれ以上の売買の場合にその時々の権利の承継者にも対応してそのことを義務づけることを合意した。Ａは、二〇一一年四月一五日の売買契約をもって、本件住居をさらに原告らに売買し、原告らは所有権の名義の書換えをもって賃貸人として被告との本件使用賃貸借関係に入った。

原告らは、二〇一一年八月三一日に到達した書面をもって、二〇一二年五月三一日付で、被告との本件使用賃貸借関係を解約告知した。原告らは、本件解約告知を原告らの実の娘のために「自己必要」をもって理由づけた。被告は、二〇一二年三月二八日に到達した書面をもって本件解約告知に異議を述べ、期間の定めのない本件使用賃貸借関係の継続を請求した。原告らは、被告に対して、本件解約告知にしたがって本件住居の明渡しを請求した。

原告らは、次のように主張した。すなわち、本件住居は原告らの現在三五歳の娘のために必要とされる。原告らの娘は、現在ある住居共同体におけるひとつの部屋に居住していた。原告らの娘は、数年来その区域の環境に社会的に定着していた。原告らの娘は、独立したグラフィックデザイナーとして月あたり一〇〇〇ユーロの実質収入のみをもっていた。原告らの娘は、彼女の経済的な出発点としての状況において、自由な住居市場において比較できる住居が見出されることができなかったという理由においても本件住居に頼らざるを得なかった。本件住居において、職業的な利用もまた問題はないのである。

これに対して、被告は、次のように申し立てた。すなわち、本件解約告知は、被告にとって通常でない「苛酷さ」を意味した。被告は、すでに一九六七年以来絶え間なく本件住居に居住し、本件住居およびその直接の周辺の地域への強度の精神的な結びつきを展開した。さらに、被告は、メニエール病（Menierschen Krankheit）、難聴、抑鬱症、および、適応障害に苦しんでいた。被告の健康状態は、現在居住された本件住居からの退去によって明らかに悪化することが予期されなければならなかった。差し迫る本件住居の喪失は、被告において自殺の危険に行き着き、被告は、被告の健康状態にもとづいて、活発に代替住居を得ようと努める状態でもなかった。それに加えて、支払可能な代替住居は、プレンツラウアーベルクという古い地区において実際に意のままにならなかったのである。

［判決理由］

区裁判所は、結論として、「原告らは、被告に対して……明渡請求権を有しなかった。確かに、原告らは、証拠調べの結果にしたがって、BGB五七三条一項および二項二号にしたがって、本件使用賃貸借関係の終了について正当な利益を有した。

しかし、被告において、BGB五七四条一項にしたがって苛酷さについての理由が存在し、その苛酷さについての理由は、被告の異議にしたがって、本件使用賃貸借関係がBGB五七四a条二項にしたがって期間の定めなく継続されることに行き着いたのである」[288]、と判断した。

その判決理由において、区裁判所は、次のように論じることにより、賃貸人らの利益と賃借人の利益とのあいだの比較衡量において、本件住居の取得時における賃貸人らの態様・認識についても考慮したうえで賃借人にとっての

「苛酷さ」を肯定したのである。

「しかし、被告は、ＢＧＢ五七四条にしたがって本件使用賃貸借関係の継続に対する請求権を有した。というのは、本件使用賃貸借関係の終了は、被告にとって、賃貸人の正当な利益を評価しても正当化されることができないところの過酷さを意味したからである。

被告は……有効に本件解約告知に対する異議を述べた。

本件においては、すでに、ＢＧＢ五七四条二項における苛酷さについての理由が存在した。というのは、要求できる条件の相当な代替住居は被告のために調達されることができないからである。

被告は、被告の母が一九六七年に原告らの前主と本件住居に関して締結したところの使用賃貸借契約を提出することによって、被告が、すでに四五年以来すでに被告の幼年時代から、本件住居において生活していることを証明した。そのことから、まさに本件住居およびその居住環境と被告との特別な定着から出発されなければならなかった。その定着は、ベルリンの広い区域内における代替住居を被告に指摘しないことを例外的に正当化し、むしろ、区域的な周辺の地域における代替住居だけが被告にとって要求できることに行き着くのである。区域的な周辺の地域に制限されることは、被告が、鑑定人によって診断されたように、人格障害に苦しみ、そのことによって、すでに健康な賃借人よりも被告にはより少なく要求されうるという事実にもとづいても正当化されるのである。

被告は、ハルツⅣの受給者（Bezieher）である。プレンツラウアーベルク地区において、被告の経済的な可能性にとって、要求できる代替住居が意のままにならないことは裁判所に周知であり、このことは、区域的な周辺の地域において、自由な住居市場において、月あたり一〇〇〇ユーロの実質収入の場合に比較できる住居が見出されることはできないと明確に申し立てたところの原告ら自身によっても明らかにそのように見て取られた。本件においては、さらに、被告にとって、被告がハルツⅣを受給しているという事実にもとづいてだけではなく、被告の病状にもとづいても、使用賃貸借の志望者として、競争相手に対して勝利をおさめることは特に困難であることがつけ加わった。当裁判所は、二つの弁論期日において、被告から得られたところの個人的な印象にもとづいて、しかし、医学上の鑑定書における確定にもとづいてもまた、被告が、精神的に特に不安定であり、すでに、なお終わっていなかったし、薬によって治療されなければならないところの精神科医の病歴を経験ずみであり、そして、人格障害に苦しんでいることのなかになおこれ以上の苛酷さについての理由を認めたのである。鑑定人は、確かに、現在きわめてわずかな自殺の危険を確認したが、しかし、被告において、自殺する傾向のある行為が……具体的な徴候のないほかの人々におけるよりもより近いことを排除しなかった。鑑定人は、なおこれ以上の経過において、特に強制明渡しの場合において、被告の自殺傾向が高められうることをも排除しようとしなかったのである。

……本件解約告知の書面において申し立てられている限りでのみ考慮に入れられるところの原告らの正当な利益と被告の利益との行われなければならない比較衡量において、および、その全体において、賃貸人の利益と対比させられ、賃貸人の利益と比較衡量されなければならないところの確定された苛酷さについての理由において……本件事案の再度の徹底的な審理にしたがって、当裁判所の見解にしたがうと、被告の利益は原告らの利益よりも優位を占めていた。

確かに、所有権は、憲法にしたがって保護された法益である。しかし、これは、原則として、被告がすでに四五年以来行使しているところの占有権にも妥当する。さらに、原告らは、本件住居の購入のときに賃借という状態に関してわかっていたし、少なくとも、原告らの賃借人がすでに一九八〇年から本件住居に居住していたことから出発しなければならなかったことがつけ加わった。

原告らは、この点では、すでに本件売買の時点において……重度に障害のあると格付けされ、州の健康・社会福祉庁（Landesamt für Gesundheit und Soziales）の援助を受けていたところの被告についてより詳しい情報を手に入れることができたであろう。いずれにしても、もっぱら原告らの娘の利用のためにだけある住居を取得することが原告らの関心事であった場合に、空いている住居を直接購入することは原告らの自由裁量に任されてもいたであろう。原告らの自己使用についての利益に、少なくとも真摯に受けとめられなければならないところの被告にとっての健康の危険が直面した。被告は、高められた基礎となる自殺傾向をもち、この自殺傾向がいつもの周辺の地域からの退去によってなお高められることは排除されることができないのである。

被告の健康についての利益は、当裁判所の見解にしたがうと、原告らの利益よりも優位を占めていた。もっぱらすでに個々の場合の助力者が被告を援助したという事実だけで、被告が、まさに健康な人のように自己の利益を独力で主張する状況にはなく、さらに代替住居を得ようと努める状況にさえも、また転居を実行する状況にさえもなかったことをも示したのである。個々の場合の助力者にもかかわらず、ことがらが成果をあげなかったという事実は、追加的に、特に被告の特別な個人的な状況にもとづいて、プレンツラウアーベルク地区において要求できる代替住居を取得することは被告にとって可能ではないことにプラスの材料を提供したのである。

当事者は本件使用賃貸借関係の継続について合意することができなかったのであるから、当裁判所は、BGB五七四a条二項一文にしたがって、判決によって、本件使用賃貸借関係の継続を定めなければならなかった。苛酷さについての理由が被告においていつ存在しなくなるのかという点は予測されることができなかったのであるから、BGB五七四a条二項二文にしたがって期間の定めのない本件使用賃貸借関係の継続の判決が下されなければならなかったのである」(289)。

②当該解約告知の対象の選択における賃貸人の態様・認識が問題とされた事案

次に、当該解約告知の対象の選択における賃貸人の態様・認識が問題とされた事案を考察したい。

㋐　はじめに、賃貸人は、その「自己必要」が生じる前に賃貸されていた諸々の住居のなかで、その解約告知の対象を選択することにおいて原則として自由に決定することができるという趣旨を述べたところの裁判例として、ジーゲン地方裁判所一九八九年八月三〇日判決をみておきたい。

【41】ジーゲン地方裁判所一九八九年八月三〇日判決(290)

［事案の概要と経緯］

被告は、原告の本件建物に所在する本件住居の賃借人であった。被告は、七六歳であり、一九六九年三月一日以来本件住居に居住していた。被告は、二三の部分的に年齢に条件づけられた病気の病状に苦しんでいた。一九八八年一月二八日に、原告（賃貸人）は、「自己必要」を理由として、被告との本件使用賃貸借関係を解約告知した。原告は、原告の娘（およびその三人の子供ら）の特別な家族的関係、ならびに、そのことから結果として生じる特有の経済的な負担にもとづいて被告の本件住居を原告の娘のために使用したかったのである。これに対して、被告は、BGB旧五五六a条にしたがって本件解約告知に異議を述べ、本件使用賃貸借関係の継続を請求した。

原告の本件建物にはほかの二つの住居が所在したが、これらの二つの住居はいずれも賃貸されていた。原告の本件住居についての必要は、本件住居、および、これらの二つの住居の賃貸後にはじめて生じたものであった。区裁判所は原告の本件明渡しの訴えを認容したため、被告は、地方裁判所に控訴したのである。

［判決理由］

地方裁判所は、結論として、第一に、「原告の本件解約告知の正当さは、BGB五六四b条二項二号から判明した」[291]、第二に、「被告は、BGB五五六a条にしたがって本件使用賃貸借関係の継続を請求することもできなかった」[292]、と判断した。

その判決理由において、地方裁判所は、はじめに、原告（賃貸人）の「自己必要」を理由とする本件解約告知は正当であったことについて、次のように論じた。

「……原告は、本件解約告知の意思表示にもとづいて、被告の本件住居を原告の娘およびその三人の子供らによって、したがって、BGB五六四b条二項二号の保護領域によって把握された人々によって使用させておきたかった。当部は、このような願望を、一九八九年二月一四日の連邦憲法裁判所の標準的な判決[293]にしたがって原則として受け入れなければならないし、当部の判決を見出すことの基礎に置かなければならないのである。何か異なることは、その自己使用の願望が口実にされただけである場合、または、その解約告知が権利の濫用である場合にだけ妥当しうる。

自己使用の願望の真摯さが欠けていたこと、したがって、自己使用の願望を単に口実にしたことのための根拠を被告は主張しなかったし、そうでなければ明らかでもなかった。

全く同様に、権利の濫用である解約告知のための根拠は欠けていた。確かに、連邦憲法裁判所は、所有権者によって定められた居住の必要が代替目的物において本質的な削減なしに満たされることができる場合に権利の濫用であることを述べた。しかし、そのときに、常に、所有権者の人生の計画策定が顧慮されなければならないし、したがって、裁判所の考えが拘束力をもって所有権者の人生の計画策定の代わりになってはならないのである。確かに、原告の本件建物に所在するほかの二つの住居は、原告の娘の居住の必要を本質的な削減なしに満たすのに全く適当であったかもしれない。それにもかかわらず、一九八八年一月二八日の本件解約告知の意思表示は権利の濫用であると考えられることができなかった。つまり、連邦憲法裁判所の判決における代替目的物においては、そのつど、賃貸されていない住居、または、自己使用の願望が生じた後にはじめて新たに賃貸された住居にかかわる問題であったのに対して、これらの二つの住居は賃貸されていた。本件において、原告は、その使用の願望と使用の必要はほかの二つの住居の賃貸後にはじめて生じたことを説明した。それとともに、一九八八年一月二八日の本件解約告知は、次の場合にのみ権利の濫用であると考えられることができた。すなわち、原告が、本件解約告知の意思表示の前に、社会的またはほかの理由から原告の自己使用の願望に同じく対応する住居に関するほかの使用賃貸借関係の解約告知が指示されることができたのかどうかという熟慮に入るように義務づけられていた場合である。このような義務は、ＢＧＢ五六四b条二項二号の文言からも、その意味と目的からも判明しなかった。解約告知の権限は、その自己必要にだけ従属させられているのであり、しかし、その自己必要がほかの比較できる住居の解約告知によって満たされることができないことに従属させられてはいない。このような義務を受け入れることは、すでに引用された連邦憲法裁判所の判決の基本的な理由とも相いれない。所有権者がどんなふうにどのようなやり方において自己の所有権を利用してその自己使用の願望を満たすつもりであるのかという点は、原則として、それ以上に制御することができない自分自身の決定の自由の支配下にある。例外的な場合においてだけ、この原則から逸脱することが可能である。連邦憲法裁判所によって完結的ではなく挙げられた例外的な場合は、右に述べた原則についての理由づけられた例外は、次の場合にだけ正当と認められることを認識せしめる。すなわち、その利用の意思を満たすことが解約告知なしに可能である場合、または、所有権者が、その解約告知をもって、かつての態様、すなわち、解約告知される使用賃貸借契約の締結と矛盾した場合である。しかし、いずれにせよ、所有権者の利用の願望が、本件におけるように、全部の使用賃貸借契約の設定後にはじめて生じた場合にこのことから出発されることはできないのである。意図された解約告知を、その解約告知ではなくてほかの使用賃貸借関係の解約告知もまた可能であったのかどうかというほどまで吟味するという義務が所有権者に課せられるならば、いずれにせよ、複数の賃貸された住居の所有権者は、もはや彼の計画策定において自由ではなかったであろう。連邦憲法裁判所によって作り出された原則と例外の関係は、その反対に変えられるのである」(294)。

次に、地方裁判所は、次のように論じることにより、賃貸人の利益と賃借人の利益とのあいだの比較衡量において、賃借人にとっての「苛酷さ」を否定した。その際、地方裁判所は、賃貸人によって解約告知されなければならない対象である住居の選択という問題についても十分に考慮したうえで判断したのである。

「……本件使用賃貸借関係の継続のための要件は、本件使用賃貸借関係の終了が被告にとって原告の正当な利益を評価しても正当化されることができないところの苛酷さを意味したことである。七六歳の被告の側に、全く重大な理由が、本件使用賃貸借関係の終了の不利益になるように、かつ、本件使用賃貸借関係の継続の利益になるように存在することは見誤られなかった。被告は、一九六九年三月一日以来本件住居において生活していた。被告は、本件住居において彼女の生活の中心点を見出したし、そこで彼女の晩年を過ごしたかった。被告の長い使用賃貸借期間、および、被告の高齢は、これまでの生活の中心点を放棄するつもりはないという願望を理解できるように思わせた。しかし、原告の側において、被告の本件住居の取戻しについてきわめて高く評価されなければならない利益が被告の願望に対峙する。原告は、原告の娘の特別な家族的関係、および、そのことから結果として生じる特有の経済的な負担にもとづいて被告の本件住居を原告の娘のために使いたかったのである。原告の娘は、特に原告の娘に対する侵害のために拘留の状態にある夫と別れて生活していた。原告の娘の夫が間近に迫っている釈放の後で原告の娘に対して激しい態度を取るように試みるであろうことは排除されることができなかった。それに加えて、原告の娘の夫は生計費を給付しなかった。その結果、原告の娘は、原告の最年長の孫がその母親のもとで居住できなかったほどに狭められた居住関係において生活していた。……このような特別な事情から、原告の娘を原告の本件建物において無償で安全に居住させておくという、特に重大な原告の利益が判明したのである。被告の利益は、被告にとって有利な結果になるように被告の健康状態が考慮に入れられるときにも、その背後に後退しなければならなかった。被告は……確かに、二三の部分的に年齢に条件づけられた病気の病状に苦しんでいた。しかし、述べられた病気は、被告が健康上の理由から転居を乗り切ることができないほどに重みをもっていなかった。それについて、当部は、特に当部が口頭弁論において得ることができたところの被告の個人的な印象にもとづいて確信していた。被告の健康状態に関する医師の鑑定書を求めることは必要ではなかった。というのは、両方の側の利益の比較衡量において原告の側において考慮に入れられなければならないところの特別な事情にかんがみて、きわめて重大な種類の健康の侵害だけが利益の比較衡量を被告にとって有利な結果になるようにさせておくことができたからである。いつもながらの周辺の地域から引きずり出されること、および、そのことによって場合によっては引き起こされるところの治療する医師との隔たりが被告にとって必然的に苦労をともなうだろうことは見誤られなかったのであるが、住居の交替によるこのようなきわめて重大な健康の侵害は、被告によって主張されていなかったのである。しかし、これらの苦労は、自己の所有権を利用することについての原告の特別な利益を考慮に入れるときに被告に要求されなければならないのである。……

何か異なることは、原告がなお本件建物に所在するほかの住居を賃貸していたことからも判明しなかった。BGB五五六a条の社会的条項の枠組みにおいて、決定的な重みがその事情に認められることはできなかった。すでに何度か引用された連邦憲法裁判所の判決にしたがって、裁判所は、その判決が基本法一四条に違反しないように所有権者の利用の願望を尊重しなければならない。このことから、所有権者は解約告知されなければならない住居の選択において原則として自由でなければならないことが導き出されなければならない。ただし、その解約告知が権利の濫用であることが明らかになる場合は別である。この原則が、BGB五五六a条の意味における両方の側の利益の比較衡量において、ほかの解約告知の可能性に決定的な重みが認められることによって裏をかいて効果が失わせられることはできない。このような事情は、確かにその比較衡量において考慮に入れられることは可能であるが、しかし、本件事案において、原告の利益が被告の利益の背後に後退しなければならなかったほどに重みをもっていなかったのである。

両方の側の利益の比較衡量は、本件使用賃貸借関係の終了は被告にとって確かにひとつの苛酷さを意味したが、しかし、その苛酷さは、原告の差し迫った利益を評価してなお正当化されなければならないことを明らかにしたのである」[295]。

最後に、地方裁判所は、次のように論じることにより、賃借人になおこれ以上の明渡期間を認めた。「それとともに、区裁判所の判決は的確であると証明された。民事訴訟法七二一条にしたがって、当部は、被告になおこれ以上の明渡期間を認めることを適当であると考えた。この明渡期間は、本件解約告知が被告にとって意味するところの苛酷さにかんがみてあまりに短い結果になってはならなかった。本件解約告知がすでに一九八八年一月に意思表示されたという事実を考慮に入れると、当部は、一九九〇年三月三一日までのなおこれ以上の明渡期間を十分であると判断したのである」[296]。

㋑これに対して、例外的に、その解約告知の対象の選択における賃貸人の態様・認識が問題とされた事案も存在する。ここでは、これに関する裁判例を考察しておきたい。

第一に、シュトゥットガルト区裁判所一九八九年一月一一日判決をみておきたい。

【42】シュトゥットガルト区裁判所一九八九年一月一一日判決[297]

［事案の概要と経緯］

原告（賃貸人）らは、本件多世帯用住宅、および、本件二階建ての裏の建物の所有者であった。原告・二は、表側の本件多世帯用住宅の四階に所在する屋階の住居において生活していた。本件二階建ての裏の建物においては、被告（賃借人）、および、F夫婦が二人の小さな子供らとともに居住していた。

原告らは、一九七四年五月一日以来存続している被告との本件使用賃貸借関係を、一九八七年四月三〇日付で、原告・二のために「自己必要」を理由として解約告知した。というのは、原告・二の現在の住居へと六六段の階段をのぼることは、麻痺をともなう卒中発作のあとで、原告・二にとってあまりにつらいからであった。

これに対して、被告は、原告らの「自己必要」を否認したし、補助的に、被告の高齢、被告の病気、および、近所の人々への被告の社会的な結びつきにかんがみて本件使用賃貸借関係の継続を請求したのである。

［判決理由］

区裁判所は、結論として、「本件明渡しの訴えは、それ自体根拠のあるものであった。しかし、被告は、期間の定めのない本件使用賃貸借関係の継続を請求することができた」(298)、と判断した。

その判決理由において、区裁判所は、はじめに、原告（賃貸人）らの「自己必要」を理由とする本件解約告知は有効であったことについて、次のように論じた。

「自己必要を理由とする本件解約告知は、それ自体としては、原告らと被告との間の本件使用賃貸借関係を一九八七年四月三〇日付で終了させた。裁判官は、原告・二が本件裏の建物に所在する被告の本件住居に転居する心構えがあること、および、このような交替が明らかに歩行困難な原告・二にとって本質的な軽減を意味することを確信していた。というのは、原告・二は、外出のときに、表側の本件多世帯用住宅の四階に所在する原告・二の住居から、もはや六〇段の階段を超えて行かなければならないわけではなく、むしろ、被告の本件住居へと二〇段よりもなおより少ない階段だけをのぼる必要があるからである。

そのことから、原告らは、被告との本件使用賃貸借関係の終了について正当な利益を証明したのである」(299)。

しかし、区裁判所は、それに続けて、「被告は、被告の異議にもとづいて原告らとの本件使用賃貸借関係の継続を期間の定めなく請求することができた。というのは、本件使用賃貸借関係の契約にしたがった終了は、被告にとって、原告・二の正当な利益を評価しても正当化されることができないところの苛酷さを意味したからである」(300)、と判断した。

そのように判断した理由について、区裁判所は、次のように論じたのである。区裁判所は、賃貸人らの利益と賃借人の利益とのあいだの比較衡量において、本件解約告知の対象の選択における賃貸人らの態様・認識についても考慮したうえで賃借人にとっての「苛酷さ」を肯定したのである。

「当裁判所は、一方において、被告が、要求できる条件の相当な代替住居をほとんどもたらすことができないという理由において本件使用賃貸借関係の終了を被告にとっての苛酷さである、と判断した。このような裁判官の判断は、シュトゥットガルトにおける強度に緊張した住居市場の状況に依拠したのであり、そのような住居市場の状況のもとで、特に、外国人、子供らをもつ家族、さらにまた、高齢で障害のある人々のような周辺集団は打撃を与えられるのである。最後の人々のグループを不利に扱うことは、本質的に、おのおのの賃貸人は高齢で障害のある人々に対しては実際には解約告知できないこと、および、その理由から、賃貸人はそれらの人々のひとりに賃貸するときに実際にはその人の死亡とともにはじめてその住居を再び明け渡してもらうことを知っていることにもとづく。多数の使用賃貸借に関心のある人々がいる場合に、残念ながら、賃貸人は、いつかは解約告知されることができるところの新たな居住者を選ぶことができる。さらに、被告は、その身体的な病気にもとづいて、一階の住居または車いすで使用できる住居に頼らざるを得ないこと、その結果、そのことによって、なお考慮される空間の選択が制限されていることが加わったのである。

高齢者または障害者に適合した住居への転居を不適切な供給状態のために実際には可能ではないと述べたところの、一九八八年八月二五日付の鑑定書における医師もまた、このような裁判官の判断を分かちあったのである。

他方において、裁判官は、被告が、被告の歩行にともなう苦痛、および、その他の身体的な障害にもとづいて隣人たちの援助に頼らざるを得なかったし、被告は、このような援助を同居者ないし隣人らによって本件住居において実際にも受けていたという理由において、被告が転居することを苛酷である、と考えたのである。第三者による日常の世話が新たな住居において保障されていることは、周知であるところのより高齢の人々のための世話についての苦境を顧慮してきわめて疑わしいと思われるのである。

最後に、被告が、被告の強度の障害にもかかわらず、F家族が被告に毎日もたらすところの腹の立つことを甘受していることもまた、被告がどれほどとても本件住居から離れられないのかという点を示すのである。

当裁判所は、被告との本件使用賃貸借関係の継続が原告らに要求されうる、と考えたのである。

原告・二にとって、被告の本件住居への転居は、確かにひとつの大きな軽減であった。というのは、階段をのぼることは、原告・二にとって重大な状態に陥るのであり、原告・二は（住居を）交替する場合には外出のときにそのつどこれまで六〇段の階段を乗り越えていた代わりに二〇段よりもなおより少ない階段だけを克服しなければならないからである。

他方において、原告・二は、原告・二の申立てにしたがって……なお、その住居からの買い物を自分自身で行うことができた。原告らは、原告・二の状態がいまや決定的に悪化したことを申し立てなかったのである。

それに加えて、原告らは、原告らに帰属する本件多世帯用住宅において、原告らが原告・二の自己必要のためにおそらく何の問題もなく解約告知することができるところの一階ないし二階に所在する住居をも賃貸していることが考慮されなければならなかった。確かに、複数の住居のもとで、賃貸人がその自己必要を満たすために立ち退かせるつもりであるところの住居を選び出すことは、もっぱら賃貸人のことがらだけである。他方において、裁判官は、ＢＧＢ五五六ａ条の枠組みにおける苛酷さについての理由の比較衡量において、自己必要を主張するところの賃貸人が解約告知にしたがって立ち退かせることができるところのほかの住居をも所有することは考慮に入れられなければならない、と考えたのである。

……

そのことから、すべてのことにしたがって、本件明渡しの訴えは棄却されなければならなかったし、期間の定めのない本件使用賃貸借関係の継続が言い渡されなければならなかったのである」(301)。

第二に、ハノーファー地方裁判所一九九〇年三月五日判決をみておきたい。

【43】ハノーファー地方裁判所一九九〇年三月五日判決(302)

［事案の概要と経緯］

被告らは、原告の本件多世帯用住宅に所在する本件住居の賃借人であった。被告・一には障害があった。原告（賃貸人）は、原告の息子のために、「自己必要」を理由として被告らとの本件使用賃貸借関係を解約告知した。原告は、本件多世帯用住宅に所在するほかの住居が原告の「自己必要」が生じた後に自由に使えるようになったにもかかわらず、その住居を原告の息子に使用させることなく第三者にさらに続けて賃貸した。

第一審は原告の本件明渡しの訴えを認容したため、被告らは、地方裁判所に控訴したのである。

［判決理由］

地方裁判所は、結論として、「被告らの許容しうる本件控訴は成果があった。原告の本件明渡請求は正当化されていなかったのである」(303)、と判断した。

その判決理由において、地方裁判所は、はじめに、本件において賃貸人がその「自己必要」を援用することは権利の濫用になったことについて、次のように論じた。

「自己必要を理由とする原告の本件解約告知が本来は正当化されていたのかどうかという点は不確定でありうる。自己必要を援用することは本件においていずれにせよ権利の濫用になったのである。というのは、議論の余地もなく、その間に、賃借人（G）の住居が自由に使えるようになったが、しかし、その住居に入居することが原告の息子にとって要求することができたにもかかわらず、原告によって第三者にさらに続けて賃貸されたからである。確かに、その住居は、被告らによって居住された本件住居よりもより狭いが、しかし、それでも、およそ二一平方メートルの広さの居間、寝室、台所、ホール、および、浴室を備えているし、そのことから、二人の人々の居住の必要をも満たすのに一般に適当である。原告の息子が彼の個人的な生活態度にもとづいてより大きな必要を有していたことは原告によって立証的に申し立てられていなかったのである」(304)。

さらに続けて、地方裁判所は、賃貸人の利益と賃借人らの利益とのあいだの比較衡量において、本件解約告知の対象の選択における賃貸人の態様・認識についても考慮に入れられなければならなかったことについて、次のように論じたのである。

「自己必要を理由とする原告の本件解約告知が権利の濫用ではなかった場合でも、社会的条項の範囲内での利益の比較衡量の枠組みにおいて、原告が、本件多世帯用住宅の所有者として、どのような理由から……住居の交替が障害のある被告・一にとってよりもより少なく苛酷に打撃を与えるであろうところのほかの賃借人らに解約告知しなかったのかという点を申し立てなかったことが顧慮されなければならなかった。原告は、原則として、どの賃借人に解約告知するつもりであるのかという点について完全に自由ではなかった。複数の住居が原告もしくは原告の息子の必要を同じやり方において満たす場合には、原告は、まず第一に、その解約告知によって最も少なく打撃を与えられるだろう賃借人に問い合わせることが信義誠実に合致するのである」[305]。

第三に、リューベック区裁判所二〇〇二年九月二六日判決をみておきたい。

【44】リューベック区裁判所二〇〇二年九月二六日判決[306]

［事案の概要と経緯］

被告（賃借人）らは、一九五七年以来T通り五に存在する本件建物に所在する本件住居に居住していた。その間に九三歳であった被告・一の母親、すなわち、婦人（S）は、長い間同じ地域に居住していたが、一九八六年までT通り一ないし三に存在する隣の建物に居住した。被告・一の母親は、すでにその頃彼女の娘（被告・一）による世話に頼らざるを得なかったのであるから、一九八六年八月三〇日の使用賃貸借契約にもとづいて、T通り五に存在する本件建物の三階に所在する空いた住居に転居した。婦人（S）は、その住居において数年前に大腿頸部骨折を被り、それに加えて足の血行不全に苦しんだあとで、ますます彼女の娘による家庭における援助に頼らざるを得なかった。

T通り五に存在する本件建物は多世帯用住宅であったが、本件建物においては、ここ数年何度か住居が空いた。特に、一階の被告らの隣人、すなわち、婦人（M）は、すでに書面をもってドイツ賃借人連盟、リューベック賃借人協会にその住居から退去する心構えをしていることを知らせた。この事情は、原告（賃貸人）に周知であった。しかし、原告は、これまで被告らよりもより高い賃料を支払っているところの婦人（M）にその住居の明渡しを求めて話しかけることを断念したのである。

原告は、二〇〇一年八月三一日付の書面をもって、リューベック土地・建物所有者協会を通して、「自己必要」を理由として、二〇〇二年五月三一日付で、被告らとの本件使用賃貸借関係を解約告知した。というのは、本件住居が重度の身体障害であるところの原告の兄弟（H）のために必要とされるからであった。Hは、数年以来、事故にもとづいて右ひざの上で脚を切断した。Hは、左足について未解決の治りの悪い箇所をともなう血行不全に苦しんでいたし、昨年数ヶ月にわたる病院での入院滞在を受けなければならなかった。左足における血行不全は特別な治療を必要とし、左足の負担が軽減されなければならない限りで言えば、Hは車いすに頼らざるを得なかった。そのことから、Hは、長期間A通り七に存在する建物の三階に所在するHのこれまでの住居、または、対応する立地条件におけるほかの住居を使用することができないことが見通すことができた。原告は、Hのために存在する「自己必要」は具体的な状況において生じており、特にHは原告による経済的な援助にも頼らざるを得ない、と主張した。

これに対して、被告らは、二〇〇一年九月一四日付のドイツ賃借人連盟、リューベック賃借人協会の書面によって、被告ら自身の長期間の使用賃貸借期間、本件住居において行われた改築を顧慮して、さらに特に本件建物に居住する被告・一の母親が差し迫って彼女の娘による家庭における援助に頼らざるを得ないという状況のために本件解約告知に異議を述べた。すぐ近くにおいて適当な比較できる住居は見出されることができない。そのことを超えて、被告らの本件住居は、中二階におけるその位置にもとづいて、および、本件住居に存在する狭いシャワーバスにもとづいて、少なくとも当分車いすに頼らざるを得ない原告の兄弟（H）にとって適当ではない、と主張したのである。

［判決理由］

区裁判所は、結論として、「明渡しに向けられた本件訴えは、理由づけられていないものとして棄却されなければならなかった」(307)、と判断した。

その判決理由において、区裁判所は、はじめに、原告（賃貸人）の「自己必要」を理由とする本件解約告知は有効であったことについて、次のように論じた。

「被告らの本件住居の実地調査、および、原告の兄弟と被告・一の高齢の母親の……聴聞を通じての証拠調べの結果にしたがうと、二〇〇一年八月三一日の原告の自己必要を理由とする本件解約告知は、原告の兄弟（H）の現在の健康状態が考慮に入れられる限りは、原則として理由づけられ、それとともに有効であったことから出発される。口頭弁論の時点において、Hは、なお車いすなしに本件建物において移動していくだけではなく、本件建物外でも、車からびっしり駐車したT通りを本件住居へと階段をのぼって中二階に移動していく状態であった。Hは、その限りでは、その他の関係者による身体的な援助を必要としなかった。これにしたがって、見出されたHの現在の健康状態にもとづいて、Hは、ただ台所から分離されたシャワー室にあるところの本件住居に存在する狭いシャワーバスを使用する状態でもあることから出発されることができた。少なくともその限りで、Hは、なお車いすなしに歩行の補助を備えてHに残った左足で移動する状態である。自分の住居を設備するつもりであるというHの申し立てにしたがうと、Hが原則として被告らの本件住居に関心をもち、本件住居が被告らによって明け渡される場合に実際にも本件住居に入居することについて疑念もなかったのである」(308)。

しかし、区裁判所は、それに続けて、「しかし、被告らによって主張された苛酷さについての理由はうまく作動し、その結果、BGB五七四a条二項にしたがって、判決によって、本件使用賃貸借関係がこれまで妥当した条件のもとで期間の定めなく継続されることが定められなければならなかったのである。というのは、被告らは、BGB五七四条にしたがって、原告に対して、本件使用賃貸借関係の継続に対する請求権を有するからである。というのは、本件使用賃貸借関係の終了は、被告ら、および、被告らの家族にとって、原告の正当な利益を評価しても正当化されることができないところの苛酷さを意味したからである」(309)、と判断した。

そのように判断した理由について、区裁判所は、次のように論じたのである。区裁判所は、賃貸人の利益と賃借人らの利益とのあいだの比較衡量において、本件解約告知の対象の選択における賃貸人の態様・認識についても考慮したうえで賃借人らにとっての「苛酷さ」を肯定したのである。

「というのは、被告・一の高齢の母親、すなわち、婦人（S）の個人的な聴問は、婦人（S）もまた、彼女の娘による家庭における精力的な援助に頼らざるを得ないこと、および、婦人（S）はすでに大腿頸部骨折の前に世話が必要であったことを確認したからである。このことは、最終的に、どうして婦人（S）が一九八六年により近く彼女の娘のところに同じ建物に入居したのかという理由であった。婦人（S）もまた、現在すぐ間近に迫っている足指の切断を必要とするところの足の血行不全であった。そのことから、婦人（S）にとって、原告の兄弟にとってと同じぐらいに、どれほど長く婦人（S）がなお自分自身の足で自分自身の力をもって移動することができるのかという点はほとんど予測できなかった。婦人（S）の高齢にもとづいて、たとえ婦人（S）が目下のところなお好ましくよい身体的および精神的な状態にあったとしても、いつでも彼女の力の衰弱が考慮に入れられなければならなかったのである。

このような背景のもとで、婦人（S）の必要のみならず、特に被告ら自身の必要もまた、そのつど必要になる援助および世話のために短い道のりを保持するために被告らが被告・一の母親のすぐ近くに居住することを必要とすることは疑問の余地がなかった。この点ではすでに数年以来先見の明のある用意周到さをもって面倒をみられたところのその家族の家庭共同体は、昨年以来はじめてその病気の進捗にかんがみて自分自身の世帯を構えているところの原告の兄弟の必要に対して優位に値するのである。さらに、本件住居は、原告の兄弟にとって少なくとも長い間には……左足の血行不全が進捗し、より長期的に原告の兄弟を車いすに強いるだろう限り、適当ではなくなることがつけ加わった。原告が、これまで原告の兄弟によって保持された住居に関して、その住居は原告の兄弟にとって不適当であると主張したのと同じように、階段を経由してのみの中二階に位置していたところの被告らの本件住居もまた、それに加えて車いす常用者にとって使用不能のシャワーバス、および、車いす常用者にとってあまりにも狭いトイレとともに、もはや有意義に使用できなくなるであろう。さらに、本件建物自体が、狭い歩道、および、通りの狭小な駐車関係にもとづいて、車いす常用者としての原告の兄弟にとってほとんど到達できなくなるであろうことがつけ加わった。

これにしたがって、数年を超えてすでに実証されたところの婦人（S）と被告らの間のT通り五の本件建物における健全な生活共同体を被告らの本件住居における原告の兄弟の不確かな将来のために破壊することは、中二階において隣の婦人（M）の住居が原告の兄弟に自由に使わせられることができたのだからなおさら正当でないように思われたのである。原告が、この関連において、なお婦人（M）に歩み寄らなかった場合に、このことは原告の責任に帰する。この関連において原告によって主張されたところの被告らによって支払われた低い賃料にかんがみての経済的な理由は、その場合に、保護されなければならないところの婦人（S）と被告らの間の生活共同体に関して、経済的に埋め合わせることができない社会的な理由に対して、後方へ退くのである。その場合に、婦人（S）の高齢にかんがみて、対応する生活共同体は、被告らの転居のあとで、対応する良好な質をともなって再び作り出されることはできないであろうことが受け入れられなければならなかったのである」[310]。

③当事者の態様・認識が問題とされたその他の事案

最後に、当事者の態様・認識が問題とされたその他の事案を考察したい。

第一に、すでにⅡの一の2において取り上げたところのコーブルク地方裁判所一九六八年三月一日判決[311]（裁判例【2】）をみておきたい。

地方裁判所は、その判決理由において、賃貸人の利益と賃借人の利益とのあいだの比較衡量において、破産管財人から本件土地・建物を買い受けて賃貸人となった原告が、被告（賃借人）の娘に本件土地上に存在する小さな建物を売ることを約束し、その場合賃借人はそこに移ることができたが、しかし、賃貸人はその約束を守らなかったという賃貸人の態様・認識についても考慮したうえで賃借人にとっての「苛酷さ」を肯定したのである。すなわち、次のような論述であった。

「被告とその妻が七〇歳であることは争われていなかった。被告は、そのうえ、一九六八年二月二〇日の……医師の診断書を提出することによって、被告が喘息の傾向をともなう重い喘息性の気管支炎と心不全に苦しんでおり、被告の妻は同じく狭心症、高血圧症、および、相当な神経衰弱をともなう心不全に苦しんでいることを証明した。……さらに、当事者の間では、被告が現在代替住居を得る見込みがないことは争われていなかった。このような事情もまた今や考慮されうる。しかし、原告の見解に反して、原告が、原告の土地の上に存在する小さな建物を被告の娘に売るという原告の約束を反論の余地なく守らなかったこともまた考慮に入れられなければならなかったのである。というのは、この小さな建物においてまさに被告とその妻は住居を見出すということになったからである。したがって、原告は、自分自身の行為によって被告が彼によって居住された空間を明け渡し原告に自由に使わせることを無に帰せしめたのである。

このような被告の重大な理由に対して、原告は、何が被告によって使用された本件住居および付属室の明渡しについて原告の正当な利益を理由づけることができたのかという点を何も申し立てなかった。……

以上のことから……原告の本件解約告知に対する被告の異議が理由づけられていたこともまた出てくるのである。

その理由から、被告の対応する申立てにもとづいて、当事者の間に存続する本件使用賃貸借関係はＢＧＢ五五六ａ

条にしたがって判決によって延長されなければならなかったのである」[312]。

第二に、フライブルク地方裁判所一九九〇年三月一日判決をみておきたい。

【45】フライブルク地方裁判所一九九〇年三月一日判決[313]

［事案の概要と経緯］

原告（賃貸人）は、一九八八年一〇月三日に、「自己必要」を理由として、被告（賃借人）との本件使用賃貸借関係を解約告知した。被告は、一九八九年七月五日に、BGB旧五五六a条にしたがって本件解約告知に異議を述べ、「苛酷さ」についての理由にもとづいて本件使用賃貸借関係の一時的な継続を請求した。原告は、一九八九年八月四日に、被告の異議、および、被告の異議において説明された理由を認識したうえで、これまで賃借していた自分自身の住居の使用賃貸借関係を一九八九年一二月三一日付で必要もなしに解約告知した。

区裁判所は原告の本件明渡しの訴えを認容したため、被告は、地方裁判所に控訴したのである。

［判決理由］

地方裁判所は、結論として、「区裁判所の判決は取り消され、本件訴えは棄却され、一九九〇年四月三〇日までの本件使用賃貸借関係の継続が命じられなければならなかった」[314]、と判断した。

その判決理由において、地方裁判所は、そのように判断した理由について、次のように論じたのである。地方裁判所は、賃貸人の利益と賃借人の利益とのあいだの比較衡量において、賃貸人が、賃借人の異議、および、賃借人の異議において説明された理由を認識したうえで、これまで賃借していた自分自身の住居の使用賃貸借関係を必要もなしに解約告知したという賃貸人の態様・認識についても十分に考慮したうえで賃借人にとっての「苛酷さ」を肯定したのである。

「区裁判所の判決の見解に反して、被告は……一九九〇年四月三〇日までの本件使用賃貸借関係の継続を請求することができた。というのは、このことが、すべての事情を考慮に入れると本件において相当であるからである。このことは、特に、次に述べることから出てくる。

……

ＢＧＢ五五六ａ条にしたがった継続の請求の審理の枠組みにおいて、原告と被告の相互の利益の比較衡量は、自己の住居の取戻しについての原告の利益が、ひき続いて半年の間後方に退いていなければならないことを明らかにした。本件においては、特に、原告が原告のこれまでの住居を一九八九年一二月三一日付で必要もなしに解約告知したという事実が重要であった。原告は……一九八九年七月五日の被告の異議、および、被告の異議において説明された理由を認識して、一九八九年八月四日にその解約告知を意思表示し、そのことによって故意に賃借された住居を放棄したのである。原告に周知であるところの幼児と困難な被告の経済的な状態、ならびに、フライブルクにおける一般的な住居市場の状況から出てくるところの要求できる条件の相当な住居を見出す困難さを顧慮して、いずれにせよ過渡期の間原告のこれまでの住居を維持し本件使用賃貸借関係の一時的な継続に同意することが原告に要求されなければならなかった。このことは、原告にとって、歯科医の平均的な収入を想定して経済的にも困難でなく可能であったといってよいだろうから、いっそう妥当しなければならなかった。もっとも被告が一九九〇年五月一日付である住居を見つけ出し、この時点までだけ本件使用賃貸借関係の継続を請求したあとで、本件使用賃貸借関係のより長い継続もまた請求されることができたのかどうかという点は決定を必要としなかったのである」[315]。

第三に、ボーフム地方裁判所一九九九年三月一六日判決をみておきたい。

【46】ボーフム地方裁判所一九九九年三月一六日判決[316]

［事案の概要と経緯］

原告は、一九九五年に、本件建物（二家族用住宅）を取得した。現在八六歳の被告は、それ以前から、本件建物において、一一六平方メートルの広さで三つと半分の部屋から構成されていた本件住居を賃借していた。原告は、当時一二歳であった娘、ならびに、当時六歳、五歳、および、ほとんど一歳であった三人の息子らの母親であった。被告

は、一九九五年に、原告の本件建物への入居のあとで本件住居のほかに賃借していた屋根裏部屋を原告に譲ったが、原告は、その屋根裏部屋を屋階のまた別の空間を取り入れてひとつの住居に改修したうえで別に賃貸した。それに加えて、被告は、被告によって同じく賃借されていた地下室のひとつを原告に委譲したが、原告は、その地下室を子供部屋として改修した。原告（賃貸人）は、二家族用住宅のために容易にされた解約告知についての規定に依拠して本件使用賃貸借関係を解約告知し、明渡しの訴えを提起した。原告は、補助的に、この解約告知においては本件住居のうちのひとつの空間（二五平方メートルの広さ）のための部分的な解約告知が含まれることに依拠した。

区裁判所は本件住居のうちのひとつの空間（部屋）の明渡しの訴えだけを認容したが、被告は、地方裁判所に控訴した。原告は、被告の控訴に引き続いて、「自己必要」を理由として、一九九八年八月二五日の新たな部分的な解約告知（本件解約告知）にもとづいて本件住居のうちのひとつの空間（部屋）の明渡しを請求したのである。

［判決理由］

地方裁判所は、結論として、「本件訴えは全部で理由づけられていなかったし、当事者の間の本件使用賃貸借関係は、ＢＧＢ五五六ａ条にしたがって期間の定めなく継続されなければならなかったことが確かである」[317]、すなわち、「一九九八年八月二五日の新たな本件解約告知にもとづいても、ひとつの部屋の明渡請求権は結果として判明しなかった。その限りでは、本件訴えは棄却されなければならなかった」[318]、と判断した。

その判決理由において、地方裁判所は、はじめに、賃貸人の利益と賃借人の利益とのあいだの比較衡量において、結論として、賃借人にとっての「苛酷さ」を肯定したことについて、次のように論じた。

「……実体的には、一九九八年八月二五日の本件解約告知にもとづいて、被告に対する原告のひとつの部屋の明渡しと返還に対する請求権は認められていなかった。というのは、行われなければならない利益の比較衡量は、本件において原告の利益は優先しなかったこと、もしくは、被告の本件住居からその部屋を切り離すこと、および、対応する明渡しは被告にとって要求できなかったことを明らかにしたからである。

……

原告によって主張された利益は、すべての事情を考慮に入れて、特に……新たな議論の余地のない事実を考慮に入れて、被告の利益に対する優位を受けるほどに重大ではなかった。特に、被告は、そのひとつの部屋の返還によって要求できないほどにも侵害され負担をかけられたのである」(319)。

そのように判断した理由について、地方裁判所は、以下において考察するように詳細に論じたのである。

まず、地方裁判所は、本件住居のうちのひとつの部屋の明渡しについての原告（賃貸人）の利益は、確かに、正当と認められなければならなかったが、しかし、賃貸人の態様・認識にかんがみると、賃貸人の利益にはより少ない重要さが認められなければならなかったことについて、次のように論じたのである。

「確かに、原則として、原告にとって、少なくともひとつのまた別の部屋を維持することについて相当な利益が正当と認められなければならなかった。その部屋を子供部屋として今や一六歳の娘に、または、八歳もしくは一〇歳の両方の息子らに自由に使わせることができるためである。つまり、三つの子供部屋についての願望と利益は、子供らの成長にかんがみて、子供らの増大する必要と利益を顧慮することができるために理解できあとづけることができあらゆる観点において筋の通ったものである。一六歳の娘が、自分自身のひとつの部屋に対する願望をもちその部屋を彼女の兄弟らと分かちあうつもりでないことは、それ自体として誰にとっても理解できるに違いなかった。さらに、原告の八歳と一〇歳の両方の息子らが自分自身の部屋をもちたい場合に、そのこともまた理解できた。というのは、それらの息子らの関心は、姉、および、ようやく三歳のまた別の兄弟の関心と明らかに異なるからである。それに加えて、三歳の息子をさらに引き続き九平方メートルだけの広さの寝室に受け入れることは原告にも要求できなかった。むしろ、その息子が最後には自分自身の部屋を保持する場合に、特にその息子もますます年齢が進む場合に、そのことは理解できた。三つの子供部屋についての原告の必要は、子供らの異なる関心、および、子供らの異なるそのときどきの年齢と性別にかんがみて、それ自体として相当な重要さをもつ。子供ら自身の発育のためにも、その家族の生活の緊張緩和のためにも、必要不可欠で有益であるように思われる。特に、子供らは、自分自身の部屋においてより自由により自然に成長し彼らの異なる関心をよりよく追求することができる。まさにそのような自分自身の自由な空間は、子供らの年齢に適合した発育のために重要である。原告自身もまた、彼女の夫とともに、妨げられないごく個人的な領域に対する請求をもつのと同じである。

しかし、原告の現在の住居において満たされることができないところの原則として正当と認められなければならないその必要には、本件において、次の理由からより少ない重要さがある。すなわち、原告は、過去において、拡大する現在の必要を予見できたにもかかわらず、子供らの成長を十分に顧慮しなかったのであり、場合によっては被告の本件住居の一部の領域を要求することなしにその必要を保障するために、存在する代案としての可能性を用いなかったのであり、もしくは、過去における自分自身の決定にかんがみて、今や存在する可能性を用いなければならないという理由である。

通常の自己必要の主張の枠組みにおいて、裁判例および文献において、賃貸人は自分自身の態様について次の場合に矛盾することが正当と認められている。すなわち、賃貸人が、すでにその使用賃貸借契約の締結時に見通すことのできたところの主張された自己必要を理由として、または、賃貸人が将来を見通す計画策定において何の問題もなく考慮に入れなければならなかったところの主張された自己必要を理由としてその使用賃貸借関係を解約告知した場合である。自己必要を理由とする解約告知は……その解約告知の生じることが賃貸人にとってその使用賃貸借契約の締結時にすでに予見できたという理由から排除されているのである。これらの原則は、本件においても、主張された本件解約告知において、被告の本件住居についての部分的な必要、および、利益の対応する比較衡量のために意味に即して適用されなければならないのである」[320]。

次に、地方裁判所は、賃貸人の矛盾する態様について、具体的に本件事案の事実関係に照らして、次のように論じたのである。

「被告は、議論の余地もなく、一九九五年の春または夏において、もっぱら被告だけによって使用されたところの屋階の屋根裏部屋を手放し、取得者としての原告……に自由に使わせた。原告は、それから、一九九五年六月に本件建物の取得のあとで入居し、それに引き続いて、その前に被告によって使用されそれから原告の願望にもとづいて手放された屋根裏部屋を取り入れて、その屋階を改修し、一九九五年一二月に完成したあとで、一九九五年の終わり、もしくは、一九九六年のはじめに他人に賃貸した。しかし、原告の入居および屋階の改修の時点において、すでに原告のすべての四人の子供らは生まれていた。というのは、……原告自身の申立てにしたがって、当時、娘はすでに一二歳で、両方のより年長の息子らは六歳と五歳で、ならびに、一番下の息子はまさに生まれたからであった。その限りでは、原告は、現在の高められた空間についての必要、および、将来を見通す必要な計画策定における原告の高められた必要を予見することができ、かつ、予見しなければならなかったのである。というのは、子供らが成長しより年齢が進み、それとともに、子供らのための高められた空間についての必要および年齢に適合した発育のための増大した必要が生じることははじめから認識できたし、屋階の改修に関する原告の決定、ならびに、その形態の方式において、原告によって考慮に入れられなければならなかったからである。すなわち、すでに当時、原告が、少なくとも被告自身の本件住居には存在しなかったし自由に使わせられることができなかったところのひとつのまた別の子供部屋を原告の子供らのために必要としたことが明らかであったのである。

その限りでは、当部は、確かに、屋階の改修に関する原告の決定およびその全平面の他人への賃貸という原告の決定を、すでに当時生まれていた四人の子供らにかんがみて、原告の決定が筋の通っていること、および、相当であることにもとづいて審理してはならないのである。というのは、このことは、本件目的物の所有者としての原告の自由な形成、および、原告の人生の計画策定の支配下にあったからである。他方において、原告は、屋階における当然のほかの形成の可能性をもっていたが、しかし、このことが原告に要求できたにもかかわらずその可能性を利用しなかった場合に、統一的に賃借された被告の本件住居に介入するために、すでに当時具体的に見通すことのできた必要を今や極端な例外的事案の理由づけの基礎となすことはできないのである。

さらに、原告が、原告の依頼にもとづいて、事後的に被告から追加的になおこれ以上の広い地下室を保持したことがつけ加わった。というのは、原告は、子供らのひとりの使用のためにその地下室を改修したかったのであり、このことは、最終的に同じく行われたからである。……その地下室は、それから、原告の娘によって子供部屋として利用されていた。それとともに、原告の高められた必要は満たされていたのであり、被告の本件住居を要求するための基礎それ自体がなくなったのである。

しかし、原告がその地下室は湿っぽく利用されることができないと主張した限りで言えば、原告は、それをもって、成果をもつことができなかった。本件において、原告は、現在の状態を予見することができたし、空間を手放すことによる被告のすでに二回の好意にもかかわらず過去において異なる決定をしたことにかんがみて、それから建築措置によってその地下室を乾燥させ、ひとり、または、数人の子供らによる申し分のない利用の可能性をもたらすことを指摘されなければならないのである。このことが、場合によっては相当な経済的な費用をもってもおよそ可能ではなかったことを原告は証明しなかったのである。

当部は、確かに、被告の本件住居に介入する場合よりも本質的により高い経済的な費用がそのことと結びつけられていることを見誤らなかった。しかし、その費用は、特に被告の逆方向の利益を考慮に入れる場合に原告に全く要求することもできるのである」[321]。

最後に、地方裁判所は、本件住居のうちのひとつの部屋の明渡しと返還を被告（賃借人）にとって要求できなくするところの相当な重要な賃借人の利益が存在することについて、その論述を進めた。そのときに、地方裁判所は、賃借人の過去における態様についても考慮したうえで賃借人にとっての「苛酷さ」を肯定したのである。すなわち、次のような論述であった。

「たとえ原告によって要求されたところのひとつの空間の分離が、大きな困難さと変化もしくは被告の本件住居への介入なしに可能であり、それに加えて、すべてのことが可能な限り被告がほとんど負担をかけられないし費用を負担しなければならないことはないように行われることが想定されるとしても、本件において、その空間の分離および原告への返還を被告にとって要求できなくするところの相当な重要な被告の利益が存在する。提出された医師の診断書にしたがって、被告の視力は強く制限されているし、それに加えて、被告においては重大な循環障害および血行不全が存在する。当部は、提出された診断書、および、被告によって述べられた病状が正しいことについて疑念をもたなかった。もっとも、被告が……すでに今や継続的に世話されることを必要とするのかどうかという点は、最終的に未決定のままでありうる。いずれにせよ、被告は、一九九九年二月一〇日付の書面において、補足的に、かつ、原告によって反論されずに、被告の娘らのひとりが一年の間に世話人・援助者として本件住居において三ヶ月ないし四ヶ月を過ごし、原告によっても……考慮に入れられていたことを申し立てた。それとともに、すでに現在、世話人が……時々だけではなく、むしろより長い期間の間被告の本件住居において援助と世話のために滞在しそこで被告とともに居住したことが確認されることができるのである。さらに、被告が、現在の時点においてすでに八六歳であることがつけ加わった。まさしく、より高齢の人々において、一般に周知のこととして、存在する病気や苦しみは、もはや本質的に改善されるのではなく、むしろ、逆に明らかに悪化することが前提とされうる。その限りでは、挙げられた事情にもとづいて、いくばくかの確実性をもって、賃借人としての被告が、きわめて高齢をもって世話と援助のために援助人のサービスを必要とし、もしくは、すでに昨年存在した状態がむしろ強まるであろうことが考慮に入れられることができるのである。

たとえ、目下のところ、被告の申立てに反して、継続的に世話される必要がなお認められたものであると考えられないとしても、他方において、過去に被告のひとりの娘がすでに比較的長い期間（一年のうち三ヶ月ないし四ヶ月）本件住居において看護婦として過ごし、被告の世話をしたのである。それで、被告が、ひとり暮らしのかなり高齢の賃借人としてかろうじて九〇平方メートルを超える二つと半分の部屋を使用し、ひとりの人が時々だけ追加的に本件住居に泊まる場合に、場合によってはなお十分であるかもしれない。しかし、世話人・援助者として追加される人がすでに今や比較的長い期間本件住居に滞在する場合に、このことが、なお継続的ではない場合でさえも、三つと半分の部屋で一一六平方メートルの広さという本件住居の現在の様式において、二五平方メートルの広さの本件住居のなかのひとつの部屋を原告に手放すことは被告に要求することができないのである。本件において、被告が世話人に相当な広いひとつの部屋を世話人の使用のために自由に使わせるつもりである場合に、異議が述べられることはできないことが考慮に入れられなければならないのである。……

さらに、連邦憲法裁判所の裁判例にしたがって、賃貸人が、どのような居住の必要を自己のために相当であると考えるのかという点を定めることは所有権から結果として生じるところの賃貸人の単独の権限の支配下にあることがつけ加わる。その限りでは、主張された居住の必要が住居の統制管理という理由から正当化されているのかどうか、および、賃貸人がそこでなお相当に居住させられているのかどうかという点にもとづいて主張された居住の必要を審理することは裁判所のなすべき事柄ではない。もっとも、同じことは、賃借人のためにも妥当しなければならない。賃借人においても、裁判所は、相当な居住についての賃借人の考え、および、賃借人によって主張された居住の必要を尊重しなければならないのである。賃借人においても、賃借人が住居の統制管理という理由から相当に居住させられているのかどうかという点が審理されてはならないのである。このことは、賃借人の占有権もまた……基本法一四条一項にしたがった所有権の保護を享受することから判明する。何か異なることは、主張された居住の必要が、賃貸人においても、賃借人においても、全くゆきすぎたもので不相当なものである場合にだけ妥当する。しかし、三つと半分の部屋で一一六平方メートルという様式において、被告のために、および、一年のうちかなり長い時期の間ひとりの世話人を受け入れるために決してゆきすぎたもので不相当なものであることから出発されることはできないのである。

それに加えて、本件においても、被告の場合に、将来のためにある程度の予測が行われなければならないことが妥当する。高齢およびすでに被告の現在の健康状態にかんがみて、ひとつの部屋を手放すことは被告にとってもはや要求できない。というのは、被告の健康状態は、経験上改善されるよりもむしろ悪化するであろうし、その結果、世話人、場合によっては、さらに引き続き被告の娘らによるさらに進んだ世話と援助の実行が必要となり、特に被告が多年にわたって賃借された本件住居においてこのことがなんとかしてだけ可能である限りはその晩年を過ごすつもりであることが原告によっても受け入れられなければならないからである。したがって、被告は、原告によって要求された部屋を手放さなければならないわけではないのである。というのは、その部屋がかつて分離されているとしても、このことは、被告の病気がなおこれ以上現実化し継続的な世話と持続的な監督が必要であることまでなおこれ以上の世話の実行の必然性がある場合に、もはや後戻りさせられないからである。世話人の滞在がかなり長い期間にわたって、または、場合によっては将来においてそのうえさらに継続して必要不可欠であり、もしくは、必要不可欠になる場合に、被告は、この点では、決しておよそ九一平方メートルの二つと半分の部屋という様式を指摘されなければならないわけではないのである。

さらに、これ以外の観点として、被告が過去においてすでに二度原告に譲歩し、屋階における屋根裏部屋および広い地下室を明け渡し、なおこれ以上の利用を放棄したことがつけ加わった。今や被告の健康状態および高齢において、もはやより以上のものは被告に要求することができないのである。特に、被告は……被告の統一的な本件住居の不可欠な構成要素を放棄しなければならないわけではなく、その結果、両方の側の利益状況の比較衡量は、すでにこのような基礎において被告にとって有利な結果になるのである。このことは、計画された改修措置による負担、および、それと結びつけられた結果が被告にとって病気の相当な悪化に行き着きうるという身体的・精神的な結果をもちうるし、このことが、そのうえさらに、自殺の危険にまで行き着きうる場合にいよいよもって妥当するであろう。しかし、その事情は、なおこれ以上解明されなければならないわけではない。というのは、すでに、利益の比較衡量が、このような追加的な観点を考慮に入れることなしに被告にとって有利な結果になるからである」[322]。

第四に、ミュンヘン第一地方裁判所二〇一二年八月一七日判決をみておきたい。

【47】ミュンヘン第一地方裁判所二〇一二年八月一七日判決[323]

［事案の概要と経緯］

被告らは、原告の前主から、一九六六年に、本件建物（一家族用住宅）と付属建物を賃借した。原告は、売買によって本件建物等の所有権を取得した。その後、原告（賃貸人）は、二〇一一年三月七日に、相当な経済的利用の妨げを理由として、被告らとの本件使用賃貸借関係を解約告知した。原告は、本件建物等を取り壊し本件土地上に新たな建物を再築することを意図した。これに対して、被告らは、ＢＧＢ五七四条一項一文、五七四ａ条にしたがって本件使用賃貸借関係の継続を請求したのである。

区裁判所は、原告の本件明渡しの訴えを認容した。

［判決理由］

地方裁判所もまた、結論として、「原告は、被告らに対して……付属建物とともに本件一家族用住宅の明渡しと返還に対する請求権を有した。というのは、二〇一一年三月七日の原告の本件解約告知は、ＢＧＢ五七三条一項一文、二項三号にしたがって本件使用賃貸借関係を終了させたし、ＢＧＢ五七四条一項一文、五七四ａ条にしたがった本件使用賃貸借関係の継続は考慮されなかったからである」[324]、と判断した。

その判決理由において、地方裁判所は、はじめに、「区裁判所は、ＢＧＢ五七三条二項三号に関して、賃貸人としての原告は、被告らとの本件使用賃貸借関係の継続によって本件土地・建物の相当な経済的利用について妨げられ、それによって著しい不利益を被るという確かな結論に行き着いた。本件使用賃貸借関係が継続する場合に、原告の本件土地・建物の経済性は認められていなかった。……

原告の側で意図されたところの本件目的物の取壊し、および、それに引き続いての……新築は、本件土地・建物の経済的な利用を意味した。

原告の側で意図されたところの経済的な利用は、ＢＧＢ五七三条二項三号の意味において相当であることも明らかになった。というのは、その経済的な利用は、筋の通り、あとづけることができる考慮によって支えられていたからである。……

原告が存続する本件使用賃貸借関係のために原告によって意図されたところの本件土地・建物の経済的な利用について妨げられる場合に著しい不利益が原告に生じるであろう」[325]、と論じた。

さらに、地方裁判所は、賃貸人の利益と賃借人らの利益とのあいだの比較衡量において、本件においては、賃借人らの側における「苛酷さ」についての理由が賃貸人の利益を凌駕することはなかったことについて、次のように論じた。そのときに、地方裁判所は、経済的な利用の妨げを理由とする本件解約告知の前段階における賃貸人および賃借人らの態様・認識についても考慮したうえで賃借人らにとっての「苛酷さ」を否定したのである。

「被告らにおける苛酷さについての理由もまた、ＢＧＢ五七四条、五七四ａ条にしたがった本件使用賃貸借関係の継続に行き着かなかった。ＢＧＢ五七四条の枠組みにおいて行われなければならない利益の比較衡量は、本件において、いずれにせよ被告らの存続についての利益にとって有利な結果にならなかったのである。

……被告らの申立てを適切なものであると想定した場合に、長い本件使用賃貸借期間（一九六六年から）、八〇歳という被告らの年齢、持続的な病気であるという被告らの健康状態（および、転居する場合に自殺する傾向をともなって場合によっては起こりうる相当な健康状態の悪化）という背景のもとで、ならびに、制限された被告らの経済的な関係を顧慮して――これは代替住居の調達という背景のもとでも――、まず第一に、苛酷さの存在から出発されなければならなかった。……

しかし、その苛酷さは、原告の利益を評価して、被告らの側における苛酷さについての理由が原告の利益を凌駕するほどに正当化されることができないものであることは明らかにならなかった。確かに、特に賃借人の健康ないし生命についての利益には通常賃貸人の経済的な利益に対して優位が認められなければならない。そのことから、まさに被告らの身体的に損傷のないことには行われなければならない比較衡量の枠組みにおいてきわめて高い重要さが帰属するのが当然である。しかし、同時に、原告は、まさに被告らの利益を無視したのではなく、むしろ持続的にかつすでに（経済的な）利用の妨げを理由とする本件解約告知の前段階において、被告らのために場合によっては起こりうる苛酷さを緩和するように努力したこともまた考慮に入れられなければならなかったのである。その際、被告らが、原告への本件建物等の売買と関連して、二〇〇六年の春に、以前の賃貸人に対して、また、原告に対しても、議論の余地もなく、その取得前に、被告らは、比較しうる住居を取得した場合に原則としていつでも本件建物から退去する用意のあることを確認したことが議論の余地もなく残った。原告の側からは、当時もすでに病気であった被告らに対して、それからなおこれ以上の経過において、（経済的な）利用の妨げを理由とする本件解約告知の前段階において、二〇〇九年の夏ないし秋に、議論の余地もなく（三万六千ユーロの金額における転居費用の補助金を度外視して……）、本件建物のすぐ近くに（一・七キロメートルの隔たり）、転居費用を受け取って、二〇〇一年に完全に近代化されたところの一〇〇平方メートル（本件建物は七八・一〇平方メートルであり、付属建物は三一・七九平方メートルの広さであった）のバリアフリーでテラスと庭をともなう三つの部屋から構成されていた一階の代替住居が提供されていた。このことは、同じく社会扶助額に連結されたところの五六二ユーロ五九ペニヒの金額における物価指数に準拠した（低い）（正味の）賃料、および、両方の被告らがその住居に居住するあいだは、通常の解約告知権を断念することに向かった。両方の被告らの一方が死亡し、または、その住居から退去するということになった場合には、その使用賃貸借関係はなお三年継続するということになる。しかし、被告らの側からは、この提供は、物価指数に準拠した条項、および、被告らの息子がともにその住居に受け入れられることができるし……使用賃貸借法の規定が両方の賃借人らの死亡後にはじめて妥当するということになることが文書に書き記されなかったことを顧慮して拒絶されていたのである。

さらに続けて、利益の比較衡量の枠組みにおいて、被告らが（経済的な）利用の妨げを理由とする本件解約告知の前段階において、暖房および電気の近代化を妨げたことが考慮に入れられなければならなかった。しかし、鑑定人は、まさに本件建物と付属建物が、たとえば、電気の短絡の結果としてその居住者にとって危険をはらんでいるという結論に行き着いたのである。それで、たとえば付属建物において、電気の配線は主たる建物からゆるく垂れ下がって分岐し、その配線は木の枝を介して通じていた。主たる建物においても、電気配線は古くなり、部分的に電気設備は外へ外壁を通って突き通されていて、地面のなかに適当な保護措置なしに敷設されていた。そのことを超えて、付属建物の屋根がわらははがれていた。付属建物の天井はすっかり湿っていた結果として、一時しのぎの措置にもかかわらず、天井しっくいの落下が差し迫っていた。また、主たる建物の木のバルコニーは風化によってそこなわれていた。しかし、同時に、鑑定人の的確な査定にしたがって近代化は経済的な観点において完全に不合理であった。

このような全体の背景のもとで、当部もまた、被告らの存続についての利益は、原告の利用についての利益に対していずれにせよ優勢ではなかったし、その結果、いずれにせよＢＧＢ五七四条、五七四ａ条にしたがった本件使用賃貸借関係の継続は考慮に値しなかったことから出発するのである」(326)。

（３）当事者の利益が均衡している場合について

賃貸人の利益と賃借人の利益とのあいだの比較衡量において、事案によっては当事者の利益が均衡している場合が存在することも想定される。このような場合に、裁判所はどのような判断を行うのであろうか。利益の比較衡量の基本的な枠組みにかかわる裁判例の考察の最後であるが、第三に、当事者の利益が均衡している場合について、関係する裁判例を考察することにする。

第一に、ケルン地方裁判所一九七五年一二月八日判決をみておきたい。

【48】ケルン地方裁判所一九七五年一二月八日判決[327]

［事案の概要と経緯］

原告らは、本件建物の所有者であった。被告らは、本件建物において、一九六六年一一月一日の本件使用賃貸借契約によって、四つの部屋等から構成されていた本件住居を賃借した。原告（賃貸人）らは、一九七四年二月二二日付の書面をもって、「自己必要」を理由として、一九七四年八月三一日付で、被告らとの本件使用賃貸借関係を解約告知した。これに対して、被告らは、本件解約告知に異議を述べた。被告らは、原告らの「自己必要」を否認し、本件解約告知は被告らにとって不当な「苛酷さ」を意味する、と主張した。というのは、そのような短い期間において相当な代替住居を調達することは被告らに可能ではないという理由であった。

原告らは、その結果として、本件住居の明渡しを請求した。原告らは、原告らの娘が夫と子供とともに原告らの本件建物において二つの部屋から構成されていた住居だけを占有し、その結果、一九七二年の終わりに生まれた子供がきわめて狭められた関係のために両親の寝室において夜を過ごさなければならないことをもって原告らの利益を理由づけた。それに加えて、原告らは、原告らの健全でない健康状態のために、娘とその夫の存在に頼らざるを得なかった。しかし、本件建物に娘らがとどまり続けることを保障するためには、原告らはより広い住居を娘らに自由に使わせなければならなかったのである。

本件明渡しの訴えの提起のあとで、被告らは、一九七五年五月に本件住居から退去した。そのことから、当事者は、控訴審において本件訴訟は処理されたことを表明し、訴訟費用の負担の点だけが争われることになった。区裁判所は、訴訟費用を被告らに負担させていた。

［判決理由］

地方裁判所もまた、結論として、「本件訴訟費用は……被告らに負担させられなければならなかった。……原告らは、一九七四年二月二二日の本件解約告知によって生じたところの本件使用賃貸借関係の終了にしたがって……異議権がＢＧＢ五五六ａ条一項にしたがって被告らに当然帰属すべきものであったことなしに本件住居の明渡しを請求することができたのである」[328]、と判断した。

その判決理由において、地方裁判所は、はじめに、「……原告らは、本件住居を原告らの娘とその家族に委譲するつもりであったし、原告らの娘とその家族はその頃要求できないほど狭められた関係において居住していた。二つの部屋から構成されていた住居は、子供をもった夫婦にとって、たとえその子供がやっとわずかな年齢であるとしても原則として不相当に狭かった。さらに、両方の部屋は……快適にいくつかの居住領域に区分されることができたほど広くはないことがつけ加わった。同じ階層に子供部屋として設備されうるところのこれまで居住目的のために利用されていなかったまた別の部屋がなお存在するという被告らの指摘は、これについて何も変えることができなかった。原告らは、これについて、その部屋は暖房装置を備えていないし、その結果、その部屋はすでにこの理由から幼児を泊めるために考慮に値しないことを反論なしに申し立てたのである」[329]、と論じた。

さらに、地方裁判所は、賃貸人らの利益と賃借人らの利益とのあいだの比較衡量において、賃借人らにとっての「苛酷さ」を否定した。そのとき、地方裁判所は、本件において、当事者の利益は少なくとも均衡していたこと、そして、当事者の利益が均衡している場合、本件解約告知に対する賃借人らの異議は正当化されていなかったことを論じたのである。すなわち、次のような論述であった。

「本件解約告知の有効性は、一九七四年六月二〇日付の賃借人協会の書面によって主張されたところの被告らの異議によっても無に帰さなかった。

ＢＧＢ五五六ａ条にしたがって、賃借人は、契約にしたがった終了が、賃借人またはその家族にとって、賃貸人の正当な利益を評価しても正当化されることができないところの苛酷さを意味するときにだけ住居に関する使用賃貸借関係の解約告知に異議を述べ、その使用賃貸借関係の継続を請求することができる。

しかし、このことは、本件においてそうではなかった。

確かに、本件使用賃貸借関係の終了は、被告らにとって特別な苛酷さを意味した。というのは、被告らは、すでに本件解約告知の意思表示のときに自宅の建築を計画し、そのうえさらにその間にその建築にとりかかったからである。しかし、区裁判所がすでに的確に確認したように、このことは、両当事者の対立する利益の比較衡量において、本件賃借住居にとどまることについての被告らの利益が優先させられなければならないことには行き着かなかった。

被告らによって計画された一家族用住宅がいつ入居可能になるのかという点に関する不確かな状態、および、特に原告らの構成員らに要求できない居住関係にかんがみて、そのうえさらに本件使用賃貸借関係の契約にしたがった終了についての原告らの利益が優先するものであると考えられなければならないわけではないときに、解約告知にプラスの材料を提供し、それから、マイナスの材料を提供するところの両当事者の理由は少なくとも均衡していたのである。しかし、このような事情において、本件解約告知に対する異議は正当化されていなかったし、本件使用賃貸借期間の終了に対する影響をともなわなかったのである」(330)。

第二に、ベルギッシュ・グラートバッハ区裁判所一九八八年一〇月一八日判決をみておきたい。

【49】ベルギッシュ・グラートバッハ区裁判所一九八八年一〇月一八日判決(331)

［事案の概要と経緯］

八一歳の原告は、本件建物の所有者であった。原告は、本件建物において一階に所在する住居に居住していた。一九七五年に、原告は、二階に所在する本件住居を現在同じく八一歳である被告とその間に亡くなった被告の夫に賃貸した。原告および被告は、高齢に典型的な病気の結果として健康をそこなわれていた。一九八七年の春に、同じく本件建物に居住していた原告の姉妹が死亡した。原告は、その姉妹によって援助され世話をされていた。原告は、その姉妹の死亡の結果として、一九八七年四月二七日付の書面をもって、「自己必要」を理由として、一九八八年四月三〇日付で、被告との本件使用賃貸借関係を解約告知した。原告は、本件住居をある若い夫婦のために必要とした。その若い夫婦は、本件住居を賃借し、個人的な領域においても、家事の領域においても、原告を助ける心構えをしていたのである。

［判決理由］

区裁判所は、結論として、本件明渡しの訴えを認容した。

その判決理由において、区裁判所は、はじめに、「本件解約告知のために十分な原告の自己必要は存在したし、認められてもいた」[332]、と論じた。

さらに、区裁判所は、賃貸人の利益と賃借人の利益とのあいだの比較衡量において、賃借人にとっての「苛酷さ」を否定した。そのとき、区裁判所は、本件において、両方の当事者の利益はほぼ同一であると評価されなければならなかったこと、そして、当事者の利益がほぼ同一である場合建物所有者としての賃貸人の利益に優位が認められなければならなかったことを論じたのである。すなわち、次のような論述であった。

「明渡しが、被告にとってＢＧＢ五五六ａ条にしたがった利益の比較衡量において顧慮されなければならないところの苛酷さを意味することは見誤られなかった。確かに、被告の年齢および健康状態にかんがみて、適当なほかの住居を見出し、転居をがまんし、新たな住居とその周囲の地域に慣れることは、被告にとって困難な状態に陥るといってよいだろう。それにもかかわらず、被告にとってこのことと結びつけられた苛酷さは、本件訴えを棄却すること、または、認められた明渡期間を度外視して本件使用賃貸借関係をＢＧＢ五五六ａ条にしたがって延長することに行き着くことができなかった。原告は、療養施設の世話に入るために、いつか本件建物を離れることを強いられなければならないのではなくて、本件建物にＳ婦人を受け入れることによって、病弱な状態がいちだんと増すにもかかわらず原告の所有物のなかに居住し続けることができるという可能性をもつのである。このような観点のもとで、一方において本件使用賃貸借関係の終了について、他方において本件使用賃貸借関係の継続について、両方の当事者の利益はほぼ同一であると評価されなければならなかった。しかし、その場合建物所有者としての原告の利益に優位が認められなければならなかったのである」[333]。

なお、区裁判所は、それとともに、「もっとも、民事訴訟法七二一条にしたがって適当な代替住居を見出す可能性を被告に与えるためにかなり長い明渡期間（八ヶ月半）が被告に認められなければならなかった」[334]ことも認めた。

第三に、すでにⅡの一の2において取り上げたところのコースフェルト区裁判所一九八九年三月七日判決をみておきたい。

【50】コースフェルト区裁判所一九八九年三月七日判決(335)

［事案の概要と経緯］

原告らは、一九八八年九月一二日に、競売にもとづいて本件二家族用住宅を買い受けた。被告らは、一〇年以上前から本件二家族用住宅の一階に所在する本件住居の賃借人であった。

原告（賃貸人）らは、強制競売法の規定を援用して、一九八八年九月一二日付の書面をもって、一九八九年九月三〇日付で、被告らとの本件使用賃貸借関係を解約告知した。原告らは、補足的に、本件解約告知の根拠を「自己必要」にも求めた。これに対して、被告らは、七二歳になる被告（夫）の高齢、そのほかに、被告（夫）は脊柱の損傷、ひざの関節の磨損、肝臓の損傷、血行不全という健康上の侵害があることを理由として本件解約告知に異議を述べたのである。

［判決理由］

区裁判所は、結論として、「本件明渡しの訴えは理由づけられていた。被告らは、原告らに対して、一九八九年九月三〇日付で……本件住居の明渡しと返還を義務づけられていた」(336)、と判断した。

その判決理由において、区裁判所は、はじめに、「自己必要」を理由とする本件解約告知の要件は満たされていたことについて、次のように論じた。

「当事者の間の本件使用賃貸借関係は、原告らによって一九八八年九月一二日付の書面をもって意思表示された本件解約告知によって有効に一九八九年九月三〇日付で終了した。

原告らは、確かに、意思表示された原告らの本件解約告知の根拠をもっぱら強制競売法……にだけ求めることができなかった。

住居使用賃貸借関係の解約告知は、強制競売法……の枠組みにおいても、買受人がBGB五六四b条一項または二項の意味においてその使用賃貸借関係の終了について正当な利益を有しなければならないことを前提とする。

しかし、原告らによって補足的に原告らの本件解約告知の書面において申し立てられ説明されたところの自己必要という解約告知理由は存在した。というのは、原告らは、自己のために自分自身で被告らの本件住居を使用するつもりであるからである。原告らは本件住居を必要とする。というのは、これまで原告らによって使用された住居は……現在の原告らの賃貸人によって同じく自己必要を理由として解約告知されていたからである。それとともに、自己必要を理由とする本件解約告知の要件は、ＢＧＢ五六四ｂ条二項二号にしたがって存在したのである」[337]。

さらに、区裁判所は、賃貸人らの利益と賃借人らの利益とのあいだの比較衡量において、賃借人らにとっての「苛酷さ」を否定した。そのとき、区裁判所は、本件において、賃貸人らの利益は少なくとも賃借人らの利益と同価値であると判断されなければならなかったこと、そして、賃貸人らの利益と賃借人らの利益が同価値で相対峙する場合賃貸人らの明渡しについての利益が優先することを論じたのである。すなわち、次のような論述であった。

「被告らがＢＧＢ五五六ａ条にしたがって本件使用賃貸借関係が期間の定めなく継続するという確認を求めた限りで言えば、このことに応じられることはできなかった。

……

ＢＧＢ五五六ａ条にしたがって当裁判所によって行われた利益の比較衡量は、結論として、本件使用賃貸借関係の終了は確かに被告らにとってひとつの苛酷さを意味したが、しかし、原告らの正当な利益がこのことを正当化したということに行き着いた。

当裁判所は、その際、被告らにとって有利な結果になるように、被告（夫）の高齢、ならびに、被告（夫）によって申し立てられた健康上の損傷を考慮に入れた。

……

したがって、被告らにとって有利な結果になるように、被告らの高齢、および、被告（夫）の健康上の体質だけが残る場合に、このことに、家族の自宅を構えること、ならびに、本件建物の取得のための相当な経済的な支出についての原告らの利益が対立した。さらに、原告らが、原告らに対して意思表示された解約告知にもとづいて、自分自身……住居のない状態になることがつけ加わった。

当裁判所の見解にしたがって、その理由から、原告らの利益は少なくとも被告らの利益と同価値であると判断されなければならなかった。特に、とりわけ高齢に起因する被告（夫）の苦労は、当裁判所の見解にしたがって、被告らの転居を排除しなかった。結論として、賃貸人の利益と賃借人の利益が同価値で相対峙する場合賃貸人の明渡しについての利益が優先するのである」(338)。

第四に、カイザースラウテルン地方裁判所一九九〇年五月二九日判決をみておきたい。

【51】カイザースラウテルン地方裁判所一九九〇年五月二九日判決(339)

［事案の概要と経緯］

被告らは、本件住居（二戸建て住宅の半分）の賃借人であった。原告（賃貸人）は、「自己必要」を理由として、被告らとの本件使用賃貸借関係を解約告知した。原告の妻は、少しずつ現れる重い病気に苦しんでいたことから、援助する人が近くにいなければならなかった。原告の娘が、被告らの本件住居に入居するということになり、原告の妻を援助するという理由であった。

これに対して、被告らは、次のように主張した。すなわち、原告は、被告らの入居のときに、かなり長い期間の間賃貸するつもりであると述べた。そのことから、被告らは、本件住居のために高い投資をもたらした。さらに、本件住居の明渡しは、被告らに要求されることができなかった。というのは、被告（女性）は臨月間近であったし、被告（男性）は筆記試験等に対する準備をしなければならなかったからである。

区裁判所は、次のような理由にもとづいて、本件明渡しの訴えを認容した。すなわち、その娘に被告らの本件住居を委譲するという原告の意思は、正当と認められる賃貸人の取戻しについての利益を意味した。さらに、被告らは、BGB旧五五六a条一項にしたがって本件使用賃貸借関係の継続を請求することができなかった。職業教育における試験、および、妊娠状態は、通常の生活の出来事を意味した。このことによるある程度の侵害は、一九九〇年四月三〇日までの明渡期間を認めることによって相当に考慮に入れられることができたのである。

これに対して、被告らは、地方裁判所に控訴したのである。

［判決理由］

地方裁判所は、結論として、「被告らの本件控訴は、本件において、区裁判所によって一九九〇年四月三〇日まで認められた期間を超えて、一九九〇年七月三一日までの明渡期間が承認されなければならなかったという成果だけをもった」(340)、と判断し、被告らの本件控訴を棄却した。

その判決理由において、地方裁判所は、はじめに、「自己必要」を理由とする本件解約告知は本件使用賃貸借関係を終了させたことについて、次のように論じた。

「原告は、被告らに対して……本件住居の明渡しと返還に対する請求権を有した。というのは、一九八九年九月二六日の原告の通常の本件解約告知は、被告らの異議にもかかわらず、一九八九年一二月三一日付で、当事者の本件使用賃貸借関係を終了させたからである。被告らは、原告の娘がその婚約者とともに本件住居に入居するつもりであるという理由において……はっきりとBGB五六四b条一項、二項二号の意味における本件使用賃貸借関係の終了についての正当な利益を原告に認めた。原告は、その理由（娘のための自己必要）を一九八九年九月二六日付の本件解約告知の書面においても申し立てた。それに加えて原告によって申し立てられた解約告知の理由（差し迫った病気の場合において原告の妻のために救急医が呼び寄せられることを保障するところの監督者のための居住の必要）が存在したのかどうかという点は未決定のままでありうる。いずれにせよ、原告の妻は病気であった。……長い間の病気のために、原告、原告の妻、および、原告の娘は、原告の娘が両親のもとで（被告らに賃貸された本件二戸建て住宅の半分において）住居を利用し、母親を援助することについて利益を有した。この状況は、少なくとも、被告らによって正当と認められた自己必要に強められた重みを与えたのである」(341)。

さらに、地方裁判所は、賃貸人の利益と賃借人らの利益とのあいだの比較衡量において、賃借人らにとっての「苛酷さ」を否定した。そのとき、地方裁判所は、本件において、せいぜいのところ賃借人らにとって有利な結果になるように対立している利益の等価値から出発されることができたこと、そして、そのような事案においては賃貸人の明渡しについての利益が優先することを論じたのである。すなわち、次のような論述であった。

「被告らは、原告の自己必要に対して、本件使用賃貸借関係の継続に対する請求権を申し立てることができなかった。というのは、住居の交替は、今や被告らにとって必然的に転居による通例の侵害の領域を凌駕しその理由から賃借人に要求できなかったところの不利益をもはやともなわなかったからである。この点では被告らによって第二審においてなお申し立てられた理由（被告・一の妊娠状態と出産）、帝王切開、一九九〇年三月二〇日までの病院滞在、一九九〇年四月まで続いている被告・二の試験は、確かに少し前まで注目すべきものであったが、しかし、今や時の経過によって片がついた。少なくとも、被告らにとって、本件使用賃貸借関係の契約にしたがった終了と同時に現れる苛酷さは、その間に時の経過によって、BGB五五六a条、五六四b条にしたがって命じられる利益の比較衡量の枠組みにおいて、その苛酷さについての理由が、本件住居を自由に使えるようにすることについての原告の正当な利益よりももはやより重大であるように思われないというほどに和らげられていた。被告・二は、一九九〇年四月一一日に最後の筆記試験を終えた。被告・一は、出産し、一九九〇年三月三一日に病院から退院した。被告・一が一九九〇年五月七日付の医師の診断書にしたがって一九九〇年六月のはじめまで転居を克服することができないことは、その苛酷さが和らげられていたことの妨げになっていなかった。というのは、被告らは、その診断書において前提とされたところの場合によっては健康を危うくする転居のときの被告・一の身体的な協力を補助員の助力を得ることによって回避することができるからである。当事者が一九八八年五月二日の本件使用賃貸借契約の締結のときに一致してかなり長期の使用賃貸借関係から出発し、被告らが本件住居のために八つのドアをもった戸棚を購入し、システムキッチンを寸法に合わせて作らせたという事実を考慮に入れても、BGB五五六a条、五六四b条にしたがって行われなければならないところの本件使用賃貸借関係の終了もしくは継続についての当事者の利益の比較衡量は、原告の通常の本件解約告知がいずれにせよ現時点において社会的に正当化されていることを明らかにした。せいぜいのところ被告らにとって有利な結果になるように対立している利益の等価値から出発されることができた。そのような事案においては賃貸人の明渡しについての利益が優先する。相当な代替住居が要求できる条件で調達されることができないことは、本件において問題になっていなかった。支配的な見解にしたがっても、代替住居を得ようと努めるという賃借人の義務は、解約告知を受け取るとともにはじまる。それにしたがって、一九九〇年四月になってから苛酷さの脱落が予想できたところの被告らは、十分に代替住居を得ようと努める時間と機会をもった。その理由から、BGB五五六a条……にしたがった本件使用賃貸借関係の延長は拒絶されなければならなかったのである」[342]。なお、地方裁判所は、「しかし、民事訴訟法七二一条一項にしたがって職権上相当な明渡期間が被告らに認められなければならなかった」[343]ことにも付言した。

第五に、ベルリン地方裁判所一九九〇年八月一三日判決をみておきたい。

【52】ベルリン地方裁判所一九九〇年八月一三日判決[344]

[事案の概要と経緯]

原告は、一九七七年に、退職後の隠栖の地として、賃貸されていた本件住居（住居所有権）を取得した。被告（賃借人）は、本件住居に一六年を超えて定着していた。その後、原告（賃貸人）は、「自己必要」を理由として、被告との本件使用賃貸借関係を解約告知した。というのは、原告は、高齢および健康上の侵害という理由から原告の管理人の仕事を放棄する差し迫った利益を有したが、これは、必然的に、原告がこれまで居住していた管理人の社宅を明け渡さなければならないことになったからである。これに対して、被告は、同じく高齢および健康上の侵害等を理由として、BGB旧五五六a条にしたがって本件解約告知に異議を述べたのである。

[判決理由]

地方裁判所は、結論として、原告の本件明渡しの訴えを認容した。

その判決理由において、地方裁判所は、はじめに、賃貸人は、本件において「自己必要」を引き合いに出すことができたことについて、次のように論じた。

「区裁判所は、的確に、原告がBGB五六四b条二項二号の意味における自己必要を引き合いに出すことができたことを確認した。原告は、原告の明渡請求のために……筋の通り、あとづけることができる理由を有しただけではなかった。そのことを超えて、原告は、高齢および健康上の理由から原告の管理人の仕事を放棄する差し迫った利益を有した。これは、必然的に、原告がこれまで居住していた管理人の社宅を明け渡さなければならないことになった。

……また、原告が自分自身の行動によって管理人の仕事の終了および管理人の社宅の明渡しの必然性をもたらしたことが原告に負わされることもできなかった。本件の自己必要は、原告とその妻の個人的な事情にその根拠があった。特に、彼らの高齢、および、彼らの相当な健康上の侵害にその根拠があったのである」(345)。

さらに、地方裁判所は、賃貸人の利益と賃借人の利益とのあいだの比較衡量において、賃借人にとっての「苛酷さ」を否定した。そのとき、地方裁判所は、本件において賃借人の側における「苛酷さ」についての理由は賃貸人の「正当な利益」よりも優位を占めていなかったこと、そして、賃貸人の利益と賃借人の側における「苛酷さ」についての理由が均衡して相対峙するときに賃借人は有効にその解約告知に異議を述べることができないことを論じたのである。すなわち、次のような論述であった。

「区裁判所は、的確に、原告の事情にBGB五五六a条一項の意味における普通でない特別な苛酷さの受入れを正当化するところの被告の側における個人的な事情が対峙することを確認した。被告の高齢および相当にそこなわれた健康、ならびに、被告が現在の本件住居と周辺の地域に一六年を超えて定着していたことが、本件住居の明渡しと対立する重大な理由を意味することは疑念を抱く余地がなかった。被告による本件住居の明渡しが、なおこれ以上の重大な健康的、精神的な障害に行き着くという重大な危険が存在した。

それにもかかわらず、入念な利益の比較衡量は、全部の事情を評価して原告の正当な利益に優位が認められなければならないということに行き着いた。原告とその妻は、彼らの側で、高齢の状態にあり、健康的に重大に侵害されていた。引き続いての管理人の仕事が一般になお可能であった場合には、その仕事は同じくなおこれ以上の重大な健康上の損害の危険を必然的にともなうであろう。原告とその妻は、認められた事情のもとで、ほかの住居を探すという選択の余地だけを有した。このことは、被告の側に存在する特別な苛酷さにもかかわらず原告らに要求できなかった。原告は、本件住居を退職後の隠栖の地として取得した。定年に到達したことだけが、被告の側における特別な苛酷さにかんがみて、自己の住居を今や要求する権利を原告に与えるのかどうかという点は未決定のままでありうる。というのは、いずれにせよ原告とその妻の健康上の侵害は、少なくとも本件住居の利用について同じく重大な利益を理由づけたからである。原告とその妻の健康上の侵害は、一時的な解決としての第三の住居への転居を許容しなかった。原告が彼の職業にもとづいて容易に解約告知できる管理人の社宅に居住していたという事情は、原告の状況を特別に困難にすることに行き着いた。そのことから、自己の住居所有権を利用することについての原告の正当な利益は、本件住居にひき続いて居住するという被告の正当な利益と同じように重みをもっていた。使用賃貸借法において、および、基本法（一四条）によって、所有権の社会的な拘束にもかかわらず法秩序を通して特別な保護を受けるところの所有権が原告に味方する。所有権を引き合いに出すことが使用賃貸借法によって認められた制限の枠組みにおいて正当でないように思わせるところの非難することのできる事情が原告に負わされることはできなかった。一九七七年に賃貸されていた本件住居所有権を取得したことが、正当で差し迫った自己必要を理由づけるところの原告によってひき起こされたのではない事情が生じた場合に、自己の所有権の行使について原告を妨げることはできなかったのである。

このような比較衡量にもとづいて、当部は、被告の側における苛酷さについての理由は原告の正当な利益よりも優位を占めていなかったという確信に達した。その場合に、当部は、被告にとっての場合によっては重大な結果を見誤らなかった。賃貸人の利益と賃借人の側における苛酷さについての理由が均衡して相対峙するときに賃借人は有効にその解約告知に異議を述べることができないのである」(346)。

第六に、ハノーファー地方裁判所一九九一年九月五日判決(347)をみておきたい。

判例集には次の論述だけが掲載されているが、その判決理由において、地方裁判所は、次のように論じたのである。

「社会的条項の適用の枠組みにおいて評価されなければならないところの両方の側の正当な利益は同等であることが明らかになった。そのような状況の場合には、利益の比較衡量は結果において結局は所有権者もしくは賃貸人にとって有利な結果にならなければならない。両方の側の利益が同等な場合に賃貸人を優先させるための決定的な観点は、結局は憲法にしたがって保障された所有権の保護にその根拠がある。社会的な義務性の観点に所有権それ自体よりもより大きな意義を認めるつもりであるならば、所有権は許容できないやり方において空洞化されるであろう」[348]。

第七に、ハンブルク地方裁判所二〇一三年二月一四日判決をみておきたい。

【53】ハンブルク地方裁判所二〇一三年二月一四日判決[349]

［事案の概要と経緯］

被告らは、本件建物の一階と半地階に所在する本件住居の賃借人であった。原告（賃貸人）らは、「自己必要」を理由として、被告らとの本件使用賃貸借関係を解約告知した。原告らは、原告・一の夫の健康状態の悪化にもとづいて本件住居の利用に頼らざるを得ないという理由であった。これに対して、被告らは、高齢、長い居住期間、および、被告・一の夫の病気を理由として、BGB五七四条にしたがって本件使用賃貸借関係の継続を請求したのである。

区裁判所は原告らの本件明渡しの訴えを棄却したため、原告らは、地方裁判所に控訴したのである。

［判決理由］

地方裁判所は、結論として、「原告らの本件控訴は、許容しうるし……ことがらにしたがっても理由づけられていた。

原告らは、被告らに対して……本件賃貸住居の返還を請求することができる。というのは、当事者を結びつけている本件使用賃貸借関係は、法的に有効に、二〇一一年四月四日付の書面をもって、BGB五七三条一項にしたがって二〇一一年一二月三一日付で終了させられていたからである」[350]、と判断した。

その判決理由において、地方裁判所は、はじめに、本件使用賃貸借関係の終了についての賃貸人らの「正当な利益」が認められることについて、次のように論じた。

「その使用賃貸借関係の終了についての賃貸人の正当な利益は、BGB五七三条二項二号にしたがって、特に、賃貸人が自己その家族構成員またはその世帯構成員のためにそれらの空間を住居として必要とする場合にも存在する。

その際、裁判例は、賃貸人が、その利用の願望をあとづけることができると思わせしめるところのその住居の利用のための筋の通った理由を有することを要求する。その事情は本件事案においても存在した。原告らは、当事者としての聴聞のときに、あとづけることができるように、原告らが差し迫って本件建物の一階と半地階に所在する本件住居の利用に頼らざるを得ないことを説明した。原告・一の夫は……医師の診断書にもとづいて、二〇〇三年以来……機能的な失明、ならびに、空間認識と身体的な知覚の激しい障害に行き着くところの中枢の神経系についての……神経医学上の病気に苦しんでいた。原告・一の夫の病気は、原告・一があとづけることができるように申し立てたように、二〇〇六年以来少しずつ高められた。二〇一一年の夏に、原告・一の夫の健康状態は、敗血症によって、なおさらに続けて悪化した。原告・一は、そのことを超えて、納得のゆくように、原告・一が一階をバリアフリーに改造し、そこに世話人を居住させることを意図したことを申し立てた。このことは上階の住居において可能ではなかった。……庭へのバリアフリーの通路は、わずかな改造措置によって達成されることができる。上階の住居からは、このことは階段があるために可能ではなかった。

証人は、二〇一三年一月一〇日の口頭弁論における証言によって、原告らの自己使用の願望の真摯さを証明した。証人は、委曲を尽くして、かつ、信用する価値のあるように、原告・一がすでに二〇一〇年に原告・一の夫とともに一階の本件住居に入居するつもりであると証人に述べたことを説明した。その際、証人は、計画された改造、特に、原告・一の夫のためのシャワーの取りつけ、台所の取りつけ、ならびに、世話人が居住することができるところのひとつの部屋の改修のためのかなり詳しい申立てをも行うことができたのである」(351)。

さらに、地方裁判所は、賃貸人らの利益と賃借人らの利益とのあいだの比較衡量において、賃借人らにとっての「苛酷さ」を否定した。そのとき、地方裁判所は、本件においてせいぜいのところ賃借人らはBGB五七四条にしたがった契約の継続を引き合いに出すことができないことに行き着くところの、両方の側の利益がおおよそ等しく重要であることから出発されなければならなかったこと、そして、BGB五七四条にしたがった契約の継続は、利益の比較衡量の実行にしたがって、賃借人のその住居を維持するという利益に明確に優位が当然与えられるべきであるという場合においてだけ考慮に値すること、および、裁判例と文献においては、両当事者の利益が等しく重要であるという場合においてさえも、賃貸人の取戻しについての利益に優位が認められなければならないことが正当と認められていることを論じたのである。すなわち、次のような論述であった。

「……被告らは、原告らに対して、BGB五七四条一項にしたがって本件使用賃貸借関係の継続を請求することもできなかった。その請求は、その使用賃貸借関係の終了が、賃借人にとって、賃貸人の正当な利益を評価しても正当化されることができないところの苛酷さを意味することを前提とする。本件においては、このことから出発されることができなかった。

……当部は、被告らの高齢、本件建物における被告らの長い居住期間、ならびに、両方の被告らの健康、特に、被告・二の健康もまた損なわれているし、被告・一がずっと以前から彼女の夫を世話しなければならなかったという事情をも見誤らなかった。

しかし、BGB五七四条にしたがった契約の継続は、利益の比較衡量の実行にしたがって、賃借人の（その住居を）維持するという利益に明確に優位が当然与えられるべきであるという場合においてだけ考慮に値する。裁判例と文献においては、両当事者の利益が等しく重要であるという場合においてさえも、賃貸人の取戻しについての利益に優位が認められなければならないことが正当と認められている。きわめてはなはだしく世話を必要とするという原告・一の夫の利益、および、一階の本件住居への転居によってその居住環境を改善するという努力に対して、被告らの利益に優位が認められなければならなかったことは受け入れられることができなかった。本件においてせいぜいのところ結果において被告らはBGB五七四条にしたがった契約の継続を引き合いに出すことができないことに行き着くところの、両方の側の利益がおおよそ等しく重要であることから出発されなければならなかったのである」[352]。

なお、地方裁判所は、「すべての事情を考慮に入れて、民事訴訟法七二一条にしたがって被告らには二〇一三年一〇月三一日までの明渡期間が認められなければならなかった」[353]ことにも付言した。

(113) BVerfG WuM 1993, 172.

(114)　基本法一〇三条一項は、「裁判所においては、何人も、法的聴聞を請求する権利を有する」（初宿正典訳『ドイツ連邦共和国基本法』信山社、二〇一八年、六九頁）、という法規範である。
(115)　基本法二条二項は、「何人も、生命への権利及び身体を害されない権利を有する。人身の自由は、不可侵である。これらの権利は、法律の根拠に基づいてのみ、これに介入することが許される」（初宿・前掲注（114）二頁）、という法規範である。
(116)　BVerfG WuM（Fn.113）, S.174.
(117)　BVerfG WuM（Fn.113）, S.174.
(118)　BVerfG WuM（Fn.113）, S.174.
(119)　BVerfG WuM（Fn.113）, S.174.
(120)　BVerfG WuM（Fn.113）, S.174f.
(121)　BerlVerfGH NZM 2003, 593.
(122)　BerlVerfGH NZM（Fn.121）, S.593.
(123)　BerlVerfGH NZM（Fn.121）, S.594.
(124)　BerlVerfGH NZM（Fn.121）, S.594.
(125)　BerlVerfGH NZM（Fn.121）, S.594.
(126)　BGH NJW 2017, 1474.
(127)　BGH NJW（Fn.126）, Rn.31.
(128)　ＢＧＢ五七三条三項一文は、「賃貸人の正当な利益に関する理由は、その解約告知の書面において申し立てられなければならない」、という規定である。
(129)　BGH NJW（Fn.126）, Rn.6-11.
(130)　BGH NJW（Fn.126）, Rn.12.
(131)　BGH NJW（Fn.126）, Rn.13.
(132)　BGH NJW（Fn.126）, Rn.14-22.
(133)　BGH NJW（Fn.126）, Rn.23.
(134)　BGH NJW（Fn.126）, Rn.24.
(135)　BGH NJW（Fn.126）, Rn.25-30.
(136)　BVerfG NJW-RR 1993, 1358.

(137) 基本法一四条一項一文は、「所有権および相続権は、保障される」、という法規範である。
(138) BVerfG NJW-RR (Fn.136), S.1358.
(139) BVerfG NJW-RR (Fn.136), S.1358.
(140) BVerfG NJW-RR (Fn.136), S.1358.
(141) BVerfG GE 1999, 834.
(142) BVerfG GE (Fn.141), S.834.
(143) BVerfG GE (Fn.141), S.834f.
(144) BVerfG GE (Fn.141), S.835.
(145) BVerfG GE (Fn.141), S.835.
(146) BGH WuM 2005, 136.
(147) BGH WuM (Fn.146), S.137.
(148) BGH WuM (Fn.146), S.137.
(149) BGH WuM (Fn.146), S.137.
(150) BerlVerfGH NZM 2014, 784.
(151) ベルリン憲法二三条一項一文は、基本法一四条一項一文と同じように、「所有権は、保障される」、という法規範である。
(152) BerlVerfGH NZM (Fn.150), S.785.
(153) BerlVerfGH NZM (Fn.150), S.785.
(154) BerlVerfGH NZM (Fn.150), S.785f.
(155) BayObLG NJW 1970, 1748.
(156) BayObLG NJW (Fn.155), S.1749f.
(157) AG Waldshut-Tiengen NJW 1990, 1051.
(158) 本判決の当時、ＢＧＢ旧五六四c条一項一文によると、期間の定めのある住居使用賃貸借関係において、賃借人は、賃貸人がその使用賃貸借関係の終了について「正当な利益」を有しないときには、遅くともその使用賃貸借関係の終了の二ヶ月前に、賃貸人に対する書面による意思表示により、期間の定めなくその使用賃貸借関係の継続を請求することができるのであり、この場合、ＢＧＢ旧五六四b条が準用される（ＢＧＢ旧五六四c条一項二文）、とされていた。この点については、拙著・前掲注（9）一五四頁以下参照。

(159) AG Waldshut-Tiengen NJW (Fn.157), S.1051f.
(160) AG Waldshut-Tiengen NJW (Fn.157), S.1052.
(161) LG Koblenz WuM 1990, 20.
(162) LG Koblenz WuM (Fn.161), S.20.
(163) LG Koblenz WuM (Fn.161), S.20.
(164) LG Koblenz WuM 1991, 267.
(165) LG Koblenz WuM (Fn.164), S.267.
(166) LG Koblenz WuM (Fn.164), S.267.
(167) LG Koblenz WuM (Fn.164), S.267f.
(168) LG Lübeck WuM 1993, 613.
(169) LG Lübeck WuM (Fn.168), S.613f.
(170) LG Lübeck WuM (Fn.168), S.614.
(171) LG Lübeck WuM (Fn.168), S.614f.
(172) LG Essen WuM 2000, 357.
(173) LG Essen WuM (Fn.172), S.357.
(174) LG Essen WuM (Fn.172), S.357f.
(175) LG Oldenburg DWW 1991, 240.
(176) LG Oldenburg DWW (Fn.175), S.240.
(177) LG Oldenburg DWW (Fn.175), S.240f.
(178) LG Hamburg WuM (Fn.14).
(179) LG Hamburg WuM (Fn.14), S.238.
(180) LG Hamburg WuM (Fn.14), S.238f.
(181) LG Oldenburg WuM 1991, 346.
(182) LG Oldenburg WuM (Fn.181), S.346.
(183) LG Oldenburg WuM (Fn.181), S.346.
(184) LG Berlin GE 1992, 103.

(185) LG Berlin GE (Fn.184), S.103.
(186) LG Berlin GE (Fn.184), S.103f.
(187) 現行ＢＧＢ五七三条三項に対応する。同規定については、注(128)参照。
(188) LG Berlin GE (Fn184), S.103.
(189) LG Berlin GE (Fn.184), S.105.
(190) LG Kempten WuM 1994, 254.
(191) 本判決の当時、ＢＧＢ旧五六四ｂ条四項一号によると、賃貸人は、賃貸人自身によって居住されたところの二つより多くない住居を備えた居住用建物に所在する住居に関する使用賃貸借関係を、ＢＧＢ旧五六四ｂ条一項（賃貸人は、その使用賃貸借関係の終了について、正当な利益を有するときにのみ、住居に関する使用賃貸借関係を解約告知することができるという規定）の要件が存在しないときにも、解約告知することができる、と規定されていた。
(192) LG Kempten WuM (Fn.190), S.255.
(193) LG Kempten WuM (Fn.190), S.255.
(194) LG Kempten WuM (Fn.190), S.255.
(195) LG Kempten WuM (Fn.190), S.255f.
(196) 基本法二条一項は、「何人も、他人の権利を侵害せず、かつ、憲法適合的秩序又は道徳律に違反しない限りにおいて、自己の人格を自由に発展させる権利を有する」（初宿・前掲注(114)二頁）、と規定する。
(197) LG Kempten WuM (Fn.190), S.256f.
(198) LG Kempten WuM (Fn.190), S.257.
(199) BVerfG WuM (Fn.190), S.257.
(200) AG Schöneberg GE (Fn.57).
(201) この解約告知が、本件において審理の対象とされた。以下、本件解約告知という。
(202) AG Schöneberg GE (Fn.57), Rn.28.
(203) AG Schöneberg GE (Fn.57), Rn.29.
(204) AG Schöneberg GE (Fn.57), Rn.33.
(205) AG Schöneberg GE (Fn.57), Rn.34.
(206) AG Schöneberg GE (Fn.57), Rn.35.

(207) AG Schöneberg GE (Fn.57), Rn.37.
(208) AG Schöneberg GE (Fn.57), Rn.37.
(209) 基本法六条一項は、「婚姻及び家族は、国家秩序の特別の保護を受ける」（初宿・前掲注 (114) 三頁）、という法規範である。
(210) AG Schöneberg GE (Fn.57), Rn.38.
(211) AG Schöneberg GE (Fn.57), Rn.40.
(212) AG Schöneberg GE (Fn.57), Rn.42.
(213) AG Schöneberg GE (Fn.57), Rn.43.
(214) 基本法一条一項は、「人間の尊厳は不可侵である。これを尊重し、かつ、これを保護することは、すべての国家秩序の義務である」（初宿・前掲注 (114) 二頁）、という法規範である。
(215) AG Schöneberg GE (Fn.57), Rn.43-44.
(216) AG Schöneberg GE (Fn.57), Rn.45-51.
(217) AG Schöneberg GE (Fn.57), Rn.53.
(218) AG Schöneberg GE (Fn.57), Rn.54.
(219) LG München I NZM (Fn.60).
(220) LG München I NZM (Fn.60), S.639.
(221) LG München I NZM (Fn.60), S.639.
(222) LG München I NZM (Fn.60), S.640.
(223) LG München I NZM (Fn.60), S.640.
(224) LG München I NZM (Fn.60), S.640f.
(225) LG München I NZM (Fn.60), S.641.
(226) LG Lübeck WuM (Fn.63).
(227) LG Lübeck WuM (Fn.63), S.98.
(228) BGHZ 103, 91. 連邦通常裁判所一九八八年一月二〇日決定については、拙著・前掲注（3）三三頁以下等参照。
(229) LG Lübeck WuM (Fn.63), S.97f.
(230) この点については、Ⅱの二の1の（3）において考察する。
(231) LG Lübeck WuM (Fn.63), S.98f.

(232) 基本法一三条一項は、「住居は不可侵である」（初宿・前掲注（114）八頁）、という法規範である。
(233) 地方裁判所は、ここで、すでに取り上げたところのハンブルク地方裁判所一九八八年一二月一三日判決（裁判例【22】）、オルデンブルク地方裁判所一九九一年二月七日判決（裁判例【23】）等を引用裁判例として掲げた。
(234) LG Lübeck WuM (Fn.63), S.99f.
(235) LG Lübeck WuM (Fn.63), S.100.
(236) LG Berlin WuM (Fn.66).
(237) LG Berlin WuM (Fn.66), S.440.
(238) LG Berlin WuM (Fn.66), S.440f.
(239) LG Berlin WuM (Fn.66), S.441.
(240) LG Berlin WuM (Fn.66), S.442.
(241) この点については、Ⅱの二の1の（3）において考察する。
(242) LG Berlin WuM (Fn.66), S.442f.
(243) LG Berlin WuM (Fn.66), S.443.
(244) LG Berlin WuM (Fn.66), S.443.
(245) LG Berlin WuM (Fn.69).
(246) LG Berlin WuM (Fn.69), S.180.
(247) LG Berlin WuM (Fn.69), S.180ff.
(248) LG Berlin WuM (Fn.69), S.182.
(249) AG Berlin-Mitte WuM 2016, 568.
(250) AG Berlin-Mitte WuM (Fn.249), S.569.
(251) AG Berlin-Mitte WuM (Fn.249), S.569.
(252) AG Berlin-Mitte WuM (Fn.249), S.569.
(253) 基本法一四条二項、すなわち、「所有権は、義務づけられる。所有権の行使は、同時に、公共の福祉に役立つべきである」、という法規範を指すと考えられる。
(254) AG Berlin-Mitte WuM (Fn.249), S.569.
(255) AG Berlin-Mitte WuM (Fn.249), S.569f.

(256) AG Berlin-Mitte WuM (Fn.249), S.570.
(257) AG Berlin-Mitte WuM (Fn.249), S.570.
(258) 拙著『住居の賃貸借と経済的利用の妨げ―ドイツ裁判例研究からの模索―』(日本評論社、二〇一九年)一〇八―一一一頁、一四二―一四四頁参照。
(259) AG Bad Homburg WuM 1989, 303.
(260) AG Bad Homburg WuM (Fn.259), S.303.
(261) 前掲注(258)。
(262) AG Bad Homburg WuM (Fn.259), S.303.
(263) LG Düsseldorf WuM (Fn.20).
(264) LG Düsseldorf WuM (Fn.20), S.37.
(265) LG Düsseldorf WuM (Fn.20), S.37.
(266) LG München I WuM 1994, 538.
(267) LG München I WuM (Fn.266), S.539.
(268) LG München I WuM (Fn.266), S.538.
(269) LG München I WuM (Fn.266), S.538.
(270) AG Leverkusen WuM 1993, 124.
(271) AG Leverkusen WuM (Fn.270), S.124.
(272) AG Leverkusen WuM (Fn.270), S.124.
(273) AG Leverkusen WuM (Fn.270), S.124f.
(274) LG Köln WuM 1993, 675.
(275) LG Köln WuM (Fn.274), S.675.
(276) LG Köln WuM (Fn.274), S.675.
(277) AG Köln WuM 1997, 495.
(278) AG Köln WuM (Fn.277), S.495.
(279) AG Köln WuM (Fn.277), S.495.
(280) AG Köln WuM (Fn.277), S.495f.

(281) LG Zwickau WuM 1998, 159.
(282) LG Zwickau WuM (Fn.281), S.159.
(283) LG Zwickau WuM (Fn.281), S.159f.
(284) AG Witten ZMR 2007, 43.
(285) AG Witten ZMR (Fn.284), S.44.
(286) AG Witten ZMR (Fn.284), S.44f.
(287) AG Berlin-Mitte WuM 2013, 746.
(288) AG Berlin-Mitte WuM (Fn.287), S.747.
(289) AG Berlin-Mitte WuM (Fn.287), S.748.
(290) LG Siegen WuM 1990, 23.
(291) LG Siegen WuM (Fn.290), S.23.
(292) LG Siegen WuM (Fn.290), S.24.
(293) 連邦憲法裁判所一九八九年二月一四日判決については、注(18)参照。
(294) LG Siegen WuM (Fn.290), S.23f.
(295) LG Siegen WuM (Fn.290), S.24.
(296) LG Siegen WuM (Fn.290), S.24f.
(297) AG Stuttgart WuM 1989, 297.
(298) AG Stuttgart WuM (Fn.297), S.297.
(299) AG Stuttgart WuM (Fn.297), S.297.
(300) AG Stuttgart WuM (Fn.297), S.297.
(301) AG Stuttgart WuM (Fn.297), S.297f.
(302) LG Hannover WuM 1990, 305.
(303) LG Hannover WuM (Fn.302), S.306.
(304) LG Hannover WuM (Fn.302), S.306.
(305) LG Hannover WuM (Fn.302), S.306.
(306) AG Lübeck WuM 2003, 214.

(307) AG Lübeck WuM（Fn.306）, S.215.
(308) AG Lübeck WuM（Fn.306）, S.215.
(309) AG Lübeck WuM（Fn.306）, S.215.
(310) AG Lübeck WuM（Fn.306）, S.215.
(311) LG Coburg WuM（Fn.36）.
(312) LG Coburg WuM（Fn.36）, S.27.
(313) LG Freiburg WuM 1990, 209.
(314) LG Freiburg WuM（Fn.313）, S.209.
(315) LG Freiburg WuM（Fn.313）, S.209.
(316) LG Bochum NZM 1999, 902.
(317) LG Bochum NZM（Fn.316）, S.906.
(318) LG Bochum NZM（Fn.316）, S.902.
(319) LG Bochum NZM（Fn.316）, S.903f.
(320) LG Bochum NZM（Fn.316）, S.904.
(321) LG Bochum NZM（Fn.316）, S.904f.
(322) LG Bochum NZM（Fn.316）, S.905.
(323) LG München I ZMR 2013, 198.
(324) LG München I ZMR（Fn.323）, S.198.
(325) LG München I ZMR（Fn.323）, S.198f.
(326) LG München I ZMR（Fn.323）, S.199.
(327) LG Köln ZMR 1976, 148.
(328) LG Köln ZMR（Fn.327）, S.148.
(329) LG Köln ZMR（Fn.327）, S.148.
(330) LG Köln ZMR（Fn.327）, S.148f.
(331) AG Bergisch Gladbach WuM 1989, 412.
(332) AG Bergisch Gladbach WuM（Fn.331）, S.412.

(333) AG Bergisch Gladbach WuM (Fn.331), S.413.
(334) AG Bergisch Gladbach WuM (Fn.331), S.413.
(335) AG Coesfeld DWW (Fn.45).
(336) AG Coesfeld DWW (Fn.45), S.230.
(337) AG Coesfeld DWW (Fn.45), S.230.
(338) AG Coesfeld DWW (Fn.45), S.230f.
(339) LG Kaiserslautern WuM 1990, 446.
(340) LG Kaiserslautern WuM (Fn.339), S.446.
(341) LG Kaiserslautern WuM (Fn.339), S.446.
(342) LG Kaiserslautern WuM (Fn.339), S.446f.
(343) LG Kaiserslautern WuM (Fn.339), S.447.
(344) LG Berlin WuM 1990, 504.
(345) LG Berlin WuM (Fn.344), S.504.
(346) LG Berlin WuM (Fn.344), S.504f.
(347) LG Hannover WuM 1992, 609.
(348) LG Hannover WuM (Fn.347), S.609.
(349) LG Hamburg ZMR 2013, 635 (JURIS).
(350) LG Hamburg ZMR (Fn.349), Rn.8-9.
(351) LG Hamburg ZMR (Fn.349), Rn.10-11.
(352) LG Hamburg ZMR (Fn.349), Rn.14-16.
(353) LG Hamburg ZMR (Fn.349), Rn.17.

2　具体的な利益の比較衡量に関する裁判例

Ⅱの二の1においては、利益の比較衡量の基本的な枠組みにかかわる裁判例を整理・考察したが、次に、具体的な利益の比較衡量に関する裁判例を整理・考察する作業に入ることにする。

ここでは、第一に、生命・身体・健康の侵害が問題とされた事案、第二に、代替住居の調達が問題とされた事案、第三に、経済的な支出が問題とされた事案、および、第四に、その他の利益の侵害が問題とされた事案、という四つの類型に分けて、関係する裁判例を考察することにする。

(1)　生命・身体・健康の侵害が問題とされた事案

第一に、生命・身体・健康の侵害が問題とされた事案を取り上げるが、結論として、賃借人にとっての「苛酷さ」が肯定された事案と否定された事案に分けて考察を進めることにする。

①賃借人にとっての「苛酷さ」が肯定された事案

㋐　まず、生命・身体・健康の侵害が問題とされ、結論として、賃借人にとっての「苛酷さ」が肯定された事案を考察することにする。

第一に、マンハイム地方裁判所一九七〇年二月四日判決をみておきたい。

【54】マンハイム地方裁判所一九七〇年二月四日判決(354)

［事案の概要と経緯］

原告（賃貸人）は、一九六八年九月に、一九六九年四月一日付で、長年にわたる被告（賃借人）らとの本件使用賃貸借関係を解約告知した。被告らは、一九六九年一月二九日に、その理由を申し立てて原告に本件使用賃貸借関係を継続するように頼んだ。それにもかかわらず、原告は、一九六九年四月一七日に本件明渡しの訴えを提起した。

区裁判所は原告の本件明渡しの訴えを認容したため、被告らは、地方裁判所に控訴したのである。

［判決理由］

地方裁判所は、結論として、「原告は、状況にしたがって、被告らによって主張されたところの苛酷さについての理由に相当な配慮をするというBGB五五六a条から導き出される誠実義務に違反した。

区裁判所によって……是認された法的見解に反して、特に、被告・一によって証明された病気が、わずかな年金収入と結びついて、そのことにもとづく転居の困難さに配慮することのない原告の本件明渡請求を正当化されることができない苛酷さであると思わせたことから出発されなければならなかった」[355]、と判断した。

その判決理由において、地方裁判所は、次のように論じることにより、被告（賃借人）・一の継続的な病気が、わずかな年金収入とあいまって、転居することをきわめて困難にしたという点において賃借人らにとっての「苛酷さ」を肯定したのである。

「被告・一は、反論の余地なく、心筋疾患、ならびに、腰と膝の関節症のための重大な歩行困難のために、すでに六三歳で廃疾年金を支給されており、その妻とともに、月あたりおよそ五七〇ドイツマルクの年金収入によって自己の生計費を賄わなければならなかった。これらの事情は、必然的に、結果として、被告らが、彼らの状況に関しても、請求される賃料に関しても、被告らにとって要求できるところの代替住居に頼らざるを得なかったこと、その結果、転居の高められた困難さが克服されなければならなかったことをともなった。それ自体として終了させられた使用賃貸借関係の延長によって、必要とあれば裁判所のそういう趣旨の決定を通してそのような転居の高められた困難さを顧慮することは、BGB五五六a条の社会的条項の目的である。その理由から、被告・一の病気においては継続的な病気にかかわる問題でありその理由から本件使用賃貸借関係の期間の定めのある継続によって被告らが助力されることはできないという理由において被告らの側における苛酷さについての理由は拒絶されなければならないという区裁判所の法的見解にしたがわれることはできなかった。その苛酷さについての理由が単に一時的な性質のものであるのか、または、継続的な性質のものであるのかという問題は、その使用賃貸借関係の継続がどのような期間の間正当化されているように思われるのかという点に関してだけ重要である」(356)。

第二に、ケルン区裁判所一九七四年二月一九日判決をみておきたい。

【55】ケルン区裁判所一九七四年二月一九日判決(357)

［事案の概要と経緯］

原告（賃貸人）は、被告（賃借人）・一と被告・二に対して、原告の本件建物の四階に所在するそれぞれ別の住居を賃貸していた。被告・一の住居（二つの部屋等から構成されていた）は月あたり三〇〇ドイツマルクの賃料で、被告・二の住居は月あたり一五〇ドイツマルクの賃料で賃貸されていた。原告は、その夫と二人の子供らとともに別の一家族用住宅に居住していた。この一家族用住宅は、二つの主要部分から構成されていた。ひとつの翼部において、原告の夫は内科医としての診療を行っていたが、およそ二〇メートルの長さのほかの翼部にはおよそ二〇〇平方メートルの有効面積をもった居住部分があった。原告は、少し前から、個人的な理由にもとづいてその夫と空間的に分離されて夫婦の住居において生活していた。なお、原告は、本件明渡しの訴えを提起したあとでほかの住居に転居した。

原告は、一九七三年二月二〇日付の書面をもって、被告らに対して、一九七三年八月三一日付で、原告が被告らの両方の住居を必要とするという理由づけをもって被告らとの本件使用賃貸借関係を解約告知した。被告らは、本件解約告知に異議を述べ、原告の「自己必要」を否認し、本件使用賃貸借関係の終了は被告らにとって要求できない「苛酷さ」を意味することを引き合いに出した。原告は、被告らに対して原告の母親の建物に所在するほかの住居等を提供した。

原告は、被告らの両方の住居をひとつの住居にまとめ、そこに原告の子供らとともに入居するつもりであり、本件使用賃貸借関係の終了について「正当な利益」を有する、と主張した。原告の夫の将来の妻が訪れることはまれではなかったし、原告の夫はその間に彼の将来の婚姻に対する準備をした。原告の夫とその将来の妻との間の関係がどのようになったのかという点を見なければならないことは、原告にとって要求できなかった。原告は、別居について原告の夫と合意した。

［判決理由］

区裁判所は、結論として、「原告の本件解約告知は無効であった。というのは……正当な利益は証明されていなかったからである。

……

しかし、たとえ原告によって述べられた事情のもとで……正当な利益が肯定されなければならないという見解を是認したとしても、本件訴えは、その場合にも、それにもかかわらず理由づけられていなかった」[358]、と判断した。

その判決理由において、区裁判所は、次のように論じることにより、被告（賃借人）・一にとっての「苛酷さ」を肯定したのである。

「本件住居を維持することについての被告・一の利益は、いずれにせよ……本件使用賃貸借関係の契約にしたがった終了についての原告の利益を凌駕した。本件使用賃貸借関係の予定された時点より以前の終了は、被告・一にとって正当化されることができない苛酷さであった。被告・一は七〇歳であったし、病気であった。被告・一は、明渡しは被告・一にとってその結果として必然的に重大な健康上の損害の危険をともなうことを申し立てた。原告が、そのような事例において正当化されることができない苛酷さはそのうえさらに死が差し迫っていないとしても重大な精神的損害が差し迫っているときにのみ存在すると考えたとすれば、ＢＧＢ五五六ａ条の保護の考えが誤解されるのである」[359]。

第三に、ミュンヘン区裁判所一九八九年四月五日判決をみておきたい。

【56】ミュンヘン区裁判所一九八九年四月五日判決(360)

［事案の概要と経緯］

原告は、強制競売の方法において、一九八八年九月六日の区裁判所の買受決定にもとづいて本件住居の所有者になった。被告ら夫婦は、一九五〇年一〇月一日以来本件住居の賃借人であった。原告（賃貸人）は、その二三歳の息子に住居を得させるために本件住居を買い受けた。原告の息子は出生以来両親のもとで生活し、両親の住居において八・四平方メートルの広さの部屋に居住していた。社会的住居の割当についての原告の息子の努力は成果のないままであった。また、自由な住居市場においても、住居を見出すことは原告の息子にうまくいかなかった。原告の息子は、現在兵役代替社会奉仕勤務を果たしていたが、その終了後に大学で建築の勉学をはじめることを意図していた。建築の勉学は、場所を必要とするところの家でのモデル建造物および設計図の作成とも結びつけられていた。原告の息子は、本件住居に入居する願望をもっていた。原告は、一九八八年九月七日付の書面をもって、「自己必要」を理由として、被告らとの本件使用賃貸借関係を解約告知した。原告は、その息子が生活していたところの狭められた居住関係が「自己必要」を理由とする本件解約告知を正当化する、と考えた。

これに対して、七五歳の被告・二（被告・一の夫）は、一九八八年一二月一四日の生活保障庁の変更決定通知によって九〇パーセント（その前に七〇パーセント）の重度身体障害である、と証明された。その決定通知は、その障害として、特に心臓の機能の低下をともなう冠状血管の心臓病の存在をも確認した。また、被告・一は、七八歳であった。被告らは、住居の交替が強制されることは被告らにとって正当化されることができない「苛酷さ」を意味する、と考えた。被告らは、転居することは、被告・二の生命にとって、その健全でない健康状態にもとづいて差し迫った脅威である、と主張した。また、被告・一も重大な心臓の病気である。被告・一は心臓衰弱であり、それに加えて著しい神経の疲弊状態に苦しんでいた。転居することは、被告・一にとっても生命に差し迫った状態に行き着くであろう。さらに、被告らは、要求できるやり方において代替住居を得ようと努力した、と申し立てた。

［判決理由］

区裁判所は、結論として、「本件使用賃貸借関係は、ＢＧＢ五五六ａ条一項一文、二項一文、三項二文にしたがって期間の定めなく継続されなければならなかった。というのは、本件使用賃貸借関係の終了は、いずれにせよ被告・二にとって原告の利益を評価しても正当化されることができない苛酷さを意味し、その苛酷さについての理由が存在しなくなるのかどうか、および、いつ存在しなくなるのかという点が不確かであったからである」[361]、と判断した。

その判決理由において、区裁判所は、はじめに、原告（賃貸人）の「自己必要」を理由とする本件解約告知は有効であったことについて、次のように論じた。

「被告らは、原告によってその自己必要を裏づけるために申し立てられた事実を……一九八九年四月五日の口頭弁論において争わなかった。これらの事実は、自己必要の存在に対する法的な結論をも正当化する。原告が利用権限のある者としての原告の息子のために本件住居を必要とすることに行き着くところの、筋の通り、あとづけることができる理由が存在した。原告の息子は、両親の住居において、きわめて狭められた空間的関係において居住し、近いうちに高められた空間の必要と同時に現れるところの勉学をはじめるだろう。自分自身の世帯を構えるという二三歳の願望は、いずれにせよこのような背景の前で理解できるものと呼ばれなければならなかった。このことが原告の息子が無償で利用することができるところの本件住居において行われるということになることもまた、理解できるものであった」[362]。

しかし、区裁判所は、原告（賃貸人）の利益と被告（賃借人）らの利益とのあいだの比較衡量において、転居することは被告・二の生命・身体・健康の侵害となる点を重要視して賃借人らにとっての「苛酷さ」を肯定したのである。すなわち、次のような論述であった。

「その際、その利益の比較衡量において、被告らの高齢……ならびに、本件住居および居住地域における対応した定着をともなう三九年という長い使用賃貸借期間に原告の自己必要に対してどのような重要さが帰属するのが当然であるのかという点は未決定のままでありうる。また、相当な代替住居が被告らのために調達できるのかどうか、および、いつ調達できるのかという点も未決定のままでありうる。

いずれにせよ、転居することは見通すことのできる期間の間被告・二の健康状態にもとづいて被告らに要求されることができなかった。

専門的知識をもった証人は、転居することは被告・二にとって生命の危機に瀕していることと結びつけられている、と証言した。証人は、それとともに、被告らの対応した主張を証明した。被告らの主治医としての証人の地位を考慮に入れても、当裁判所には、この結論は被告・二の身体的および精神的な状態から信頼するに足りあとづけることができるように思われた。

証人は、当裁判所において、同じく被告・二の状態を叙述した。当裁判所は、この点では、いずれにせよ本質的な点において九〇パーセントの程度における重度の障害を認定したことに行き着いたところの、一九八八年一二月一四日の生活保障庁の変更決定通知において叙述された被告・二の障害にも依拠することができた。証人の証言、および、引き合いに出された決定通知から、本質的に次のような被告・二の状態についての表象が判明した。すなわち、いずれにせよ、首の血管、冠状血管、および、脚の血管における血管硬化症、脚の領域における血管硬化症による運動能力の制限、一般的な高血圧症、腎不全、心臓と肺の血液循環の負担をともなう慢性の気管支炎、内耳の難聴、上腿部の骨折のために四・五センチメートルだけ右足が縮んでいること、狭心症の苦痛と結びつけられたパニックによる全部の組織体の激しい負担、急性の卒中発作と梗塞の危機に瀕していること……である。

被告・二のこのような状態にもとづいて、当裁判所には、生命にかかわる脅威は、被告・二が転居に対する心構えをする時間をもち、もしくは、転居を自分自身でするつもりであるときにも完全に排除されることはできないという証人の証言もまた信頼するに足るように思われた。

このような背景の前で、原告は、自己必要を引き合いに出すことを貫徹することができなかった。というのは、被告・二の健康、または、そのうえさらに生命を維持することについての被告らの利益は、本件住居をその息子に自由に使わせるために本件住居を獲得することについての原告の利益よりもより重みがあったからである。

このような事情の変化、特に被告・二の状態の改善は見通すことができなかったのであるから、一定の期間の間だけ本件使用賃貸借関係を継続することもまた問題にならなかったのである」[363]。

第四に、ヴッパータール地方裁判所一九八九年六月九日判決をみておきたい。

【57】ヴッパータール地方裁判所一九八九年六月九日判決[364]

［事案の概要と経緯］

原告・一は、多数の賃貸人のうちのひとりとして、本件建物に所在する四七平方メートルの広さで二つの部屋から構成されていた本件住居を被告（賃借人）に賃貸していた。原告・一は、本件建物の一階に所在する一三二平方メートルの広さの住居に居住していたが、高齢および重大な病気にかんがみて、これまで彼女によって維持されたところの一三二平方メートルの広さの住居を放棄し、四七平方メートルの広さをもって相当により狭く独り身としての原告・一にとってより適切であるところの被告の本件住居に居住したい、と考えた。そこで、原告らは、原告・一の「自己必要」を理由として、被告との本件使用賃貸借関係を解約告知した。これに対して、被告もまた、高齢および重大な病気を理由として本件解約告知に異議を述べ、原告らに対して本件使用賃貸借関係の継続を請求したのである。

［判決理由］

地方裁判所は、結論として、「原告らは、被告に対して……被告によって賃借されたところの本件建物に所在する二つの部屋から構成されていた本件住居の明渡しと返還を請求することができなかった。むしろ、被告は、ＢＧＢ五五六ａ条にしたがって当事者の本件使用賃貸借関係の継続に対する請求権を有した」[365]、と判断した。

その判決理由において、地方裁判所は、はじめに、原告・一の「自己必要」を理由する本件解約告知は有効であったことについて、次のように論じた。

「確かに、一九八七年九月二九日付の原告らの書面に含まれた通常の本件解約告知は、ＢＧＢ五六四ｂ条一項、二項二号にしたがって有効であった。

……

原告・一は、ＢＧＢ五六四ｂ条一項の意味における本件使用賃貸借関係の終了について正当な利益をも有した。というのは、原告・一は、これまで被告によって維持された本件住居を自分自身のために必要としたからである。……

原告・一は、被告の本件住居の利用のために、筋の通り、あとづけることができる理由を有した。このことは、自己必要の理由づけのために十分である。一九二一年に生まれた原告・一は、一九八三年から生計能力が一〇〇パーセント減少した。原告・一は、これまで次の病気であった。すなわち、一九八一年八月に水疱状の腫瘍の摘出、一九八二年一〇月に卒中発作、一九八三年五月にバイパス手術、一九八五年に甲状腺の手術、心筋衰弱、糖尿病、歩行障害であった。生活保障庁の確定にしたがって、原告・一は、道路交通における行動の自由において相当に損なわれていたし、毎日の生活の経過のなかで規則的に繰り返される日常の勤めのために他人の援助を必要とした。また、原告・一は、存在する病気のために公的な行事に参加することについて常に妨げられていた。

原告・一の高齢およびこれまでの重大な病気にかんがみて、原告・一がこれまで彼女によって維持されたところの一三二平方メートルの広さの住居を放棄し、四七平方メートルの広さをもって相当により狭く独り身としての原告・一にとってより適切であるところの被告の本件住居を利用したい場合に、そのことは、筋の通り、あとづけることができるように思われたのである」(366)。

しかし、地方裁判所は、原告（賃貸人）らの利益と被告（賃借人）の利益とのあいだの比較衡量において、「しかしながら、被告は、当事者の本件使用賃貸借関係の本件解約告知に異議を述べ、原告らに対して本件使用賃貸借関係の継続を請求することができた。

本件使用賃貸借関係の契約にしたがった終了は、被告にとって、原告らの正当な利益を評価しても正当化されることができないところの苛酷さを意味した。というのは、本件使用賃貸借関係の継続についての被告の利益は、本件使用賃貸借関係の終了についての原告・一の利益よりもはるかにより重みがあったからである」(367)、と判断した。

そのように判断した理由について、地方裁判所は、次のように論じたのである。

「一九〇九年に生まれた被告は、原告・一と同じように、彼女の生計能力において一〇〇パーセント減少させられていた。被告もまた、彼女の健康において重大に損なわれていた。被告は、実際に耳が聞こえなかった。被告は一般的な動脈硬化に苦しんでいた。……それに加えて、被告は、脊柱および大きな四肢関節の摩耗に苦しんでいた。最後に、被告は、肺にガスが生じていた。生活保障庁の確定にしたがって、被告は道路交通における行動の自由において相当に損なわれていたし、きわめて歩行困難であり、公的な交通機関を利用するときに恒常的な同伴に頼らざるを得なかった。また、被告は、彼女の病気にもとづいて、公的な行事に参加することについて常に妨げられていた。被告の高齢および右に述べた重大な病気にかんがみて、被告が彼女のこれまでの本件住居を明け渡さなければならない場合、そのことは被告にとって苛酷さを意味したのである。

それに対して、原告・一は、より狭い住居に身を置くという彼女の願望をこれまで彼女によって維持された同じ本件建物の一階に所在する住居においても実行することができる。原告・一は、二つの空間を長い間閉ざす必要があるだけである。これによって、原告・一は、そのうえさらに必要のある場合に看護要員をともに彼女の住居に受け入れるという利点を持ち続けるのである。

……

本件使用賃貸借関係は期間の定めなく継続されなければならなかった。というのは、本件使用賃貸借関係の終了が被告にとって苛酷さを意味するところの事情が、先の見通しとしていつ存在しなくなるのかという点は不確かであったからである」(368)。

地方裁判所は、右のように、原告（賃貸人）・一においても、被告（賃借人）においても、身体・健康の侵害を避けるという重大な利益が等しく存在する事案において、賃貸人の住居の問題の解決のためにどのような選択肢が賃貸人にあるのかという点をも考慮に入れたうえで賃借人にとっての「苛酷さ」を肯定したのである。

第五に、ミュンヘン区裁判所一九八九年一一月一〇日決定をみておきたい。

【58】ミュンヘン区裁判所一九八九年一一月一〇日決定(369)

［事案の概要と経緯］

原告（賃貸人）は、その息子のための「自己必要」を理由として、被告（賃借人）との本件使用賃貸借関係を解約告知し、本件明渡しの訴えを提起した。その後、被告は本件住居を明け渡した。したがって、一九八九年一〇月一一日の期日において、当事者は一致して本件訴訟は処理済みである、と表明した。しかし、当事者は、本件明渡しの訴えの費用をめぐって争った。

［決定理由］

区裁判所は、結論として、本件明渡しの訴えの費用を原告（賃貸人）に負わせた。

その決定理由において、区裁判所は、はじめに、原告（賃貸人）の「自己必要」、および、本件使用賃貸借関係の終了についての原告の「正当な利益」が認められたことについて、次のように論じた。

「確かに……当裁判所の見解にしたがって、ＢＧＢ五六四ｂ条二項二号の意味における原告の自己必要が存在した。というのは、原告の息子は、本件住居に入居したかったのであり、原告は、一九八九年九月二五日のミュンヘン大学の中間証明書の写真複写を提出したからである。その証明書から、原告の息子が一九八九年ないし一九九〇年の冬学期においてミュンヘン大学で政治学の勉学を始めたことが判明した。そのことから、原告は、その息子のために、その勉学の場所において住居を必要としたのであり、その結果、原告の自己必要、および、それとともに本件使用賃貸借関係の終了についての原告の正当な利益が認められていたのである」[370]。

しかし、区裁判所は、原告（賃貸人）の利益と被告（賃借人）の利益とのあいだの比較衡量において、「それにもかかわらず、原告の本件明渡しの訴えはたぶん成果をもたなかった。というのは、本件使用賃貸借関係の終了は、被告にとっておおよそ存在する原告の正当な利益を評価しても正当化されることができないところの苛酷さを意味したからである」[371]、と判断した。

そのように判断した理由について、区裁判所は、次のように論じたのである。

「右に述べたところの原告の利益と被告の利益との比較衡量において、当裁判所は、賃借人の利益を優勢である、と考えた。すでに被告によって一九八九年七月二〇日付の異議についての書面において原告に説明されたように、被告は重大な病気であった。エイズという病気にもとづいて一〇〇パーセントの重度の身体障害が存在した。恒常的な同伴の必要性が生活保障庁によって認められていた。主治医もまた、すでに一九八九年六月に、被告の住居の交替が行われないことを適切である、と考えた。住居の交替は、主治医の判断にしたがって、被告にとっての相当な負担を意味したし、この負担によって病気の悪化が生じることは排除されることができなかった。主治医の診断書以来、被告の病気の状態はなお相当に悪化し、その結果被告は最終的に病気という理由から本件住居を明け渡さなければならなかったのである。

　したがって、被告においては、本件住居の明渡しについての原告の利益をさらに凌駕するところの全く重大な健康の侵害が存在した。証明されたところの苛酷さについての理由は期間の定めなく本件使用賃貸借関係を継続することが被告に認められることを正当化したのである」(372)。

　第六に、ブラウンシュヴァイク地方裁判所一九九〇年一月一九日判決をみておきたい。

【59】ブラウンシュヴァイク地方裁判所一九九〇年一月一九日判決(373)

［事案の概要と経緯］

　原告（賃貸人）は、その息子のための「自己必要」を理由として、被告（賃借人）らとの本件使用賃貸借関係を解約告知した。これに対して、被告らは、被告・一の生命・身体・健康の侵害を理由として本件解約告知に異議を述べたのである。

［判決理由］

　地方裁判所は、結論として、原告の本件明渡しの訴えを棄却した。

　その判決理由において、地方裁判所は、はじめに、原告（賃貸人）が本件使用賃貸借関係の終了について「正当な利益」を証明したのかどうかという点はすでに不確かでありうることについて論じた。

　さらに、地方裁判所は、「このような事情のもとで、控訴審においてはじめて被告らの側から主張されたところの本件解約告知に対する異議についての理由に特別な重要さが帰属するのが当然である。というのは、ＢＧＢ五五六a条一項にしたがって、賃借人は、その使用賃貸借関係の契約にしたがった終了が賃借人またはその家族にとって賃貸人の正当な利益を評価しても正当化されることができないところの苛酷さを意味するときには、その使用賃貸借関係の解約告知に異議を述べ、賃貸人に対してその使用賃貸借関係の継続を請求することができるからである。これらの要件は、本件において認められていた」(374)、と判断した。

そのように判断した理由について、地方裁判所は、次のように論じたのである。「被告・一が、特に重大な程度において、パーキンソン病とそれと同時に現れる抑鬱症に苦しんでいたことは提出された医師の診断書にしたがって不確かではありえなかったし、原告によっても疑われなかった。被告・一が意思表示されたところの本件解約告知を顧慮してすでに自殺未遂を行ったことは議論の余地もなかった。その結果、原告の見解に反して、明渡しの判決が下される場合に対応した誤った反応が考慮に入れられなければならなかった（一九八九年七月一八日の神経専門医の診断書を参照）。さらに、一九八九年九月二九日の医学大学の態度表明を考慮して、被告らに明渡しの判決が下される場合に被告・一における病状の加速された悪化が考慮に入れられなければならなかったことがつけ加わった。本件事案の特別な事情は、本件において、本件使用賃貸借関係の契約にしたがって終了を必要不可欠な住居の交替と結びつけられた苛酷さをはるかに超え、原告の正当な利益を評価してももはや正当化されないように思われるところの全く特別な苛酷さであると思わせるところの理由が受け入れられなければならないことに行き着いたのである。というのは、すでに説明されたように、原告の息子の主張された居住の必要は被告らの生活の中心点の破壊がそれに関連して正当化されることができたように差し迫っているようには思われなかったからである。

この苛酷さについての理由がいつなくなるのかという点は見て取られることもできなかったことを考えて……本件使用賃貸借関係は期間の定めなく継続されることが確認されなければならなかったのである」(375)。

第七に、ボン地方裁判所一九九〇年二月一日判決をみておきたい。

【60】ボン地方裁判所一九九〇年二月一日判決(376)

［事案の概要と経緯］

原告（賃貸人）らは、一九八八年一月二日付の書面をもって、「自己必要」を理由として、被告（賃借人）との本件使用賃貸借関係を解約告知した。これに対して、被告は、被告の高齢、健全でない健康状態、周辺の地域への定着を理由として本件解約告知に異議を述べたのである。

〔判決理由〕

地方裁判所は、結論として、「主張されたところの……明渡しと返還の請求権は原告らに当然帰属すべきものではなかった。原告らは、確かに、一九八八年一月二日付の書面をもって、BGB五六四b条二項二号にしたがった自己必要を理由として本件使用賃貸借関係を有効に解約告知した。しかし、被告は、BGB五五六a条一項、三項三文にしたがって期間の定めなく本件使用賃貸借関係の継続を請求することができたのである。

原告らは、本件使用賃貸借関係の終了について正当な利益を有した。原告らの家族の大きさ、子供らの年齢、および、現在自由になる住居を顧慮して、主張された自己必要は疑念を抱く余地がなかった。しかし、本件住居の明渡しは、被告にとってBGB五五六a条一項一文の意味における苛酷さを意味した。その結果、被告は、原告らの正当な利益を評価しても正当なことに本件解約告知に異議を述べ、BGB五五六a条の社会的条項を引き合いに出したのである」[377]、と判断した。

その判決理由において、地方裁判所は、原告（賃貸人）らの利益と被告（賃借人）の利益とのあいだの比較衡量において、賃借人にとっての「苛酷さ」を肯定したことについて、次のように論じたのである。

「本件の苛酷さは、八九歳という被告の高齢が第三者による集中的な世話を必要とするところの健全でない健康状態と重なり合うことについて見て取られなければならなかった。さらに、周辺の地域への被告の特別な定着に行き着いたところの五〇年を超える長い使用賃貸借期間がつけ加わった。被告の願望に反して周辺の地域から被告を引き離すことは、被告の年齢および被告の健康を顧慮して被告の健康状態のなおこれ以上の重大な悪化を結果としてともなうであろう。このことは、鑑定人の説得力のある書面による説明と口頭の説明にもとづいて当部の確信のために確かであった。特に鑑定人としての意見表明から、現在の本件住居への被告の定着は、新たな賃借物またはそのほかの滞在地に順応することの妨げになっているのであり、その理由から『強制的な』転居の場合には被告の高齢を顧慮して修正されることができないところの本質的な健康の悪化という危険をはらんでいることが判明した。その理由から、本件使用賃貸借関係の終了は被告にとって本件住居の明渡しについての原告らの正当な利益を評価しても正当化されることができないところの苛酷さを意味した。両方の側の利益の比較衡量において、原告らは、本件建物の所有権を被告がすでに八〇歳を超えていたときに取得したことが考慮に入れられなければならなかった。そのことから、原告らは、すでに当時の時点において、家族の増加の結果としてより大きな空間の必要が生じる場合にとっての困難さを考慮に入れなければならなかったのである。最年長の息子の健康状態を顧慮して原告らにとってその住居の拡張が避けられないならば、被告の側における特別な関係を顧慮して、原告らに一時的な解決―たとえば、より広い住居の賃借と自分自身の住居の賃貸によって、または、自分自身の本件建物の拡張によって―を指示することが、被告に住居の交替を課することよりもむしろ要求できるように思われるのである。

被告は、精神的かつ身体的に被告の残りの人生のために損害なしに住居の交替と周辺の地域の交替に適応することを妨げられているのであるから、つまり、ＢＧＢ五五六ａ条一項の意味における苛酷さを理由づける事情は一時的な性質のものではないのであるから、当部は……ＢＧＢ五五六ａ条三項にしたがって本件使用賃貸借関係が期間の定めなく継続されることを定めるのである」[378]。

第八に、ベルリン地方裁判所一九九一年一〇月三一日判決をみておきたい。

【61】ベルリン地方裁判所一九九一年一〇月三一日判決[379]

［事案の概要と経緯］

原告（賃貸人）は、その妻のための「自己必要」を理由として、被告（賃借人）らとの本件使用賃貸借関係を解約告知した。これに対して、被告らは、被告の進捗した年齢、身体・健康の侵害、周辺の地域への定着を理由として本件解約告知に異議を述べたのである。

区裁判所は原告の本件明渡しの訴えを認容したため、被告らは、地方裁判所に控訴したのである。

［判決理由］

地方裁判所は、結論として、「原告は……本件住居の返還に対する請求権を有しなかった。しかし、原告の自己必要を理由とする本件解約告知は権限のあるものであったという点において区裁判所に従われなければならなかった。主張されたところの利用の願望は、原告の妻のためにまた別の部屋を必要とするところの原告の正当な自己必要についての利益であり、ＢＧＢ五六四ｂ条二項二号にしたがって、筋の通り、あとづけることができるものであり理由づけられていた。

しかし、被告らは、ＢＧＢ五五六ａ条にしたがって本件使用賃貸借関係の継続を請求することができたのである」(380)、と判断した。

その判決理由において、地方裁判所は、はじめに、原告（賃貸人）の利益と被告（賃借人）らの利益とのあいだの比較衡量において、被告の進捗した年齢、身体・健康の侵害、周辺の地域への定着を理由として賃借人らにとっての「苛酷さ」を肯定したこと、さらに、一般に、賃借人の高齢に周辺の地域への定着や病気等のこれ以外の事情がつけ加わる場合に賃借人にとっての「苛酷さ」が認められることについて、次のように論じたのである。

「被告の進捗した年齢、戦争による廃疾、そのことと結びつけられた病気、および、周辺の地域への定着は、本件使用賃貸借関係の終了を被告にとって特別な苛酷さであるように思わせた。すでに、賃借人の高齢は説得力をもって社会的条項の適用に行き着くという一連の裁判例が存在した。（しかし、）これらの（裁判例の）見解は、文献において受け入れられなかった。文献においては、比較的全員一致して、もっぱら高齢だけがなお必然的に苛酷さについての事案を理由づけることはないという見解が支配的である。高齢の人に対してもまた、その人がなお壮健であるときには代替住居を探し求めることが要求されなければならないのである。……

支配的な裁判例は、次のような類似の立場を支持した。すなわち、進捗した年齢にこれ以外の事情、特にその地域における定着がつけ加わる場合に通常賃借人にとっての苛酷さについての事案が存在するということになる。これはたとえば（賃借人の）病気においても同様である。……

当部の見解にしたがって、賃借人の高齢は、すでにある程度のやり方において、新たな住居の探索と場合によっては起こり得る転居が賃借人にとって要求できない負担を形成しうることをさし示した。本件においては、七六歳であった被告のほかの侵害との関連において苛酷さについての事案が認められていたのである」(381)。

地方裁判所は、さらに、賃借人らにとっての「苛酷さ」を肯定したことについて、次のように敷衍したのである。

「被告は、第二審において、反論の余地なく、七五歳であり、一九七三年以来その妻とともに本件住居に居住していることを申し立てた。被告は、その前に三八年間（およそ二キロメートル隔たった）ツェレンドルフの市役所において働いたが、被告がまた育ったところのその地域に確固として定着している、と感じた。被告は、戦傷による身体障害者であり、すでに本件住居への入居のときに退職して年金を受け取っていた。被告は、そこで被告の晩年を過ごすために目的に合致して本件住居を選び出したのである。

原告は、さらに続けて、被告の妻の家族がすでにこのまえの世紀からツェレンドルフに居住していることを否認しなかった。そのうえ、議論の余地もなく、被告の娘が本件住居の近くに居住していた。これは確かに望まれなければならないわけではないが、しかし、進捗する年齢とともに被告によりしばしば生じる世話の必要性を顧慮しても意義があった。議論の余地もなく、被告の娘は必要とあれば必要な世話を被告に当然与える心構えがあった。しかし、手取りで二二〇〇ドイツマルクをもって相対的に乏しい月あたりの被告らの家族収入は、対応して高い賃料水準をともなう優遇された居住状況にかかわる問題であるところのかなり近い周辺の地域において、被告らにとって支払うことのできる住居を見出すことが被告らにうまくゆくことができることをかなりありそうにないように思わせたのである。

最終的に、被告の争われていない脳性の血行不全は、転居することが被告にとって原告の正当な利益を考慮に入れても要求できない苛酷さを形成することに関して根本的な論拠を提供した。脳性の血行不全に苦しんでいるところの患者は、規則的にその感知能力と受容能力において侵害されている。この病気の影響は、経験上、その患者がそのいつもながらの環境から引き離される場合に特に不都合に表面化する。というのは、その患者は、その病気にもとづいて、もう一度新たに対応し勝手がわかることについて全く相当な困難さを、そのうえさらに部分的に克服しがたい困難さを有するからである。

このような被告の利益は、原告の利益に対して優位にあった。原告は、本件建物に所在する住居をその妻のために整えることができるという議論の余地もなく存在した選択的な可能性によって、被告らが住居の交替および新たな住居の探索と結びつけられた不愉快なことによって侵害されるよりも、よりわずかに、かつ、むしろ要求できるやり方において侵害されるのである。これらの事情が近いうちに本件使用賃貸借関係の終了が被告に要求されることができるほどまで変化しうることは見て取られることができなかったのであるから、本件使用賃貸借関係の継続は、期間の定めなく命じられなければならなかったのである」(382)。

第九に、アウリッヒ地方裁判所一九九一年一一月二九日判決をみておきたい。

【62】アウリッヒ地方裁判所一九九一年一一月二九日判決(383)

［事案の概要と経緯］

原告（賃貸人）は、「自己必要」を理由として、被告（賃借人）らとの本件使用賃貸借関係を解約告知した。これに対して、被告らは、被告・一の精神的な病気を理由として本件解約告知に異議を述べたのである。

［判決理由］

地方裁判所は、結論として、「被告らによって賃借された本件住居についての原告によって意思表示された本件解約告知は、確かに、原則として、ＢＧＢ五六四ｂ条二項二号にしたがって自己必要のために正当化されていた。……それにもかかわらず、原告は、被告らに対して……本件住居の返還を請求することができなかった。というのは、被告らは、成果豊かにＢＧＢ五五六ａ条の苛酷さについての条項に依拠することができたからである。

被告らは、本件解約告知に異議を述べ、期間の定めなく本件使用賃貸借関係の継続を請求した。……本件使用賃貸借関係の終了は、被告・一にとって原告の正当な自己必要を考慮に入れても正当化されることができない苛酷さを理由づけたのである」(384)、と判断した。

その判決理由において、地方裁判所は、原告（賃貸人）の利益と被告（賃借人）らの利益とのあいだの比較衡量において、賃借人らにとっての「苛酷さ」を肯定したことについて、次のように論じたのである。

「このことは、鑑定人（Ｋ博士）の書面による鑑定書、および、彼の口頭の説明から明確に判明した。それにしたがって、被告・一は、すでに何年も前から数年の間隔において繰り返し病状悪化が生じたところの抑鬱に苦しんでいたことから出発されなければならなかった。被告・一の病気は、鑑定人の説明にしたがって、社会的な環境をせばめることに行き着いたところの内因性の抑鬱であると格付けされなければならなかった。これは新たな状況に適応し接触を始める可能性が限定されていたことに行き着いた。もっぱら自己の環境を去らなければならないという見通しだけが、不安、睡眠障害、抑鬱性の不機嫌さ、および、自殺の危険のような、この病気に特徴的な総体的症状の明確な先鋭化に行き着いたのである。その場合に、急性の危険にかかわる問題ではなく、むしろ内因性の抑鬱と関連する典型的な危険にかかわる問題であった。……右に述べたことから、転居することの健康上の危険は、本質的な悪化が考慮に入れられなければならないほど重大であることが出てくるのである。それとともに、本質的に非実質的な性質であったところの原告の利益は後退しなければならなかったのである」[385]。

ただし、地方裁判所は、本件使用賃貸借関係は期間の定めなく継続されるのではなく、一定の時点まで期限づけられて継続されなければならなかったことについて、次のように論じたのである。

「そのことから、本件使用賃貸借関係は継続されなければならなかった。しかし、被告らがそのことを心に思い描いたように、期間の定めなく継続されることは考慮に値しなかった。……

本件使用賃貸借関係は、一九九二年一一月三〇日まで期限づけられて継続されなければならなかった。たとえ現在本件解約告知が断固とした処置を取ることができなかったとしても、このことは、この病気の状態のために被告らが期間の定めなく賃借された原告の本件住居にとどまることができることを意味しなかった。というのは、鑑定人（K博士）の説明にしたがって、一定の時点における『転居』という一定の目標に向けられた治療は全く成功の見込まれるものであるからであった。……本件住居を真摯に必要とするという原告の利益において、当部は、本件使用賃貸借関係の終了の具体的な日付を一九九二年一一月三〇日に定めたのである」[386]。

第一〇に、シュトゥットガルト地方裁判所一九九二年六月一〇日判決をみておきたい。

【63】シュトゥットガルト地方裁判所一九九二年六月一〇日判決[387]

［事案の概要と経緯］

原告（賃貸人）らは、「自己必要」を理由として、被告（賃借人）との本件使用賃貸借関係を解約告知した。というのは、原告らは、現在、彼らの二人の子供らとともに（やがて三人目の子供が待ち望まれていた）、きわめて狭められておよそ七〇平方メートルの平面の三つの部屋から構成されていた屋階の住居に居住していたからである。これに対して、被告は、特に、重大な内因性の抑鬱症等の病気を理由として本件解約告知に異議を述べたのである。

区裁判所は、原告らの本件明渡しの訴えを棄却した。

［判決理由］

地方裁判所もまた、結論として、「区裁判所は、正当なことに本件訴えを棄却した。……

確かに、原告らは、ＢＧＢ五六四ｂ条二項二号にしたがって、法的に有効に自己必要を理由として当事者の本件使用賃貸借関係を解約告知したことから出発されなければならない。というのは、彼らの子供らとともに原告らによって取得された本件建物に入居するという原告らの願望は、筋の通り、あとづけることができるものであったからである。

それにもかかわらず……被告に対する二つの部屋から構成されていた本件住居の明渡しと返還の請求権は原告らに当然帰属すべきものではなかった。というのは、ＢＧＢ五五六ａ条三項にしたがって、判決によって期間の定めのない本件使用賃貸借関係の継続が定められなければならなかったからである」[388]、と判断した。

その判決理由において、地方裁判所は、原告（賃貸人）らの利益と被告（賃借人）の利益とのあいだの比較衡量において、賃借人にとっての「苛酷さ」を肯定したことについて、次のように論じたのである。

「被告は、議論の余地もなく、規定どおりに一九九一年六月二四日付の書面にしたがって原告らの本件解約告知に異議を述べ、本件使用賃貸借関係の継続を請求した。この請求は、ＢＧＢ五五六ａ条一項にしたがって正当化されてもいた。というのは、一九九一年八月三一日付の本件使用賃貸借関係の契約にしたがった終了は、被告にとって正当でない苛酷さを意味したからである。

その際、行われなければならない利益の比較衡量において、今日八三歳の被告にとって有利な結果になるように、被告は、一九七二年以来本件住居に居住し、このことに依拠した定着のためにほかの住居に転居することが被告にとって大きな苛酷さを意味し、特に、被告はここで議論の余地もなく少なくとも時々被告を助け被告を世話するところの隣人の援助を見出したことが考慮に入れられなければならなかった。

さらに、被告にとって有利な結果になるように考慮に入れられなければならなかったところのこれ以外の苛酷さについての理由として、場合によってはあり得る転居が被告の健康状態にとって真摯なもはや要求できない危険を必然的にともなうことがつけ加わった。このことは、特に区裁判所によって求められたところの一九九一年九月九日付の専門的知識をもった神経医学および精神医学の医師である証人（S博士）の書面による証言から判明した。それにしたがって、被告は、このところまたくり返し新たに現れた抑鬱性の段階をともなう重大な内因性の抑鬱症のために、一九七三年以来そこで規則的な外来診療の状態にあった。その理由から、被告は、そのいつもながらの環境から引き出されることを精神的な観点において自力でやってのけることができなかったのである。

被告は、また、一九九一年九月三〇日付の整形外科医（V博士）の書面による証言にもとづいて、器官的に背骨の負荷能力の障害に苦しんでいた。損耗に条件づけられた関節の変化のために、持ち上げたり持ち運んだりするときに、そのうえさらに、比較的軽い家事のときに、同じくより長く歩き立つときに、そのことから結果として生じる機能の低下をともなったのである。

原告らの側においては、原告らが、現在、彼らの二人の子供らとともに（九月には三人目の子供が待ち望まれていた）、きわめて狭められておよそ七〇平方メートルの平面の三つの部屋から構成されていた屋階の住居に居住していたことが考慮に入れられなければならなかった。それにもかかわらず、本件使用賃貸借関係の継続についての被告の利益は、社会福祉的な理由から、本件住居が自由になることについての賃貸人らの利益より明確に優位を占めていたのである」[389]。

第一一に、フリートベルク（ヘッセン）区裁判所一九九三年九月二九日判決をみておきたい。

【64】フリートベルク（ヘッセン）区裁判所一九九三年九月二九日判決[390]

［事案の概要と経緯］

原告は、本件建物（二世帯用住宅）の賃借人であった。原告はその家族とともに本件建物の上階に居住し、その一階に所在する本件住居は被告らに転貸されていた。原告（転貸人）は、一九九三年三月二六日付の書面をもって、「自己必要」を理由として、一九九三年六月三〇日付で、被告（転借人）らとの本件使用賃貸借関係（転貸借関係）を解約告知した。

原告は、次のように主張した。すなわち、原告の娘は、その間に赤ん坊を授かった。原告の娘とその赤ん坊は、原告とその娘の妹と一緒に、四つの部屋等から構成されていた原告の住居に居住していた。原告は、さらに、原告の娘がその子供の父親と共同して世帯を構え婚姻関係に入るつもりであり、このために自分自身の住居を必要とすることをもってその「自己必要」を理由づけた。若い人々は経済的にまだ十分に自立していないのであり、むしろ両親の援助を必要とするのであるから、原告の娘らが被告らの本件住居に入居できることについて「正当な利益」が存在したのである。

これに対して、被告らは、原告の「自己必要」についての理由は存在しないし、BGB旧五五六a条の社会的条項が本件使用賃貸借関係の終了の妨げになっている、と考えた。というのは、被告・一は、心筋梗塞、および、四つのバイパス手術後に病院における憂慮すべき状態にあったからである。被告・一の入院治療がいつ終了するのかという点は予測可能ではなかった。その理由から、被告らは、現在本件住居を明け渡すことは被告らにとって全く要求できない、と考えたのである。

［判決理由］

区裁判所は、結論として、「本件においては、BGB五六四b条二項二号の意味における自己必要を申し立てるための筋の通り、あとづけることができる理由にかかわる問題であった。しかし、本件事案において、BGB五五六a条の社会的条項が本件使用賃貸借関係の終了の妨げになっていた。被告らは本件解約告知に異議を述べた。本件使用賃貸借関係の終了は、被告らにとって原告の正当な利益を考慮に入れても正当化されることができない苛酷さを意味したのである」[391]、と判断した。

その判決理由において、区裁判所は、原告（転貸人）の利益と被告（転借人）らの利益とのあいだの比較衡量において、転借人・賃借人らにとっての「苛酷さ」を肯定したことについて、次のように論じたのである。

「この点では、被告・一が心筋梗塞になってからバイパス手術を受けなければならなかったし、現在依然として病院における入院治療の状態にあったことは当事者の間で議論の余地もなかった。一九九三年八月一六日の治療する主治医の診断書によって、被告・一は、一九九三年一月に、冠状血管の心臓病の枠組みにおいて重大な後ろの壁の梗塞（Hinterwandinfarkt）をこうむったことが証明された。……被告・一は、彼の医師の証明書にしたがって、仕事のできない状態であり、目下のところ依然として病院で治療中であった。それとともに、被告・一が重い病気になっていたことは確かであった。性急な住居探しと転居は治癒の経過を妨げうる。被告・一が病床にある限り、被告・一は、その他の点では、住居を探すとき、および、転居において、彼の妻、すなわち、被告・二を援助することができなかった。反対に、被告・二は、住居を探すこと、および、転居に携わっているときに……彼女の夫の世話をし、夫を援助することができなかった。当裁判所の見解にしたがって、原告とその娘の利益は、さしあたり被告らの存在にかかわる利益の背後に退いていなければならなかった。ほかの住居を探し、または、ほかの住居に転居することは、被告らにとって原告の正当な利益を考慮に入れてもこのような状況において要求することができなかったのである。

当裁判所は……本件使用賃貸借関係が継続されることを述べなければならなかった。現時点において、被告・一の状態が本件住居の明渡しと返還が被告らに要求されることができるように変化するのかどうか、および、いつ変化するのかという点は明らかではなかった。その理由から、本件使用賃貸借関係は期間の定めなく継続されなければならないことが述べられなければならなかったのである」[392]。

第一二に、ヴッパータール地方裁判所一九九五年八月三〇日判決をみておきたい。

【65】ヴッパータール地方裁判所一九九五年八月三〇日判決(393)

［事案の概要と経緯］

原告（賃貸人）らは、「自己必要」を理由として、被告（賃借人）らとの本件使用賃貸借関係を解約告知した。これに対して、被告らは、特に、被告（妻）が社会福祉事業対象者であり継続的かつ包括的な世話を必要としたことを理由として本件解約告知に異議を述べたのである。

［判決理由］

地方裁判所は、結論として、「原告らの本件控訴は成果がなかった。……被告らに対する明渡請求のための要件は満たされていなかった。

確かに、原告らの本件解約告知の意思表示それ自体は理由づけられていた。というのは、原告らの本件解約告知の意思表示においてはその自己必要が筋道立てて説明されていた……からである。

しかし、ＢＧＢ五五六ａ条の社会的条項が……本件解約告知の妨げになっていたのである」(394)、と判断した。

その判決理由において、地方裁判所は、原告（賃貸人）らの利益と被告（賃借人）らの利益とのあいだの比較衡量において、賃借人らにとっての「苛酷さ」を肯定したことについて、次のように論じたのである。

「すでに区裁判所によって求められた鑑定書から、転居することは被告らにとって期間の定めなく要求されること、ができなかったし、要求できない苛酷さを意味したことが説得力をもって判明した。その間に被告（妻）の健康状態は……なお明白に悪化した。原告らも、被告（妻）が、一九九五年四月九日以来『家庭での看護』によって世話されていたことを否認しなかった。一九九五年八月九日の『家庭での看護』の対応する証明書において、次のことが詳しく述べられていた。すなわち、被告（妻）は社会福祉事業対象者であり継続的かつ包括的な世話を必要としたこと、被告（妻）は、体の手入れをすること、服を着たり脱いだりすること、食事をすることのような毎日生じる仕事を自分自身で行う状態にはなかったし、失調症（inkontinent）でもあったことである。この証明書から、さらに続けて、被告（妻）は、毎日三回世話のサービスによって訪問されていることが判明したのであり、このことは、裁判所に周知のように、きわめて高い世話の必要性の程度をうかがわせた。当裁判所は、被告（妻）にかかわるこれらのことがら、ならびに、両方の被告らの高齢、および、被告（夫）の争われていない健全でない健康状態にかんがみて、本件住居の明渡しは両方の被告らにとってＢＧＢ五五六ａ条の意味における苛酷さを意味したことを確認するために専門的知識をもった援助を必要としなかったのである。

本件使用賃貸借関係の終了についての原告らの正当な利益は、決定的に社会的条項の適用の妨げになっていなかった。そのときに、当事者のどちらがより健全でない健康状態を示したのかという点は未決定のままでありうる。原告らは自分自身でそこに居住するために本件住居を必要としなかった。……場合によっては被告（妻）の健康状態がいつ改善されるのかという点は認識できなかったのであるから、期間の定めのない本件使用賃貸借関係の継続が述べられなければならなかったのである」[395]。

第一三に、ベルリン上級地方裁判所二〇〇四年五月六日判決をみておきたい。

【66】ベルリン上級地方裁判所二〇〇四年五月六日判決[396]

［事案の概要と経緯］

原告（賃貸人）は、二〇〇三年四月二日付の書面をもって、「自己必要」を理由として、被告（賃借人）らとの本件使用賃貸借関係を解約告知した。これに対して、被告らは、被告・二が八〇歳でほとんど盲目であり、そのことから新たな環境において勝手がわかることが可能ではないことを理由として本件解約告知に異議を述べたのである。

［判決理由］

上級地方裁判所は、結論として、「原告は二〇〇三年四月二日付の書面をもって本件使用賃貸借関係を有効に解約告知したという点において区裁判所にしたがわれなければならなかった。ＢＧＢ五七三条二項二号の意味における自己必要が存在した。……しかし、被告・一は、賃借人として、ＢＧＢ五七四条一項一文にしたがって本件解約告知に異議を述べる権限があった。被告・一は本件使用賃貸借関係の継続を請求することができた。というのは、本件使用賃貸借関係の終了は、被告・一とともに本件住居において生活するところの夫である被告・二にとって賃貸人の正当な利益を評価しても正当化されることができないところの苛酷さを意味したからである」[397]、と判断した。

その判決理由において、上級地方裁判所は、原告（賃貸人）の利益と被告（賃借人）らの利益とのあいだの比較衡量において、賃借人らにとっての「苛酷さ」を肯定したことについて、次のように論じたのである。

「被告・二が八〇歳であること、および、本件使用賃貸借関係がすでに三〇年を超えて以来現在までずっと存続していることという事情は、もっぱらそれだけで……特別な苛酷さを理由づけることができたところの理由を意味しなかった。特に、被告・二がどれほど長い間本件住居に居住しているのかという点は周知ではなかった。しかし、本件において、被告・二の高齢は重大な身体上の侵害と重なり合った。証人（L博士）は、二〇〇三年八月二六日の期日における尋問において、被告・二は、右目では実際にはもはや何も見えないことを証言した。右目は盲目であった。被告・二の左目は、黄斑変性症（Makuladegeneration）であり、二五分の一の視力だけをもっていた。このことは、被告・二がおよそ一メートルの距離において板の上の大きな文字を言い当てることだけはできるが、正しく読むことはできないことを意味した。被告・二は、その家具設備を熟知しているところの彼に周知の空間において、なお勝手がわかることができた。被告・二は、たとえば、どこに窓があるのかがわかっていたし、そのことを光が差し込むことにもとづいて認識もできた。被告・二は、現在の周辺の地域における彼の認識にもとづいて、階段室において、および、本件建物がそれに接して存在するところの道路側において次の横断する通りまで本件建物の壁に沿って手探りで独力で自分自身を方向づけることができたが、このことは、新たな環境において可能ではなかった。しかし、被告・二にとって、彼に周知の周辺の地域において、通りを横切り、通りの名前を読み、または、交通信号灯を認識することは可能ではなかった。その理由から、被告・二は、原則として付添人に頼らざるを得なかった。被告・二の高齢および健康状態にもとづいて、被告・二においては、思考の過程および受入れの過程においてある程度の遅れが存在した。……

区裁判所の判決における論述にしたがって、判決を下した裁判官はその証言の正しさ、完全さ、および、誠実さについてどんな疑念も持たなかった。当部は、この信頼するに足る判断を疑う動機を持たなかった。しかし、証人（L博士）の証言を基礎として用いる場合に、区裁判所の判決における論述に反して、転居することは被告・二の生活状態をBGB五七四条の意味における社会的な苛酷さが存在するほど重大に悪化させるであろうことから出発されなければならなかった。被告・二は、目下のところ現在の周辺の地域についての彼の認識にもとづいて、なお他人の援助なしに、階段室において、および、本件建物がそれに接して存在するところの道路側において次の横断する通りまで本件建物の壁に沿って手探りで自分自身を方向づける状態にあった。（しかし、）このことは、新たな環境において被告・二にとって可能ではないであろう。その結果、被告・二の諸関係に関して自分で決めることの大部分が被告・二から取りあげられるであろう。そのことを超えて、新たな住居がかつての住居と同じように作られていようとも、転居によって、新たな住居において勝手がわかることが被告・二に要求されるであろう。その場合に、被告・二においては、彼の高齢と健康状態にもとづいて、新たな住居において勝手がわかることを困難にするところの思考の過程および受入れの過程におけるある程度の遅れが存在することが考慮に入れられなければならなかった。この新たな住居を知るに至ることは、区裁判所が述べたように、『ある程度負担をかける』、と評価されうるだけではなかった。新たな住居において勝手がわかることは、被告・二にとって、病気と結びついた彼の高齢にもとづいて、本件住居を取り戻すことについての原告の利益を凌駕するところの重要な苛酷さについての理由から出発されなければならないほど高いエネルギーを必要とする行為を要求するであろう。その場合に、原告は、被告らの本件住居に一年中ではなくむしろおよそ半年だけ居住しようと意図したこと、および、原告は、彼の居住地をベルリンに戻すという決心をする前に二ヶ月だけ本件住居に加えて全く同じ様式の住居をさらに続けて賃貸したこともまた考慮に入れられないままであってはならなかった。このような背景のもとで、被告・一の存続についての利益は、原告の取戻しについての利益を明白に凌駕することから出発されなければならなかったのである」(398)。

第一四に、アーヘン地方裁判所二〇〇五年九月二八日判決をみておきたい。

【67】アーヘン地方裁判所二〇〇五年九月二八日判決[399]

［事案の概要と経緯］

被告・一は、一九九八年九月一六日の本件使用賃貸借契約をもって、期間の定めなく原告（賃貸人）の本件建物（二世帯用住宅）を賃借した。被告・一は、彼女の息子ら、被告・二、および、重度の障害のある息子（S）とともに本件建物に居住していた。原告は、二〇〇三年七月二三日付の書面をもって、「自己必要」を理由として、二〇〇四年三月三一日付で、被告らとの本件使用賃貸借関係を解約告知した。被告・一は、二〇〇四年一月二二日付の書面をもって本件解約告知に異議を述べたのである。

原告は、次のように主張した。すなわち、原告の夫は、両方のひざと左足の関節症にもとづいて苦痛のない歩行、特に階段をのぼることが不可能であった。したがって、原告の現在の住居ではなく、一階に居住することが必要であった。さらに、原告の息子（M）は被告らによって居住された本件建物に一緒に入居するつもりであった。息子（M）は、視力障害にもとづいて四〇パーセントの障害であった。

これに対して、被告・一は、原告の「自己必要」についての理由を否認したほか、次のように申し立てた。すなわち、転居することは被告・一にとって要求されることができなかった。被告・一の息子（S）は、精神的にも身体的にも障害があった。息子（S）は、初期の子供の自閉症に苦しんでいた。被告・一および障害のある息子のために適当な住居を見出すことはきわめて困難であった。すでに本件建物の賃借時に、被告・一はそうするつもりである限り本件建物に居住し続けることができることが原告によって確約されていた。住居の交替は、息子（S）にとって、彼の発育の衰退と後退に行き着くだろう。すなわち、息子（S）について、自分自身を傷つける行動、および、食事の拒絶が考慮に入れられなければならなかったのである。

区裁判所は、次のような理由にもとづいて本件明渡しの訴えを棄却した。

まず、「自己必要」を理由とする本件解約告知はＢＧＢ五七三条一項および二項一号にしたがって有効であった。本件解約告知は、特に原告の夫の病気に依拠した。原告の夫は、苦痛をともなう関節症にもとづいてその建物内の多くの階段をうまくのぼることについてますますより大きな問題をかかえていた。現地見分は、原告の住居が複数の階層にわたっており、その結果、階段をのぼることが避けられなかったことを確認した。専門的知識のある証人（W博士とF博士）の書面による証言にもとづいて、原告の夫の少なからぬ健康の侵害が判明した。S教授の専門整形外科の所見報告は、その病気の結果として階段をのぼることによる重大な侵害を確認し、一階に居住する可能性を得ることを長期的に必要である、と判断した。そのような可能性は、原告の現在の住居において可能ではなく、それに反して、被告・一は、彼女の息子らとともに、この点ではよりよく適しているところの一世帯用住宅に居住していたのである。

しかし、本件において、被告・一の息子（S）の重大な障害が考慮に入れられなければならなかった。J博士の鑑定書についての原告の抗弁を顧慮しても、区裁判所は、本件において重大な障害が存在したことから出発した。この障害は、州立病院における子供と青少年の精神科・精神療法科の長として膨大な実務経験をも有したところの鑑定人の申立てにもとづいて、明白な病状をもとにして難なく認識されることができた。鑑定人が述べたように、息子（S）がわが家の熟知している環境を替えることを甘受しなければならなかった場合に、そのことは息子（S）にとって重大に不都合な精神的な結果を有するだろう。これは現在の転居のときにそうであった。鑑定人は、医学的な見地から、障害者の作業場に適応させることは、住居共同体をつくっている集団への転居と同時に現れることが必要である、と考えた。他の方法でのやり方は、鑑定人によって、息子（S）の健康状態を顧慮して思いとどまるように助言された。鑑定人は正確な時点を予測することはできなかったが、しかし、このことは、通常、たとえば息子（S）が二〇歳であるときに行われることから出発した。このことは、先の見通しとしては二〇〇八年であった。その場合に、鑑定人は、息子（S）の転居は、事情によっては、そのうえさらに精神病の治療の必然性に行き着きうるところの重大な精神的な結果を有するだろうことを考慮に入れた。このことは、精神的な適応障害なしに新たな環境に慣れることができることについて、障害に条件づけられて息子（S）にはできなかったことから判明した。そのような困難は、意図されたところの新しい環境に順応することによってのみ、かつ、十分な長期間の準備をもってのみ克服されることができた。これについて、鑑定人の見地からは、計画されたやり方（学校を終えること、住居共同体をつくっている集団への転居と結びつけられた作業場における活動）が適当な措置であったのである。

被告・一の息子（S）にとってのこのような結果を考慮に入れると、原告の夫の健康上の苦痛、および、原告の所有権にもかかわらず、その限りでは息子（S）にとってのあらかじめの転居がもたらす重大な健康上の帰結が指摘されなければならなかった。それに反して、原告は、少なくとも、過渡的に、原告の夫とともに、一階の住居を賃借することができたのである。

確かに、このことは、少なからぬ費用と結びつけられていたが、他方において、原告自身は、本件解約告知の書面において、その営業所の北のZに存在する現在の住居が、原告の夫の間もない引退のときに賃貸されなければならないし、原告の息子がその一階に入居するつもりであり、その結果、その賃貸の結果として収入も可能であることを述べた。その他の点では、被告らによって本件住居がさらに続けて利用される場合、同じく賃料収入が原告に当然与えられるべきものであり、それをもってほかの住居の賃借および転居から生じる経済的な負担が少なくとも部分的に緩和されうることも考慮に入れられなければならなかった。

以上の理由から、本件使用賃貸借関係は二〇〇八年の終わりまでこれまでの条件で継続されるのである。

これに対して、原告は、地方裁判所に控訴したのである。

［判決理由］

地方裁判所もまた、結論として、「本件控訴は許容しうる。……しかし、本件控訴は成果がなかったのである」[400]、と判断した。

その判決理由において、地方裁判所は、原告（賃貸人）の利益と被告（賃借人）らの利益とのあいだの比較衡量において、賃借人らにとっての「苛酷さ」を肯定したことについて、次のように論じたのである。

「区裁判所によるBGB五七四条一項にしたがった両方の側の利益の比較衡量は異議が述べられることができなかった。環境が変わった場合に態様の退行と重大な主観的な苦しみに行き着くところの障害に条件づけられた自閉症患者の適応の困難さは、BGB五七四条一項の意味における苛酷さである。予期されなければならない健康上の侵害には、当然大きな重要さが帰属する。その場合に、特に、本件使用賃貸借関係の早期の終了は結果として自閉症の息子が相対的に短い期間内に二度転居しなければならなかったこと（一度目は、現在の本件住居からの転居、二度目は、それから住居共同体をつくっている集団への転居である）をともなうこともまた考慮に入れられなければならなかった。このことは、その結果において、障害に条件づけられた適応の困難さにもとづいて要求できなかった。これらの結果は、本件において、付き添っていく特別な世話によっても是認できる程度に軽減されることができなかった。自閉症の息子にとっての予期されなければならない転居の結果に関して、裁判所によって選任された鑑定人の確定の正しさについて疑念は存在しなかった。特に、被告・一の息子が、一九九八年の転居をうまく処理したし、鑑定人の現時の確定に反してより抵抗力があるに違いないということのための根拠は存在しなかったのである。

原告の自己必要が存在したことは確かであった。原告とその夫が階段をのぼるときに困難さをもち、そのことから、彼らにとって一階の住居に転居することが利益をもたらすという事情もまた区裁判所によって考慮に入れられていた。しかし、賃借人らの側におけるとは異なって、原告とその夫は、一階の住居の（一時的な）賃借をもってなんとかすることができたのである。……」[401]。

(イ)　ところで、すでに取り上げた裁判例においても、生命・身体・健康の侵害が問題とされ、結論として、賃借人にとっての「苛酷さ」が肯定された事案は多い。そこで、次に、それらの裁判例を考察もしくは改めて確認することにする。

第一に、すでにⅡの一の2において取り上げたところのミースバッハ区裁判所一九七九年二月二二日判決をみておきたい。

【68】ミースバッハ区裁判所一九七九年二月二二日判決[402]

［事案の概要と経緯］

被告らは一〇〇平方メートルの広さの本件住居を賃借していた。原告（賃貸人）は、三人家族であり、固有の子供部屋がなかったところのひとりの子供をもっていた。原告の現在の住居は五五平方メートルの広さであった。そこで、原告は、「自己必要」を理由として、被告らとの本件使用賃貸借関係を解約告知した。これに対して、被告らは、被告・二の生命・身体・健康の侵害を理由として本件解約告知に異議を述べたのである。

［判決理由］

区裁判所は、結論として、「当裁判所は……期間の定めなくこれまでの条件で本件使用賃貸借関係の継続を命じなければならなかった。

原告は、本件訴訟において、ＢＧＢ五六四ｂ条二項二号にしたがってその自己必要を立証することができた。原告の現在の住居は五五平方メートルの広さであった。被告らの本件住居は一〇〇平方メートルの広さであった。原告は、三人家族であり、固有の子供部屋がなかったところのひとりの子供をもっていた。ＢＧＢ五六四ｂ条（の適用）に関して、明渡しの請求のためには筋の通る理由だけが存在しなければならないのであり、差し迫った理由が存在する必要はないのである。

（しかし、）本件解約告知に対するＢＧＢ五五六ａ条にしたがった被告らの異議は権限のあるものであった。というのは、本件使用賃貸借関係の終了は、被告らにとって正当化されることができない苛酷さを意味したからである」[403]、と判断した。

その判決理由において、区裁判所は、原告（賃貸人）の利益と被告（賃借人）らの利益とのあいだの比較衡量において、賃借人らにとっての「苛酷さ」を肯定したことについて、次のように論じたのである。

「病気は正当な苛酷さについての理由を意味しうる。転居することがその病気の経過とその治癒に不利な影響をもたらす場合転居はすでに要求することができないものでありうる。もっとも、生命の危険（をもたらすこと）が要求されることはできない。

鑑定人がその鑑定書において述べたように、被告・二は、特に、素質に条件づけられた高血圧症、および、心臓の硬化症に苦しんでいた。鑑定人は、被告・二の過度に高い血圧において、心臓の状態を考慮に入れて卒中発作のような相互の合併症が、また、精神的な負担もいつでも近い将来において排除されることができないことを述べた。合併症の危険は、対応する神経的な負担において、本質的により高く見積もられなければならなかった。被告・二は、生命の危険なしに自分自身で労働力を利用して転居を実行することができなかったのである。さらに、被告・二の精神的な状態がひとつの役割を演じうることがつけ加わった。鑑定人は、被告・二が抑鬱性である、と述べた。被告・二の病気にかかわる家族の重荷は……その鑑定書において明確に言及されていたのである」[404]。

第二に、すでにⅡの一の1およびⅡの二の1の（1）の②において取り上げたところのハンブルク地方裁判所一九八八年一二月一三日判決[405]（裁判例【22】）は、被告（賃借人）・一が、重大な心臓病であり、狭心症の発作に苦しみ、その結果、強制された住居の交替はその健康状態を危険にさらすことに行き着くであろうことを重要視して賃借人らにとっての「苛酷さ」を肯定したのである。

第三に、すでにⅡの二の1の（1）の②において取り上げたところのコーブレンツ地方裁判所一九八九年九月二二日判決[406]（裁判例【17】）は、被告（賃借人）が、高齢と結びつけられてその健康が損なわれていたこと（リューマチに苦しんでいたし、歩行困難であったこと）を重要視して賃借人にとっての「苛酷さ」を肯定したのである。

第四に、すでにⅡの二の1の（1）の②において取り上げたところのコーブレンツ地方裁判所一九九一年一月一四日判決[407]（裁判例【18】）は、被告（賃借人）らによって本件住居に受け入れられた母親らが、高齢であったのみならず、二人とも重大な慢性的な病気になっており、転居することはほとんど確実といってよいくらいである蓋然性をもって母親らの健康状態の重大な悪化を必然的にともなうであろうことを重要視して賃借人らにとっての「苛酷さ」を肯定したのである。

第五に、すでにⅡの二の1の（1）の②において取り上げたところのオルデンブルク地方裁判所一九九一年二月七日判決[408]（裁判例【23】）は、被告（賃借人）・一が、癌になっており、すでに強く損なわれた精神的な状態においてなお住居の交替という負担にさらされる場合に自殺することが危惧されなければならなかったことを重要視して賃借人らにとっての「苛酷さ」を肯定したのである。

第六に、すでにⅡの二の1の（2）の①において取り上げたところのケルン区裁判所一九九六年四月二五日判決(409)（裁判例【37】）は、①原告（賃貸人）が、本件住居を競売にもとづいて買い受けたときに被告（賃借人）らに賃貸されていたことを知っていたこと、②本件建物において競売のために提供されたところのもうひとつの住居は空いていたこと、③被告は、その健全でない健康状態にもとづいてかなり前からもはや本件住居を離れなかったし、被告の息子および孫の世話に頼らざるを得なかったこと、④被告の願望に反していつもの被告の生活環境から被告を引き離すことは生命の脅威までの被告の健康状態のなおこれ以上の悪化を結果としてともなうという危険が大きかったことを重要視して賃借人にとっての「苛酷さ」を肯定したのである。

第七に、すでにⅡの二の1の（2）の③において取り上げたところのボーフム地方裁判所一九九九年三月一六日判決(410)（裁判例【46】）は、①被告（賃借人）は、その視力が強く制限され、重大な循環障害および血行不全が存在するために、さらにより高齢であるために、いくばくかの確実性をもって世話と援助のサービスを必要としたこと、②世話人・援助者が比較的長い期間本件住居に滞在する場合に、三つと半分の部屋で一一六平方メートルの広さという本件住居の現在の様式において二五平方メートルの広さの本件住居のなかのひとつの部屋を原告に手放すことは被告に要求することができないこと、③被告の病気は、なおこれ以上現実化し継続的な世話と持続的な監督が必要である必然性があったこと、④被告は、過去においてすでに二度原告に譲歩し屋階における屋根裏部屋および広い地下室を明け渡しなおこれ以上の利用を放棄したことから、今や被告の健康状態および高齢において、もはやより以上のものは被告に要求することができないことを重要視して賃借人にとっての「苛酷さ」を肯定したのである。

第八に、すでにⅡの二の1の（2）の②において取り上げたところのリューベック区裁判所二〇〇二年九月二六日判決(411)(裁判例【44】)は、①本件住居は、原告(賃貸人)の兄弟にとって、長い間には左足の血行不全が進捗しより長期的に原告の兄弟を車いすに強いるだろう限り適当ではなくなること、②被告(賃借人)らの本件住居の隣の賃借人がその住居から退去する心構えをしていることが原告に周知であったために、本件住居ではなくその住居が原告の兄弟に自由に使わせられることができたこと、③本件建物の別の住居に居住するところの被告・一の高齢(九三歳)の母親は、その健康状態にもとづいて、被告・一の精力的な援助に頼らざるを得なかったこと、④そのつど必要になる被告・一の母親の援助および世話のために、被告らは被告・一の母親のすぐ近くに居住することが必要であったこと、⑤数年を超えてすでに実証されたところの被告・一の母親と被告らの間の本件建物における健全な生活共同体は、被告らの転居のあとで対応する良好な質をともなって再び作り出されることができないであろうことを重要視して賃借人らにとっての「苛酷さ」を肯定したのである。

第九に、すでにⅡの一の2において取り上げたところのボーフム地方裁判所二〇〇七年二月一六日決定をみておきたい。

【69】ボーフム地方裁判所二〇〇七年二月一六日決定(412)

[事案の概要と経緯]

被告らは、一九六七年一一月一日から、地下室と車庫とともに、四つの部屋等から構成されていたところの本件建物の一階に所在する本件住居を賃借していた。本件使用賃貸借関係の開始以来、被告らは、本件住居において生活していた。被告(妻)は一九二〇年九月二七日生まれであり、被告(夫)は一九二五年一月一七日生まれであった。

原告は、競売手続きにおいて本件住居を買い受けた。二〇〇五年一一月二一日付で、地下室および車庫と一緒に一階の本件住居についての所有権が原告に譲渡された。登記簿への登記は二〇〇六年三月一六日に行われた。原告(賃貸人)は、二〇〇六年一月二日付の書面をもって、「自己必要」を理由として、二〇〇六年九月三〇日付で、被告らとの本件使用賃貸借関係を解約告知した。被告らは、二〇〇六年一月四日付の書面をもって、ならびに、二〇〇六年一月一七日付の被告らの訴訟代理人の書面をもってこの解約告知に異議を述べた。原告が所有権者として登記簿に登記されたあとで、原告は、もう一度、二〇〇六年六月三〇日付の書面をもって、「自己必要」を理由として、二〇〇六年一二月三一日付で、本件使用賃貸借関係を解約告知したが、被告らはこの解約告知にも異議を述べた。

原告は、次のように主張した。すなわち、原告は、被告らの状況が長期間の本件住居への結びつきにもとづいて簡単ではないことを認識していた。ただし、原告は、彼の妻、および、一九九二年と一九九五年に生まれた彼の子供ら、すなわち、ひとりの娘とひとりの息子とともに、三つの部屋等をもった住居に居住していた。子供らは一四平方メートルの居住面積をもったひとつの部屋を分かちあわなければならなかった。しかし、原告の子供らは、そのつど自分自身の部屋を自由に使用できなければならなかった。原告の妻も、彼女の趣味、すなわち、絵を描くことに専念することができるために自分自身の部屋を必要とした。被告らによって賃借された本件住居は、請求された明渡しのあとで、階段を用いて寝室として役立つということになるところの地下室への結びつきが作り出されることによって一〇〇平方メートルを超える居住面積に拡張される。そのための建築許可手続きはすでに始められていた。さらに、被告らの本件住居は、原告の現在の住居と異なって庭をもっていた。それに加えて、原告は、信用貸しによって融資された本件住居の買受けの結果として、経済的に、原告の現在の住居のための賃料、および、買い受けた本件住居の融資費用を支払う状態にはなかった。また、原告は、マイホームの手当を被告らの本件住居を自分自身で利用する場合にのみ受け取ることができるのである。

これに対して、被告らは、本件住居は七九平方メートルの居住面積だけを示し一〇〇平方メートルへの拡張は可能ではないと述べたほか、次のように申し立てた。すなわち、被告らは、健康を強く損なわれていた。被告（夫）は転移する前立腺症候群に苦しみ、そのために何度か手術された。また、被告（妻）は高血圧症に苦しみ、一九九九年からは癌の病気に苦しんでいた。被告（妻）はほとんど盲目であり、なお彼女の視力の二パーセントだけをもち、そのことから未知の環境において完全に自己の位置づけのできない頼るもののない状態であった。被告らの高齢および健康状態にもとづいて、本件住居の喪失、および、いずれにしても諸々の負担と結びつけられた転居は特別な「苛酷さ」を意味したのである。本件住居を維持することについての被告らの利益は、請求された自己使用についての原告の利益よりも優先するのである。

区裁判所は、次のような理由にもとづいて、本件明渡しの訴えを棄却し、本件使用賃貸借関係は期間の定めなく継続される、と判断した。すなわち、被告らは本件解約告知に異議を述べたし、本件使用賃貸借関係の継続を請求することができた。原告によって説明された理由の正しさを想定したときにも、行われなければならない比較衡量は、被告らが、彼らの高齢、健康状態、および、四〇年の使用賃貸借期間にかんがみて本件使用賃貸借関係の継続について優勢な利益を有するということに行き着いたのである。

これに対して、原告は、地方裁判所に控訴したのである。

［決定理由］

地方裁判所は、結論として、「原告の本件控訴は成果の見込みがなかった。その結果、当部は、詳細な熟慮にしたがって……本件控訴を口頭弁論なしに決定によって棄却することを意図したのである。

原告は、被告らに対して……本件住居の明渡しと返還に対する請求権を有しなかった。……

……

原告の側には、事実の観点において、ＢＧＢ五七三条二項二号の意味における自己必要という形態において、本件解約告知についての利益が存在した。しかし、原告の利益は、本件使用賃貸借関係の継続についての被告らの利益を凌駕しなかった」[413]、と判断した。

その決定理由において、地方裁判所は、原告（賃貸人）の利益と被告（賃借人）らの利益とのあいだの比較衡量において、賃借人らにとっての「苛酷さ」を肯定したことについて、次のように論じたのである。

「被告らの高齢は、原則として、それ自体としてほかとの関連なしに考察して特別な苛酷さの受入れに行き着くことはない。同じことは……被告らが、本件住居、本件建物、または、その居住区域に特別に強い程度において定着していることができることに行き着いたところの考えうる長い使用賃貸借期間に認められている。

もっとも、被告らによって引き合いに出された病気は被告らが明渡しに適していないことを受け入れることに行き着いた。確かに、被告らの健康状態が転居によって重大に変化することは十分に証明されていなかった。しかし、特別な程度において、被告（妻）が、まさに一九九六年五月一〇日付のドルトムントの生活保障庁の決定通知によって裏づけられたように、盲目で頼るもののない状態であり、もっぱら視力障害だけで少なくとも六〇（パーセント）の障害の程度を正当化することが考慮に入れられなければならなかった。一九八九年七月三一日付の医師の紹介状もまた、診断として、部分的に委縮性の……機能不全、つまり、関節の委縮の結果として引き起こされたところの目の脈絡膜の不十分な機能を指摘した。したがって、被告（妻）の病気の結果として新たな環境において被告（妻）を対応させることはほとんど可能でないことは十分に証明されていた。……これにさらにつけ加えて、賃借人において存在するすべての苛酷さについての理由を全部評価するという意味において、ほかとの関連なしに考察するときに苛酷さを意味しないところの理由が取り入れられなければならない。したがって、本件において、四〇年を超える長い使用賃貸借期間、それと同時に現れる両方の被告の定着、および、両方の被告の高齢が取り入れられなければならない。

……

それとともに、被告（妻）の一般的な生活状態は転居によって重大に悪化するのであり、その結果、本件住居の取戻しについての原告の利益を通常凌駕するところの特に重大な苛酷さについての理由が、本件使用賃貸借関係がその場合に期間の定めなく継続されなければならないという結果をともなって存在したのである。この不利益は、すぐ近くに存在する代替住居によっておおよそだけでも取り除かれることができなかった。特に、被告らは、いずれにしても、被告らが自分自身の所帯をきりもりする状態である限り、老人ホームまたは社会福祉施設に収容されるように指示されなければならないわけではないのである。

それに対して、原告の側から主張された理由は、本件住居の取戻しについての原告の優勢な利益のために闘うことがなかった。当部は、原告が、本件住居の所有者として、被告らの側からの使用賃貸借という利用によって原告の所有権において少なからず侵害されることを知っている。（しかし、）その社会的な意義において重大である被告らの住居使用賃借権にかんがみて、本件の個別的な事案において、現在行われなければならないところの本件住居についての利益に対する所有権という利益の比較衡量において、被告らの利益に原告の利益に対する優位が認められなければならなかったのである。

原告によって主張された資金的な負担は、それ自体としては原告の優勢な利益を受け入れるために十分ではなかった。……

原告によって主張されたところの原告の家族の狭められた関係もまた、被告らのための重大な不利益にかんがみて、本件使用賃貸借関係の終了を正当化することはできなかった。

……

BGB五七四a条二項二文にしたがって、本件使用賃貸借関係は期間の定めなく継続されなければならなかった。というのは、それにもとづいて本件使用賃貸借関係の終了が苛酷さを意味するところの事情が先の見通しとしてはいつ存在しなくなるのかという点は不確かであったからである」[414]。

第一〇に、すでにⅡの二の1の（2）の①において取り上げたところのベルリン・ミッテ区裁判所二〇一三年一一月二〇日判決[415]（裁判例【40】）は、①原告（賃貸人）らは、本件住居の購入のときに賃借という状態に関してわかっていたし、少なくとも被告（賃借人）がすでに一九八〇年から本件住居に居住していたことから出発しなければならなかったこと、②原告らは、すでに本件売買の時点において、重度に障害のあると格付けされ、州の健康・社会福祉庁の援助を受けていたところの被告についてより詳しい情報を手に入れることができたこと、③もっぱら原告らの娘の利用のためにだけある住居を取得することが原告らの関心事であった場合に、空いている住居を直接購入することは原告らの自由裁量に任されてもいたこと、④被告は、精神的に特に不安定であり、すでに、なお終わっていなかったし薬によって治療されなければならないところの精神科医の病歴を経験ずみであり、そして、人格障害に苦しんでいること、⑤被告は、高められた基礎となる自殺傾向をもち、この自殺傾向がいつもの周辺の地域からの退去によってなお高められることは排除されることができないことを重要視して賃借人にとっての「苛酷さ」を肯定したのである。

第一一に、すでにⅡの一の2およびⅡの二の1の（1）の②において取り上げたところのシェーネベルク区裁判所二〇一四年四月九日判決[416]（裁判例【26】）は、①原告（賃貸人）らは、彼らの現在および将来の必要のために原告らによって不適当であると感じられた居住関係をもともとはより多い数において存在した部屋の統合によって自分自身で作り出したこと、②原告らは、本件建物の取得の時点においても、原告らが将来において被告（賃借人）に賃貸されていた本件住居だけ原告らの住居を拡張することができることを被告の重大な健康上の侵害を顧慮すると信頼することができなかったこと、③強制された住居の放棄の場合に被告によって引き受けられなければならない精神的な結果は、その結果が被告の自殺を少なくとも起こりうるものと思わせておき、いかなる場合にも被告の精神病の入院治療の必要性を引き起こすほどに重大であったし、そのうえ多発性硬化症の形態において存在する身体的な病気の悪化もまた排除されることができなかったことを重要視して賃借人にとっての「苛酷さ」を肯定したのである。

第一二に、すでにⅡの一の2およびⅡの二の1の（1）の②において取り上げたところのミュンヘン第一地方裁判所二〇一四年七月二三日判決[417]（裁判例【27】）は、①原告（賃貸人）は、本件明渡しの訴えの棄却によって今後もミュンヘンにおいて医学的なアフターケア診察と予防診察の機会をとらえることについて妨げられなかったこと、②原告の利益は、結局、資金的な利益にだけ関係したこと、③被告（賃借人）・一は、精神的外傷後の負荷障害、再発する抑鬱性の障害、摂食障害、ならびに、情緒的に不安定な人格障害があり、本件住居の明渡しのときに、一方において被告・一の精神的な状態の悪化に至ることが考慮に入れられなければならないし、他方においてわずかではない蓋然性をもって被告・一の差し迫った自殺傾向に至りうるという危険が存在することもまた考慮に入れられなければならないこと、④本件住居は、被告・一の病気にもとづいて強く制限された生活状態において被告・一の唯一の安定性のある要素を意味したのであり、住居という安定性の要因の差し迫った喪失は被告・一についての困難に制御することができる精神的な負担、もしくは、重大な脅威であること、⑤明渡しをする力をもたらすために被告・一を強制的に病院に収容することは、行われなければならない利益の比較衡量の意味において不釣り合いであったことを重要視して賃借人にとっての「苛酷さ」を肯定したのである。

第一三に、すでにⅡの一の2およびⅡの二の1の（1）の②において取り上げたところのリューベック地方裁判所二〇一四年一一月二一日判決[418]（裁判例【28】）は、①原告（賃貸人）・一が彼女の息子と一緒に本件建物に入居することが医学的な理由から必要不可欠であることが想定される場合さえも、原告・一は、このためにやむを得ないほど被告（賃借人）に賃貸された本件建物を利用しなければならないわけではなかったのであり、息子と共同の賃借住居に入居することもできたこと、②原告・一の利用の利益は、所有物の利用についての利益だけであり、その利益を超えなかったこと、③被告の一五歳の息子は、精神的に最重度に障害があり、盲目であり、それに加えて痙攣の発作の病気にかかっており、専門的な見地から、確実に、住居の交替のような変化は被告の息子の身体的・精神的な状態を悪化させるし、それとともに高い蓋然性をもって被告の息子の死亡の危険を高めることが述べられることができたこと、④鑑定書にしたがって認められているところの生命をおびやかす痙攣の発作の理論的なだけではない可能性で十分でなければならないことを重要視して賃借人にとっての「苛酷さ」を肯定したのである。

第一四に、すでにⅡの一の2およびⅡの二の1の（1）の②において取り上げたところのベルリン地方裁判所二〇一五年五月七日判決[419]（裁判例【29】）は、①本件において、原告（賃貸人）の居住の必要を場合によっては一時的にだけでも他の方法で満たすことが原告に要求できたこと、②被告（賃借人）は、相当な身体的な侵害に苦しんでいたのみならず、本件住居を喪失する場合には根拠のある自殺の危険が存在したこと、③本件使用賃貸借関係の終了の場合における被告の自殺の危険の現実化は圧倒的に蓋然性のあるものであったために、本件住居の明渡しは被告にとって具体的な生命の危険と結びつけられていることが確定していたこと、④被告の明渡しをする力それ自体を積極的に回復させることは被告にとって可能ではなかったことを重要視して賃借人にとっての「苛酷さ」を肯定したのである。

第一五に、すでにⅡの一の2およびⅡの二の1の（1）の②において取り上げたところのベルリン地方裁判所二〇一五年七月八日判決[420]（裁判例【30】）は、①鑑定人は、被告（賃借人）において、明渡しのときにはじめてではなく、むしろすでに明渡判決が出されたときに、重大な健康的な侵害の危険があることを確かに確定したこと、②強制的な明渡しが実行されるときには、鑑定人の見地から、被告の精神的な均衡の完全な喪失が予期され、このような破滅は、鑑定人の見地から、疑いもなく予見できない短絡的反応をともなう激情の突発の危険を含み、そのような危険は自殺行為または疑似自殺行為をも含めるといってよいだろうこと、したがって、本件事案においては、明渡判決の言渡しの影響は、明渡しによって打撃を与えられる賃借人において典型的に生じるところの否定的な結果をはるかに超えたこと、③鑑定人の確定にしたがって、明渡判決の言渡しをもって予期されなければならないところの存在する抑鬱性の総体的症候の硬化は、重大な高齢の抑鬱症の効果をともなって、より長い見地でも治療上の措置を受け入れやすくはなかったことを重要視して賃借人にとっての「苛酷さ」を肯定したのである。

②賃借人にとっての「苛酷さ」が否定された事案

㋐　次に、生命・身体・健康の侵害が問題とされ、結論として、賃借人にとっての「苛酷さ」が否定された事案を考察することにする。

第一に、一九六七年一二月二一日に公布されたところの「賃貸借法の規定の改正に関する第三次法律」が妥当する以前の裁判例であるが[421]、ホッホハイム区裁判所一九六四年七月九日判決[422]をみておきたい。

判例集には判決要旨だけが掲載されているが、区裁判所は、次のように論じることにより、賃借人にとっての「苛酷さ」を否定したのである。

「BGB五五六a条は、裁判官に対して、特に社会的に全く不利な事情の事例において、今や再び導入された契約自由の原則から結果として生じたところの正当化できないように思われる苛酷さを回避する可能性を認めるつもりである。

賃借人の疾患のある幼児は、この例外規定の適用を正当化しないのである」[423]。

第二に、カールスルーエ地方裁判所一九七一年一二月一七日判決をみておきたい。

【70】カールスルーエ地方裁判所一九七一年一二月一七日判決(424)

［事案の概要と経緯］

原告（賃貸人）は、古くなった本件建物を根本的に修復することを理由として、本件建物の屋階に所在する本件住居の賃借人であった被告らとの本件使用賃貸借関係を解約告知した。本件使用賃貸借関係は二〇年を超えて存続していた。被告らは、被告・一が戦争で損傷を受け、その生計能力において四〇パーセントだけ減少させられていたこと、本件使用賃貸借関係が長期に及んだこと、および、相当な代替住居を調達することができないと考えられたことを理由として本件解約告知に異議を述べたのである。

［判決理由］

地方裁判所は、結論として、「……本件使用賃貸借関係の継続に対する請求をもって本件解約告知に対して被告らによって述べられた異議は……ＢＧＢ五五六ａ条にしたがって理由づけられていなかった。被告らは、本件使用賃貸借関係の終了が被告らにとって原告の意図された利益を評価しても正当化されることができないところの苛酷さを意味することを証明することができなかったのである」(425)、と判断した。

その判決理由において、地方裁判所は、次のように論じることにより、身体・健康の侵害の観点からの被告（賃借人）らの異議を退け、賃借人らにとっての「苛酷さ」を否定したのである。

「……もっぱら、今やほとんど五〇歳である被告・一が戦争で損傷を受け、一九六七年一月一日付の生活保障庁の決定通知にしたがって、その生計能力において四〇パーセントだけ減少させられていたという事情だけが、このことは高齢にも妥当するように、それ自体としてだけでＢＧＢ五五六ａ条の意味における苛酷さを理由づけることはなかった。被告らによって提出され……診断されたところの一九六六年五月二七日付の医師の診断書にしたがって、被告・一は、距関節の辺りの左の下腿部の射撃による損傷の結果に苦しんでいた。この損傷は距関節における足の硬化を結果としてともなった。この苦しみにもかかわらず、被告・一は、二〇年を超えて長い間原告のもとで屋階に所在する本件住居を占有していた。その理由から、被告・一がほかの住居への転居によって戦争による苦しみの結果として……これまでよりもより大きな侵害および不快なことにさらされていることから出発されることはできなかったのである。被告・一は、そのことを詳しく指摘さえもしなかったのである」[426]。

なお、代替住居の調達の観点からの被告（賃借人）らの異議については、Ⅱの二の2の（2）において取り上げる。

第三に、バート・フィルベル区裁判所一九八三年三月二四日判決[427]をみておきたい。

判例集には判決理由のなかの重要な部分だけが掲載されている。被告（賃借人）にとってはかなり厳しい判断であるが、区裁判所は、身体・健康の侵害の観点からの被告の異議を退け、賃借人にとっての「苛酷さ」を否定したことについて、次のように論じたのである。

「BGB五五六a条にしたがった本件使用賃貸借関係の延長についての判決に関しては、もっぱら、被告に対して現在の被告の病気の状態において住居の交替が要求されうるのかどうかという点だけが重要である。ほかの住居への交替が、患者輸送車または同じような手配の援助をもって可能であるのかどうかという点は説明されていなかった。住居の交替は『目下のところ』被告に要求できないという医師の診断書における申立ては、被告の病気は『きわめて強い痛み』と結びつけられているというこれ以外の確定を考慮に入れたときにも、いまだに患者輸送の方法においても住居の交替を排除することを明らかにしなかった。口頭弁論における審理は、被告の痛みが、対応した薬による治療によって少なくとも一時的に抑制され、または、減少させられることを明らかにした。挙げられた事情のもとで、区裁判所は、被告の病気についての争われていない深刻さにもかかわらず、被告の病気の状態が被告の家族の転居という枠組みにおける住居の交替について被告を妨げたことを確認することができなかったのである」[428]。

第四に、ミュンスター区裁判所一九八五年六月一八日判決をみておきたい。

【71】ミュンスター区裁判所一九八五年六月一八日判決(429)

［事案の概要と経緯］

原告（賃貸人）は本件建物の所有者であったが、本件建物には三つの住居があった。原告は、その家族とともに一〇五平方メートルの広さの一階の住居に居住していた。被告（賃借人）は、一九五九年以来二階に所在する本件住居に居住していた。三階には原告の母親が居住していた。原告は、屋根裏（四階）を自分自身のための仕事部屋として整えていた。原告の住居は四つの部屋等から構成されていたが、その居住空間は、互いのなかへ行き来し引き戸によって結びつけられたところの一七平方メートルと一九平方メートルの広さの二つの部屋から構成されていた。原告とその妻は、三人の子供らをもち、最も年長の子供はほぼ三歳で、ほかの二人の子供らは二〇ヶ月と二ヶ月であった。原告は、一九八四年九月二〇日付の書面をもって、一九八五年九月三〇日付で、被告との本件使用賃貸借関係を解約告知した。その後、原告は、被告に対して、繰り返し、口頭および書面で被告が本件解約告知を受け入れるのかどうかという点を原告に意思表示するように頼んだ。しかし、被告は本件解約告知に対する異議も述べなかったし、その同意も与えなかった。

そこで、原告は、本件明渡しの訴えを提起し、次のように主張した。すなわち、「自己必要」を理由とする本件解約告知は理由づけられていた。というのは、原告は、本件住居を原告の子供らのための住居として必要としたからである。その他の点では、原告は、すでに少し前から昼の間ずっと子供らの世話のために雇用していたベビーシッターに本件建物において固有の部屋を自由に使用させるつもりであった。さらに、被告はもはや自立生活をしている状態ではなかったし、むしろ、被告自身とその周囲の世界にとって、ひとつの危険であった。たとえば、被告は、すでに何度か本件住居のレンジの全部の電気熱板を燃焼させ、その結果、ヒューズが切れ料理が焦げついてしまった。それに加えて、被告は、このところたびたび本件住居の鍵をなくしたのである。

これに対して、被告は、本件解約告知は被告にとってBGB旧五五六a条の意味における要求できない「苛酷さ」を意味した、と申し立てた。被告は、被告の健康状態、特に被告の強度の視力障害にもとづいて、いつもながらの環境にとどまるように強いられていた。というのは、被告は、新たな環境においてもはや勝手がわからないからである。その他の点では、広い面積の本件住居は、実際に、被告の唯一の生きる喜びであった。

区裁判所は、結論として、「本件訴えは許容しうるし、理由づけられていた」(430)、と判断した。

その判決理由において、区裁判所は、はじめに、原告（賃貸人）の「自己必要」を理由とする本件解約告知は理由づけられていたことについて、次のように論じた。

［判決理由］

「本件訴えは、その本題においても成果を有しなければならなかった。というのは、原告によって自己必要を理由として意思表示された本件解約告知は、BGB五六四b条二項二号にしたがって理由づけられていたからである。

その場合に、原告が子供らの世話のために任命されたベビーシッターを本件建物に居住させることを意図したのかどうかという当事者の間で議論の余地のある問題は重要ではなかった。つまり、原告は、すでに自分自身の三人の子供らのための自己必要にもとづいて本件住居の明渡しに対する請求権を有したのである。BGB五六四b条二項二号の意味における自己必要が存在したことは、原告が妻とこれまですでに三人の子供らとともに四つの部屋から構成されていた住居にだけ居住していたという事情にかんがみてより詳しい説明を必要としなかった。原告が屋階においてさらにひとつの仕事部屋をもっていたという事実もまた、これについて何も変えなかった。つまり、原告は、彼の三人の子供らのためにひとつの子供部屋だけを自由に使用できた。このことは、原告の居住空間をひとつの空間ではなく、むしろ二つの部屋だと考えた場合にも妥当した。つまり、互いにひとつの引き戸によってだけ仕切られていたところの二つの部屋のひとつを子供部屋に改造することは要求できないように思われた。というのは、その場合、子供らの寝室のために必要不可欠な空間的および音響的な分離が十分な程度において保障されていなかったからである。その他の点では、たった一九平方メートルまたは一七平方メートルの広さの居間はほとんど今日の普通の居住の要求を満たさなかった。理論的には、さらに、居間に属する部屋のひとつが仕事の空間として改造されることができなかったのかどうかという点が熟慮されることができた。しかし、これは、両親の寝室または子供部屋のひとつが屋階に移されなければならなかったことに行き着くだろう。このことは、全部の子供らがなお幼児の年齢にあるという事実にかんがみて、教育上の理由からも安全性の理由からも実行不可能であると考えられなければならなかったのである」(431)。

さらに、区裁判所は、「被告は、ＢＧＢ五六四ｂ条二項二号にしたがった正当な本件解約告知に対して、ＢＧＢ五五六ａ条一項一文にしたがって、本件使用賃貸借関係の契約にしたがった終了は被告にとって賃貸人の正当な利益を評価しても正当化されることができないところの苛酷さを意味したと異議を述べることもできなかった。……ＢＧＢ五五六ａ条一項一文の要件は、本件事案において認められていなかったのである」(432)、と判断した。

そのように判断した理由について、区裁判所は、次のように論じたのである。

「……もっとも、一五年の使用賃貸借期間を超えた後に本件住居から退去することが被告にとって必然的に重大な苛酷さをともなうことは否認されることができなかった。ＢＧＢ五五六ａ条の枠組みにおいて、被告の身体的な障害、被告の高齢、および、本件建物と居住地域への被告の定着が考慮に入れられなければならないこともまた正しかった。しかし、他方において、被告自身が認めたように、他人による世話は、それが現在の本件住居において行われるのと同じ範囲においてほかの住居においても実行されることができたこともまた考慮に入れられなければならなかった。家政婦も、朗読のための生徒も、ほかの住居においてもそのサービスを提供することができるであろうし、全く同様にそこで『車いすでの食事』が被告にもたらされることができるかもしれない。被告が、さらにつけ加えて、被告の病気、特に被告の重大な視覚障害を指摘した限りで言えば、被告がほとんど盲目であり、特に家庭における簡単な仕事をもはや必要な確実性をもって実行することができないという原告の主張が事実に合致する場合に、おそらく被告の終日の世話が必要であるだろうし、その終日の世話は新たな賃借住居において、すなわち被告の息子の建物において、または、老人ホームにおいて同様によく実行されることができることが述べられなければならないであろう。他方において、被告が自分自身で申し立てたように……脱落症状がこれまでいまだに現れなかった場合に、新たな環境においてもなお勝手がわかることが被告にうまくゆくといってよいだろう。

もっとも、被告の利益を原告の正当な利益と対比することは、本件使用賃貸借関係の終了が被告にとっていずれにせよ要求できない苛酷さであると判断されることはできないことに行き着いたことが決定的であった。当裁判所の見解にしたがって、それぞれひとつの部屋をということに対する所有者の子供らの要求は、いずれにせよ、それ自体としてみて全く尊重されなければならないところのいつもながらの環境にとどまることに対する被告の願望よりもより高く評価されなければならなかったのである。その場合に、最後に、原告の自己必要は、原告の子供らの年齢があがることにともなって、むしろなお強度を増すこともまた考慮に入れられなければならなかった。つまり、少なくとも子供らのうちの二人をひとつの部屋に居住させることは、子供らの現在の年齢において、事情によってはなお要求できるものであると考えられることができたのに対して、このことは、ある程度の年齢から完全に要求できないものとならなければならなかった。その結果、原告は、その場合、ひとつの追加された部屋のみならず、むしろ二つの追加された部屋を必要とするであろう。それに対して、被告においては、被告が長期的にみてすでに高齢および病気という理由からおそらくもはや本件住居を管理することができないことから出発されなければならなかった。この点では……避けられない措置をあとでというよりもむしろ今被告に要求することは、社会的な観点のもとでもより筋の通ったものであるように思われたのである」[433]。

なお、区裁判所は、最後に、「民事訴訟法七二一条にしたがって明渡期間を認めることは、当裁判所の見解にしたがうと、必要でないように思われた。というのは、被告は、なお六ヶ月を超えて新たな住居を探す時間があるからである」[434]、と付言した。

第五に、レーゲンスブルク区裁判所一九八九年三月二二日判決をみておきたい。

【72】レーゲンスブルク区裁判所一九八九年三月二二日判決[435]

［事案の概要と経緯］

原告らは、被告らから、一九八六年四月二五日の本件使用賃貸借契約をもって、一九八六年八月一日から月あたり全部で八八一ドイツマルク六〇ペニヒの賃料で本件建物の一階に所在する五つの部屋から構成されていた本件住居を賃借した。本件住居は、本件建物に所在する全部で五つの住居所有権のなかのひとつであり、被告・二の所有であった。タイプライターで打たれた本件使用賃貸借契約の補遺には、特に次のように書かれていた。すなわち、「F家族

（原告ら）は、本件建物のための管理人の仕事を引き受けるように義務づけられる。なしとげられた管理人の仕事のための対価は月あたり八〇ドイツマルクであり、F家族はその対価を賃料から差し引くことができる」。その後、被告（賃貸人）らは、一九八八年四月一四日付の書面をもって、原告（賃借人）らに対して、芝刈りのときの難しさと健康上の問題のために、被告らは今からすぐに庭仕事と芝刈りを再び自分自身で果たすことを通知した。もっとも、月あたりの控除は今や四〇ドイツマルクであったし、次の仕事はさらに引き続き行われなければならなかった。すなわち、「夏には、ときどき（必要のあるときに）中庭を掃除し、草花と芝生に水をやり、冬には、雪を取り除き、路面凍結を防ぐために何かをまく」ことであった。原告・一は、一九八八年以来健康上もはやなお残った管理人の仕事を実行する状態ではなかった。というのは、原告・一は、重大に八〇パーセント健康が損なわれていたし、特に動脈の閉塞症のために約五〇メートルを超えてだけ歩くことができ、手術を覚悟しなければならなかったからである。原告らは、さらに続けて管理人の仕事を実行することを拒絶したが、しかし、完全な賃料を支払った。被告らは、そのつど月あたり四〇ドイツマルクの金額を振替で送った。

一九八八年一〇月における当事者の成果のない話し合いのあとで、被告らは、一九八八年一〇月一七日付の書面をもって、原告らとの本件使用賃貸借関係を解約告知した。というのは、原告らは管理人の仕事をもはや履行しなかったからである。これに対して、原告らは、一九八八年一〇月二〇日付の書面をもって、原告・一の健全ではない健康状態、および、原告・一を世話するという原告・二の義務を指摘することによって本件解約告知に異議を述べたのである。

原告らは次のように主張した。すなわち、被告らは、本件使用賃貸借関係の終了について「正当な利益」を有しなかった。というのは、取るに足らない管理人の仕事だけにかかわる問題であったからである。原告・一は、これまで大体のところ管理人の仕事を果たしたし、今や彼の健康上の問題のために、原告・二によって恒常的に世話されなければならないのであり、その結果、管理人の仕事は原告らには不可能であり要求できなかった。その間に、ごく近くに存在するW通りの建物において、必要とされた管理人のためにひとつの住居が空いた。しかし、その住居は、その建物が本件建物においても三つの住居所有権を所有したところのT婦人のものであるにもかかわらず別に賃貸された。一九八八年ないし一九八九年の冬において冬の職務活動は生じなかった。そのことから契約上の義務も違反されなかった。本件使用賃貸借関係の終了は要求できない社会的な「苛酷さ」を意味した。というのは、原告・一は、彼の健全でない健康状態のために、見通しのきかない期間の間本件住居を明け渡す状態ではなかったからである。

これに対して、被告らは次のように申し立てた。すなわち、本件住居は、明確に管理人の住居として賃貸されていたのであり、両方の原告らは管理人の仕事を義務づけられていた。少なくとも、原告・二は管理人の仕事を果たすことができたのである。というのは、原告・二は、常に彼女の夫の世話に従事してはいなかったからである。必要とあれば、原告らは、彼らの費用で補助員の助力を得なければならなかっただろう。原告らは、一〇月の話し合いにおいて、切々と拒絶の結果を指摘されていたし、考慮の時間を認められていたにもかかわらず、本件解約告知に至らしめた。本件住居は管理人の住居として必要とされる。というのは、このことは、所有権者らの合意に対応するからである。W通りの建物における場合によっては空いた住居は、本件訴訟にとって取るに足りないものであった。

［判決理由］

区裁判所は、結論として、「被告らは、原告らに対して……明渡請求権を有した。というのは、一九八八年一〇月一七日付の書面をもって、本件使用賃貸借関係は有効に解約告知されたからである」[436]、と判断した。

その判決理由において、区裁判所は、はじめに、被告（賃貸人）らは本件使用賃貸借関係の終了について「正当な利益」を有したことについて、次のように論じた。

「被告であった賃貸人らは、ＢＧＢ五六四ｂ条一項、二項一号にしたがって、本件使用賃貸借関係の終了について正当な利益を有した。というのは、いずれにせよ、原告・二は、責めに帰すべき事由によりその契約上の義務に少なからず違反したからである。

……

少なくとも、原告・二において責めに帰すべき事由による少なからぬ義務違反が存在した。原告・二は、連帯債務者として、彼女の夫、すなわち、原告・一とならんで管理人の仕事を果たすように義務づけられていたのである。

……

……

（また、）管理人の仕事を引き受けるところの新たな賃借人に本件住居を賃貸するために、本件住居の明渡しについて賃貸人の側の正当な利益も存在したのである」[437]。

さらに、区裁判所は、被告（賃貸人）らの利益と原告（賃借人）らの利益とのあいだの比較衡量において、賃借人らにとっての「苛酷さ」を否定したことについて、次のように論じたのである。

「原告らの異議に反して、本件使用賃貸借関係の契約にしたがった終了は賃借人らにとって賃貸人らの正当な利益を評価しても正当化されることができないところの過酷さではなかった。確かに、本件使用賃貸借関係の終了は原告らにとってひとつの過酷さを意味した。というのは、緊張した住居市場を超えて、原告らは、八〇パーセントの障害をともなう原告・一の健康状態、および、特に原告・一の歩行障害にかんがみて、住居を探すことにおいて制限されていたし、特に、原告・一のために一階の住居が得ようと努められなければならなかったからである。しかし、原告・一の健康上の侵害は、見通すことのできない期間の間本件住居の明渡しが原告・一にとって可能でないほどではなかった。この点では、医師の鑑定書はもはや必要ではなかった。……それに加えて、原告らは、すでに当時損なわれたところの原告・一の健康状態にもかかわらず、管理人の住居として本件住居に入居したのである。すでに右に説明したように、賃貸人らは、管理人の仕事を果たすことができるところの新たな賃借人に本件住居を賃貸するために本件住居の明渡しについて正当な利益を有したのである」[438]。

なお、区裁判所は、最後に、「しかし、挙げられた理由の比較衡量は、原告らに民事訴訟法七二一条にしたがって一九八九年九月三〇日までの明渡期間を認めることに行き着いたのである」[439]、と付言した。

第六に、筆者の既存の研究[440]においても取り上げたところのバイロイト区裁判所一九八九年九月二一日判決をみておきたい。

【73】バイロイト区裁判所一九八九年九月二一日判決(441)

［事案の概要と経緯］

原告らは、一九八六年三月一四日の本件使用賃貸借契約にもとづいて、共有していた本件住居（住居所有権）を被告らに賃貸していた。被告（賃借人）らは、一九八六年五月一日以来本件住居に居住していた。被告（夫）は一九〇五年一〇月二三日生まれであり、被告（妻）は一九〇四年一一月二一日生まれであった。両方の被告らは身体的に障害があった。原告らは、一九七二年から一九八八年まで別産制において婚姻していた。原告らは、本件住居を共有者としてそれぞれ二分の一の持分で取得し被告らに賃貸していたが、先行した別居と一九八八年の離婚に関連して本件住居を売買しようと努力した。また、本件住居についての利息の負担は一二一〇ドイツマルクであったが、その利息の増額が考慮に入れられなければならなかった。

原告らは、一九八八年一〇月一八日付の弁護士の書面をもって本件住居の使用賃貸借関係を解約告知し、本件住居の明渡しを求めて訴えを提起した。というのは、経済的に必要不可欠な譲渡が本件使用賃貸借関係が存在する場合不可能であると証明されたからであった。

原告らは次のように主張した。すなわち、かつての税制上の利益は、今やもはや効力を生じなかった。また、他人から一〇〇パーセント融資された本件住居はもはや維持されることができなかった。というのは、利息の負担と償却の負担が月あたりの賃料をはるかに上回っていたからである。賃貸されていない状態における本件住居に関しては一七万五〇〇〇ドイツマルクないし一八万ドイツマルクが獲得される。これに対して、賃貸されていた状態における本件住居に関しては単に一二万ドイツマルクないし一三万ドイツマルクが得られる。それに加えて、賃貸されていた状態における本件住居を購入するところの希望者はほとんど見出されることができなかったのである。

これに対して、被告らは、本件売買は投機目的にのみ役立つと主張したほか、被告らの高齢および病気にもとづいて本件使用賃貸借関係の継続を請求したのである。

［判決理由］

区裁判所は、結論として、「原告らは、（本件住居の）明渡しと返還を請求することができる。というのは、原告らの本件解約告知によって本件使用賃貸借関係は終了させられていたからである」(442)、と判断した。

その判決理由において、区裁判所は、次のように論じることにより、原告（賃貸人）らの利益と被告（賃借人）らの利益とのあいだの比較衡量において、賃借人らにとっての「苛酷さ」を否定したのである。

「被告らは本件使用賃貸借関係の継続を請求することができなかった。その場合に、原告らの利益と、被告らによって主張された苛酷さについての理由が互いに比較衡量されなければならなかった。

被告らの高齢は、もっぱらそれ自体としてだけで十分な苛酷さについての理由を意味しなかった。確かに、健康的な侵害が加わった。しかし、健康的な侵害は高齢にしばしば随伴する症状である。当裁判所は、被告らの健康状態は、一九八九年四月六日付の医師の診断書に対応することから出発した。しかし、その事情は本件使用賃貸借関係の継続を命じることを正当化しなかった。つまり、いっそう強まるところの障害にかかわる問題であった。……期間の定めなく、原告らの共同体の財産分割と意図された譲渡について待機し、この期間において、特にさらに引き続き高い利息の負担と償却の負担をもともと存在した税制上の利益なしに負担することは原告らに要求されることができなかったのである」(443)。

第七に、ドルトムント区裁判所一九九〇年七月一二日判決をみておきたい。

【74】ドルトムント区裁判所一九九〇年七月一二日判決(444)

［事案の概要と経緯］

原告らは本件建物の所有者であった。原告（賃貸人）らと被告（賃借人）らとの間には、一九八五年六月一日以来二階に所在する本件住居に関する使用賃貸借関係が存在していた。原告らは、一九八九年一一月九日付の書面をもって本件使用賃貸借関係を解約告知した。その理由として、原告らは、本件住居が、原告らの娘（証人）のために必要とされることを引き合いに出した。原告らの娘は学生であったが、一九九〇年のはじめまでほかの学生と一緒にある住居に居住していた。その後、原告らの娘はそこを引き払い、さしあたり彼女の両親のところに引っ越した。原告らは、娘が本件住居に入居することを意図している、と主張した。

これに対して、被告らは、「自己必要」を理由とする本件解約告知は口実にされている、と考えた。原告・一は、約二年ないし三年前に原告らの娘は本件住居に入居することを意図していない、と説明した。

そのうえで、被告らは、多様な観点から本件使用賃貸借関係の継続を請求した。すなわち、被告らが二匹の猫を飼っていたこと、被告・一が一九九〇年の八月にケーキ製造業者としてのマイスター課程の枠組みにおける試験を受けなければならなかったし、それに引き続いて、それから約一年のうちにやっと修了試験をもって終わりとなるところの夜間講座の形態においてなおこれ以上の課程が始まることであった。それに加えて、被告らにとって転居することは経済的な理由から要求できなかった。というのは、被告らは失業していたからである。さらに続けて、被告らは、被告・二は重い病気である、と主張した。というのは、被告・二は乾癬であり腎臓病であるからである。最後に、被告らは、原告らの娘は本件建物内にひとつの住居を維持していたところのその姉妹のところに移ることもできる、と申し立てたのである。

［判決理由］

区裁判所は、結論として、「本件訴えは理由づけられていた。

原告らは……被告らに対して本件賃貸物の返還を請求することができた。……当事者の間に存続していた本件使用賃貸借関係は、一九八九年一一月九日の本件解約告知によって、一九九〇年二月二八日付で有効に終了させられていたのである」(445)、と判断した。

その判決理由において、区裁判所は、はじめに、原告（賃貸人）らは本件住居を原告らの娘のために必要とすることを証明したことについて、次のように論じた。

「BGB五六四b条二項二号にしたがって、正当な利益はBGBによって賃貸人がその空間を住居として自己またはその家族構成員のために必要とするときに想定される。連邦憲法裁判所および連邦通常裁判所の裁判例を考慮に入れても、原告らは本件住居を原告らの娘のために必要とすることを説明し証明したのである。

これらの裁判例にしたがっても、賃貸人によって申し立てられた理由は、裁判所によって、必ずそれらの理由が筋の通り、あとづけることができることにもとづいて審理されなければならない。特に、自己使用の願望の真摯さが審理されなければならないし、場合によっては存在するところの解約告知の可能性の濫用が確認されなければならないのである。

その場合に、自己使用の願望に関して、筋の通り、あとづけることができる理由の説明において、対応する自己使用の意思からも出発しなければならないのである。

原告らは、この点では、原告らが本件住居を原告らの娘のために必要とすることを説明し証明した。原告らの二三歳の娘は音楽を勉強し、すでに勉学を開始する目的において両親の本件建物を離れた。証人が彼女の尋問のときにさらに続けて証言したように、証人は、個人的な理由からひとりの学友と形成された住居共同体を解消し、ドルトムントに存在するほかの住居に入居する決心を固めたのである。当裁判所の個人的な印象にもとづいて、当裁判所は、証人が信用する価値のあることについてどんな疑いも持たなかった。証人は、気持ちよく率直なやり方において、これに関する証人の人生の計画策定とこのような決心に行き着いたところの証人の全く個人的な理由をも述べ、その結果、当裁判所にとって、本当に証人の中立ての正しさについてきわめてわずかな疑念も存在しなかったのである。

……

このような原告らと証人の決心は、当裁判所によって尊重されなければならなかった。このような決心は、原告らの権利であるところの本件住居についての原告らの所有権の行使の枠組みにおいて行われたのである。

被告らが本件建物に居住するまた別の姉妹のところに移ることが証人には可能であると異議を述べた限りで言えば、このことは、その法的状況を異なって評価することには行き着かなかった。……本件事案においては、まさしくほかの空いている住居にかかわる問題ではなく、むしろ、また別の成人によって居住されたところの住居にかかわる問題であることが考慮に入れられなければならなかった。たとえこれらの両方の人々が姉妹であるとしても、彼女らが共同で居住するつもりであるのか、または、どちらも自分自身のために完結した領域を請求するのかという点を自分自身で決定することができるところの成人にかかわる問題であることが考慮に入れられなければならなかったのである」(446)。

さらに、区裁判所は、「被告らは、ＢＧＢ五五六ａ条にしたがって、原告らに対して本件使用賃貸借関係の継続を請求することもできなかった。本件使用賃貸借関係の終了は、被告らにとって、原告らの正当な利益を評価しても正当化されることができないところの苛酷さを意味しなかったのである」[447]、と判断した。

そのように判断した理由について、区裁判所は、被告（賃借人）らの多様な観点からの異議について大きく三つの点に整理して論じたが、ここでは、身体・健康の侵害の観点からの賃借人らの異議を退け、賃借人らにとっての「苛酷さ」を否定した理由についてだけ考察しておきたい。区裁判所は、次のように論じたのである。

「被告らが……被告・二の病気を引き合いに出した限りで言えば、被告らは……この病気を立証的に申し立てなかったし証明しなかったのである。

もっぱら乾癬であるだけで、そのいたましさにもかかわらず、確かに転居を行う障害ではなかった。腎臓病に関しては、どのような種類の腎臓病であるのか、その腎臓病がどのように現れているのか、および、その腎臓病がどのような形態において被告・二の可能性を制限しているのかという点についてあらゆる申立てが欠けていた。その他の点では、原告らはこの腎臓病を否認した。その結果、被告らは、対応した証明をもたらさなければならなかった。原告らは、この点では、医師の診断書の提出を引き合いに出した。文書による証明は口頭弁論期日におけるその文書の提出によってもたらされる。（しかし、）被告らは、これに関して、口頭弁論期日においてどんな種類の文書をも提出しなかったのである」[448]。

なお、代替住居の調達の観点、および、その他の利益の侵害の観点からの被告（賃借人）らの異議については、Ⅱの二の2の（2）および（4）において取り上げる。

第八に、ザールブリュッケン地方裁判所一九九二年七月三一日判決[449]をみておきたい。

原告（賃貸人）が、「自己必要」を理由として、被告（賃借人）らとの本件使用賃貸借関係を解約告知したのに対して、被告らが、被告の妻の病気を理由として本件解約告知に異議を述べたという事案であった。

その判決理由において、地方裁判所は、原告（賃貸人）の利益と被告（賃借人）らの利益とのあいだの比較衡量において、賃借人らにとっての「苛酷さ」を否定したことについて、次のように論じたのである。

「……自己必要は、当部の見解にしたがって、本件住居が、世話の必要の生じた場合のために、賃貸人の世話を引き受ける状態にあり引き受ける用意のできたところの適切な人に委譲されるということになる場合にも存在する。……今や八一歳である原告は妻を失った。……

……その自己必要についての意図は、あとづけることができ、筋の通るものである。世話の用意のできた証人、すなわち、以前の看護士に本件住居を委譲することについての真摯な疑念は認識できなかった。

……

BGB五五六a条にしたがった被告らの異議は顧慮されなかった。多発性硬化症のための被告の妻の病気は、確かに被告らが住居を探すことを困難にする。しかし、その比較衡量において、優位が原告の利益に当然与えられるべきであることが考慮に入れられなければならなかったのである」(450)。


第九に、レラハ区裁判所一九九五年一二月六日判決をみておきたい。

【75】レラハ区裁判所一九九五年一二月六日判決(451)

［事案の概要と経緯］

原告（賃貸人）は、一九九四年のはじめに、被告（賃借人）らによって居住された本件住居（住居所有権）を自分自身で本件住居を利用することができるために購入した。原告は、現在、妻、一九八五年一二月六日に生まれた息子、および、一九九一年一一月一八日に生まれた娘とともに七七平方メートルの広さで三つの部屋から構成されていた住居に居住していた。原告の住居においては、息子だけがひとつの自分自身の部屋をもち、娘は両親の部屋において眠らなければならなかった。他方において、被告らによって居住された本件住居は九二平方メートルそこそこの広さであり、四つの部屋から構成されていた。被告・一と被告・二は、一九七二年七月七日の本件使用賃貸借契約によって、当時の所有者から本件住居を賃借した。

被告・一（妻）は六九歳であった。被告・一は、過去において何度か入院治療をした。被告・一は、重い腎臓病、腎石に苦しみ、そして、重い糖尿病であった。糖尿病から、脚の動脈硬化、血行不全、および、進行性の白内障のような続発症が結果として生じた。被告・一は、月あたり六一八ドイツマルクの年金、ならびに、月あたり八〇〇ドイツマルクの生活扶助料を受け取っていた。被告・一の健康状態にもとづいて、被告・一の娘が少し前に被告・一のための世話の遂行をよりよく提供することができるために引越しをした。被告・二（夫）は七七歳であり、股関節疾患であった。被告・二は、約一六〇〇ドイツマルクの年金、さらに付け加えて、八〇〇ドイツマルクの金額における企業体からの年金をもっていた。被告・三は、被告・一と被告・二の三一歳の息子であったが、二年前から労働災害にもとづいて就業不能であり、月あたり約九〇〇ドイツマルクの金額における就業不能年金を受け取っていた。

原告は、一九九五年二月一日付の書面をもって、「自己必要」を理由として、一九九六年一月三一日付で、被告らとの本件使用賃貸借関係を解約告知した。これに対して、被告らは、一九九五年七月二八日付の書面をもって、BGB旧五五六a条の枠組みにおいて期間の定めなく本件使用賃貸借関係の継続を請求した。被告らは、本件使用賃貸借関係の終了は被告らにとって普通でない「苛酷さ」を意味し、そのために本件使用賃貸借関係は期間の定めなく延長されなければならない、と申し立てたのである。

［判決理由］

区裁判所は、結論として、「……許容しうる本件訴えは理由づけられてもいた。

当事者の間の本件使用賃貸借関係は、一九九五年二月一日の本件解約告知によって、一九九六年一月三一日付で終了させられた。原告は、BGB五六四b条二項二号の意味における本件使用賃貸借関係の終了について正当な利益を有した。

被告・一と被告・二は、BGB五五六a条にしたがって本件使用賃貸借関係の継続を請求することもできなかったのである」[452]、と判断した。

その判決理由において、区裁判所は、次のように論じることにより、原告（賃貸人）の利益と被告（賃借人）らの利益とのあいだの比較衡量において、身体・健康の侵害の観点からの賃借人らの異議を退け、賃借人らにとっての

「苛酷さ」を否定したのである。なお、代替住居の調達の観点に関する区裁判所の論述については、Ⅱの二の2の（2）において取り上げる。

「……当裁判所は、被告らの側に本件使用賃貸借関係の継続のための重要な理由が存在することを見誤らなかった。しかし、当裁判所によって実行されなければならない利益の比較衡量は、本件使用賃貸借関係の終了についての原告の正当な利益をより優位であると考えることに行き着いたのである。当裁判所による利益の比較衡量においては、本質的に、次に述べる観点が考慮に入れられていた。

被告らにとって有利な結果になる観点は次のとおりであった。

まさしく、被告・一と被告・二の年齢、長い使用賃貸借期間、および、そのことと結びつけられたところのその居住地域における定着は、その利益の比較衡量において大きな重要さが当然与えられるところの全く重要な事情を意味した。

被告・一の病気もまた、そのような事情を意味した。特に、被告・一は、彼女の視力が懸念されなければならないようになおこれ以上悪化するということになるために、本件住居において、新たな住居におけるよりもよりよく勝手がわかることが考慮に入れられていた。

被告・三が彼の両親との家族グループにおいて生活し就業不能であるという考慮に入れられなければならない事実もまた、被告らにとって有利な結果になるように過小に評価されることができない重要な事情を意味した。

同じく、被告らは……一階の住居、または、エレベーターを備えた住居に頼らざるを得ないことが考慮に入れられていた。

最後に、原告は、本件住居の購入のときに、解約告知の場合に関して、被告らの側に重大な苛酷さについての理由が存在することを全く認識することができたこともまた考慮に入れられた。

それに対して、原告の側において、次に述べる比較衡量の観点は本質的な意義があった。

現在の住居は、原告にその二人の子供らにかんがみてきわめて制限された居住だけを可能にした。この関連において、本件解約告知は、裁判例によって決定されたほかの事案とは異なり、『多かれ少なかれ隔たった構成員の』自己必要をもってではなく、むしろ、原告とその家族自身の自己必要をもって理由づけられていたこともまた考慮に入れられなければならなかった。当裁判所の見解にしたがって全く重要な事情であった。

それ以上に、被告らにとって、被告・一の健康状態を顧慮して本件住居にとどまることは確かに確実に有利であったが、ただし、転居することが不可避的にその健康状態の悪化に行き着かなければならないわけではなかったことが考慮に入れられていた。いずれにせよ、事実の申立てから、および、口頭弁論における申立てからも、そのような事情が推し量られることはできなかったのである。

……

被告・一の重大な病気、それとともに新たな住居の勝手がわかることにおける困難さは、まさしく、存在する家族グループによっても、ひとり暮らしの人にかかわる問題であるときよりもよりよく受け止められることができるのである。

個々の事案の全部の事情を比較衡量することにしたがって、当裁判所は、本件において優位が原告の利益に当然与えられるべきであるという見解に達したのである」[453]。

最後に、区裁判所は、「もっとも、民事訴訟法七二一条にしたがって一年の明渡期間が被告らに認められなければならなかったのである」[454]、と付言した。

さらに、以上のような区裁判所の判断は、本件の控訴審判決であるフライブルク地方裁判所一九九六年六月一一日判決[455]によっても是認された。すなわち、地方裁判所は、次のように論じたのである。

「区裁判所は、的確に本件明渡しの訴えが理由づけられていたことを確認した。というのは、被告らは、ＢＧＢ五五六ａ条にしたがって本件使用賃貸借関係の継続を請求することができなかったからである。当部は、ＢＧＢ五五六ａ条の枠組みにおける区裁判所の綿密な利益の比較衡量を分かちあう。……

……

区裁判所も、当部も、被告らの側に、申し立てられた病気を顧慮して本件使用賃貸借関係の継続について重要な利益が存在したことを見誤らなかった。しかし、当部の期日における当事者の聴聞にしたがって、控訴審裁判所は、転居のときに予期されなければならない問題をやりとげることは、家族の援助、および、場合によっては医者の助力をもって全く可能であること、その結果、BGB五五六a条の意味における正当化されることができない苛酷さから出発されることはできないという区裁判所によって得られた印象をも証明されたものである、と見て取ったのである」(456)。

第一〇に、ハンブルク地方裁判所一九九六年一二月一九日判決をみておきたい。

【76】ハンブルク地方裁判所一九九六年一二月一九日判決(457)

〔事案の概要と経緯〕

現在八五歳である原告（賃貸人）と弁護士である被告（賃借人）との間には、原告の本件建物の一階に所在する五つと半分の部屋から構成されていた本件住居に関する使用賃貸借関係が存在していた。原告は、その息子がその家族とともに本件住居に入居するつもりであるために、「自己必要」を理由として被告との本件使用賃貸借関係を解約告知した。これに対して、被告は、特に、本件解約告知はエイズになった彼の伴侶にとって正当化されることができない「苛酷さ」を意味したことを引き合いに出したのである。

〔判決理由〕

地方裁判所は、結論として、「被告が適時に一九九四年七月一九日付の書面をもって述べ、本件控訴審において被告の伴侶の議論の余地のないエイズという病気のために主張したところの被告の社会的な異議にはその成果が与えられないままであったのである」(458)、と判断した。

その判決理由において、地方裁判所は、次のように論じることにより、原告（賃貸人）の利益と被告（賃借人）の利益とのあいだの比較衡量において、生命・身体・健康の侵害の観点からの賃借人の異議を退け、賃借人にとっての「苛酷さ」を否定したのである。

「……確かに、被告の伴侶は、BGB五五六a条一項一文という規範の保護領域に含められ、本件使用賃貸借関係の終了はエイズという病気のために被告とそのパートナーにとって重大な苛酷さを意味した。しかし、BGB五五六a条一項一文にしたがって命じられる比較衡量の枠組みにおいて、いずれにせよ、その苛酷さについての理由から結果として生じる被告の利益が原告の利益に対して優位にあることは確認されることができなかった。被告の伴侶の期待しうる生命の長さの期間は不確かであり、議論の余地もなく個人的に予測できなかった。この重い病気にもかかわらず、自分自身の仕事を行うことが被告の伴侶にはいまだに可能であった。このことに、今や八五歳という高齢において、原告の息子を原告の近くにおいて原告に帰属する本件住居において息子の家族とともに居住させるという願望を実現したいところの原告の利益が対峙したのである。

さらに、特に、高い程度の転倒しやすさ（Sturzanfälligkeit）に存在したところの原告の損なわれた健康状態がつけ加わった。証拠調べから判明したように、原告の健康状態の悪化が記録されなければならなかった。特に、なおこれ以上の手術が行われた。それによって世話の必要が高められた。そのことから、原告の息子、および、世話の心構えをしている息子の妻による本件住居への入居についての原告の家族的な利益は、世話の必要性という客観的な観点のもとでも追加的に強められていたのである。

このような事情において、被告の利益の優位は確認されることができなかった。特に、成果の豊かな弁護士としての被告の職業状況、および、そのことによって条件づけられた肯定的な、特に経済的な諸関係にかんがみても、両当事者の利益を考慮に入れるときに被告にとって本件使用賃貸借関係の終了と代替住居の調達が要求しうるのである」[459]。

最後に、地方裁判所は、「明渡期間を認めることは民事訴訟法七二一条に依拠する。……当部は……被告の伴侶の病気を顧慮して、一九九七年六月三〇日までの明渡期間を認めることを相当であり、しかし十分なものである、と判断したのである」[460]、と付言した。

第一一に、ボン地方裁判所一九九九年八月一六日判決をみておきたい。

【77】ボン地方裁判所一九九九年八月一六日判決(461)

［事案の概要と経緯］

被告は、一九六八年一一月二六日の本件使用賃貸借契約をもって、原告ら（四名）の前主から、本件建物（多世帯用住宅）の二階に所在する四つの部屋から構成されていた本件住居を賃借した。原告（賃貸人）らは、一九九五年一二月二一日付の公証人が作成した売買契約にもとづいて、一九九六年七月に本件土地・建物全部の所有権を取得した。被告との本件使用賃貸借契約は継続された。六二・五平方メートルの広さの本件住居のための現在の暖房費込みの賃料は、四二一ドイツマルクであった。

原告・三と原告・四は、すでに取得された本件建物に居住していた。他方、原告・一と原告・二は、現在、彼らの二人の子供らとともに四五平方メートルの広さの二つの部屋から構成されていたところの本件建物外の住居において生活していたが、その住居はひとつの寝室とひとつの居間だけを備えていた。そこで、原告らは、一九九六年一〇月一六日付の書面をもって、原告・一と原告・二の「自己必要」を理由として、一九九七年一〇月三一日付で、被告との本件使用賃貸借関係を解約告知した。原告らは、被告に対して、本件住居のすぐ近くに存在するところの原告らの住居に引っ越すことを提案した。しかし、被告はこれを拒絶した。そのうえで、被告は、一九九七年八月一九日に、要求できない「苛酷さ」を引き合いに出して本件解約告知に異議を述べた。被告は、被告が本件住居を去らなければならない場合に差し迫った自殺の危険が存在するというほどに感情的に本件住居に結びつけられていることを申し立てたのである。

原告らは本件明渡しの訴えを提起した。区裁判所は、専門的知識をもった証人、すなわち、被告を治療している心理学者の尋問、ならびに、鑑定書を求めることによって証明した。専門的知識をもった証人も、鑑定人も、被告において本件使用賃貸借関係が終了する場合に具体的な自殺の危険が存在することを明らかにした。それにもとづいて、区裁判所は、被告の高齢、ほとんど三〇年という本件使用賃貸借関係の期間、ならびに、本件使用賃貸借関係が終了する場合に存在する自殺の危険を引き合いに出して原告らの本件明渡しの訴えを棄却した。

これに対して、原告らは、地方裁判所に控訴したのである。

［判決理由］

地方裁判所は、結論として、「原告らは、被告に対して……本件住居の明渡しに対する請求権を有した。というのは、BGB五六四b条二項二号にしたがって、自己必要を理由とする解約告知権が原告らに当然帰属すべきものであったからである。自己必要の基礎にある事実は、当事者の間において議論の余地のないものであった。原告らの本件解約告知の効力は、BGB五五六a条にしたがった被告の異議にもとづいて排除されていなかった。というのは、被告の異議は、申し立てられたすべての事実、および、その事実から判明したそのときどきの当事者の利益の比較衡量にしたがって理由づけられていなかったからである」[462]、と判断した。

その判決理由において、地方裁判所は、次のように論じることにより、原告（賃貸人）らの利益と被告（賃借人）の利益とのあいだの比較衡量において、生命・身体・健康の侵害の観点からの賃借人の異議を退け、賃借人にとっての「苛酷さ」を否定したのである。

「確かに、BGB五五六a条にしたがって行われなければならない利益の比較衡量の枠組みにおいて、被告にとって有利な結果になるように、被告が鑑定人のなおこれ以上の説明にしたがっても反応性の抑鬱症であり、このことと関連して、高齢にもとづく脳の縮小のためにある種の老人性の頑固さを示したことが考慮に入れられなければならなかった。鑑定人は、被告の診察にしたがって、被告が本件住居を明け渡す場合に被告の自殺の意図を装うことなく、自殺の意図もまた真に受けられなければならないことを確信していた。被告がもはや自分自身の世話をすることができない限りで言えば、被告の子供らのもとに引っ越す心構えをしていることもまた、この点について何も変えることはできなかった。この点では、鑑定人は書面による鑑定書の結果を確認した。

ただし、鑑定人は、この関連において、補足して、現在被告によって実行された外来診療が、入院治療によって、しかも、薬の主要な使用のもとで強化されることができることを説明した。というのは、被告は、現在、なお対話療法のためにあまり出席していなかったからである。鑑定人は、そのような入院治療の期間を数週間、すなわち、見通すことのできる期間と見積もった。鑑定人の見解では、抑鬱症の治療の場合には、滞っている本件住居の明渡しについての被告の考え方を変えることもまた達成されうる。最後に、場合によっては起こり得る自殺の危険—その意図は強制的な明渡しの場合本当に被告において現実のものとなる―は、その明渡しが医師の監視のもとで、かつ、場合によっては州の病院への被告の引き続いての収容をもって行われることによって阻止されうるのである。

このことを考慮して、原告らの本件住居にとどまることについての被告の利益は、その明渡しについての原告らの利益に対してもはや優先的に保護する価値のあるものではないように思われたし、特に、被告は、鑑定人の側において証明された成果を期待させる治療の可能性にもかかわらず、明確にどんな入院治療をも拒否し、このような態様によってあらゆる協力を拒絶したのである。

明渡しのときに被告において疑いもなく存在する自殺の危険は、鑑定人の説明にしたがって治療可能、かつ、制御可能であり、特に強制的な明渡しの時点において考えられる差し迫った自殺の意図は、精神科医もしくは専門医の意見を聞いて阻止されうるのであるから、原告らの利益は、一九九六年に本件解約告知が意思表示されてからその間に経過した時間を考慮に入れても、より保護する価値のあるように思われた。七年もしくは一六ヶ月という二人の小さな子供らをともなう原告・一と原告・二に対して、さらに引き続き期間の定めなく二つの部屋から構成されていた住居において生活することはもはや要求されることができなかったのである。

存在する賃借人の自殺の危険が、本件のように制御可能であるならば、所有権者かつ賃貸人は、具体的に存在し証明された自己必要において、長い間自己の所有権の行使から排除されることができないのである。このことは、特に、明渡しによって打撃を与えられる賃借人が、自分自身の精神的な状態を改善し、自殺の意図を阻止するために考えられる治療を拒絶したという場合に妥当しなければならない。賃借人における自殺の危険を制御することが考えうるにもかかわらず、自己の所有権にもとづく請求権の貫徹が、自殺の理論的な可能性のために見通すことのできない期間妨げられることは所有権者かつ賃貸人に長い間要求されることができないのである。

当部は、明渡しの請求権が、被告による本件住居の明渡しが適切な専門医の監督のもとでのみ行われなければならないという前提のもとで貫徹されなければならないことを指摘したのである。それに加えて、参加を求められた医師は、現場で、明渡しの時点において、被告の精神的な状態にもとづいて、場合によっては存在する差し迫った自殺の危険のために、精神病患者法（Psychisch-Kraken-Gesetz）にしたがった被告の入院が被告自身の保護のために必要であるように思われるのかどうかという点を決定するということになるのである」(463)。

第一二に、筆者の既存の研究(464)においても取り上げたところのケルン上級地方裁判所二〇〇三年三月一〇日判決をみておきたい。

【78】ケルン上級地方裁判所二〇〇三年三月一〇日判決(465)

［事案の概要と経緯］

七九歳と七四歳の被告らは、一九五九年二月から本件建物の三階に所在する四〇平方メートルの広さの本件住居を賃借していた。原告（賃貸人）らは、二〇〇〇年の終わりに本件建物の所有権を取得し、二〇〇一年一一月二七日に所有権者として登記された。本件建物は全部で四つの階層から構成され、一階には飲食店、三つの上階にはおよそ四〇平方メートルの広さのひとつの住居がそれぞれ所在した。原告らは本件建物を改築し、一階の飲食店においてアイスクリームパーラーを営むことを意図した。そこで、原告らは、二〇〇一年一月一六日付の書面をもって、「自己必要」を理由として、二〇〇二年一月三一日付で、被告らとの本件使用賃貸借関係を解約告知した。なお、二階と四階の住居の賃借人らは、同じく「自己必要」を理由とする原告らの解約告知にしたがって二〇〇一年の終りにそれぞれの住居から退去した。

原告らは、被告らに対する本件解約告知の書面において、その「自己必要」の理由づけについて、「われわれN家族は五人家族で、本件建物に入居するつもりである。その場合に、われわれの二人の子供らはほかの二つの住居に入居するつもりであるのに対して、われわれはあなた方（被告ら）の本件住居に入居するつもりである。……また、その間に妻を失ったN婦人の父親もまたわれわれのところに引っ越すということになるが、彼は世話されなければならない。それで本件建物全体がN家族によって居住されるということになる」、と述べていた。その後、原告らは次のように主張した。すなわち、原告らは四階の高さまで本件建物を拡張することを計画したが、もともとは原告らと原告・二の父親のために予定されていたところの三階の本件住居は、計画された拡張にしたがってもあまりに狭いことが判明した。そのことから今や原告らは四階の住居に、原告・二の父親は屋階の住居に入居することが見込まれていた。そして、被告らの本件住居は原告らの二人の息子らによって入居されるということになった。

これに対して、被告らは、原告らの「自己必要」を否認し原告らはそれらの住居をも営業的に利用するつもりである、と主張したほか、転居することは被告らにとって高齢と健康にかかわる理由から要求されることができない、と異議を述べたのである。

区裁判所は、次のような理由にもとづいて本件明渡しの訴えを棄却した。すなわち、二〇〇一年一月一六日の本件解約告知は効力のないものであった。というのは、そこで主張された「自己必要」は、原告・一と原告・二ならびに原告・二の父親のためにもはや存在しなかったし、今や主張された「自己必要」は本件解約告知の書面において申し立てられていなかったからであるという理由であった。

これに対して、原告らは、上級地方裁判所に控訴したのである。

控訴審において、原告らは、第一審における彼らの申立てを繰り返し、特にはじめから全部の家族の入居が計画されていたことを参照するように指示した。事後になってからそれらの住居を相互に交換する必要だけが結果として生じたのである。さらに、被告らは、実際はもはや本件住居に滞在していなかったのであり、なお散発的にだけ郵便受けをからにするために本件住居に赴いたのである。

これに対して、被告らは、医師の診断書を提出して、転居することは被告らにとって健康上の理由から要求されることができなかった、と申し立てた。被告・一は脳と心臓の重大な血行不全をともなう進捗した血管の変質に苦しんでいた。このことは、繰り返し生じためまいの発作の形で現れ、それらのめまいの発作は、被告・一が本件住居において卒倒し、他人の援助なしに動けないことに行き着いた。また、被告・二は、視力障害のほかに、甲状腺機能亢進症、ならびに、連続した医師の診療を必要としたところの心臓のリズムの障害に苦しんでいた。さらに、これまで相当な代替住居を見出すことは被告らにうまくいかなかった。被告らの息子が近くに居住し、被告らの医師と扶養にかかわるすべての施設も近くに存在するのであるから、より近い周辺の地域における住居だけが考慮の対象になった。被告らにとって被告らのために挙げられた諸々の住居は、すでにあまりに高い賃料のために受け入れられなかったのである。

［判決理由］

上級地方裁判所は、結論として、「原告らは、被告らに対して……原告らの本件建物の三階に所在する被告らによって居住された本件住居の明渡しを請求することができる。というのは、当事者の間に存在した本件使用賃貸借関係は、二〇〇一年一月一六日の原告らの自己必要を理由とする本件解約告知によって……二〇〇二年一月三一日に終了させられていたからである」[466]、さらに、「被告らは、ＢＧＢ五七四条にしたがって本件解約告知に異議を述べ本件使用賃貸借関係の継続を請求することもできなかった。被告らは、ＢＧＢ五七四条の意味における社会的な苛酷さのためにあまりにわずかに申し立てたのである」[467]、と判断した。

そのように判断した理由について、上級地方裁判所は、被告（賃借人）らの異議について大きく二つの点に整理して論じたが、ここでは、身体・健康の侵害の観点からの賃借人らの異議を退け、賃借人らにとっての「苛酷さ」を否定した理由についてだけ考察しておきたい。上級地方裁判所は、次のように論じたのである。

「被告らは、彼らの健康状態にもとづいてこれまでの本件住居から新たな住居に引っ越すという状況にはなかったことをも十分に説明しなかった。確かに、両方の被告らは重度身体障害者証明書をもっているし、引き続き主張された被告らの健康的な苦痛もまた提出された医師の報告書によって証明された。しかし、このことからも、提出された医師の診断書からも、転居することが被告らにとって健康を危険にさらすことと結びつけられていることは判明しなかったのである。

被告らは、独力で本件建物の三階に所在する本件住居において生活していた。本件建物にはエレベーターがなかった。被告らは、これまで世話を必要としていなかった。説明された病気および障害の程度は数年前から存在していた。説明された病気および障害の程度は、転居と住居の交替を一般に排除するような種類のものではなかった。特に被告らは主として本件住居に滞在しなかったという被告らによって否認されなかったところの原告らの主張は、被告らが健康上の理由から現在の本件住居を必要としていなかったし、転居することもまた被告らに可能であり要求できたことのための間接証拠である。

何か異なることは今や提出されたところの二〇〇二年一二月一六日付と二〇〇二年一二月一九日付の医師の診断書からも判明しなかった。これらの診断書からは、ストレスとパニックが避けられなければならないし、この理由から転居することは被告らに要求されることができないことだけが読み取られることができた。しかし、このことは、被告らはもはや全く本件住居に居住していないないし、むしろ時おりだけ本件住居に滞在しているという争われていない原告らの申立て、ならびに、特に、二〇〇三年二月一〇日付の書面においてもなお述べられたところの被告らが転居するという心構えを基本的にしていることにかんがみて十分ではなかったのである」[468]。

なお、代替住居の調達の観点からの被告（賃借人）らの異議については、Ⅱの二の2の（2）において取り上げる。

第一三に、ブレーメン地方裁判所二〇〇三年五月二二日判決をみておきたい。

【79】ブレーメン地方裁判所二〇〇三年五月二二日判決[469]

［事案の概要と経緯］

被告（賃借人）らは、当時の所有者がその前に被告らの所有物であった本件土地・建物を競売の方法において取得したあとで、一九八五年五月二一日に当時の所有者とPのM通りに存在する本件建物に関する本件使用賃貸借契約を締結した。本件使用賃貸借関係は期間の定めなく進行中であった。原告は、二〇〇〇年に本件土地・建物の所有権を取得し、二〇〇〇年一二月一九日に所有権者として登記された。その三日後に、原告（賃貸人）は、二〇〇一年一二月三一日付で、被告らとの本件使用賃貸借関係を解約告知した。というのは、原告は、彼の長年のパートナーと家族の創設という目的のために本件建物に入居するつもりであったからである。

これに対して、七〇歳と七三歳の被告らは、二〇〇一年一二月一九日付の書面をもって本件解約告知に異議を述べた。被告らは、転居することが三三年という年月において生じたところのその居住地域における被告らの社会的な定着にかんがみて、さらに被告・一の健康状態のことを考えて要求できない「苛酷さ」を意味したことを引き合いに出した。被告・一は、M通りの住民運動の委員長として活動していたが、数年前から高血圧と糖尿病に苦しんでいたし、一九九九年には三重のバイパス手術を受けなければならなかった。被告らは、月あたりおよそ一千五百ユーロの収入をもっていた。

原告は、被告・一の健康状態は転居の妨げになっていなかった、と主張した。というのは、その病気の様子は転居が不可能となるほど重大ではなかったからである。その他の点では、Pにおいては十分に空いている代替住居が意のままになり、その結果、被告らはそもそも彼らの社会的な環境を去らなければならないわけではなかった。そのことから、原告は、本件建物の明渡しは正当でない「苛酷さ」を意味しなかった、と考えたのである。

これに対して、被告らは、Pにおいて、比較できる代替住居は月あたり一千ユーロでのみ手に入れられることができるのであり、被告らの収入にかんがみて代替住居をもつ余裕がなかった、と申し立てた。また、被告らは、被告・一の健康状態は非常に不安定であり、社会的な環境が変化した場合にきわめて重大な健康上の危険が起ることが考慮に入れられなければならないという見解であった。さらに、社会的な定着が加わり、そのために被告らは転居することを要求できない「苛酷さ」である、と考えたのである。

区裁判所は、次のような理由にもとづいて、本件明渡しの訴えを棄却し本件使用賃貸借関係は期間の定めなく継続される、と判断した。すなわち、転居することは、その利益状況の比較衡量において、被告らにとって正当でない「苛酷さ」を意味した。現在の本件住居における三三年の居住期間にしたがった高齢の被告らの定着、および、被告・一の健康問題のために、いつもながらの居住環境からの転居にもとづく精神的な負担は被告・一にとって重大な健康上の危険に行き着く。その場合に、区裁判所は、決定的に、かかりつけの医師（H博士）の証言に依拠した。その医師は、精神的な負担は、それが転居のときに生じうるようにその健康状態に不利な影響をもたらしうる、と述べた。区裁判所は、そのことから、理論的なだけではない健康を危険にさらす可能性を導き出した。被告らの側におけるこのような負担との関係において、自己の所有権を家族の創設という目的のために利用するという原告の利益はよりわずかに評価されなければならなかったのである。

これに対して、原告は、地方裁判所に控訴したのである。

控訴審において、原告は、被告・一が負担に耐えうることは一九九九年の手術以来変わらなかった、と述べた。それに加えて、区裁判所は、必要不可欠であるところの鑑定書を求めることをしなかったし、その代わりに、もっぱらかかりつけの医師の証言だけに依拠した。その医師は、理論的な健康上の危険だけを証言したのである。原告は、区裁判所の事実の確定の不十分さの証明のために、書面による私的な所見を被告らに提出した。また、その社会的な環境における被告らの定着に意義は当然与えられなかった。というのは、被告らのこれまでの本件住居のすぐ近くにおいてさえも代替住居が意のままになったからである。被告らは相当な代替住居を見出すどのような種類の努力をも講じなかったのである。

これに対して、被告らは、この私的な所見を役に立たないものである、と考えた。また、被告らは、これまで代替住居を探すように義務づけられていなかったという見解であった。というのは、被告らの防御は明らかに成果のないものであるように思われなければならなかったわけではないからである。

［判決理由］

地方裁判所は、結論として、「原告の許容しうる本件控訴は理由づけられていた。

被告らは……本件土地・建物を明け渡すように義務づけられていた。本件使用賃貸借関係は、BGB五六四b条二項二号にしたがってきちんと行われたところの二〇〇〇年一二月二二日の本件解約告知にもとづいて終了させられていた。本件使用賃貸借関係がそれにもとづいて継続されなければならなかったところのBGB五五六a条一項にしたがった苛酷さにかかわる事例は存在しなかったのである」[470]、と判断した。

その判決理由において、地方裁判所は、原告（賃貸人）の利益と被告（賃借人）らの利益とのあいだの比較衡量において、賃借人らの異議について大きく三つの点に整理して論じたが、ここでは、身体・健康の侵害の観点からの賃借人らの異議を退け、賃借人らにとっての「苛酷さ」を否定した理由についてだけ考察しておきたい。地方裁判所は、次のように論じたのである。

「被告・一の損なわれた健康状態もまた、その明渡しを要求できない状態にしなかった。高齢と病気がともに作用することによって理由づけられるところの社会的な苛酷さの存在のための裁判例の判断基準は厳しい。……ボン地方裁判所[471]は、五〇年以来その住居において生活し、その健全でない健康状態が第三者による集中的な世話を必要としたところの八九歳の賃借人の事案において社会的な苛酷さを見て取った。……

被告らは、そのような程度の被告・一の病気を申し立てなかったし、それは、専門的知識をもった証人（H博士）の説明からも判明しなかった。被告・一は、高血圧、糖尿病に苦しみ、一九九九年以来三重のバイパスをもっていた。専門的知識をもった証人の説明にしたがって、被告・一は、本件建物において、階段をのぼり軽い庭仕事をも実行することができた。転居の結果としての被告・一における差し迫った健康の危険のための具体的な根拠を被告らは申し立てなかったし、専門的知識をもった証人も確認しなかった。証人は、彼の証言において、被告・一の健康状態の悪化の可能性だけが存在することを明確に確認した。しかし、証人は、被告・一の健康状態の悪化を懸念させるところの被告・一における差し迫った危険な状態、特に精神的な危険な状態を申し立てなかったのである。明渡しのときに損なわれた健康状態から生じるところの追加的な負担は、しかし、それ自体として受けとめて、その負担を要求できない状態にしなかったのである。

その場合に、なお追加的に、自殺の危険でさえも差し迫った段階においてのみ明渡しを要求できない状態にするのであり、しかし、継続的に明渡しを要求できない状態にしないことが考慮に入れられなければならない。比較できるほど危険をはらんだ事案は本件において存在しなかった。それに加えて、苛酷さにかかわる事例は、その危険が一時的な入院治療までのすべての要求できる措置によって回避されることができない場合にだけ想定されるのである。

原告の側においては、原告の所有権の利用についての基本法上保護された原告の利益が考慮に入れられなければならなかった。BGBもまた、自己必要が解約告知についての正当な利益を理由づけることによって、このことを正当と認めた。本件事案においては、さらに、原告が彼のパートナーとともに家族の住居として本件建物を利用したかったし、両者はこれまで共通の住居として適していないところの住居において使用賃貸借で居住していたことがつけ加わったのである。

対立する利益の比較衡量において、原告の利益が優位にあった。その場合に、所有権の利用についての基本法上の特別な防護が考慮に入れられなければならなかった。所有権の利用についての基本法上の特別な防護を排除することを容認する理由は制限的に用いられなければならない。被告らが明渡しの要求できないことのために申し立てたところの事情は比較的弱いものでしかなかったことが加わった。それらの事情は、本質的に、被告らの高齢および長い使用賃貸借期間にもとづく負担に限定された。定着および健康の侵害という論拠において行われなければならないところの制限にかんがみて、その負担は、転居すること、特に強制的な転居と不可避的に結びつけられているところの負担よりも本質的により重いことはなかった。そのことから、その負担は、原告の利益よりも劣っていたに違いなかったのである」(472)。

なお、代替住居の調達の観点、および、その他の利益の侵害の観点からの被告（賃借人）らの異議については、IIの二の2の（2）および（4）において取り上げる。

第一四に、ハンブルク区裁判所二〇〇九年八月四日判決をみておきたい。

【80】ハンブルク区裁判所二〇〇九年八月四日判決(473)

［事案の概要と経緯］

原告は本件住居（本件建物）の賃貸人であり、被告・二は本件住居の賃借人であった。本件使用賃貸借関係は一九八四年から存続していた。被告・二は、被告・一（妻）と彼の息子と共同で本件住居に居住していた。二〇〇六年に、本件住居の居間における化粧塗りの毀損が生じた。当事者は、塗装工の親方である被告・二がこの毀損を装飾的に取り除き、このために一千五百ユーロの金額における賃料の値引きを受け取ることに同意した。被告・二は、原告に対して、原告の願望に応じて五年にわたる保証を与えた。原告は、本件建物を改造し、一階を除いて、原告の息子とその妻に本件建物を自由に使わせることを意図した。原告の息子とその妻は、これまで使用賃貸借で一〇八平方メートルの広さの三つの部屋から構成されていた住居に居住していた。本件建物の二階の部屋は、台所、食堂と隣接する書庫を備えた居間に改造され、三階には夫婦の寝室、更衣室、仕事部屋、子供部屋、および、二つの浴室が生じるということになる。屋階は、同じく改修され、そこに倉庫のフロアと物置部屋とともに、浴室を備えた客室、画廊経営者として仕事をしている原告の息子の妻のための仕事部屋が生じるということになる。そこで、原告は、二〇〇七年六月二七日付の書面をもって、原告の息子がその妻と共同で本件住居に入居するつもりであるという理由にもとづいて、二〇〇八年三月三一日付で、被告・二との本件使用賃貸借関係を解約告知した。

これに対して、被告・二は、二〇〇八年一月二二日付の書面をもって本件解約告知に異議を述べ、主として、被告・二がすでに六九歳であり、重い癌にかかっていたことをもってその異議を理由づけた。そのほかに、被告・二の家族は、わずかな収入だけをもっており、本件建物の付近に代替住居をもつ余裕がなかったこと等が申し立てられたのである。

［判決理由］

区裁判所は、結論として、「……本件住居の返還に対する請求権は原告に当然帰属すべきものであった。当事者の間に存在する本件使用賃貸借関係は、二〇〇七年六月二七日の原告の本件解約告知によって、二〇〇八年三月三一日付で終了させられていたのである」(474)、と判断した。

その判決理由において、区裁判所は、はじめに、原告（賃貸人）の「自己必要」を理由とする本件解約告知は理由づけられていたことについて、次のように論じた。

「本件解約告知は実体的にも理由づけられていた。というのは、BGB五七三条二項二号にしたがった解約告知権が原告に当然帰属すべきものであったからである。

原告は、原告の息子とその妻のために、したがって、その家族構成員のために本件空間を必要とした。

原告の息子の必要を評価するときには、もっぱら原告の息子の居住の必要だけではなく、仕事の目的のための原告の息子の必要もまた考慮に入れられなければならなかった。……居住の必要のためでもあり、職業的な目的のためでもあるところの解約告知もまた正当な利益を意味する。……

同じく将来の子供らを顧慮した必要が考慮に入れられなければならなかった。もっぱら原告の息子の妻が本件解約告知の時点において妊娠していなかったという事実だけが、この必要が考慮に入れられることができないことに行き着くわけではなかった。というのは、見通すことのできる利用の願望にかかわる問題であるからである。妊娠状態が存在するまで自己必要を理由とする解約告知をするのを待つことは賃貸人に要求されることができない。

また、はるかに過大な居住の必要もまた存在しなかった。確かに、新たに作り出される住居は、約二八〇平方メートルの広さである。しかし、そこから、すでに約五五平方メートルが原告の息子とその妻の仕事の必要のために必要とされた。これ以外の二八・九三平方メートルは浴室とトイレとともに客室に割り当てられた。この必要もまた、法にしたがって異議が述べられることはできなかった。同じくこの住居は付属空間をもっていなかったことが考慮に入れられなければならなかった。その結果、物置部屋がこの住居の内部に作り出されなければならなかった。屋階においてこのために見込まれた二〇・八七平方メートルの広さの空間は、確かに極度に大規模であったが、しかし不相応ではなかった。したがって、約一八〇平方メートルが残り、それは、原告の息子、その妻、および、彼らの将来の子供らによって居住されるということになる。その場合に、賃貸人もしくはその息子の利用の願望は、原則として尊重されなければならないし、この利用の願望はすでに権利の濫用であるのかどうかという点にもとづいてのみ審理されなければならないのである。このことは、本件においてそうではなかった。作り出される住居はきわめて大規模に仕立てられていたが、しかし、司法上異議が述べられなければならないことの限界をなお越えなかったのである。

被告らは、原告の息子の居住の必要を満たすのに同じく適当であるところの空いている代替住居が原告もしくはその息子の自由になることをも証明しなかったのである」[475]。

さらに、区裁判所は、「苛酷さについての理由にもとづく本件使用賃貸借関係の継続に対する被告らの請求権もまた存在しなかったのである」[476]、と判断した。

そのように判断した理由について、区裁判所は、被告（賃借人）らの多様な観点からの異議について大きく四つの点に整理して論じたが、ここでは、身体・健康の侵害の観点からの賃借人らの異議を退け、賃借人らにとっての「苛酷さ」を否定した理由についてだけ考察しておきたい。区裁判所は、次のように論じたのである。

「被告・一の病気もまた特別な苛酷さを意味しなかった。証拠調べにもとづいて、当裁判所の確信のために、転居することによって被告・二の身体的な状態は悪化しないし、精神的な状態は一時的にだけ悪化することが確定していた。鑑定人は、被告・二の胃癌の治療は完了したこと、および、新たに癌になる被告・二の危険は、確かに一般の国民の危険よりもより高いが、しかし五パーセントを下回っていたことを納得のゆくように説明した。治療は、月あたり約一回だけ必要であった。この治療のためにより長い道のりを甘受することは、被告・二に要求されることもできた。被告・二の精神的な状態に関して、鑑定人は、潜伏性の抑鬱症から出発し、さらに続けて、転居のときに重大な抑鬱がひき起こされうるが、しかし、この抑鬱は薬によって、および、心理学的に治療することができることから出発した。また、被告・二がこれらの結果から再び回復し、これらの事情のもとで明渡しが被告・二に要求されることができたし、特に、明渡期間が、精神的にも予期されなければならない変化に適応する機会を被告・二に与えることから出発されなければならなかったのである」(477)。

なお、代替住居の調達の観点、経済的な支出の観点、および、その他の利益の侵害の観点からの被告（賃借人）らの異議については、Ⅱの二の2の（2）、（3）、および、（4）において取り上げる。

第一五に、フランクフルト地方裁判所二〇一一年八月二三日判決をみておきたい。

【81】フランクフルト地方裁判所二〇一一年八月二三日判決(478)

［事案の概要と経緯］

原告（賃貸人）らは、被告（賃借人）らが居住していた本件住居（住居所有権）の所有権を一九九六年に取得したあとで、「自己必要」を理由として、被告らとの本件使用賃貸借関係を解約告知した。

原告らは、次のように主張した。すなわち、原告らによって現在賃借された五四平方メートルの住居の広さは、原告らと彼らの二人の子供らのために十分でないのに対して、本件住居は六八平方メートルの広さをもって相当により広く、それとともに子供らのよりよい発育を可能にするのに適切であった。したがって、原告らは、本件住居の利用に差し迫って頼らざるを得なかった。また、本件住居は、原告らの二人の子供らの学校の近くにあり、原告の通勤の道のりも現在の住居からの道のりと比較して短くなった。それに加えて、自分自身の住居を利用することは原告らの健全でない経済関係の改善を結果としてともなった。原告らは、経済的に比較できる住居を賃借する状態ではなかったのである。

これに対して、被告らは、被告・一が八四歳であり、一九七一年以来本件住居に居住していたことのほか、重度の身体障害であり世話を必要とすることを理由として本件解約告知に異議を述べたのである。区裁判所は原告らの本件明渡しの訴えを認容したため、被告らは、地方裁判所に控訴したのである。

［判決理由］

地方裁判所もまた、結論として、区裁判所の判断を是認した。

その判決理由において、地方裁判所は、はじめに、「……被告らは、本件住居が、その不適切な水準と現在の設備にもとづいて四人家族のために不適当であることを反論として持ち出すことができなかった。……本件住居は、すでにその広さと状態にもとづいて原告らの現在の住居に対して相当な利点をもたらし、その結果、原告らの自己使用の願望はあとづけることができるものであった」(479)、と論じた。

さらに、地方裁判所は、「被告・一は、BGB五七四条一項にしたがって、原告らに対して本件使用賃貸借関係の継続を請求することができなかった」(480)、と判断した。

そのように判断した理由について、地方裁判所は、次のように論じたのである。

「……本件において、被告・一は、その間に八四歳であり、一九六五年以来本件建物において生活し、一九七一年以来本件住居において生活しており、障害等級百の重度の身体障害であり、等級一に応じた世話を必要とすることをもって彼の優勢な存続についての利益を理由づけた。被告・一は、彼の健康状態について、重度の身体障害は三四年前に被った腸癌にもとづいており、それ以来、自分自身でもはや処理することができないところの日に二回の袋の交換を必要とする人工の出口をもっている、と述べた。また、三四年前の椎間板ヘルニアにもとづいて歩行障害があった。（しかし、）被告・一は、本件住居への片道六三段の階段をなお日に一度杖を使って克服することができた。さらに、二〇〇八年の脊髄の梗塞のために左手の麻痺があり、現在右手が硬直し始めていた。これらの病気が等級一の世話を理由づけた。その世話は、同じく本件住居に生活しているところの被告・一の息子、すなわち、被告・二によって提供された。そのうえ、二〇〇八年から被告・一の三つの頸椎はチタンをもって補強されていた。

当裁判所は、被告・一の高齢、本件住居における長い居住期間、および、特に被告・一の健康の侵害は、本件使用賃貸借関係の継続についての被告・一の特別な利益を理由づけ、本件使用賃貸借関係の終了は被告・一にとって重大な苛酷さを意味したことを見誤らなかった。しかし、本件において、本件住居を取り戻すことについての原告らの利益と本件使用賃貸借関係の継続についての被告・一の利益との比較衡量において、原告らの特に重要な利益が優位を占めていた。その結果、被告・一の存続についての利益は後方に退いていなければならなかったのである。現在相当な住居をもっていないし、経済的に他の方法で相当な住居を調達する状態にもないところの原告らと彼らの二人の子供らの個人的な関係は、被告・一にとっての特別な苛酷さと結びつけられたところの本件使用賃貸借関係の終了を正当化した。その場合に、当裁判所は、特に、原告らによって望まれたところの自分自身の本件住居への転居が、原告らの二人の子供らのなおこれ以上の発育のためにきわめて好都合であることを考慮に入れたのである。それに対して、当裁判所は、被告・一の転居が、彼の生活状態の劇的な継続的な悪化、または、被告・一の健康を、もしくは、それどころか被告・一の生命さえをも差し迫って危険にさらすことに行き着き、新たな居住環境になじませることが被告・一にもはや要求されることができないという確信に到達しなかったのである。被告・一の高齢、および、一部はすでに数十年以来存在したところの重大な病気にもかかわらず、被告・一は、なお十分に動かし得るであり対応させられていた。当裁判所は……その聴聞の機会にそのことを確かめることができた。その結果、適当な居住環境への転居が被告・一に要求できるのである。その場合に、被告・二が、被告・一のための世話を提供し、そのことから、転居および新たな居住環境になじませるときにも被告・一を援助することができることもまた考慮に入れられなければならなかったのである」[481]。

最後に、地方裁判所は、「当裁判所は、被告・一にとって本件使用賃貸借関係の終了と結びつけられていたところの特別な苛酷さを考慮に入れて、すでに第一審において被告らに認められたところの民事訴訟法七二一条にしたがった明渡期間をさらに二ヶ月だけ延長することが相当である、と判断したのである」[482]、と付言した。

(イ)　ところで、すでに取り上げた裁判例においても、生命・身体・健康の侵害が問題とされ、結論として、賃借人にとっての「苛酷さ」が否定された事案がある。そこで、次に、それらの裁判例を改めて確認することにする。

第一に、すでにⅡの二の1の（1）の②において取り上げたところのベルリン地方裁判所一九九一年一〇月二五日判決[483]（裁判例【24】）は、①被告（賃借人）は、白内障による視力障害、心筋衰弱による機能の低下、高血圧症における血液循環の危険、退化による抑鬱症に苦しんでいたものの、転居の結果として懸念されなければならない生命の危険は立証的に説明されていなかったし、相当な準備と用意周到な実行において転居の妨げになっていなかったこと、すなわち、住居の交替は、被告にとって、すべての問題にもかかわらず、職業的な援助を利用し、原告（賃貸人）の継続する援助の申出にかんがみて、健康上実行不可能ではなかったこと、②予期されなければならないところの原告の所有権の縮減（所有する本件住居を利用できなければ、原告夫婦は九・七平方メートルの寝室だけをもち、三人の子供らは一四・五五平方メートルの広さの部屋に居住させられていたままである）は、本質的に、場合によっては起こり得る被告のための健康の危険よりもより間近に迫っていてより徹底的であることを重要視して賃借人にとっての「苛酷さ」を否定したのである。

第二に、すでにⅡの二の1の（1）の②において取り上げたところのケンプテン地方裁判所一九九三年一〇月二七日判決[484]（裁判例【25】）は、①被告（賃借人）らは、特に、被告（夫）が本件住居において恒常的に第三者による世話を受けているほど重大な病状であることを引き合いに出して本件使用賃貸借関係の継続を請求し、確かに、被告らの病状は現在原告（賃貸人）の病状よりも質的により重大であったものの、医師の見地からは、被告らの病気がなおそれ以上に悪化することを妨げるために、被告らが老人ホームもしくは社会福祉施設に転居することが必要不可欠であること、②重大な病気にもかかわらず本件住居にとどまるという被告らの願望は、比較衡量において、特に客観的に無分別な十分でないものであると考えられなければならないこと、③健康上強くおびやかされた状況にあったところの原告は、本件住居の所有権者として、その所有権を原告の娘が被告らの本件住居に入居し原告の世話をすることができることを達成するために利用するつもりであることを重要視して賃借人らにとっての「苛酷さ」を否定したのである。

③小括

本節（Ⅱの二の2の（1））においては、ここまで、具体的な利益の比較衡量に関する裁判例を整理・考察する作業において、第一に、生命・身体・健康の侵害が問題とされた事案を取り上げ、結論として、賃借人にとっての「苛酷さ」が肯定された事案と否定された事案に分けて、関係する裁判例を考察してきた。

㋐　賃借人にとっての「苛酷さ」は、次のような場合に肯定されている。

すなわち、①賃借人の継続的な病気が転居をきわめて困難にした場合、②住居の明渡しが病気であった賃借人の重大な健康上の損害の危険をともなう場合、③病気・重度の障害に起因する賃借人の身体的・精神的な状態にもとづいて、転居が義務づけられるならば、賃借人が生命の危機に瀕している場合、④住居の明渡しが賃借人の重大な病気にかんがみて苛酷である場合、⑤重大な病気にもとづいて重度の身体障害であり、恒常的な同伴の必要性が認められているところの賃借人にとって、住居の交替は相当な負担を意味するし、この負担によって病気の悪化が生じることが排除されることができなかった場合、⑥重大な程度において病気に苦しんでいるところの賃借人は本件解約告知を顧慮してすでに自殺未遂を行ったし、明渡しの判決が下される場合、対応した誤った反応と病状の加速された悪化が考慮に入れられなければならなかった場合、⑦八九歳で第三者による集中的な世話を必要とするところの健全でない健康状態であった賃借人にとって、住居の明渡しは健康状態のなおこれ以上の重大な悪化を結果としてともなう場合、⑧戦傷による身体障害者であり、脳性の血行不全という病気であったところの賃借人にとって、そのいつもながらの環境から引き離される場合、その病気にもとづいて、もう一度新たに対応し勝手がわかることについて全く相当な困難さが、そのうえさらに部分的に克服しがたい困難さがある場合、⑨賃借人の病気は内因性の抑鬱症であり、もっぱら自己の環境を去らなければならないという見通しだけが、不安、睡眠障害、抑鬱性の不機嫌さ、および、自殺の危険のような、この病気に特徴的な総体的症状の明確な先鋭化に行き着くし、転居することの健康上の危険は本質的な悪化が考慮に入れられなければならないほど重大である場合、⑩賃借人は重大な内因性の抑鬱症のために二〇年以来規則的な外来診療の状態にあったし、器官的に背骨の負荷能力の障害にも苦しんでいたのであり、そのいつもながらの環境から引き出されることを精神的な観点において自力でやってのけることができないし、場合によってはあり得る転居は、賃借人の健康状態にとって真摯なもはや要求できない危険を必然的にともなう場合、⑪心筋梗塞からバイパス手術を受けなければならなかったし、現在依然として病院における入院治療の状態にあり、仕事のできない状態であった転借人・賃借人にとって、性急な住居探しと転居は、治癒の経過を妨げうるし、要求されることができない場合、⑫社会福祉事業対象者であり、継続的かつ包括的な世話を必要とした（毎日三回世話のサービスによって訪問されていた）ところの賃借人にとって、転居することは期間の定めなく要求されることができない場合、⑬賃借人は重大な身体上の侵害（右目は盲目であったし、左目は二五分の一の視力だけをもっていた）のために、彼に周知の空間においてなお勝手がわかることができたし、現在の周辺の地域における彼の認識にもとづいて、独力で自分自身を方向づけることができたが、しかし、このことは新たな環境において可能ではない場合、⑭賃借人の息子は障害に条件づけられた自閉症患者であり、環境が変わる場合に態様の退行と重大な主観的な苦しみに行き着くし、本件使用賃貸借関係の早期の終了は、結果として、自閉症の息子が相対的に短い期間内に二度転居しなければならないこと（一度目は現在の本件住居からの転居、二度目は住居共同体をつくっている集団への転居）をともなうが、このことは障害に条件づけられた適応の困難さにもとづいて要求できない場合、⑮高血圧症、心臓の硬化症、および、抑鬱症であったところの賃借人は、生命の危険なしに、自分自身で労働力を利用して転居を実行することができない場合、⑯賃借人は重大な心臓病であり、狭心症の発作に苦しみ、その結果、強制された住居の交替はその健康状態を危険にさらすことに行き着くであろう場合、⑰賃借人は長い居住期間にもとづいてその居住地域に強く定着していたほか、高齢と結びつけられてその健康が損なわれていた場合（リューマチに苦しんでいたし、歩行困難であった）、⑱賃借人らによって本件住居に受け入れられた母親らは、二人とも重大な慢性的な病気になっており、転居することは、ほとんど確実といってよいくらいである蓋然性をもって、母親らの健康状態の重大な悪化を必然的にともなうであろう場合、⑲賃借人は癌になっており、すでに強く損なわれた精神的な状態において、なお住居の交替という負担にさらされるとき自殺することが危惧されなければならない場合、⑳賃借人は、その健全でない健康状態にもとづいて、かなり前からもはや本件住居を離れなかったし、賃借人の息子と孫の世話に頼らざるを得なかったのであり、いつもの賃借人の生活環境から賃借人を引き離すことは生命の脅威までの賃借人の健康状態のなおこれ以上の悪化をともなうという危険が大きい場合、㉑賃借人の病気がなおこれ以上現実化し、継続的な世話と持続的な監督が必要である必然性があったために、世話人・援助人が比較的長い期間本件住居に滞在する場合、本件住居の現在の様式において本件住居のなかのひとつの部屋を賃貸人に手放すことは賃借人に要求されることができない場合、㉒本件建物の別の住居に居住する賃借人の高齢の母親は、その健康状態にもとづいて、賃借人の精力的な援助に頼らざるを得なかったために、賃借人らは母親のすぐ近くに居住することが必要であり、母親と賃借人らの間の本件建物における健全な生活共同体は、賃借人らの転居のあとで、対応する良好な質をともなって再び作り出されることができないであろう場合、㉓賃借人らによって引き合いに出された病気（特に賃借人（妻）の視力障害）のために、新たな環境において賃借人（妻）を対応させることはほとんど可能でないし、賃借人（妻）の一般的な生活状態は転居によって重大に悪化する場合、㉔精神的に特に不安定であり、すでに精神科医の病歴を経験ずみで人格障害に苦しんでいたところの賃借人は、高められた基礎となる自殺傾向をもち、この自殺傾向がいつもの周辺の地域からの退去によってなお高められることは排除されることができない場合、㉕強制された住居の放棄の場合に賃借人によって引き受けられなければならない精神的な結果は、その結果が賃借人の自殺を少なくとも起こりうるものと思わせておき、いかなる場合にも、賃借人の精神病の入院治療の必要性を引き起こすほど重大であるし、そのうえ、多発性硬化症の形態において存在する身体的な病気の悪化もまた排除されることはできない場合、㉖賃借人は精神的外傷後の負荷障害、再発する抑鬱性の障害、摂食障害、ならびに、情緒的に不安的な人格障害があり、本件住居の明渡しのときに、一方において、賃借人の精神的な状態の悪化に至ることが考慮に入れられなければならないし、他方において、わずかではない蓋然性をもって、賃借人の差し迫った自殺傾向に至りうるという危険が存在する場合、㉗賃借人の一五歳の息子は精神的に最重度に障害があり、盲目であり、それに加えて、痙攣の発作の病気にかかっており、専門的な見地から、確実に、住居の交替のような変化は、賃借人の息子の身体的・精神的な状態を悪化させるし、それとともに、高い蓋然性をもって、賃借人の息子の死亡の危険を高めることが述べられることができた場合、㉘賃借人は相当な身体的な侵害に苦しんでいたのみならず、本件住居を喪失する場合根拠のある自殺の危険が存在し、賃借人の自殺の危険の現実化は圧倒的に蓋然性のあるものであったために、本件住居の明渡しは賃借人にとって具体的な生命の危険と結びつけられていることが確定していた場合、㉙鑑定人は、賃借人において、明渡しのときにはじめてではなく、むしろすでに明渡判決が出されたときに、重大な健康的な侵害の危険があることを確かに確定したし、強制的な明渡しが実行されるときには、鑑定人の見地から、賃借人の精神的な均衡の完全な喪失が予期され、このような破滅は、鑑定人の見地から、疑いもなく、予見できない短絡的反応をともなう激情の突発の危険を含み、そのような危険は自殺行為または疑似自殺行為をも含めるといってよいだろう場合である。

㋑　ただし、賃借人にとっての「苛酷さ」は、病気・障害のある賃借人に、生命の危険・死、重大な精神的損害が差し迫っていることまでは必要とされないし、明渡しをする力をもたらすために賃借人を強制的に病院に収容することは、利益の比較衡量において不釣り合いである。

㋒　なお、賃借人にとっての「苛酷さ」が肯定される場合には、①賃貸人の側の住居の問題の解決のためにどのような選択肢が賃貸人にあるのかという点、②賃貸人の側の居住の必要が、賃借人の側における生活の中心点の破壊が正当化されることができるように差し迫っているようには思われないという点、③賃貸人によって解約告知されなければならない対象である住居の選択における賃貸人の態様・認識、④その住居の取得時における賃貸人の態様・認識、⑤賃貸人の過去における態様・認識が考慮に入れられることもある。

㋓　これに対して、賃借人にとっての「苛酷さ」は、次のような場合に否定されている。すなわち、①賃借人が単に疾患のある幼児をかかえていた場合、②賃借人は、戦争で損傷を受け、その生計能力において四〇パーセントだけ減少させられていたものの、ほかの住居への転居によって、戦争による苦しみの結果として、これまでよりもより大きな侵害と不快なことにさらされていることから出発されることができなかった場合、③賃借人の病気についての深刻さにもかかわらず、賃借人の病気の状態が賃借人の家族の転居という枠組みにおける住居の交替について賃借人を妨げたことは確認されることができなかった場合、④賃借人は病気特に重大な視覚障害のために終日の世話を必要とするであろうが、その終日の世話は、新たな賃借住居または老人ホームにおいて同様によく実行されることができるのであり、新たな環境においてもなお勝手がわかることが賃借人にうまくゆくといってよいだろう場合、⑤賃借人は長期的にみてすでに高齢と病気という理由からもはや本件住居を管理することができないために、避けられない措置をあとでというよりもむしろ今賃借人に要求することが社会的な観点のもとでもより筋の通ったものである場合、⑥八〇パーセントの障害をともなう賃借人の健康状態と歩行障害にかんがみて、住居の探索が制限されているものの、賃借人の健康上の侵害は、見通すことのできない期間の間本件住居の明渡しが賃借人にとって可能でないほどではない場合、⑦賃借人らの身体的な障害にともなう健康的な侵害は高齢にしばしば随伴する症状であり、その事情は本件使用賃貸借関係の継続を命じることを正当化しない場合、⑧賃借人らは、賃借人の病気を立証的に申し立てなかったし、証明しなかった場合、⑨確かに多発性硬化症のための賃借人の妻の病気は賃借人らが住居を探すことを困難にする。しかし、今や八一歳である賃貸人は妻を失ったのであり、本件住居は世話の必要の生じた場合のために賃貸人の世話を引き受ける状態にあり引き受ける用意のできたところの適切な人に委譲されるということになる場合、⑩賃借人の重大な病気はその利益の比較衡量において全く重要な事情を意味したものの、転居が不可避的に賃借人の健康状態の悪化に行き着かなければならないわけではないし、転居のときに予期されなければならない問題をやりとげることは、家族の援助、および、場合によっては医者の助力をもって全く可能である場合、⑪賃借人の伴侶はエイズという病気であったものの、賃借人の伴侶の生命の長さの期間は不確かであり個人的に予測できなかったし、この重い病気にもかかわらず自分自身の仕事を行うことが賃借人の伴侶にはいまだに可能であったのであり、弁護士としての賃借人の職業状況、および、そのことによって条件づけられた経済的な諸関係にかんがみても、本件使用賃貸借関係の終了と代替住居の調達が賃借人に要求されることができる場合、⑫確かに賃借人は反応性の抑鬱症であり、鑑定人は、賃借人が本件住居を明け渡す場合に自殺の意図を装うことなく自殺の意図も真に受けられなければならないことを確信していた。しかし、鑑定人の見解にしたがうと、明渡しの場合に賃借人において存在する自殺の危険は、治療可能・制御可能であり、明渡しの時点において考えられる差し迫った自殺の意図は、精神科医もしくは専門医の意見を聞いて阻止されうる場合、⑬賃借人らは重度身体障害者証明書と医師の診断書によって病気と障害を証明したものの、その程度は転居と住居の交替を一般に排除するような種類のものではない場合、⑭医師の診断書からは、ストレスとパニックが避けられなければならないし、この理由から転居することは賃借人らに要求されることができないことだけが読み取られた。しかし、このことは、賃借人らはもはや全く本件住居に居住していないし、むしろ時おりだけ本件住居に滞在しているという争われていない賃貸人らの申立て、ならびに、書面において述べられたところの賃借人らが転居するという心構えを基本的にしていることにかんがみて十分ではない場合、⑮賃借人は、高血圧、糖尿病に苦しみ、三重のバイパスをもっていたものの、専門的知識をもった証人は、賃借人の健康状態の悪化の可能性だけが存在することを明確に確認したが、しかし、賃借人の健康状態の悪化を懸念させるところの賃借人における差し迫った危険な状態、特に精神的な危険な状態を申し立てなかった場合、⑯鑑定人は、賃借人の胃癌の治療は完了したこと、および、新たに癌になる賃借人の危険は、確かに一般の国民の危険よりもより高いが、しかし五パーセントを下回っていたことを納得のゆくように説明したし、賃借人の精神的な状態に関して、潜伏性の抑鬱症から、転居のときに重大な抑鬱がひき起こされうるが、しかし、この抑鬱は薬によって、および、心理学的に治療することができると判断された場合、⑰賃借人・一は障害等級百の重度の身体障害であり、等級一に応じた世話を必要とするものの、賃借人・二が賃借人・一のための世話を提供することから、賃借人・一の転居が、彼の生活状態の劇的な継続的な悪化、または、賃借人・一の健康を、もしくは、賃借人・一の生命さえをも差し迫って危険にさらすことに行き着き、新たな居住環境になじませることが賃借人・一にもはや要求されることができないことはない場合、⑱賃借人は、白内障による視力障害、心筋衰弱による機能の低下、高血圧症における血液循環の危険、退化による抑鬱症に苦しんでいたものの、転居の結果として懸念されなければならない生命の危険は立証的に説明されていなかったし、相当な準備と用意周到な実行において転居の妨げになっていなかった場合、⑲賃借人らは、特に賃借人(夫)が本件住居において恒常的に第三者による世話を受けていたし、賃借人らの病状は現在賃貸人の病状よりも質的により重大であったものの、医師の見地からは、賃借人らの病気がなおそれ以上に悪化することを妨げるために、賃借人らが老人ホームもしくは社会福祉施設に転居することが必要不可欠であり、重大な病気にもかかわらず本件住居にとどまるという賃借人らの願望は、比較衡量において、客観的に無分別な十分でないものであると考えられなければならない場合である。

㋔　なお、賃借人にとっての「苛酷さ」が否定される場合には、①賃貸人の健康状態の悪化が記録され、なおこれ以上の手術が行われ、世話の必要が高められたことから、賃貸人の息子と世話の心構えをしている息子の妻による本件住居への入居についての賃貸人の家族的な利益は追加的に強められていたこと、②賃借人は、鑑定人の側において証明された成果を期待させる治療の可能性にもかかわらず、明確に、どんな入院治療をも拒否しあらゆる協力を拒絶したこと、③予期されなければならない賃貸人の所有権の縮減（所有する本件住居を利用できなければ、賃貸人夫婦は九・七平方メートルの寝室だけをもち、三人の子供らは一四・五五平方メートルの広さの部屋に居住させられていたままである）は、本質的に、場合によっては起こり得る賃借人のための健康の危険よりもより間近に迫っていてより徹底的であること、④健康上強くおびやかされた状況にあった賃貸人は、本件住居の所有権者として、その所有権を賃貸人の娘が賃借人らの本件住居に入居し賃貸人の世話をすることができることを達成するために利用するつもりであることが考慮に入れられることもある。

(354) LG Mannheim WuM 1970, 61.
(355) LG Mannheim WuM（Fn.354）, S.61.
(356) LG Mannheim WuM（Fn.354）, S.61.
(357) AG Köln WuM 1977, 29.
(358) AG Köln WuM（Fn.357）, S.30.
(359) AG Köln WuM（Fn.357）, S.30.
(360) AG München WuM 1989, 378.
(361) AG München WuM（Fn.360）, S.379.
(362) AG München WuM（Fn.360）, S.378f.
(363) AG München WuM（Fn.360）, S.379.
(364) LG Wuppertal WuM 1989, 386.

(365) LG Wuppertal WuM (Fn.364), S.386.
(366) LG Wuppertal WuM (Fn.364), S.386.
(367) LG Wuppertal WuM (Fn.364), S.386.
(368) LG Wuppertal WuM (Fn.364), S.386f.
(369) AG München NJW-RR 1990, 911.
(370) AG München NJW-RR (Fn.369), S.911.
(371) AG München NJW-RR (Fn.369), S.911.
(372) AG München NJW-RR (Fn.369), S.911.
(373) LG Braunschweig WuM 1990, 152.
(374) LG Braunschweig WuM (Fn.373), S.153.
(375) LG Braunschweig WuM (Fn.373), S.153.
(376) LG Bonn WuM 1990, 151.
(377) LG Bonn WuM (Fn.376), S.151.
(378) LG Bonn WuM (Fn.376), S.151f.
(379) LG Berlin GE 1992, 153.
(380) LG Berlin GE (Fn.379), S.153.
(381) LG Berlin GE (Fn.379), S.153.
(382) LG Berlin GE (Fn.379), S.153.
(383) LG Aurich WuM 1992, 609.
(384) LG Aurich WuM (Fn.383), S.609.
(385) LG Aurich WuM (Fn.383), S.609.
(386) LG Aurich WuM (Fn.383), S.610.
(387) LG Stuttgart WuM 1993, 46.
(388) LG Stuttgart WuM (Fn.387), S.46.
(389) LG Stuttgart WuM (Fn.387), S.46.
(390) AG Friedberg (Hessen) WuM 1993, 675.

(391)　AG Friedberg（Hessen）WuM（Fn.390）, S.675.
(392)　AG Friedberg（Hessen）WuM（Fn.390）, S.675.
(393)　LG Wuppertal WuM 1995, 654.
(394)　LG Wuppertal WuM（Fn.393）, S.655.
(395)　LG Wuppertal WuM（Fn.393）, S.655.
(396)　KG GE 2004, 752.
(397)　KG GE（Fn.396）, S.752.
(398)　KG GE（Fn.396）, S.752f.
(399)　LG Aachen WuM 2006, 692.
(400)　LG Aachen WuM（Fn.399）, S.693.
(401)　LG Aachen WuM（Fn.399）, S.693.
(402)　AG Miesbach WuM（Fn.39）.
(403)　AG Miesbach WuM（Fn.39）, S.190.
(404)　AG Miesbach WuM（Fn.39）, S.190f.
(405)　LG Hamburg WuM（Fn.14）.
(406)　LG Koblenz WuM（Fn.161）.
(407)　LG Koblenz WuM（Fn.164）.
(408)　LG Oldenburg WuM（Fn.181）.
(409)　AG Köln WuM（Fn.277）.
(410)　LG Bochum NZM（Fn.316）.
(411)　AG Lübeck WuM（Fn.306）.
(412)　LG Bochum ZMR（Fn.54）.
(413)　LG Bochum ZMR（Fn.54）, S.453.
(414)　LG Bochum ZMR（Fn.54）, S.454f.
(415)　AG Berlin-Mitte WuM（Fn.287）.
(416)　AG Schöneberg GE（Fn.57）.

(417) LG München I NZM（Fn.60）.
(418) LG Lübeck WuM（Fn.63）.
(419) LG Berlin WuM（Fn.66）.
(420) LG Berlin WuM（Fn.69）.
(421) この点については、Ⅱの1の2の（1）参照。
(422) AG Hochheim MDR 1965, 489.
(423) AG Hochheim MDR（Fn.422）, S.489.
(424) LG Karlsruhe DWW 1972, 201.
(425) LG Karlsruhe DWW（Fn.424）, S.201.
(426) LG Karlsruhe DWW（Fn.424）, S.201.
(427) AG Bad Vilbel WuM 1983, 236.
(428) AG Bad Vilbel WuM（Fn.427）, S.236f.
(429) AG Münster WuM 1988, 364.
(430) AG Münster WuM（Fn.429）, S.364.
(431) AG Münster WuM（Fn.429）, S.364.
(432) AG Münster WuM（Fn.429）, S.364.
(433) AG Münster WuM（Fn.429）, S.364f.
(434) AG Münster WuM（Fn.429）, S.365.
(435) AG Regensburg WuM 1989, 381.
(436) AG Regensburg WuM（Fn.435）, S.382.
(437) AG Regensburg WuM（Fn.435）, S.382.
(438) AG Regensburg WuM（Fn.435）, S.382.
(439) AG Regensburg WuM（Fn.435）, S.382.
(440) 拙著・前掲注（258）一二二—一二四頁、一四六—一四七頁参照。そこでは、区裁判所が、経済的な利用の相当性という要件、および、賃貸人の著しい不利益という要件が満たされることを認めた点について考察したが、ここでは、賃貸人らの利益と賃借人らの利益とのあいだの比較衡量において、賃借人らにとっての「苛酷さ」を否定した点について考察することにする。

(441) AG Bayreuth WuM 1991, 180.
(442) AG Bayreuth WuM（Fn.441）, S.180.
(443) AG Bayreuth WuM（Fn.441）, S.181.
(444) AG Dortmund DWW 1990, 366.
(445) AG Dortmund DWW（Fn.444）, S.366.
(446) AG Dortmund DWW（Fn.444）, S.366.
(447) AG Dortmund DWW（Fn.444）, S.367.
(448) AG Dortmund DWW（Fn.444）, S.367.
(449) LG Saarbrücken WuM 1992, 690.
(450) LG Saarbrücken WuM（Fn.449）, S.690f.
(451) AG Lörrach WuM 1996, 704.
(452) AG Lörrach WuM（Fn.451）, S.704.
(453) AG Lörrach WuM（Fn.451）, S.704f.
(454) AG Lörrach WuM（Fn.451）, S.705.
(455) LG Freiburg WuM（Fn.451）, S.705.
(456) LG Freiburg WuM（Fn.451）, S.705.
(457) LG Hamburg NJW 1997, 2761.
(458) LG Hamburg NJW（Fn.457）, S.2761.
(459) LG Hamburg NJW（Fn.457）, S.2761.
(460) LG Hamburg NJW（Fn.457）, S.2761.
(461) LG Bonn NZM 2000, 331.
(462) LG Bonn NZM（Fn.461）, S.332.
(463) LG Bonn NZM（Fn.461）, S.332.
(464) 拙著・前掲注（3）二二九―二三一頁参照。そこでは、上級地方裁判所が、ＢＧＢ五七三条二項二号の意味における「自己必要」が存在したことを認めた点について考察したが、ここでは、賃貸人らの利益と賃借人らの利益とのあいだの比較衡量において、賃借人らにとっての「苛酷さ」を否定した点について考察することにする。

(465) OLG Köln ZMR 2004, 33.
(466) OLG Köln ZMR (Fn.465), S.34.
(467) OLG Köln ZMR (Fn.465), S.35.
(468) OLG Köln ZMR (Fn.465), S.35.
(469) LG Bremen WuM 2003, 333.
(470) LG Bremen WuM (Fn.469), S.334.
(471) すでにⅡの二の2の(1)の①において取り上げたところのボン地方裁判所一九九〇年二月一日判決(裁判例【60】)のことである。
(472) LG Bremen WuM (Fn.469), S.334f.
(473) AG Hamburg ZMR 2010, 453.
(474) AG Hamburg ZMR (Fn.473), S.453.
(475) AG Hamburg ZMR (Fn.473), S.454.
(476) AG Hamburg ZMR (Fn.473), S.454.
(477) AG Hamburg ZMR (Fn.473), S.454f.
(478) LG Frankfurt NJW 2011, 3526.
(479) LG Frankfurt NJW (Fn.478), S.3526.
(480) LG Frankfurt NJW (Fn.478), S.3526.
(481) LG Frankfurt NJW (Fn.478), S.3526f.
(482) LG Frankfurt NJW (Fn.478), S.3527.
(483) LG Berlin GE (Fn.184).
(484) LG Kempten WuM (Fn.190).

例を考察することにする。

（2） 代替住居の調達が問題とされた事案

第二に、代替住居の調達が問題とされた事案を取り上げる。

ここでは、①代替住居の調達に関する一般的なことがらにかかわる裁判例、②賃借人にとっての「苛酷さ」が肯定された事案、および、③賃借人にとっての「苛酷さ」が否定された事案、という三つの類型に分けて、関係する裁判例を考察することにする。

①代替住居の調達に関する一般的なことがらにかかわる裁判例

まず、代替住居の調達に関する一般的なことがらにかかわる裁判例を考察することにする。

第一に、カールスルーエ上級地方裁判所一九七〇年七月三日決定をみておきたい。

【82】カールスルーエ上級地方裁判所一九七〇年七月三日決定(485)

［事案の概要と経緯］

八一歳で障害のある被告は、一七年以来本件住居の賃借人であった。原告（賃貸人）は、被告との本件使用賃貸借関係を解約告知した。これに対して、被告は、本件使用賃貸借関係の契約にしたがった終了の時点において本件住居を明け渡さなければならないとすれば、そのことは賃借人にとっての「苛酷さ」を意味することを理由として本件解約告知に異議を述べたのである。

地方裁判所は、上級地方裁判所に次の法的問題を提出した。

「1　なお存在しないほかの住居への転居を自分自身で得ようと努力しているところの八一歳で障害のある、一七年以来本件住居に生活している賃借人が、本件使用賃貸借関係の契約にしたがった終了の時点において本件住居を明け渡さなければならないとすれば、そのことはＢＧＢ五五六ａ条一項の意味における苛酷さを意味するのか。

……

3 一定の期間の間本件使用賃貸借関係を継続することが正当であると判断される場合にとって、次の事情はその期間を定めるときに考慮に入れられなければならないのか。

(a) 社会的住居がほとんど獲得されることができない区域に存在する本件住居の一定の立地条件

(b) 一定の設備(バルコニー、中央暖房)、本件建物における位置(二階だけ)、目下のところなお存在しない世話人のための場合によっては起こり得る居住の可能性を考慮に入れた最低限度の広さ

(c) 賃借人はその意思に反して老人ホームまたは老人介護施設における場所を得ようと努力するように義務づけられているのか。

4 賃借人は、次の理由からこれまで賃借人に提供された住居を拒絶したことによって、賃借人の代替住居調達義務に違反し、それとともに本件使用賃貸借関係の継続に対する請求権を失ったのか。

(a) 賃借人が賃貸人との緊張関係のために賃貸人の所有物である建物に決して入居するつもりはないという理由

(b) 提供された住居が、3のもとで引き合いに出された要求に対応しなかったという理由である」。

[決定理由]

上級地方裁判所は、その決定理由において、次のように論じることにより、地方裁判所によって提出された法的問題に対してその立場を明らかにしたのである。

「BGB五五六a条一項の意味における苛酷さの概念を一般的に言い換えることはできない。しかし、個々の事案の決定のときに考慮に入れられうるところの一定の事案グループが形成されている。……本件においては、八一歳ではなはだしくそこなわれた賃借人にとっての住居の交替において存在する苛酷さが問題であった。もっぱら高齢だけでなおBGB五五六a条一項の意味における苛酷さを理由づけないという見解は、その高齢の人がなお壮健であり、その解約告知期間の間、自分自身で、あるいは、委託された人によって相当な代替住居を探す状況にあるという事案にとっては正しいかもしれない。しかし、本件において、被告の高齢は重大な身体的侵害と重なり合う。被告は、特に被告の歩行障害によって、代替住居をめぐる被告の努力において強く侵害され、それに加えて、あらゆる住居が被告にとってその病気のために考慮に値するわけではない。無理な要求をされた住居の交替は、若く健康な人々よりも

比較にならないほどより苛酷に被告に向けられている。そのような事案のために、BGB五五六a条一項の社会的条項は、かつての文言においても新たな文言においても保護を与えるのである。……

……

世話人が援助していないところの高齢で障害のある人は、代替住居がその人の増大した必要を満たすことを要求する権利をもっている。そのような人は、その構成員による世話とつきあいに頼らざるを得ないのであるから、その住居が交際を続けている血縁者と知人が居住しているところの一定の市区に存在することを要求することができるのであり、その結果、それらの血縁者と知人は、そのような人を訪問し世話をすることができる。このことは、その賃借人のこれまでの住居がそのような市区に存在しなかった場合にも妥当する。もっとも、それによってその高齢の賃借人の世話がこれまでの状態に対して困難にされない場合には隣接する市区に存在する代替住居もまた考慮に値する。……その市区においてその賃借人のためにもっぱら考慮に値するところの社会的住居が困難にのみ手に入れられうることは……延長期間の見積もりによって、場合によっては新たな延長によって顧慮されなければならないのである。

代替住居の設備に関しても、高齢で病気の賃借人はある程度の要求を出すことができる。恒常的な世話人が存在しない場合、歩行困難な人のために集中暖房を備えた住居だけが要求できる。というのは、暖房用燃料と燃え殻の運搬は、歩行困難な人にとってほとんど不可能であるからである。このことは、歩行困難な人のこれまでの住居がそのような暖房を備えつけられていなかった場合にも妥当する。……また、その住居は、歩行困難な賃借人の場合、最大限二階に所在してしかるべきである。一階の住居もまた要求できる代替住居として考慮に値するのかどうかという点は、その事情しだいである。……

それに対して、代替住居は無条件にバルコニーを備えつけられていなければならないわけではない。というのは、そうでなかったら、被告のわずかな収入にかんがみて、そのほかに相当な代替住居の大部分がはじめから考慮に値しないからである。新たな住居の最低限の広さについて、これまでの生活習慣にしたがって寝室と居間を分けていたところの高齢でひとり暮らしの人にとって、二つの部屋から構成されていた住居が相当である、と述べられなければならない。もっとも、このことは、障害のあることのために、さらに世話人がより長い時間昼も夜もその住居に滞在しなければならないことが予期されなければならない場合、何の問題もなく妥当するわけではない。高齢と障害のあることにかんがみて、恒常的な世話の必要な事態がいつでも生じうる場合に、世話人が目下のところなお存在しないことは重要でない。

それに対して、被告は、ひとり暮らしの人として全部の家具をしまうことができるためにだけ三つの部屋から構成されていた住居を請求することができない。そのような住居は、家族構成員がなお被告の世帯に生活していたときには相当であった。現在家具の一部は必要とあればしまわれなければならない。……

賃借人は、代替住居の問題に関して、老人ホームまたは社会福祉施設における居住を指示されるように義務づけられていない。高齢の人々もまた、個人的な人生形成に対する請求権をもつ。高齢の人々の個人的な自由への願望は尊重されなければならない。これまでのみずからの個人的な所帯のきりもりを放棄することが被告に要求されることはできないのである。

……高齢の賃借人が言及された要求に対応しないところの賃貸人によって賃借人に提供された代替住居を拒絶した場合、賃借人の代替住居調達義務に対する違反は問題にならない。控訴審裁判所は……原告によって提供された代替住居がこれらの要求を満たすのかどうかという点を決定しなければならない。このことがそうであるならば、被告にはこれまで被告によって居住された市区の範囲内で転居することも要求されうる。というのは、そのことによって被告の世話に関して現在の状態に対する悪化は生じないからである。被告の代替住居調達義務は、被告がその健康状態とその経済的な諸関係によって被告に定められた限界の範囲内で真摯にかつ集中的に新たな住居の調達を得ようと努力するということである。その理由から、被告は、原告によって行われた申出をはじめから信義誠実の原則に違反することなしに拒絶することができないのである。

被告が、原告の以前の嫌がらせのために、原告の所有物である建物に決して再び入居するつもりはないということを引き合いに出すことは、もっぱらそれ自体だけで……相当な代替住居の拒絶を正当化することができない。というのは、当事者相互間の対立関係は、原告との新たな使用賃貸借関係に入ることが被告に要求されることができないほどに重大であることは明らかでないからである。賃貸人と賃借人相互間の対立関係やより小さな争いは常に排除されることができない。その他の点では、被告が原告のほかの住居に転居することは、その対立関係を決して高めるのではなく、むしろ低下させるであろう。この点では、現在の状態に対する被告の諸関係の悪化は排除されているように思われるのである」[486]。

第二に、マンハイム地方裁判所一九七〇年一二月一六日判決をみておきたい。

【83】マンハイム地方裁判所一九七〇年一二月一六日判決[487]

［事案の概要と経緯］

原告（賃貸人）は、「自己必要」を理由として、被告（賃借人）との本件使用賃貸借関係を解約告知した。原告は、原告の企業体のために重要な専門技術をもつ労働者をその家族とともに被告の本件住居に居住させるつもりであった。これに対して、被告は、高齢、歩行障害、わずかな年金収入にもとづいて本件解約告知に異議を述べたのである。

区裁判所は、原告の本件明渡しの訴えを棄却した。

［判決理由］

地方裁判所もまた、結論として、「区裁判所は、的確な考慮にもとづいて、本件明渡しの訴えを棄却し、ＢＧＢ五五六ａ条にしたがって被告の本件解約告知に対する異議を根拠のあるものであると考えたのである」[488]、と判断した。その判決理由において、地方裁判所は、そのように判断した理由について、カールスルーエ上級地方裁判所一九七〇年七月三日決定（裁判例【82】）にしたがいながら、次のように論じたのである。

「カールスルーエ上級地方裁判所は、一九七〇年七月三日決定において、八一歳で障害のある賃借人が、その解約告知と法律上の解約告知期間の満了にもとづいて相当な代替住居を占有することなしにすでに今や賃貸人の本件建物に所在する賃借人の住居を明け渡さなければならないとすれば、そのことはＢＧＢ五五六ａ条一項の意味における苛酷さを意味することを丁寧に決定した。カールスルーエ上級地方裁判所の法的見解にしたがって、被告は、その障害・強度の歩行障害によって代替住居を探すときに若くて健康な人々に対して著しく不利に扱われることを受け入れなければならないし、それに加えて、被告にとってその健康状態とわずかな収入にもとづいてあらゆる住居が代替住居として考慮に値するわけではないことが決定的に考慮に入れられなければならなかった。……いずれにせよ、カールスルーエ上級地方裁判所の法的見解にしたがって、高齢と疾患によって条件づけられたところのBGB五五六a条一項の意味における苛酷さは、被告が自分自身で住居の交替を得ようと努めたが、しかし、その転居は現在被告が正当に代替住居について一定の要求を出し、そのような住居はなお存在しないという理由においてなお実行可能ではないことによって考慮されないことはないのである。

原告の法的見解に反して、BGB五五六a条にしたがった本件使用賃貸借関係の継続に対する被告の請求は、被告がその義務である代替住居調達義務に違反したという理由において事情にしたがって失われた、あるいは、権利の濫用である、と考えられることができなかった。カールスルーエ上級地方裁判所の決定においては、丁寧に、解約告知された賃借人は、賃借人の代替住居調達義務の枠組みにおいて、あらゆる任意の空いている代替住居、あるいは、空くようになる代替住居を賃借しなければならないことが指示されてはならないことが確認された。むしろ、賃借人は、その経済的な給付能力および正当化された個人的な居住の必要を考慮に入れて、相当な継続的な居住の可能性を賃借人に提供するところの代替住居だけに賃借人の努力を向ける必要があることが賃借人の権利でなければならない。カールスルーエ上級地方裁判所は、これらの観点から、被告が、その高齢、健康状態、および、経済的な諸関係を顧慮して、被告によって探される代替住居について次の特別な要求を出すことを正当化されたものであると考えるであろう。

被告は、被告の構成員と知人による世話とつきあいに頼らざるを得ないのであるから、被告は、探される代替住居がこれらの血縁者と知人が彼らの住居を有するところのMの一部に存在することを請求することができる。このことは、解約告知された賃借人のこれまでの住居が、被告においてそうであるように、その都市の領域に存在しない場合にも妥当する。もっとも、被告は、カールスルーエ上級地方裁判所の見解にしたがって、そのことによって被告の世話がこれまでの状態に対して困難にされない場合には隣接する都市の領域に転居するようにも義務づけられている。

……

歩行困難な被告は代替住居が集中暖房を備えつけられていることを請求することができる。被告の現在の住居において集中暖房が存在しないことはこのことの妨げにならない。被告の現在の住居は浴室を備えつけられているのであるから、被告は、被告の高齢および障害を顧慮してその状態を代替住居のためにも請求することができる。代替住居が固有のトイレをも有しなければならないことは当然である。

歩行困難な被告は、代替住居がせいぜい二階に所在することを請求することができる。被告が一階の住居をも賃借するように義務づけられているのかどうかという点は個々の事案の事情に依存する。

被告はこれまでの生活上の習慣にしたがって常に分離された居間と寝室を備えた住居を使用していたのであるから、被告は代替住居もまた二つの部屋を有することを請求することができる。カールスルーエ上級地方裁判所の決定においては、台所の存在に関して何も述べられなかったにもかかわらず、被告は、少なくとも代替住居の諸々の部屋のひとつにおいて炊事用壁龕または完全に等価の炊事場への接続が存在することを請求することができる。それに対して、被告は、代替住居においてさらに追加される世話人の受入れなしにやってゆく限り三つの部屋から構成されていた住居を請求することができない。その場合に、被告は、被告の権限に属する二つの部屋の広さについて、存在する家具を顧慮して特別な要求を出してはならない。というのは、被告は、必要とあれば、被告がより狭い代替住居における相当な居住利用のためにもはや常に必要としないところの家具を別にしまわなければならないし、あるいは、譲渡しなければならないからである。

被告が今後被告の高齢と障害にもとづいて世話人による終日の世話あるいは圧倒的な世話に頼らざるを得ないならば、被告は、代替住居においてその世話人の居住のために第三の部屋が存在することを請求することができる。その場合に、カールスルーエ上級地方裁判所の見解にしたがって、被告の健康状態のためにいつでも世話人を受け入れる必要性が考慮に入れられなければならない限りで言えば、そのような世話人がすでに存在するのかどうかという点は重要でない。被告の孫がその間にその母親のもとで受け入れられたあとで、これまで本件訴訟の過程において、現在被告の住居においてそのほかの世話人を受け入れることが意図され必要であることは被告によって申し立てられなかった。したがって、被告の健康状態が悪化しなかったならば、被告は存在する病気を顧慮して右に論究された要求を満たさなければならないところの二つの部屋から構成されていた住居だけを代用として請求することができるのである。

被告は、カールスルーエ上級地方裁判所の決定にしたがって、被告の極度にわずかな収入、財産のないこと、および、代替住居についての被告の正当な要求を顧慮して社会的住居の委譲を請求することができる。

原告によってこれまで提供された代替住居は、これらの要求に対応しなかった。その結果、被告はもっともなことにこれらの代替住居への転居を拒絶したのである。その理由から、被告が、原告によって提供された代替住居への転居を被告が今後もはや原告の建物に居住したくないという理由においても拒絶したのかどうかという点は注目すべきではなかった。……その他の点では、被告は、繰り返し強くM市当局において適当な代替住居を得ようと努めたが、この努力はM市の領域における社会的住居についての不十分な提供のために不成功に終わったことを証明した。住宅仲介業者の介入、および、日刊新聞の探索広告の依頼によるさらに進んだ努力は、およそ四〇〇ドイツマルクの寡婦年金と社会補助金の点でのきわめてわずかな被告の収入にかんがみて被告に関して要求されることができなかった。特に、右に述べられた種類の相当な代替住居を負担できる諸条件で自分自身の努力によって見つけ出すことは、当地の領域における自由な住居市場において経験上排除されているように思われる。したがって、本件の種類の事案において、賃借人は、相当な代替住居が、賃借人の地方自治体によってその地方自治体の責任である公的な住居の供給の枠組みにおいて、あるいは、賃貸人によって賃借人のために調達されることに頼らざるを得ないのである。それとともに、被告は、命じられた本件使用賃貸借関係の延長の間に特にM市当局を通して相当な代替住居を獲得しようとこころがけていなければならないのである。

原告の見解に反して、被告は、このような好ましからぬ住居の状況にかんがみて、被告の意思に反して老人ホームまたは社会福祉施設における受入れを願い出るように指示されることができないのである。カールスルーエ上級地方裁判所は、高齢で障害のある同胞もまた個人的な人生形成に対する請求権をもつのであり、したがって、個人的な自由への彼らの願望は、彼らの住居についての居住に関しても、地域的な住居の供給が一時的に彼らの正当な請求の実現の妨げになっているときでさえも尊重されなければならないことを明確に述べた。被告は、これまで常に自分自身の所帯を個人的にきりもりし、そのために、今後も通常の高齢に条件づけられた制限をともなって相当な自分自身の住居においてそのような状態にあり、その結果、ほかの代替住居が欠けている結果としてすでに今や原告の明渡しの要求に従うことができるためにこの個人的な自由を放棄することは被告に要求されることができなかったのである。控訴審裁判所の見解にしたがって、高齢で病気の賃借人をその意思に反して施設に収容することは、次の場合にのみ考慮に値する。すなわち、ラントの収容法、あるいは、連邦社会福祉法が、賃借人が放置されて悪くなったり、あるいは、賃借人の病気の状態を悪化させることを妨げるために公的な利益においてこのような強制収容を正当化し命じる場合である」[489]。

第三に、連邦憲法裁判所一九九二年一月二八日決定をみておきたい。

【84】 連邦憲法裁判所一九九二年一月二八日決定[490]

[事案の概要と経緯]

異議申立人（賃借人）は、一九八六年以来、彼女の三人の子供らとともに、二つの部屋等から構成されていた五六平方メートルの広さの上階の本件住居に居住していた。一九九〇年のはじめに、原告（賃貸人）は、彼女の娘とその将来の家族のために本件住居を必要とするという理由をもって、異議申立人との本件使用賃貸借関係を解約告知した。

異議申立人は、特に、一階において同じく五六平方メートルの広さの住居が自由に使えるようになり、その住居は代替住居として異議申立人に自由に使わせられることができることを指摘して異議を述べた。これに対して、原告は、修復の必要性のためにこれを拒絶した。それに加えて、原告は、五六平方メートルの広さの住居は、ひとりの成人と三人の小さな子供らをもって定員超過であり、特に異議申立人はその恋人をもその住居に受け入れるだろう、と主張した。

区裁判所は本件明渡しの訴えを認容した。さらに、地方裁判所は異議申立人の本件控訴を棄却した。これに対して、異議申立人は憲法訴願を申し立てたのである。

［決定理由］

連邦憲法裁判所は、結論として、「本件憲法訴願は根拠のあるものであった。地方裁判所の判決は、基本法二条一項(491)にもとづく異議申立人の基本権を侵害した」(492)、と判断した。

もっとも、連邦憲法裁判所は、その決定理由において、はじめに、「地方裁判所の判決は、すでに、原告の自己必要を正当と認め、この理由から本件明渡しの訴えを認容したことによって異議申立人の基本権に違反したのではなかった。地方裁判所が、原告の娘とその家族の不十分な居住を顧慮して、原告の取戻しについての利益を本件住居を明け渡さなければならないわけではないという異議申立人の利益よりもより高く評価した場合、このことは憲法的に誤った重要さの程度の判定を認識させせなかった」(493)、と論じた。

しかし、連邦憲法裁判所は、「異議申立人は、基本法二条一項にもとづく基本権において侵害された。というのは、地方裁判所は、その基本権の射程範囲を見誤ったからである」(494)、と判断したのである。

そのように判断した理由について、連邦憲法裁判所は、次のように論じたのである。

「しかし、地方裁判所は、その一階の住居を顧慮して、もっぱらその住居が客観化された要求可能性の考慮にしたがって三人の小さな子供らをともなう母親にとって適当でないという理由づけだけで、その提供義務を否認した。それとともに、地方裁判所は、警察法または建築法の最低限度の要求を考慮に入れたのでもなく、その住居は（特にその伴侶のために）定員超過であるという原告の申立てを考慮に入れたのでもなかった。……地方裁判所は、地方裁判所によって可能であると考えられた提供義務の評価のときに、もっぱら異議申立人が三人の子供らをともなって家族に適合した居住のためにどれだけの場所を必要とするのかということに関する抽象的な考えに方向づけられたのである。

このことは憲法上許容できなかった。というのは、地方裁判所は、それとともに、異議申立人がどのように彼女の人生を形成するつもりであるのかという点に関する自己責任による決定を異議申立人に否認したからである。一部の住民のみが、もっぱらその主観的な空間の必要および客観的な好ましさにしたがってだけでその居住関係をしつらえることができる。通常居住についての願望は経済的な関係によって限定される。経済的な配慮をする必要がないところの賃借人さえも、常に一般的な考えにしたがってその必要を方向づけるのではなく、むしろ……ほかの人々には要求できないほど狭いように思われるところの部屋で満足する。というのは、このことが居住に関する賃借人の考えに十分であるからである。その居住の必要を自分自身の考えにしたがって定め、つまり制限もすることは、人格の自由な展開に対する住居を探す人の権利に属するのである。裁判所は、その自己必要に関する賃貸人の決定と同じように、賃借人の決定を尊重しなければならないのである。……

もっとも、裁判所は、賃貸人にもはや要求できない定員超過が存在するのかどうかという点を審理し、認められた居住の可能性を建築法または警察法の規定によってはかることについて妨げられていない。というのは、人格の自由な展開に対する権利は、基本法二条一項の留保のもとでのみ保障されるからである」[495]。

第四に、マンハイム地方裁判所一九九二年一一月二六日決定をみておきたい。

【85】マンハイム地方裁判所一九九二年一一月二六日決定[496]

［事案の概要と経緯］

本決定は、賃借人に対する明渡期間の承認と賃借人の代替住居調達（探索）義務との関係にかかわる裁判例である。

区裁判所の認諾判決にしたがって、債務者（賃借人）は、本件住居を明け渡し、債権者（賃貸人）に返還するように義務づけられていたが、その判決において、区裁判所は、明渡期間は債務者に認められることができない、と判断した。これに対して、債務者は、即時抗告を申し立てたのである。

［決定理由］

地方裁判所は、結論として、債務者（賃借人）の即時抗告を認めた。

その決定理由において、地方裁判所は、賃借人に対する明渡期間の承認と賃借人の代替住居調達（探索）義務との関係について、次のように論じたのである。

「明渡期間を認めることに関する決定は利益の比較衡量にもとづいて行われなければならない。……債務者にとって有利な結果になるように、債務者は、代替住居をもっていなかったし、強制明渡しの場合には、浮浪者収容施設に収容されなければならなかったことが重要であった。このことは、債務者に特に苛酷な打撃を与える。というのは、債務者は、三歳の子供と四ヶ月の乳児の世話をしなければならなかったからである。

債権者の利益と債務者の利益との間の比較衡量は、債務者の利益が優先することを明らかにした。二人の幼児をもつ母親を浮浪者収容施設に収容することは全く重大な債権者の利益があるときにだけ考慮に値する。このことから出発されることはできなかったのである。……

区裁判所は、債務者が代替住居の調達のための債務者の義務を履行しなかった、と述べた。

このことは事実に合致した。明渡期間は、そのような事案において、一般に認められることができないことも正しかった。ただし、本件において、社会扶助によって生活しているひとり暮らしの外国人の賃借人が、ひとりの幼児とひとりの乳児をともなって、住居市場の現在の諸関係において他人の援助なしにほとんど住居を手に入れることはないことが考慮に入れられなければならなかった。その理由から、そのような事案において原則として代替住居の探索を義務づけられた者が住居局と連絡をとる場合に十分である。債務者は、このことを行ったのである」(497)。

②賃借人にとっての「苛酷さ」が肯定された事案

次に、代替住居の調達が問題とされ、結論として、賃借人にとっての「苛酷さ」が肯定された事案を考察する。ここでは、ⓐ二重の転居になることが考慮された事案、および、ⓑその他の事情が考慮された事案、という二つの類型に分けて、関係する裁判例を考察することにする。

ⓐ二重の転居になることが考慮された事案

㋐ まず、一九六七年一二月二一日に公布されたところの「賃貸借法の規定の改正に関する第三次法律」が妥当する以前の裁判例において二重の転居になることが考慮された事案を考察することにする。

第一に、すでにⅡの一の3において取り上げたところのマンハイム地方裁判所一九六四年一〇月七日判決をみておきたい。

【86】マンハイム地方裁判所一九六四年一〇月七日判決(498)

［事案の概要と経緯］

原告（賃貸人）は、一九六四年六月三〇日付で、被告（賃借人）との本件使用賃貸借関係を解約告知した。これに対して、被告は、ＢＧＢ旧五五六ａ条にしたがって、本件解約告知期間の終了後一年まで、すなわち、一九六五年六月三〇日まで本件使用賃貸借関係を継続することを請求した。というのは、被告は、本件解約告知期間の満了前にＷ市に存在するある土地の所有権を取得し、この土地上に建物を建築するための計画がすでに存在したからであった。

［判決理由］

地方裁判所は、結論として、「申し立てられたところの一九六五年六月三〇日までの本件使用賃貸借関係の継続のためのＢＧＢ五五六ａ条の要件は、原告の見解に反して、認められていた」(499)、と判断した。

その判決理由において、地方裁判所は、そのように判断した理由について、次のように論じたのである。

「一九六四年七月一四日付のＷ市の登記所および計画策定局の公の情報にしたがって、次のことから出発されなければならなかった。すなわち、被告は、なお本件解約告知期間の満了前にＷ市に存在するある土地の所有権を取得し、この土地上に建物を建築するための計画がすでに存在したことである。というのは、この土地は、Ｗ市によって促進されたかなり大規模な住宅地プランの枠組みにおいて、すでに第一の建築区域においてほかの住宅地の建物と一緒に建物が建築されるということになるからである。言及された公の情報にしたがって、建築の開始は一九六四年の八月と九月の間に確定されていたし、被告のその建物への入居が終わるのは、遅くとも建築の開始後一年の経過後に予想されていた。この公の情報の正しさについて具体的な疑念は存在しなかったし、特に、W市は、W市における強度の住居の必要をこのようにして迅速に軽減することができるためにその建築計画を支援しこの期日を遵守することにさえも関心をいだいていた。これらの前提のもとで、一九六四年六月三〇日付の本件使用賃貸借関係の終了は特別な苛酷さを意味した。というのは、一九六四年六月三〇日付の本件使用賃貸借関係の終了は、結果として、被告とその家族の生活関係への正当化されることができない介入をともなうからである。……被告はすでに本件解約告知期間の満了前に建築用に整備された土地を取得し、被告の建物の建築の開始、ならびに、被告のその建物への入居の可能性は、十分な確実性をもって見通しうるし、その結果、一九六五年六月三〇日までの中間の期間のために、二重の転居、および、そのほかの代替住居を求める努力が被告に要求されることはできないのである。つまり、被告が、個人的および経済的に被告の全部の努力を可能な限り迅速に被告の建物を完成することに向けることについて妨げられていたほどの努力は、結果として特別な苛酷さをともなうのである。そのほかの代替住居を求める努力は、次の理由においても被告に要求できなかった。すなわち、W市における住居市場の状況は、依然として、被告がその経済的な諸関係とその建築計画に関する被告の義務を考慮に入れて被告の建物の完成までの短い中間の期間のために負担できる条件の十分な住居を見出さないほど緊張していたという理由である。これらの理由から、当部は、BGB五五六a条の意味において、社会的な考慮と正当さという理由にもとづいて本件使用賃貸借関係を原告の本件解約告知の結果として一九六四年六月三〇日付で終了させられたと考えることを正当化できるとは考えなかったのである」[500]。

第二に、ボーフム区裁判所一九六四年一二月一〇日判決をみておきたい。

【87】ボーフム区裁判所一九六四年一二月一〇日判決[501]

[事案の概要と経緯]

被告（賃借人）は、一九五九年一一月から原告（賃貸人）の本件建物に所在する本件住居に居住していた。原告は、一九六四年四月三〇日付の書面をもって、一九六四年九月三〇日付で、被告との本件使用賃貸借関係を解約告知した。被告は、一九六四年七月二〇日付の書面をもって本件解約告知に異議を述べ、一年の間本件使用賃貸借関係を継続することを請求した。

原告は次のように主張した。すなわち、原告は、被告の本件住居に差し迫って頼らざるを得なかった。というのは、原告はボーフムへ移ることを意図したからである。原告は、フランクフルトの原告のこれまでの住居をフランクフルトの地下鉄の建設と結びつけられた騒音のために放棄しなければならなかったのである。

これに対して、被告は、本件解約告知は被告にとって要求できない「苛酷さ」を意味する、と主張した。被告は、その建築がやっと今年はじめられるところの自宅の志望者であった。その資金調達は完了し、すべての官庁の許可はすでに与えられていた。この建物は、一九六五年の夏に入居が終わるであろう。二度の転居は被告に要求されることができなかった。それに加えて、それほど短い期間の間ほかの住居を手に入れることは不可能であったのである。

〔判決理由〕

区裁判所は、結論として、「本件訴えは理由づけられていなかった。

確かに、原告は、五年よりも少ない間存続した本件使用賃貸借関係を期間に適合して一九六四年九月三〇日付で解約告知した。しかし、被告は、これに対して……ＢＧＢ五五六ａ条にしたがって異議を述べ、一年の間本件使用賃貸借関係を継続することを請求した。

この異議はＢＧＢ五五六ａ条にしたがって理由づけられていた。というのは、一九六四年九月三〇日付での本件使用賃貸借関係の終了は、その苛酷さが原告の利益を完全に評価しても正当化されることができないところの被告の生活関係への介入を意味したからである」[502]、と判断した。

その判決理由において、区裁判所は、そのように判断した理由について、次のように論じたのである。

「被告は、反論されることなく、被告が自宅の志望者としてボーフム・ハルペンの建築計画に……参加していたことを申し立て、一九六四年六月二二日付の……証明書によってそのことを立証した。この建物は、一九六五年の夏に入居が終わるであろう。この事情のために、被告の即時の明渡義務は被告にとって原告の利益を完全に評価しても正当化されていないところの大きな苛酷さを意味した。確かに、原告は、同じく反論されることなく、原告が現在彼によって保持されたフランクフルトの住居を放棄しなければならない、と申し立てた。というのは、原告は、彼の高齢のためにフランクフルトの地下鉄の建設と結びつけられた騒音を耐えることができないからである。しかし、もっぱらこの事情だけで被告の異議を理由づけられていないものであるように思わせるのに十分ではなかった。確かに、原告の現在の住居にとどまることが原告にとって同じくある苛酷さを意味することは原告に当然帰属すべきものであるかもしれない。しかし、被告の本件住居の明渡しは、被告にとって不釣り合いなほどにより大きな苛酷さを意味した。というのは、一年以内に二度転居することは被告に要求されることができないからである。それに加えて、被告が、一般に、そのような短い期間の間ほかの住居を賃借する状況にないことは裁判所に周知であった。そのことから、この事情のために被告の異議は理由づけられていたし、本件使用賃貸借関係の継続に対する被告の請求は正当化されていたのである。

……被告の建物は一九六五年の夏に入居が終わるであろうという事情を考慮に入れて、当裁判所は、一九六五年九月三〇日までの期間を定めたのである」[503]。

第三に、ヴュルツブルク地方裁判所一九六五年二月二日決定をみておきたい。

【88】ヴュルツブルク地方裁判所一九六五年二月二日決定[504]

［事案の概要と経緯］

原告（賃貸人）は、一九六〇年一二月一一日に被告（賃借人）と締結されたところの台所を備えた三つの部屋から構成されていた本件住居に関する本件使用賃貸借関係を、一九六三年一二月六日付の書面をもって、一九六四年四月三〇日付で、解約告知した。そのうえで、原告は、一九六四年六月三日に区裁判所に提起された本件訴えをもって本件住居の明渡しと返還を請求した。原告は、まず第一に即座に、その後、一九六四年八月三一日付で、本件住居の明渡しと返還を請求した。

これに対して、被告は、反訴の提起によって、ＢＧＢ旧五五六ａ条にしたがって本件解約告知に異議を述べ、まず第一に一九六四年一二月三一日まで、補助的に裁判所によって定められなければならない期日まで本件使用賃貸借関係を継続することに同意するように原告に判決を下すことを申し立てた。被告は、警察事務官としてよそへ転属させられることが間近に迫っていることをもってこの異議を理由づけた。この転属は、即時の明渡しという判決が下される場合に二度の転居を被告に強いるだろうからであった。

その後、一九六四年一一月三日の口頭弁論において、両当事者は本件は処理された、と表明した。というのは、被告は、一九六四年一〇月一九日に本件住居を明け渡したからである。そこで、両当事者は、民事訴訟法にしたがって費用の決定を求めた。

区裁判所は、一九六四年一一月二四日付の決定をもって、被告の異議はたぶん成果を有したであろうという理由において本件訴訟の費用を原告に課した。

これに対して、原告は、区裁判所の決定に対して即時抗告を申し立てたのである。

［決定理由］

地方裁判所は、結論として、「本件抗告には成果が拒絶されなければならなかった。

原告が本件訴訟の費用を負担しなければならないという第一審の裁判官の決定は、正当と認められなければならないのである」[(505)]、と判断した。

その決定理由において、地方裁判所は、そのように判断した理由について、次のように論じたのである。

「……本件使用賃貸借関係は、一九六三年一二月六日付の書面をもって、本件解約告知によって一九六四年四月三〇日付で有効に解消された。

（しかし、）被告は、一九六四年一月三日付の書面をもって……本件解約告知に異議を述べた。……

すなわち、住居に関する使用賃貸借関係の契約にしたがった終了が、個々の場合の特別な事情のために、賃借人またはその家族の生活関係への介入をもたらし、その介入の苛酷さが賃貸人の利益を完全に評価しても正当化されることができない場合、その異議は考慮に入れられなければならないのである。

被告にとってのそのような苛酷さについての事案は、厳格な基準を置くときにも肯定されなければならないのである。というのは、被告によって予告された転属させられることは、不愉快なことや出費を被告に生ぜしめるのみならず、短い期間の間ほかの住居を見出すことをも被告に強いるからである。しかし、被告はそのような住居をほとんど見出さないであろう。というのは、賃貸人は経験上二三ヶ月の間だけ確約しないからである。……被告の申立てが事実と合致していたことを本件訴訟が経過するうちに提出されたラントの官公庁の証明書が証明した。……それにしたがって、被告は、一九六四年九月一五日付の効力をともなって、職務上の理由からアイヒシュテットへ転属させられた。この理由ははじめから存在したことだけが重要である。その理由から、苛酷さについての事案が認められていたのである。

賃貸人の正当な利益もまた、この苛酷さについての事案の妨げになっていなかったのである」(506)。

第四に、すでにⅡの一の3において取り上げたところのフライブルク地方裁判所一九六五年一二月一五日判決をみておきたい。

【89】フライブルク地方裁判所一九六五年一二月一五日判決(507)

〔事案の概要と経緯〕

原告（賃貸人）らは、被告（賃借人）らとの本件使用賃貸借関係を解約告知した。これに対して、被告らは、ＢＧＢ旧五五六a条にしたがって本件解約告知に異議を述べ、被告らがすでに見出したところの代替住居への入居が終わる時点まで本件使用賃貸借関係を継続することを請求したのである。

〔判決理由〕

地方裁判所は、結論として、「本件使用賃貸借関係は、被告らの申立てに対応して、代替住居（に入居できる）時点まで延長されなければならなかった」(508)、と判断した。

その判決理由において、地方裁判所は、そのように判断した理由について、次のように論じたのである。

「確かに、区裁判所は的確に次のことを述べた。すなわち、通常、使用賃貸借関係のおのおのの終了、および、それから必然的な住居の交替と結びつけられているところの困難さと不愉快さは、もっぱらそれ自体としてだけで、BGB五五六a条の適用のために要件であるところの特別な苛酷さをなお理由づけることができないことである。しかし、本件において、現在の時点での本件使用賃貸借関係の終了を被告らにとっての普通でない負担であるように思わせたところのさらに追加される事情がなお存在した。被告らは、すでに、被告らが気に入り入居するつもりでもあるところの代替住居を見出した。その住居は、すでにまた、被告（夫）の使用者によって賃借され、被告らに社宅として約束されていた。その住居は、たぶん、一九六六年三月一日付で、すなわち、遠からず入居が終わるだろう。このような事情のもとで、被告らが、中間の期間のためにさらにほかの住居を得ようと努め、被告らがすでにおよそ二年半前にはじめて現在の本件住居に入居したあとで短い期間に相前後して二度転居することを被告らに要求するつもりであった場合、そのことは被告らにとって特別な苛酷さである。そのような二重の転居は、被告らにとって、被告らが三人の幼い子供らをかかえていたという理由においても相当ないっそうの負担であろう。最後に、また、そのような短い過渡期の間被告らに住居を賃貸する用意のあるところのほかの賃貸人はほとんど見出されないであろう。

　他方において、原告らは、原告らの利益が比較的に短く期限づけられたところの本件使用賃貸借関係の継続によって重大に侵害されることができることを何かあるやり方で認識させるところのどんな理由をも申し立てなかったのである」[509]。

　第五に、すでにⅡの一の1およびⅡの一の3において取り上げたところのカッセル地方裁判所一九六六年二月一七日判決（裁判例【1】）は、その判決理由において、被告（賃貸人）の本件解約告知に対する原告（賃借人）らの異議は理由づけられていたと判断した理由について、次のように論じたのである。

「一九六五年一月三一日付の本件使用賃貸借関係の終了は、原告らにとって、強要されたおのおのの住居の交替が必然的にともなうところの不愉快さを相当に超えたところの特別な苛酷さを意味した。というのは、原告・一は、遅くとも、一九六七年一〇月三一日に退職し、そのときに、原告らはいずれにしても転居するつもりであるからである。証拠調べは、被告の見解に反して、原告らが事実年金つき退職のあとでWに転居するという真摯な意思をもっていることを明らかにした。市の貯蓄銀行の情報にしたがって、以前Wに居住した原告は、依然として、彼の給与の口座をWに維持していた。そのうえ、証人は、証人と親しい原告がすでに二年以来何度か原告が彼の年金つき退職のあとで再びWに転居するつもりであることについて証人と話したし、そのときに原告を助けて住居を取得させるように証人に頼んだ、と信ずべく証言した。証人は、このことを原告に丁寧に約束し、ほぼ確実にこの約束を守る状況にもあった。それとともに、原告が、彼の以前のWへの結びつきを維持し、彼の年金つき退職のあとでそこへ帰ることができることのために真摯にあらかじめの配慮を行ったことは確かであった。今日、原告に対して、年金つき退職のあとで被告の本件建物から退去するという原告の意図に関する証明のために、正当により多くのことが要求されることはできないのである。……

　そのことから、原告らが被告の本件解約告知にもとづいて本件解約告知期間の満了後に本件住居を明け渡さなければならない場合、原告らは、最大限二年と一〇ヶ月の期間内に二度転居しなければならないことから出発されなければならないのである。このことは正当化されることができないところの負担を意味した。特に……賃貸人の本質的な利益が、現時点での明渡しを命じることはないのである。

　……比較的に短い期間内の二重の転居は、賃借人にとって相当な経済的な損失を必然的にともなうのみならず、むしろ、まさしく原告らのようなかなり高齢の賃借人にとって、彼らの全部の生活関係への高められた負担を意味する。原告らは、転居の煩わしさ、新たな居住地域に住み慣れること、および、原告らの必要にしたがって新たな住居を整えることを不必要にも短い間隔において二度引き受けなければならない。そのことを超えて、原告らには、Wへの原告らの転居までの中間の期間のために一般に適当な住居を見出すことはきわめて困難にのみ可能であろう。すなわち、原告らは、新たな賃貸人に、誠実に、前もって原告らがその住居を最大限二年ないし三年の間だけ必要とすることを明らかにしなければならないだろう。そして、経験によれば、賃貸人らは短い期間の間だけに見込まれているところの使用賃貸借関係を締結する心構えをめったにしていないのである」[510]。

(イ) 次に、「賃貸借法の規定の改正に関する第三次法律」が妥当した以後の裁判例において二重の転居になることが考慮された事案を考察することにする。

第一に、ハノーファー区裁判所一九六九年一一月二七日判決をみておきたい。

【90】ハノーファー区裁判所一九六九年一一月二七日判決(511)

［事案の概要と経緯］

原告と被告らは血縁関係にあった。被告らは、一九三〇年から、原告（賃貸人）の本件建物に所在する一階の本件住居を賃借していた。本件建物はもともと被告・一の両親のものであったが、被告・一は本件建物において生まれ七〇歳であった。原告は、彼の妻と四人の子供らとともに上階の住居に居住していた。原告は、一九六八年一〇月二九日付の書面をもって、一九六九年一〇月三一日付で、被告らとの本件使用賃貸借関係を解約告知した。これに対して、被告らは、一九六九年八月二〇日付の書面をもって異議を述べた。被告らは、一九七〇年の夏に見込まれるところの新築中の建物の完成まで本件使用賃貸借関係を継続することを得ようと努めた。被告らは、その新築中の建物内に住居を維持するということになっていたのである。

原告は、本件訴えをもって本件住居の明渡しと返還を請求した。原告は、彼の六人家族とともにきわめて窮屈に居住している、と申し立てた。ひとつの居間のほかに、一六平方メートルの広さの夫婦の寝室とひとつのかなり狭い子供部屋が原告の自由になった。台所は水道の接続が存在しないところの廊下として見込まれた空間に置かれていた。本件建物全部が差し迫って近代化を必要とした。下の部屋においては、天井が板張りにされ、電気設備が新たにされ、化粧塗りされ、そして、新たな床が提供されなければならなかった。壁は湿気でいたんでいたし、地下室は拡張され、現代的なトイレが整えられなければならなかった。というのは、これまで、本件建物の外に置かれた簡易トイレだけが存在したからである。このような事情のもとで、本件解約告知に対する本件異議は正当されることができなかった。特に、被告らは、彼らの娘の建物において居住する場所を見出すことができるのである。

これに対して、被告らは、七〇歳もしくは六八歳という彼らの年齢を指摘し、月あたり七五〇ドイツマルクの年金所得をもっていると述べたほか、次のように主張した。すなわち、被告・一は脱腸をわずらっていたのに対して、被告・二は循環衰弱と心臓衰弱に苦しんでいた。さらに、両者においては、高齢に起因する健康の衰弱がつけ加わった。そのうえ、一九七〇年の夏には新しい建物においてひとつの住居が被告らの自由になるであろう。

［判決理由］

区裁判所は、結論として、「本件訴えは根拠のないものであった。というのは、本件異議は、ＢＧＢ五五六ａ条一項にしたがって断固とした処置を取ったからである」[512]、と判断した。

その判決理由において、区裁判所は、そのように判断した理由について、次のように論じたのである。

「……被告らにとって本件使用賃貸借関係の即時の終了は要求できない苛酷さを意味した。被告・一は、本件建物において生まれ、そこで今やまもなく四〇年以来賃借人であった。被告・一は、一九六九年六月三〇日付の……証明書と一九六九年八月一八日付の彼の娘の証明書の提出によって証明したように、一九七〇年の夏に代替住居をもつだろう。このような事情のもとで、比較的に短い過渡期のために代替住居を探すことは被告らに決して要求されることができなかった。このことは、つまり、必然的に相当な経済的な負担のみならず、神経的および身体的な負担をもともない、このような負担は原告自身の利益を評価しても原告に譲歩を強いらざるを得なかった。確かに、原告もまた本件使用賃貸借関係の終了について相当な利益を有し、特に原告は明らかに彼の六人家族とともにかなり窮屈に居住していたことは見誤られることができなかった。また、本件建物は、特に差し迫った湿気の損害を顧慮して緊急に近代化を必要とした。しかし、原告の利益は被告らの利益より優位を占めていなかった。その場合に、原告の本件建物における居住関係は、明らかに新規のものではなく、むしろすでによりずっと以前から持続していたこともまた考慮されなければならなかった。これに対して、どうしてすぐに被告らの負担において何かがなされなければならないのかという点は理解されることができないのである。

すべてのことにしたがって、本件訴えは、一九七〇年六月三〇日まで本件使用賃貸借関係を延長して棄却されなければならなかったのである」[513]。

第二に、ケルン区裁判所一九七二年六月一三日判決をみておきたい。

【91】 ケルン区裁判所一九七二年六月一三日判決(514)

［事案の概要と経緯］

原告（賃貸人）らはケルンに存在する本件建物の所有者であった。被告（賃借人）・妻は、本件建物において、後に婚姻したところの彼女の夫とともに本件住居に居住していた。本件建物に所在する八戸の住居のうち六戸の住居は、原告ら、あるいは、賃借人としての原告らの構成員らによって居住されていた。原告らは、一九七〇年一一月八日付の書面をもって、一九七一年一一月三〇日付で、被告らとの本件使用賃貸借関係を解約告知した。被告らは、ケルンからおよそ九〇キロメートル隔たったDにひとつの建物を所有していたが、その建物の二つの住居のうちのひとつの住居を被告らのためにとっておいた。被告・夫は、六一四ドイツマルクの年金をもらっていたが、被告・妻は、百貨店の従業員として月あたりおよそ五〇〇ドイツマルクの実質収入をもって働いており、あと二年たてば年金をもらえる年齢に達した。

原告らは次のように主張した。すなわち、原告らは、本件住居を、原告・二の息子のために必要とした。原告・二の息子は、目下のところなお彼の母親の世帯において三つの外壁と三つの窓を備えたおよそ九平方メートルの広さの屋根裏の隅の部屋において生活していた。その部屋は、電気でだけ暖房されることができ、居間および寝室として原告・二の息子の役に立たなければならなかったし、原告・二の息子の甥が眠るところのほかの部屋を通ってのみ到達されることができた。したがって、原告・二の息子は、被告らの本件住居を彼の相当な居住のために必要としたのである。

これに対して、被告らは、原告らの「自己必要」を否認したほか、被告らは代替住居を自由に使用できなかったし、そのような代替住居の調達は被告・妻が年金をもらえる年齢に達したときにだけ問題になる、と主張した。というのは、被告らはそのときDの被告ら自身の建物に引っ越すからである。

［判決理由］

区裁判所は、結論として、「……当裁判所は、意思表示された本件解約告知による本件使用賃貸借関係の終了についての苛酷さは原告らの正当な利益を評価しても正当化されることができないのであり、むしろ、本件使用賃貸借関係はなお被告・妻がケルンの百貨店における彼女の仕事関係から退職するまで、遅くなっても彼女の六〇歳の年齢完了まで継続されなければならないという立場である。

その理由から、本件訴えは現在棄却されなければならなかったのである」[515]、と判断した。

その判決理由において、区裁判所は、はじめに、原告（賃貸人）らの「自己必要」を理由とする本件解約告知は有効であったことについて、次のように論じた。

「原告・二の息子……は、証人としての彼の証言にしたがって、きわめて不十分な空間のみを自由に使用できた。本件解約告知の有効性についての原告らの利益は次のことにもとづいていた。すなわち、原告らは、原告・二の息子にきちんとした居住関係を得させ、それとともに、同時に、同じく本件建物に居住している彼の兄弟の居住領域を拡張するつもりであることである。原告・二の息子の兄弟は、現在彼の妻と三歳の子供とともに台所と二つの部屋から構成されていた四三平方メートルの広さの住居の寝室において生活していたのに対して、彼の一二歳の息子は、そのおじ（原告・二の息子）の屋根裏部屋の前の部屋において眠り、これらの両方の部屋の一部をなす台所空間は、原告・二の息子の兄弟によって時計職人の仕事場として使用されたのである。

もっとも、このような変更の緊急性を評価するときには、原告・二自身は、自分自身のために、二つの部屋と台所から構成されていた住居を自由に使用できたし、彼女の世帯において彼女の息子の面倒を見ていたことが考慮に入れられなければならなかった。しかし、被告らの本件住居を原告・二の家族構成員の居住の必要を満たすために引き合いに出すという願望は正当である」[516]。

しかし、区裁判所は、次のように論じることにより、被告（賃借人）らにとっての「苛酷さ」を肯定したのである。

「他方において、本件住居を引き続き維持することについての被告らの利益は次のことから判明した。すなわち、被告・妻は、二年そこそこで年金をもらえる年齢に入り、そのとき、彼女の仕事をやめ、被告らはＤに転居するつもりであり、その結果、現在の本件住居の喪失は中間的な転居の必然性を意味したことである。というのは、Ｄに存在する建物は、Ｋにおける被告・妻の仕事場から遠く隔たっていたために相当な代替住居として問題にならなかったからである。そのような中間的な転居は相当な苛酷さを意味した。代替住居はケルンにおいて目下のところ被告らの自由にならなかった。代替住居の調達は、どんな場合でもかなり長い時間を必要とするのである」[517]。

第三に、マンハイム地方裁判所一九七六年三月二六日決定をみておきたい。

【92】マンハイム地方裁判所一九七六年三月二六日決定[518]

［事案の概要と経緯］

原告（賃貸人）らは、「自己必要」を理由として、一九七四年一一月七日付で、被告（賃借人）らとの本件使用賃貸借関係を解約告知した。これに対して、被告らは、一九七四年一一月一五日に、ＢＧＢ旧五五六ａ条にしたがって本件解約告知に異議を述べた。被告らは、区裁判所の判決後にはじめて代替住居を得ようと努力し、一九七六年三月一日付である代替住居を賃借したのである。

［決定理由］

地方裁判所は、結論として、「本件訴えは……ＢＧＢ五五六ａ条にしたがって棄却されなければならなかったのである」[519]、と判断した。

その決定理由において、地方裁判所は、はじめに、原告（賃貸人）らの本件住居の明渡請求は「自己必要」のために正当化されていたことについて、次のように論じた。

「確かに、原告らの明渡請求は自己必要のために……正当化されていた。区裁判所の判決において的確に述べられていたように、すでに、第二子の誕生、および、増大した仕事の必要によって引き起こされたところの自分自身の仕事部屋についての原告・二の夫の必要は……自己必要を確認するために十分であった。そのことを超えて、原告らは、控訴審手続きにおいて、追加的に、原告・二の健全でない健康状態が本件建物に宿泊させられる家事の見習生の雇い入れを必要とすることを立証した。そのことから、当部は、原告らが原告・一を自分自身の住居から被告らの本件住居に移すことに頼らざるを得なかったことについて疑念をもたなかったのである」[520]。

しかし、地方裁判所は、次のように論じることにより、被告（賃借人）らにとっての「苛酷さ」を肯定したのである。

「それにもかかわらず、本件訴えは……BGB五五六a条にしたがって棄却されなければならなかったのである。というのは、短期間の中間的な転居を実行することは、一九七六年三月一日付である代替住居を賃借したところの被告らにとって要求されることができなかったからである。きわめて短い期間の範囲内に二重の転居をする場合において被告らにふりかかるところの非常に高い負担はBGB五五六a条一項の意味における苛酷さについての理由である、と考えられなければならない。被告らが……区裁判所の判決後にはじめて代替住居を得ようと努力し、その場合に現れた困難さのためにケンプテンに転居する決心を固めたことはこの妨げになっていなかった。というのは、一九七四年一一月七日付の原告らの本件解約告知が有効であったのかどうか、あるいは、一九七四年一一月一五日の被告らの異議が理由づけられていたのかどうかという簡単に決定されることができない本件の問題において、被告らは決してすでに区裁判所の判決の前に被告らの代替住居調達義務を履行する必要がなかったからである。

被告らの苛酷さについての理由は、また、本件使用賃貸借関係の期間にしたがった終了についての原告らの利益より優位を占めていた。というのは、被告らの本件住居の取戻しについての原告側の利益は、一九七六年三月一日前に行われない原告らの利益の実現が原告側の状態の相当な侵害に行き着くというように差し迫っていると格付けされることができなかったからである」[521]。

第四に、ミュンスター区裁判所一九七七年七月八日判決をみておきたい。

【93】ミュンスター区裁判所一九七七年七月八日判決(522)

〔事案の概要と経緯〕

原告（賃貸人）は、「自己必要」を理由として、一九七七年一月一三日付で、本件建物（一家族用住宅）の賃借人であった被告らとの本件使用賃貸借関係を解約告知した。これに対して、被告らは、一九七七年四月二七日に、ＢＧＢ旧五五六ａ条にしたがって本件解約告知に異議を述べた。本件使用賃貸借関係は一年半後に解約告知された。しかも、被告らは、本件解約告知の期日を超えるが、近い将来自宅を獲得するという具体的な可能性をもっていたのである。

〔判決理由〕

区裁判所は、結論として、「本件訴えは理由づけられていなかった。

本件賃貸物の返還、それとともに、被告らに賃貸されていた本件一家族用住宅の明渡しに対する請求権は原告に当然帰属すべきものではなかった。その理由から……（原告の）返還請求は理由づけられていなかったのである」(523)、と判断した。

その判決理由において、区裁判所は、原告（賃貸人）の「自己必要」は理由づけられていたにもかかわらず、被告（賃借人）らにとっての「苛酷さ」が肯定されたことについて、次のように論じたのである。

「……というのは、当事者の間の本件使用賃貸借関係は継続したからである。一九七七年一月一三日付の書面をもって意思表示されたところの原告の本件解約告知は、被告らによって一九七七年四月二七日付の被告らの書面において述べられた異議にもとづいて無効になったのである。ＢＧＢ五五六ａ条にしたがって、賃借人は、その使用賃貸借関係の契約にしたがった終了が賃借人またはその家族にとって賃貸人の正当な利益を評価しても正当化されることができないところの苛酷さを意味するときには住居に関する使用賃貸借関係の解約告知に異議を述べ、賃貸人にその使用賃貸借関係の継続を請求することができる。これらの要件は本件において認められていたのである。議論の余地もなく、当事者は、被告らが、正当なことに、本件使用賃貸借関係がすでに一年半後に再び解約告知されるのではなくより長い期間に及ぶことから出発することができたところの諸関係のもとで本件使用賃貸借関係を締結した。確かに、被告らは、被告らが本件建物の仲介のために仲介料を費やしたし、ケルンの近郊のブリュールからミュンスター・ヒルトルップへの転居のために少なからぬ金額を費やしたことについて耳を傾けられることができなかった。というのは、それらの支出は、被告らが原告の本件建物を賃借しなかったときにも被告らに生じたからである。しかし、本件の苛酷さは、第一に本件使用賃貸借関係が予想外にすでに一年半後に再び解約告知されていたし、それとともに、一年九ヶ月以内に新たに仲介業者とミュンスターの範囲内での転居のための費用を調達することが被告らに要求される点にその根拠があった。最後に、さらに、被告らが……対応する証明書の提出によって、それらの費用が真摯にミュンスター・ヒルトルップ……においてなお建築されなければならない自宅の獲得にとって問題になることを証明したことがつけ加わった。このことを考慮に入れても、本件事案において、被告らが、確かに差し迫ってその完成をこころがけていなければならないところの新築中の建物への入居が終わるまでにもう一度転居することは要求できないように思われるのである。

このことは、また、原告においてBGB五六四b条二項二号の意味における自己必要が理由づけられていたにもかかわらず妥当した。両方の側の利益の比較衡量において、本件事案において、原告の自己必要についての利益はいずれにせよ期限つきで後方に退いていなければならないのである。

そのことから、本件明渡しの訴えは棄却されなければならなかったのである。

……本件において、一九七八年六月三〇日までの延長、すなわち、本件使用賃貸借関係が本件解約告知にもとづいて終了させられていた時点を越えて一四ヶ月だけの延長が相当であるように思われた。期間の定めのない延長は問題にならなかったのである」(524)。

第五に、ボーフム区裁判所一九七九年八月二二日判決をみておきたい。

【94】ボーフム区裁判所一九七九年八月二二日判決(525)

［事案の概要と経緯］

被告らは、一九七八年二月一日以来、原告（賃貸人）らの本件建物に所在する本件住居の賃借人であった。本件使用賃貸借契約の一七条において、「自己必要」があるときには、本件住居は三ヶ月以内に明け渡されなければならないということが受け入れられた。被告らは、本件住居に入居するとき相当な支出を行った。特に、システムキッチンがおよそ一二〇〇〇ドイツマルクで取りつけられ、台所の壁面に約二五〇〇ドイツマルクでタイルが張られ、寄せ木張りの床はおよそ三〇〇ドイツマルクで新たに塗料が塗られた。

原告らは、一九七九年一月二九日付の書面をもって、「自己必要」を理由として、被告らとの本件使用賃貸借関係を解約告知した。その解約告知の書面において、特に次のことが述べられていた。すなわち、「われわれは、自己必要という理由にもとづいて、これに関して期間に適合して、一九七九年五月一日付で、被告らによって賃借された本件住居の使用賃貸借関係を解約告知する。われわれは、相対的に短い期間の後解約告知に行き着いたことを遺憾に思うが、しかし、被告らが彼らの考えに対応する新たな住まいを見出すことを確信している」。

これに対して、被告らは、一九七九年二月一五日に次のように返答した。すなわち、「われわれは、ようやく少し前から本件住居に居住し、設備と修復によって相当な費用がわれわれに発生したのであるから、この解約告知に同意しないと表明することができる。われわれは、場合によっては、原告らが書面によって転居によって生じる費用を引き受けることに同意すると表明するならば、比較しうる住居を探したときに、もしくは、調達したときに転居する心構えをしている」。

原告らは、一九七九年三月二〇日に、一九七九年六月三〇日付で、被告らとの本件使用賃貸借関係を新たに解約告知し（本件解約告知）、本件明渡しの訴えを提起した。

被告らは、本件解約告知の後、Bにおいて、目下のところ建築状態にあり、たぶん一九八〇年の春に入居が終わるだろうところの住居所有権を購入した。被告らは、短期間の中間的な転居は被告らに要求されることができない、と主張したのである。

［判決理由］

区裁判所は、結論として、「本件訴えは理由づけられていなかった。一九七九年六月三〇日付で行われたところの一九七九年三月二〇日の原告らの本件解約告知は、確かに、事実存在した自己必要についての状況のために有効であった。この自己必要についての状況は、証拠調べが当裁判所の確信のために明らかにしたように、原告ら、あるいは、原告らの子供らによって回避できないようにもたらされた。それにもかかわらず、原告らは、被告らによる一九七九年六月三〇日付の本件住居の明渡しを請求できなかった。というのは、被告らは、理由づけられたやり方において本件解約告知に異議を述べたからである」(526)、と判断した。

その判決理由において、区裁判所は、そのように判断した理由について、次のように論じたのである。

「当事者の間において、被告らが、本件解約告知期間の満了前に、一九八〇年の春に入居が終わるだろうところの建築状態にあった住居所有権を購入したことは議論の余地もなかった。

この特別な事情が、本件においてBGB五五六a条の適用を正当化したのである。

口頭弁論における被告らの聴聞は万一の場合には天候に条件づけられた遅滞が生じうることを明らかにしたが、この入居が終わることは十分な確実さをもって見通すことができるのであるから、一九八〇年の三月の終わりまでの中間の時期のために、二重の転居とほかの代替住居を求める努力が被告らに要求されることはできなかった。というのは、そのような努力は、被告らが個人的・経済的に被告らの全部の努力を可能な限り迅速な被告らの住居所有権の完成に向けることについて妨げられていた限りでは特別な苛酷さを結果としてともなったからである。

それに対して、行われなければならない利益の比較衡量のときに評価されなければならないところの賃貸人としての原告らの利益は、一九七九年六月三〇日付の本件使用賃貸借関係の終了を正当化しなかった。特に、行われた証拠調べにしたがって、原告らの側から、契約の交渉を行った原告らの娘を通して、本件住居をかなり長期間賃借することが被告らに見込まれていたし、被告らは、その結果として、少なからぬ支出を行ったことが確定していたことが認識されなければならなかった。自己必要があるときに本件住居は三ヶ月以内に明け渡されなければならないという本件使用賃貸借契約における『特別な合意』は、結局のところは、これについて何も変えなかった。

……本件使用賃貸借関係の継続の期間を定めることに関して、その住居所有権への見込まれる入居が終わることが受け入れられなければならなかった。というのは、この時点において、被告らにとっての特別な苛酷さはもはや存在しないし、賃貸人らの利益が前面に出てくるからである」(527)。

第六に、マンハイム地方裁判所一九八一年一月一四日判決をみておきたい。

【95】マンハイム地方裁判所一九八一年一月一四日判決(528)

［事案の概要と経緯］

原告（賃貸人）らは、被告（賃借人）らとの本件使用賃貸借関係を解約告知した。これに対して、被告らは、BGB旧五五六a条にしたがって本件解約告知に異議を述べた。被告・一は、一九八一年一月に、Nにおいて新たな仕事を始めることになっていたが、現在の被告・一とその使用者との間の雇用関係はさしあたり一九八一年六月三〇日まで期限づけられていた。しかも、その雇用関係は、試験雇用関係（Probearbeitsverhältnis）であり、その存続に関する十分な確実さがなかったのである。

［判決理由］

地方裁判所は、結論として、「被告らは、BGB五五六a条一項にしたがって本件使用賃貸借関係の継続を請求することができたのである」(529)、と判断した。

その判決理由において、地方裁判所は、そのように判断した理由について、次のように論じたのである。

「中間的な転居の必然性が、賃借人にとってBGB五五六a条の意味における苛酷さを意味することは一般に正当と認められている。本件使用賃貸借関係がすでに本件解約告知の期日に終了する場合、被告らは、場合によってはこのような中間的な転居を甘受しなければならなかったのである。被告・一が、一九八一年一月に、Nにおいて新たな仕事を始めることは当事者の間において議論の余地もなかった。（しかし、）被告・一とその使用者との間に存在する雇用契約は、さしあたり一九八一年六月三〇日まで期限づけられていた。その見習期間が続くあいだはその労働関係のなおこれ以上の存続は不確かであった。契約当事者の一方がその見習期間中にその労働関係を解消することが考えられた。その場合には、被告・一は、新たな仕事場を探さなければならなかった。そのことから、被告らは、現在なお彼らが将来どのような場所に居住するのかという点を最終的に知ることができないことが出てきた。その雇用関係の存続に関する十分な確実さがなかったために、Nに転居することは現在の時点においてなお被告らに要求できなかった。そのような転居は、相当な費用と結びつけられていたのである。

すでにそのような支出は、被告らにとって相当な苛酷さを意味した。このことは、特に新たな使用賃貸借関係はその試験雇用関係の解消の場合に大きな蓋然性をもって短い期間だけ続くことができるのであるから妥当した。さらに、仕事の負荷、および、あらゆる二重の転居と不可避的に結びつけられているところの苦労がつけ加わったのである。

本件使用賃貸借関係の終了についての原告らの一般的な利益は、本件契約の継続についての被告らの利益に対して後退しなければならなかった。一般的な明渡しについての利益を超えるところの原告らの特別な利益は明らかではなかったのである」[530]。

第七に、リューベック地方裁判所一九八八年四月二六日判決をみておきたい。

【96】リューベック地方裁判所一九八八年四月二六日判決[531]

［事案の概要と経緯］

原告（賃貸人）らは、「自己必要」を理由として、被告（賃借人）らとの本件使用賃貸借関係を解約告知した。これに対して、被告らは、ＢＧＢ旧五五六ａ条にしたがって本件解約告知に異議を述べた。被告らは、なかば大人になりかけの三人の子供らをもち、なお二三年の間現在の規模の住居を必要とした。その一方では、被告らは、子供らが最終的に転居した後当然より狭い住居に身を置くつもりであったのである。

〔判決理由〕

地方裁判所は、結論として、「多くのことがそのことにプラスの材料を提供したが、結局、原告らに……自己必要という解約告知理由を引き合いに出すことが拒絶されているのかどうかという点は決定される必要がなかった。いずれにせよ、被告らは、両方の側の利益の比較衡量にもとづいて、ＢＧＢ五五六ａ条一項一文にしたがって本件使用賃貸借関係の継続を請求することができたのである」(532)、と判断した。

その判決理由において、地方裁判所は、そのように判断した理由について、次のように論じたのである。

「本件住居を明け渡すことは、現在の時点において被告らにとって苛酷さを意味した。被告らは、なかば大人になりかけの三人の子供らをもち、そのなかの二人の子供らはなお被告らのもとで生活し、まだおよそ一九九〇年ないし一九九一年まで養成専門教育の状態にあるのに対して、ひとりの娘は確かによそでの見習い修行を行っていたが、しかし、場合によってはなお一度両親の家に帰らなければならなかった。というのは、その娘は、たぶんその見習い修行の完了の後勤め口を得ないだろうからである。その理由から、被告らは、なお二三年の間現在の規模の住居を必要とした。その一方では、被告らは、子供らが最終的に転居した後当然より狭い住居に身を置くつもりであった。このような事情のもとで、わずかな年の範囲内で二度転居しなければならないこと、および、特にそのことと結びつけられた支出を負担することは被告らにとって相当な負担を意味したのである。

このような苛酷さは、原告らの正当な利益を考慮に入れても本件使用賃貸借関係の終了を目下のところ正当化しなかった。というのは、原告らのために今日なおほかのやり方で要求できる形態において現在の空間についての必要を満たす可能性も存在したからである。つまり、原告らは、賃借人・Ｍまたは賃借人・Ｏにも解約告知することができるのであり、それとともに、二つまたは三つの部屋から構成されていた住居をそのために獲得できるからである。認められた事情のもとでは、まず第一に、解約告知が被告らよりもより少なく困難に打撃を与えるところの賃借人を頼ることが信義誠実に対応する。このことは、賃借人・Ｍと賃借人・Ｏにあてはまった。というのは、賃借人・Ｍと賃借人・Ｏには、ひとり暮らしの人として、転居がより容易に要求されることができるからである」(533)。

第八に、ヴィースバーデン地方裁判所一九八八年六月二一日判決をみておきたい。

【97】ヴィースバーデン地方裁判所一九八八年六月二一日判決(534)

［事案の概要と経緯］

原告（賃貸人）は、一九八七年三月一一日付の書面をもって、原告の娘のために、「自己必要」を理由として、一九八七年九月三〇日付で、被告（賃借人）らとの本件使用賃貸借関係を解約告知した。被告らは、一九八七年七月一五日に、本件解約告知に異議を述べ、期間の定めなく本件使用賃貸借関係を継続することを請求した。というのは、被告らは、集中的な探索にもかかわらず、これまで相当な代替住居を見出さなかったからである。

区裁判所における本件明渡訴訟手続きにおいて、被告らは彼らの異議に期限をつけ、一九八七年一一月三〇日まで本件使用賃貸借関係を継続することを請求した。というのは、被告らは、一九八七年一二月一日付で代替住居を見出したからである。被告らは、一九八七年一一月一六日の区裁判所における最終口頭弁論の後一九八七年一二月一日に本件住居から退去した。

区裁判所は、一九八七年一二月一四日に言い渡された判決をもって、本件住居の維持についての被告らの利益は原告の「自己必要」の背後に後退しなければならなかったという理由づけをもって本件明渡しの訴えを認容した。

［判決理由］

これに対して、地方裁判所は、結論として、「……本件明渡しの訴えは理由づけられていなかった。というのは、原告に対して、本件使用賃貸借関係の継続に対する請求権が被告らに当然帰属すべきものであったからである」(535)、と判断した。

その判決理由において、地方裁判所は、そのように判断した理由について、次のように論じたのである。

「確かに、被告らは、本件解約告知に対する一九八七年七月一五日の期限どおりの被告らの異議において、なお、詳細に、被告らが住居の探索についてどのような具体的な措置をいつからどのような結果をともなって講じたのかという点を説明しなかった。しかし、被告らは、本件訴えの答弁において、被告らの異議に一九八七年一一月三〇日にかけての期限をつけ、被告らが一九八七年一二月一日付で代替住居を見出した、と説明した。……見通すことのできる限定された期間の間の中間的な転居は、賃借人にとって通常要求できない。このことは、特に本件におけるように、たとえばかつての住居の価格での代替住居の調達が困難であり、被告らが二ヶ月の本件使用賃貸借関係の継続だけを請求したときにそうであった。このような事案において、被告らの利益は原告の利益よりも優先する。二ヶ月だけの期間の間の中間的な転居の費用と苦労を引き受けることが被告らに要求されることができるよりも、被告らの本件住居に入居することを二ヶ月待つことは原告もしくはその娘にはるかにより容易に要求されることができるのである。

それにしたがって、被告らの継続の請求は理由づけられていたのであるから、本件明渡しの訴えは、区裁判所の判決を変更して原告の費用において棄却されなければならなかったのである」[536]。

第九に、ニュルンベルク区裁判所一九九〇年八月一三日判決をみておきたい。

【98】ニュルンベルク区裁判所一九九〇年八月一三日判決[537]

［事案の概要と経緯］

被告は、一九八三年三月一日以来本件建物の二階右側の本件住居の賃借人であった。原告（賃貸人）は、一九八九年一一月八日付の書面をもって、「自己必要」を理由として、一九九〇年五月三一日付で、被告との本件使用賃貸借関係を解約告知した。その理由として、原告の孫が本件住居に入居し、原告とその妻の面倒を見るつもりであることが申し立てられていた。これに対して、被告は本件解約告知に異議を述べた。被告は重度の身体障害であり、援助を必要としたのである。

原告は次のように主張した。すなわち、原告の孫は本件住居に入居するつもりである。原告の孫は、目下のところその両親の住居におけるごく狭いひとつの部屋をもっていたが、自分自身の世帯を構えるつもりである。その他の点では、原告の孫は、原告とその妻のために必要不可欠な仕事を引き受けるようになる。原告とその妻は重い病気であり、二人とも八〇歳を越えていた。原告は、一九九〇年六月二一日の口頭弁論において原告の妻は卒中発作を被ったことを述べたのである。

これに対して、被告は、原告によって主張された「自己必要」は本件使用賃貸借契約の締結のときに予見することができたことのほか、特に次のように主張した。すなわち、本件使用賃貸借関係の終了は被告にとって要求できない「苛酷さ」を意味した。被告は、九月に八五歳になり、すでに老人ホームに申請していたのである。

［判決理由］

区裁判所は、結論として、「本件使用賃貸借関係は、本件解約告知に対する被告の異議にもとづいて、一九九二年三月三一日まで継続されなければならなかったのである」[538]、と判断した。

その判決理由において、区裁判所は、はじめに、原告（賃貸人）が本件使用賃貸借関係の終了について「正当な利益」を有したことについて、次のように論じた。

「一九八九年一一月八日の原告の本件解約告知は有効であった。

一九八九年一一月八日付の書面による本件解約告知は……解約告知の理由として、原告の孫のために自己必要を申し立てた。本件解約告知の書面は、原告とその妻の世話の必要性、ならびに、原告の孫の居住の必要を引き合いに出した。……

原告は、本件使用賃貸借関係の終了について正当な利益を有した。というのは、自己必要という解約告知理由が存在したからである。すなわち、客観的に、原告が本件住居を原告の孫に委譲するつもりであることのために、筋の通り、あとづけることができる理由が存在した。原告の孫は、ＢＧＢ五六四ｂ条二項二号の意味における原告の家族構成員である。原告の孫は二四歳であり、目下のところ彼の両親の三つの部屋から構成されていた住居においておよそ八平方メートルの居住面積のひとつの部屋に居住していた。原告の孫が―特に彼は職業に従事している―自分自身の世帯を構えるつもりであり、この狭い部屋から退去したいことは当裁判所にとってあとづけることができた。……

さらに、証人（原告の孫）が、原告とその妻に世話のときに援助をすることがつけ加わった。当裁判所にとって、原告とその妻が病気であり、たとえば、買物、掃除、庭仕事等々のように毎日の仕事のときに補助を必要とすることは確かであった。証人は、当裁判所のために、このことをあとづけることができるように申し立てた。というのは、原告の孫とその妻は、目下のところ原告とその妻のために買物をしていたからである。さらに、原告の妻は、本件訴えの提起後に卒中発作を被ったし、そのために、治療している医師の証言にしたがって高められた世話が必要であることがつけ加わった。原告の孫が、原告とその妻から毎日の仕事の一部を取り除くことができ、取り除くようになることは、信頼するに足る原告の孫の証言にもとづいて確かであった。

自己必要という解約告知理由がすでに契約締結時に存在したのであるから信義誠実に違反するということを、当裁判所は、筋道のたった証明されたものであるとは考えなかった。すなわち、一九八三年の被告による本件住居への入居のときに、原告の孫はおよそ一七歳であった。原告の孫の証言にもとづいて、原告とその妻の健康状態は最近の五年間において悪化したこともまた確かであったし、このことは、現在八〇歳を越える年齢にかんがみて信ずべきであった。さらに、原告の妻において、確かにすでにかなり長く狭心症の疑いが存在したが、しかし、この疑いは少し前からはじめて証明されていたことがつけ加わったのである」[539]。

右のように、「……区裁判所は、原告の利益を同じく差し迫ったものであると考えた。というのは、まず第一に、原告の孫は、自分自身の世帯を構えるために自分自身の住居を必要としたからである。被告によって居住された本件住居は、原告の住居の近くにあり、その結果、原告の孫は世話を必要とする原告とその妻のために必要不可欠な仕事をもすることができるのである」[540]。

しかし、区裁判所は、「本件使用賃貸借関係は、被告の異議にもとづいて、一九九二年三月三一日まで延長されなければならなかったのである。

というのは、両方の側の利益の比較衡量において、挙げられた期間の間本件使用賃貸借関係を継続することについて、被告の利益が優位を占めていたからである」[541]、と判断した。

そのように判断した理由について、区裁判所は、次のように論じたのである。

「利益の比較衡量の枠組みにおいて、被告にとって有利な結果になるように、被告はほとんど八五歳であり、代替住居を見出すことはこのような高齢において実際には不可能であることが考慮に入れられなければならなかった。そのほかに、被告は一〇〇パーセントの重度の身体障害であり、糖尿病患者である。このことは議論の余地もなかった。さらに、特に、高齢で病気の人々は新たな環境において勝手がわかることについて困難さを有することがつけ加わったのである。……

……一年と八ヶ月そこそこの期間の間は被告の利益が優位を占めた。当裁判所は、本件使用賃貸借関係を一定の期間の間延長する。というのは、被告が、その期間の範囲内で、カトリック教会の老人ホームにおいてひとつの場所を持つようになることから出発されなければならなかったからである。被告は、その老人ホームに申請していたし、ひとつの場所を待っていることを申し立てた。証人はこのことを証明した。そのほかに、証人は、被告の受入れはおよそ一年半の期間のうちに可能であろうことを申し立てた。被告自身が老人ホームへの受入れを目指して努力しているのであるから、被告は、その意思に反して老人ホームに収容されることを指示されるのでもなかった。相当な代替住居が近いうちに被告に当然与えられるべきものであるから、挙げられた期間が経過した時点で原告の孫のために本件住居を取り戻すことについて原告の利益が優位を占めたのである」[542]。

第一〇に、シュトゥットガルト地方裁判所一九九〇年八月二二日判決をみておきたい。

【99】シュトゥットガルト地方裁判所一九九〇年八月二二日判決[543]

［事案の概要と経緯］

原告（賃貸人）は、一九八八年六月二七日付の書面をもって、原告の息子とその家族のために、「自己必要」を理由として、一九八九年六月三〇日付で、被告（賃借人）らとの本件使用賃貸借関係を解約告知した。被告らは、一九八九年四月三日に、本件解約告知に異議を述べ、本件使用賃貸借関係の継続を請求した。

区裁判所は本件明渡しの訴えを認容したため、被告らは、地方裁判所に控訴したのである。

被告らは、控訴審手続きにおいて、その建築が一九八九年の秋にはじめられ、そこへの入居完了が一九九一年二月二八日に見込まれているところの住居所有権を購入したことを証明し、予備的に本件使用賃貸借関係を一九九一年二月二八日まで継続することを請求したのである。

地方裁判所は、結論として、「本件控訴は、許容しうるし、認められた範囲において本件使用賃貸借関係を期限付で継続することに対する予備的申立てに関して理由づけられていた。

［判決理由］

確かに、区裁判所の判決と一致して、原告は、当事者の本件使用賃貸借関係を法的に有効にＢＧＢ五六四ｂ条二項二号にしたがって自己必要を理由として解約告知したことから出発されなければならなかった。というのは、証拠調べの結果にしたがって、原告によって主張されたところの原告の息子とその家族のための自己必要についての疑念は存在しなかったからである。

それにもかかわらず、被告らによって居住された本件住居の明渡しと返還に対する請求権は……原告に当然帰属すべきものではなかった。というのは、ＢＧＢ五五六ａ条三項にしたがって、判決によって、これまでの本件使用賃貸借契約の条件において一九九一年二月二八日まで本件使用賃貸借関係を継続することが定められなければならなかったからである」[544]、と判断した。

その判決理由において、地方裁判所は、そのように判断した理由について、次のように論じたのである。

「被告らは、きちんと、一九八九年四月三日付の書面にしたがって原告の本件解約告知に異議を述べ、本件使用賃貸借関係の継続を請求した。この請求は、ＢＧＢ五五六ａ条一項にしたがってもまた正当であった。というのは、一九八八年六月二七日付の原告の本件解約告知の書面にしたがって一九八九年六月三〇日付で本件使用賃貸借関係を終了させることは、被告らにとって原告の正当な利益を評価しても正当化されることができないところの不当な苛酷さを意味したからである。

被告らは、本件控訴審手続きにおいて、一九九〇年七月三日付の被告らの書面において、請求した本件使用賃貸借関係の継続のための要件を説明し、一九九〇年一月一八日付の公証人が作成した売買契約の提出によってそのことを証明した。それにしたがって、被告らは、その建築が一九八九年の秋にはじめられ、そこへの入居完了が一九九一年二月二八日に見込まれているところの住居所有権を購入したのである。

このような事情において、本件において行われなければならない利益の比較衡量は、社会的な理由から、本件使用賃貸借関係を期限付で継続することについての被告らの利益が本件住居を自由に使えるようになることについての賃貸人の利益を明確に凌駕することに行き着いたのである。その住居所有権の完成までのおよそ一年九ヶ月の期間の間の中間的な転居が被告らにとってBGB五五六a条一項の意味における正当化されることができない苛酷さを意味したことはより詳しい理由づけを必要としなかった。さらに、被告・一は七七歳で、被告・二は七〇歳であり、被告・一の健康状態は一九八九年一二月一二日付の医師の診断書にもとづいて損なわれていたことがつけ加わった。それに対して、本件住居を自由に使えるようになることについての賃貸人の利益は、被告らによって購入された住居所有権が入居完了になるまで後方に退いていなければならないのである。

したがって、本件解約告知によって終了させられた本件使用賃貸借関係は、被告らの本件解約告知に対する異議にもとづいて、BGB五五六a条三項一文にしたがって一九九一年二月二八日まで継続されなければならなかった。その結果、本件控訴は認容されなければならなかったし、期限付きの継続に関する対応した定めが判決によって行われなければならなかったのである」[545]。

第一一に、ノイブランデンブルク区裁判所一九九三年一二月八日判決[546]は、その判決理由において、次のように論じたのである。

「……被告（賃借人）らの継続の請求は、BGB五五六a条一項にしたがって正当化されていた。本件使用賃貸借関係の終了は被告らにとってBGB五五六a条の意味における苛酷さを意味した。というのは、被告らは、近いうちに本件住居を離れ目下のところなお建築状態にある被告ら自身の建物に入居するであろうし、この点では、二重の転居、すなわち、中間的な利用は被告らに要求されることができなかったからである。原告（賃貸人）の正当な利益はこのことの妨げになっていなかったのである」[547]。

第一二に、ドルトムント区裁判所二〇〇三年一〇月七日判決をみておきたい。

【100】ドルトムント区裁判所二〇〇三年一〇月七日判決(548)

［事案の概要と経緯］

原告（賃貸人）は、Dに存在する本件建物の所有者であった。本件建物には三つの住居が所在した。原告は、その妻と一階の住居に居住し、屋階にはその娘が居住していた。被告らは、一九八七年一〇月一三日の本件使用賃貸借契約をもって、二階の本件住居を賃借していた。

原告は、二〇〇二年一〇月二五日付の書面をもって、「自己必要」を理由として、二〇〇三年七月三一日付で、被告（賃借人）らとの本件使用賃貸借関係を解約告知した。本件解約告知の書面には、次のように書いてあった。すなわち、原告の妻の両親は、相当な健康上の苦痛にもとづいてもはやさらに続けて彼らだけで彼らの現在の住居において生活することができなかった。舅は世話が必要であり、姑も相当な自分自身の健康上の困難のために世話が必要であった。姑は、進んだ高齢と自分自身の病気のために、一方において必要とされた範囲において舅の世話をする状況にはなかったし、他方において相当な自分自身の健康上の困難のために世話が必要であった。舅における病気は一九五八年からはじまり、姑における病気は一九七三年からはじまった。その後、舅は二〇〇三年九月一四日に亡くなった。原告は、今や彼の姑にとって有利な結果になるように「自己必要」を引き合いに出したのである。

これに対して、被告らは、「自己必要」を理由とする本件解約告知の必要性を否認し、二〇〇三年五月二二日付の書面をもって本件解約告知に異議を述べた。被告らは、過去において、何度か原告を訪れ被告らの人生の計画策定を明らかにした。それにしたがって、被告らは、二〇〇五年の夏にEにおいて取得した建物に転居することを意図した。その時点において、被告らの娘は、卒業資格を取り、それからEにおいて見習修行をはじめるつもりであった。被告らは、すでに相当に代替住居を手に入れようともしたが、しかし、これまで適当な住居を見出さなかったのである。

［判決理由］

区裁判所は、結論として、本件使用賃貸借関係は二〇〇五年六月三〇日まで時間的に期限づけられて継続する、と判断し、本件明渡しの訴えを棄却した。

その判決理由において、区裁判所は、はじめに、「自己必要」という解約告知理由が原告（賃貸人）らの側に存在したことについて、次のように論じた。

「本件使用賃貸借関係は、原則として、二〇〇二年一〇月二五日の本件解約告知によって有効に終了させられていた。……BGB五七三条二項二号にしたがって、解約告知理由もまた原告らの側に存在した。原告らは、本件解約告知の書面においても、本件手続きにおいても、彼らの自己必要を筋道立てて説明した。連邦通常裁判所一九八八年一月二〇日決定(549)にしたがって、自己必要のためには、筋の通り、あとづけることができる理由で十分である。筋の通り、あとづけることができる理由は、本件において、原告の妻の両親を世話し本件建物に受け入れるという、原告とその妻の願望において認められていた。原告の事実の申立てがどのような意味で正しかったのかという点は、本件手続きにおいて特に劇的に舅が本件手続きにおける口頭弁論期日の数日前に亡くなったことによって示された。……自己の人生の計画策定を行い、自己もしくは自己の構成員がどこで生活するつもりであるのかという点を決定することは賃貸人の事柄である」(550)。

しかし、区裁判所は、それに引き続いて、本件においては、もっぱらBGB五七四条一項の適用だけが問題をはらんでいたこと、すなわち、賃借人らにとっての「苛酷さ」をめぐる当事者の利益の比較衡量が極度に困難であったこと、ならびに、民事訴訟法七二一条にしたがった明渡期間の付与を通して当事者の利益を調整することはできないことを論じた。すなわち、次のような論述であった。

「本件手続きにおいては、BGB五七四条一項にしたがって、もっぱら社会的条項の適用だけが問題をはらんでいた。BGB五七四条一項にしたがって、判決を下す裁判所は、その使用賃貸借関係の終了が賃借人およびその家族にとって賃貸人の正当な利益を評価しても正当化されることができないところの苛酷さを意味するときには、一定の期間の間、あるいは、期間の定めなく、その使用賃貸借関係の継続を命じることができる。そのような比較衡量は、本件手続きにおいて行われなければならなかったし、極度に困難であった。当裁判所は、まず第一に、民事訴訟法七二一条にしたがった明渡期間の付与を通して場合によっては利益の調整が達成されうるのかどうかという点を考えた。しかし、このことは、本件手続きにおいて、その明渡期間は最大限一年の間認められうるのであり、したがって、転居が遅くとも来年の一〇月の休暇において、すなわち、被告らの娘の最後の学年において必要となるという理由において可能ではなかったのである」(551)。

続いて、区裁判所は、BGB五七四条にしたがって当事者の利益の比較衡量を行った。当事者の利益の比較衡量において、区裁判所は、第一に、次のように論じることにより、本件解約告知による本件使用賃貸借関係の終了において、被告（賃借人）らがその娘の学校の交替を避けるためにDにとどまる場合、そのことは被告らの二重の転居を結果としてともなうことを考慮に入れたうえで被告らにとっての「苛酷さ」を肯定したのである。

「BGB五七四条にしたがって必要である利益の比較衡量において、当裁判所は、被告らの側において、被告らが、原告に周知である人生の計画策定を行ったし、繰り返し、原告に、解約告知が考慮に入れられうるのか、あるいは、本件使用賃貸借関係の継続が考慮に入れられうるのかという点を問い合わせたことを顧慮した。それにもとづいて、被告らはEにおいてある建物を購入したが、被告らは二〇〇五年の夏にその建物に転居するつもりであった。この時点において、被告らの娘はDにおいて卒業資格を得る。したがって、被告らにとって、本件使用賃貸借関係の予定された時点より以前の終了において選択肢が次のように示された。すなわち、被告らがその娘のためにDにとどまり、その結果、学校の経歴の終了前の学校の交替がもはや必要でないならば、その場合、そのことはおよそ一年間の中間的転居だけであることを結果としてともなった。というのは、それからEへの転居が行われるからである。あるいは、被告らがより早い時点においてEに引っ越し、その場合、Eのこの建物は少なくとも暫定的な入居のために出来上がっている。そのとき、被告らの娘は、全く短期間、重大な最後の学年への進級前に、あるいは、そのうえさらに多少より遅れて学校の交替を行わなければならないという帰結をともなう。Dにおけるおよそ一年間の中間的転居は、当裁判所の見解にしたがって要求できなかった。被告らは、二〇〇五年の夏にEに引っ越すことに対応して彼らの人生の計画策定を整えた。当裁判所が社会的条項の適用を肯定しなかった場合、どんな場合でも、民事訴訟法七二一条にしたがって明渡期間を認めなければならなかったのであり、そのとき、その明渡期間は……次の年の四月と六月の間に満了するだろうから、被告らはその場合およそ九ヶ月ないし一二ヶ月の間Dにおいて新たな住居を探さなければならないのである。そのような短期間の賃借のために苦労してだけ住居が見出されうることとはかかわりなく、転居は、全く相当な経済的および時間的な消費を意味し、その結果、転居は通常明確にBGB五七四条にしたがった苛酷さについての理由として認められるのである」[552]。

第二に、区裁判所は、後にⅡの二の2の（4）において取り上げるところのその他の利益の侵害の観点からも被告（賃借人）らにとっての「苛酷さ」を肯定したのである。すなわち、次のような論述であった。

「選択肢は、被告らがその場合より長い期間の間居住することができるところの住居への即時の転居であった。このことは、結局は、Eにおいて取得した建物だけでありうる。この建物はまだ完全に出来上がっていなかったのであるから、当裁判所は、これに関しても、明渡期間を認めなければならなかった。それを用いて、被告らは、その場合、確かに被告らに全く要求できる相当な費用のもとで、少なくとも暫定的な居住が可能であるために、できるだけこの建物を修復しなければならなかった。そのような明渡期間もまた、およそ来年の夏まで認められなければならなかった。この時点において、被告らの娘は、そのとき彼女の学校の最終学年のクラスに進級しているであろう。しかし、裁判所に周知のごとく、学校の交替は、修了試験寸前において学校の成績の相当な悪化と結びつけられていることがありうる。このことは、周知のごとく、おのおのの学校において全く違った教材が違ったやり方において斡旋され、その結果、事情によっては相当な欠落部分が生じるという危険が存在することと関連している。相当な欠落部分は、より下位の学年においては見通しうる時間において挽回されうる。しかし、このことは、卒業試験の寸前では、成績および修了の評点のための相当な危険と結びつけられていた。この点でも、賃借人の子供らに住居の交替によって転校の困難さと試験の難しさが生じうる場合、賃借人が社会的条項を引き合いに出すことができることが正当と認められているのである」[553]。

他方において、区裁判所は、原告（賃貸人）とその家族の側における利益の状況は舅が死亡した現在の時点において変化したことについて、次のように論じた。

「他方において、当裁判所は、姑を本件住居に受け入れることは本件解約告知についての原告の正当な利益を正当化することを考慮に入れた。原告の人生の計画策定、および、姑の人生の計画策定は、原則として、憲法上の観点のもとでも受け入れられなければならない決定である。当裁判所は、さらに続けて、自己必要を理由とする本件解約告知はその完全な劇的緊張において本件においてとりわけ舅のために行われたことを考慮に入れた。舅が生きていた限り、BGB五七四条にしたがった比較衡量は当裁判所において原告にとって有利な結果にもなったであろう。今や原告とその家族の側における状況は変化した。その場合に、当裁判所は、今やひとり暮らしの人としてかつての結婚生活を送っていた住居において生活しているところの姑が、同様に特別な不安な状態にあったこと、および、その母親を強く気にかける姑の娘、すなわち、原告の妻の理解できる意思が存在したことを見誤らなかった。しかし、その場合に、さらに続けて、姑は全くなお元気であり、また、手の届く近くに居住していることが考慮に入れられなければならなかった。姑は自分自身まだ車を運転した。原告の家族が姑を訪問することは問題なく可能であった。姑自身は、目下のところ世話を必要としなかったし、議論の余地もなく存在する姑の病気は本質的には舅を世話することについて姑を妨げたのである」[554]。

最後に、区裁判所は、次のように、原告（賃貸人）の利益と被告（賃借人）らの利益とのあいだの比較衡量において、本件使用賃貸借関係は二〇〇五年六月三〇日まで時間的に期限づけられて継続するという結論を述べたのである。

「このように異なる利益の間の比較衡量は困難であった。当裁判所は容易に判決を下さなかった。しかし、当裁判所は、このような期限づけられた、今やなおおよそ一八ヶ月の間続く時間的に期限づけられた継続を通して、本件においては、それが本件の種類の事案において総じて可能である限りは、利益の調整を意味するところの事柄に即した理由が効果をあらわすという見解であった。このような判決を通して、当事者はその計画策定の確実性を維持するのである。明渡期間をともなう明渡しの判決、および、場合によっては提起される控訴において、当事者のだれも、いつ本件使用賃貸借関係がいまや終了させられるのか、および、どのような期間がそのときなお進行するのかという点を厳密に知らないであろう。一八ヶ月の残りの有効期間は、おそらく、場合によっては引き続いての明渡期間、および、場合によってはさらにまた執行からの保護の申立てをともなう控訴審手続きよりもほんの少しだけより長かったのであるから、原告の側の不利益は全くそれほど大きいわけではなかった。本件使用賃貸借関係は、今やなおこれ以上の解約告知なしに二〇〇五年六月三〇日に最終的に終了するのである。原告とその姑は、今や本件使用賃貸借関係の終了に対する心構えをすることができ、対応した計画策定を開始することができる。このことは裏返せば被告らにも妥当する。被告らは、遅くとも六月の終わりにDにおける本件住居が明け渡されて返還されうる限りは、今やEにおける彼らの建物の改築を推進しなければならないのである。裁判所に周知のごとく、学校は終了の年次に関して相当にその学年の終わりの前にも終了し、その結果、事情によっては転居もまた数ヶ月早くすでに問題になるのである」(555)。

ⓑ その他の事情が考慮された事案

㋐　賃借人の側のさまざまな事情を問題とすることなく、もっぱら現在の住居市場の状況だけで、相当な代替住居が要求できる条件で調達されることができない、もしくは、調達されることが困難であることを理由として、賃借人にとっての「苛酷さ」が肯定された事案はあまり見当たらない。ただし、筆者が考察した範囲でも例外的な裁判例は存在するようである。

すなわち、シェーネベルク区裁判所一九九〇年二月九日判決が、そのような例外的な裁判例のひとつである。

【101】 シェーネベルク区裁判所一九九〇年二月九日判決(556)

[事案の概要と経緯]

被告は、ベルリンに存在するおよそ八〇平方メートルの広さの本件住居の賃借人であった。原告(賃貸人)は、一九八八年一一月一七日に、原告、その伴侶およびその子供のために、「自己必要」を理由として、一九八九年八月三一日付で、被告(賃借人)との本件使用賃貸借関係を解約告知した。これに対して、被告は、BGB旧五五六a条にしたがって本件解約告知に異議を述べたのである。

[判決理由]

区裁判所は、結論として、「原告は、被告に対して、被告によって保持された本件住居の明渡しを……請求することができなかったのである」(557)、と判断した。

その判決理由において、区裁判所は、はじめに、原告（賃貸人）の本件解約告知は筋の通ったものであるように思われたことについて、次のように論じた。

「もっとも、当事者間の本件使用賃貸借関係は、一九八八年一一月一七日の本件解約告知によって、一九八九年八月三一日付で有効に終了させられていた。というのは、原告は、正当なことに、原告、その伴侶およびその子供のために、被告によって保持されたところのおよそ八〇平方メートルの広さの本件住居を請求したからである。所有権者の人生を十分な住居が所有権者の自由になるように形成することが所有権者に妨げられることはできない。いずれにせよ、八〇平方メートルの広さを要求することは、当裁判所にも、何の問題もなく筋の通ったものであるように思われたのである」[558]。

しかし、区裁判所は、「本件の明渡請求は、ＢＧＢ五五六ａ条の苛酷条項のために不成功に終わったのである」[559]、と判断した。

そのように判断した理由について、区裁判所は、次のように論じたのである。

「……ＢＧＢ五五六ａ条一項二文は、明確に、相当な代替住居が要求できる条件で調達されることができない場合にも苛酷さが存在することを規定する。このことはベルリンにおいて現在そうである。比較できる代替住居がベルリンの住居市場において現在ほとんど調達されることができないことは、一般に入手可能な情報源（新聞雑誌、ラジオ放送）から周知のことである」[560]。

また、「賃貸借法の規定の改正に関する第三次法律」が妥当する以前の裁判例であるが、ブルクシュタインフルト区裁判所一九六四年一一月一七日判決もまた、そのような例外的な裁判例にあたる。

【102】ブルクシュタインフルト区裁判所一九六四年一一月一七日判決[561]

〔事案の概要と経緯〕

被告は、一〇年を超えて以来本件住居を賃借していた。原告（賃貸人）らは、一九六三年一一月二日に、一九六四年一〇月三一日付で、被告（賃借人）との本件使用賃貸借関係を解約告知した。被告は、一九六四年七月一〇日付の書面をもって本件解約告知に異議を述べ、本件使用賃貸借関係の継続を請求した。原告らは本件明渡しの訴えを提起した。これに対して、被告は、反訴の方法において、当裁判所によって定められる期間の間本件使用賃貸借関係を継続することを申し立てた。

被告は次のように主張した。すなわち、代替住居は存在しない。それに加えて、被告は、一九六三年一〇月に、さらに、本件住居を新たに修復した。被告は、そのために全部で七五〇ドイツマルクを超えた費用を費やした。このことから、月あたりおよそ五〇〇ドイツマルクという被告の収入において、被告はきわめて困難な状態に陥ったのである。

これに対して、原告らは、本件住居は、父の企業体、すなわち、D会社の構成員の居住のために差し迫って必要とされる、と主張した。また、被告は、数年前から被告が本件住居を明け渡さなければならないことについて明らかであった。というのは、すでに一九六〇年七月三〇日付の書面をもって本件使用賃貸借関係は解約告知されていたし、後にもう一度一九六二年八月七日付の書面をもって被告がほかの住居を得ようと努めなければならないことが通知されていたからである。

［判決理由］

区裁判所は、結論として、「本件訴えは理由づけられていなかった。というのは、本件使用賃貸借関係は、反訴にもとづいて、BGB五五六a条にしたがって一九六五年一二月三一日まで延長されなければならなかったからである」(562)、と判断した。

その判決理由において、区裁判所は、そのように判断した理由について、次のように論じたのである。

「本件使用賃貸借関係の終了は、その苛酷さが原告らの利益を完全に評価しても正当化されることができないところの被告の生活関係への介入を意味した。被告は、本件使用賃貸借契約の終了のときに、ホームレスとなり、もしくは、ホームレスの宿舎に甘んじなければならないという危険をおかす。ボルクホルストにおいて住居を見出すことがいまだにきわめて困難であることは裁判所に周知である。ホームレスの危険は、民事訴訟法七二一条にしたがった明渡期間の承認を通しても十分に防止されることができなかった。民事訴訟法七二一条にしたがって許容しうる明渡期間は、その判決の既判力が生じてから最大限一年である」[563]。

㋑ 多くの裁判例においては、現在の住居市場の状況をも考慮に入れたうえで、あるいは、現在の住居市場の状況を特に問題とすることなく、賃借人の側のさまざまな事情から、相当な代替住居が要求できる条件で調達されることができない、もしくは、調達されることが困難であることを理由として、賃借人にとっての「苛酷さ」が肯定されている。

賃借人の側のさまざまな事情としては、身体的な事情、家族的な事情、経済的な事情、高齢であるという事情、代替住居の調達義務を果たしたという事情などが見出される。もちろん、複数の事情、あるいは、その他の事情が考慮に入れられた裁判例も存在する。ここでは、裁判例において考慮に入れられた（あるいは、主として考慮に入れられた）ところの賃借人の側のさまざまな事情にしたがって関係する裁判例を考察することにする。

(i) 身体的な事情が考慮に入れられた裁判例

第一に、「賃貸借法の規定の改正に関する第三次法律」が妥当する以前の裁判例であるが、ヘルフォルト区裁判所一九六四年四月一〇日判決をみておきたい。

【103】ヘルフォルト区裁判所一九六四年四月一〇日判決[564]

［事案の概要と経緯］

被告はヘルフォルトに存在する本件住居の賃借人であった。原告（賃貸人）は、一九六四年一月三一日付で、被告（賃借人）との本件使用賃貸借関係を解約告知した。これに対して、被告は、BGB旧五五六a条にしたがって本件解約告知に異議を述べた。被告は、妊娠状態にあり、加えて、六歳の子供をかかえていたのである。

〔判決理由〕

区裁判所は、結論として、「本件明渡しの訴えは、理由づけられていないものとして棄却されなければならなかった。というのは、被告によって申し立てられた異議は注目すべきものであり、本件使用賃貸借関係はこの理由から限定された期間の間継続されなければならなかったからである」[565]、と判断した。

その判決理由において、区裁判所は、そのように判断した理由について、次のように論じたのである。

「……一九六四年一月三一日付で本件使用賃貸借関係が終了することは、被告において議論の余地もなく存在するところの特別な事情にしたがって社会的に正当化されていないように思われた。一九六四年一月三一日付で本件使用賃貸借関係が終了することは、原告の利益を評価しても是認されることができないところの被告の生活関係への重大な侵害を意味したのである。

すなわち、被告は、現にある妊娠状態において、その妊娠状態のあいだ被告がさらに続けて六歳の子供をかかえて彼女の所帯をきりもりしなければならないのであり、その使用賃貸借関係の終了後に賃借人に期待されるように集中的に適当な代替住居を得ようと努める状態ではなかった。新たな住居を探すことが、大きな困難さ、努力および負担と結びつけられていることは、ヘルフォルト市における住居の相当な欠乏にかんがみて詳しい論究を必要としなかった。どこかでかろうじて住居を見出すことは被告にも役に立たないであろう。人間の住居は毎日の生活の中心を意味するのであるから、賃借人には、長い間の賃借人の必要と願望に対応するところの住居を探すために十分に時間と機会が与えられなければならない。さらに、本件事案において、一九六四年一月三一日付で本件使用賃貸借関係が終了する場合に、住居の引払い、あるいは、強制的な明渡しは、被告がそのことと結びつけられる辛労を身体的にも精神的にも解決するだけの力のない時期に当たりうることがつけ加わる。これらのすべての考慮は、一九六四年一月三一日を越えて本件使用賃貸借関係を継続することに決定的にプラスの材料を提供したのである。

（これに対して、）本件住居を取り戻すことについての原告の利益はそれほど重大な性質のものではなかったのである」[566]。

第二に、同じく「賃貸借法の規定の改正に関する第三次法律」が妥当する以前の裁判例であるが、オーバーハウゼン区裁判所一九六四年七月一三日判決(567)をみておきたい。

区裁判所は、賃借人の妻がまもなく出産を予期していたという事案において、次のように論じたのである。

「原告らの明渡しの請求がすでに今や認容されたならば、住居の引払い、あるいは、強制的な明渡しは、被告の妻がそのことと結びつけられた辛労を身体的にも精神的にも解決するだけの力のない時期に当たりうる。特に、被告の妻は最初の数ヶ月の間特別な世話を必要とするところの子供を出産後に世話しなければならないこと、および、その理由から被告の妻は集中的に適当な代替住居を得ようと努めることができないことが考慮に入れられなければならなかった。その理由から、判決の既判力が生じてから八ヶ月の間本件使用賃貸借関係を延長することが相当であるように思われたのである」(568)。

第三に、同じく「賃貸借法の規定の改正に関する第三次法律」が妥当する以前の裁判例であるが、アーヘン区裁判所一九六五年八月二六日判決(569)をみておきたい。

区裁判所は、賃借人の妻が二ヶ月ないし三ヶ月の妊娠状態にあったという事案において、次のように論じたのである。

「……被告らは、医師の証明書の提出によって、被告の妻が一九六五年五月三日に二ヶ月ないし三ヶ月の妊娠状態にあったことを証明した。しかし、妊娠状態が存在する場合、さらに続けて彼女の所帯をきりもりしなければならない主婦は、通常、その使用賃貸借関係の終了後に賃借人に期待されるように集中的に適当な代替住居を得ようと努める状態ではなかった。被告らが、妊娠状態の間に、あるいは、出産後すぐに、被告らの本件住居を明け渡すように強いられたならば、被告らはそのことと結びつけられる辛労を身体的にも精神的にも解決するだけの力がないという危険が存在したのである」(570)。

第四に、同じく「賃貸借法の規定の改正に関する第三次法律」が妥当する以前の裁判例であるが、ドルトムント地方裁判所一九六五年一〇月八日決定をみておきたい。

【104】ドルトムント地方裁判所一九六五年一〇月八日決定(571)

［事案の概要と経緯］

被告らは、一九六二年九月一日に原告（賃貸人）の本件建物に所在する本件住居を賃借した。原告は、一九六四年一二月八日付の書面をもって、一九六四年一月一日付の効力をもって、月あたり一九八ドイツマルク八一ペニヒから月あたり二三一ドイツマルク一〇ペニヒへと賃料を増額した。被告（賃借人）らは、一九六五年一月一日から増額された賃料を支払ったが、しかし、原告によって一九六四年のために要求された追加支払いを行うことを拒絶した。原告は、その結果として、一九六五年二月二二日付の書面をもって被告らとの本件使用賃貸借関係を解約告知した。

被告らは、BGB旧五五六a条にしたがって、次のような理由にもとづいて本件解約告知に異議を述べた。すなわち、被告らは、二歳と三歳の二人の幼児らをかかえ、さらに、被告（妻）は妊娠中であった。三番目の子供は、その間に一九六五年六月一五日に生まれた。それに加えて、近くに居住しているところの被告（妻）の母親はほとんど完全に目が見えなかったし、その理由から被告（妻）の援助に頼らざるを得なかった。さらに、被告（夫）は、少し前からようやく医師として実務にたずさわっていたが、医師の業務の設立は相当な経済的な負担と結びつけられていたことがつけ加わった。そのことから、被告らは目下のところ自由に融資された適当な住居の賃料を支払う状態にはなかった。その他の点では、複数の建物の所有者であるところの原告は、全然被告らの本件住居に頼らざるを得ないわけではなかった。本件解約告知は、被告らが賃料の追徴金をためらわずに支払わなかったことについて原告が感情を害したという理由でのみ行われたのである。

これに対して、原告は、一九六五年三月二五日付の訴訟代理人の書面をもって被告らの異議を退け、一九六五年五月五日に、一九六五年五月三一日付で、本件住居の明渡しと返還の訴えを提起した。原告は、被告（妻）の母親が世話を必要としたこと、および、被告らが自由に融資された住居の賃料を支払うことはできなかったことを否認した。

一九六五年六月一五日の口頭弁論において、両当事者は和解によって被告らが一九六五年一二月三一日付で本件住居を明け渡すという趣旨において合意した。しかし、訴訟費用に関して合意はもたらされることができなかった。区裁判所は本件訴訟の費用をそれぞれ半分ずつ両当事者に課したため、両当事者は即時抗告したのである。

［決定理由］

地方裁判所は、結論として、「被告らの即時抗告だけが事柄に即した結果を有することができた。

……

原告はたぶん敗訴しただろう。被告らは、適時に……本件解約告知に異議を述べた。被告らの異議はまた理由づけられていた。というのは、本件使用賃貸借関係の契約にしたがった終了は、本件事案の特別な事情のためにその苛酷さが正当化されることができないところの被告らの生活関係への介入を意味したからである」[572]、と判断した。

その決定理由において、地方裁判所は、そのように判断した理由について、次のように論じたのである。

「……その場合に、そのような苛酷さが、すでに、原告によって否認されたところの被告（妻）の母親の世話の必要のために、あるいは、申立てによると不利であるところの被告らの経済的な関係のために受け入れられなければならなかったのかどうかという点は未決定のままでありうる。被告らの異議は、いずれにせよ、被告らが二人の幼児らをかかえ、本件解約告知期間の満了後およそ六週間で三番目の子供の出生を予期していたという理由から理由づけられていた。そのことから代替住居の調達のときに判明する困難さは、賃借人がおのおのの住居の（使用賃貸借関係の）解約告知のときに考慮に入れなければならない有害さの程度をはるかに超えたのである。建物所有者の大多数は、周知のごとく、気が進まずにのみ三人の幼児ら、もしくは、三人のきわめて小さな子供らをともなう家族を受け入れる心構えをしている。というのは、そのことからしばしばある程度避けられないところのほかの賃借人および賃借目的物の侵害が判明するからである。このことは、裁判所に周知であるように、ハムの地域においてはいまだに住居についての少なからぬ不足している在庫が存在し、したがって、賃貸人らは彼らにより好ましいほかの賃借人らを選択する可能性をもつのだからいっそう妥当する。このことを考えて、ほぼ確実に、いずれにしても比較的に短い本件解約告知期間内に代替住居を見出すために、特に、範囲の広い、長期間かかる、かつ、骨の折れる被告らの努力を必要としたのである。そのために両方の被告の十分な投入が必要であった。被告（夫）は、彼の職業上の繁忙のために、時間的に制限された程度においてのみ住居の探索に専念することができるのであるから、主たる負担は、被告（妻）に割り当てられる。しかし、被告（妻）は、はるかに進んだ彼女の妊娠状態、および、両方のより年長の子供らの世話と結びつけられた努力のために、身体的にも精神的にもそれが可能な状況ではなかった。このことは、その間に本件において考慮に値する種類の追加的な負担が同じく被告（妻）に要求されることができないところの出産後の最初の数ヶ月にも妥当するのである。

他方において、原告は、期間に適合した本件住居の明渡しについて保護に値する利益を有しなかった。原告が真摯に否認しなかったように、原告は、被告らがおそらくもっともなことに一九六四年の追加支払いを拒絶したことについての立腹からだけ解約告知したのである。BGB五五六a条一項の意味における原告の保護に値する利益が判明することができたところのほかの理由は証明されていなかったのである。

……

それにしたがって、本件訴えは、すでに議論の余地のない事情にしたがって、BGB五五六a条にしたがった本件使用賃貸借関係の延長のもとで棄却されなければならなかったのである」(573)。

第五に、フェルベルト区裁判所一九七〇年一月二七日判決をみておきたい。

【105】フェルベルト区裁判所一九七〇年一月二七日判決(574)

［事案の概要と経緯］

被告（夫）は、共同経営者としての賃貸人から、近くにある共同の企業体を経営することができるために本件住居を与えられた。被告（賃借人）らは、それにもとづいて、本件住居の形成のために少なからぬ支出を行った。しかし、原告（賃貸人）は被告らとの本件使用賃貸借関係を解約告知した。これに対して、被告らは、BGB旧五五六a条にしたがって本件解約告知に異議を述べた。被告（妻）は妊娠状態にあったのである。

［判決理由］

区裁判所は、結論として、「本件訴えは理由づけられていなかった。本件解約告知に対して被告らによって提起された成果のある異議にもとづいて……本件使用賃貸借関係は期間の定めなく継続されることが言い渡されなければならなかったのである」(575)、と判断した。

その判決理由において、区裁判所は、そのように判断した理由について、後にⅡの二の2の（3）において取り上げるところの経済的な支出の観点からの理由のほか、次のように論じたのである。

「当事者の間では、被告（夫）が共同の企業体を経営することができるために原告から本件住居を与えられたことは議論の余地もなかった。被告らは、それにもとづいて、本件住居の形成のために原告が否認しなかったところの少なからぬ支出を行った。すでにこの事実が、本件使用賃貸借関係の継続に対する請求権を理由づけることができた。というのは、写しにおいて提出された手工業者の計算書から読み取られなければならなかったように、被告らは本件解約告知まで本件住居にいまだに二年居住していなかったからである。

さらに、本件の異議は、被告（妻）において存在する妊娠状態のために理由づけられていた。写しにおいて提出された医師の証明書にしたがって、被告（妻）において、一九六九年七月二七日に二ヶ月目の妊娠状態が存在した。その医師の証明書にしたがって、居住の変更は被告（妻）において重大な健康上の障害に行き着いた。というのは、被告（妻）は、すでに一度流産を経験したからである。

しかし、出産が行われた後にも、なお転居することは被告らに要求されることができなかった。というのは、周知のように、転居は主婦にとって必然的にきわめて多くの仕事をともなうからである。さらに、その子供が乳児期にあることがつけ加わった。その年齢において被告らが転居の間にその子供を適当な環境に居住させる可能性をもたないならば、転居によってひき起こされうるところの健康上の障害が懸念されなければならなかったのである。

このような事情のもとで、およそ一年たてば転居することが被告らに要求されることができるのかどうかという点もまた予測されることはできなかった。このような理由から、被告らはもっぱら民事訴訟法七二一条にしたがって可能であるところの一年の明渡期間だけを指示されることができなかったのである。

それに対して、本件住居の明渡しについての原告の利益は後退しなければならなかった。原告の利益はもっぱら経済的な領域にだけ存在することからみると、というのは、原告は自分自身である住居を占有しその住居を明け渡すように強いられていなかったからであるが、被告らは、原告が賃借人に解約告知した後本件建物のほかの住居に入居することができることを申し立てた。原告には企業経営を気にかけることだけが問題である場合、原告はその可能性を用いることができるであろう。……最後に、被告らは、数年前にはじめて、原告の同意をもって、被告らがそこで当分の間恒常的な自宅を見出すという前提のもとで本件住居に入居したのである」(576)。

第六に、すでにⅡの一の1において取り上げたところのミュンヘン第一地方裁判所一九八九年四月一二日判決をみておきたい。

【106】ミュンヘン第一地方裁判所一九八九年四月一二日判決(577)

［事案の概要と経緯］

原告（賃貸人）は、職業上の理由からより広い住居を必要とするために、「自己必要」を理由として、一九八七年三月一〇日付で、被告（賃借人）との本件使用賃貸借関係を解約告知した。というのは、原告は、現在、五四平方メートルの広さの住居に居住していたのに対して、被告の本件住居は八九平方メートルの広さであったからである。

被告は、BGB旧五五六a条にしたがって、次のような理由にもとづいて本件解約告知に異議を述べた。すなわち、代替住居を探すことは被告にとって重度に障害のある被告の子供のために特別な困難さと結びつけられていた。被告の子供は、その世話のために、両親、しかしまた、被告の姉妹とその夫にも頼らざるを得なかったのである。

地方裁判所に控訴したのは被告であった。

［判決理由］

地方裁判所は、結論として、「本件使用賃貸借関係は、BGB五五六a条にしたがって、一九九〇年六月三〇日まで継続されなければならなかった」(578)、と判断した。

その判決理由において、地方裁判所は、はじめに、「自己必要」を理由とする原告（賃貸人）の本件解約告知は有効であったことについて、次のように論じた。

「まず第一に、一九八七年三月一〇日付の自己必要を理由とする本件解約告知は有効であったことが確認されなければならなかった。一九八七年三月一〇日付の本件解約告知においては、原告によって、原告が職業上の理由からより広い住居を必要とすることが説明された。……

連邦憲法裁判所および連邦通常裁判所の裁判例にしたがって、自己必要のためには、すでに、筋の通り、あとづけることができる理由で十分である。職業生活にある成人が自分自身のためにより広い住居を必要とする場合、そのことは、そのような筋の通り、あとづけることができる理由を意味する。議論の余地もなく、原告は、現在、五四平方メートルの広さの住居に居住していたのに対して、本件住居は八九平方メートルの広さであった。

自己必要を理由とする本件解約告知は、すでに右の理由から有効であると証明されたのである」[579]。

しかし、地方裁判所は、「本件明渡しの訴えを棄却し、本件使用賃貸借関係はＢＧＢ五五六ａ条にしたがって継続されなければならなかった。というのは、本件使用賃貸借関係の契約にしたがった終了は被告にとって原告の正当な利益を評価しても正当化されることができないところの苛酷さを意味したからである」[580]、と判断した。

そのように判断した理由について、地方裁判所は、次のように論じたのである。

「代替住居を探すことが被告にとって重度の障害のある被告の子供のために特別な困難さと結びつけられていたことは、ＢＧＢ五五六ａ条の意味における苛酷さである、と評価されなければならなかった。被告の子供が、その世話のために、一定の関連のある人々、すなわち、両親、しかしまた、被告の姉妹とその夫にも頼らざるを得なかったことは議論の余地もなく、その他の点では、被告の子供の障害にもとづいて言うまでもないことでもあった。このことから、被告にとって、被告の子供の障害のために、これまでと同じように被告の子供の世話を両親によってのみならず被告の姉妹とその夫によっても保障するためにも、これまでの住居の近くに住居を維持することが重要であることが判明した。その世話が、少なくとも、被告の姉妹、あるいは、その夫がその都市を横切ってはじめて行かなければならなかった場合にきわめて困難にされることは明らかであった。そのことによって……障害のある子供をともなう家族にとって簡単ではないところの代替住居を探すことはさらにつけ加えて困難にされる。賃借人またはその構成員の病気および疾患、ならびに、そのことと結びつけられたところの代替住居を探すときの特別な困難さがBGB五五六a条の意味における苛酷さについての理由を意味することは裁判例および学説における全く支配的な見解に対応するのである」(581)。

最後に、地方裁判所は、原告（賃貸人）の利益をも考慮に入れたうえで、本件使用賃貸借関係を限定された期間の間延長することが相当であるように思われたことについて、次のように論じた。

「本件使用賃貸借関係の継続についての被告の利益は、現在、明渡しについての原告の利益に対してなお優位にあった。たとえ、今や原告にとって有利な結果になるように、原告の所帯が婚姻によって拡大され、新たな住居に入居することが職業上の理由からも得ようと努められることが考慮に入れられなければならないとしても、原告の現在の居住関係が、すでに全く要求できないものであると評価されることはできなかった。わずかではない数の夫婦が、比較できる状況において、さしあたり原告と比較できる広さの住居において十分に居住している。その理由から、相互の利益を比較衡量して、本件使用賃貸借関係をさらに限定された期間の間、すなわち、一九九〇年六月三〇日まで延長することが相当であるように思われた。当部は、一九九〇年六月三〇日までに、被告の住居についての問題が被告の利益に対応するやり方において解決されることから出発する。そのあとで、自分自身のより広い住居に入居することについての原告の利益もまた優位を獲得する。その理由から、本件使用賃貸借関係を期間の定めなく継続することは考慮に値しなかったのである」(582)。

第七に、ハノーファー地方裁判所一九九〇年一〇月二六日判決をみておきたい。

【107】ハノーファー地方裁判所一九九〇年一〇月二六日判決(583)

［事案の概要と経緯］

原告（賃貸人）らは、彼らの娘とその乳児のために、「自己必要」を理由として、被告（賃借人）らとの本件使用賃貸借関係を解約告知した。これに対して、被告らは、被告・一が車いすに頼らざるを得なかったために代替住居を調達することが困難であることを理由として、本件解約告知に異議を述べたのである。

［判決理由］

地方裁判所は、結論として、被告（賃借人）らにとっての「苛酷さ」を肯定した。

その判決理由において、地方裁判所は、はじめに、原告（賃貸人）らの「自己必要」が認められることについて、次のように論じた。

「……三つの部屋から構成されていた本件住居の広さを顧慮して、自己必要は、今はひとり暮らしの原告らの娘のために、一九九〇年一月二一日に生まれた彼女の乳児を考慮に入れてもむしろ上限にあるといってよいだろう。原告らの娘とその子供の父親である彼女の恋人との関係が明らかに崩れたならば、その結果、そこから、それ自体としては、すでにいくらかよりわずかな住居についての必要が示されていた。それにもかかわらず、当部は、原告らの側において、ＢＧＢ五六四ｂ条二項二号にしたがった自己必要から出発する。というのは、原告らの娘が彼女の乳児とともに原告らの所有物である本件建物に居住する場合、そのことは、あとづけることができ、筋の通ったものであるように思われたからである」[584]。

しかし、地方裁判所は、「それにもかかわらず、当事者の両方の側の利益を比較衡量するときに、ＢＧＢ五五六ａ条にしたがった社会的条項を顧慮して、被告らによって維持された本件住居を離れることは被告らにとって原告らの正当な利益を評価しても正当化されることができないところの苛酷さを意味したことから出発されなければならなかったのである」[585]、と判断した。

そのように判断した理由について、地方裁判所は、次のように論じたのである。

「……原告らが自分自身で認めたように、被告・一は……車いすに頼らざるを得なかった。たとえ、原告らの申立てにしたがって、被告・一はかつてある程度の道のりを、たとえば、車まで徒歩で行っていたとしても、このことも被告・一にいよいよますますよりつらくなったことが全くありえた（そのような展開が当然であるという一九九〇年九月一八日付のＨ博士の診断書を参照）。被告らは、それだけいっそう、まさしく一階の住居に頼らざるを得なかったのである。ますますより大きくなる住居の不足にかんがみて、被告らは、よりによって一階の住居だけを探さなければならないという不利な条件をもって負担をかけられており、その結果、住居市場に提供された目的物の圧倒的な数はいずれにしても考慮に入れられることができなかったのである。さらに、原告らの所有物である本件建物は六つの住居から構成されており、原告らは自分自身でそのうちのひとつの住居を使用しており、かつての賃借人（X）によって居住された住居はXの退去後原告らによって売却されていたという特殊性がつけ加わった。したがって、被告らの代わりに……三つの部屋から構成されていたそれ以外の二つの住居のほかのひとりの賃借人に自己必要が申し立てられることができるであろう」[586]。

(ii) 家族的な事情が考慮に入れられた裁判例

第一に、「賃貸借法の規定の改正に関する第三次法律」が妥当する以前の裁判例であるが、エッセン地方裁判所一九六七年一月一六日判決をみておきたい。

【108】エッセン地方裁判所一九六七年一月一六日判決[587]

［事案の概要と経緯］

原告は、本件建物に所在する本件住居の賃貸人であり、本件住居は、被告（賃借人）、その妻、ならびに、三歳、五歳、一二歳、一五歳、および、一八歳の彼らの五人の子供らから構成されていたところの被告の家族によって居住されていた。本件住居はあまり手入れがされていなかった。原告（賃貸人）は、本件住居を根本的に修復するために、一九六五年一〇月一日に、即時に、ならびに、補助的に一九六六年三月三一日付で、被告との本件使用賃貸借関係を解約告知した。これに対して、被告は、一九六五年一二月二〇日付の書面をもって、代替住居が自由にならないために本件住居を明け渡すことができない、と述べた。原告は即時の明渡しに対する訴えを提起した。被告はBGB旧五五六a条にしたがって本件使用賃貸借関係の継続を請求したが、区裁判所は、本件明渡しの訴えを認容した。

これに対して、被告は、地方裁判所に控訴したのである。

［判決理由］

地方裁判所は、結論として、被告（賃借人）の控訴を認容し、本件使用賃貸借関係を二年間延長することが相当である、と判断した。

その判決理由において、地方裁判所は、はじめに、「確かに、原告によって意思表示された本件解約告知それ自体は……期間に適合した解約告知として有効であったという点において、第一審の裁判官に同意されなければならなかった。……しかし、被告は……それ自体としては有効な本件解約告知に成果をもって異議を述べたのである」(588)、と述べた。

そのように判断した理由について、地方裁判所は、次のように論じたのである。

「本件使用賃貸借関係の延長に向けられた被告の請求は、実質的にも正当化されていた。子供らの数と年齢を顧慮して、被告の家族にとって即時の明渡しは個々の事案の特別な事情のために生活関係への重大な介入に行き着くことはより詳しい理由づけを必要としなかった。このような介入の苛酷さは、両方の側の利益を比較衡量するときにも正当化されることができなかったのである」(589)。

第二に、同じく「賃貸借法の規定の改正に関する第三次法律」が妥当する以前の裁判例であるが、ヴッパータール地方裁判所一九六八年五月二二日判決をみておきたい。

【109】ヴッパータール地方裁判所一九六八年五月二二日判決(590)

［事案の概要と経緯］

原告（賃貸人）は、一九六七年五月一九日付の書面をもって、被告（賃借人）らとの本件使用賃貸借関係を解約告知した。これに対して、被告らは、ＢＧＢ旧五五六ａ条にしたがって、一九六七年六月二二日付の書面をもって本件解約告知に異議を述べた。被告らは、二人の小さな子供らをともなう家族にとって相当な代替住居が欠けていることを理由とした。

［判決理由］

地方裁判所は、結論として、「本件使用賃貸借関係の契約にしたがった終了は、被告らにとって原告の正当な利益を評価しても正当化されることができないところの苛酷さを意味したのである」[591]、と判断した。

その判決理由において、地方裁判所は、そのように判断した理由について、次のように論じたのである。

「……彼らの子供らと入居することができるところの代替住居は被告らの自由にならなかった。……区裁判所が正当なことに述べたように、そのうちのひとりはまだ就学義務のなかったところの二人の子供らをともなう家族が住居を探さなければならないとき、ひとつの苛酷さが常に認められている。というのは、住居市場の今日の状況においても、小さな子供らをともなう家族はきわめて困難に相当な住居を探すことになるからである。このことは、特に被告らにとっても妥当した。というのは、賃料は、月あたりおよそ八〇〇ドイツマルクという被告（夫）の実質収入において、あまりに高くてはならないからである。つまり、この金銭から四人の生活費も賄われなければならなかったのである。……

一方において被告らに向けられている苛酷さが、ＢＧＢ五五六ａ条にしたがって、他方において本件使用賃貸借関係の契約にしたがった終了についての原告の利益と比較衡量されなければならなかった。このような利益の比較衡量は、本件使用賃貸借関係の契約にしたがった終了についての原告の正当な利益に、本件使用賃貸借関係の継続についての被告らの利益と同じように被告らと彼らの子供らにそうでなければ向けられている過度な苛酷さのためにほぼその意義が帰属するのが当然ではないということに行き着いたのである」[592]。

最後に、地方裁判所は、期間の定めなく本件使用賃貸借関係を継続することは考慮に値しなかったことについて、次のように論じた。

「しかし、期間の定めなく本件使用賃貸借関係を継続することは考慮に値しなかったのであり、むしろ、本件使用賃貸借関係は一九六九年二月二八日までだけ延長されなければならなかった。この時点まで相当な住居を見出すことが被告らに可能である。その結果、それにもとづいて本件使用賃貸借関係の終了が被告らにとって目下のところ苛酷さを意味したところの事情がそのときなくなるのである。そのあいだに、被告らは、建築促進局と連結もして集中的に代替住居を得ようと努めるように義務づけられているのである」[593]。

第三に、すでにⅡの一の1において取り上げたところのボーフム区裁判所一九八〇年四月二三日判決をみておきたい。

【110】ボーフム区裁判所一九八〇年四月二三日判決[594]

［事案の概要と経緯］

原告（賃貸人）は、「自己必要」を理由とする本件解約告知にしたがって、被告（賃借人）らに対して、本件住居の明渡しを請求した。被告らは、一九六四年一二月一日以来、一階において、三つと半分の部屋から構成されていた本件住居と本件屋根裏部屋に居住していた。本件屋根裏部屋は、一九七九年の夏に、当時一七歳であった被告らの息子がそこに居住したのに先立って転貸されていた。さらに、被告らにはおよそ一三歳のまた別の息子があった。なお、被告らは、三つと半分の部屋から構成されていたまた別の住居の所有者でもあった。

一方、複数の住居所有権を所有する原告にも三人の息子があったが、一九七九年一月二三日付の本件解約告知の書面をもって、一九八〇年一月三一日付で、被告らとの本件使用賃貸借関係は解約告知された。本件解約告知の理由づけとして、原告の息子（A）は職業上医師として雇われていたが、両親の世帯において生活しており、自分自身の住居を求める必要があったことが申し立てられた。また、被告らにともに賃貸されていた本件屋根裏部屋は、原告のまた別の息子のために必要とされ、この息子はその下に所在する住居に入居するつもりであり、改築措置の枠組みにおいて本件屋根裏部屋をこの住居に取り入れるつもりであった。

これに対して、被告らは、原告の独身の息子は、Bのどこでも相当な広さの住居を賃借することができる、と主張したのである。

［判決理由］

区裁判所は、結論として、「本件使用賃貸借関係は、一九八〇年一二月三一日まで……継続されなければならなかった。というのは、原告の本件解約告知は有効であったが、しかし、本件使用賃貸借関係の終了は被告らにとってその時点になる前に賃貸人の正当な利益を評価して正当化されることができないところの苛酷さを意味したからである」[595]、と判断した。

その判決理由において、区裁判所は、「有効な本件解約告知にもかかわらず、本件使用賃貸借関係は……継続されなければならなかったのである」[596]、と述べた。

そのように判断した理由について、区裁判所は、次のように論じたのである。

「……当事者の利益の比較衡量において、彼の独身の息子(A)を独立した住居に居住させるという原告の利益に、そのほかの比較できる代替住居を見出さないうちに住居を失わないという被告らの利益が対峙した。原告が自分自身で申し立てたように、原告の息子は家族の共同の世話に関心をいだいていることが考慮に入れられるならば、原告の息子がある程度の期間の間なお両親の住居にとどまるときに、そのことは原告の息子にとって特別な苛酷さを意味しなかった。それに対して、被告らにとって比較できる立地条件と質における住居はきわめて大きな努力のもとでのみ……獲得されなければならないという原告によっても申し立てられた事実から出発されなければならなかった。その範囲では、被告らは、反論の余地もなく、被告らが相当な比較できる住居を得ようと努力したこと、および、被告らがそのうえさらに彼らが所有する住居について解約告知したことを申し立てた。

そのほかの相当な住居が調達されていないうちに彼らの住居を失うという四人家族のための危険に対して独身の人の利益が比較衡量される場合、一九八〇年一月三一日に本件使用賃貸借関係を契約にしたがって終了させることは、本件解約告知期間を考慮に入れても要求できない苛酷さを意味したことが確認されなければならなかったのである」[597]。

最後に、区裁判所は、本件使用賃貸借関係は、ほかの相当な代替住居を探すために被告(賃借人)らにとって要求できる期間だけ延長されることについて、次のように論じた。

「しかし、当裁判所は、この点では……判決によって行われるところの一九八〇年一二月三一日までの本件使用賃貸借関係の延長は、確実に、かつ、十分に被告らの利益を顧慮すること、その結果、本件使用賃貸借関係のなおこれ以上の継続は執行からの保護の申立ての形態においても承認されることができないことから出発した。
そのことから、明渡しに向けられた本件訴えは棄却されなければならなかった。法的に有効な本件解約告知によってそれ自体としては失効した本件使用賃貸借関係は、ほかの相当な住居を探すために被告らにとって要求できる期間だけ延長されるのである」[598]。

第四に、シュトゥットガルト区裁判所一九九〇年一一月二三日判決をみておきたい。

【111】シュトゥットガルト区裁判所一九九〇年一一月二三日判決[599]

［事案の概要と経緯］

原告（賃貸人）らは、一九九〇年二月二〇日の本件解約告知にもとづいて、原告らの成人した息子（Ｓ）のために、「自己必要」を理由として、一九九〇年八月三一日付で、四つの部屋から構成されていた本件住居（二戸建て住宅の半分）の明渡しを請求した。これに対して、被告（賃借人）らは、一九九〇年五月二八日に本件解約告知に異議を述べたが、原告らは、一九九〇年九月三日に本件使用賃貸借関係の継続に異議を述べたのである。

［判決理由］

区裁判所は、結論として、「本件明渡しの訴えは棄却されなければならなかった。というのは、被告らは、本件解約告知に対する異議にもとづいて、ＢＧＢ五五六ａ条にしたがって本件使用賃貸借関係の継続に対する請求権を有したからである」[600]、と判断した。

その判決理由において、区裁判所は、はじめに、「自己必要」を理由とする原告（賃貸人）らの本件解約告知は有効であったことについて、次のように論じた。

「まず第一に、一九九〇年二月二〇日の原告らの……本件解約告知は、一九九〇年八月三一日付で有効であったことが心にとめておかれなければならなかった。原告らによって申し立てられたところの原告らの息子（Ｓ）のための自己必要という解約告知理由は、二七歳の息子が両親の家から離れ、自分自身の世帯を基礎づけるつもりであったあとで、裁判例の意味における本件使用賃貸借関係の終了のための筋の通り、あとづけることができる理由を意味したのである」(601)。

しかし、区裁判所は、「一九九〇年五月二八日に被告らによって申し立てられた本件解約告知に対する異議は、BGB五五六a条の形式的および実体的な要件を満たし、原告らの利益との比較衡量にしたがって本件使用賃貸借関係の継続に行き着いたのである」(602)、と判断した。

そのように判断した理由について、区裁判所は、次のように論じたのである。

「被告らの全部の状況にしたがって、退去することは被告らにとって正当化されない苛酷さを意味した。というのは、相当な代替住居が要求できる経済的および個人的な条件で調達されることができないことから出発されなければならなかったからである。

被告らは三人の子供らをもっていた。その際に、より大きな二人の子供らが義務教育基礎課程に通っていたのに対して、被告・二は三番目の幼児を家で世話していた。それとともに、被告らは子供の多い家族に属する。子供の多い家族は、特にシュトゥットガルトおよびその周辺において周知のごとくきわめて窮屈になった住居市場において難儀であった。被告・一は、市街電車の運転者として、ただ三千ドイツマルクの実質収入をもっており、それとともに、単独の稼ぎ手として一家族を扶養しなければならないことは正しいことであると想定されうる。

しかし、それとともに、同時に、被告らは住居市場において現在比較できる代替住居を調達することができないことも指摘されていた。本件住居はおよそ九〇平方メートルの広さであり、そのために現在八〇六ドイツマルクの正味の賃料が支払われた。当裁判所は、はじめから、賃貸借課において集められた自分自身の経験にもとづいて、被告らは、自由になる月あたり三千ドイツマルクによってはかると、被告らのためになお支払うことのできる賃料で対応して相当な広い住居を見出すことができない、と述べることができた。比較的より安く品質もよりよい古い建物さえも、子供の多い家族にとってなおあまりに高くついたのである。

被告らは、十分なやり方において、さまざまな広告の掲載の依頼、知人や親類を介入させること、土地・住宅局における申込みを通しても代替住居を得ようと努めたのであるから、被告らの本件解約告知に対する異議は理由づけられていたのである。」[603]。

最後に、区裁判所は、原告（賃貸人）らの利益は五人家族のための被告（賃借人）らの利益と同じように差し迫っているものと考えられることができなかったこと、しかし、本件使用賃貸借関係は二年の期間だけ継続されることについて、次のように論じた。

「一方において本件使用賃貸借関係の終了について、他方においてその継続についての当事者の対立する利益の比較衡量において、本件使用賃貸借関係の継続についての被告らの利益が優位にあったのである。

自分自身の成人した息子に自分自身の十分な住居を自由に使用させ、自分自身の住居さえも広くするという賃貸人らの正当な明渡しについての利益は、被告らの（本件住居を）維持することについての利益と同じように差し迫っているものと考えられることができなかった。成人した息子（S）は、現在、一五平方メートルの広さの屋階の住居において、仮に狭められていたとしても十分に居住させられていた。賃貸人らのまた別の息子は、時折にだけ、週末および休暇時に両親の建物に所在する彼の部屋を使ったのに対して、賃貸人らの娘もまた、さしあたりテュービンゲンの友達のもとに居住する決心を固めた。このような居住状況において、賃貸人らが彼らの居住の必要を満たすことができるまで待機することが賃貸人らに要求されなければならなかったのである。

Sは、ひとり暮らしの人として、はるかにより早く、かつ、より簡単に、一時的により広い住居を住居市場において調達することができることから出発されなければならなかったのである。

それに対して、五人家族のために、被告・一の独力で自由になる給与をもって、代替住居は、十分な広さにおいて、要求できる条件で現在シュトゥットガルトおよびその周辺において手に入れられることができなかった。しかし、当裁判所は、特に一般に認められた住居についての困窮のために今や増大して住居が作り出されるのだから、二年の期間において十分な努力において住居が見出されうることから出発したのである」[604]。

第五に、ハノーファー区裁判所一九九一年五月一七日判決をみておきたい。

【112】ハノーファー区裁判所一九九一年五月一七日判決(605)

［事案の概要と経緯］

原告（賃貸人）は、本件建物に所在する本件住居を一九八五年二月四日の本件使用賃貸借契約をもって被告（賃借人）に賃貸した。原告は、「自己必要」を理由として、一九九〇年二月二七日付の書面をもって被告との本件使用賃貸借関係を解約告知した。原告は、ちょうど経営学科目の修了試験を受けかかっていた、あるいは、修了試験を受けたところの原告の二七歳の娘が自分自身の世帯を構え本件住居に入居するつもりである、と主張した。

これに対して、被告は、本件解約告知に異議を述べ、本件住居に居住しているところの被告、その三人の子供ら、および、その伴侶のために代替住居を見出すことができないし、特に被告は社会扶助に頼らざるを得ない、と主張したのである。

［判決理由］

区裁判所は、結論として、「本件使用賃貸借関係の……解約告知を正当化するところの原告によって主張された自己必要は、証拠調べの結果にしたがって存在した。しかし、それに対して、被告は異議を述べ、本件使用賃貸借関係の継続を請求した。しかも、本件住居が、被告、その三人の子供ら、および、その伴侶によって居住され、被告が自由な住居市場において他の方法で相当な代替住居を獲得することができないし、特に被告が社会扶助に頼らざるを得ないことを考慮して異議を述べ、本件使用賃貸借関係の継続を請求した。これらの事実は疑われていなかったのである」(606)、と判断した。

その判決理由において、区裁判所は、その判断を敷衍して次のように論じたのである。

「……代替住居を獲得することが、目下のところ、いずれにせよハノーファーにおいて、認められた要件において可能でないことは裁判所に周知であった。このことは、本件事案において、特に被告が社会扶助の供与から読み取れるように自由な住居市場において五人のための住居を獲得するために十分な資金をもっていなかったことによって制限されていた。それ自体としては存在したところの原告の側における自己必要のために被告に明渡しの判決を下すことは、被告の側にとって正当な賃貸人の利益を評価しても正当化されることができないところの苛酷さを意味した。

その場合に、一方において確かに成人した人々が両親の世帯から退き自分自身の世帯を築くつもりであるときに正当と認められた利益が存在することが考慮に入れられなければならなかったが、他方において、差し迫った必要性は原告の娘が住居に合致して居住させられていたし、そのことを超えた差し迫った必要は認められていなかった限りでは存在しなかった。特に、原告の娘は、目下のところ、なおしばしば外出しており、時々だけ家に滞在した。このことに、被告が、明渡しの判決を下されるときに仮設住居に収容されることを考慮に入れなければならなかったことが直面した。このことは、特に子供ら、および、それと結びつけられた社会的な影響を考慮しても原告の利益との関係において要求できなかったのである。それに応じて、本件の継続の請求は正当であった。このような状態の継続する期間は予測できなかったし、目下のところなお知られていない事情に依存したのであるから、本件使用賃貸借関係は期間の定めなく延長されなければならなかったのである」(607)。

第六に、ボン区裁判所一九九六年一月三〇日判決をみておきたい。

【113】ボン区裁判所一九九六年一月三〇日判決(608)

［事案の概要と経緯］

原告（賃貸人）は、「自己必要」を理由として、一九九五年三月二四日の本件解約告知にもとづいて、一九九五年九月三〇日付で、被告（賃借人）との本件使用賃貸借関係を解約告知した。これに対して、被告は、ＢＧＢ旧五五六ａ条にしたがって本件解約告知に異議を述べた。被告は、社会扶助の受領者で九人の子供らの母親として、社会の状況にかんがみて住居市場において機会のないことを指摘したのである。

［判決理由］

区裁判所は、結論として、原告（賃貸人）の本件明渡しの訴えを棄却し、本件使用賃貸借関係は一年半の間継続されなければならなかった、と判断した。

その判決理由において、区裁判所は、はじめに、本件使用賃貸借関係を終了させることについての原告（賃貸人）

の利益は正当化されていたことについて、次のように論じた。

「実行された証拠調べにしたがって、一九九五年三月二四日付の……本件解約告知の書面において説明されたところの一九九五年九月三〇日付で本件使用賃貸借関係を終了させることについての利益は正当化されていたことが確定していた。『模範的な』自己必要についての請求にかかわる問題であった。この請求の正当化のために説明された理由は、裁判例によってこれについて展開された要求を満たした。この理由はあとづけることができ、全く納得のゆく筋の通ったものであったのである」[609]。

しかし、区裁判所は、原告（賃貸人）の本件明渡しの訴えは棄却されなければならなかったこと、しかし、本件使用賃貸借関係は、期間の定めなくではなく、むしろ、一年半の間継続されなければならなかったことを論じた。すなわち、次のような論述であった。

「それにもかかわらず、本件訴えは成果をもつことができなかった。というのは、被告の状況、および、そこから主張された本質的な一定の継続の請求が本件使用賃貸借関係の継続を命じることを強いるに違いなかったからである。もっとも、このことは、期限のつかないわけではなく、むしろ、ほぼ一年半にわたって期限づけられていた。すなわち、被告の個人的な状態が、そのうち、九番目の子供の出産の後、なじむ段階の終了の後安定し、他方において、場合によってはこのために権限をもつ公的な役所の援助をもって相当な代替住居が自由になることが期待されうる時点にわたって期限づけられていたのである」[610]。

さらに、区裁判所は、この点を敷衍して次のように論じたのである。

「被告は、もっともなことに、被告が社会扶助の受領者で九人の子供らの母親として社会の状況にかんがみて住居市場において……機会のないことを指摘した。その理由から、当裁判所は、本件使用賃貸借関係を期間の定めなく継続することを命じることをも全く考慮したが、しかし、それについて妨げられていると見て取った。というのは、このことは、結果において、ドイツの社会の構造における不足をもっぱら賃貸人にだけ負わせるという結果になるだろうからである。賃貸人は、この場合において、法秩序によって正当化されたところの本件使用賃貸借関係の終了についての利益を貫徹もするというどのような種類の可能性をももはや有しないであろう。むしろ、そのような場合にも、賃借権は時間的に制限された利用権として、その性質を失わないことが予期されなければならないのである。さらに、社会が社会的な苛酷さを回避するために社会によって作り出された制度をもって適当なあらかじめの配慮をすること、被告とその九人の子供らのためにホームレスへの道が残っていなかったことが予期されなければならなかった。他方において、このために権限をもつ公的な役所……ボン市が、一方において社会扶助の地域の担い手として、他方において住居制度のためのその職責に関して、その管轄の枠組みにおいて被告とその家族のために相当な住居を自由に使用させるために相当な前もっての所要期間を必要としたことが見誤られることはできなかった。これまでの諸条件において本件使用賃貸借関係の継続が命じられなければならなかったところのその前もっての所要期間は一年半をもって相当に見積もられなければならなかったのである」(611)。

(iii) 経済的な事情が考慮に入れられた裁判例

第一に、ケルン区裁判所一九七二年四月二四日判決をみておきたい。

【114】ケルン区裁判所一九七二年四月二四日判決(612)

［事案の概要と経緯］

原告（賃貸人）は、一九七〇年一〇月二四日付の書面をもって、一九七一年一〇月三一日付で、被告（賃借人）らとの本件使用賃貸借関係を解約告知した。原告は、本件使用賃貸借関係が被告らの使用賃貸借に違反する態様によって負担できなくなった、と主張した。これに対して、被告らは、原告によって主張された非難を否認したうえで、本件使用賃貸借関係の終了は被告らにとって「苛酷さ」を意味した、と申し立てた。というのは、被告（夫）は、手取りで九〇〇ドイツマルクに達しない金額を稼いでいたのであり、相当な代替住居を要求できる条件で調達することができなかったからである。

［判決理由］

区裁判所は、結論として、「本件訴えは成果を有することができなかった。

被告らは、ＢＧＢ五五六ａ条にしたがって本件使用賃貸借関係の継続を請求することができた。というのは、本件使用賃貸借関係の終了は被告らにとって原告の利益を考慮に入れて正当化されることができないところの苛酷さを意味したからである」[613]、と判断した。

その判決理由において、区裁判所は、そのように判断した理由について、次のように論じたのである。

「被告らは、収入の証明書の提出によって、被告らが八五四ドイツマルク六四ペニヒの月あたりの手取収入をもっていることを証明した。このようなそれほど高くない収入にかんがみて、相当な代替住居が要求できる条件で被告らの自由にならないことは信ずべきものであるように思われたのである。

比較的安く品質もよい住居がケルンにおいてきわめて乏しいことは裁判所に周知である。

原告は、それにもかかわらず本件使用賃貸借関係の解消を正当化することができたところの正当な利益を証明しなかったのである」[614]。

第二に、テトナング区裁判所一九八〇年四月三日判決をみておきたい。

【115】テトナング区裁判所一九八〇年四月三日判決[615]

〔事案の概要と経緯〕

被告らは、原告らの本件建物に所在する本件住居（同居人用の住居）の賃借人であった。原告（賃貸人）らは、一九七九年三月二〇日付の書面をもって、ＢＧＢ旧五六四ｂ条四項[616]を引き合いに出して、一九七九年九月三〇日付で、被告（賃借人）らとの本件使用賃貸借関係を解約告知した。この書面において解約告知の理由は申し立てられていなかった。被告らが退去しなかったあとで、原告らは、一九七九年一〇月一二日付の書面をもって、本件使用賃貸借関係の継続に異議を述べた。原告らは、本件訴えをもって本件住居の明渡しと返還を請求した。

〔判決理由〕

区裁判所は、結論として、「本件使用賃貸借関係は、確かに原告らの本件解約告知によって終了させられた。しかし、本件使用賃貸借関係は、被告らの根拠のある異議にもとづいて一年の期間の間継続させられなければならなかったのである」(617)、と判断した。

その判決理由において、区裁判所は、はじめに、「一九七九年三月二〇日の原告らの本件解約告知は有効であった。原告らの本件解約告知は、明確にBGB五六四b条四項に依拠したのであり、その使用賃貸借関係の終了について正当な利益が存在しなければならなかったわけではないという効果をともなったのである」(618)、と論じた。

しかし、区裁判所は、「被告らは、本件使用賃貸借関係の継続を請求することができた。というのは、被告らは、本件解約告知に有効に異議を述べたからである」(619)、と判断した。

そのように判断した理由について、区裁判所は、次のように論じたのである。

「……本件の異議はまた理由づけられていた。被告らは資金的な観点において制約されていた。被告・一は収入がなかった。被告・二は、すべての自由になる収入源―その息子のもとでの収入、その息子による賃料の援助、ホップの利益配当―を考慮に入れて、月あたりおよそ一二〇〇ドイツマルクを稼いでいた。この収入において、被告らは、きわめて困難にのみTあるいはそのより近い周辺の地域において代替住居を見出す状況にあった。Tにおける使用賃貸借をめぐる状態は裁判所に周知のように不適切であった。住居を見出す見通しは、賃借人が控え目な収入のみをもっていた場合低下する。被告らはTあるいはそのより近い周辺の地域における住居にも頼らざるを得なかった。特に、被告・二は、その息子の営業所において彼の収入を見出していた。このような事情において、被告らは、さしあたり本件住居の占有にとどまることについて重大な利益を有した。それに対して、原告らは逆方向の利益を持ち出すことができなかった。特に、原告らは、本件解約告知の書面において理由を申し立てなかった。……このような事情において、本件使用賃貸借関係の終了は被告らにとって正当化されることができない苛酷さを意味したことから出発されなければならなかったのである」(620)。

最後に、区裁判所は、被告（賃借人）らが相当な期間の範囲内で新たな住居を見出す見通しが存在したことを考慮に入れて本件使用賃貸借関係は一年の期間の間だけ継続されなければならなかったと結論づけたことについて、次のように論じた。

「被告らは、その理由から……本件使用賃貸借関係の継続を請求することができた。その継続に関する当事者の間の合意は成立しなかったのであるから、当裁判所は……本件使用賃貸借関係の継続を言い渡し、これと同時に、特にその継続の期間について決定するように義務づけられていた。この点では、被告らが義務づけられているところの代替住居の集中的な探索において被告らが相当な期間の範囲内で新たな住居を見出す見通しが存在したことが考慮に入れられなければならなかった。当裁判所はこの期間を一年と見積もった。そのために、当裁判所は一年の期間の間の本件使用賃貸借関係の継続を言い渡したのである」(621)。

第三に、ベルクハイム区裁判所一九九〇年六月一日判決をみておきたい。

【116】ベルクハイム区裁判所一九九〇年六月一日判決(622)

［事案の概要と経緯］

原告は飲食店と住居を備えた本件建物の所有者であった。原告は本件建物をP夫婦に用益賃貸した。用益賃借人（P）は、一九八八年一〇月一日の本件契約をもって本件住居を被告に賃貸した。原告（用益賃貸人）は、被告（賃借人）に対して、本件住居の明渡しと返還を請求した。原告は、原告とP夫婦との間の本件用益賃貸借関係は終了させられていたことを理由とした。これに対して、被告は、本件使用賃貸借関係の終了は被告にとって「苛酷さ」を意味したということを理由として、本件使用賃貸借関係の継続を請求したのである。

［判決理由］

区裁判所は、結論として、「本件訴えは理由づけられていなかった。

……明渡しと返還に対する請求権は、原告と被告の賃貸人との間の本件用益賃貸借関係が終了させられていた場合原告に当然帰属すべきものでさえなかった。つまり、被告は、正当なことに、BGB五五六a条にしたがって本件住居をさらに続けて利用することを請求してしかるべきであったのである」(623)、と判断した。

その判決理由において、区裁判所は、そのように判断した理由について、次のように論じたのである。

「……被告はBGB五五六a条の意味において保護に値した。……明け渡さなければならないことは、被告にとって苛酷さを意味し、その結果、原告の利益は後退しなければならなかった。苛酷さは、すでに相当な代替住居が要求できる条件で調達されることができない場合に存在する。このことは本件においてそうであった。というのは、住居市場における現在の諸条件において、被告にとって近いうちにほかの住居を見出すことはほとんど可能ではないといってよいだろうからである。被告は二人の子供らをもち社会扶助にもとづいて生活しなければならないところの、彼女の夫と別居して生活している妻である」[624]。

最後に、区裁判所は、原告（用益賃貸人）と被告（賃借人）との間の法的関係について説明したうえで、本件使用賃貸借関係は期間の定めなく妥当しなければならなかったことについて、次のように論じた。

「当裁判所は……当事者の間に使用賃貸借関係が基礎づけられていたことを言い渡さなければならなかった。その場合に、用益賃借人（P）と被告との間のもとの使用賃貸借契約の諸条件をその契約の基礎に置くことが正当であるように思われた。どのような時点において被告が新たな住居を調達することができるのか、被告にとって苛酷さを意味するところの事情がいつ存在しなくなるのかという点は不確定であるのであるから、本件使用賃貸借関係は期間の定めなく妥当しなければならなかったのである」[625]。

第四に、フライブルク区裁判所一九九〇年一二月一四日判決をみておきたい。

【117】フライブルク区裁判所一九九〇年一二月一四日判決[626]

［事案の概要と経緯］

被告（賃借人）は、一九八五年四月一日の本件使用賃貸借契約にもとづいて本件住居に居住していた。本件使用賃貸借契約は、原告（賃貸人）の母親によって締結された。原告は、その間に相続の方法において本件建物の所有者となった。一九九〇年二月六日付の書面をもって、原告は、一九九〇年五月三〇日付で、被告との本件使用賃貸借関係を解約告知した。

原告は、本件解約告知の書面において、原告がこれまで一〇〇平方メートルの広さの住居に居住していたところの原告の息子のために本件住居を必要とする、と述べた。原告の息子はその一〇〇平方メートルの広さの住居を必要としなかったが、その住居は原告の所有でもあったため、原告は、その住居を被告によってこれまで賃借された本件住居よりも経済的により魅力的に賃貸することができる。そのことを超えて、本件住居は、二つの部屋、台所、および、浴室を備え、まさしくひとりの人のために適切であったのである。

それとともに、被告は、BGB旧五五六a条の意味における「苛酷さ」についての理由をも証明しなかった。被告は、何の問題もなくほかの住居のために住宅補助金を申請することができたのであり、それに加えて、被告は完全に資金のないわけでもなかった。というのは、被告は楽器の教師として働いていたからである。さらに、被告は、これまで被告が代替住居を得ようと努力したことを証明もしなかったのである。

［判決理由］

区裁判所は、結論として、原告（賃貸人）の本件明渡しの訴えを棄却した。

その判決理由において、区裁判所は、はじめに、原告（賃貸人）は本件使用賃貸借関係の終了について「正当な利益」を証明したことについて、次のように論じた。

「原告は、本件解約告知の書面において、確かに、本件使用賃貸借関係の終了についてBGB五六四b条の意味における正当な利益を証明した。というのは、連邦憲法裁判所一九八九年二月一四日判決[(627)]にしたがって、裁判所は、賃貸された住居を今や自分自身で使用し、あるいは、特権を与えられた第三者についての狭く引かれた範囲を通して使用させるという所有者の決定を原則として受け入れ、裁判所の法発見の基礎に置かなければならないからである。その理由から、賃貸人が、意図された自己使用のために、筋の通り、あとづけることができる理由を申し立てることができる場合、権利の濫用ではないのである。

原告は、このような筋の通り、あとづけることができる理由を証明した。というのは、これまでひとりでおよそ一〇〇平方メートルの広さの住居に居住していたところの原告の息子を自由に使えるようになったその住居を経済的により魅力的に賃貸することができるために二つの部屋から構成されていたより狭い本件住居に居住させることは無分別ではないように思われるからである」[628]。

しかし、区裁判所は、「それにもかかわらず、このことに依拠したところの本件使用賃貸借関係の解約告知は、本件事案において本件使用賃貸借関係の終了に行き着くことができなかった。というのは、本件使用賃貸借関係の契約にしたがった終了は被告にとって賃貸人の正当な利益を評価しても正当化されることができないところの苛酷さを意味したからである」[629]、と判断した。

そのように判断した理由について、区裁判所は、次のように論じたのである。

「……フライブルクにおいて差し迫った住居についての困窮が支配し、特に所得の低い住民たちが住居についての困窮によって打撃を与えられていることは裁判所に周知であり、その理由から証拠調べを必要としなかった。被告は、反論の余地なく、一〇〇〇ドイツマルクと一五〇〇ドイツマルクの間の月あたりの総収入をもらっていた。賃貸人は、新たな賃貸借において、通常その土地で慣習になっている比較賃料を明らかに越えるところの賃料価格を請求するのであるから、被告にとって、被告のわずかな収入をもって相当な代替住居を要求できる条件で獲得することはほとんど見込みのないものである。たとえ被告による本件住居の明渡しについての原告の経済的な利益が見誤られなかったし、拒否されることもできなかったとしても、原告の経済的な利益は、それにもかかわらず、被告のこれまでの本件住居の維持についての利益よりも比較にならないほどよりわずかに重要であった。原告の息子は現在十分な住居を提供されていたが、それに反して、被告は要求できる条件の代替住居に対する見込みをほとんど有しなかったこともまた考慮に入れられなければならなかった。その理由から、ＢＧＢ五五六ａ条にしたがって本件使用賃貸借関係の継続が定められなければならなかったのである。差し迫った住居についての困窮は今後先の見通しとしてはなお悪化するし、いずれにせよ差し迫った住居についての困窮の終わりは見通すことができないのであるから、本件使用賃貸借関係の継続は期間の定めなく言い渡されなければならなかったのである」[630]。

第五に、デュッセルドルフ地方裁判所一九九二年四月一〇日判決をみておきたい。

【118】デュッセルドルフ地方裁判所一九九二年四月一〇日判決(631)

［事案の概要と経緯］

原告（賃貸人）は、一九八八年二月二五日の本件使用賃貸借契約にもとづいて、本件建物に所在する本件住居（ひとつの部屋から構成されていた住居）を一九八八年四月一日から一九八九年三月三一日までの期間の間被告（賃借人）に賃貸した。被告は社会扶助の受領者であった。被告は、本件使用賃貸借関係の開始からはじめてではなく、すでに二六年以来本件住居に居住していたが、一九八九年二月一五日付の書面をもって、一九八九年三月三一日付で本件住居を明け渡すように要求された。

原告は、一九八九年四月八日に区裁判所に本件明渡しの訴えを提起した。区裁判所は一九八九年五月三一日の欠席判決によって被告に敗訴の判決を下したため、被告は、この判決に対して異議を申し立てた。被告は、特に社会扶助の受領者として新たな住居を探し求める状況にはなかった、と申し立てた。被告が本件住居を離れなければならないならば、被告はどこに居住することができるのかわかっていなかったし、特に敷金あるいは仲介料を調達することができなかった。被告は、一九八九年八月二一日の口頭弁論期日において、本件使用賃貸借関係の終了に異議を述べ、本件使用賃貸借関係の継続を請求した。本件住居に二六年居住していたことにしたがって、被告はその地の住宅地域に定着していたし、デュッセルドルフの住居市場の現在の状況において社会扶助の受領者として対応する新たな住居を探すことはできなかったという理由であった。

［判決理由］

地方裁判所もまた、結論として、「区裁判所は、正当なことに、一九八九年五月三一日の欠席判決を破棄し、返還と明渡しを求めた本件訴えを棄却し、本件使用賃貸借関係の継続を期間の定めなく命じたのである」(632)、と判断した。その判決理由において、地方裁判所は、そのように判断した理由について、次のように論じたのである。

「本件使用賃貸借期間の期限づけが有効に合意されることができたのかどうかという点は、本件において不確定であることができた。というのは、被告は、本件使用賃貸借関係の継続に対する請求を……ＢＧＢ五五六ａ条にしたがって本件訴訟の最初の口頭弁論においてなお適時に行使したし、一九八九年三月三一日付の本件使用賃貸借関係の終了は被告にとって要求できない苛酷さをも意味したからである。

……

……本件使用賃貸借関係を継続するという被告の請求は理由づけられてもいた。というのは、本件使用賃貸借関係の終了は被告にとって原告の正当な利益を評価しても正当化されることができないところの苛酷さを意味したからである。というのは、被告は、社会扶助の受領者として、デュッセルドルフの住居市場において相当な代替住居を要求できる条件で調達することができないからである。

最後に、本件使用賃貸借関係の継続は……期間の定めなく命じられなければならないという点においても区裁判所にしたがわれなければならなかった。というのは、被告の社会的な状態の改善あるいは住居市場の状況の緊張緩和を推論せしめるところの事情は存在しなかったからである」(633)。

第六に、リューベック区裁判所一九九三年五月二六日判決をみておきたい。

【119】リューベック区裁判所一九九三年五月二六日判決(634)

［事案の概要と経緯］

原告（賃貸人）は、一九九〇年九月一日から被告（賃借人）に賃貸されていた本件住居の所有者であった。原告は、一九九一年五月一四日に、その息子のために本件住居を必要とするという理由づけをもって被告との本件使用賃貸借関係を解約告知した。この訴えは、リューベック区裁判所一九九二年二月一九日判決によって棄却され、原告の控訴もまたリューベック地方裁判所一九九二年一一月一〇日判決によって棄却された。

原告は、それから、一九九二年一二月一日付の書面をもって、新たに、本件使用賃貸借関係を解約告知した（本件解約告知）。原告は、本件住居をその息子（二九歳）のために必要とする、と主張した。原告の息子は、目下のところ、ともに原告の小さな家に所在する彼の住居において生活していた。しかし、このような居住は長続きすることができなかった。原告の息子は、ハンブルクにおいて経済学を学んでいた。ハンブルクにおいて、原告の息子は、確かに知人のもとに居住することができたが、しかし、自分自身の居住する場所は彼の自由にならなかった。原告は、本件訴状において、それに加えて、原告の息子がイタリア人の女性と婚約したことを指摘した。婚姻が意図されていたのであり、将来の妻とその息子は、ともに原告の息子のために請求されたところの被告の本件住居に入居するということであった。原告は、一九九三年四月三〇日付の書面をもってまた別の解約告知を意思表示したが、この解約告知の書面において計画された家族の創設が引き合いに出された。

これに対して、被告は、一九九二年一二月一日の本件解約告知に対して、一九九二年一二月二二日付の書面をもって異議を述べ、本件使用賃貸借関係の継続を請求した。被告は、本件解約告知は、被告とその子供にとって特別な「苛酷さ」を意味した、と主張した。被告は社会扶助の受領者として近いうちに要求できる条件で代替住居を見出すことを考慮に入れることができなかった。また、被告は、原告の息子が具体的な婚姻の意図を有したことを否認したのである。

［判決理由］

区裁判所は、結論として、「本件訴えは理由づけられていなかった」[635]、と判断した。

その判決理由において、区裁判所は、はじめに、原告（賃貸人）の「自己必要」が筋の通り、あとづけることができるように思われたことについて、次のように論じた。

「……もっとも、原告は、一九九二年一二月一日付の本件解約告知の書面をもって、筋の通り、あとづけることができるように思われたところの自己必要についての理由を申し立てた。ハンブルクにおいても、リューベックにおいても、自分自身の住居は原告の息子の自由にならなかった。原告の私的な人生形成の枠組みにおいて、原告の息子を原告によって居住された『小さな家』に居住させることは原告の息子の居住問題の永続的な解決ではないという原告の決定は受け入れられなければならなかったのである」[636]。

しかし、区裁判所は、「被告は、ＢＧＢ五五六ａ条にしたがって、本件使用賃貸借関係の終了に有効に異議を述べたのである」[637]、と判断した。

そのように判断した理由について、区裁判所は、次のように論じたのである。

「……被告は、十分に裁判所に周知であるように、目下のところ支配している破滅的な住居市場の関係において、被告とその子供のために近いうちに被告にとって負担できる条件の相当な代替住居を見出さないであろう。それに対して、原告の息子は、明らかに、リューベックにおいて、あるいは、ハンブルクの原告の息子の勉学の場所においても、原告の息子にとって要求できる住居を見出すためのよりよい機会を有するのである。

両方の側の利益の比較衡量は、本件使用賃貸借関係の継続をめざす被告の請求を正当化されたものであるように思わせたのである。

原告の息子がひとりでなく彼の婚約者とその子供とともに本件住居に入居するつもりであることは、一九九二年一二月一日付の本件解約告知の書面から十分に明確に読み取られることができなかった。……

……

……ほかの相当な住居に入居することが、いつ被告とその子供に可能であるのかという点は予測されることができなかったのであるから、本件使用賃貸借関係の継続は期間の定めなく命じられたのである」[638]。

第七に、ハンブルク地方裁判所一九九四年六月一七日判決をみておきたい。

【120】ハンブルク地方裁判所一九九四年六月一七日判決[639]

［事案の概要と経緯］

原告（賃貸人）は、「自己必要」を理由として、一九九二年一月三〇日付の書面をもって被告（賃借人）との本件使用賃貸借関係を解約告知した。原告は、現在ほんの四九平方メートルの広さの二つの部屋から構成されていた住居に居住していたのに対して、被告の本件住居は二五平方メートルだけより広く、これはまた別のひとつの部屋に対応した。原告は、その子供らと孫らのより長期間の訪問にも宿所を提供することができるためにこの部屋を必要としたのである。

これに対して、被告は、一九九二年の春以来集中的に代替住居を得ようと努力したにもかかわらず、これまで被告とその息子のために相当な代替住居を要求できる条件で調達することがうまくゆかなかったことを理由として本件使用賃貸借関係の継続を請求したのである。

〔判決理由〕

地方裁判所は、結論として、「確かに、原告によって一九九二年一月三〇日付の書面をもって意思表示された本件解約告知は、区裁判所の見解に反して、形式的・実体的に理由づけられていた。しかし、被告は、認められた範囲において、BGB五五六a条にしたがって本件使用賃貸借関係の継続に対する請求権を有したのである」(640)、と判断した。

その判決理由において、地方裁判所は、はじめに、原告（賃貸人）によって意思表示された本件解約告知は実体的に理由づけられていたことについて、次のように論じた。

「原告は、本件解約告知の書面において、原告が被告に賃貸された本件住居を自己のためにBGB五六四b条二項二号の意味において必要とすることを十分に説明した。原告は、本件解約告知の書面において、原告が現在ほんの四九平方メートルの広さの二つの部屋から構成されていた住居に居住していたことを述べた。原告は、より広い住居に入居することによって原告の生活の質を改善したかった。被告の本件住居は二五平方メートルだけより広く、これはまた別のひとつの部屋に対応した。原告は、三人の子供らと五人の孫らをもち、これらの子供らと孫らをいつかはより長い期間の間滞在させるつもりであるという理由からもこの部屋を必要としたのである。

原告によって本件解約告知の書面において説明されたところの本件住居の自己利用のための理由は、当部の見解にしたがって、筋の通り、あとづけることができるものであった。原告の子供ら、および、特に原告の孫らの数にかんがみて、三つの部屋を備えた住居を利用することができるという原告の願望は、筋の通り、あとづけることができるものであった。というのは、このことはいずれにしてもより大きな規模の居住関係と同時に居間あるいは寝室においてそのつど多かれ少なかれ暫定的な寝場所を自由に使わせることなしにそれらの孫らをしばらくの間でも自分自身のもとに宿泊させる可能性を原告に提供するからである。

区裁判所が、原告は、本件解約告知の書面において、すでに、原告の子供らと孫らがどこに住み、彼らが何歳であり、彼らのなかの誰が原告を何度およびどれほど長く訪問するつもりであるのかという点を申し立てなければならないと考えた限りで言えば、当部は、このことを限度を超え必要ではない、と考えた。この関連において、所有権の目的物を自分自身で利用することは、基本権として保障されたところの所有者の処分権能に属することが指摘されなければならない。所有者は、自己の所有権を行使して、所有者がそのことを正しいと考えるように自己の人生を整える権限をもつ。連邦憲法裁判所が……さらに続けて述べたように、一定の住居を利用するという願望は、もっぱら、あるいは、まず第一に、客観的な基準によってはかられうるのではなく、むしろ、ある人のこれまでの人生行路、彼の将来の計画、および、彼の個人的な考えや必要と緊密に結びついているのである。このような背景の前で、（本件住居を）取り戻すことについての利益は本件解約告知の書面において十分に説明されていたのである。

原告によって主張された居住の必要、すなわち、ひとりの人によっておよそ七五平方メートルの三つの部屋から構成されていた本件住居を利用することははるかに過大でもなかったのである。

……

証拠調べの結果にしたがって、当裁判所は次のことをも確信していた。すなわち、原告が被告に賃貸された本件住居に自分自身で入居するつもりであること、ベルリンに生活している証人が、週末に喜んでよりたびたび、学校の休暇のときには彼女の二人の子供らとともに原告を訪問したいが、このことは現在の住居において難しかったこと、および、原告は、証人の四人の子供らの世話において、原告が週末に時々自分自身のもとで孫らの面倒をみることによって証人を援助する意思を表明したことである」[641]。

しかし、地方裁判所は、「本件使用賃貸借関係の契約にしたがった終了は、被告にとって原告の正当な利益を評価しても正当化されることができないところの苛酷さを意味したのである」[642]、と判断した。

そのように判断した理由について、地方裁判所は、被告（賃借人）が代替住居の調達義務を果たしたという事情のほか、次のように論じたのである。

「……自己および彼女の息子のために相当な代替住居を要求できる条件で調達することは、被告が一九九二年の春以来集中的に代替住居を得ようと努力したにもかかわらず、これまで被告にうまくゆかなかったのである。

原告の見解に反して、月あたり正味で暖房費抜きのおよそ一五〇〇ドイツマルク、あるいは、より高い代替住居のための賃料を甘受することは、被告に対して要求されることができなかった。そのような賃料で、被告は、もしかするとある住居を賃借することができるであろう。被告は、自己、および、現在なお商業学校に通っているところの被告の息子のために、全部で総計三一七二ドイツマルク八四ペニヒの金額における月あたりの収入だけをもっていた。支払われなければならない税金と社会保障分担金を考慮に入れると、当部は、正味で暖房費抜きのおよそ一五〇〇ドイツマルクの賃料で代替住居を賃借することを、被告にとって要求できるものであるとは考えなかった。これと同時に、被告は、他方において、まさしく、住宅補助金を頼りにすることができなかったし、もはや社会的住居に入居する権限もなかったほど多く稼いだこともまた考慮に入れられなければならなかったのである。

被告が半日のあいだだけ働いていたことが被告に対して非難されることもできなかった。この点では、すでに、全日勤務の仕事場を得ることが、労働市場の一般的な状況と被告の年齢にかんがみて、何の問題もなく被告に可能であったことの十分な根拠は欠けていたのである」(643)。

最後に、地方裁判所は、原告（賃貸人）と被告（賃借人）との利益の比較衡量において、なおほぼ一年半だけの本件使用賃貸借期間の延長が必要であると考えたことについて、次のように論じた。

「両方の側の利益の比較衡量において、当部は、なおほぼ一年半だけの本件使用賃貸借期間の延長が必要であると考えた。被告の息子がたぶん今年の八月に通学を完了するだろうことを顧慮して、被告の息子が、近いうちに自分自身の収入をもち賃料費用に貢献することができるか、あるいは、自分自身の世帯を構えるかして、被告がその場合より狭い住居のみを必要とすることが予期されなければならなかった。……これらの事情を考慮に入れると、当部は、相当な代替住居を調達することが被告にとってなお一年半の期間において可能であろうことから出発するのである。

当部は、他方において、被告との本件使用賃貸借関係を一九九五年の末まで継続することを原告にとってなお要求できると考えた。原告自身が説明したように、原告は、早くとも、一九九五年の秋に退職することができる。原告が現在のように完全に職業に従事しているあいだは、原告は、原告によって望まれたところの孫らの世話をきわめて制限された時間的な範囲においてだけ引き受けることができる。このような事情において、当部は、一九九五年の末までの期間の間自分自身の本件住居に入居することができるという原告の利益よりも、被告が相当な代替住居を見出すまで本件住居にとどまることができるという被告の利益をなおより重大であると考えたのである」(644)。

(ⅳ) 高齢であるという事情が考慮に入れられた裁判例

第一に、ケルン区裁判所一九七三年六月一九日判決をみておきたい。

【121】ケルン区裁判所一九七三年六月一九日判決(645)

［事案の概要と経緯］

原告（賃貸人）は一九六八年に本件建物の所有権を取得したが、被告（賃借人）はすでに一九六七年四月一日に本件建物に所在する本件住居に入居していた。原告は、その家族とともに入居するために本件建物を取得した。本件建物は三つの階層から構成されていた。一階に所在する住居を備えた事務所は若い夫婦に賃貸されていた。二階には、台所、浴室およびバルコニーを備えた二つの部屋から構成されていた住居があった。この二階の住居において、原告は、喘息の病気の彼女の夫、三二歳の息子および彼女の姉妹とともに生活していた。三階には、台所と浴室を備えたまた別の二つの部屋から構成されていた本件住居があり、本件住居は今や八一歳の被告によって居住されていた。

原告は、一九七一年八月一日付、および、一九七二年一〇月一〇日付の書面によって、被告との本件使用賃貸借関係を解約告知した。原告は、一九七二年一〇月一〇日付の書面において、一九七三年二月の終わりをめざして解約告知した。原告は、「自己必要」を理由として本件住居の明渡しを請求し、今や原告によって居住された二階の住居は四人の成人のために十分ではない、と申し立てた。原告の夫は、彼の病気（気管支喘息、心臓の循環衰弱、肝臓の病気）のために自分自身の部屋を必要とした。各々の個人は自分自身の寝室に頼らざるを得なかったし、二階の二つの部屋から構成されていた住居にとどまることは全く耐えがたいし要求できなかった。それに対して、八一歳の被告は三階の本件住居を必要としなかった。通常は、このような年齢の人々は、老人ホームにおいてであれ、あるいは、ある家族の枠組みにおいてであれ、自分自身のためになおひとつだけの空間を必要とするのを常としていたのであり、しかし、二つの部屋、台所および浴室から構成されていたところの全部そろった本件住居を必要とするのを常としていなかった。被告には、繰り返し、被告自身が退去するまで原告とその家族構成員のためにひとつの部屋を寝室として引き渡すことが提案されていたが、被告はこれまでこの願望に耳を貸そうとしなかったのである。さらに、原告は、自分自身も病気になり、原告の商売と生活の基盤を放棄しなければならなかったのであるから、原告には、唯一ののがれる方策として原告の姉妹をアメリカから本件建物と原告の商売に呼び寄せることだけが残っていた。原告の姉妹は、原告の商売を行い、健康上原告の面倒をみるために配慮するのである。

これに対して、被告は、本件明渡訴訟の最初の期日において本件解約告知に異議を述べ、次のように主張した。すなわち、原告の姉妹はその世帯に属しなかったし、原告の自由になる二階の住居はその他の点では三人の成人のために十分であった。被告の自由になる全部で三〇平方メートルの本件住居は、ひとつの部屋の引渡しを通してなお分割されることができなかった。いかなる場合にも、現在の本件住居を維持することについての被告の利益は、本件解約告知についての原告の利益よりも優位を占めていた。被告は、一九七三年一〇月二七日に八一歳になり、ひとり暮らしであった。被告がこのような高齢において今や新たに転居を実行しなければならない場合、そのことは被告にとって筆舌につくしがたい「苛酷さ」を意味した。被告は、周囲の地域を熟知していたし、ときどき援助のために被告のもとに来るところの二三人の親しい人々を知っていた。このことは、被告にとって、被告がこのような生活と習慣の領域から引きずり出されることはできなかったし、もう一度ひとり暮らしの人として八一歳の状態で住居探しに行かなければならないことが要求できなかったほどに重要であったのである。

［判決理由］

区裁判所は、結論として、「本件訴えは理由づけられていなかった。

本件使用賃貸借関係の終了についての原告の利益と本件使用賃貸借契約の継続についての被告の利益とのあいだの利益の比較衡量は、被告にとって有利な結果にならなければならなかったのである」[646]、と判断した。

その判決理由において、区裁判所は、はじめに、「賃貸人がその空間を住居として自己、その世帯に属する人々、あるいは、その家族構成員のために必要とする場合……原則として正当な利益であると考えられなければならなかった。このような正当な利益は、原告がアメリカにおいて生活していた彼女の姉妹を事後的に受け入れたことによって排除されなかった。この点では原告によって説明された理由は、原告の姉妹の受入れ、および、ここから生じる自己必要を正当化したのである」[647]、と論じた。

しかし、区裁判所は、「……賃借人は、その使用賃貸借関係の契約にしたがった終了が、賃借人、あるいは、その家族にとって賃貸人の正当な利益を評価しても正当化されることができないところの苛酷さを意味した場合、住居に関する使用賃貸借関係の解約告知に異議を述べ、賃貸人にその使用賃貸借関係の継続を請求することができる。

そのような苛酷さの存在は、本件使用賃貸借関係の本件解約告知における原告の正当な利益を考慮に入れても見て取られなければならなかったのである」[648]、と判断した。

そのように判断した理由について、区裁判所は、次のように論じたのである。

「……被告にとっての苛酷さは、ほとんど八一歳という被告の高齢のことを考えて、ほかの住居を得ようと努めることが被告にとって特につらいことであるという点において認識されなければならなかった。原告は、これまで、被告のために相当な代替住居を要求できる条件で調達するために何も試みなかったし、少なくともその申立てが欠けていた。高齢によって条件づけられたところの本件建物と居住地域への定着は、考慮されなければならないこれ以外の事情としてつけ加わった。被告が証明したように、被告は、その居住地域における知人仲間に頼らざるを得なかったし、本件使用賃貸借関係の終了は特に重く被告に打撃を与えた。被告は老人ホームに居住するように指示されることを甘受する必要がなかった。被告が、ひとり暮らしであり、住居を探し転居するときに自分自身だけに頼らざるを得なかったことは、被告にとってなおこれ以上の困難にする事情としてつけ加わったのである。

両方の側の利益の比較衡量において、本件使用賃貸借関係が終了させられた場合、そのことは被告にとって要求できない苛酷さを意味したのである」[649]。

第二に、ハノーファー地方裁判所一九八八年一月二一日判決をみておきたい。

【122】ハノーファー地方裁判所一九八八年一月二一日判決(650)

［事案の概要と経緯］

原告（賃貸人）の母親は、本件住居に関して、被告（賃借人）と期間の定めのない本件使用賃貸借契約を締結した。その後、原告の母親は、一九八六年四月七日付の書面をもって、ＢＧＢ旧五六四ｂ条四項(651)にしたがって、被告との本件使用賃貸借関係を解約告知した。これに対して、被告は、ＢＧＢ旧五五六ａ条にしたがって本件解約告知に異議を述べた。被告は九六歳の高齢の婦人であったのである。

［判決理由］

地方裁判所は、結論として、「当部は、確かに、本件建物の様式にしたがって、原告の母親の側から一九八六年四月七日付の書面をもって意思表示された本件解約告知のために、ＢＧＢ五六四ｂ条四項の要件が認められるものと判断した。賃貸人の正当な利益は、はじめから本件解約告知のために存在する必要がなかった。しかし、本件解約告知は、本件解約告知に対する被告の正当な異議のために……無効であった。すなわち、本件使用賃貸借関係の終了は、被告にとって正当化されることができない苛酷さを意味したのである」(652)、と判断した。

その判決理由において、地方裁判所は、そのように判断した理由について、次のように論じたのである。

「……被告のように高齢の婦人（九六歳）を彼女の意思に反してほかの住居に転居させることは、それ自体としてひとつの大きな苛酷さである。高齢の人々がなお困難にだけ（新しい環境に）なじむことができることは一般に周知であり、より詳しい説明を必要としない。そのことを超えて、人生経験にしたがって、そのように高齢の人を受け入れることによる危険のために、なお住居に関する新たな使用賃貸借契約を被告と締結するところの私的な賃貸人はほとんど見出されないであろう。それが総じて可能であるということになる場合には、このことはいずれにせよ被告が現在本件住居のために支払っているよりも本質的により高い賃料と引換えにのみ実現されうるであろう。それに対して……本件建物を制限なく利用するという機会を娘である原告に得させるという原告の母親の願望は後退しなければならなかった。さらに、原告は、実際の住居についての必要において、彼女の夫と子供とともにやむを得ず被告によってそれについて妨げられていなければならないことなしに本件建物に入居することがつけ加わったのである」[653]。

第三に、レムシャイト区裁判所一九八九年四月一八日判決をみておきたい。

【123】 レムシャイト区裁判所一九八九年四月一八日判決[654]

［事案の概要と経緯］

原告（賃貸人）は、本件住居を被告（賃借人）に賃貸していたが、「自己必要」を理由として、被告との本件使用賃貸借関係を解約告知した。原告はその娘に本件住居を自由に使わせたかった。原告の娘は、目下のところ、本件建物の一階において、台所とシャワー設備を備えたひとつの居間とひとつの寝室に居住していた。原告の娘は昨年の一〇月に婚姻し、妊娠している。子供の出生は一九八九年四月末に予想されなければならなかった。原告の娘は、被告の本件住居に螺旋階段を引き入れ、本件住居の部屋を寝室として利用したかった。また、原告の娘は、待ち望まれた子供を顧慮して被告の本件住居における浴室にも価値を置いたのである。

これに対して、被告は本件解約告知に異議を述べた。被告は、七八歳という被告の高齢、および、被告の健康状態を指摘した。被告は、Rにおいて彼女の息子のもとで生活するためにどうやって一九八四年に東ドイツから当地に来たのかという点を詳しく述べた。また、被告は、代替住居をめぐってどのような努力を講じ、これらの努力がどのような理由から失敗したのかという点に関しても詳細を述べたのである。

［判決理由］

区裁判所は、結論として、「本件使用賃貸借関係は、これまでの条件のもとで、一年の期間の間継続されなければならなかったのである」[655]、と判断した。

その判決理由において、区裁判所は、はじめに、原告（賃貸人）の「自己必要」が正当であったことについて、次のように論じた。

「原告は、本件審理の結果にしたがって、被告の本件住居を新たな家族のために、原告の娘とその夫に自由に使わせるというBGB五六四b条の意味における正当な自己必要を有した。本件住居を原告によって述べられた方法において利用するために、将来の子供をもつ夫婦のためにあまりに狭い現在の住居を螺旋階段を通して被告の本件住居と結びつけるという願望は、自己必要を理由とする解約告知をBGB五六四b条にしたがって正当化するところの理解できる願望である。

この関連において、被告は、原告に対して、原告の娘の夫の祖母の全く異なる建物に乗り換える可能性を指示することができなかった。というのは……原告の娘の議論の余地のない願望を履行することは原告の自由であるからである」[656]。

しかし、区裁判所は、「即時の明渡しをめざす本件訴えは認容されることができなかった。むしろ、BGB五五六a条にしたがった被告の異議は、本件使用賃貸借関係が一時的になお一年までの期間の間継続されなければならないことに行き着いたのである」[657]、と判断した。

そのように判断した理由、および、本件使用賃貸借関係の期間の定めのない継続に従われることはできなかった理由について、区裁判所は、次のように論じたのである。

「その場合に、被告は高齢であること、および、被告の述べたことに対応して、住居市場の現在の状況において八〇歳を超える人にとって短期間で代替住居を見出すことは、裁判所に周知のように、困難であることが考慮に入れられなければならなかった。しかし、一年の期間の範囲内で、命じられた努力において、被告はこの点では被告の息子とその妻の助けをも用いなければならないが、代替住居を見出すことは可能である。被告は、その理由から、被告の高齢において、仮設住宅における宿泊という危険に身をさらさなければならないというほど大きな意義が原告の自己必要に責任を負わせられることはできなかったのである。

本件使用賃貸借関係の期間の定めのない継続を述べる被告の願望に従われることはできなかった。確かに、被告は高齢である。しかし、被告は精神的に大変機敏である。このことは、口頭弁論のときに示されたのみならず、被告がなお数年前に高齢において東ドイツからRへの移住を遂行したことからも判明した。その理由から、被告はおよそ数年来場所の変更が被告に要求されることができないほど確固として現在の本件賃借住居に定着していなかったのである。

被告の健康状態が思わしくないこともまた正しかった。その場合に、当裁判所は、被告の叙述、および、提出された医師の証明書における診断が正しいことから出発する。その点で、被告は、一時的に特に循環障害に苦しんでいる。その他の点では、このような高齢において異例ではないところの一般的な健康状態にかかわる問題であった。このような一般的な健康状態は、被告が、今やもちろん被告の家族やほかの人々の助力のもとでほかの住居に転居する状態ではなかったことを意味しなかったのである。被告がその間にすべてのことを試みたという弁論の期日において被告が個別的に述べたことから、ただほかの住居だけを自由に使用する場合に、被告は主観的にも全く自分自身に転居する能力があると信じていることも判明したのである」(658)。

第四に、すでにⅡの二の2の（2）の②のⓐにおいて考察したところの二重の転居になることが考慮された事案と位置づけることもできるが、ケルン地方裁判所一九九六年七月一八日判決をみておきたい。

【124】ケルン地方裁判所一九九六年七月一八日判決(659)

［事案の概要と経緯］

原告（賃貸人）らは、八八歳の被告（賃借人）に対して、本件住居の明渡しと返還の訴えを提起した。原告らの本件訴えは、「自己必要」を理由とする本件使用賃貸借関係の解約告知にもとづいていた。

これに対して、被告は次のように主張した。すなわち、被告は、一九九〇年以来ある老人ホームと契約したが、しかし、場所が空いていないという理由からそこに受け入れられることができなかった。しかし、ほかの住居に転居することは被告に要求されることができなかったのである。

原告らの本件訴えは、第一審において棄却された。

［判決理由］

地方裁判所もまた、結論として、原告（賃貸人）らの本件訴えを棄却した。

その判決理由において、地方裁判所は、そのように判断した理由について、次のように論じたのである。「高齢に条件づけられた相当数の健康上の問題に苦しんでいるところのその間に八八歳の被告は、すでにほとんど一四年以来本件住居に居住していた。被告は、一九九〇年以来、ある老人ホームにおけるひとつの住居を得ようと努め、一九九〇年八月二〇日に受入れに対する継承権の獲得に関する対応する契約を締結した。被告はすでに今日その老人ホームにおいて毎日昼食時間をとり、そこで週に一度チェスをした。もっとも、被告によって望まれた住居は、一九九四年七月六日のB老人ホーム有限会社の情報に対応して、近いうちに被告に自由に使せられることができなかった。すべてのこれらの事情を顧慮して、目下のところ被告によって利用された本件住居を自分自身で利用することについての原告らの正当な利益を考慮に入れても、本件使用賃貸借関係の終了は被告に要求されることができなかったのである。本件使用賃貸借関係の終了は、被告にとって、その老人ホームへ移る前にさしあたり一時的にほかの住居に引っ越さなければならなかったことを結果としてともなった。しかし、そのような二重の転居は、被告にとって右に言及された事情を顧慮して要求できなかったのである」(660)。

(v) 複数の事情、あるいは、その他の事情が考慮に入れられた裁判例

第一に、「賃貸借法の規定の改正に関する第三次法律」が妥当する以前の裁判例であるが、ヴッパータール地方裁判所一九六四年七月一六日判決をみておきたい。

【125】ヴッパータール地方裁判所一九六四年七月一六日判決(661)

［事案の概要と経緯］

現在八一歳の被告（賃借人）は、一九五四年以来原告（賃貸人）らの本件建物に所在する本件住居（屋根裏部屋）に居住していた。原告らは、一九六三年九月二八日に被告に送達された本件訴えをもって、差し迫っている「自己必要」を理由として、被告との本件使用賃貸借関係を解約告知し、本件住居の明渡しと返還を請求した。原告らは次のように主張した。すなわち、原告・一は、活動性結核症に苦しみ、その理由から自分自身の寝室を必要とした。原

告・一は、一八歳、一二歳、および、一歳の年齢の四人の子供らとともに、本件建物の一階において三つの部屋とひとつの台所から構成されていた住居に居住していた。一階のまた別の部屋はＫ氏に賃貸されていた。原告らは、賃料収入に差し迫って頼らざるを得なかったのである。

これに対して、被告は反訴を提起し、本件使用賃貸借関係の継続を請求した。被告は次のように主張した。すなわち、被告は、被告の高齢とわずかな年金のためにほかの相当な住居を獲得することができないし、血族のところに引っ越す可能性も有しなかった。また、被告は老人ホームに転居するつもりもなかったのである。

区裁判所は、本件訴えを棄却し、本件反訴にもとづいて一九六七年四月三〇日まで本件使用賃貸借関係を延長した。

これに対して、原告らは、地方裁判所に控訴したのである。

［判決理由］

地方裁判所は、結論として、「許容しうる本件控訴は、部分的に理由づけられていた。

……本件使用賃貸借関係は、本件解約告知のときに、議論の余地もなく八年よりも長く存続し、本件使用賃貸借関係を即時解約告知する理由は明らかではなかったのであるから、本件解約告知は、早くとも一九六四年六月三〇日に有効になることができた。しかしながら、本件使用賃貸借関係の契約にしたがった終了は、本件事案の特別な事情のために被告の生活関係への介入をもたらし、その苛酷さは原告らの利益を完全に評価しても正当化されることができなかった。その理由から、本件反訴をもって追求されたところの本件解約告知に対する被告の異議は理由づけられていたのである。

当部は、すべての事情を考慮に入れて、一九六六年六月三〇日まで本件使用賃貸借関係を継続することを相当であると考えたのである」[662]、と判断した。

その判決理由において、地方裁判所は、そのように判断した理由について、次のように論じたのである。

「本件使用賃貸借関係の契約にしたがった終了が被告にとって必然的にともなったところの苛酷さは、原告らの申し立てられた利益を完全に評価した場合にも正当化されることができなかった。つまり……老人ホームへの転居は、何の問題もなく八一歳の被告に要求されることができなかった。むしろ、被告の胃病にかんがみて他人の食事の世話に切り替えることをのがれるという被告の願望、および、被告の個人的な自由が考えうるまで維持されることは注目すべきものであるように思われた。それに加えて、被告にとって、一五七ドイツマルク三〇ペニヒの月あたりの年金において、被告にとって負担できる賃料のほかの住居を見出すことは特に困難であった。最後に、被告にとって、彼女の子供らのもとで住居を見出すという可能性もまた存在しなかった。というのは、ゾーリンゲンに居住する娘とその二八歳の息子自身には二つの部屋だけが自由になったし、テュービンゲンに生活する息子は議論の余地もなく自分自身の住居を有しなかったからである。

その理由から、必要とあれば被告の構成員らの助力をもって、被告がほかの住居を得ようと努めることができるところの相当な期間が被告に自由に使わせられなければならなかった。これについて、本件使用賃貸借関係の契約にしたがった終了から二年の期間が必要不可欠であるように思われた。しかし、原告らの利益を考慮に入れてもそれで十分であった。その結果、原告らは、一九六六年六月三〇日まで本件使用賃貸借関係を継続するように判決を下されなければならなかったのである」[663]。

なお、地方裁判所は、原告（賃貸人）らの利益との比較衡量について、次のように論じた。

「……原告らにとって有利な結果となるように、原告らが、六人をもって、三つの部屋とひとつの台所に制限されなければならなかったし、そのときに、原告・一の病気によって、そうでなくても狭められた居住関係がなおさらに付け加えて困難にされたことが重要であった。もっとも、その場合に、原告らが、賃借人（K）にひとつの部屋を賃貸することによって……より多くの賃料収入を獲得するために目下のところなお原告らの狭められた居住を甘受したことが度外視されることはできなかったのである」[664]。

第二に、ダルムシュタット区裁判所一九八一年一二月三日判決[665]をみておきたい。

区裁判所は、本件使用賃貸借関係の経過後にも一年だけ本件使用賃貸借関係を延長することが相当であると判断した理由について、次のように論じたのである。

「賃借人の財産が欠けていること、子供が多いこと、および、外国人という身分は、ダルムシュタットの住居市場における裁判所に周知の困難な状況において代替住居の賃借を追加的に困難にした。期間の定めのある本件使用賃貸借関係の経過後にも一年だけ本件使用賃貸借関係を延長することは相当であることができたのである」(666)。

第三に、その他の事情が考慮に入れられた裁判例であるが、レーゲンスブルク地方裁判所一九八二年一〇月五日判決(667)をみておきたい。

地方裁判所は、本件使用賃貸借関係の継続を一九八三年四月一日まで認めた理由について、次のように論じたのである。

「……当部は、区裁判所の判決において是認されたところの次の見解にしたがう。すなわち、本件住居を手放すことは被告にとって一九八三年四月一日前には賃貸人の正当な利益を評価しても正当化されることができない苛酷さを意味したという見解である。連邦国防軍の参謀将校としていずれにしても彼の家族をたびたびの住居の交替にさらさなければならなかったし、そのことから、本件建物を二年ないし三年占有してしかるべきであるという原告らの確約（契約上確定されてはいないが）を信頼したところの被告の特別な職業上の状況が、区裁判所によってすでに考慮に入れられた理由につけ加えられなければならなかった。職業に条件づけられたたびたびの住居の交替にさらに付け加えてなおこれ以上のその間の転居を受け入れなければならないわけではないという被告の理解できる必要にかんがみて、当部は、ＢＧＢ五五六ａ条の社会的条項の援用は代替住居を求める自分自身の努力を前提とするという原告らの論拠をも確固たるものではないと考えたのである。このような被告の特別な必要は、この必要がすでに本件契約交渉の時点において原告らにとって認識できただけにそれだけよりよく裁判所の判決に受け入れられなければならなかったのである。

原告らが社会的条項の適用において住居に向けての自分自身の必要のことを考えて要求できないほど侵害されたと見て取ったところの原告らによって論拠として持ち出された所有権は、当部の見解にしたがって十分に重要ではなかった。つまり、原告らは、本件使用賃貸借契約の締結によって、それと知りながら原告らの所有権を自分自身で利用するという可能性を放棄したことが見落とされてはならなかったのである」(668)。

第四に、すでにⅡの一の3において取り上げたところのシュトゥットガルト地方裁判所一九九〇年一二月六日判決をみておきたい。

【126】シュトゥットガルト地方裁判所一九九〇年一二月六日判決(669)

［事案の概要と経緯］

原告（賃貸人）らは、原告・三の息子のために、「自己必要」を理由として、被告（賃借人）との本件使用賃貸借関係を解約告知した。これに対して、被告は、ＢＧＢ旧五五六ａ条にしたがって、一九九一年三月三一日まで本件使用賃貸借関係を継続することを請求したのである。

地方裁判所に控訴したのは被告であった。

［判決理由］

地方裁判所は、結論として、「確かに、当事者相互間に、原告らが、法的に有効に、原告・三の息子の自己必要を理由として、本件住居に関する本件使用賃貸借関係をＢＧＢ五六四ｂ条二項二号にしたがって解約告知する権限のあったことは議論の余地もなかった。しかし、当部の確信にしたがって……本件解約告知に異議を述べたところの被告に、ＢＧＢ五五六ａ条にしたがって……一九九一年三月三一日まで本件使用賃貸借関係を継続することに対する請求権が当然帰属すべきものであった」(670)、と判断した。

その判決理由において、地方裁判所は、そのように判断した理由について、次のように論じたのである。

「当部は、一九九一年三月三一日前の引越しに関するＢＧＢ五五六ａ条一項の意味における苛酷さについての事案を、被告の妻が妊娠し被告の妻の出産が一九九一年の一月の半ばに決まっている点、および、それに加えて、被告がさらに現在一歳半の幼児をかかえている点に見て取った。このような家族的な状況にかんがみて、被告の妻にとって一九九一年三月末の前に転居を遂行することはほとんど不可能であるように思われた。その他の点では、被告は、本件解約告知の意思表示以来集中的に新たな住居を得ようと努めたことを証明した。この証明は、一九九〇年三月のはじめからの日付であるところの一〇〇を超える願書の形態において存在した。最後に、被告は、そうこうするうちに二つの住宅建設組合において構成員となり、正当な期待が三月の終わりに被告とその家族のためにも適当な住居が自由になるほどまで存在することが考慮に入れられなければならなかった。それに対して、賃貸人らの側においては、原告・三の息子が、すでに自分自身の世帯のために家具を部分的に購入し別に置いた後で、今やようやく婚姻するつもりであることが考慮に入れられなければならなかった。しかし、それに対して、一九九一年三月三一日までの本件使用賃貸借関係の期限づけられた継続に対する被告の利益は、当部が、苛酷さについての事案が存在し、一九九一年三月三一日までの本件使用賃貸借関係の継続に対する請求権が被告に当然帰属すべきものであるという確信に達したというほどに優先的なものであるとみなされなければならなかったのである」[671]。

第五に、ランダウ区裁判所一九九三年三月一〇日判決をみておきたい。

【127】ランダウ区裁判所一九九三年三月一〇日判決[672]

［事案の概要と経緯］

被告は、三五年を越えて以来本件建物の三階に所在する本件住居の賃借人であった。被告（賃借人）は、七九歳であり、重病であった。すなわち、被告は、高血圧症、糖尿病等に苦しんでいた。また、被告は、心拍のペースメーカー、および、右肩から右上腿部の動脈へのバイパスをもっていた。というのは、被告は重い心臓病であったからである。被告は、心拍のリズムの障害と慢性の左の心不全等をともなう冠状血管の心臓病に苦しんでいた。それに加えて、被告の両方の股関節はひどくそこなわれていた。その結果、被告は歩行において相当な困難さを有したのである。

これに対して、原告（賃貸人）は、一九七二年四月二〇日に生まれた息子をもち、彼は婚約者とともにひとりの子供を有した。原告の息子は、歯科学の勉学の終了後にいつかは本件建物の一階において営まれている原告の歯科医の診療所において一緒に働くということになっていた。原告の息子は、これまで自分自身の住居をもっていなかった。原告の息子は、彼の婚約者とともに自分自身の世帯を構え、本件住居に入居するつもりであった。そこで、原告は、「自己必要」を理由として、被告との本件使用賃貸借関係を解約告知したうえで本件明渡しの訴えを提起したのである。

［判決理由］

区裁判所は、結論として、「当事者の本件使用賃貸借関係は、一九九一年八月二〇日の原告の本件解約告知によって終了させられていなかった。本件解約告知はきちんと行われた。特に、主張された自己必要は原告の息子のために存在した。というのは、原告の息子は確かに自分自身の家族（婚約者と子供）をもっていたが、しかし、彼の家族のために自分自身の住居をもっていなかったからである。……しかし、被告は、原告の本件解約告知に対して、許容しうるように有効に異議を述べたのである……

この異議は理由づけられていた。一九九二年八月三一日付の本件使用賃貸借関係の契約にしたがった終了は、被告にとって原告の正当な利益を評価しても正当化されることができないところの苛酷さを意味したのである」[673]、と判断した。

その判決理由において、区裁判所は、そのように判断した理由について、次のように論じたのである。

「……確かに、被告は、相当な代替住居を要求できる条件で調達することができないことを詳細に申し立てなかった。そのことから、代替住居を見出すことが不可能であることは想定されることができなかった。しかし、裁判所に周知であるように、ランダウの領域においても住居はきわめて乏しく、その結果、通常の賃料価格の住居を見出すというおのおのの人のおのおのの試みは困難さと結びつけられていた。被告は、彼の重大な病気によって、彼の活動において、特に代替住居を求める努力において、すでに住居を探し求めるおのおのの人にとってランダウ・プファルツとその周辺の地域において存在する相当な困難さが代替住居の調達が被告にとってほとんど不可能であるように思われるほど大きくなったほどに制限されていたのである。被告はこのような努力を仲介業者に委ねることができるというように、これに対して異議が申し立てられることはできなかった。その場合仲介業者に委託することのほかになお被告のために必要となるところの仕事（住居の検分、仲介業者、場合によっては賃貸人との交渉）もまた大変範囲の広いものであり、被告にほとんど可能でないところの仕事を必要とした。それに加えて、被告は、月あたり一五〇〇ドイツマルクの彼の年金をもって相当な資金を代替住居を見出すという試みに投入することができなかった。さらに、被告は、七九歳をもって、ほかの環境へのおのおのの移動がすでにそれ自体としてはひとつの苛酷さを意味するほど高齢であることがつけ加わった。というのは、被告の年齢における人々は、彼らの環境に慣れており、新たな環境に困難にのみ慣れることができるか、あるいは、全然慣れることができないからである。それで、たとえば、被告は、日々の生活を果たすことにおいて、被告の病気によって限定され、ほかの人々の援助に頼らざるを得なかった。ほかの環境においてこのような援助を行うことを引き受ける人々を見出すことは、高齢の人としての被告にとって特に困難である。自分自身でほかの住居に転居することは、独力においてではなく、引越会社によって実行されるときにも、健康上の理由から被告にとって実行可能ではなかった。というのは、引越会社の仕事のほかに、被告にとって、おのおのほかの人にとってと同じように、転居と関連して被告がもはや果たすことができない処理しなければならない多数の身体的に厄介な仕事が残ったからである。

　被告のこのような利益に、原告の二〇歳の息子のために婚約者と子供とともに住居を調達するという原告の利益が対峙した。原告の息子は、職業教育の訓練生として、住居の調達のために相当な資金を投入することを許容するところの収入をもっていなかった。職業は歯科医であるところの原告が、この点において格別に原告の息子を支援したことがこの決定の基礎とされることはできなかった。というのは、そのために何も説明されなかったからである。原告の息子の婚約者が、自分自身の収入をもっていたのかどうかという点、場合によってはどのような程度においてもっていたのかという点は未決定のままであった。しかし、住居を見出すことが、被告にとってよりも、原告の息子にとって、および、原告自身にとっても、本質的により容易なものとなるという事実は残った。というのは、両者は、このようなやり方において、被告と同じように身体的に妨げられていなかったからである。原告の息子とその婚約者が別れてそのつど彼らの両親のもとで生活し、共通の子供が、自分自身の家族においてではなく、むしろ祖父母の家族において成長するという状態はあまり好ましくないが、しかし、原告とその息子の側の状態が、代替住居を求める被告の努力が成果に行き着くことよりも、本質的により容易に被告の本件住居を請求することなしにも変えられうるという予想は正当化されているように思われた。被告の利益は、一九九二年八月三一日付の本件使用賃貸借関係の契約にしたがった終了が被告にとって不相応な苛酷さを意味したほどに原告の利益より優勢であったのである。BGB五五六a条三項一文にしたがって、当事者の本件使用賃貸借関係の継続は期間の定めなく命じられる。というのは、本件使用賃貸借関係の終了が被告にとって要求できない苛酷さを意味するところの事情がいつ存在しなくなるのかという点は不確かであったからである。おそらく、この事情は被告の生存期間の間存続するだろう」[674]。

第六に、ハノーファー地方裁判所一九九四年二月一八日判決をみておきたい。

【128】ハノーファー地方裁判所一九九四年二月一八日判決[675]

［事案の概要と経緯］

原告（賃貸人）は、原告の成人した娘とその婚約者のために、「自己必要」を理由として、被告（賃借人）との本件使用賃貸借関係を解約告知した。原告の娘は、その婚約者とともに本件建物（一世帯用住宅として考案されていた列状住宅）に入居し家族を創設するつもりであった。これに対して、被告は、BGB旧五五六a条にしたがって本件解約告知に異議を述べた。被告は、離婚後にひとりで二人の子供らを育てていたことに加えて、大学での勉学の最終段階に入っていたのである。

［判決理由］

地方裁判所は、結論として、原告（賃貸人）の本件明渡しの訴えを棄却した。

その判決理由において、地方裁判所は、はじめに、原告（賃貸人）の側に「自己必要」の要件が存在したことについて、次のように論じた。

「区裁判所とともに、原告の側に自己必要の要件が存在したことから出発されなければならなかった。原告によって主張されたところの原告の成人した娘とその婚約者のための利用の願望は、それ自体としては被告によって否認されなかったが、筋の通り、あとづけることができるものであった。当部の見解にしたがっても、いまだに過大な居住の必要の主張から出発されることはできなかった。本件列状住宅は一世帯用住宅として考案されていたし、本件使用賃貸借契約において、かつてなお屋階の建造前に、およそ一一七平方メートルの居住面積をもって証明されていた。それとともに、計画された家族の創設を顧慮して過度な住居の要求について述べられることはできなかったのである」(676)。

しかし、地方裁判所は、「一九九二年八月一〇日付の異議の書面において申し立てられた理由に関しては、これらの理由は……被告によって請求された本件使用賃貸借関係の継続を正当化した。区裁判所の見解に反して、BGB五五六a条一項の枠組みにおいて行われなければならない利益の比較衡量は、全部の決定的な事情をすべてみるとき、いずれにせよ現在の見地から原告の明渡請求をなお理由づけることができなかったのである」(677)、と判断した。

そのように判断した理由について、地方裁判所は、次のように論じたのである。

「区裁判所の想定にしたがうのと異なって、月あたり四〇〇〇ドイツマルクの実質収入が被告の自由になったのではなく、被告が今や詳細に控訴の理由づけにおいて述べたように、被告は、自己と子供らのために（すなわち、子供の養育費、世話の生計費および児童手当をも含めて）二八四六ドイツマルクだけをもっていた。そのことから、被告に対して、周知のごとく緊張した住居市場の状況において相当な代替住居を見出すことが経済的な理由から……被告にとってより容易であると異議が申し立てられることはできなかった。被告は、経験上、ひとりで子供らを育て大学で勉学している人としての自己のために、ならびに、いまだに学校に通っている二人の子供らのために有するところの比較的高い支出において、むしろ、比較的格安でそれとともに当然多くは意のままにならない住居のひとつを取得し、もしくは、賃借することだけが考慮に値するところの多かれ少なかれ平均的な収入をともなう多数の住居を探している人々に組み入れられる。被告がこれまで集中的に、しかし、むだに対応する代替住居を得ようと努めたことは、これに関する範囲の広い被告の説明から判明した。さらに、被告は、いずれにせよ現在なおWの現在の居住地域において、あるいは、いずれにせよWの近くにおいて代替住居を賃借することに頼らざるを得ないことがつけ加わった。このような必要性は、被告の娘、および、特に被告の息子（C）がWにおいて学校に通っていることから明らかであった。そのときに、Cは、およそ一一歳もしくは一二歳という彼の年齢にもとづいてのみならず、特に一九九三年六月一八日付の小児科医の鑑定書に対応して、彼の精神社会的な発展を被告の離婚後になおさらに続けて危険にさらさないためにも、いずれにせよまず第一になおWに居住している彼の祖母による世話に、および、安定させる要因としての現在の交友範囲の維持に頼らざるを得なかったのである。

被告自身もまた、被告がこの時期に彼女の子供らに、いずれにせよ息子に当然与えてやらなければならないところの配慮を度外視して、被告がその間にハノーファーにおける彼女の勉学の最終勉学に入ったことによって特に被告に負担をかける状態にあった。そのことによって、さらにつけ加えて、先行した本件の契約についての紛争と今や住居を探す必要性によって引き起こされたが、被告は、被告の側で、一九九二年一一月三日付の医学博士の診断書から特に最近における三度の療養所の滞在を指摘しても判明したように明らかに疲れ果てていた。被告に負担をかけるところの修了試験の準備、およびおよそその次の五ヶ月ないし六ヶ月の間住居の交替を要求できないように思わせるところのその間のなおこれ以上の療養を度外視して、そのことを越えて、被告がそれからそのほかにすでに全く差し迫って滞っている住居の交替から引き離されて……ともかく一度いくらか『休養する』ことが必要であるようにも思われたのである。

それに対して、さしあたり、彼女の婚約者と一緒に引越し家族を創設するという原告の娘の正当な利益はなお後方に退いていなければならなかった。婚約者らが原告の本件建物に一緒に引っ越すことを必要としたところのさらにつけ加わる特別な事情は明らかでなかった。婚約者らは、なお比較的若く、その他の点ではそのほかの家族の義務に関しては拘束されていなかった。そのときどきの両親のもとでのこれまでの居住が婚約者らを（主観的に）あまりにも妨げすぎた場合には、述べられた問題をもって負担をかけられた被告にとってよりも、婚約者らにとって……本質的により容易に見出されうるところの一時的な解決を見出すことがおそらく婚約者らに要求されなければならなかったのである」(678)。

③賃借人にとっての「苛酷さ」が否定された事案

最後に、代替住居の調達が問題とされ、結論として、賃借人にとっての「苛酷さ」が否定された事案を考察する。

ここでは、ⓐ二重の転居になることが考慮されなかった事案、および、ⓑその他の事情から賃借人にとっての「苛酷さ」が否定された事案、という二つの類型に分けて、関係する裁判例を考察することにする。

ⓐ二重の転居になることが考慮されなかった事案

第一に、「賃貸借法の規定の改正に関する第三次法律」が妥当する以前の裁判例であり、すでにⅡの一の2において取り上げたところのベンスベルク区裁判所一九六五年一一月一六日判決[679]をみておきたい。

区裁判所は、すでに考察したように、「被告（賃借人）らが三人の子供らをもち、被告（夫）が五人家族の唯一の養い手であるという事実は、異議の権限を付与するところの被告らの例外的事情を意味しなかった」[680]、と論じたが、そのうえで、次のように論じることにより、賃借人らにとっての「苛酷さ」を否定したのである。

「……期待されうる自宅の購入に関する被告らの申立てもまた断固とした処置を取らなかった。確かに、BGB五五六a条の意味における苛酷さについての理由は、賃借人が自宅の購入を計画し、建築の開始と入居可能なことが十分な確実性をもって見通すことができ、賃借人がほかの住居への短期間の転居によって彼の建物の可能な限り迅速な完成に自分自身のすべての努力を向けることについて個人的・経済的に妨げられている場合に存在することが正当と認められる。しかし、この点では、被告らは十分に申し立てなかった。被告らが、被告らは志望者として見込まれ、建築の企図は来年の春に開始され、およそ秋に終えられるということになると述べたことから十分な確実性をもって被告らの見込まれる退去の見通すことのできる時点は読み取れなかったのである」[681]。

第二に、同じく「賃貸借法の規定の改正に関する第三次法律」が妥当する以前の裁判例であるが、ドルトムント・ヘルデ区裁判所一九六六年三月二九日判決をみておきたい。

【129】ドルトムント・ヘルデ区裁判所一九六六年三月二九日判決(682)

［事案の概要と経緯］

原告（賃貸人）は、被告（賃借人）らとの本件使用賃貸借関係を解約告知し、一九六六年四月三〇日付で、本件住居の明渡しを請求した。これに対して、被告らは、ＢＧＢ旧五五六ａ条にしたがって本件解約告知に異議を述べた。被告らは、本件使用賃貸借関係を二年だけ継続することを請求したのである。

［判決理由］

区裁判所は、結論として、「本件訴えは……理由づけられていた。というのは、当事者の間の本件使用賃貸借関係は、一九六六年四月三〇日付で、その終了を見出し、そのことから、被告らは……本件住居を一九六六年四月三〇日付で明け渡すように義務づけられていたからである。

それに反して、被告らの異議は理由づけられていなかった。

被告らは、不当にＢＧＢ五五六ａ条の規定を引き合いに出したのである」(683)、と判断した。

その判決理由において、区裁判所は、そのように判断した理由について、特に被告（賃借人）らが自分自身の建物の建築が二年後に完成されているだろうことを主張したことについて、次のように論じたのである。

「今や、被告らは、確かに時間的に限定されていない本件使用賃貸借関係の継続をも請求しなかった。むしろ、被告らは二年だけ本件使用賃貸借関係を継続することだけを得ようと努めた。……

そのことから、被告らは、被告らによって計画された建物の建築が二年後に完成されているだろうことをも参照するように指示したのである。

今や、このような見積もりは確信をもってきわめて楽観的である。……この居住用の建物が入居可能であるまでの措置については、二年以内におそらくほとんど進められることができないところのきわめて長い道のりである。そのための保証は決してなかった。このために三年を見積もることが明らかにより現実的であったのである。

このような事情のもとで、本件訴えの請求に応じて被告らにより早い転居を要求することは、被告らにとって彼らの生活関係を考慮に入れてＢＧＢ五五六ａ条の意味における苛酷さについての事案を意味しなかったのである」(684)。

区裁判所は、右のように、本判決の判例集の要約にあるように、「二年を越えてその実現を要求するところの賃借人の建築の意図は解約告知に対する異議を理由づけない」[685]、と判断したのである。

第三に、フレンスブルク区裁判所一九七一年四月一六日判決をみておきたい。

【130】フレンスブルク区裁判所一九七一年四月一六日判決[686]

［事案の概要と経緯］

原告（賃貸人）は、被告（賃借人）に対して、一九六九年七月一日付の書面によって、一九六九年一一月三〇日付で、本件使用賃貸借関係を解約告知した。これに対して、被告は、次のような文面の書面をもって異議を述べた。すなわち、「われわれは四人の子供らをもち、私の妻は妊娠七ヶ月であり、それに加えて、われわれは子供の多い家庭の連盟（Bund der Kinderreichen）を介してひとつの列状住宅を建築する。われわれの建物は、先の見通しとしては、来年（一九七〇年）の中頃に入居可能であろう。われわれ、すなわち、一六人の作業共同体は、自助努力において建物を建築する」、という書面であった。その後、原告は、本件訴えを提起し、本件住居の返還を請求した。

これに対して、被告は、本件訴えを棄却すること、補助的に本件使用賃貸借関係が一九七一年九月一日までさらに続けて存続することの確認を求めたのである。

［判決理由］

区裁判所は、結論として、「被告は、原告によって意思表示された本件解約告知にもとづいて本件住居を明け渡すように義務づけられていた」[687]、と判断した。

その判決理由おいて、区裁判所は、そのように判断した理由について、次のように論じたのである。

「……被告によって述べられたところの本件解約告知に対する異議は確かに注目すべきものであったが、しかし、この異議によって正当化されたところの本件使用賃貸借契約の相当な延長の期間はその間に過ぎ去ったのである。このことは被告の異議の書面から判明した。被告の異議の書面において、被告は、先の見通しとしては一九七〇年の中頃に自宅に入居すること、および、被告の妻が妊娠七ヶ月であることを説明した。この説明にもとづいて、一九七〇年の夏の終わりまで本件使用賃貸借関係を延長することが相当であった。この時点において被告の妻は出産し、被告は、見込みのある自宅に関する被告の申立てが正しかった場合には、この時点においてこの自宅に入居することができた。この時から、当事者の間には、契約のない状態が存在したのである」(688)。

本判決の事案は、本判決の判例集の要約にあるように、「賃借人が、賃借人の異議の書面において、見込みのある自宅に関する申立てにおいて思い違いをした」(689)事案である。このような場合、区裁判所は、右のように、見込みのある自宅の建築に関する賃借人の申立てが正しかった時点まで本件使用賃貸借関係を延長することは相当であるが、この時点を超えてさらに本件使用賃貸借関係が継続されることはない、と判断したのである。

第四に、ケルン地方裁判所一九八七年七月一四日判決をみておきたい。

【131】ケルン地方裁判所一九八七年七月一四日判決(690)

［事案の概要と経緯］

原告（賃貸人）は、一九八六年三月二六日付の書面をもって、一九八六年九月三〇日付で、被告（賃借人）との本件使用賃貸借関係を解約告知した。これに対して、被告は、第二審において、なお建築されなければならない一家族用住宅を売買によって取得したが、この一家族用住宅は先の見通しとしては一九八七年八月の終わりまでに建築され、その結果、中間的な転居は要求できないという理由にもとづいて本件解約告知に異議を述べたのである。

［判決理由］

地方裁判所は、結論として、「原告は、当事者の間に存在する本件使用賃貸借関係を一九八六年三月二六日付の書面をもって一九八六年九月三〇日付で有効に解約告知した。

賃借人としての被告は、ＢＧＢ五五六ａ条を引き合いに出して本件解約告知に異議を述べることもできなかったし、原告に対して、本件使用賃貸借関係の継続を請求することもできなかった。本件使用賃貸借関係の終了は、被告とその家族にとって賃貸人の正当な利益を評価しても正当化されることができないところの苛酷さを意味しなかったのである」(691)、と判断した。

その判決理由において、地方裁判所は、そのように判断した理由について、次のように論じたのである。「正当化されることができない苛酷さは、被告によって第二審において申し立てられた次の理由から判明しなかった。すなわち、被告は、なお建築されなければならない一家族用住宅を売買によって取得したが、この一家族用住宅は先の見通しとしては一九八七年八月の終わりまでに建築され、その結果、中間的な転居は要求できないという理由である。確かに、明渡しによって必要不可欠になるところの短い期間内の二重の転居は要求できない苛酷さを意味しうることは原則として正しい。しかし、本件事案において、このことはそうではなかった。一方において、その代替住居が本当に一九八七年八月の終わりに完成されているのかどうかという点は不確かであった。……さらに、なお場合によっては生じるところの短い期間内の二重の転居の必要性は、次のことに帰せられなければならないことがつけ加わった。すなわち、被告が、ほかの住居の賃借によってであろうと、時宜を得た自宅の取得によってであろうと、適時に代替住居の調達に心を配ることを怠ったことである。被告によって提出されたところの一家族用住宅の建築に関する契約は、一九八七年三月一三日にはじめて被告によって署名されていたのである」(692)。

地方裁判所は、右のように、本判決の判例集の要約にあるように、「賃借人が、一九八六年九月三〇日付で効力を生じた本件解約告知後に、先の見通しとしては一九八七年八月の終わりに建築されるだろうところの賃借人によって入居されうる一家族用住宅の建築に関する契約に一九八七年三月一三日にはじめて署名した場合、賃借人は短い期間内の二重の転居のためにBGB五五六a条の意味における要求できない苛酷さを引き合いに出すことができない」(693)、と判断したのである。

第五に、すでにⅡの二の1の（1）の②において取り上げたところのヴァルツフート・ティンゲン区裁判所一九八九年八月四日判決（裁判例【16】）もまた、二重の転居になることが考慮されなかった事案にあたる。その点にかかわる区裁判所の論述は、次のようであった。

「確かに、中間的な転居が要求できないことは保護に値する利益として正当と認められるが、しかし、被告らの建築計画はこのために十分に具体的に述べられていなかった。すなわち、申し立てられたところの建築計画において、いつ入居が行われることができるのかという点はなおおよそ予測可能ではなかった。被告ら自身の申立てにしたがってさえも、これまで地階の計画策定だけが注文されていた。もっとも、被告らは、被告らの申立てにしたがって、資金調達に心を配った。しかし、その資金調達が確保され、それとともにその建築計画が実現可能であるのかどうかという点はなお述べられていなかった。その資金調達は、特に被告らの申立てにしたがっても不確かであるように思われた」(694)。

第六に、ミュンスター区裁判所一九九八年六月一五日判決をみておきたい。

【132】ミュンスター区裁判所一九九八年六月一五日判決(695)

［事案の概要と経緯］

被告（賃借人）らは、原告（賃貸人）から、一九七二年一一月一日の本件契約によって本件建物の二階に所在する本件住居を賃借した。本件住居は、四つの部屋等、および、屋階の道路側に所在するおよそ一二・五〇平方メートルの広さの部屋から構成されていた。被告・二は、ある学校の教師であり、副校長であった。被告・二の年金つき退職は一九九九年七月三一日に間近に迫っていた。被告・二の妻（被告・一）は職についていなかった。被告らの成人した娘は学生であり、屋階の部屋に居住していた。

一方、八五歳の原告は、目の病気のためにほとんど盲目であり、それに加えて重大な糖尿病と心臓病に苦しんでいた。原告は、八二歳の妻と本件建物の一階の住居に居住していた。原告の妻は、一九九七年の半ば以降、大腿骨頸部骨折の後車いすに頼らざるを得なかった。正当と認められた原告らの世話の必要、および、原告の妻の援助の必要のために、原告ら夫婦は、昼の間ずっと毎日四時間ないし六時間すべての生活領域において通いの世話をするスタッフによって面倒をみられていた。原告は、一九九七年二月の書面をもって、「自己必要」を理由として、一九九八年二月二八日付で、被告らとの本件使用賃貸借関係を解約告知した。被告らの本件住居は、祖父母である原告らの面倒をみて原告らを援助する心構えをしているところの原告らの孫とその妻によって必要とされるという理由であった。原告らは、差し迫って孫とその妻の援助に頼らざるを得なかった。というのは、原告らの健康状態は、一九九七年の半ばから劇的に悪化し、原告らは夜もいつでも援助が行われうることに頼らざるを得なかったからである。原告は、彼の失明のために、手術の後再び転倒したところの彼の妻を迅速に助ける状況にはなかった。

これに対して、被告らは、BGB旧五五六a条一項を引き合いに出し、被告らは、一九九九年における被告・二の年金つき退職の後はじめて退去する状況にある、と主張した。被告らは、被告・二の年金つき退職の後、被告らの晩年のために適当なより狭い住居を探すことを計画した。被告らの娘は一九九九年まで彼女の両親と一緒に居住するということになることがあらかじめ考慮に入れられていた。一年の期間の間被告らとその娘のためにある住居が賃借されることは被告らに要求されることができなかった。被告らは、特に学校への良好な交通の接続をともなう住居にも頼らざるを得なかった。被告・二は、職業的な理由から、彼の年金つき退職の前に、転居の準備をし、転居を実行する状況にはなかった。被告・二の妻は、健康上の理由から、取り立てていうほど転居に関与することができなかったのである。

［判決理由］

区裁判所は、結論として、「原告は、被告らに対して……被告らによって居住された本件住居の明渡しと返還を請求することができる。というのは、本件使用賃貸借関係は、一九九七年二月の本件解約告知によって……一九九八年二月二八日付で終了させられたからである」[696]、と判断した。

その判決理由において、区裁判所は、はじめに、原告（賃貸人）の本件解約告知は有効であったことについて、次のように論じた。

「本件解約告知は有効であった。というのは、証拠調べにもとづいて、原告が被告らによって居住された本件住居を原告の孫とその妻のために必要としたことが確定していたからである。本件住居が、原告の孫と職業に従事しているその妻に、彼らのこれまでの住居に対して、中心部の立地条件と部屋の数を通して彼らの職業活動と家族の後続の世代の計画のためにより好都合な諸々の前提を提供することはあとづけることができた。しかし、原告とその妻に、調整された世話の時間の範囲外で差し迫って必要とされる援助が原告らの孫とその妻によって与えられることが決定的であった。当裁判所は、証人らの証言にもとづいて、原告らの孫とその妻が原告らの援助の心構えをしていたし、その状況にあったことを確信していたのである」(697)。

さらに、区裁判所は、原告（賃貸人）らの利益と被告（賃借人）らの利益とのあいだの比較衡量において、賃借人らにとっての「苛酷さ」を否定したことについて、次のように論じたのである。

「本件使用賃貸借関係の継続に対するBGB五五六a条にしたがった請求権は被告らに当然帰属すべきものではなかった。というのは、本件契約関係を終了させ、計画されたよりも一年早く新たな住居を賃借することは、全部の事情の比較衡量にしたがって被告らとその娘にとって要求できない苛酷さを意味しなかったからである。年金つき退職の後ゆっくりとより狭い住居を探すことができるという被告らの利益は、原告とその妻が援助を必要とすること、および、彼らの健康にとって危険をはらんだ状態に対して後方に退いていなければならなかった。そのことと比べると、計画されたよりも一年早く新たな住居を賃借すること、もしくは、娘を独立へと出してやることは、被告らにとって要求できないことではなかったのである。

より早く転居の手はずを整えることの妨げになっているところの重大な理由は、被告・一の健康上の侵害を考慮に入れても申し立てられていなかった。目下のところ、住居市場において、近距離交通網にも接続されているところの対応する広さの住居を獲得することは可能である」(698)。

最後に、区裁判所は、民事訴訟法七二一条にしたがった明渡期間を認めることはできないと判断したことについて、次のように論じたのである。

「民事訴訟法七二一条にしたがった明渡期間を認めることは拒絶されなければならなかった。被告らは一年じゅう相当な住居を探し出す時間があった。被告らは、彼らが総じてこの期間においてほかの住居を賃借することを得ようと努めたことを申し立てなかった。原告とその妻の困難な状態は被告らに周知であった。明渡期間を認めることは、このような事情を考慮に入れて問題にならなかったのである」(699)。

ⓑその他の事情から賃借人にとっての「苛酷さ」が否定された事案

㋐「賃貸借法の規定の改正に関する第三次法律」が妥当する以前の裁判例においては、条文の文言にしたがって、BGB旧五五六a条は例外的な規定として取り扱われていたし、代替住居の調達が問題とされた事案においても賃借人にとってより厳しい解釈がなされていたようである。ここでは、二つの裁判例だけをみておきたい。

第一に、ブラウンシュヴァイク地方裁判所一九六四年一月三一日判決をみておきたい。

【133】ブラウンシュヴァイク地方裁判所一九六四年一月三一日判決(700)

［事案の概要と経緯］

原告（賃貸人）らは本件土地・建物の所有者であった。被告は、一九五三年一〇月から本件建物に所在する本件住居の賃借人であった。被告（賃借人）は、一二歳と一六歳との間の年齢の三人の子供らをかかえていた。原告らは、被告との本件使用賃貸借関係を解約告知し、本件住居の明渡しと返還を請求した。被告は、BGB旧五五六a条にしたがって本件解約告知に異議を述べたが、区裁判所は、本件訴えを認容した。

これに対して、被告は、地方裁判所に控訴したのである。

［判決理由］

地方裁判所もまた、結論として、「被告の許容しうる本件控訴は成果のないままでなければならなかった。……しかし、被告には、一九六四年三月三一日までの明渡期間が認められなければならなかった。

本件住居の明渡しと返還に対する本件訴えは、一九六四年一月三一日付で理由づけられていた。

……

被告の異議は理由づけられていなかった」(701)、と判断した。

その判決理由において、地方裁判所は、被告（賃借人）の異議は理由づけられていなかったと判断した理由について、次のように論じたのである。

「……被告が、社会扶助の受領者として彼女の四人家族とともに全く相当に制限された所得関係において生活していることを引き合いに出し、最近における被告の多数の失敗に終わった試みからも明らかとなったように、このような事情のもとで困難にのみ相当なほかの住居を獲得することができると主張した限りで言えば、当部は、これらの理由のなかにBGB五五六a条一項にしたがった本件異議の正当化を認めることができなかった。というのは、これらの反対理由は、当部によって、執行からの保護の手続きにおいて全く意義がありうるところの理由であると判断されるからである。被告に認められた明渡期間の満了後に、よりあとの執行からの保護の手続きにおいて、これらの理由を決定のために執行裁判所に提出することは被告の自由裁量に任されている。しかし、一般に、制限された所得関係と代替住居のためのむだな努力という単なる事実は、BGB五五六a条一項にしたがった異議の理由として正当と認められることができないのである。というのは、このことは、執行からの保護の手続きのためにあらかじめ考慮に入れられたところの明渡債務者のよりあとの保護の可能性をすでに決着のついていない手続きに引き出すことを意味するからである」(702)。

第二に、ハーゲン地方裁判所一九六四年一一月一二日判決をみておきたい。

【134】ハーゲン地方裁判所一九六四年一一月一二日判決(703)

［事案の概要と経緯］

被告（賃借人）は、原告（賃貸人）との本件使用賃貸借契約にもとづいて、一九五八年以来原告の本件建物に所在する四つの部屋から構成されていた本件住居に居住していた。被告は未成年の四人の子供らをかかえて福祉手当をもらい、新聞配達人として働いていた。原告は、一九六四年六月三〇日付で、被告との本件使用賃貸借関係を解約告知した。これに対して、被告は本件解約告知に異議を述べた。被告は、本件解約告知期間の範囲内でほかの住居を見出すことは、被告の収入において、および、四人の子供らをかかえて不可能であることを引き合いに出して本件使用賃貸借契約の相当な延長を認めるように請求した。区裁判所は、本件明渡しの訴えを棄却し、一九六五年三月三一日まで本件使用賃貸借関係を延長した。

これに対して、原告は、地方裁判所に控訴したのである。

〔判決理由〕

地方裁判所は、結論として、「許容しうる本件控訴は理由づけられていた。原告は……本件住居の明渡しと返還を請求することができる。というのは、本件使用賃貸借関係は、原告の本件解約告知によって一九六四年六月三〇日に終了させられていたし、BGB五五六a条にしたがって本件使用賃貸借関係を相当な期間の間延長するという被告の請求は理由づけられていなかったからである」[704]、と判断した。

その判決理由において、地方裁判所は、そのように判断した理由について、次のように論じたのである。

「本件解約告知期間の範囲内でほかの住居を見出すことが、被告にとって、被告のわずかな収入において、および、未成年の四人の子供らをかかえて可能でなかったことは、BGB五五六a条一項にしたがって本件使用賃貸借関係の継続のために必要であるところの個々の場合の特別な事情ではなかった。……賃借人がその使用賃貸借関係の終了の時に代替住居をもたないことは賃借人の解約告知に対する異議のために十分ではない。現在なおすべての事案の圧倒的な大多数において代替住居はその解約告知に異議を述べる賃借人らの自由にならないのであるから、このことに依拠した解約告知に対する異議は通例の要件に該当し、それに対して、例外的な状況にあてはまらないのである。

BGB五五六a条にしたがって、一般的な事情ではなく、むしろ『個々の場合の特別な事情』だけがその使用賃貸借関係の延長を正当化することができる。……

……

……BGB五五六a条の文言とその意味から、明確に、ある程度の社会的な苛酷さは―場合によってはそれどころか人間的にきわめて同情に値する苛酷ささえも―、この規定によって軽減されるということにはならないことが判明するのである」[705]。

ただし、地方裁判所は、被告（賃借人）にとっての「苛酷さ」を否定するとともに、「民事訴訟法七二一条にしたがって相当な明渡期間を被告に認めた」[706]。

㋑場合によっては、賃貸人の解約告知が認められたとしても賃借人に適当で十分な住居が残されたという事情、あるいは、賃貸人から要求できる代替住居が提供され、賃借人はその代替住居を賃借することができたという事情が認められる事案もある。このような事案において、賃借人は代替住居を調達する必要がなかったという理由から、賃借人にとっての「苛酷さ」は否定されている。次に、そのような裁判例をみておきたい。

第一に、「賃貸借法の規定の改正に関する第三次法律」が妥当する以前の裁判例であるが、マンハイム地方裁判所一九六五年八月一八日判決をみておきたい。

【135】マンハイム地方裁判所一九六五年八月一八日判決(707)

［事案の概要と経緯］

被告は、一四平方メートルと一三平方メートルの広さの二つの部屋、一二・一〇平方メートルの広さの台所等から構成されていた本件住居の賃借人であった。原告（賃貸人）は、被告（賃借人）との本件使用賃貸借関係を解約告知したが、本件控訴手続きにおいて、ホームレス庁としての原告の義務の枠組みにおいて、被告の本件住居のうちのひとつの部屋だけを必要とすることを表明した。これに対して、被告は、歩行障害と運動障害の存在、七二歳という高齢を引き合いに出して本件解約告知に異議を述べたのである。

［判決理由］

地方裁判所は、結論として、「被告の異議は、BGB五五六a条一項にしたがって実質的に理由づけられていなかった。本件解約告知は、被告にとって、本件の事情のもとでその苛酷さが原告の利益を完全に評価しても正当化されていないと考えられなければならないような苛酷さを意味しなかったのである」(708)、と判断した。

その判決理由において、地方裁判所は、そのように判断した理由について、次のように論じたのである。

「……原告が、本件控訴手続きにおいて、拘束力をもって、原告の勝訴の場合に被告の本件住居の台所と二つの部屋から一四平方メートルのひとつの部屋だけを被告から取り除くことを表明したあとで、その場合まだ十分に広い住居が被告に残ることから出発されなければならなかった。すなわち、被告は、一三平方メートルのひとつの部屋、一二・一〇平方メートルの台所、自分自身のトイレ、小さな玄関ホール、および、物置部屋を維持し、その結果、被告は、裁判所の実地調査の結果にしたがって、ひとり暮らしの男性としてきちんとして居住させられているのである。その解約告知によってもたらされたところのBGB五五六a条一項の意味における正当化できない苛酷さは、そのほかの十分な代替住居が賃借人の自由になる場合、あるいは、これまでの住居から継続的な居住目的のために適当で十分な完結した部分が賃借人に残る場合存在しないのである。当部は、被告が、被告のために料理し所帯をきりもりし必要とあれば夜中にも被告のために手の届くところの世話人を必要とするという被告の主張にしたがうことができなかった。被告の健康状態に関して、区裁判所によって求められたところの一九六四年一〇月三〇日付の国の衛生官庁の医師の鑑定書にしたがって、被告は、確かに、被告の世帯において生活する世話人を通しての世話を必要としなかったのに対して、被告の高齢と病気のために、援助の必要な状態であった。当部はこの鑑定書にしたがう。被告に存在する歩行障害と運動障害は、なおより長い散歩をすることについて被告を妨げなかったし、被告は、恒常的な世話を必要とすることができるところの重大な差し迫った病気に苦しんでいなかったことは争われていなかった。被告がひとり暮らしの七二歳の男性として彼の世帯における通例の掃除仕事をもはや自分自身で実行することができない場合、被告は、老人ホームに移るか、あるいは、そのほかの対策を、たとえば家政婦を通して講じるかを決めなければならない。そのことから、被告は、原告に対して、その仕事のための反対給付として援助する人を居住させるためのひとつの部屋を被告に委譲することを請求することができなかった。……特に、このような被告の要求と原告が被告の本件住居のうちのひとつの部屋を要求するところの理由が対立している。すなわち、原告は、壁の決壊によってその部屋をその横にある小さな台所と結びつけるつもりである、と反論の余地なく主張した。それは、ホームレス庁としての原告の義務の枠組みにおいて、一九六五年六月にこれまでの住居の強制明渡しのあとでこの台所だけを割り当てられて与えられたところの五人家族をその部屋に居住させるためであった。このような事情のもとで、被告の本件住居のうちのひとつの部屋の明渡しについての原告の利益は、被告がこれまでの本件使用賃貸借関係の制限のない継続のために主張しうるところの顧慮するに値する利益に対して明確に優位にあったのである。……民事訴訟法七二一条等にしたがって明渡期間を認めるために理由は存在しなかった。というのは、被告には彼のこれまでの本件住居の十分な部分が委譲されたままであるからである」(709)。

第二に、すでにⅡの一の2において取り上げたところのフェルベルト区裁判所一九八八年三月九日判決をみておきたい。

【136】フェルベルト区裁判所一九八八年三月九日判決(710)

［事案の概要と経緯］

原告（公益的な住宅建設協同組合）は、原告の組合員であるところの被告（賃借人）らに、本件建物の一階に所在する本件住居を賃貸していた。原告（賃貸人）は、隣接する建物の一階に所在する原告の事業空間を拡張するために、被告らとの本件使用賃貸借関係を解約告知し、本件住居の明渡しと返還を請求した。原告は、本件訴訟に先行した交渉において被告らに代替住居を提供した。しかし、これらの努力は成果がなかった。その結果、原告は、一九八七年三月一六日付の書面をもって、一九八八年三月三一日付で、本件使用賃貸借関係を解約告知したのである。

原告は、本件解約告知の理由づけについて、次のように述べた。すなわち、一三八平方メートルの広さの現在の事業空間は、整然たる事業を継続的に保障するためにあまりに狭かった。十分な部屋が欠けているために、計画された訓練生の採用は可能でなかった。これ以外の事務室が、目下のところ議論の余地もなく台所にしまわれているところの地図や図面を保管するために必要とされた。そのうえ、現在の状態は、役員や監事の会議のために要求できなかった。一二平方メートルの広さだけの空間における狭さにもとづいて、内密の業務の話し合いのときにもドアは閉められることができなかった。また、執行部の事務室はあまりに狭かった。というのは、この事務室は、二人の訪問者にだけ場所を提供するのであり、そのことから複数の賃借人らとの話し合いは場所がないために不可能であるからであった。それ以外に、組織上および改築技術上の理由から、事業空間の拡張は隣接する被告らの一階の本件住居においてだけ可能であった。というのは、この方法でだけ統一的な事業空間が作り出されうるからである。そうでなかったら、現在の事業空間は閉じられなければならなかった。しかし、そのことは、高い費用のために経済的に正当化できなかった。その他の点では、市の建築局の回答にしたがって両方の一階の平面を結びつけるために必要な許可は与えられるのである。

これに対して、被告らは、ＢＧＢ旧五五六ａ条にしたがって本件使用賃貸借関係の継続についての被告らの利益が凌駕するという理由から本件解約告知に異議を述べたのである。

［判決理由］

区裁判所は、結論として、「本件訴えは許容しうるし、理由づけられていた。

……

原告の拡張計画は……本件土地・建物の相当な必要不可欠な経済的利用を意味した。……

……

ＢＧＢ五五六ａ条の枠組みにおける被告らの利益を考慮に入れても、本件解約告知は有効なままであった」(711)、と判断した。

その判決理由において、区裁判所は、被告（賃借人）らにとっての「苛酷さ」を否定した理由について大きく二つの点から論じたが、ここでは、代替住居の調達の観点からの賃借人らの異議を退けた理由についてだけ考察しておきたい。区裁判所は、次のように論じたのである。

「被告らによって述べられたところの原告によって提供された代替住居に対する抗弁は同じく納得させなかった。まず第一に、代替住居を調達する義務は、原則としてもっぱら賃借人にだけ帰せられることが指摘されなければならない。その他の点では、被告らはとうに訴訟の係属の前に原告のほかの住居を賃借することができたのである。そのような賃借は被告らに要求もできたであろう。すなわち、ほかの住居は、特にそれがこれまでの居住関係に対応する場合要求されることができる。その場合に、ある程度の設備の不足は、ほんの少しだけより高い賃料と全く同様に甘受されなければならない。……いずれにせよ、被告らはその住居を賃借することができたのである」(712)。

なお、経済的な支出の観点からの被告（賃借人）らの異議については、Ⅱの二の2の（3）において取り上げる。

第三に、ケルン区裁判所一九八八年一二月二一日判決をみておきたい。

【137】ケルン区裁判所一九八八年一二月二一日判決[713]

［事案の概要と経緯］

被告らは、原告（賃貸人）の本件建物に所在する本件住居の賃借人であった。原告は、本件建物の一階に所在する同じ広さの住居を被告（賃借人）らに自由に使わせるという条件のもとで、「自己必要」を理由として、被告らとの本件使用賃貸借関係を解約告知した。原告は、彼女の孫の利益になるように自分自身の住居を拡張するために本件住居を必要としたのである。

これに対して、被告らは次のように申し立てた。すなわち、原告は、自分自身で、本件建物に所在する一階の住居が一九八八年七月一日に自由に使えるようになったことを認めた。そのことから、原告の娘の息子（孫）がその住居に入居できることが当然であった。被告らはその一階の住居に入居するという申出を拒絶した。というのは、被告らは、一階の住居において快適に感じなかったからである。被告らはすでに八二歳であった。彼らの高齢のために、被告らは、その一階の住居において快適に感じなかったし、不安を感じた。さらに、彼らの高齢にかんがみて、本件建物のなかで転居することは被告らにもはや要求されることができなかった。転居することは、被告らにとって、賃貸人の「正当な利益」を評価しても正当化されることができないところの「苛酷さ」を意味したのである。被告（夫）は、卒中発作の後で部分的な麻痺と腎不全に苦しんでいた。被告（夫）は、その妻の援助なしにきわめて小さな活動を行うことが可能な状況になかった。それに加えて、被告らは、すでに本件住居に二〇年を越えて居住したのである。

［判決理由］

区裁判所は、結論として、「本件訴えは理由づけられていた」[714]、と判断した。

その判決理由において、区裁判所は、はじめに、「原告は、被告らに対して、BGB五六四b条二項二号にしたがって本件住居の明渡しに対する請求権をもつ。というのは、原告は、正当なことに、自己必要を理由として、本件住居（の本件使用賃貸借関係）を解約告知したからである。最上級審裁判所の裁判例にしたがって、賃貸人もまた、自己とその構成員のためにどのような居住の必要を相当であると考えるのかという点を定めることができるのである」[715]、と論じた。

さらに、区裁判所は、原告（賃貸人）の利益と被告（賃借人）らの利益とのあいだの比較衡量において、賃貸人の利益に優位が与えられなければならなかったと判断した理由について、次のように論じたのである。「被告らは本件解約告知に異議を述べ、BGB五五六a条の社会的条項にもとづいて本件使用賃貸借関係の継続を請求したのであるから、賃貸人と賃借人らの利益が互いに比較衡量されなければならなかった。……本件において、すべての事情を考慮に入れて、被告らの相当な高齢と病気にもかかわらず、賃貸人の利益に優位が与えられなければならなかった。特に、賃貸人は一階においてある住居を交換のために提供し、その住居は結局客観的な考察にしたがって被告らにとってなおより有利であった。この点では、五階から一階に転居することは被告らにとって要求できたのである」[716]。

第四に、シュトゥットガルト地方裁判所一九八九年三月一日判決をみておきたい。

【138】シュトゥットガルト地方裁判所一九八九年三月一日判決[717]

［事案の概要と経緯］

被告（賃借人）は、二つの独立した使用賃貸借契約によってそれぞれ本件建物に所在するひとつの部屋から構成されていた住居を賃借した。これらの二つの住居は外側の廊下を経由して結びつけられていた。原告（賃貸人）は、一九八六年一一月二五日付の書面によって、その息子のために、「自己必要」を理由として、一九八七年一一月三〇日付で、本件の二つの住居のうちのひとつの住居（本件住居）に関する使用賃貸借関係を解約告知した。原告は、その息子のために本件住居を必要とした。原告の息子は今や二一歳であり、見習修行を終えた。原告の息子は、現在彼の継父のところに居住したが、このことは原告の息子により長く要求されることができなかったのである。

これに対して、被告は、本件解約告知に異議を述べ、次のように申し立てた。すなわち、原告は、「自己必要」を理由として、一九八三年六月三〇日付で、B氏に賃貸されていた本件建物に所在するひとつの部屋から構成されていたほかの住居の使用賃貸借関係を解約告知した。したがって、原告は、その住居を原告の息子に委譲することができたし、あるいは、B氏の次の賃借人に解約告知することができる。本件住居の使用賃貸借関係の解約告知の場合、許容できない部分的な解約告知にかかわる問題であった。さらに、被告は、本件住居に頼らざるを得なかったのであり、被告の生活空間の半分を引き渡すことは被告に要求できなかったのである。

［判決理由］

地方裁判所は、結論として、「原告は、本件建物に所在するひとつの部屋から構成されていた本件住居にかかわる使用賃貸借関係を、BGB五六四b条二項二号にしたがって、原告の息子のために、自己必要を理由として……一九八七年一一月三〇日付で、法的に有効に解約告知したのであるから、被告は……（本件住居の）明渡しと返還を義務づけられていたのである」[718]、と判断した。

その判決理由において、地方裁判所は、はじめに、原告（賃貸人）は、「自己必要」を理由とする本件解約告知において、筋の通り、あとづけることができる理由を証明したことについて、次のように論じた。

「被告の見解に反して、許容できない部分的な解約告知は存在しなかった。

原告は、なぜ本件住居を原告の息子のために必要とするのかという点について、筋の通り、あとづけることができる理由を証明した。このような意図は、今や連邦憲法裁判所によっても確認された裁判例にしたがって、BGB五六四b条二項二号の意味における自己必要を受け入れるために十分である。原告の息子は、当部における尋問のときにも、信ずべく本件住居に入居したいことを供述した。被告は、原告が、B氏に賃貸されていたが一九八三年に空いた住居に、次の賃借人と定期賃貸借契約を締結することによって原告の息子を居住させることができた、と成果をもって主張することもできなかった。というのは、そのように早すぎる計画策定は、当時一六歳であった原告の息子においてなお可能ではなかったからである」(719)。

さらに、地方裁判所は、被告（賃借人）にとっての「苛酷さ」を否定した理由について、次のように論じたのである。

「被告の見解に反して、本件解約告知によって終了させられた本件使用賃貸借関係は、ＢＧＢ五五六ａ条にしたがった被告の本件解約告知に対する異議にもとづいても継続させられることができなかった。ひとつの住居に関する本件使用賃貸借関係の契約にしたがった終了は、ひとり暮らしの被告にとって正当化されることができない苛酷さを意味しなかった。被告は代替住居を調達する必要がなかった。というのは、台所、浴室・トイレ、および、屋根裏部屋を備えたひとつの部屋から構成されていた他方の住居が被告に残ったからである」(720)。

最後に、地方裁判所は、民意訴訟法七二一条にしたがってなおこれ以上の明渡期間が被告（賃借人）に認められなければならなかったことについて、次のように付言した。

「……もっとも、利益の比較衡量において、被告は明渡しの場合に被告の家具の半分をもはや収納することができないことが考慮に入れられなければならなかった。……被告の家具の一部を収納するための代替住居はなお被告の意のままにならなかったのであるから、民事訴訟法七二一条にしたがってなおこれ以上の明渡期間が被告に認められなければならなかったのである」(721)。

第五に、すでにⅡの一の2において取り上げたところのハンブルク区裁判所一九九一年九月五日判決をみておきたい。

【139】ハンブルク区裁判所一九九一年九月五日判決(722)

［事案の概要と経緯］

原告（賃貸人）らは、被告（賃借人）らに対して、一九七六年九月一七日の使用賃貸借契約にもとづいて、本件建物の三階左側に所在する三つの部屋から構成されていた住居（本件住居）を委譲した。被告らは、それに加えて、原告らと締結された一九六五年八月一三日の使用賃貸借契約にもとづいて、本件建物の三階右側に所在する四つの部屋から構成されていた住居の賃借人でもあった。原告らは、一九九〇年三月二八日付の書面をもって、その息子のために、「自己必要」を理由として、一九九一年三月三一日付で、本件住居に関する被告らとの本件使用賃貸借関係を解約告知した。これに対して、被告らは、ＢＧＢ旧五五六ａ条にしたがって本件解約告知に異議を述べたのである。

［判決理由］

区裁判所は、結論として、「原告らは、被告らに対して……本件住居の明け渡された返還に対する請求権を有する。当事者の間に存在した本件使用賃貸借関係は、一九九〇年三月二八日の原告らの本件解約告知によって、一九九一年三月三一日付で終了させられていたのである」[723]、と判断した。

その判決理由において、区裁判所は、はじめに、原告（賃貸人）らの本件解約告知は許容できない部分的な解約告知ではなかったこと、および、本件解約告知は本件建物の一階において自由に使えるようになった管理人の住居との関係においても正当であったことについて、次のように論じた。

「本件解約告知は……十分に理由づけられていたし、被告らがなお本件建物の三階右側に所在する住居の賃借人であっても許容できない部分的な解約告知であることも明らかにならなかった。統一的にだけ解約告知されることができるところの統一的な使用賃貸借関係に対して、解約告知と賃料額に関する特別な規整をともなう分離された契約証書がマイナスの材料を提供したのである。

本件解約告知は、ＢＧＢ五六四ｂ条二項二号にしたがっても正当であった。

原告らは、本件建物の一階において自由に使えるようになった管理人の住居を、原告らの息子に自由に使わせるように、もしくは、交換のために被告らに提供するように義務づけられてもいなかった。

恣意的である、あるいは、権利の濫用であるという抗弁は、賃貸人が、自己必要の状況がすでに存在したときに、自由に使えるようになった住居を要求することなくさらに続けて賃貸した場合、もしくは、自由に使えるようになった代替住居をその自己必要によって打撃が与えられる賃借人らに交換のために提供しなかった場合理由づけられていることができる。しかし、賃貸人による代替住居の他の方法での利用は、自由に使えるようになった住居と解約告知された住居の間に相違があり、その相違が、自由に使えるようになった住居の代わりに解約告知された住居を要求するという賃貸人の願望を筋の通り、あとづけることができるように思わせしめる場合、恣意的でなく、権利の濫用でもないのである。

原告らが、それと結びつけられた管理人としての仕事とともに管理人の住居をその息子に委譲しなかったことは筋の通り、あとづけることができるものであった。というのは、原告らの息子は、法律家としての二つの半日のあいだの仕事によって職業的に完全に能力を出し切っていたからである。同様に、原告らが、それと結びつけられた管理人としての仕事とともに管理人の住居を被告らに委譲しなかったことはあとづけることができ、異議が述べられることができなかった。賃貸人は、管理人の選択において自由な判断にしたがって決定することができる。というのは、賃貸人は……管理人の態様に責任を負わなければならないからである。賃貸人は、彼の履行補助者の故意・過失、それとともに、管理人の故意・過失にも責任を負わければならないのであるから、管理人の選択は賃貸人の意向にしたがってその決定が裁判所によって審理されうることなしに賃貸人の決定に委ねられなければならないのである」[724]。

さらに、区裁判所は、本件使用賃貸借関係の契約にしたがった終了は、被告（賃借人）らとその家族にとって、賃貸人の「正当な利益」を評価しても正当化されることができないところの「苛酷さ」を意味しなかったことについて、次のように論じたのである。

「BGB五五六a条の意味における苛酷さは、返還の結果が、転居が必然的にともなう通常の事情および煩わしさを超えるところの賃借人の生活関係への侵害である場合にのみ存在するのである。被告らは、原告らの本件建物において、なお、被告らと二人の二九歳もしくは二七歳の息子らの居住の必要を満たすところのまた別の四つの部屋から構成されていた住居を自由に使える。この点では、本件建物の三階右側に所在する住居をもって要求できる条件の相当な代替住居が意のままになるのである。この点では、この住居は、四人の人々をもって定員超過であったことから出発されることができなかったのである」[725]。

第六に、ヴァルツフート・ティンゲン地方裁判所一九九三年三月一一日判決をみておきたい。

【140】ヴァルツフート・ティンゲン地方裁判所一九九三年三月一一日判決(726)

［事案の概要と経緯］

被告は、一九八七年に、本件建物の屋階に所在する四つの部屋等から構成されていた本件住居を期間の定めなく賃借した。原告（賃貸人）らは、一九九〇年の秋に、新たな所有者として売買によって本件建物を取得した。本件住居は、一〇八・二八平方メートルの広さであり、本件住居の月あたりの暖房費ぬきの賃料は六二〇ドイツマルクであった。被告（賃借人）はひとりで本件住居に居住していた。原告らは、一九九一年八月九日付の書面をもって、その娘のために、「自己必要」を理由として、一九九一年一一月三一日付で、被告との本件使用賃貸借関係を解約告知した。

これに対して、被告は、原告らの「自己必要」を否認し、特に、原告らの子供は自由に使えるようになった本件建物の一階の診療所において十分に場所をもっていた、と主張したほか、BGB旧五五六a条にしたがって本件解約告知に異議を述べたのである。

［判決理由］

地方裁判所は、結論として、「被告は、BGB五五六a条にしたがって、本件使用賃貸借関係の終了が被告にとって原告らの自己必要という正当な利益を評価しても正当化されることができないところの苛酷さを意味した場合、本件使用賃貸借関係の継続を請求することができた。しかし、このことは証明されていなかったのである」(727)、と判断した。

その判決理由において、地方裁判所は、そのように判断した主たる理由について、次のように論じたのである。

「……原告らは、被告に対して、本件建物の一階に転居する可能性を提供した、と異議を申し立てることができる。そのことは転居費用を強く低下させるだろう。原告らは、一九九一年の終わりごろ、G博士が彼女の診療所を移転することを意図したことを知ったあとで、被告に対して、次の申出を提示して説明した。すなわち、なおG博士に賃貸されていたところの空間―被告の見解にしたがって三人家族が満足することができるところの空間―をその賃借人の退去のあとで月あたり六五〇ドイツマルクの賃料で被告に委譲するという申出であった。原告らは、それに加えて、被告は、その一階の空間が入居可能になるまでこれまでの本件住居にとどまることができる、と説明した。被告はこの申出を断った。その理由からも、被告は……現在の本件住居を手放さなければならないことは、被告にとって原告らの自己必要にもかかわらず正当化されることができない苛酷さを意味した、と主張することができなかったのである」[728]。

　地方裁判所は、右のように、本判決の判例集の要約にあるように、「賃貸人が賃借人に適当な代替住居を提供した場合、賃借人は、賃貸人の自己必要に対して、代替住居が欠けているという苛酷さについての理由を主張することができない」[729]、と判断したのである。

㋒　それ以外の事案は、ひとことでまとめるとすると、賃借人が相当な代替住居が要求できる条件で調達されることができないことを証明しなかったという理由、あるいは、賃借人が代替住居の調達義務を果たしたことを証明しなかったという理由から、賃借人にとっての「苛酷さ」が否定された事案である、と考えることができる。事案の数としてはかなり多くなるが、最後に、そのような裁判例をみておくことにする。

　第一に、ハンブルク・アルトナ区裁判所一九六九年五月六日判決をみておきたい。

【141】ハンブルク・アルトナ区裁判所一九六九年五月六日判決[730]

［事案の概要と経緯］

　原告（賃貸人）は、一九六九年一二月三一日付で、被告（賃借人）らとの本件使用賃貸借関係を解約告知した。これに対して、被告らは、BGB旧五五六a条にしたがって本件使用賃貸借関係の契約にしたがった終了は被告らにとって「苛酷さ」を意味した、と主張し、本件解約告知に異議を述べたのである。なお、本件使用賃貸借関係は一三年継続していた。

［判決理由］

　区裁判所は、結論として、「……本件訴えは理由づけられていた。というのは、被告らは、賃借した本件住居を本件使用賃貸借関係の終了後に返還するように義務づけられていたからである。原告は……適時に一九六九年一二月三一日付で、（本件使用賃貸借関係を）解約告知したのである。

被告らの異議は本件使用賃貸借関係の継続に行き着かなかった。というのは、本件使用賃貸借関係の契約にしたがった終了は、被告らにとって苛酷さを意味しなかったからである」(731)、と判断した。

その判決理由において、区裁判所は、被告（賃借人）らにとっての「苛酷さ」を否定した理由について大きく二つの点から論じたが、ここでは、代替住居の調達の観点からの賃借人らの異議を退けた理由についてだけ考察しておきたい。区裁判所は、次のように論じたのである。

「賃借人保護法の廃止によってHにおいて存在する周知の住居の不足が除かれていなかったという確定は、確かに正しかった。しかし、立法者は、今や賃借人保護の廃止を正当化するところの状態が達成されていたということから出発したのである。裁判所はこれに拘束されている。裁判所は……住居市場の状態を何の問題もなく苛酷さの理由づけのために引き合いに出すことによって賃借人保護を再び取り入れることができないのである。

それにもかかわらず、住居市場の状態は、苛酷さが賃借人らにとって存在するかどうかという問題の審理において顧慮されないままではありえないが、しかし、本件手続きにおいて、被告らに有利な決定に行き着かなかった。すなわち、被告らは比較できる住居を相当な条件で見出さないことを証明しなかったのである。……新聞において提供された住居、および、新聞広告において提供されて獲得するところの住居は、住居市場の完全な観念を再現しない。それに加えて、さらに、住居の交替を得ようと努めるという可能性、および、仲介業者に仲介を依頼するという可能性が存在した。被告らがこのことを行ったならば、被告らは場合によっては……明渡期間の承認にしたがって相当な代替住居を見出すことをも考慮に入れることができるのである。

しかし、被告らにとって苛酷さが存在することは、被告らが、明確な尋問にもかかわらず、被告らの収入関係と財産関係を公にすることを怠ったという理由でも確認されることができなかった。収入関係と財産関係に応じて、賃借人らの収入の一定のパーセンテージを居住のために支出し、場合によっては融資金の形態においても支出することが賃借人らに要求できる。このような事情において、賃貸人の正当な利益の審理は必要でなかったし、賃貸人の正当な利益と賃借人らに存在する苛酷さとの間の比較衡量は可能でなかったのである」[732]。

なお、その他の利益の侵害の観点からの被告（賃借人）らの異議については、Ⅱの二の2の（4）において取り上げる。

第二に、カイザースラウテルン地方裁判所一九六九年一一月一八日判決をみておきたい。

【142】カイザースラウテルン地方裁判所一九六九年一一月一八日判決[733]

［事案の概要と経緯］

被告・一は、一九五二年一〇月一日の使用賃貸借契約にしたがって、原告（賃貸人）から本件建物に所在する本件住居を賃借した。被告（賃借人）・一は、一九六七年九月三〇日まで、原告（地域健康保険組合）のもとで業務執行者として働いていた。本件建物には原告の事務室もあった。被告・一が定年に到達したために原告との雇用関係から退職したあとで、原告は、一九六七年一二月四日付の書面をもって、一九六八年一一月三〇日付で、被告らとの本件使用賃貸借関係を解約告知した。これに対して、被告・一は、一九六八年一〇月一八日付の書面をもって本件解約告知に異議を述べたのである。

その後、被告らは、一九六九年五月三一日に本件住居を明け渡したため、原告は、被告らに対して、一九六八年一二月一日から一九六九年五月三一日までの期間のために本件住居の利用の補償金の支払いを請求したのである。

［判決理由］

地方裁判所は、結論として、「第一審の裁判官は、正当なことに、被告らに対して一二九六ドイツマルクの支払いの判決を下した。というのは……この金額において、被告らに対する請求権が原告に当然帰属すべきものであったからである。

被告らは、一九六八年一〇月一八日の異議は一九六八年一一月三〇日を越えて本件使用賃貸借関係の継続に行き着かなければならなかったという見解であった。しかし、これは正しくないのである。

本件事案において、そもそも異議権が認められていたのかどうかという点はすでにきわめて疑わしかった。……しかし、この問題は完結的に論究される必要がなかった。というのは、一九六八年一〇月一八日の異議は、すでに、ほかの理由から注目すべきではなかったからである。つまり、ＢＧＢ五五六ａ条の要件が認められていなかったのである」[734]、と判断した。

その判決理由において、地方裁判所は、そのように判断した理由について、次のように論じたのである。

「当裁判所は、自宅の建築がいちばんはじめに想定されたよりも明らかにより長い時間を要求したという点では、被告らが都合の悪い状態にあったことを見誤らなかった。それにもかかわらず、それに対して、そのような遅滞は被告らが責任を負わなければならない領域に属することが確認されなければならなかった。いつ被告・一が定年に到達したために原告の雇用関係から退職するのかという時点は長い間予見することができたことも見落とされてはならなかった。その理由から、被告らは、適時に、比較的長い解約告知期間の満了のあとで被告らの新たな住居が完成されていたことに配慮しなければならなかったのである。しかし、何よりもまず、本件事案において、賃貸人、すなわち、原告の利益は本件使用賃貸借関係の継続と対立していたことが考慮に入れられなければならなかった。すなわち、原告は、原告の現在の業務執行者に―かつて被告・一にそうであったと同じように―反論の余地なく格安の社宅を自由に使わせるというきわめて大きな利害関係をもっていた。すべてのこれらの事情を考慮に入れると、被告・一の異議は、本件使用賃貸借関係が一九六八年一一月三〇日に解消されたという結果をともなって法的な効力をもたなかったのである。

このような理由から、被告らは……明渡しの日まで本件住居の完全な利用価格を原告に支払うように義務づけられていたのである」[735]。

本判決は、賃借人らが新たな自宅という代替住居の調達についてその義務を適時に果たしたとはいえないという事情から、賃借人らにとっての「苛酷さ」を否定した裁判例である、と考えられる。

第三に、すでにⅡの二の２の（１）の②において取り上げたところのカールスルーエ地方裁判所一九七一年一二月一七日判決（裁判例【70】）をみておきたい。

地方裁判所は、その判決理由において、すでに考察したように、身体・健康の侵害の観点からの被告（賃借人）らの異議を退けたが、それに加えて、代替住居の調達の観点からの賃借人らの異議をも退け、賃借人らにとっての「苛酷さ」を否定した。地方裁判所は、その理由について、次のように論じたのである。

「……BGB五五六a条の新たな文言もまた被告らの異議を正当化しなかった。それにしたがって、相当な代替住居が要求できる条件で調達されることができない場合にも苛酷さは存在する。しかし、被告らは、彼らの代替住居の調達義務を果たしたことを証明しなかった。代替住居の調達義務は、被告らが、彼らの健康と経済的な関係によって彼らに引かれた限界の範囲内において、真摯かつ集中的にほかの住居の調達を得ようと努めるということである。その場合に、被告らは、彼らの制限された経済的関係をも論拠として持ち出すことができなかった。賃借人が代替住居のためにより高い賃料をも甘受しなければならないことは文献と裁判例において反論の余地がなかった[736]。……その理由から、もっぱら、賃借人が不適切な経済的関係にあり、あるいは、現在の本件住居が特に格安であったということだけにもとづく賃借人の本件控訴は十分ではなかった。その他の点では、被告らの経済的な関係は……相当な代替住居の調達がそのために失敗したことを受け入れるための原因を与えなかった。被告・一は八五ドイツマルクの年金を受け取ったのに対して、被告・二は六〇〇ドイツマルクを稼いだ。被告・一は、区裁判所の裁判官の前で、被告・一がさらに塗装工としての副収入を有するのかどうかという点に関する情報を拒絶したのであるから、被告・一は彼の年金を越えてなおこれ以外の収入をもつことから出発されなければならなかった。被告・一は、控訴審において、それから、わずかな報酬と引き換えに副業を行っていることをも申し立てた。さらに、特に被告らの住居共同体には被告らの二一歳の息子（独身の警察官）が生活したこと、および、この息子はともに賃料（の支払い）に貢献するように義務づけられていたことがつけ加わった。このことから、被告らの自由になる資金は六八五ドイツマルクだけよりも相当により高いに違いないこと、および、その理由から、被告らは相当な代替住居を調達できないと考えられることができないことが結果として出てくる。すべてのことにしたがって、被告らは、本件使用賃貸借関係の継続を請求することができなかった。被告らは、むしろ、本件賃借住居を明け渡し原告に返還するように義務づけられていたのである」(737)。

第四に、アーヘン地方裁判所一九八二年九月三日判決(738)をみておきたい。

地方裁判所は、代替住居の調達の観点からの被告（賃借人）らの異議を退け、賃借人らにとっての「苛酷さ」を否定した。その判決理由において、地方裁判所は、賃借人の代替住居調達義務について、次のように論じたのである。

「ＢＧＢによって正当と認められたところの要求できる条件の相当な代替住居が欠けているという苛酷さについての理由は、本件において断固とした処置を取らなかった。賃借人は、その解約告知の書面の到達から代替住居を得ようと努めなければならない。要求できる条件の相当な代替住居が存在しない場合さえも、賃借人は、十分なやり方において代替住居を得ようと努めたというこれ以外の要件のもとでのみ継続の請求権を有するのである。代替住居調達義務を果たすことは、原則として次の場合にのみ受け入れられなければならない。すなわち、賃借人が、その解約告知を受け取ってから、むだに、賃借人に個人的・経済的に要求できるところの相当な代替住居を獲得するためのすべての措置を、特に広告の依頼、仲介業者への委託、および、国家の官庁を介入させることを通して講じた場合である。賃借人は、この義務（Obliegenheit）を履行したことを立証的に説明しなければならない。被告らが本件賃借物の近くにおいて比較でき、かつ、要求できる住居は獲得されることができないという住居の仲介業者の情報を単に指摘したことは十分でないのである」(739)。

第五に、ルートヴィヒスブルク区裁判所一九八四年六月一日判決(740)をみておきたい。

区裁判所は、代替住居の調達の観点からの被告（賃借人）らの異議を退け、賃借人らにとっての「苛酷さ」を否定した。その判決理由において、区裁判所は、次のように論じることにより、賃借人らが二人の小さな子供らをもっているという家族的な事情を重要視しなかったのである。

「被告らが二人の小さな子供らをもっている……という事実もまた、すべての事情の比較衡量にしたがって、本件使用賃貸借関係をＢＧＢ五五六ａ条にしたがって継続することにプラスの材料を提供しなかった。被告らが二人の小さな子供らをもっているという事実は、今日の住居の供給において代替住居を見出すことが被告らに不可能であることにプラスの材料を提供しなかったのである。このことは、被告らがすでに新たな住居を得る見込みがあることからも判明した。……原告の健康上の理由にもとづく本件使用賃貸借関係の終了についての原告らの利益は、そのうえさらにより高くはないが、少なくともぎりぎり高位に評価されなければならなかったのである」[741]。

第六に、ゲルゼンキルヒェン・ブエル区裁判所一九八八年四月一三日判決をみておきたい。

【143】ゲルゼンキルヒェン・ブエル区裁判所一九八八年四月一三日判決[742]

［事案の概要と経緯］

原告（賃貸人）らは、目下のところM通りに居住している両親のために、「自己必要」を理由として、被告（賃借人）との本件使用賃貸借関係を解約告知した。原告らは、次のような理由にもとづいて、本件住居が原告らの両親のために必要とされる、と主張した。すなわち、本件解約告知の意思表示の数日前に原告らの父親は心筋梗塞をこうむった。医師らは、原告らの父親に、差し迫ってより少ない階段をのぼらなければならない住居に転居することを助言した。また、原告らの両親の現在の住居は、交通信号灯によって制御されたにぎやかな交差点に位置していた。特に多数の大型トラックの往来が有害な環境汚染に行き着いた。さらに、目下のところ原告らの両親によって居住された住居は、およそ一〇〇平方メートルの広さであったが、本件住居はより狭く、本質的により下方に、すなわち、二階に所在した。原告らの両親の年齢にもとづいて一〇〇平方メートルの広さの旧築住居の手入れと維持は原告らの両親にいっそう大きな問題をもたらすのである。

［判決理由］

区裁判所は、結論として、「本件訴えは理由づけられていた。主張された明渡請求は、自己必要を理由とする解約告知にもとづいて……原告らに当然帰属すべきものであった」[743]、と判断した。

その判決理由において、区裁判所は、はじめに、原告（賃貸人）らによって意思表示されたところの「自己必要」を理由とする本件解約告知は法的に有効であったことについて、次のように論じた。

「当裁判所の見解にしたがって、原告らが彼らの両親により狭い住居を調達するつもりである場合、そのことはすでに筋の通る理由を意味した。というのは、まさしく、より高齢の人々はときどきより広い住居の手入れをしてそれを維持することに困難を有するからである。現在原告らの両親によって居住された住居はおよそ一〇〇平方メートルの広さを示したが、被告によって居住された本件住居は七〇平方メートルだけの広さであったことは争われていなかった。

……

当裁判所の見解にしたがって、被告の本件住居が現在原告らの両親によって居住されたM通りの住居よりもきわめてはるかにより静かな通りに位置しているという事情は、これ以外の筋の通る理由であると考えられなければならなかった。……M通りは幹線道路のひとつである。M通りは、きわめて大きな量においても、大型トラックの往来によって走行される。（これに対して、）K通りは、通過交通によって、および、特に大型トラックの往来によっても走行されないところの裏通りである。騒音公害が、被告の本件住居において現在原告らの両親によって居住された住居よりもきわめてはるかによりわずかであることは明らかであった。

この点でも意図された住居の交替は恣意的ではなく、むしろ、筋の通った熟慮にもとづいていた。というのは、まさしく心臓病の人にとって、相当な交通騒音をともなう継続する負荷は不都合であると考えられなければならないからである」[744]。

さらに、区裁判所は、被告（賃借人）が家族をもたないひとり暮らしであり、制約された経済的関係において生活していないという事情を重要視して、賃借人にとっての「苛酷さ」を否定したことについて、次のように論じたのである。

「被告は、BGB五五六a条にしたがって、苛酷条項にもとづいて本件使用賃貸借関係の継続を請求することもできなかった。被告は、本件解約告知が被告にとって要求できない苛酷さを意味することを申し立てなかった。

このような理由は明白でもなかった。被告は中年であり家族をもたなかった。そのことから、転居することは被告に要求されることができた。というのは、被告は、場合によっては転校にさらされなければならないところの就学義務のある子供らをもたないからである。また、被告の側から、被告の財産関係が新たな住居を見出すことが被告に可能ではないようにわずかであることは申し立てられていなかったのである。

当裁判所は、新たな住居を探す機会を被告に与えるために、一九八八年四月三〇日から進行しはじめるところの三ヶ月の明渡期間を被告に認める。当裁判所は、被告がひとり暮らしであり、制約された経済的関係において生活していないという事情にかんがみて、この期間を十分であると考えたのである」[745]。

第七に、シュトゥットガルト区裁判所一九八九年四月一二日判決をみておきたい。

【144】シュトゥットガルト区裁判所一九八九年四月一二日判決[746]

［事案の概要と経緯］

原告（賃貸人）らは、一九八八年八月二四日に本件建物の二階に所在する本件住居の所有権を取得したことによって、一九八四年一月一日から被告（賃借人）・一と存続していたところの本件住居に関する本件使用賃貸借関係に入った。被告・二は、被告・一の伴侶もしくは夫として本件住居に入居した。原告らは、一九八八年八月二五日付の書面をもって、「自己必要」を理由として、一九八八年一一月三〇日付で、被告らとの本件使用賃貸借関係を解約告知した。原告らは、「自己必要」について、次の点に依拠した。すなわち、原告らのこれまでの三つの部屋から構成されていた賃借住居は家族の増大によってあまりに狭くなったこと、仕事に条件づけられた原告らの不在の間原告らの子供らの世話が本件建物においてそこで生活する原告らの構成員によって保障されていること、および、本件住居から職場への走行距離が相当に短くなる、もしくは、安くなることであった。原告らは、一九八八年九月一四日付の書面をもって被告らによって述べられたところの本件解約告知に対する異議にもとづいて、一九八九年一月三一日までの明渡期間を認めた。しかし、被告・一が十分に代替住居を得ようと努めなかったなどの理由からなおこれ以上の明渡期間の延長を拒絶した。

被告らは、本件使用賃貸借関係の終了についての原告らの「正当な利益」を否認したほか、補助的に本件使用賃貸借関係は当分の間継続されなければならない、と主張した。というのは、シュトゥットガルトにおいて相当な代替住居が要求できる条件で獲得されることができなかったからである。

［判決理由］

区裁判所は、結論として、「本件明渡しと返還の訴えは理由づけられていた。というのは、原告らは被告・一との本件使用賃貸借契約を有効に解約告知したし、本件使用賃貸借関係の終了は被告・一にとって要求できない苛酷さを意味しなかったからである。しかし、被告らには、さらに、一九八九年七月三一日までの明渡期間が認められなければならなかった」[747]、と判断した。

その判決理由において、区裁判所は、はじめに、原告（賃貸人）らは被告（賃借人）・一との本件使用賃貸借関係を有効に解約告知したことについて、次のように論じた。

「原告らは、一九八八年一一月三〇日付で被告・一と存続していた本件使用賃貸借契約を有効に解約告知した。というのは、原告らは、本件使用賃貸借関係の終了について正当な利益を証明したからである。

原告らは、当裁判所の確信のために、原告らが本件住居を自己のために必要とすることを証明したのである。原告らによって一九八九年三月一七日の口頭弁論において提出された使用賃貸借契約にもとづいて、原告らは、三つの部屋から構成されていた賃借住居を賃借していた。この住居は、原告らにとって、客観的にあまりに狭かった。というのは、原告らはすでに三歳の息子をもち、一九八九年三月もしくは四月にまた別の子供を待ち望んでいたのであり、さらに、原告・一は、現役の教職の状態にある教師として彼女の住居のなかに固有の静かな仕事部屋を必要としたからである」[748]。

さらに、区裁判所は、「被告・一は、ＢＧＢ五五六ａ条にしたがって本件使用賃貸借関係の継続を請求することができなかった。というのは、本件使用賃貸借関係の終了は、被告・一にとって本件住居への入居についての原告らの相当な利益を考慮して正当化できない苛酷さを意味しなかったからである」[749]、言い換えると、「当事者の反対の利益の評価において、本件使用賃貸借関係の終了についての原告らの利益が優位を占めていた。その結果、被告・一の異議は成果のないままであったのである」[750]、と判断した。

そのように判断した理由について、区裁判所は、一方において、原告（賃貸人）らによって挙げられた理由は本件使用賃貸借関係の継続が賃貸人らに要求されることができないほど強く重大なものであったことについて、次のように論じた。

「BGB五五六a条の枠組みにおいて行われなければならないところの本件使用賃貸借関係の終了もしくは継続についての当事者の反対の利益の比較衡量において、原告らによって挙げられた理由は本件使用賃貸借関係の継続が原告らに要求されることができないほど強く重大なものであった。

その場合に、当裁判官は、原告らにとって有利な結果になるように詳細に次のことを考慮に入れた。

すなわち、原告らは、二人の小さな子供らとともに、原告らがこれまでの三つの部屋から構成されていた住居においてもはや相当に満たすことができないところの空間の必要を有していた。

原告・一は、教師として、授業時間の準備と課題の訂正のために、四人の人々によって利用された三つの部屋から構成されていた住居において原告・一の自由にならないところの十分に広くて静かな仕事部屋を必要とする。

G通り（本件住居の所在地）から原告らの仕事場への走行は簡素化され、もしくは、短くなる。というのは……原告・二のための走行距離はこれまでの住居からよりも本質的により有利であるのに対して、原告・一は公的な交通機関をもって渋滞なく……走行することができるからである。

原告らは、一九八九年三月一七日の口頭弁論においてそのことを指摘したが、G通りからの本質的により有利な交通の接続のために一台の車を廃車し、そのことによって相当な費用を節約することができる。

最後に、原告らは、G通りにおいて、原告らの引き続いての仕事上の生活と家族の生活を原告らがそのことを望んだように形成することができる。というのは、本件建物において生活する親族によって子供らの世話が保障されているからである」[751]。

他方において、区裁判所は、被告（賃借人）らが本件解約告知の書面を受け取ってから真摯に代替住居を得ようと努めたことを認めながらも、このような探索がこれまで成果のなかったことは賃借人らが相当な代替住居を要求できる条件で調達できないという結論を正当化しなかった、と論じたのである。すなわち、次のような論述であった。

「それに対して、被告・一にとって有利な結果になるように、被告・一がこれまで集中的な努力にもかかわらずなお代替住居を見出さなかったことが考慮に入れられなければならなかった。

……

……被告らは、特に、より広い住居に関する新聞の切り抜きと仲介業者の申出の提出によって、被告らが本件解約告知の書面を受け取ってから少なくとも三つと半分の部屋から構成されていた住居を賃借し、あるいは、購入することを真摯に得ようと努めたことを証明した。しかし、このような探索がこれまで成果のなかったことは、被告らがシユトゥットガルトとその周辺において相当な代替住居を要求できる条件で調達できないという結論を正当化しなかった。すなわち、一九八八年九月一四日のS事務所との仲介契約から判明したように、被告らは、賃借住居のために今や一〇〇〇ドイツマルクまで支払う心構えをしていたし、そのような状態にあった。仲介会社の書状から、被告らは、住居所有権のために四〇万ドイツマルクまで支出するつもりであることが判明した。このような価格において、当裁判官の経験にしたがって、シュトゥットガルトとその周辺において、なお受け入れられる四つの部屋から構成されていた住居が賃借されるか、もしくは、購入されることができるのである」(752)。

しかし、最後に、区裁判所は、被告（賃借人）らが本件解約告知の書面を受け取ってから誠実に、しかし、これまで成果なく代替住居の調達義務を果たしたことを理由として、「被告らには、さらに、一九八九年七月三一日までの明渡期間が認められなければならなかった」(753)、と判断したのである。ただし、区裁判所は、代替住居の探索の範囲について、賃借人らのこれまでの居住地域にのみ限定されてはならないことをも付言した。すなわち、次のような論述であった。

「民事訴訟法七二一条にしたがって行われなければならないところのその住居の即時の明渡し、もしくは、その住居の一時的な維持についての当事者の反対の利益の比較衡量において、なお被告らの利益が優位にあった。このことは、被告らが、本件解約告知の書面を受け取ってから誠実に、しかし、これまで成果なく代替住居を賃借し、もしくは、購入することを得ようと努めたからであった。この明渡期間によって、被告らには、なおさらに続けて適当な目的物を探し求める機会が与えられるということになる。しかし、その場合に、被告らは、これまでの居住地域にのみ限定されてはならないのであり、むしろ、被告・一の子供らがなお分別のある事情のもとで彼らの学校に到達することができるところの全部の領域において探さなければならないのである。

このような短期間の遅滞は、なお原告らに要求できるように思われた。人生経験にしたがって、当裁判官は、原告・一が、彼女の子供の出産のあとでまず第一に出産休暇を取り、そのことから一九八八年ないし一九八九年の学年においてもはや授業をしないことから出発する。そのことによって、一時的に、本件住居における自分自身の仕事場についての原告・一の差し迫った必要、もしくは、子供らを第三者によって世話させるという必然性はなくなるのである」(754)。

第八に、すでにⅡの一の1において取り上げたところのカッセル地方裁判所一九八九年四月一九日決定をみておきたい。

【145】カッセル地方裁判所一九八九年四月一九日決定(755)

［事案の概要と経緯］

被告（賃貸人）は、一九八八年四月二五日に、その息子のために、「自己必要」を理由として、一九八八年一〇月三一日付で、原告（賃借人）らとの本件使用賃貸借関係を解約告知した。被告の息子は、原告らの本件住居において場合によっては家族を創設し、または、生活共同体もしくは住居共同体を形成するつもりであった。これに対して、原告らは、本件使用賃貸借関係は終了していないことの確認を求めて本件訴えを提起した。

区裁判所は、BGB旧五五六a条にしたがって、本件使用賃貸借関係を七ヶ月だけ延長した。しかし、原告らは、地方裁判所に控訴し、予備的に本件使用賃貸借関係を期間の定めなく継続することを請求したのである。

〔決定理由〕

地方裁判所は、結論として、原告（賃借人）らの控訴を棄却した。

その決定理由において、地方裁判所は、はじめに、被告（賃貸人）によって述べられたところの「自己必要」について の理由は、筋の通り、あとづけることができるものであったことについて、次のように論じた。

「当部は、区裁判所とともに、本件使用賃貸借関係は、原告らによって占有された本件住居に関して、一九八八年四月二五日の被告の本件解約告知によって、一九八八年一〇月三一日付で終了させられていたのであり、その結果、本件使用賃貸借関係は終了させられていないことの確認に対する本件訴えは理由づけられていなかったことから出発する。

……

当部は……賃貸された本件住居を今や被告の息子によって利用させておくという被告の決定を原則として受け入れ、その法発見の基礎におかなければならない。……当部は、区裁判所とともに、自己利用の願望の真摯さについて疑念は明らかではないということから出発する。八〇平方メートルの広さの本件住居は、目下のところ二三歳で独身である被告の息子の利用の願望を満たし、（本件住居を）取り戻すという願望をもって濫用の観点のもとではるかに過大な居住の必要が主張されたことが述べられることもできなかった。というのは、場合によっては家族を創設し、または、生活共同体もしくは住居共同体の枠組みにおいてまた別の人々を本件住居に受け入れることにしたがって住居の広さを定めることは、全く筋の通り、あとづけることができるからである」[756]。

さらに、地方裁判所は、本件使用賃貸借関係をBGB旧五五六a条にしたがって期間の定めなく継続することをも否定したが、そのように判断した理由について、次のように論じたのである。

「本件使用賃貸借関係をBGB五五六a条のいわゆる社会的条項の枠組みにおいて期間の定めなくこれまで妥当する契約条件で継続するという、本件控訴をもって追求された予備的申立てもまた……成果に対する見通しをもたなかった。区裁判所は……すでに、BGB五五六a条にしたがった契約の継続の可能性を用い、本件使用賃貸借関係を七ケ月だけ、すなわち、一九八九年五月三一日まで延長した。本件控訴の理由づけの補足的な申立てにしたがっても、何故本件使用賃貸借関係が一九八九年五月三一日を越えて、まして期間の定めなく延長されるということになるのかという点は明らかではなかった。確かに、両方の原告らは、苛酷さについての理由として重大な障害と病気を申し立てた。それらの障害と病気は、住居を探すことについて賃借人を妨げ、あるいは、潜在的な賃貸人の契約の締結を妨げる場合、苛酷さについての理由を意味する。しかし、原告らは、本件事案において、原告らと使用賃貸借契約を締結する心構えをしているところの賃貸人がいない、とは申し立てなかった。そして、住居を探すことについての妨げに関しては、このような妨げは一〇〇パーセントの重度身体障害であるところの原告・二にだけ関係があり、その障害が五〇パーセントであるところの原告・一には関係がなかった。原告・一は、自分自身の原動機つき車両をもっており、それをもって、自己と妻のために住居を探す状態にあるとも考えられなければならなかったのである。区裁判所は、すでに、本件使用賃貸借関係を一九八九年五月三一日まで継続したという限りでは、住居を探す際の場合によっては起こり得る困難さを顧慮した。その他の点では、ＢＧＢ五五六ａ条にしたがった比較衡量の枠組みにおいても、賃貸人の正当な利益が考慮に入れられなければならなかったのである」[757]。

第九に、デュッセルドルフ地方裁判所一九八九年七月四日判決をみておきたい。

【146】デュッセルドルフ地方裁判所一九八九年七月四日判決[758]

［事案の概要と経緯］

原告（賃貸人）らは、一九八四年三月一〇日に被告（賃借人）らと本件使用賃貸借契約を締結したが、その後、原告・三のために、「自己必要」を理由として、被告らとの本件使用賃貸借関係を解約告知した。原告らは、三つの部屋から構成されていた住居に三人の成人した人々が存在することによって原告らの居住関係が狭められているために本件住居を原告・三のために必要とする、と主張した。これに対して、被告らは、ＢＧＢ旧五五六ａ条にしたがって、いくつかの観点から本件解約告知に異議を述べたのである。

［判決理由］

地方裁判所は、結論として、「原告らは……被告らに対して、本件住居の明渡しと返還を請求する権限がある。当事者の本件使用賃貸借関係は、原告らの本件解約告知によってその間に終了させられていたのである」[759]、と判断した。

その判決理由において、地方裁判所は、はじめに、原告（賃貸人）らの本件解約告知はＢＧＢ旧五六四ｂ条二項二号にしたがって有効であったことについて、次のように論じた。

「本件解約告知は、実体的にもＢＧＢ五六四ｂ条二項二号にしたがって有効であった。原告らは、本件住居を……原告・三のために住居として必要とすることを証明した。このためには筋の通り、正当と認めるに値する取戻しについての利益で十分である。筋の通り、正当と認めるに値する取戻しについての利益は、賃貸人が、所有権者として、彼の生き方を彼の所有権を利用して彼がそれを正しいと考えるように形成するという点において自由であることによって定められる。

三つの部屋から構成されていた住居に三人の成人した人々が存在することによって狭められた原告らの居住関係を放棄し、高齢の原告・一と原告・二を彼ら自身に制限された家族生活によって解放し、特に請求された本件住居をもって原告・三の年齢と生き方に相当する生活空間を原告・三に得させることは、原告らに承認されなければならなかった。これらの利益が筋の通り正当と認めるに値することは疑問ではありえなかったのである」[760]。

さらに、地方裁判所は、「……本件使用賃貸借関係の継続に対する被告らの請求は、ＢＧＢ五五六ａ条にしたがって理由づけられていなかった。被告らによって申し立てられた事情――……被告らの息子にピアノの演奏が可能にされている住居を見出すことについての場合によってはあり得る困難さ……――は本件使用賃貸借関係の終了についての原告らの利益に対して正当化されることができないところの苛酷さを意味しなかったのである」[761]、と論じたのである。

第一〇に、シュトゥットガルト地方裁判所一九八九年一〇月一一日判決をみておきたい。

【147】シュトゥットガルト地方裁判所一九八九年一〇月一一日判決(762)

［事案の概要と経緯］

本件建物は、シュトゥットガルトとその周辺に存在するほかの建物とともにドイツ連邦国有鉄道から原告（賃貸人）、すなわち、鉄道住宅地会社（管理と現役の鉄道職員への賃貸を目的とする公益的な有限会社）に用益賃貸されていた。被告（賃借人）はかつてドイツ連邦国有鉄道の修理施設において働いていた。このことを顧慮して、被告は、一九七四年九月一二日の本件使用賃貸借契約にもとづいて、一九七四年一〇月一日から本件住居に居住していた。被告は、一九八三年一〇月の満了をもってドイツ連邦国有鉄道の勤務から退職した。退職したあとで解約告知は行われなかった。というのは、一九八三年の終わりに現役職員のための必要は存在しなかったからである。その後、原告は、一九八八年二月一〇日付の書面をもって、一九八九年二月二八日付で、被告との本件使用賃貸借関係を解約告知した。本件解約告知の書面において、原告は、本件住居が差し迫って現役のドイツ連邦国有鉄道の職員の居住のために必要とされることを申し立てた。住居を差し迫って必要としたところの三人の職員が本件解約告知の書面において記載されていた。

被告は、一九八八年一二月二日付の書面をもって本件解約告知に異議を述べた。被告は、労働関係の終了のときに原告の側から被告がどんな場合でも本件住居にとどまることができることが確約されていたことを申し立てた。被告においては、二人の成人と四人の子供らをもった外国人家族にかかわる問題である。用心のための住居の探索と住宅局における申込みにもかかわらず代替住居を獲得することは被告にうまくゆかなかったのである。

原告は、被告が何の問題もなく本件住居にとどまることができることは被告に確約されていなかった、と申し立てた。被告には彼が一時的にだけ本件住居にとどまることができることが伝えられていただけである。ドイツ連邦国有鉄道としては、現役の職員のための差し迫った必要が存在した。その間に七〇〇件を越える申込みが存在し、一部は全く特別な必要をともなった。このような必要は他の方法で満たされることができなかった。特にトルコ国民のSとMのために対応する必要が存在した。特に差し迫っているドイツ連邦国有鉄道の必要にもとづいて、本件使用賃貸借関係の継続と三ヶ月を越える明渡期間を認めることにも反対されたのである。

被告は本件解約告知の書面において挙げられた人々の必要を否認した。本件使用賃貸借関係はさらに引き続いて継続されなければならなかった。被告とその家族は、成果なくほかの代替住居を得ようと努力した。このことは、あまり多くない所得とシュトゥットガルトにおける破滅的な住居市場の状況において極度に困難であった。被告は、新聞に住居探しの広告を出すことをも断念した。シュトゥットガルト市の住宅局は、社会的住居のための居住資格証明書を発行した。仲介業者を通しても電話によって代替住居を獲得することが試みられた。しかし、一三〇〇ドイツマルクからの暖房費抜きの賃料の目的物だけが提供されていた。しかし、このような価格の代替住居は調達不可能であったのである。

区裁判所は、次のように論じることにより、原告の本件明渡しの訴えを認容した。すなわち、原告は、本件解約告知の書面において住居についての必要が存在するところの具体的な人々を挙げた。最終口頭弁論の時点において原告においてドイツ連邦国有鉄道の職員のために必要が存在することが確定している場合、それで十分である。大きな企業体において多数の志望者が住居を探している人として届け出られている場合、これらの具体的な志望者のどの人に最終的に本件住居が割り当てられるのかという点は重要でなかった。

［判決理由］

地方裁判所もまた、結論として、原告（賃貸人）の本件明渡しの訴えを認容した。その判決理由において、地方裁判所は、はじめに、「区裁判所は、正当なことに、かつ、的確な理由づけをもって本件住居の明渡しについて原告の正当な利益を肯定した。これに対して被告によって申し立てられた論拠は通用しなかった」(763)、と論じた。

さらに、地方裁判所は、被告（賃借人）によって援用されたＢＧＢ旧五五六ａ条もまた通用しなかった、と判断したが、その理由について、次のように論じたのである。

「被告の見解に反して、被告によって援用された社会的条項もまた通用しなかった。区裁判所は、すでに的確にこのことをも述べたし、平均以上に高い賃料の住居を賃借することも被告には可能であることを強調した。というのは、被告は二人の娘らをもち、これらの二人の娘らは自分自身の職業上の収入をもっており、彼女らが自宅に居住しているあいだは何の問題もなく共同の住居の賃料に協力することができるからである。これらの三人の収入を考慮に入れると、当部の見解にしたがって、一二〇〇ドイツマルクから一三〇〇ドイツマルクまでの賃料価格までの住居を賃借することが被告には全く可能であった。このような賃料価格において諸々の住居がシュトゥットガルトの地域においても見出されることができる。このような事情のもとで、本件住居の明渡しについての原告の利益は被告の正当な利益よりも相当により強く重要であったのである」[764]。

最後に、地方裁判所は、一九八九年一一月三〇日を越える明渡期間を被告（賃借人）に認める動機もまた存在しなかった、と判断したが、その理由について、次のように論じたのである。

「最後に、一九八九年一一月三〇日を越える明渡期間を被告に認める動機もまた存在しなかった。被告には、今やすでに一年と八ヶ月を越えて以来被告によって居住された本件住居が原告によって事業の構成員のために必要とされることが周知であった。被告は、この期間の間に、明らかにただほとんど集中的ではないだけ、限定された領域においてだけ、そして、その他の点では比較できるほど安い住居だけを得ようと努めた。そのようなはじめから限定された住居の探索において、被告は将来においても彼に好都合な住居を見出さないだろう。その結果、明渡期間を認めるために必要は存在しなかった。明渡期間を認めることは、この期間の間に実際に集中的に、かつ、存在する諸々の可能性を用いて代替住居が探されることが考慮に入れられこともできる場合にだけ有意義である」[765]。

第一一に、ケルン区裁判所一九八九年一〇月三〇日判決をみておきたい。

【148】ケルン区裁判所一九八九年一〇月三〇日判決[766]

［事案の概要と経緯］

原告（賃貸人）は、その息子のために、「自己必要」を理由として、被告（賃借人）との本件使用賃貸借関係を解約告知した。これに対して、被告は、ＢＧＢ旧五五六ａ条にしたがって本件解約告知に異議を述べた。被告は、これまで相当な代替住居を見出さなかったし、外国人である被告にとって代替住居を見出すことは困難である、と申し立てたのである。

［判決理由］

区裁判所は、結論として、原告（賃貸人）の本件明渡しの訴えを認容した。

その判決理由において、区裁判所は、はじめに、「原告は、被告によって賃借された本件住居について、原告の息子のために自己必要を主張した。証人（原告の息子）は、その尋問のときにも、信ずべく証人が本件住居に入居するつもりであることを確認した。というのは、その場合、証人の通学路が本質的に短くなるからである。それとともに、原告のために本件使用賃貸借関係の終了について正当な利益が存在するのである」(767)、と論じた。

さらに、区裁判所は、被告（賃借人）にとっての「苛酷さ」を否定したが、その理由について、次のように論じたのである。

「原告のこのような請求がＢＧＢ五五六ａ条の意味における被告にとっての要求できない苛酷さに行き着いたことを、被告は十分に説明しなかった。確かに、被告はこれまで相当な代替住居を見出さなかったことを申し立てた。しかし、被告は代替住居についての被告の努力を十分に説明しなかった。住居市場における周知のように困難な状況にもかかわらず、被告は……代替住居を見出す被告の試みを詳細に説明しなければならなかった。もっぱら住居を見出すことが外国人にとって困難であることを指摘するだけで十分ではなかった。特に、被告は、単身者として、たとえば家族よりも、ともかくなおよりよい出発の機会をもつのである」(768)。

第一二に、ハンブルク地方裁判所一九八九年一二月一二日判決をみておきたい。

【149】ハンブルク地方裁判所一九八九年一二月一二日判決(769)

［事案の概要と経緯］

原告（賃貸人）らは、一九八七年七月二三日に、「自己必要」を理由として、一九八八年七月三一日付で、被告（賃借人）との本件使用賃貸借関係を解約告知した。原告らは、職業に条件づけられた理由にもとづいてミュンヘンからハンブルクへ転居しなければならなかったことを彼らの「自己必要」の根拠とした。

これに対して、被告は、ＢＧＢ旧五五六ａ条にしたがって代替住居が欠けていることを引き合いに出したほか、その他の利益の侵害の観点からも本件解約告知に異議を述べたのである。

地方裁判所に控訴したのは被告であった。

［判決理由］

地方裁判所は、結論として、「被告の許容しうる本件控訴は理由づけられていなかった。当部は、区裁判所とともに……本件使用賃貸借関係は、一九八七年七月二三日の原告らの本件解約告知によって一九八八年七月三一日付で解消されていたこと、および、それに対して、被告の継続の請求として断固とした処置を取らなかったことから出発した。もっとも、被告には、その事情にしたがって相当な明渡期間（一九九〇年一月三一日までの明渡期間）が認められなければならなかったのである」[770]、と判断した。

その判決理由において、地方裁判所は、はじめに、原告（賃貸人）らの「自己必要」にはあとづけることができ、筋の通った理由が存在することについて、次のように論じた。

「原告らは、職業に条件づけられた理由にもとづいてミュンヘンからハンブルクへ転居しなければならなかったことを彼らの自己必要の根拠とした。というのは、原告・一は、ミュンヘンにおける彼の職場を失い、ハンブルクにおいて適当な職場を見出したからである。この点には、ＢＧＢ五六四ｂ条二項二号にしたがった自己必要の要件を満たすところの、あとづけることができ、筋の通った理由が存在するのである」[771]。

さらに、地方裁判所は、代替住居の調達の観点からの被告（賃借人）の異議を退け、賃借人にとっての「苛酷さ」を否定したが、その理由について、次のように論じたのである。

「確かに、一九八八年五月一九日の被告の本件解約告知に対する異議は、適時に立てられていたが、しかし、ＢＧＢ五五六ａ条二項にしたがって本件使用賃貸借関係の延長に行き着かなかった。というのは、当事者の対立する利益の比較衡量がこのことを正当化しなかったからである。被告は比較できる代替住居を本質的により高い賃料でのみ賃借することができることを貫徹することができなかった。確かに、代替住居が欠けていることはＢＧＢ五五六ａ条一項の意味における苛酷さでありうる。特に、賃借人は、そのような場合において、民事訴訟七二一条にしたがった単なる明渡期間の可能性を指示されてはならない。しかしながら、被告は、ほとんど一四〇平方メートルの広さの四つと半分の部屋から構成されていた住居に頼らざるを得ないし、より狭く、そのために比較的賃料も安く品質もよい住居に乗り換えることができないことをなるほどと思わせなかった。すなわち、代替住居が欠けていることを引き合いに出すところの賃借人は、将来の居住関係のある程度の悪化をも甘受しなければならないことは正当と認められている。少なくとも賃借人の社会的な地位がここから打撃を与えられない限りはそうである」[772]。

なお、その他の利益の侵害の観点からの被告（賃借人）の異議については、Ⅱの二の2の（4）において取り上げる。

第一三に、フライブルク地方裁判所一九八九年一二月二一日判決をみておきたい。

【150】フライブルク地方裁判所一九八九年一二月二一日判決[773]

［事案の概要と経緯］

原告（賃貸人）らは、これまでおよそ七二平方メートルの広さだけの住居に居住していたが、最初の子供の出生となおこれ以上の家族計画にしたがって一五四平方メートルの広さの六つの部屋から構成されていた本件住居を取得したことによって被告（賃借人）との本件使用賃貸借関係に入った。原告らは、一九八九年三月三一日に、「自己必要」を理由として被告との本件使用賃貸借関係を解約告知した。これに対して、被告は、BGB旧五五六a条にしたがって本件解約告知に異議を述べた。被告は、ひとり暮らしの人であると考えられなければならないが、本件住居の部屋を住居共同体の目的のために転貸していたのである。

［判決理由］

地方裁判所は、結論として、「被告の異議と継続の請求は、しかしながら理由づけられていなかったのである」[774]、と判断した。

その判決理由において、地方裁判所は、原告（賃貸人）らの利益と被告（賃借人）の利益とのあいだの比較衡量において賃貸人らの利益に優位を認めた理由について、次のように論じたのである。

「BGB五五六a条一項と二項は、住居使用賃貸借関係の解約告知に対する異議権、および、その使用賃貸借関係の契約にしたがった終了が賃借人またはその家族にとって賃貸人の正当な利益を評価しても正当化されることができないところの苛酷さを意味した場合、その使用賃貸借関係の継続を請求する権利を賃借人に認める。その際、相当な住居が要求できる条件で調達されることができない場合もまたひとつの苛酷さを意味する。個々の事案において、賃借人の側に存在する苛酷さについての理由は賃貸人の正当な利益に対して比較衡量されなければならない。このことは次のことに行き着いた。

……

……本件においては、もっぱら被告において理由づけられた苛酷さが問題であり、それとともに被告が相当な代替住居を要求できる条件で獲得することができるのかどうかという問題も重要である……相当な代替住居が要求できる条件で獲得されることができるのかどうかという問題において、さらに次の点が考慮に入れられなければならなかった。すなわち、被告は、もう一度四つの部屋ないし五つの部屋から構成されていた住居を請求してもよかったのか―被告は議論の余地もなく成果なくこのような住居を得ようと努めた―、あるいは、住居を探すときより狭い住居に集中しなければならなかったのかという点である。被告はひとり暮らしの人であると考えられなければならないのであるから、原則としてより狭い住居で満足することが被告に要求されなければならなかった。裁判所に周知であるところのフライブルクの住居市場における困難な諸関係を考慮に入れてさえも、そのような住居が一九八九年九月三〇日まで見出されなければならなかったことは、特に過去を振り返ってみて被告がそのような住居を区裁判所の判決のあとほんの数日で見出したという事実において示されるのである。……

これにしたがって、おのおのの転居と生活の中心点としての住居の喪失において存在するところの被告にとっての苛酷さが原告らの正当な利益に対して比較衡量される場合、原告らにとって有利な結果になるように明確な優位が判明する。原告らは通り抜けの部屋を含めておよそ七二平方メートルの広さだけの住居に居住していた。この住居が最初の子供の出生となおこれ以上の家族計画にしたがって原告らの必要と計画のためにあまりに狭いことはあとづけることができた。原告らはそこに居住し必要に適合した家族の居住を保障するために一五四平方メートルの広さの六つの部屋から構成されていた本件住居を取得したのである。一九八九年三月三一日付の本件解約告知の書面において、このことが明確に指摘されたのである」[775]。

第一四に、カールスルーエ地方裁判所一九九〇年二月九日判決をみておきたい。

【151】カールスルーエ地方裁判所一九九〇年二月九日判決[776]

［事案の概要と経緯］

原告（賃貸人）は、その間に八四歳であり、病気に条件づけられてその身体上の能力において低下させられていた。原告は、一九八八年一一月二九日に、「自己必要」を理由として、被告（賃借人）との本件使用賃貸借関係を解約告知した。原告は被告の本件住居を原告の本件建物に受け入れられなければならない世話人のために請求した。ただし、原告は、最終的に、これまで原告によって居住された住居を世話人に委譲するために、原告自身が被告の本件住居に居住するつもりである、と主張した。

これに対して、被告は、BGB旧五五六a条にしたがって本件解約告知に異議を述べた。被告は、九一一ドイツマルクの年金だけを受け取り、リューマチの病気である、と申し立てたのである。

地方裁判所に控訴したのは被告であった。

［判決理由］

地方裁判所は、結論として、「被告の本件控訴は、許容しうるが、しかし、理由づけられていなかった」[777]、と判断した。

その判決理由において、地方裁判所は、はじめに、「自己必要」を理由とする原告（賃貸人）の本件解約告知は正当化されていたことについて、次のように論じた。

「被告は……本件住居を原告に返還するように義務づけられていた。当事者間に存続する本件使用賃貸借関係は、一九八八年一一月二九日の本件解約告知によって有効に終了させられていた。本件解約告知は、ＢＧＢ五六四ｂ条二項二号にしたがって自己必要を理由として正当化されていたのである。

高齢の賃貸人が賃借人の住居を賃貸人の建物に受け入れられなければならない人のために請求し……いくばくかの確実性をもって賃貸人が近い将来にその人のサービス（世話や面倒をみられること）を必要とすることが考慮に入れられうる場合、その使用賃貸借関係の終了についての正当な利益は、そのサービスが要求されるということになるところの人がその解約告知を行った時点においてなお確定していなかったときにも正当と認められなければならなかった。原告は、その間に八四歳であり、原告によって提出された医師の診断書から判明したように、病気に条件づけられてその身体上の能力において低下させられていた。その証人尋問における原告の息子の申立てと証人の申立てにしたがって、原告もまた、このような理由からそのサービスを要求することができるところの人を本件建物に受け入れることを意図したのである。

……

原告の本件解約告知の要求は、一九八八年一一月二九日の本件解約告知の書面における叙述が原告が被告の本件住居を世話人に自由に使わせるつもりであるということであったのに対して、原告の息子の証言から判明したように、原告はこれまで被告によって居住された本件住居に自分自身で居住したいのであり、これまで原告によって居住された住居を世話人に委譲するつもりであることのためにも不成功に終わらなかったのである」(778)。

さらに、地方裁判所は、被告（賃借人）はＢＧＢ旧五五六ａ条にしたがって本件使用賃貸借関係の継続を請求することもできなかった、と判断したが、その理由について、次のように論じたのである。

「被告は、ＢＧＢ五五六ａ条にしたがって本件使用賃貸借関係の継続を請求することもできなかった。当部は、確かに、被告が、九一一ドイツマルクの年金だけを受け取り、リューマチの病気であるという被告の申立てにもとづいてそのような継続を考慮に入れた。

……被告が、住居市場における現在の状況において、代替住居を賃借するときに困難であることは見誤られることができなかった。しかし、もっぱら少ない収入からだけＢＧＢ五五六ａ条の要件の存在を推論することは許容できないと考えられる。賃借人は、少なくとも、賃借人がその代替住居調達義務を履行し代替住居を求める具体的な努力が成果なく残ったことを説明しなければならない。必要な努力の範囲に関して、確かに個々の事案の事情が重要である。その結果、たとえば仲介業者を介入させることは、その賃借人の経済的な可能性にしたがってこのことをあえてすることもできる賃借人にだけ要求されることができる。代替住居調達義務は、支配的な見解にしたがって、有効な解約告知を受け取ると同時に始まる。被告は、代替住居を求めるどんな種類の努力も説明しなかったのみならず、逆に、被告が同一の通りにおける自由に使えるようになった住居の指摘を究明しようとしなかったという原告の具体的な申立てを反論の余地なくさせておいた。しかし、このような事情のもとで、ＢＧＢ五五六ａ条にしたがった本件使用賃貸借関係の継続は考慮に値しなかったのである」[779]。

最後に、地方裁判所は、「同じ理由から、民事訴訟法七二一条にしたがった明渡期間もまた認められることができなかった。このためにも代替住居調達義務を履行することが要件である」[780]、と付言したのである。

第一五に、ドルトムント区裁判所一九九〇年三月七日判決をみておきたい。

【152】ドルトムント区裁判所一九九〇年三月七日判決[781]

［事案の概要と経緯］

原告（賃貸人）は、本件住居の所有者であったが、一九八七年五月一日からの効力をともなって本件住居を被告（賃借人）らに賃貸した。その後、原告は、一九八九年一〇月二六日付の書面をもって、「自己必要」を理由として、被告らとの本件使用賃貸借関係を解約告知した。原告は、自己とその未成年の息子のために本件住居を必要とする、と主張した。原告らは、その湿気のために原告らのこれまでの賃借住居を放棄しなければならなかった。居住についてのそのほかの要求できる可能性は、原告とその息子のために存在しなかった。その他の点では、本件住居は居住のためにも適当であった。

これに対して、被告らは、一九八九年一一月二七日付の書面をもって本件解約告知に異議を述べた。被告らは、本件住居の明渡しは、被告らにとって正当でない「苛酷さ」を意味した、と申し立てた。原告は、本件住居を賃貸したときに、早くとも原告の未成年の息子が成年になったときに本件住居の明渡しを必要とすることを被告らに説明した。そのことを信頼して、被告らは、一九八九年一月に寸法に合わせて製造されたシステムキッチンをおよそ一万ドイツマルクで調達した。それに加えて、被告らは、これまで相当な努力にもかかわらず代替住居を要求できる条件で獲得することができなかったのである。

［判決理由］

区裁判所は、結論として、「本件訴えは……理由づけられていた」(782)、と判断した。

その判決理由において、区裁判所は、はじめに、「……原告によって意思表示されたところの一九八九年一〇月二六日の本件解約告知によって、当事者の間に存続した本件使用賃貸借関係は遅くとも一九九〇年二月二八日までに終了させられていた。……本件解約告知の理由は十分に明確に表されていた。

原告によって行われたところの自己必要を理由とする本件解約告知は、本件事案において、BGB五六四b条二項二号にしたがってもまた理由づけられていたのである」(783)、と論じた。

さらに、区裁判所は、代替住居の調達の観点からの被告（賃借人）らの異議を退け、賃借人らにとっての「苛酷さ」を否定したが、その理由について、次のように論じたのである。

「……本件事案において、代替住居が要求できる条件で被告らの自由にならないという理由において、本件使用賃貸借関係の継続が命じられなければならないのかどうかという点が審理されなければならなかった。しかし、この問題もまた否定されなければならなかった。確かに、目下のところ住居市場において相当な隘路が存在することは被告らに認められなければならない。さらに、被告らが代替住居を調達するために相当な努力を費やしたこともまた全く見誤られてはならなかった。しかし、他方において、このような努力はなお全く十分であると考えられることもできなかった。確かに、被告らが新聞における申出を調査したことは正しかった。他方において、本件において……何故ドルトムントに定住しているより大きな住宅会社のどれにも依頼しなかったのかという点が問われなければならなかった。さらに、本件において……仲介業者を介入させることもまた当然であったのである。すべてのこれらの事情を考慮に入れると、ことがらの状況にしたがって、本件使用賃貸借関係の継続を命じることは正当化されていないように思われる。本件事案において、相当な明渡期間の承認を通して全く被告らの利益に貢献されていたのである」[784]。

なお、経済的な支出の観点からの被告（賃借人）らの異議については、Ⅱの二の2の（3）において取り上げる。

第一六に、ベルリン地方裁判所一九九〇年三月二二日判決をみておきたい。

【153】ベルリン地方裁判所一九九〇年三月二二日判決[785]

［事案の概要と経緯］

原告（賃貸人）は、「自己必要」を理由として、被告（賃借人）との本件使用賃貸借関係を解約告知した。原告は、彼の伴侶とその娘とともに家族を構えるために本件住居を必要とした。これに対して、被告は、ＢＧＢ旧五五六ａ条にしたがって本件解約告知に異議を述べた。被告は、養成専門教育の状態にある彼女の息子と一緒に本件住居に居住していたが、ベルリンの住居の困窮の描写についてのデァ・シュピーゲルの報告を引き合いに出したのである。

［判決理由］

地方裁判所は、結論として、「原告には、被告に対して……明渡請求権が当然帰属すべきものである」[786]、と判断した。

その判決理由において、地方裁判所は、はじめに、「……原告が被告によって占有された本件住居に関して自己必要を引き合いに出したところの一九八八年一一月一七日の本件解約告知はＢＧＢ五六四ｂ条二項二号にしたがって有効である……

……

主張された自己必要は、ＢＧＢ五六四ｂ条二項二号の意味において原告において存在した。……原告の伴侶とその娘とともに家族を構えるという原告の意図は……ＢＧＢ五六四ｂ条二項二号の意味において、筋の通り、あとづけることができる理由を意味したのである」(787)、と論じた。

さらに、地方裁判所は、被告（賃借人）が「苛酷さ」の存在を引き合いに出したことは適切でなかった、と判断したが、その理由について、次のように論じたのである。

「被告がＢＧＢ五五六ａ条の意味における社会的な苛酷さの存在を引き合いに出した限りで言えば、このことは適切でなかった。確かに、原則として、苛酷さについての理由は、無制限に賃借人の諸関係によって形成されていなければならないわけではなく、むしろ、一般的な住居市場の状況からも判明しうる。しかし、これについて、相当な代替住居が要求できる条件で調達されることができないことが必要である。しかし、このために、個々の要件として、賃借人が要求できるやり方において代替住居を得ようと努力したことが必要である。被告自身は、被告が具体的に代替住居の調達を得ようと努力したことを主張しなかった。ベルリンの住居の困窮の描写についてのデァ・シュピーゲルの報告を引き合いに出すことは、そのような具体的な努力の代用をすることができない。もっぱら被告が養成専門教育の状態にある彼女の息子と一緒に本件住居に居住していたという事情だけで、転居が常に必然的にともなう通例の事情と煩わしさを越えて被告において特別な苛酷さについての理由が存在することを受け入れることに行き着かせなかったのである」(788)。

第一七に、ベルリン地方裁判所一九九〇年三月二六日判決をみておきたい。

【154】ベルリン地方裁判所一九九〇年三月二六日判決(789)

［事案の概要と経緯］

原告（賃貸人）らは、「自己必要」を理由として、被告（賃借人）らとの本件使用賃貸借関係を解約告知した。原告・一は、本件住居において彼女の夫と家族を構えることを意図した。これに対して、被告らは、相当な代替住居の調達が可能でないことを引き合いに出して本件解約告知に異議を述べた。被告らは、建築・住居制度のためのベルリンの政府大臣の情報、および、ベルリンの住居市場についての一般に不適切な状況を引き合いに出したのである。

［判決理由］

地方裁判所は、結論として、原告（賃貸人）らの本件明渡しの訴えを認容した。

その判決理由において、地方裁判所は、はじめに、「自己必要」に関する原告（賃貸人）らの申立てがBGB旧五六四b条二項二号の意味における筋の通り、あとづけることができる理由を意味したことについて、次のように論じた。

「原告らによって主張されたところのBGB五六四b条二項二号の意味における原告・一の自己必要は、区裁判所の判決の的確な理由から存在した。原告・一が彼女の夫と家族を構えることを意図し、それは共通の子供が計画されているという趣旨に理解されうるが、これに関する原告らの申立てはBGB五六四b条二項二号の意味における筋の通り、あとづけることができる理由を意味した。被告らはこれに立証的に対抗しなかった。被告らが本件住居は単に本質的でなく原告・一によって居住された住居よりもより広いことを引き合いに出した限りで言えば、自己必要の枠組みにおいて、賃貸人自身が不十分に居住させられていたことは必要でないことが指摘されなければならなかったのである」[790]。

さらに、地方裁判所は、「被告らが引き合いに出したところのBGB五五六a条の意味における社会的な苛酷さは存在しなかった」[791]、と判断したが、その理由について、次のように論じたのである。

「被告らが相当な代替住居の調達は被告らにとって可能でないことを引き合いに出した限りで言えば、これに関する立証されたところの調達のための具体的な努力についての申立てが欠けていた。このような不成功に終わった努力に関して、賃借人は説明・証明の義務がある。被告らがこのための証明について建築・住居制度のためのベルリンの政府大臣の情報を引き合いに出した限りで言えば、このような情報は具体的な努力に関する主張の代用をするのに適当でなかった。これについて、引き合いに出されたところのベルリンの住居市場における一般に不適切な住居についての状況もまた何も変えることはできなかった。確かに、原則としてBGB五五六a条の意味における苛酷さについての理由は、賃借人の諸関係によってだけ形成されている必要はない。しかし、要求できる条件の相当な代替住居が欠けている場合においてさえも、賃借人は要求できるやり方において代替住居を得ようと努力したことがさらにつけ加わらなければならない。被告らは……まさしくこのことを十分に委曲を尽くして果たさなかったのである。被告らは、ベルリンの住居市場についての一般に不適切な状況を一括して引き合いに出すことができなかったのである」(792)。

第一八に、デュッセルドルフ地方裁判所一九九〇年四月二六日決定をみておきたい。

【155】デュッセルドルフ地方裁判所一九九〇年四月二六日決定(793)

［事案の概要と経緯］

原告（賃貸人）は、「自己必要」を理由として、被告（賃借人）らとの本件使用賃貸借関係を解約告知した。原告は、彼女の高齢、および、彼女の健全でない、そして、本件使用賃貸借契約の締結後に悪化した健康状態にもとづいて本件建物において世話の任務をも引き受けるところの賃借人夫婦の受入れに差し迫って頼らざるを得なかった。これに対して、被告らは、ＢＧＢ旧五五六ａ条にしたがって本件解約告知に異議を述べた。被告らは、「住居市場における一般に周知の状況」、ならびに、デュッセルドルフにおいて「数年前から実際に空虚に走り過ぎた住居市場」について述べたのである。

地方裁判所に控訴したのは被告らであった。

［決定理由］

地方裁判所は、結論として、「被告らの本件控訴は……十分な成果の見込みがなかった」(794)、と判断した。

その決定理由において、地方裁判所は、原告（賃貸人）の「自己必要」を肯定したところの区裁判所の判決にしたがうことについて、次のように論じた。

「……区裁判所は、原告の自己必要をＢＧＢ五六四ｂ条二項二号にしたがって……的確な判決の理由づけをもって肯定した。……

原告は、彼女の高齢、および、彼女の健全でない、そして、本件使用賃貸借契約の締結後に悪化した健康状態にもとづいて本件建物において世話の任務をも引き受けるところの賃借人夫婦の受入れに差し迫って頼らざるを得なかった。この関連において、区裁判所によって尋問された医師の証言は明確で説得力のあるものであった」[795]。

さらに、地方裁判所は、被告（賃借人）らはＢＧＢ旧五五六ａ条を引き合いに出すこともできなかった、と判断したが、その理由について、次のように論じたのである。

「……被告らは、彼らが子供らをもたない共稼ぎの夫婦であり、被告（夫）は建築家であるという原告の主張を具体的に否認しなかった。そのことから、代替住居の探索における被告らの経済的な障害は明らかでなかった。そのことを超えて、被告らは、これまで総じて具体的に代替住居を得ようと努力したのかどうかという点、どのようなやり方において代替住居を得ようと努力したのかという点、および、そのような努力が成果のないままであったことを申し立てなかった。被告らは……その間に十分に用心のために代替住居を得ようと努力する機会を有した。『住居市場における一般に周知の状況』、ならびに、デュッセルドルフにおいて『数年前から実際に空虚に走り過ぎた住居市場』についての被告らの一括した叙述は全く不十分であったのである。

……

被告らは、ＢＧＢ五五六ａ条のいわゆる苛酷条項を引き合いに出すことができなかった。一般的な住居市場の状況についての一括した申立ては、この関連においても顧慮されなかった。本件において、すでに述べたように、被告らが代替住居についての具体的で成果のない努力を総じて説明しなかったこともまた重要であったのである」[796]。

第一九に、すでにⅡの二の2の（1）の②において取り上げたところのドルトムント区裁判所一九九〇年七月一二日判決（裁判例【74】）をみておきたい。

区裁判所は、その判決理由において、すでに考察したように、身体・健康の侵害の観点からの被告（賃借人）らの異議を退けたが、それに加えて、代替住居の調達の観点からの賃借人らの異議をも退け、賃借人らにとっての「苛酷さ」を否定した。区裁判所は、その理由について、次のように論じたのである。

「ＢＧＢ五五六ａ条一項二文における明確な法律上の規定にしたがって、苛酷さは相当な代替住居が要求できる条件で調達されることができない場合にも存在する。この点では、被告らはこれまで総じて代替住居を手に入れようとしたことを申し立てなかった。被告らがドルトムントにおける住居をめぐる状況は目下のところ一般に緊張した市場の状況にもとづいてきわめて不利であったことだけを引き合いに出した限りで言えば、このことは十分でなかった。この点では、当裁判所がこのことはいっそうより困難となり、時間と社会参加の点でいっそうより大きな消費と結びつけられていたことをも見誤らなかった場合、このような状況にもかかわらず住居の調達がいまだに可能であることは裁判所に周知である。しかし、被告らは、これに関してこれまで見たところいまだに全く何も講じなかったらしい。

被告らが、被告らの住居の探索は、なお、一方において彼らが二匹の猫を飼い、他方において彼らが失業のために限定的にだけ給付能力があったことによって困難にされたことを引き合いに出した限りで言えば、このことはこのような法的状況を異なって評価することに行き着くこともできなかった。

一方において、当裁判所にとって、二匹の猫が住居の調達のときに克服しがたい障害であることは明らかでなかったし、他方において、当裁判所の見解にしたがって、これらの猫を手離すことがそのとき唯一の可能性であるということになるとき被告らに要求されなければならなかったのである。制限された経済的な給付能力は、当裁判所の見解にしたがって、ＢＧＢ五五六ａ条の枠組みにおいて考慮に入れられなければならないところの理由ではない。というのは、一方において、原告らもまたその地方で慣習になっている賃料の支払いに対する請求権を有するし、他方において、このことは、そのとき住宅補助金あるいは社会扶助の領域から資金を任意に処理させることによって、被告らに代替住居の資金調達を可能にするという公共体の課題であるからである」[797]。

なお、その他の利益の侵害の観点からの被告（賃借人）らの異議については、Ⅱの二の2の（4）において取り上げる。

第二〇に、シュトゥットガルト地方裁判所一九九〇年七月一九日判決をみておきたい。

【156】シュトゥットガルト地方裁判所一九九〇年七月一九日判決(798)

［事案の概要と経緯］

当事者の間には本件建物（列状住宅）に関する本件使用賃貸借関係が存在した。本件使用賃貸借関係は、一九八四年一一月一五日にはじまり、一九八九年一一月一四日まで期限づけられていた。本件使用賃貸借契約にしたがって延長の可能性は存在しなかった。原告（賃貸人）は、本件使用賃貸借関係の間ずっと被告（賃借人）らに本件建物の購入を勧めた。しかし、売買契約の締結には行き着かなかった。原告は、一九八八年八月に、被告らに対して、原告が依然として本件建物を売買するつもりであり、しかも、遅くとも本件使用賃貸借関係の満了のときに売買するつもりであることを通知した。被告らは、一九八九年六月一九日付の書面をもって、一九八九年一一月一四日を越えて本件使用賃貸借関係を継続することを請求した。原告は、一九八九年八月三〇日付の書面をもって、原告が一九八九年一一月一四日を越えて本件使用賃貸借関係を継続することに同意していないことを通知した。さらに、原告は、一九八九年九月一日付の書面をもって、相当な経済的利用の妨げを理由として、一九八九年一一月三〇日付で、本件使用賃貸借関係を解約告知した。

原告は、本件使用賃貸借契約の期限づけは被告らの願望にもとづいて行われた、と申し立てた。原告は、何年も前から本件建物を売買することを試みたが、しかし、この売買の努力は不成功に終わった。というのは、本件建物は賃貸されていたからである。原告は、一九八九年に原告とその家族のためにミュンヘンにおいて一世帯用住宅を購入したが、そのことから、原告は、本件建物からの売買価格が原告の自由にならない限り、五〇万ドイツマルクの金額を中間的に出資しなければならないのである。

これに対して、被告らは、本件使用賃貸借関係の期限づけは被告らの願望に起因しなかったこと、原告の売買の努力は明らかに原告のゆきすぎた価格の考えのために不成功に終わったことを申し立てた。ミュンヘンにおける建物の購入と本件建物の売買との間の経済的な関連は存在しなかった。さらに、原告の夫は高い収入をもち、ウルムに存在する多世帯用住宅の所有者でもある。

区裁判所は、結論として、「本件訴えは許容しうるし、理由づけられていた。当事者の間の本件使用賃貸借関係は、ＢＧＢ五六四ｂ条にしたがって一九八九年一一月一四日に期間の満了によって終了した。……原告は、ＢＧＢ五六四ｂ条二項三号にしたがって本件使用賃貸借関係の終了について正当な利益を有したのであるから、本件使用賃貸借関係は一九八九年一一月一四日を越えて継続されなかった」[799]、と判断した。

これに対して、被告らは、地方裁判所に控訴したのである。

［判決理由］

地方裁判所もまた、結論として、「許容しうる本件控訴は理由づけられていなかった。区裁判所は、その結論とその理由づけにおいて正しく判決を下したのである」[800]、と判断した。

その判決理由において、地方裁判所は、はじめに、原告（賃貸人）が本件使用賃貸借関係の継続によって本件土地・建物の相当な経済的利用について妨げられ、それによって著しい不利益を被ることが確定していたことについて、次のように論じた。

「当部にとっても、原告が本件使用賃貸借関係の継続によって本件土地・建物の相当な経済的利用について妨げられ、それによって著しい不利益を被ることが確定していた。何度か立証されたところの原告の詳細な申立て、すなわち、本件建物のために原告によって適当であると考えられた購入価格を支払う心構えをすでにしていたが、しかし、本件建物を賃借人の住んでいない状態でのみ取得するつもりであったところの多数の希望者が存在したという申立ては、被告らによってかなり一括してだけ否認されたことがすでに注意を引いた。しかし、このような一括した否認が相当であったのかどうかという点は不確定でありうる。というのは、購入希望者の範囲が強く限定されているという理由で賃貸された目的物が本質的により困難に売買するに適したことは、事実周知であるからである。賃貸された建物の考えられる買主は、賃貸された目的物の需要が本質的によりわずかであることを知っているのであるから、これは強く低下させられた購入価格の申出に行き着く。当部は、ほかの手続きから、および、一般に入手可能な情報源（新聞雑誌）から判明するところの不動産市場についての当部のその他の知識からこのことを知った。そのことから、第一審裁判所（使用賃貸借課）がこの事実を同じく周知であると取り扱ったことは異議が述べられることができなかった。そのことから、原告は……被告らの継続の請求に、本件使用賃貸借関係の終了についての正当な利益を対置することができたのである」(801)。

さらに、地方裁判所は、被告（賃借人）らは相当な代替住居が調達されることができないことを証明しなかった、と判断したが、その理由について、次のように論じたのである。

「そのことからBGB五五六a条の社会的条項の援用だけが被告らに残った。しかし、被告らが十分な努力にもかかわらず相当な代替住居を見出すことができなかったことは十分に証明されていなかった。……共稼ぎの夫婦でドイツの国籍を持つ者として決して住居市場において不利に扱われる国民階層に属さないところの被告らは、ひとつの自分自身の新聞広告だけの掲載を依頼し、住居を探すことに仲介業者を介入させることをしなかった。本件使用賃貸借関係が一九八九年一一月一四日に終了することは被告らにとうに周知であったにもかかわらず……被告らは第一審判決に引き続いてはじめて新聞広告を申し込んだ。被告らは……原告によって斡旋された目的物を吟味すらしなかった。そのことから、代替住居の調達が不可能であったという証明をするという被告らの努力は適当でなかったのである」(802)。

第二一に、ベルリン地方裁判所一九九〇年八月七日判決をみておきたい。

【157】ベルリン地方裁判所一九九〇年八月七日判決(803)

［事案の概要と経緯］

原告（賃貸人）は、その娘のために、「自己必要」を理由として、被告（賃借人）との本件使用賃貸借関係を解約告知した。原告の娘は、彼女の職業教育にしたがって両親の本件建物に所在する本件住居に入居するつもりであった。本件住居は、三つの部屋と物置部屋から構成されていたが、被告はひとりで本件住居に居住していた。被告は、相当な代替住居を見出すことについての困難さを指摘して本件解約告知に異議を述べたのである。

区裁判所は、原告の本件明渡しの訴えを認容した。

［判決理由］

地方裁判所もまた、結論として、「本件解約告知の有効性は……被告のための特別な苛酷さのためにも排除されなかった」(804)、と判断した。

その判決理由において、地方裁判所は、そのように判断した理由について、次のように論じたのである。

「本件解約告知の有効性の排除は……相当な代替住居を見出すことについての困難さからも判明しなかった。……代替住居を見出すことについての困難さは控訴審裁判所にも周知である。しかし、たとえ代替住居を見出すことについての困難さが広範囲に肯定されなければならないとしても、ベルリンにおいて恒常的に行われる住居の交替にかんがみて、これまで要求できる条件の代替住居の獲得の不可能性は受け入れられることができなかった。そのことから、このような困難さは明渡期間を量定するときにだけ考慮に入れられなければならなかったのである」(805)。

第二二に、筆者の既存の研究(806)においても取り上げたところのハンブルク地方裁判所一九九〇年一〇月二五日判決(807)をみておきたい。

すでに考察したように、事案の概要の要点は、次のようであった。

原告（賃貸人）らは、「自己必要」を理由として、本件建物の一階に所在する本件住居の賃借人であった被告らとの本件使用賃貸借関係を解約告知した。原告らは多様な観点から「自己必要」を理由づけたが、地方裁判所の判決理由との関係では、現在ひとつの部屋に居住していた原告らの二歳三ヶ月と九ヶ月の二人の子供らを分離された部屋に居住させるつもりであるという意図をもってその「自己必要」を理由づけた。これに対して、被告（賃借人）らは、ＢＧＢ旧五五六ａ条にしたがって本件解約告知に異議を述べたのである。

区裁判所は原告らの本件明渡しの訴えを棄却したため、原告らは地方裁判所に控訴したのである。

地方裁判所は、結論として、「原告らの本件控訴は、許容しうるし、本件明渡請求に関してのみ理由づけられていた」(808)、と判断した。

その判決理由において、地方裁判所は、はじめに、「いずれにせよ二人の子供らの各々に自分自身の完結した部屋を自由に使わせるためにその住居を拡張することは、筋の通り、あとづけることができる理由を意味したのである」[809]、と論じた。

さらに、地方裁判所は、「被告らは、ＢＧＢ五五六ａ条にしたがって本件使用賃貸借関係の継続を請求することができない」[810]、と判断したが、その理由について、次のように論じたのである。

「……被告らは本件使用賃貸借関係の終了が正当化されることができない苛酷さであると述べるところの観点を申し立てなかった。……確かに、相当な代替住居を見出す困難さはＢＧＢ五五六ａ条一項二文にしたがって考慮に入れられなければならない。ハンブルクにおける住居市場の荒廃した状態、特に賃料も安く質もよい住居のための住居市場の荒廃した状態は当部に周知であった。しかし、ほかの住居を見出す見通しは、なおより長い明渡期間を認めることによってこのような事情が顧慮されることができないほど完全に排除されたものであると評価されることができなかったのである」[811]。

最後に、地方裁判所は、「……本件の明渡期間のかなり長い期間は……住居市場の状況、および、原告らの主張された自己必要がきわめて差し迫ったものであることが明らかにならなかったという事実を考慮に入れた。両方の側の利益の比較衡量において一〇ヶ月の明渡期間が相当であるように思われた」[812]、と付言したのである。

第二三に、デュッセルドルフ地方裁判所一九九〇年一一月二七日判決[813]をみておきたい。

判例集には判決理由のなかの重要な部分だけが掲載されているが、地方裁判所は、「賃借人が住居市場における緊張した状況を一般的に指摘することは、本件使用賃貸借関係の契約にしたがった終了が賃借人またはその家族にとって苛酷であると説明するために十分でない」[814]、と論じたのである。

第二四に、筆者の既存の研究[815]においても取り上げたところのトリーア地方裁判所一九九一年二月五日判決[816]をみておきたい。

すでに考察したように、事案の概要の要点は、次のようであった。

原告（賃貸人）は、本件建物（一家族用住宅）を、一九八八年六月一日付の効力をともなって、居住目的において被告（賃借人）らに賃貸していた。本件使用賃貸借関係が開始したとき、被告らの家族には四人の子供らが属していたが、本件訴訟が経過するうちに五人目の子供が生まれた。その間に五二歳になった原告は、一九八七年四月六日の自動車事故による障害の結果生計能力がなくなった。原告は、別の場所において建築される建物を、その建物において原告が娘によって世話されるために障害者に適合して建築することを意図した。粗造りの建築物は一九九〇年九月に完成した。原告は、その建築費用のために、これまで五万ドイツマルクの金額における消費貸借を受け入れた。原告は、一九九〇年五月一一日付の書面をもって、相当な経済的利用の妨げを理由として被告らとの本件使用賃貸借関係を解約告知した。その理由づけに関して、原告は、次のように申し立てた。すなわち、本件使用賃貸借契約の締結後に著しく悪化したところの交通事故による障害の結果にもとづいて、原告は職業活動に専念する状況でもなかったし、継続して自分自身のことを配慮する状況でもなかった。原告は、始められたところの障害者に適合した建物の建築に出資するために本件建物の売買に頼らざるを得なかった。賃貸された状態における売買は、原告の努力が示したように、実際可能でなかった。自己資本と賃料からその建築費用を出資することは可能でなかったし、さらなる信用貸しを受け入れることは原告に要求できなかった。

これに対して、被告らは、一九九〇年六月一二日付の書面をもって本件解約告知に異議を述べた。被告らは、彼らの子供らの数、および、それと結びつけられたところの代替住居の調達における困難さを指摘したのである。

区裁判所は原告の本件明渡しの訴えを棄却したため、原告は地方裁判所に控訴したのである。

地方裁判所は、結論として、「主張された本件明渡請求は……結果として生じた。というのは、当事者の間で一九八八年五月に締結された本件使用賃貸借関係は、一九九〇年五月一一日付の書面における原告の通常の解約告知によって、一九九〇年八月三一日付で終了させられていたからである」(817)、と判断した。

その判決理由において、地方裁判所は、はじめに、すでに考察したように、本件において、経済的な利用の相当性という要件が満たされること、および、経済的な利用の妨げ・賃貸人の著しい不利益という要件も満たされることについて詳細に論じた。

さらに、地方裁判所は、「本件解約告知に対する被告らの異議は理由づけられていなかった」[818]、と判断したが、その理由について、次のように論じたのである。

「……確かに、賃借人らの子供らの豊かさは、ＢＧＢ五五六ａ条一項二文にしたがって、原則として苛酷さについての理由として正当と認められている。というのは、代替住居が今日の住居市場の状況においてきわめて困難に見出されうるからである。しかし、両方の側の利益の比較衡量において、Ｔにおける建築計画の資金調達を実行することができるために個人的および経済的な理由から賃貸された本件建物の譲渡を行わなければならないところの本件建物の所有権者としての原告の利益が優位にあった。本件使用賃貸借関係が維持される場合、本件建物は、証拠調べの結果にしたがって、実際に譲渡されることができないか、あるいは、せいぜいのところ相当な経済的な損失をともなって譲渡されることができる。被告らとの本件使用賃貸借関係を継続することは所有権者としての原告の処分権限の制限を結果としてともない、そのような制限は、連邦憲法裁判所によって説明された理由から、基本法一四条と一致できないであろう。その他の点では、被告らは、これまで……本件解約告知が意思表示されてから今や八ヶ月になる前にそもそも代替住居を見出そうと努力したことを申し立てなかったし、証明もしなかったのである。

民事訴訟法七二一条一項にしたがって、一九九一年七月三一日までの明渡期間が被告らに認められなければならなかった。その場合に、一方において、賃貸された本件建物の譲渡についての原告の差し迫った利益、および、他方において、住居の補充の調達における被告らの困難さが考慮に入れられていた。さらに、被告らが、本件解約告知以来、明らかに代替住居を見出す努力を講じなかったことがつけ加わったのである」[819]。

第二五に、カールスルーエ地方裁判所一九九一年四月一八日判決をみておきたい。

【158】カールスルーエ地方裁判所一九九一年四月一八日判決[820]

［事案の概要と経緯］

原告（賃貸人）らは、一九八九年九月二〇日付の建物・住居・土地所有者協会の書面によって、「自己必要」を理由として、一九九〇年九月三〇日付で、被告（賃借人）との本件使用賃貸借関係を解約告知した。さらに、被告は、一九八九年一二月一一日付の当該協会のまた別の書面をもって、居住目的において委譲された本件住居についての申立によると許可されていない事業上の利用のために警告された。そのうえで、本件使用賃貸借関係は、事業上の利用を理由として、一九九〇年三月一六日付で、即時に解約告知された。原告らは、被告が少なくとも部分的に被告によって営まれたところの保険の総代理店のための事務所として本件住居を利用した、と主張した。

原告らは、その「自己必要」について、原告らの三〇歳の息子のために本件住居を必要とする、と主張した。原告らの息子はもはやこれまでのように証人との住居共同体において居住することができなかった。両者の関係は相当に負担がかけられていたし、現に論争があった。また、原告らの息子は両親の賃借住居に居住する可能性をもたなかったのである。

区裁判所は、原告らの本件明渡しの訴えを棄却し、一九九一年九月三〇日まで本件使用賃貸借関係を継続するという判決を下した。被告による本件住居の事業上の利用は否定された。また、原告らの「自己必要」は確かに正当と認められたが、しかし、本件使用賃貸借関係は九ヶ月の間継続される、と判断された。というのは、現在、住居市場の状況がひどく緊張していたからである。

これに対して、原告らは、地方裁判所に控訴したのである。

［判決理由］

地方裁判所は、結論として、「許容しうる本件控訴は本件事案において成果もあった。

原告らには、被告によって賃借された本件住居の明渡しと返還に対する請求権が……当然帰属すべきものであった」(821)、と判断した。

その判決理由において、地方裁判所は、はじめに、原告（賃貸人）らが「自己必要」という解約告知理由をBGB旧五六四b条二項二号にしたがって証明したことについて、次のように論じた。

「当事者の間の本件使用賃貸借関係は、一九八九年九月二〇日の原告らの有効な本件解約告知によって一九九〇年九月三〇日付で終了させられていた。

……原告らの息子と証人は、第一審において、彼らは彼らのこれまでの住居共同体を相当な論争にもとづいてもはや維持するつもりはないし、原告らの三〇歳の息子は被告によって賃借された本件住居に入居することを意図したことを信ずべく証言した。このことは、その自己必要のためにあとづけることができ、筋の通った理由であったのである」[822]。

さらに、地方裁判所は、本件使用賃貸借関係はＢＧＢ旧五五六ａ条にもとづいて継続されることもできなかった、と判断したが、その理由について、次のように論じたのである。

「当部は、本件の事情を自分自身で審理したことにしたがって、本件使用賃貸借関係はＢＧＢ五五六ａ条の社会的条項にもとづいて継続されることができなかったという見解である。その場合に、当部は、被告が日刊新聞における多数の広告を通して代替住居を探したし、彼の広範な努力を証明もしたことを見誤らなかった。

しかし、もっぱら一般に緊張した住居市場の状況だけでＢＧＢ五五六ａ条を受け入れるために十分ではないのである。そのことを超えて、被告の家族的および職業的な諸関係もまた考慮に入れられなければならない。被告は、ひとりで暮らしているし、保険代理商として規則正しい収入をともなう職業的な地位を有している。それとともに、被告は、住居の探索が個人的な諸関係によって特に困難にされていないところの人々の範囲に属する。さらに、被告は、彼の家族的な状況にもとづいて無条件に代替住居を求める彼の努力をこれまで限定したところの領域にしばられていなかった。その他の点では……被告自身の申立ては被告が全く代替住居を得る見込みがあることを示した。それに対して、喘息にかかった原告らの息子が喫煙者である証人とさらに引き続き被告によって賃借された本件住居が自由に使えるようになるまで一緒に居住しなければならないという原告らの利害関係が比較衡量されるならば、本件において原告らの側の利益が優位を占めていたのである」[823]。

しかし、最後に、地方裁判所は、ＢＧＢ旧五五六ａ条にしたがった本件使用賃貸借関係の継続を否定しながら、「当部は、一九九一年九月三〇日までの明渡期間を認めることを相当であると判断した」[824]、と付言したのである。

第二六に、ハイデルベルク地方裁判所一九九一年六月一四日判決をみておきたい。

【159】ハイデルベルク地方裁判所一九九一年六月一四日判決(825)

［事案の概要と経緯］

原告（賃貸人）は、原告の姉妹とその家族のために、「自己必要」を理由として、被告（賃借人）らとの本件使用賃貸借関係を解約告知した。これに対して、被告らは、彼らの息子の慢性の腸の病気のほか、被告らの家族の大きさと住居市場の状況を指摘して本件解約告知に異議を述べたのである。

区裁判所は原告の本件明渡しの訴えを認容したため、被告らは、地方裁判所に控訴したのである。

［判決理由］

地方裁判所もまた、結論として、「被告らの本件控訴は許容しうるが、しかし、理由づけられていなかった」(826)、と判断した。

その判決理由において、地方裁判所は、はじめに、区裁判所は正当なことにBGB旧五六四b条二項二号にしたがって原告（賃貸人）の「正当な利益」を肯定したことについて、次のように論じた。

「区裁判所は、正当なことに、原告の本件解約告知の有効性とBGB五六四b条二項二号の意味における自己必要の存在を肯定した。……

原告の姉妹とその家族においては、BGB五六四b条二項二号の意味における家族構成員にかかわる問題であった。……

賃貸人が家族構成員のために自己必要を主張する場合……賃貸人の委譲の意思のほかに、特別な委譲の利益が前提とされる。この委譲の利益は、その家族構成員がその住居について正当と認めるに値する必要を有する場合に存在する。……

ここから出発して、区裁判所は、行われた確定にもとづいて、正当なことに、BGB五六四b条二項二号にしたがって正当な利益を肯定したのである」(827)。

さらに、地方裁判所は、被告（賃借人）らにとっての「苛酷さ」は確認されることができなかった、と判断したが、その理由について、次のように論じたのである。

「本件使用賃貸借関係の契約にしたがった終了は、被告らにとって賃貸人の正当な利益を評価して正当化されることができないところの苛酷さをも意味しなかった。被告らが、その家族の大きさと住居市場の状況を単に指摘することは、もっぱらそれ自体だけで被告らの継続の請求を理由づけるために十分でなかった。確かに、子供らの豊かさは苛酷さについてのひとつの理由でありうる。しかし、この苛酷さは、通例、子供らの豊かさそれ自体から生じるのではなく、むしろ、そのことと結びつけられたところの代替住居を調達するときの困難さから生じるのである。しかし、他方また、代替住居の調達は、家族の経済的な可能性にも依存する。これについて、全部で被告らの十分な申立てが欠けていた。被告らの可能性そのものについてであろうと、代替住居の調達のための被告らの努力等々についてであろうとそうであった。

そのことから、BGB五五六a条一項の意味における社会的に正当化されない苛酷さは、被告らの申立てにしたがって、彼らの息子の慢性の腸の病気を考慮に入れても、その結果において確認されることができなかった。すべてのことにしたがって、被告らの本件控訴は……棄却されなければならなかったのである」[828]。

しかし、最後に、地方裁判所は、「被告らには、民事訴訟法七二一条にしたがって明渡期間が認められなければならなかった。明渡期間の量定において、当部は、住居の探索が被告らにとって裁判所に周知であるところの住居市場の状況において、および、被告らの家族の大きさにおいても簡単に具体化しないことを考慮に入れた。したがって、被告らには、代替住居の調達のための時間が十分に用いられなければならなかった。……原告の家族構成員の（本件住居の）取戻しについての利益は、このことが両方の側の利益の比較衡量において被告らのための明渡しからの保護の決定的な短縮に行き着かなければならなかったほど差し迫っていなかった。すべてのことにしたがって、当部は、一九九二年三月三一日までの明渡期間を必要である、しかし、十分でもある、と考える」[829]、と付言したのである。

第二七に、ボン地方裁判所一九九一年六月一七日判決をみておきたい。

【160】ボン地方裁判所一九九一年六月一七日判決(830)

［事案の概要と経緯］

原告（賃貸人）は、自己と彼女の夫のために、「自己必要」を理由として、被告（賃借人）との本件使用賃貸借関係を解約告知した。これに対して、被告は、ＢＧＢ旧五五六ａ条にしたがって本件解約告知に異議を述べた。被告は、自己と彼の大きな家族のために新たな住居を相当な条件で見出すことが困難であることを引き合いに出したのである。

区裁判所は、相当な代替住居を求める努力についての被告の申立ては不十分である、と判断した。

［判決理由］

地方裁判所は、結論として、「社会的な苛酷さの観点のもとで本件使用賃貸借関係を継続することは問題にならなかった」(831)、と判断した。

その判決理由において、地方裁判所は、そのように判断した理由について、次のように論じたのである。

「……というのは、被告は、第二審において、区裁判所によって正当なことに不十分であると考えられたところの相当な代替住居を求める被告の名目上の努力についての申立てをしかるべきやり方において具体化しなかったからである。

たとえ被告と彼の大きな家族のために新たな住居を相当な条件で見出すことが一般的な住居市場の状況において被告に特に困難であることが見誤られなかったとしても、対応する努力は次の場合にはじめから見込みのないわけではない。すなわち、対応する努力が……一定の方法をもって、そして、対応する立場（役所、仲介業者等々）の要求しうる介入のもとで、もしくは、新聞広告の接続と対応する新聞広告を読みことを通して行われる場合である。そのときに、特に家族の収入の少なからぬ部分を将来の住居のための賃料として使用するところの認識できる準備が存在しなければならない。これらの要求によってはかり比べると、被告が現在住居についての資格証明書を発行してもらった場合、それは十分でなかった。被告が一括して主張したように、被告がそのほかに福祉事務所や住居についての役所を『何度か訪れ』、『仲介業者と連絡をとり、個人的なつながりをも得ようと努めた』のかどうかという点は、このような努力の場所、時間、および、機会、ならびに、内容についての具体的な申立てが欠けていたために、住居使用賃貸借契約の望まれた条件に関して判断されることができなかった。この関連において第一審において提出されたところの仲介業者A・B・Cの手紙もまた、その住居の探索のやり方と集中性を認識させなかったのである」[832]。

しかし、最後に、地方裁判所は、「……被告の言及された家族の状況を考えて、当部は……被告に一九九二年五月三一日までの明渡期間を認めることを必要である、と考えた。というのは、要求された本件住居についての原告の取戻しについての利益は、相応の努力においてさえも相当な代替住居を見出すという被告の困難さにかんがみて後退しなければならないからである」[833]、と付言したのである。

第二八に、マンハイム地方裁判所一九九一年一一月一三日判決をみておきたい。

【161】マンハイム地方裁判所一九九一年一一月一三日判決[834]

［事案の概要と経緯］

原告（賃貸人）は、その娘のために、「自己必要」を理由として、被告（賃借人）との本件使用賃貸借関係を解約告知した。これに対して、被告は、ＢＧＢ旧五五六ａ条にしたがって本件解約告知に異議を述べた。被告は、大きく二つの観点から異議を述べたが、代替住居の調達の観点からは、被告が長期失業者であり、その理由からそのほかのコストの安い代替住居を獲得することができないことを引き合いに出したのである。

地方裁判所に控訴したのは被告であった。

［判決理由］

地方裁判所は、結論として、「本件控訴は許容しうるが、しかし、理由づけられていなかった」[835]、と判断した。

その判決理由において、地方裁判所は、はじめに、「区裁判所は、的確に、原告が本件使用賃貸借関係の終了について正当な利益を有することを確定した。というのは、原告はその娘のために本件住居を必要としたからである」[836]、と論じた。

さらに、地方裁判所は、ＢＧＢ旧五五六ａ条の要件は本件において認められていなかった、と判断したが、その理由について、次のように論じたのである。

「被告は、さらに続けて、被告が長期失業者であり、その理由からそのほかのコストの安い代替住居を獲得することができないことを主張した。

これに対して、賃借人が住居市場における現在緊張した状況を引き合いに出す場合、それはＢＧＢ五五六ａ条の枠組みにおいて十分でないことが確認されなければならない。むしろ、賃借人は、彼が代替住居の獲得のために具体的な努力を行ったこと、および、これらの努力が不成功に終わったことを証明しなければならない。このような証明が欠けていた。そのような努力はもっぱら住宅局における届出だけで埋め合わせられないのである」[837]。

なお、その他の利益の侵害の観点からの被告（賃借人）の異議については、Ⅱの二の2の（4）において取り上げる。

第二九に、賃借人が代替住居の調達義務を果たしたのかどうかという点にかかわる裁判例であるが、マンハイム地方裁判所一九九一年一二月三日決定をみておきたい。

【162】マンハイム地方裁判所一九九一年一二月三日決定[838]

［事案の概要と経緯］

明渡債務者（賃借人）らは、一九九〇年一二月一八日の訴訟上の和解によって、債権者（賃貸人）らから賃借した本件住居を一九九一年一二月三一日まで明け渡し、返還する義務を負った。ところが、明渡債務者・二は、一九九一年一一月三日付の書面をもって、一九九二年五月三一日までその明渡期間を延長することを申し立てた。というのは、代替住居の獲得のためのきわめて集中的な努力にもかかわらず、そのような代替住居はその明渡期間の満了までなお意のままにならないという理由であった。

区裁判所はこの申立てを棄却した。明渡債務者・二は、代替住居の調達における彼の努力を十分に具体的に説明しなかったという理由であった。

これに対して、明渡債務者・二は地方裁判所に即時抗告した。明渡債務者・二は、マンハイマー・モルゲンの住居についての新聞広告に対する一九九一年六月三日付、六月九日付、および、一一月九日付の三つの返書を地方裁判所に提出したのである。

［決定理由］

地方裁判所は、結論として、「本件即時抗告は……許容しうるが、しかし、理由づけられていなかった」(839)、と判断した。

その決定理由において、地方裁判所は、そのように判断した理由について、次のように論じたのである。

「明渡債務者（賃借人）・二は彼の代替住居調達義務を十分に履行しなかった。取り決められた和解にしたがって明け渡されなければならない本件住居からの退去がいつでも行われることができるにもかかわらず、代替住居のための努力が一九九一年六月にはじめてはじめられたことを問題にしないとしても、債務者・二によって行われた努力の集中性は期待されなければならない要求にも対応しなかった。債務者・二にも周知であるところの今日の住居をめぐる状況にかんがみて、六ヶ月の期間の範囲内においてマンハイマー・モルゲンの三つの広告に書面によって返事をすることは十分でなかったのである」(840)。

第三〇に、筆者の既存の研究(841)においても取り上げたところのランダウ・イン・デア・プファルツ地方裁判所一九九二年三月一七日判決(842)をみておきたい。

すでに考察したように、事案の概要の要点は、次のようであった。

原告（賃貸人）は、原告の息子とその家族のために、「自己必要」を理由として、被告（賃借人）らとの本件使用賃貸借関係を解約告知した。原告の息子は、現在、固有の台所も子供部屋もないところの二つの部屋から構成されていた地下室に所在する住居に居住していたため、屋階に所在し、台所と浴室をともなう三つの部屋から構成されていた本件住居に転居したかった。というのは、本件住居は、ほんの少しだけ原告の息子の現在の住居よりも広いが、そのことのみならず、地下室と屋根裏の付属室のほかに、より多くの部屋、独立した浴室と独立した台所を備え、よりよく換気もできるからであった。

区裁判所は原告の本件明渡しの訴えを認容したため、被告らは地方裁判所に控訴した。被告らは、控訴審において、代替住居の探索のための被告らのむだな努力が判明するところの証拠書類を地方裁判所に提出したのである。

地方裁判所は、結論として、区裁判所の判決を是認し、被告（賃借人）らの本件控訴を棄却した。

その判決理由において、地方裁判所は、はじめに、「区裁判所は正当に原告によって彼の息子のために主張された利用の必要が認められていたことから出発した。というのは、原告の息子は彼の家族とともに現在不十分に居住させられていたのであり、そのことから本件住居に自分自身で入居するつもりであるからである。原告によって彼の息子のために主張された自己必要は、被告らの見解に反して……あとづけることができ、筋の通った理由によってもともなわれていたのである」[843]、と論じた。

さらに、地方裁判所は、「区裁判所の判決は、また、本件解約告知が被告らにとって本件使用賃貸借関係の継続を正当化することができるところの過度な苛酷さを意味しないことから出発した限りでも正しかった」[844]、と判断したが、その理由について、次のように論じたのである。

「……本件解約告知からこのかたその間に二年が過ぎ去った。第一審において、被告らは、彼らがその間に住居を獲得するために何を行ったのかということを立証的に説明しなかったし、具体的に立証もしなかった。代替住居がその地方で慣習になっている賃料で見出すことができないことは被告らの申立てにしたがって確認されることができなかった。被告らがこの関連において原告の息子に対する被告らのより少ない収入を参照するように指示した限りで言えば、事実上の理由からこれにしたがわれることはできなかった。第一審における……聴聞が明らかにしたように、被告らの家族の収入は原告の息子の家族の収入に応じた金額に対応するのである。

被告らが今や控訴審において代替住居のための被告らのむだな努力が判明するところの証拠書類を提出した限りで、言えば、これらの証拠書類はほとんどすべて一緒に区裁判所の明渡判決の言渡し後の日付であった。これらの証拠書類から、被告らは実際に一九九二年の広告の依頼を通してはじめて自分自身のイニシアチブを展開したことが判明した。このような事情において、控訴手続きにおいてもまた、相当な代替住居が要求できる条件で調達できないことは確認されることができなかったのである。

このような事情を考慮して、および、本件解約告知期間の満了から区裁判所によって認められた明渡期間まで一年が過ぎ去り、被告らがこの一年を、もしくは、本件解約告知期間をも集中的に住居の探索のために利用したことから出発されなければならないことに至らなかったのであるから、区裁判所によって認められた明渡期間をなおさらに続けて延長することは正当化されてもいなかったのである」[845]。

第三一に、すでにⅡの一の2において取り上げたところのボン地方裁判所一九九二年三月一九日判決（裁判例【3】）をみておきたい。

地方裁判所は、本件事案において、賃借人にとっての「苛酷さ」について考慮されなければならない点は被告（賃借人）が代替住居の調達について被告のスポーツ上の大望という私的な利益と勉学との結合によって妨げられていたのかどうかということであったが、被告は代替住居の調達義務を果たさなかったし、相当な代替住居が要求できる条件で調達されることができなかった、もしくは、調達されることができないことを立証的に説明しなかった、と判断した。地方裁判所は、そのように判断した理由について、その判決理由において、次のように論じたのである。

「苛酷さは代替住居が調達されることができない場合にのみ存在する。しかし、このことは、BGBの文言にしたがって、賃借人が代替住居を得ようと努力しなければならないことを前提とする。賃借人は、個人的および経済的に賃借人に要求できるすべての、したがって、資金的な犠牲とも結びつけられた措置を講じ、すなわち、必要な場合には仲介業者をも介入させる場合にのみその義務を果たすのである。被告は、この点では、一九九一年八月に両親を通して二人の仲介業者に委託したことだけを申し立てた。被告は、その他の点では、一九九一年七月二五日の本件解約告知の意思表示以来どのような努力を展開したのかという点を説明しなかった。それとともに、被告は彼の代替住居調達義務を果たさなかったのである。

確かに、被告は彼の勉学およびスポーツ活動によって時間的に強く制限されているかもしれないが、しかし、このことが、何故、仲介業者を通してより強く住居を探すこと、および、仲介された住居の時々の検分について一九九二年または一九九三年の終わりまで被告を妨げたのか、および、妨げているのかという点を被告は立証的に説明しなかったのである。

その他の点では、確かに、場合によっては試験またはドクターの学位を取得する最終段階にある賃借人は保護に値するが、しかし、両方のことは被告にあてはまらなかった。というのは、被告は代替住居の調達について彼のスポーツ上の利益と勉学との結合によって妨げられていたとみられるからである。その他の点では、被告の勉学は、被告の申立てにしたがって、なお試験の段階にはなかった。しかし、ＢＧＢ五五六ａ条一項にしたがった比較衡量の枠組みにおいて被告のスポーツ上の大望は重要でなかった。というのは、スポーツ上の大望はＢＧＢ五五六ａ条一項の社会的な保護目的に属さないからである。この点では、被告は、代替住居の調達について、一九九一年七月二五日以来被告によって選んで決められたスポーツ上の責務によって追加的に負担がかけられていなかった場合にも妨げられていたことを説明しなかったのである。

被告は、相当な代替住居が要求できる条件で調達されることができなかった、もしくは、調達されることができないことをも立証的に説明しなかったのである。

それにしたがって、被告との本件使用賃貸借関係の終了についての原告らの正当な利益は、その継続についての被告の利益を凌駕した。というのは、原告らの娘とその婚約者に、継続された使用賃貸借関係の枠組みにおいて、彼らの人生の計画策定、すなわち、計画された婚姻と共同の住居における家族の創設を被告の私的な利益のために一九九二年の終わり、または、そのうえさらに一九九三年の終わりまで延期することが要求されることはできないからである」[846]。

第三二に、ドルトムント区裁判所一九九二年五月二七日判決をみておきたい。

【163】ドルトムント区裁判所一九九二年五月二七日判決[847]

［事案の概要と経緯］

被告らは、一九八五年七月一日以来、原告（賃貸人）の本件建物（二世帯用住宅）に所在する三つと半分の部屋から構成されていた本件住居の賃借人であった。被告（賃借人）らは、成人し職業に従事しているところの彼らの二人の息子らとともに上階に所在する本件住居に居住していた。一方、原告は、彼の家族とともに本件建物の一階の住居に居住していた。原告は、一九九一年四月二五日に、一九九二年一月三一日付で、被告らとの本件使用賃貸借関係を解約告知した。本件建物は二世帯用住宅であったため、原告は、主としてBGB旧五六四b条四項[848]にしたがって、追加的に「自己必要」を理由として本件使用賃貸借関係を解約告知した。原告は、当事者の間には争いの状態あるいは意見の相違が存在し、本件使用賃貸借関係は相当な範囲においてうまくいっていなかった、と主張した。また、「自己必要」については、原告の娘、その婚約者、および、彼らの子供のために本件住居が必要とされる、と申し立てられた。

これに対して、被告らは、BGB旧五五六a条にしたがって本件解約告知に異議を述べた。被告らは、当事者の間に争いの状態があることを否認したほか、次のように申し立てた。すなわち、被告（夫）は重度の身体障害であった。というのは、被告（夫）は、手術で脚を切断したからである。もう片方の足は血管の病気のためにはなはだしく損なわれていたのであるから移動することがほとんど可能でなかった。二一歳と二七歳の二人の息子らは、本件住居が明け渡されなければならない場合にはそのつど自分自身の住居を探さなければならなかった。被告らと彼らの息子らはさしあたりずっと一緒にいようと決めていた。しかし、それは五五〇ドイツマルクの基本賃料をともなう現在の本件住居においてだけ可能であった。比較できる条件において代替住居は手に入れられることができないのである。

［判決理由］

区裁判所は、結論として、「本件訴えは……理由づけられていた。

本件使用賃貸借関係は、一九九一年四月二五日の本件解約告知によって一九九二年一月三一日付で終了させられていたし、被告らは本件住居を明け渡し原告に返還するように義務づけられていた」[849]、と判断した。

その判決理由において、区裁判所は、はじめに、「原告は、ＢＧＢ五六四ｂ条四項にしたがって本件解約告知の権限を付与されていた。当事者によって居住された二世帯用住宅にかかわる問題であった」(850)、と述べたうえで、「両当事者の申立てから、二世帯用住宅における緊密な共同生活にかんがみて、自己の解約告知権—通常は賃貸人が全くその解約告知権を理由づけなければならないわけではない—を用いる権利を賃貸人に認めるところの困難さに行き着いたことが判明した。

……本件使用賃貸借関係の破壊について語られうる。本件において、この破壊が何に帰せられなければならないのかという点が審理されなければならないことには至らなかった。誰がこの破壊をひき起こしたのかという点は問題でなかったのである」(851)、と論じた。

また、区裁判所は、「客観的に自己必要が存在したこともまた考慮に入れられなければならなかった。反論なしに、九〇平方メートルの広さの原告の住居のひとつの部屋において、原告の娘、その婚約者、および、彼らの子供が生活していることが申し立てられていた。ひとつの住居の内部でこれほどに緊密な共同生活が困難さに行き着きうることは明らかであった。被告らが退去した後で上階の本件住居を原告の娘に委譲するという原告の願望は、理解できるし正当である」(852)、と論じた。

さらに、区裁判所は、被告（賃借人）らの側の事情として、被告（夫）の身体的な事情、および、被告らの経済的な事情は代替住居の調達についての障害とは認められないことについて、次のように論じたのである。

「被告（夫）の歩行障害は役割を演じることができなかった。というのは、現在の本件住居においては上階の住居にかかわる問題であり、その住居は障害者に適合した設備をもっていなかったからである。その理由から、被告らは、代替住居を探すときに、一階の住居あるいは障害者に適合した住居に限定されていなかった。むしろ、一階、二階、ならびに、エレベーターを備えた建物におけるすべての住居が考慮に値するのである。被告らの家族の状況もまた本件の異議を理由づけることはできなかった。被告らの息子らは成人し職業に従事している。被告らの家族がさらに引き続き一緒に居住しようと決めていたとすれば相当な収入が自由になり、明らかにより高い住居を賃借することを被告らに許容するのである。議論の余地もなく、全収入は四人のためにおよそ五〇〇〇ドイツマルクに達するのである」(853)。

第三三に、ベルリン地方裁判所一九九三年九月九日判決をみておきたい。

【164】 ベルリン地方裁判所一九九三年九月九日判決(854)

［事案の概要と経緯］

原告（賃貸人）らは、「自己必要」を理由として、被告（賃借人）らとの本件使用賃貸借関係を解約告知した。原告らは、今や原告らに属する本件住居においてベルリンにおける原告らの晩年を過ごすつもりであった。これに対して、被告らは、BGB旧五五六a条にしたがって、代替住居が欠けていることを理由として本件解約告知に異議を述べたのである。

地方裁判所に控訴したのは原告らであった。

［判決理由］

地方裁判所は、結論として、「本件控訴は許容しうるし、理由づけられていた。

被告らが……本件使用賃貸借関係の終了が被告らにとって原告らの正当な利益を評価しても正当化されることができないところの要求できない苛酷さを意味したことを引き合いに出した限りで言えば、当部は、むろんこれにしたがうことができなかったのである」(855)、と判断した。

その判決理由において、地方裁判所は、そのように判断した理由について、次のように論じたのである。

「……もっぱらベルリンにおける困難な住居についての状況だけでこの苛酷さの要件を満たすことはいまだにない。賃借人の個人的・家族的な、および、経済的な事情を考慮に入れて、当裁判所の確信のために、住居についての状況にかんがみて、賃借人のために相当な代替住居が要求できる条件で調達されることができないことが証明されているときにはじめて原告らの利益と比較衡量されなければならない苛酷さが存在する。しかし、被告らは、この点では重大なことを申し立てなかった。被告らにおいては（反論されることなく）規則正しい収入をもつ比較的若い子供のない夫婦にかかわる問題であり、被告らは提出された申込みの書面において自分自身でそのことを指摘した。このことを顧慮して、被告らは、真摯な集中的な努力にもかかわらず成果なくほかの相当な住居を要求できる条件で得ようと努力したことを十分に証明しなかったのである。被告らによって彼らの訴訟代理人の一九九二年一二月二九日付、および、一九九三年八月二六日付の書面をもって提出された同封物は十分に真摯な努力を裏づけなかった。郵便はがきによる申込み、新聞広告への同じ文面の（規格化された）申込みの書面、使用賃貸借関係の不成立のためのそのときどきの理由の申立てをともなわない新聞広告にしたがった住居の検分は十分でなかった。このことは……被告らはおそらくそのうえさらに住居所有権をも購入する状況にあったし、購入する心構えがあったのだからいっそうそうであったのである。

このような事情において、当部は、被告らによって居住された本件住居の取戻しについての原告らの正当な利益を理由づけるところの原告らの利益が代替住居が欠けていることにもとづいて正当化されなければならないところの本件使用賃貸借関係の継続についての被告らの利益よりも優先しなければならないのかどうかという問題の審理に立ち入ることができなかった。もっとも、当裁判所は……現在の事柄の状況にしたがって、原告らの個人的・健康的な状態を顧慮して……被告らの利益に対しておそらく原告らの利益に優位を認めるであろう。というのは、被告らは、比較できる負担をかける事情を被告らにとって有利な結果になるように申し立てなかったからである」[856]。

最後に、地方裁判所は、「当部は、一九九四年一月三一日まで明渡期間を見積もる場合に、確かにベルリンにおいて緊張した住居市場の状況が存在したが、しかし、特別な困難な社会的状況は申し立てられていなかったことから出発した。

このような事情のもとで、および、今や原告らに属する本件住居においてベルリンにおける原告らの晩年を過ごすという正当な要求を評価して、当部は、定められた明渡期間を相当であると考えるのである」[857]、と付言したのである。

第三四に、すでにⅡの二の2の（1）の②において取り上げたところのレラハ区裁判所一九九五年一二月六日判決

（裁判例【75】）をみておきたい。

区裁判所は、すでに考察したように、その判決理由において、原告（賃貸人）の利益と被告（賃借人）らの利益とのあいだの比較衡量を綿密に行い、身体・健康の侵害の観点からの賃借人らの異議を退け、賃借人らにとっての「苛酷さ」を否定した。さらに、区裁判所は、次のように論じることにより、代替住居の調達の観点からの被告らの異議をも退けたのである。

「……比較できる住居をRにおいてそれほど迅速に見つけ出すことができないという懸念はあった。もっとも、本件において、被告らに対して、被告らが本件解約告知を受け取ってから十分に代替住居を得ようと努力しなかったことは非難されなければならなかった。知人仲間におけるただそれだけの照会は、Rにおいて一階の住居あるいはエレベーターを備えた住居が全く提供されるという事実にかんがみてこの点では十分でなかった。少なくとも仲介業者かR市に問い合わせること、あるいは、自分自身の住居探しの広告を依頼することが被告らに要求されなければならなかったのである。

また、被告らの経済的な諸関係も代替住居の探索がはじめから見込みのないように思われるほど不適切ではないのである」(858)。

第三五に、ハンブルク地方裁判所二〇〇三年一月九日判決をみておきたい。

【165】ハンブルク地方裁判所二〇〇三年一月九日判決(859)

［事案の概要と経緯］

原告（賃貸人）は、原告の娘とその家族のために、「自己必要」を理由として、被告（賃借人）との本件使用賃貸借関係を解約告知した。これに対して、被告は、ＢＧＢ旧五五六ａ条にしたがって、多様な観点から本件解約告知に異議を述べ、本件使用賃貸借関係の継続を請求したのである。

［判決理由］

地方裁判所は、結論として、原告（賃貸人）の本件明渡しの訴えを認容した。

その判決理由において、地方裁判所は、はじめに、「区裁判所は、当然かつ的確な理由づけをもって、二〇〇〇年七月一七日の自己必要を理由とする本件解約告知を形式的に有効であり、ＢＧＢ五六四ｂ条二項二号にしたがっても理由づけられていた、と考えたのである」(860)、と述べた。

さらに、地方裁判所は、「ＢＧＢ五五六ａ条……にしたがった継続の請求は理由づけられていなかった」(861)、と判断した。

地方裁判所は、いずれの観点からの被告（賃借人）の異議をも退けたが、代替住居の調達の観点からの賃借人の異議を退けた理由について、次のように論じたのである。

「被告が代替住居を相当な条件で見出すことができなかったと主張した限りで言えば、この申立ては十分に立証されていなかった。二〇〇〇年七月一七日の本件解約告知以降代替住居の獲得のためにすべての必要で要求できる措置をとらえることは賃借人の義務である。賃借人はその場合にある程度の悪化をも甘受しなければならないし、代替住居の探索は原則としてこれまでの居住地域に限定されてはならない。被告の記録文書は次の諸点を認識せしめなかった。すなわち、新しい住居も探されたのかどうかという点、どのような市区が探索に含められていたのかという点、いつ賃借の努力が始められたのかという点、および、何故記載された住居の賃借が可能でなかったのか、あるいは、要求できなかったのかという点である」(862)。

第三六に、筆者の既存の研究(863)、および、すでにⅡの二の2の（1）の②において取り上げたところのケルン上級地方裁判所二〇〇三年三月一〇日判決（裁判例【78】）をみておきたい。

上級地方裁判所は、被告（賃借人）らの異議について大きく二つの点に整理して論じたが、このうち、身体・健康の侵害の観点からの賃借人らの異議を退けた理由についてはすでに考察した。ここでは、さらに、上級地方裁判所が、代替住居の調達の観点からの賃借人らの異議を退けた理由について考察しておきたい。上級地方裁判所は、次のように論じたのである。

「……被告らは相当で要求できる代替住居を見出すことが被告らに可能でないことを引き合いに出すこともできなかった。というのは、被告らはこれまでほかの住居を見出すためにどのような努力を講じたのかという点を説明しなかったからである。

賃借人は賃借人によって主張された特別な苛酷さのための理由を詳細に説明しなければならない。賃借人が要求できる代替住居を見出さないことを引き合いに出すならば、賃借人が相当な代替住居を見出すためにどのような努力を講じたのかという点のための具体的な申立てがこれに属する。緊張した住居市場についての状況の一般的な指摘は十分でない。というのは、賃借人は正当な解約告知を受け取ってから相当な代替住居を得ようと努力するように義務づけられているからである。その場合に、賃借人は、必要とあれば、このことが場合によっては起こりうる住宅補助金に対する請求権をも含めた家族の収入を考慮に入れて賃借人にとって負担できる限りより高い賃料をも甘受しなければならないのである。

被告らは対応する住居を見出すためにどのような努力を講じたのかという点を説明しなかった。確かに、被告らは、二〇〇一年一一月九日付の賃借人協会の書面において、被告らが住居の探索をめざしていることを申し立てたが、しかし、どのような措置を被告らがとらえたのか、および、何故被告らがこれまで相当な住居を見出すことができなかったのかという点についてどんな申立ても欠けていた。どのような賃料が被告らのためになお負担できるのか、および、住宅補助金に対する請求権が存在するのかどうかという点についてもあらゆる申立てが欠けていた。当部は、すでに二〇〇二年一二月二日の弁論期日において被告らにこの点への注意を喚起したのである。

そのことから、二〇〇三年一月二一日付の書面における被告らの申立てにもとづいても、当部にとって相当で要求できる代替住居を被告らの現在の本件住居の近郊において見出すことが被告らにとって本当に可能でないのかどうかという点はもう一度熟考させられることができなかったのである」[864]。

最後に、上級地方裁判所は、「民事訴訟法七二一条にしたがって、被告らの対応する申立てにもとづいて、その事情にしたがって相当な明渡期間が判決において定められなければならなかった。当部は、明渡判決の言渡しから六ヶ月の明渡期間を相当で十分であると判断したのである」[865]、と付言したのである。

第三七に、すでにⅡの二の2の（1）の②において取り上げたところのブレーメン地方裁判所二〇〇三年五月二二日判決（裁判例【79】）をみておきたい。

地方裁判所は、被告（賃借人）らの異議について大きく三つの点に整理して論じたが、このうち、身体・健康の侵害の観点からの賃借人らの異議を退けた理由についてはすでに考察した。ここでは、さらに、地方裁判所が、代替住居の調達の観点からの賃借人らの異議を退けた理由について考察しておきたい。地方裁判所は、次のように論じたのである。

「被告らの側において、その利益の比較衡量において……適当な代替住居が欠けていることは考慮に入れられなければならないわけではなかった。

ＢＧＢによってＢＧＢ五五六ａ条一項二文において特に強調されたところの相当な代替住居が要求できる条件で意のままになるという観点は、本件事案において介入しなかった。原告は、ブレーメンの日刊新聞から被告らの本件住居の周辺の地域における代替住居に関する多数の新聞広告を提出した。事実、その点で、比較できる目的物がおよそ六五〇ユーロからの価格で、それとともに、およそ一〇〇ユーロないし一五〇ユーロより高い賃料価格でのみ広告を出されている。ＢＧＢは相当な住居が要求できる条件で意のままになることだけを考慮に入れるのであり、比較できる住居が等しい条件で意のままになることを要求しない。このことは、その土地で慣習になっている比較賃料を越えないところのより高い賃料の住居もまた考慮に取り入れられなければならないことに行き着く。確かに、そのとき必要な金額は被告らの経済的な諸関係にかんがみて困難にのみ調達されなければならない。このことは、場合によっては被告らが彼らの居住の質における著しい転機を受け入れなければならないことに行き着く。賃借人は、確かに、その明渡しにもとづいてこれまでの賃借人の生活様式における深刻な変化を受け入れるように義務づけられていない。しかし、ＢＧＢは、ここで、比較できる住居が住居の不足にもとづいて意のままにならないという事案を対象にしているのであり、しかし、賃借人が特に有利な住居を去らなければならないし、その土地で慣習になっている市場価格の比較できる住居をもつ余裕がないという事案を対象にしていないのである。このような理由から、比較できる住居はその土地で慣習になっている比較賃料まで考慮に入れられなければならない。それに加えて、庭つきの建物は年金生活者夫婦にとって確かに好ましい住居であるが、しかし、唯一の相当な住居ではないのである。被告らの収入関係を考えて、被告らにとって三つの部屋から構成されている住居などのような比較的安く品質もよい住居に乗り換えることもまた要求できる。原告によって提出された住居の広告にもとづいて、Pのこの区域と周辺の地域において賃貸のために存在するところの提供物件を考慮に入れると、BGB五五六a条一項二文の意味における相当な代替住居は十分な程度において意のままになるのである」[866]。

なお、その他の利益の侵害の観点からの被告（賃借人）らの異議については、Ⅱの二の2の（4）において取り上げる。

第三八に、アンスバッハ区裁判所二〇〇六年五月二三日判決をみておきたい。

【166】アンスバッハ区裁判所二〇〇六年五月二三日判決[867]

[事案の概要と経緯]

原告（賃貸人）とその間に死亡したその夫は、二〇〇三年一一月五日に、被告（賃借人）と本件建物（二家族用住宅）の一階に所在する本件住居に関する使用賃貸借契約を締結した。本件建物の上階の住居は原告によって居住されていた。原告は、二〇〇四年一一月三〇日付の書面をもって、二〇〇五年五月三一日付で、被告との本件使用賃貸借関係を解約告知した（本件解約告知）。原告は、さらに、二〇〇五年八月三一日付の書面をもって、二〇〇六年二月二八日付で、新たな解約告知も行った。原告は、本件使用賃貸借関係は、二〇〇四年一一月三〇日の本件解約告知によって、あるいは、いずれにせよ二〇〇五年八月三一日の解約告知によって有効に終了させられていた、と主張した。

これに対して、被告は、BGB五七四条にしたがって本件使用賃貸借関係の解約告知に異議を述べた。被告は、主として、失業していたし、代替住居の探索は集中的な努力にもかかわらず成果のない結果に終わった、と申し立てたのである。

［判決理由］

区裁判所は、結論として、「主張された明渡しについての請求権は、被告に対して原告に当然帰属すべきものであった。というのは、二〇〇四年一一月三〇日の本件解約告知は、二〇〇五年五月三一日付で有効に本件使用賃貸借関係を終了させたからである」[868]、と判断した。

その判決理由において、区裁判所は、はじめに、「当事者の間において、本件建物は一階の本件住居が被告によって賃借され上階の住居が原告によって居住されたところの二つの住居から構成されていること、その結果、ＢＧＢ五七三ａ条[869]にしたがって特別な解約告知権の要件が原告の側におけるＢＧＢ五七三条の意味における正当な利益を必要とすることなしに存在することは議論の余地もなかった」[870]、と論じた。

さらに、区裁判所は、「被告はＢＧＢ五七四条にしたがって本件使用賃貸借関係の継続を請求することができなかった。というのは、ＢＧＢ五七四条の意味における『特別な苛酷さ』は認められていなかったからである」[871]、と判断した。

そのように判断した理由について、区裁判所は、次のように論じたのである。

「代替住居を探索する義務は、原則としてその解約告知の到達とともに、すなわち、本件においては二〇〇四年一二月二日にはじまった。したがって、被告は、適当な代替住居を見い出すために一八ヶ月そこそこの期間を自由に使用できた。そのときに、アンスバッハの地域において住居の欠乏状態は存在しないこともまた考慮に入れられなければならなかったのである。

被告は、彼の（成果のない）代替住居についての努力を顧慮して、立証的に具体的な証明できる事実の申立てのもとで被告が代替住居を手に入れるために個々に何を行ったのかという点を説明しなかった。その場合に、考えられる賃貸人との接触において何故賃借することにならなかったのかという点もまた説明されなければならないのである。

もっぱら、代替住居の探索が被告の失業のために不成功に終わるという一括した推測だけでこのために十分でなかったのである」[872]。

最後に、区裁判所は、「被告には、民事訴訟法七二一条一項にしたがって明渡期間は認められることができなかった。本件解約告知が二〇〇四年一一月三〇日付であり、被告が子供らをもたない独身者として適当な代替住居を探すためにおよそ一八ヶ月の期間を有したあとで明渡期間を認めることは正当化できなかったのである。当事者の両方の側の利益の比較衡量がこのことを明らかにした。なおこれ以上の待機はもはや原告に要求されることができないのである」(873)、と付言したのである。

第三九に、すでにⅡの二の2の（1）の②において取り上げたところのハンブルク区裁判所二〇〇九年八月四日判決（裁判例【80】）をみておきたい。

区裁判所は、被告（賃借人）らの多様な観点からの異議について大きく四つの点に整理して論じたが、このうち、身体・健康の侵害の観点からの賃借人らの異議を退けた理由についてはすでに考察した。ここでは、さらに、区裁判所が、代替住居の調達の観点からの賃借人らの異議を退けた理由について考察しておきたい。区裁判所は、次のように論じたのである。

「確かに、当裁判所は被告らがこれまでの居住地域において要求できる代替住居を見出さないだろうことから出発する。というのは、これまでの居住地域はまたハンブルクにおけるきわめて高価な居住地域に属しているからである。しかし、ハンブルクのほかの市区において代替住居を探すことが被告らに要求されなければならないのである。被告・二は六九歳で、なおほかの市区に転居することが彼の高齢にもとづいて要求されることができないほど高齢ではない。同じことは被告・一に妥当した。被告・一は、ドイツにおいて生まれたのではない者として、その住居の直接の周辺の地域に住み慣れるためにより長い時間を必要としたかもしれない。しかし、このことは転居することが被告・一に要求されることができないことに行き着かなかった。一方において、当裁判所は、今や長年のドイツにおける被告・一の滞在にもとづいて新たな市区になじむことが被告・一にとってより容易であることから出発する。他方において、被告・一は、ほかの市区に転居するときにも全部の社会的な接触を断つように強いられていなかった。全部の社会的な接触は、二三キロメートルの距離を越えても維持されうるのである」(874)。

なお、経済的な支出の観点、および、その他の利益の侵害の観点からの被告（賃借人）らの異議については、Ⅱの二の2の（3）、および、（4）において取り上げる。

第四〇に、ベルリン地方裁判所二〇一一年八月二九日判決をみておきたい。

【167】ベルリン地方裁判所二〇一一年八月二九日判決(875)

［事案の概要と経緯］

被告（賃借人）らは、一九八四年五月七日の本件使用賃貸借契約をもって原告（賃貸人）の前主から本件建物に所在する本件住居を賃借した。その後、強制競売手続きを経て本件建物は原告に帰属した。原告は、二〇〇六年一一月二四日付の書面をもって、ＢＧＢ五七三条二項三号にしたがって、二〇〇七年八月三一日付で、被告らとの本件使用賃貸借関係を解約告知した。本件解約告知は、本件建物を含む住宅団地が強力な欠陥を示し荒廃した状態にあったことをもって理由づけられた。原告は、本件建物を含む住宅団地の維持についての経済的に正当化できる可能性は存在しなかったのであり、本件建物を含む住宅団地は取り壊され新たに建築されなければならない、と主張した。

これに対して、被告らは、二〇〇七年六月二七日に、多様な観点から本件解約告知に異議を述べたのである。

［判決理由］

地方裁判所は、結論として、「本件使用賃貸借関係は終了させられていたのであるから……本件住居の明渡しと返還に対する請求権は原告に当然に帰属すべきものであった」(876)、と判断した。

その判決理由において、地方裁判所は、はじめに、「……原告は、ＢＧＢ五七三条二項三号にしたがって、本件訴訟において原告の正当な利益を十分に説明し証明した……その結果、原告は、本件使用賃貸借関係の継続によって本件土地・建物の相当な経済的利用について妨げられ、それによって著しい不利益を被ることから出発されなければならなかったのである。

……

経済的な相当な利用は本件住宅団地の取壊しと新築によってだけ行われることができるのであり、したがって、本件使用賃貸借関係の継続が本件土地・建物の相当な利用の妨げとなっていることもまた確定していたのである」[877]、と論じた。

さらに、地方裁判所は、「BGB五七四条にしたがって被告らによって提起された苛酷さという抗弁は本件解約告知の妨げになっていなかったのである」[878]、と判断した。

そのように判断した理由について、代替住居の調達の観点からの被告（賃借人）らの異議を退け、賃借人らにとっての「苛酷さ」を否定した理由についてだけみておくことにするが、地方裁判所は、次のように論じたのである。「……被告らが比較できる住居を要求できる条件で獲得することができなかったことを指摘した限りで言えば、これに関する被告らの申立ては立証されていないままであった。確かに、このことは苛酷さについての理由を意味することができるが、しかし、これについて代替住居の調達についての努力が詳細に述べられなければならなかったのである。代替住居を探す義務は、原則としてその解約告知の到達とともにはじまる。そのために何ひとつ申し立てられていなかったのである。……被告らは、その地の地域において相当な条件で比較できる住居を獲得することができなかったことを全く具体的に証明しなかった。ひとつの試みもまた被告らのために転居することをやりとげることができたのである」[879]。

第四一に、デッサウ・ロスラウ地方裁判所二〇一六年一二月七日決定をみておきたい。

【168】デッサウ・ロスラウ地方裁判所二〇一六年一二月七日決定[880]

［事案の概要と経緯］

原告（賃貸人）らは、二〇一五年一一月四日付の書面をもって、二〇一六年四月三〇日付で、被告（賃借人）らとの本件使用賃貸借関係を解約告知した。原告らは、結婚生活における意見の相違に起因して「自己必要」を本件解約告知の理由とした。これに対して、被告らは、本件解約告知は権利の濫用である、と申し立てたほか、BGB五七四条にしたがって多様な観点から本件解約告知に異議を述べたのである。

［決定理由］

その決定理由において、地方裁判所は、はじめに、「ＢＧＢ五七三条二項二号にしたがって自己必要という解約告知理由は認められていた。本件解約告知は、特に権利の濫用ではなかった。区裁判所は的確な理由づけをもって権利の濫用を認めなかったのである」[881]、と論じた。

さらに、地方裁判所は、「ＢＧＢ五七四条の意味における要求できない苛酷さについての事案は、区裁判所の判決の的確な理由から拒絶されなければならなかったのである」[882]、と判断した。

そのように判断した理由について、地方裁判所は、被告（賃借人）らの多様な観点からの異議について大きく二つの点に整理して論じたが、ここでは、代替住居の調達の観点からの賃借人らの異議を退け、賃借人らにとっての「苛酷さ」を否定した理由についてだけ考察しておきたい。地方裁判所は、次のように論じたのである。

「……賃借人は、その解約告知の時点から代替住居を得ようと努力するように義務づけられている。この努力は相当な代替住居に限られるが、しかし、原則としてこれまでの居住地域においてだけではない。現在の賃料もまた絶対的な経済的上限を意味しない。必要とあればより高い賃料もまた（たとえば、その土地で慣習になっている賃料まで）受け入れられなければならないし、要求できる。対応する住居を見出す努力は認識できなかったし、申し立てられていなかった。そのことから、その証明もまた立てられることができなかったのである」[883]。

なお、その他の利益の侵害の観点からの被告（賃借人）らの異議については、Ⅱの二の2の（4）において取り上げる。

④小括

本節（Ⅱの二の2の（2））においては、ここまで、具体的な利益の比較衡量に関する裁判例を整理・考察する作業において、第二に、代替住居の調達が問題とされた事案を取り上げ、①代替住居の調達に関する一般的なことがらにかかわる裁判例、②賃借人にとっての「苛酷さ」が肯定された事案、および、③賃借人にとっての「苛酷さ」が否定された事案、という三つの類型に分けて、関係する裁判例を考察してきた。

㋐　代替住居の調達に関する一般的なことがらにかかわる裁判例においては、次のような法規範が形成されている。

すなわち、①賃借人には代替住居調達義務がある。すなわち、賃借人は、賃借人の健康状態および経済的な諸関係によって賃借人に定められた限界の範囲内で、真摯に、かつ、集中的に、新たな住居の調達を得ようと努力しなければならない。②もっとも、あらゆる住居が賃借人にとって考慮に値するわけではないのであり、賃借人は、賃借人の経済的な給付能力および正当化された個人的な居住の必要を考慮に入れて、相当な継続的な居住の可能性を賃借人に提供するところの代替住居だけに賃借人の努力を向ける必要がある。③個々の事案における賃借人の事情にしたがって、賃借人は、代替住居が一定の地域に存在することを要求することができるし、代替住居の設備（集中暖房、浴室、固有のトイレ、炊事場等）、その階層、および、その最低限の広さについても、ある程度の要求を出すことができる。④これまでのみずからの個人的な所帯のきりもりを放棄することが賃借人に要求されることはできないのであるから、賃借人は、その意思に反して、老人ホーム・社会福祉施設における居住を指示されるように義務づけられていない。⑤賃借人は、賃貸人によって提供された代替住居をはじめから拒絶することはできないが、賃借人の要求に対応しないところの代替住居を拒絶した場合、賃借人の代替住居調達義務に対する違反は問題にならない。⑥賃借人が、その居住の必要を自分自身の考えにしたがって定め、つまり、制限もすることは、人格の自由な展開に対する住居を探す人の権利に属するのであるから、裁判所は、賃借人の決定を尊重しなければならないのであり、客観化された要求可能性の考慮にしたがって代替住居を評価してはならない。⑦賃借人に対する明渡期間の承認と賃借人の代替住居調達（探索）義務との関係について、明渡期間は、賃借人が代替住居の調達のための賃借人の義務を履行しなかった事案において、一般に認められることができないが、個々の事案における賃借人の事情にしたがって、代替住居の調達のための賃借人の義務の履行の程度は引き下げられる場合がある。

㋑　その使用賃貸借関係が終了し、その住居の明渡しが賃借人に義務づけられるならば、事案によっては、賃借人は、比較的短い期間の間に二重の転居を強いられることになる場合がある。このような場合、賃借人にとっての「苛酷さ」が肯定された事案はかなりある。そのすべてではないが、それらの事案のより重要な事実だけを指摘しておくと、次のようである。

すなわち、①賃借人はすでに本件解約告知期間の満了前に建築用の土地を取得したが、その土地上の建物の建築の開始、ならびに、賃借人のその建物への入居が本件解約告知期間の終了後一年までに終わることが十分な確実性をもって見通すことができた場合、②賃借人は自宅の建築計画を証明書によって立証したが、賃借人のその建物への入居が本件使用賃貸借関係の終了後一年以内に終わる場合、③賃貸人は一九六四年四月三〇日付で本件使用賃貸借関係を解約告知したが、ラントの官公庁の証明書にしたがって、賃借人は一九六四年九月一五日付の効力をともなって警察事務官としてよそへ転属させられる場合、④賃借人は一九六五年一月三一付の本件使用賃貸借関係の終了のあと遅くとも一九六七年一〇月三一日に退職し、そのときに、賃借人らはいずれにしてもよそへ転居するという真摯な意思をもっていることが証拠調べから明らかであった（したがって、賃借人らに明渡しが義務づけられるならば、賃借人らは最大限二年と一〇ヶ月の期間内に二度転居しなければならない）場合、⑤賃貸人は一九六九年一〇月三一日付で本件使用賃貸借関係を解約告知したが、賃借人は、証明書の提出によって証明したように、一九七〇年の夏に現在新築中の建物内に代替住居を維持するということになっていた場合、⑥賃貸人らは本件使用賃貸借関係を解約告知したが、賃借人らは、賃借人（妻）が二年そこそこで年金をもらえる年齢に入り、そのとき、彼女の仕事をやめ、本件住居からおよそ九〇キロメートル隔たったところに所有する建物に所在するひとつの住居に転居するつもりであった場合、⑦賃借人らは、本件解約告知の期日を越えるが、近い将来（一四ヶ月以内に）新築中の建物において自宅を獲得するという具体的な可能性をもっていた場合、⑧賃貸人らは一九七九年六月三〇日付で本件使用賃貸借関係を解約告知したが、賃借人らは、本件解約告知の後、目下のところ建築状態にあった住居所有権を購入し、一九八〇年の春に賃借人らの入居が終わることは十分な確実さをもって見通すことができた場合、⑨賃貸人は本件使用賃貸借関係を解約告知したが、賃借人は、証人による証明にしたがって、すでに老人ホームに申請しひとつの場所を待っていたし、老人ホームへの賃借人の受入れはおよそ一年半の期間のうちに可能であった場合、⑩賃貸人は一九八九年六月三〇日付で本件使用賃貸借関係を解約告知したが、賃借人らは、公証人が作成した売買契約の提出によって、その建築が一九八九年の秋にはじめられ、そこへの賃借人らの入居完了が一九九一年二月二八日に見込まれているところの住居所有権を購入したことを証明した場合、⑪賃貸人（Dに存在する本件建物の所有者）は、二〇〇三年七月三一日付で本件使用賃貸借関係を解約告知した。賃借人らは、過去において賃貸人に彼らの人生の計画策定を明らかにしていたが、Eに存在するある建物を購入し、賃借人らの娘がDにおいて卒業資格を取りEにおいて見習修行をはじめるつもりであったところの二〇〇五年の夏にEに存在するこの建物に転居するつもりであった場合である。

ⓤ これに対して、二重の転居になることが考慮されることなく、賃借人にとっての「苛酷さ」が否定された事案もある。それらの事案のより重要な点だけを指摘しておくと、次のようである。

すなわち、①賃借人らの申立てから、賃借人らの自宅の建築の開始とそこに入居可能なことが十分な確実性をもって見通すことができなかった場合、②賃借人らは、賃借人らによって計画された建物の建築が二年後に完成されているだろうことを理由として、本件使用賃貸借関係を二年だけ継続することを請求した。しかし、このような見積もりは、確信をもってきわめて楽観的であり、この建物が入居可能であるまでの措置については三年を見積もることが明らかにより現実的であったと判断された場合、③賃貸人は、一九六九年一一月三〇日付で本件使用賃貸借関係を解約告知した。これに対して、賃借人は、異議の書面において、建築される自宅に一九七〇年の中頃に入居可能であると説明したにもかかわらず、見込みのある自宅に関する申立てにおいて思い違いをしたため、本件使用賃貸借関係が一九七一年九月一日までさらに続けて存続することの確認を求めた場合、④賃借人は、一九八六年九月三〇日付で効力を生じた本件解約告知後に、先の見通しとしては一九八七年八月の終わりに建築されるだろうところの賃借人によって入居されうる一家族用住宅の建築に関する契約に一九八七年三月一三日にはじめて署名した。しかも、その代替住居が本当に一九八七年八月の終わりに完成されているのかどうかという点は不確かであった場合、⑤賃借人らの建築計画が十分に具体的に述べられていなかった場合、⑥賃貸人は、賃貸人らの面倒をみて、賃貸人らを援助する心構えをしているところの賃貸人らの孫とその妻によって本件住居が必要とされることを理由として、一九九八年二月二八日付で本件使用賃貸借関係を解約告知した。これに対して、賃借人らは、一九九九年七月における賃借人の年金つき退職の後はじめて、賃借人らの晩年のために適当なより狭い住居を探すことを計画したことを理由として、本件解約告知に異議を述べた。しかし、年金つき退職の後ゆっくりとより狭い住居を探すことができるという賃借人らの利益は、賃貸人とその妻が援助を必要とすること、および、彼らの健康にとって危険をはらんだ状態に対して後方に退いていなければならなかったと判断された場合である。

㊁　例外的には、賃借人の側のさまざまな事情を問題とすることなく、もっぱら現在の住居市場の状況だけで、相当な代替住居が要求できる条件で調達されることができない、もしくは、調達されることが困難であることを理由として、賃借人にとっての「苛酷さ」が肯定された裁判例も存在する。しかし、多くの裁判例においては、現在の住居市場の状況をも考慮に入れたうえで、あるいは、現在の住居市場の状況を特に問題とすることなく、賃借人の側のさまざまな事情から、相当な代替住居が要求できる条件で調達されることができない、もしくは、調達されることが困難であることを理由として、賃借人にとっての「苛酷さ」が肯定されている。裁判例において考慮に入れられた（あるいは、主として考慮に入れられた）ところの賃借人の側のさまざまな事情にしたがって関係する裁判例を整理しておくと、次のようである。

すなわち、第一に、身体的な事情が考慮に入れられた裁判例（①その住居の明渡しは、賃借人がそのことと結びつけられた辛労を身体的にも精神的にも解決するだけの力がない時期（賃借人あるいはその妻の妊娠状態）に当たった場合、②代替住居を探すことが、賃借人にとって、重度の障害のある賃借人の子供のために、あるいは、賃借人が車いすに頼らざるを得なかったために、特別な困難さや不利な条件と結びつけられていた場合等）、第二に、家族的な事情（賃借人の子供らの数と年齢）が考慮に入れられた裁判例、第三に、経済的な事情（賃借人の収入・所得）が考慮に入れられた裁判例、第四に、高齢であるという事情が考慮に入れられた裁判例（賃借人が九六歳であった裁判例はそれ自体として賃借人にとっての「苛酷さ」を肯定したが、それ以外の裁判例においては、賃借人が高齢であるという事情もひとつの事情として考慮に入れられた）、および、第五に、複数の事情、あるいは、その他の事情が考慮に入れられた裁判例である。

㊂　場合によっては、賃貸人の解約告知が認められたとしても賃借人に適当で十分な住居が残されたという事情、あるいは、賃貸人から要求できる代替住居が提供され、賃借人はその代替住居を賃借することができたという事情が認められる事案もある。このような事案において、賃借人は代替住居を調達する必要がなかったという理由から、賃

借人にとっての「苛酷さ」は否定されている。それらの裁判例は、賃貸借における「協力関係」という理念にもかかわると考えられる。

㋕　最後に、代替住居の調達が問題とされ、結論として、賃借人にとっての「苛酷さ」が否定された事案において、それ以外の事案は、ひとことでまとめるとすると、賃借人が相当な代替住居が要求できる条件で調達されることができないことを証明しなかったという理由、あるいは、賃借人が代替住居の調達義務を果たしたことを証明しなかったという理由から、賃借人にとっての「苛酷さ」が否定された事案である、と考えることができる。そのような裁判例はかなり多いが、それらの裁判例の考察から導き出される点は、次のようである。

すなわち、①賃借人は、代替住居のためにその土地で慣習になっている比較賃料を越えないところのより高い賃料をも甘受しなければならないし、将来の居住関係のある程度の悪化（より狭い住居、居住の質の低下）をも甘受しなければならない。②賃借人は、原則としてその解約告知の到達とともに、賃借人の健康と経済的な関係によって賃借人に引かれた限界の範囲内において、真摯かつ集中的に代替住居の調達に努めなければならないし、相当な代替住居の調達のための努力が不成功に終わったことに関して、説明・証明の義務がある（賃借人は、代替住居の調達のための努力、および、そのような努力が成果のないままであったことをしかるべきやり方において具体化しなければならない）。したがって、③賃借人は、個々の事案の事情にしたがって、代替住居の探索の領域を広げること、新聞広告の調査、新聞広告への申込み、新聞広告の掲載の依頼、仲介業者への委託、地方自治体や役所への問合せなどを通して、相当な代替住居を獲得するための要求できるすべての措置を講じなければならないのである。

(485)　OLG Karlsruhe NJW 1970, 1746.
(486)　OLG Karlsruhe NJW（Fn.485）, S.1746ff.
(487)　LG Mannheim WuM 1971, 58.
(488)　LG Mannheim WuM（Fn.487）, S.58.

(489) LG Mannheim WuM (Fn.487), S.58f.
(490) BVerfG NJW 1992, 1220.
(491) 前掲注(196)参照。
(492) BVerfG NJW (Fn.490), S.1220.
(493) BVerfG NJW (Fn.490), S.1220.
(494) BVerfG NJW (Fn.490), S.1221.
(495) BVerfG NJW (Fn.490), S.1221.
(496) LG Mannheim ZMR 1993, 79.
(497) LG Mannheim ZMR (Fn.496), S.80.
(498) LG Mannheim NJW (Fn.100).
(499) LG Mannheim NJW (Fn.100), S.2307.
(500) LG Mannheim NJW (Fn.100), S.2307.
(501) AG Bochum WuM 1965, 64.
(502) AG Bochum WuM (Fn.501), S.64.
(503) AG Bochum WuM (Fn.501), S.64.
(504) LG Würzburg WuM 1965, 63.
(505) LG Würzburg WuM (Fn.504), S.63.
(506) LG Würzburg WuM (Fn.504), S.63.
(507) LG Freiburg MDR (Fn.106).
(508) LG Freiburg MDR (Fn.106), S.419.
(509) LG Freiburg MDR (Fn.106), S.419.
(510) LG Kassel WuM (Fn.8), S.77.
(511) AG Hannover WuM 1970, 41.
(512) AG Hannover WuM (Fn.511), S.42.
(513) AG Hannover WuM (Fn.511), S.42.
(514) AG Köln WuM 1972, 130.

(515) AG Köln WuM（Fn.514）, S.130.
(516) AG Köln WuM（Fn.514）, S.130.
(517) AG Köln WuM（Fn.514）, S.130.
(518) LG Mannheim WuM 1976, 269.
(519) LG Mannheim WuM（Fn.518）, S.269.
(520) LG Mannheim WuM（Fn.518）, S.269.
(521) LG Mannheim WuM（Fn.518）, S.269.
(522) AG Münster WuM 1978, 51.
(523) AG Münster WuM（Fn.522）, S.51.
(524) AG Münster WuM（Fn.522）, S.51.
(525) AG Bochum WuM 1979, 256.
(526) AG Bochum WuM（Fn.525）, S.256.
(527) AG Bochum WuM（Fn.525）, S.256f.
(528) LG Mannheim WuM 1981, 234.
(529) LG Mannheim WuM（Fn.528）, S.234.
(530) LG Mannheim WuM（Fn.528）, S.234.
(531) LG Lübeck WuM 1988, 269.
(532) LG Lübeck WuM（Fn.531）, S.269.
(533) LG Lübeck WuM（Fn.531）, S.269.
(534) LG Wiesbaden WuM 1988, 269.
(535) LG Wiesbaden WuM（Fn.534）, S.270.
(536) LG Wiesbaden WuM（Fn.534）, S.270.
(537) AG Nürnberg WuM 1991, 39.
(538) AG Nürnberg WuM（Fn.537）, S.39.
(539) AG Nürnberg WuM（Fn.537）, S.39f.
(540) AG Nürnberg WuM（Fn.537）, S.40.

(541) AG Nürnberg WuM (Fn.537), S.40.
(542) AG Nürnberg WuM (Fn.537), S.40.
(543) LG Stuttgart WuM 1991, 589.
(544) LG Stuttgart WuM (Fn.543), S.589.
(545) LG Stuttgart WuM (Fn.543), S.589.
(546) AG Neubrandenburg WuM 1994, 374.
(547) AG Neubrandenburg WuM (Fn.546), S.374f.
(548) AG Dortmund NZM 2004, 499.
(549) 前掲注（228）参照。
(550) AG Dortmund NZM (Fn.548), S.500.
(551) AG Dortmund NZM (Fn.548), S.500.
(552) AG Dortmund NZM (Fn.548), S.500.
(553) AG Dortmund NZM (Fn.548), S.500.
(554) AG Dortmund NZM (Fn.548), S.500.
(555) AG Dortmund NZM (Fn.548), S.500f.
(556) AG Schöneberg GE 1990, 499.
(557) AG Schöneberg GE (Fn.556), S.499.
(558) AG Schöneberg GE (Fn.556), S.499.
(559) AG Schöneberg GE (Fn.556), S.499.
(560) AG Schöneberg GE (Fn.556), S.499.
(561) AG Burgsteinfurt WuM 1965, 28.
(562) AG Burgsteinfurt WuM (Fn.561), S.28.
(563) AG Burgsteinfurt WuM (Fn.561), S.28.
(564) AG Herford MDR 1964, 1007.
(565) AG Herford MDR (Fn.564), S.1007.
(566) AG Herford MDR (Fn.564), S.1007.

(567) AG Oberhausen ZMR 1965, 113.
(568) AG Oberhausen ZMR（Fn.567）, S.113.
(569) AG Aachen MDR 1966, 55.
(570) AG Aachen MDR（Fn.569）, S.55.
(571) LG Dortmund NJW 1965, 2204.
(572) LG Dortmund NJW（Fn.571）, S.2204.
(573) LG Dortmund NJW（Fn.571）, S.2204f.
(574) AG Velbert WuM 1970, 79.
(575) AG Velbert WuM（Fn.574）, S.79.
(576) AG Velbert WuM（Fn.574）, S.79f.
(577) LG München I WuM（Fn.16）.
(578) LG München I WuM（Fn.16）, S.296.
(579) LG München I WuM（Fn.16）, S.296.
(580) LG München I WuM（Fn.16）, S.296.
(581) LG München I WuM（Fn.16）, S.296.
(582) LG München I WuM（Fn.16）, S.296f.
(583) LG Hannover WuM 1991, 346.
(584) LG Hannover WuM（Fn.583）, S.346.
(585) LG Hannover WuM（Fn.583）, S.346.
(586) LG Hannover WuM（Fn.583）, S.346f.
(587) LG Essen WuM 1968, 198.
(588) LG Essen WuM（Fn.587）, S.198.
(589) LG Essen WuM（Fn.587）, S.198.
(590) LG Wuppertal WuM 1968, 109.
(591) LG Wuppertal WuM（Fn.590）, S.109.
(592) LG Wuppertal WuM（Fn.590）, S.109f.

(593) LG Wuppertal WuM (Fn.590), S.110.
(594) AG Bochum WuM (Fn.4).
(595) AG Bochum WuM (Fn.4), S.226.
(596) AG Bochum WuM (Fn.4), S.226.
(597) AG Bochum WuM (Fn.4), S.226.
(598) AG Bochum WuM (Fn.4), S.226.
(599) AG Stuttgart WuM 1991, 103.
(600) AG Stuttgart WuM (Fn.599), S.103.
(601) AG Stuttgart WuM (Fn.599), S.103.
(602) AG Stuttgart WuM (Fn.599), S.103.
(603) AG Stuttgart WuM (Fn.599), S.103.
(604) AG Stuttgart WuM (Fn.599), S.103.
(605) AG Hannover WuM 1991, 553.
(606) AG Hannover WuM (Fn.605), S.553.
(607) AG Hannover WuM (Fn.605), S.553f.
(608) AG Bonn WuM 1997, 559.
(609) AG Bonn WuM (Fn.608), S.559.
(610) AG Bonn WuM (Fn.608), S.559.
(611) AG Bonn WuM (Fn.608), S.559.
(612) AG Köln WuM 1972, 144.
(613) AG Köln WuM (Fn.612), S.144.
(614) AG Köln WuM (Fn.612), S.144.
(615) AG Tettnang WuM 1980, 222.
(616) 同規定については、注(191)参照。
(617) AG Tettnang WuM (Fn.615), S.222.
(618) AG Tettnang WuM (Fn.615), S.222.

(619) AG Tettnang WuM（Fn.615), S.222.
(620) AG Tettnang WuM（Fn.615), S.222f.
(621) AG Tettnang WuM（Fn.615), S.223.
(622) AG Bergheim WuM 1990, 432.
(623) AG Bergheim WuM（Fn.622), S.432.
(624) AG Bergheim WuM（Fn.622), S.432.
(625) AG Bergheim WuM（Fn.622), S.433.
(626) AG Freiburg WuM 1991, 686.
(627) 連邦憲法裁判所一九八九年一一月一四日判決については、注（18）参照。
(628) AG Freiburg WuM（Fn.626), S.686.
(629) AG Freiburg WuM（Fn.626), S.686.
(630) AG Freiburg WuM（Fn.626), S.686.
(631) LG Düsseldorf WuM 1992, 371.
(632) LG Düsseldorf WuM（Fn.631), S.371.
(633) LG Düsseldorf WuM（Fn.631), S.371f.
(634) AG Lübeck WuM 1993, 674.
(635) AG Lübeck WuM（Fn.634), S.674.
(636) AG Lübeck WuM（Fn.634), S.674.
(637) AG Lübeck WuM（Fn.634), S.674.
(638) AG Lübeck WuM（Fn.634), S.674.
(639) LG Hamburg WuM 1994, 683.
(640) LG Hamburg WuM（Fn.639), S.683.
(641) LG Hamburg WuM（Fn.639), S.683.
(642) LG Hamburg WuM（Fn.639), S.683.
(643) LG Hamburg WuM（Fn.639), S.683f.
(644) LG Hamburg WuM（Fn.639), S.684.

(645) AG Köln WuM 1973, 252.
(646) AG Köln WuM (Fn.645), S.252.
(647) AG Köln WuM (Fn.645), S.252.
(648) AG Köln WuM (Fn.645), S.252.
(649) AG Köln WuM (Fn.645), S.252f.
(650) LG Hannover WuM 1989, 298.
(651) 同規定については、注（191）参照。
(652) LG Hannover WuM (Fn.650), S.298.
(653) LG Hannover WuM (Fn.650), S.298.
(654) AG Remscheid WuM 1989, 388.
(655) AG Remscheid WuM (Fn.654), S.389.
(656) AG Remscheid WuM (Fn.654), S.389.
(657) AG Remscheid WuM (Fn.654), S.389.
(658) AG Remscheid WuM (Fn.654), S.389.
(659) LG Köln NJW-RR 1997, 1098.
(660) LG Köln NJW-RR (Fn.659), S.1098.
(661) LG Wuppertal WuM 1964, 155.
(662) LG Wuppertal WuM (Fn.661), S.156.
(663) LG Wuppertal WuM (Fn.661), S.156.
(664) LG Wuppertal WuM (Fn.661), S.156.
(665) AG Darmstadt WuM 1983, 151.
(666) AG Darmstadt WuM (Fn.665), S.151.
(667) LG Regesburg WuM 1983, 141.
(668) LG Regesburg WuM (Fn.667), S.142.
(669) LG Stuttgart WuM (Fn.110).
(670) LG Stuttgart WuM (Fn.110), S.347.

(671) LG Stuttgart WuM (Fn.110), S.347.
(672) AG Landau NJW 1993, 2249.
(673) AG Landau NJW (Fn.672), S.2250.
(674) AG Landau NJW (Fn.672), S.2250.
(675) LG Hannover WuM 1994, 430.
(676) LG Hannover WuM (Fn.675), S.430.
(677) LG Hannover WuM (Fn.675), S.431.
(678) LG Hannover WuM (Fn.675), S.431.
(679) AG Bensberg MDR (Fn.33).
(680) AG Bensberg MDR (Fn.33), S.508.
(681) AG Bensberg MDR (Fn.33), S.508.
(682) AG Dortmund-Hörde DWW 1966, 279.
(683) AG Dortmund-Hörde DWW (Fn.682), S.279.
(684) AG Dortmund-Hörde DWW (Fn.682), S.279f.
(685) AG Dortmund-Hörde DWW (Fn.682), S.279.
(686) AG Flensburg WuM 1971, 154.
(687) AG Flensburg WuM (Fn.686), S.154.
(688) AG Flensburg WuM (Fn.686), S.154.
(689) AG Flensburg WuM (Fn.686), S.154.
(690) LG Köln DWW 1988, 252.
(691) LG Köln DWW (Fn.690), S.252.
(692) LG Köln DWW (Fn.690), S.252.
(693) LG Köln DWW (Fn.690), S.252.
(694) AG Waldshut-Tiengen NJW (Fn.157), S.1052.
(695) AG Münster WuM 1998, 731.
(696) AG Münster WuM (Fn.695), S.731.

(697) AG Münster WuM (Fn.695), S.731.
(698) AG Münster WuM (Fn.695), S.731.
(699) AG Münster WuM (Fn.695), S.731.
(700) LG Braunschweig NJW 1964, 1028.
(701) LG Braunschweig NJW (Fn.700), S.1028ff.
(702) LG Braunschweig NJW (Fn.700), S.1031.
(703) LG Hagen ZMR 1965, 140.
(704) LG Hagen ZMR (Fn.703), S.141.
(705) LG Hagen ZMR (Fn.703), S.141f.
(706) LG Hagen ZMR (Fn.703), S.142.
(707) LG Mannheim NJW 1965, 2203.
(708) LG Mannheim NJW (Fn.707), S.2203.
(709) LG Mannheim NJW (Fn.707), S.2203f.
(710) AG Velbert WuM (Fn.42).
(711) AG Velbert WuM (Fn.42), S.430f.
(712) AG Velbert WuM (Fn.42), S.431.
(713) AG Köln WuM 1989, 250.
(714) AG Köln WuM (Fn.713), S.250.
(715) AG Köln WuM (Fn.713), S.250.
(716) AG Köln WuM (Fn.713), S.250.
(717) LG Stuttgart WuM 1989, 249.
(718) LG Stuttgart WuM (Fn.717), S.249.
(719) LG Stuttgart WuM (Fn.717), S.249f.
(720) LG Stuttgart WuM (Fn.717), S.250.
(721) LG Stuttgart WuM (Fn.717), S.250.
(722) AG Hamburg WuM (Fn.51).

(723) AG Hamburg WuM (Fn.51), S.373.
(724) AG Hamburg WuM (Fn.51), S.373.
(725) AG Hamburg WuM (Fn.51), S.373.
(726) LG Waldshut-Tiengen WuM 1993, 349.
(727) LG Waldshut-Tiengen WuM (Fn.726), S.350.
(728) LG Waldshut-Tiengen WuM (Fn.726), S.350.
(729) LG Waldshut-Tiengen WuM (Fn.726), S.349.
(730) AG Hamburg-Altona ZMR 1971, 31.
(731) AG Hamburg-Altona ZMR (Fn.730), S.31.
(732) AG Hamburg-Altona ZMR (Fn.730), S.31.
(733) LG Kaiserslautern WuM 1970, 202.
(734) LG Kaiserslautern WuM (Fn.733), S.202.
(735) LG Kaiserslautern WuM (Fn.733), S.202.
(736) なお、エバースベルク区裁判所一九八一年三月四日判決は、「賃借人が平均以上の収入をもっているならば、平均以上に高い賃料の相当な代替住居をも賃借することが賃借人に要求されなければならない」(AG Ebersberg WuM 1981, U20)、と論じた。
(737) LG Karlsruhe DWW (Fn.424), S.201.
(738) LG Aachen WuM 1985, 265.
(739) LG Aachen WuM (Fn.738), S.265.
(740) AG Ludwigsburg WuM 1985, 265.
(741) AG Ludwigsburg WuM (Fn.740), S.265.
(742) AG Gelsenkirchen-Buer DWW 1988, 326.
(743) AG Gelsenkirchen-Buer DWW (Fn.742), S.326.
(744) AG Gelsenkirchen-Buer DWW (Fn.742), S.326f.
(745) AG Gelsenkirchen-Buer DWW (Fn.742), S.327.
(746) AG Stuttgart WuM 1989, 414.
(747) AG Stuttgart WuM (Fn.746), S.414f.

（748）AG Stuttgart WuM（Fn.746）, S.415.
（749）AG Stuttgart WuM（Fn.746）, S.415.
（750）AG Stuttgart WuM（Fn.746）, S.415.
（751）AG Stuttgart WuM（Fn.746）, S.415.
（752）AG Stuttgart WuM（Fn.746）, S.415.
（753）AG Stuttgart WuM（Fn.746）, S.415.
（754）AG Stuttgart WuM（Fn.746）, S.415.
（755）LG Kassel WuM（Fn.24）.
（756）LG Kassel WuM（Fn.24）, S.417.
（757）LG Kassel WuM（Fn.24）, S.417.
（758）LG Düsseldorf WuM 1989,414.
（759）LG Düsseldorf WuM（Fn.758）,S.414.
（760）LG Düsseldorf WuM（Fn.758）,S.414.
（761）LG Düsseldorf WuM（Fn.758）,S.414.
（762）LG Stuttgart WuM 1990,20.
（763）LG Stuttgart WuM（Fn.762）,S.21.
（764）LG Stuttgart WuM（Fn.762）,S.21.
（765）LG Stuttgart WuM（Fn.762）,S.21.
（766）AG Köln WuM 1990,77.
（767）AG Köln WuM（Fn.766）,S.77.
（768）AG Köln WuM（Fn.766）,S.77f.
（769）LG Hamburg WuM 1990,118.
（770）LG Hamburg WuM（Fn.769）,S.119.
（771）LG Hamburg WuM（Fn.769）,S.119.
（772）LG Hamburg WuM（Fn.769）,S.119.
（773）LG Freiburg WuM 1990,152.

(774) LG Freiburg WuM (Fn.773), S.152.
(775) LG Freiburg WuM (Fn.773), S.152.
(776) LG Karlsruhe DWW 1990, 238.
(777) LG Karlsruhe DWW (Fn.776), S.238.
(778) LG Karlsruhe DWW (Fn.776), S.238f.
(779) LG Karlsruhe DWW (Fn.776), S.239.
(780) LG Karlsruhe DWW (Fn.776), S.239.
(781) AG Dortmund DWW 1991, 28.
(782) AG Dortmund DWW (Fn.781), S.28.
(783) AG Dortmund DWW (Fn.781), S.28.
(784) AG Dortmund DWW (Fn.781), S.28f.
(785) LG Berlin GE 1990, 491.
(786) LG Berlin GE (Fn.785), S.491.
(787) LG Berlin GE (Fn.785), S.491.
(788) LG Berlin GE (Fn.785), S.491f.
(789) LG Berlin GE 1990, 543.
(790) LG Berlin GE (Fn.789), S.543.
(791) LG Berlin GE (Fn.789), S.543.
(792) LG Berlin GE (Fn.789), S.543.
(793) LG Düsseldorf ZMR 1990, 380.
(794) LG Düsseldorf ZMR (Fn.793), S.381.
(795) LG Düsseldorf ZMR (Fn.793), S.381.
(796) LG Düsseldorf ZMR (Fn.793), S.381f.
(797) AG Dortmund DWW (Fn.444), S.367.
(798) LG Stuttgart WuM 1991, 198.
(799) AG Stuttgart WuM (Fn.798), S.198.

(800) LG Stuttgart WuM (Fn.798), S.198.
(801) LG Stuttgart WuM (Fn.798), S.198f.
(802) LG Stuttgart WuM (Fn.798), S.199.
(803) LG Berlin GE 1990,1039.
(804) LG Berlin GE (Fn.803), S.1039.
(805) LG Berlin GE (Fn.803), S.1039f.
(806) 拙著・前掲注（3）一九五―一九六頁参照。
(807) LG Hamburg WuM 1991,38.
(808) LG Hamburg WuM (Fn.807), S.38.
(809) LG Hamburg WuM (Fn.807), S.38. なお、地方裁判所の論述の詳細については、拙著・前掲注（3）一九六頁参照。
(810) LG Hamburg WuM (Fn.807), S.38.
(811) LG Hamburg WuM (Fn.807), S.38.
(812) LG Hamburg WuM (Fn.807), S.38.
(813) LG Düsseldorf ZMR 1991,178.
(814) LG Düsseldorf ZMR (Fn.813), S.178.
(815) 拙著・前掲注(258)一一二―一一四頁、一二九―一三一頁、一五二―一五六頁参照。
(816) LG Trier WuM 1991,273.
(817) LG Trier WuM (Fn.816), S.274.
(818) LG Trier WuM (Fn.816), S.275.
(819) LG Trier WuM (Fn.816), S.275f.
(820) LG Karlsruhe DWW 1992,22.
(821) LG Karlsruhe DWW (Fn.820), S.22.
(822) LG Karlsruhe DWW (Fn.820), S.22.
(823) LG Karlsruhe DWW (Fn.820), S.22.
(824) LG Karlsruhe DWW (Fn.820), S.22.
(825) LG Heidelberg DWW 1991,244.

(826) LG Heidelberg DWW (Fn.825), S.244.
(827) LG Heidelberg DWW (Fn.825), S.244f.
(828) LG Heidelberg DWW (Fn.825), S.245.
(829) LG Heidelberg DWW (Fn.825), S.245.
(830) LG Bonn WuM 1992, 16.
(831) LG Bonn WuM (Fn.830), S.16.
(832) LG Bonn WuM (Fn.830), S.16.
(833) LG Bonn WuM (Fn.830), S.16.
(834) LG Mannheim DWW 1993, 140.
(835) LG Mannheim DWW (Fn.834), S.141.
(836) LG Mannheim DWW (Fn.834), S.141.
(837) LG Mannheim DWW (Fn.834), S.141.
(838) LG Mannheim DWW 1992, 87.
(839) LG Mannheim DWW (Fn.838), S.87.
(840) LG Mannheim DWW (Fn.838), S.87f.
(841) 拙著・前掲注（3）一六九―一七〇頁、二一〇―二一一頁参照。
(842) LG Landau in der Pfalz ZMR 1992, 396.
(843) LG Landau in der Pfalz ZMR (Fn.842), S.396. なお、地方裁判所の論述の詳細については、拙著・前掲注（3）一六九―一七〇頁、二一一頁参照。
(844) LG Landau in der Pfalz ZMR (Fn.842), S.397.
(845) LG Landau in der Pfalz ZMR (Fn.842), S.397.
(846) LG Bonn WuM (Fn.81), S.610f.
(847) AG Dortmund DWW 1993, 238.
(848) BGB旧五六四b条四項については、前掲注（191）参照。
(849) AG Dortmund DWW (Fn.847), S.238.
(850) AG Dortmund DWW (Fn.847), S.238.

(851) AG Dortmund DWW (Fn.847), S.239.
(852) AG Dortmund DWW (Fn.847), S.239.
(853) AG Dortmund DWW (Fn.847), S.239.
(854) LG Berlin GE 1993, 1219.
(855) LG Berlin GE (Fn.854), S.1219.
(856) LG Berlin GE (Fn.854), S.1219.
(857) LG Berlin GE (Fn.854), S.1219.
(858) AG Lörrach WuM (Fn.451), S.705.
(859) LG Hamburg ZMR 2003, 265.
(860) LG Hamburg ZMR (Fn.859), S.265.
(861) LG Hamburg ZMR (Fn.859), S.266.
(862) LG Hamburg ZMR (Fn.859), S.266.
(863) 拙著・前掲注（3）二二九―二三二頁参照。
(864) OLG Köln ZMR (Fn.465), S.35f.
(865) OLG Köln ZMR (Fn.465), S.36.
(866) LG Bremen WuM (Fn.469), S.334.
(867) AG Ansbach ZMR 2006, 938.
(868) AG Ansbach ZMR (Fn.867), S.938.
(869) ＢＧＢ五七三ａ条一項一文は、ＢＧＢ旧五六四ｂ条四項一号と同じように、「賃貸人は、賃貸人自身によって居住されたところの二つより多くない住居を備えた建物に所在する住居に関する使用賃貸借関係をＢＧＢ五七三条の意味における正当な利益を必要とすることなしにも解約告知することができる」、と規定する。
(870) AG Ansbach ZMR (Fn.867), S.938.
(871) AG Ansbach ZMR (Fn.867), S.938.
(872) AG Ansbach ZMR (Fn.867), S.938.
(873) AG Ansbach ZMR (Fn.867), S.938f.
(874) AG Hamburg ZMR (Fn.473), S.454.

(875) LG Berlin ZMR 2012, 15.
(876) LG Berlin ZMR (Fn.875), S.16.
(877) LG Berlin ZMR (Fn.875), S.16f.
(878) LG Berlin ZMR (Fn.875), S.18.
(879) LG Berlin ZMR (Fn.875), S.18.
(880) LG Dessau-Roßlau NZM 2017, 326.
(881) LG Dessau-Roßlau NZM (Fn.880), S.326.
(882) LG Dessau-Roßlau NZM (Fn.880), S.327.
(883) LG Dessau-Roßlau NZM (Fn.880), S.327.

（3）　経済的な支出が問題とされた事案

第三に、経済的な支出が問題とされた事案を取り上げる。

ここでは、①経済的な支出に関する一般的なことがらにかかわる裁判例、②賃借人にとっての「苛酷さ」が肯定された事案、および、③賃借人にとっての「苛酷さ」が否定された事案、という三つの類型に分けて、関係する裁判例を考察することにする。

①経済的な支出に関する一般的なことがらにかかわる裁判例

まず、経済的な支出に関する一般的なことがらにかかわる裁判例を考察することにする。

第一に、カールスルーエ上級地方裁判所一九七一年三月三一日決定(884)をみておきたい。

地方裁判所は、上級地方裁判所にいくつかの法的問題を提出した。このうち、経済的な支出に関する一般的なことがらにかかわる法的問題として、地方裁判所は、上級地方裁判所に次の法的問題を提出した。すなわち、「契約によって義務づけられていなかったところの賃借物の維持および改善のために賃借人が行った相当な経済的な支出は、その使用賃貸借関係の予想外に早い解約告知と関連して、BGB五五六a条一項の意味における正当化されない苛酷さであると考えられなければならないのか。この意味における賃借人のこのような支出は、次の場合にだけ相当であるのか。すなわち、賃借人が賃貸人に法的にこのような支出の補償を請求することができないし、このような支出が賃貸人の明示あるいは黙示の同意をともなって行われているし、その結果において、賃借人の本質的な予見できない損失にかかわる問題である場合である」、という法的問題であった。

その決定理由において、上級地方裁判所は、この法的問題について、「当部の見解にしたがって、法的な拘束力なくより長い期間賃借された目的物に支出を行った賃借人は、その使用賃貸借関係の契約にしたがった早期の終了のためにその支出の利用を完全に享受することができないという危険を引き受ける。その理由から、BGB五五六a条一項の意味における要求できない苛酷さは次の場合にだけ判明する。すなわち、賃借人が、十分に補償を請求することができないし、作り出された設備を本質的な損失なしに収去することができないし、その支出を居住によって使い古さなかったという理由で、その結果において、賃借人の本質的な経済的な損失に行き着く場合、そして、賃借人が、期間の定めなく締結された使用賃貸借関係のより長い期間を考慮に入れるところの正当な根拠を有したという理由で、賃借人がこのような危険を受け入れることができなかった場合……である」[885]、と論じたのである。

第二に、フランクフルト上級地方裁判所一九七一年六月二三日決定をみておきたい。

【169】フランクフルト上級地方裁判所一九七一年六月二三日決定[886]

［事案の概要と経緯］

被告（賃借人）は、一九四〇年以来、原告（賃貸人）らの本件建物において、二つの部屋等から構成されていた本件住居を占有していた。原告らは、一九六九年七月三一日付で、被告との本件使用賃貸借契約を解約告知した。被告は、本件解約告知に異議を述べ、一九六一年ないし一九六四年に本件住居の修復および建築上の改善のためにおよそ三〇〇〇ドイツマルクを費やした、と主張したのである。

区裁判所は本件明渡しの訴えを認容した。

これに対して、被告は地方裁判所に控訴したが、地方裁判所は、上級地方裁判所にいくつかの法的問題を提出した。このうち、ここでは、次の二つの法的問題について考察する必要がある。

すなわち、「1　その使用賃貸借関係の契約にしたがった終了は、賃借人にとって、賃借人がより長い契約期間を信頼してその住居に少なからぬ費用を費やしたという理由からもＢＧＢ五五六ａ条の意味における正当化できない苛酷さを意味することができるのか。

2　この点では、必要不可欠な費用だけが注目すべきであるのか、あるいは、広範囲に、有益な費用、もしくは、その住居の価値を高めないそのほかの費用もまた注目すべきであるのか」、という法的問題であった。

［決定理由］

その決定理由において、上級地方裁判所は、これらの二つの法的問題について、次のように論じたのである。

「……第一の問題は肯定されなければならない。その使用賃貸借関係の契約にしたがった終了が、賃借人またはその家族にとって、賃貸人の正当な利益を評価しても正当化されることができないところの苛酷さを意味するのかどうかという点は個々の事案のすべての事情にしたがってのみ判断されうる。

……賃借人にとって有利な結果になるように、賃借人がより長い契約期間を信頼してその住居に相当な費用を費やしたという事情もまた重要でありうる。……

もっとも、そのような信頼は正当化されてもいなければならない。賃借人が、賃貸人の同意なしに、あるいは、そのうえさらに、賃貸人の表明された意思に反してその住居のために費用を費やした場合、賃借人は保護に値するのでなく、むしろ、自分自身の危険にもとづいて行動する。そのときに、賃貸人が、明示に、あるいは、黙示に、前もって、あるいは、そのあとで同意したのかどうかという点は重要でないままである。賃貸人が彼の態様によってその使用賃貸借関係の契約にしたがった終了をＢＧＢ五五六ａ条一項の意味における苛酷さであると思わせしめるところの信頼の要件を作り出したことが決定的である。

このことから……第二の問題に対する答えもまた判明する。その使用賃貸借関係のより長い期間に対する賃借人の正当な信頼がその解約告知に対する賃借人の異議の相当性のための決定的な観点である場合、賃借人が、必要不可欠な、有益な、あるいは、不必要な費用を費やしたのかどうかという点は原則として重要であることはできないのである。賃貸人がそのことから手に入れるところの利益ではなく、むしろ、賃貸人が彼の態様によって賃借人のために作り出したところの信頼の要件が決定的である。もっとも、必要不可欠な費用におけるただ黙示的にだけ表明されたところの賃貸人の同意は、その賃借空間の維持にも改善にも役立たなかったところの費用におけるよりもより容易に確認されなければならないだろう」[887]。

②賃借人にとっての「苛酷さ」が肯定された事案

次に、経済的な支出が問題とされ、結論として、賃借人にとっての「苛酷さ」が肯定された事案を考察することにする。

第一に、「賃貸借法の規定の改正に関する第三次法律」が妥当する以前の裁判例であるが、ミュンスター地方裁判所一九六四年八月一七日判決をみておきたい。

【170】ミュンスター地方裁判所一九六四年八月一七日判決(888)

［事案の概要と経緯］

被告（賃借人）らは、一九六三年五月一日以来、原告（賃貸人）の本件建物において本件住居を賃借していた。原告は、一九六四年一月二二日付の書面をもって、一九六四年四月三〇日付で、被告らとの本件使用賃貸借関係を解約告知し、本件訴えをもって本件住居の明渡しと返還を請求した。

これに対して、被告らは本件解約告知に異議を述べ、一九六八年一二月三一日まで本件使用賃貸借関係を継続することを申し立てた。被告らは、彼らの入居のときにより長い使用賃貸借期間を考慮に入れたことを指摘した。そのことから、本件住居は被告らによって一〇〇〇ドイツマルクを越える相当な支出をもって修復された。それに加えて、被告らは、本件住居に、カーテン、ランプ、および、家具を備えつけるためになおこれ以上の相当な資金を支出したのである。

区裁判所は、一九六四年五月二一日に言い渡された判決によって本件明渡しの訴えを棄却し、一九六六年一月一日まで本件使用賃貸借関係を継続することを言い渡した。

これに対して、原告は地方裁判所に控訴したのである。

［判決理由］

地方裁判所もまた、結論として、「……原告は、被告らによる本件住居の即時の明渡しを請求することができなかった。というのは、被告らは、理由づけられたやり方において本件解約告知に異議を述べたからである。当部は、第一審の裁判官がBGB五五六a条の枠組みにおいて本件事案のために行ったところの考慮を的確である、と考えた。両方の当事者の利益は、要求できない苛酷さを確認するときによく量られて考慮に入れられていたのである」[889]、と判断した。

その判決理由において、地方裁判所は、そのように判断した理由について、次のように論じたのである。

「……被告らは、本件住居に入居するために……区裁判所の見積もりにしたがって、もっぱら資材と労働のためだけでおよそ一〇〇〇ドイツマルクに達したところの相当な支出を行った。原告は、そのような支出は、通常、住居に入居するとき賃借人によって行われることを引き合いに出すことができない。むしろ、原則として、賃貸人は入居可能な住居を自由に使わせなければならない。その支出は、被告らにとって相当な制約をも意味した。被告（夫）の収入は、一九六三年の春において……彼の雇用者の証明書にしたがって、総計で九四五ドイツマルクの金額においてそうであるよりもよりわずかであった。被告らは行われた範囲における支出を被告らがより長い使用賃貸借期間を考慮に入れたという理由でのみ行ったのである。被告らはすでに一年後に被告らの引払いが請求されることを知っていたならば本件住居の修復のために資金を支出しなかっただろう。そのことから、すべての事情を考慮に入れるとき、現在の時点での本件使用賃貸借関係の契約にしたがった終了は、その苛酷さが原告の利益を評価しても正当化されることができないところの被告らの生活関係に対する介入を意味したのである」[890]。

第二に、同じく「賃貸借法の規定の改正に関する第三次法律」が妥当する以前の裁判例であるが、エッセン地方裁判所一九六六年六月四日判決をみておきたい。

【171】エッセン地方裁判所一九六六年六月四日判決[891]

［事案の概要と経緯］

原告（賃貸人）は期間の定めのない本件使用賃貸借関係を解約告知した。これに対して、被告（賃借人）らは、本件住居の修復のために相当な支出を行ったことを理由として本件解約告知に異議を述べたのである。

区裁判所は原告の本件明渡しの訴えを棄却したため、原告は地方裁判所に控訴したのである。

［判決理由］

地方裁判所もまた、結論として、「……本件控訴は理由づけられていなかった。区裁判所は、正当なことに、原告の本件明渡しの訴えを棄却し、当事者の本件使用賃貸借関係を期間の定めなく、少なくとも一九六七年二月二八日まで延長したのである」(892)、と判断した。

その判決理由において、地方裁判所は、そのように判断した理由について、次のように論じたのである。

「……確かに、賃貸人は期間の定めなく引き受けられた使用賃貸借関係をすでにわずかな月々の後に再び解約告知することを原則として妨げられていない。このことは、賃借人がその住居の修復のために支出を行った場合にも妥当する。しかし、BGB五五六a条にしたがった賃借人の異議が理由づけられているのかどうかという問題において、このような事情には特別な意義が当然与えられるのである。

本件事案において、被告らは、本件住居の修復のためにいずれにせよ相当な支出を行った。そのときに、この支出が一三〇〇ドイツマルクの金額に達したのか、あるいは、書面による領収書によって証明されたところの七〇〇ドイツマルクの金額にだけ達したのかという点は未決定のままでありうる。後者の金額において、被告（夫）と彼によって呼ばれた補助員らの労働の給付はなお含まれていないこともまた考慮に入れられなければならない。それゆえに、被告らは、全く特別な新たな事情が生じないならば、少なくとも二三年現在の本件住居にとどまることができることから出発することができたのである」(893)。

第三に、同じく「賃貸借法の規定の改正に関する第三次法律」が妥当する以前の裁判例であり、すでにⅡの一の1において取り上げたところのエッセン地方裁判所一九六六年七月一四日判決(894)をみておきたい。

地方裁判所は、結論として、「区裁判所は的確な考慮にもとづいて本件使用賃貸借関係を一九六七年五月三一日まで延長した」(895)、と判断した。

その判決理由において、地方裁判所は、経済的な支出の観点からの被告（賃借人）の異議を認めた理由について、次のように論じたのである。

「……もっぱら、その使用賃貸借関係の契約にしたがった終了が個々の場合の特別な事情のためにその苛酷さが賃貸人の利益を完全に評価しても正当化されることができないところの賃借人またはその家族の生活関係に対する介入をもたらすのかどうかという点だけが重要である。区裁判所は、本件事案において、そのような特別な事情を的確に確認した。被告（博士の技術者）は、確かに……長年にわたる使用賃貸借契約に到達することはできなかったが、しかし、他方において、月あたり一〇〇ドイツマルクをもって住み終えられるところの二〇〇〇ドイツマルクの金額における賃料の前払いを行ったのであり、そのことは、彼の職業生活を今しがたはじめて始めたところの被告にとって本質的でないことはない負担を意味したのである。そうであるからには、被告がその賃料の前払いの分がなお住み終えられてさえいないにもかかわらずまたもや引き払わなければならなかったならば、被告にとってそれだけいっそうより苛酷である。この苛酷さは、原告がなお住み終えられていないところのその賃料の前払いの部分を即座に払い戻すつもりであることによっても本質的に減少させられなかった。さらに、被告が彼の世帯を基礎づけたという理由……転居したという理由、および、優遇された居住状況に位置している現在の中流家庭の本件住居を整えたという理由から相当な支出を費やさなければならなかったことがつけ加わった。この支出は、被告によって提出された証明資料が証明したように、なお一九六五年一一月まで経済的に強く被告に負担をかけたのである。被告が彼の職業的かつ社会的な地位に対応する住居を賃借したし、それに応じてその住居を整えたことはただ当然なだけであり、決してＢＧＢ五五六ａ条を適用しないことに行き着くことができなかった。その場合に、この支出がほかの住居においてもなお利用されることができるのかどうか、および、どの程度に利用されることができるのかという点は全く決定的に問題でさえなかった。……むしろ、被告が……彼の転居、世帯の創設、および、彼の現在の本件住居を整えたことと結びつけられた相当な経済的な負担をどうにかまさに切り抜けたあとで相当な支出と結びつけられた新たな転居が被告に要求されることが決定的である。最後に、さらに被告にとって有利な結果になるように、被告が現在の本件住居を自分自身の費用でステンレス鋼の流し台セットの設置によって改善し、この点では今日比較できる住居のために少なくとも通例の標準にもたらしたことが重要である。被告は、その他の点では、反論の余地なく、被告が一九六六年の春に彼の必要に特別なやり方において対応する新たな住居を彼の現在の居住地域において賃借し、その住居に入居できることを証明したのであるから、当部にとっても、区裁判所の判決と一致して、現在の本件使用賃貸借関係を一九六七年五月三一日まで延長することが相当であるように思われたのである」(896)。

第四に、同じく「賃貸借法の規定の改正に関する第三次法律」が妥当する以前の事実を取り扱った裁判例であると思われるが、ヴッパータール区裁判所一九七〇年一月二二日判決(897)をみておきたい。

原告（賃貸人）が被告（賃借人）との本件使用賃貸借関係を本件使用賃貸借関係の開始の後一〇ヶ月で解約告知したのに対して、被告が、BGB旧五五六a条にしたがって本件解約告知に異議を述べたという事案であった。

区裁判所は、結論として、本件使用賃貸借関係を二年間継続するように判決を下した。

その判決理由において、区裁判所は、そのように判断した理由について、次のように論じたのである。

「……証明されたところの七二二ドイツマルクを超える全部の費用は当事者の間の本件使用賃貸借関係の延長を正当化する。それとともに……月あたり七〇〇ドイツマルクの実質収入を有するところの被告は、なおしばらくの間本件住居のための被告の相当な支出を享受するのである。

当裁判所は、これにしたがって定められなければならないところの本件使用賃貸借関係の継続の期間を二年をもって量定するのである」(898)。

区裁判所は、右のように、本判決の判例集の要約にあるように、「賃借人が本件住居の設備のために賃借人の収入関係と比べて相当な金額を費やし、本件使用賃貸借期間がその支出との関係において相当でなかったならば、その支出を居住によって使い古すことを賃借人に可能にするために、一定の期間の間本件使用賃貸借契約を継続することが正当化されている」(899)、と判断したのである。

第五に、同じく「賃貸借法の規定の改正に関する第三次法律」が妥当する以前の事実を取り扱った裁判例であるが、マインツ地方裁判所一九七〇年三月四日判決をみておきたい。

【172】マインツ地方裁判所一九七〇年三月四日判決(900)

［事案の概要と経緯］

被告らは、一九六八年七月一日以来、原告（賃貸人）の本件建物において、二つの部屋等から構成されていた本件住居の賃借人であった。被告（賃借人）らは、彼らの費用にもとづいて入居前に本件住居を新たに修復した。本件使用賃貸借関係は期間の定めなく進行した。原告は、一九六九年七月三一日付で、被告らとの本件使用賃貸借関係を解約告知した。

これに対して、被告らは、BGB旧五五六a条にしたがって本件解約告知に異議を述べ、本件使用賃貸借関係の継続を請求した。被告らは、本件住居の修復のためにおよそ五〇〇〇ドイツマルクを費やしたし、被告らの職業教育はなお完結していなかったことをもってこの異議を理由づけたのである。

区裁判所は、一九七〇年九月三〇日までの明渡期間を認めて本件明渡しの訴えを認容した。区裁判所は、その判決理由において、次のように論じた。すなわち、本件使用賃貸借関係の本件解約告知は有効であった。本件住居の修復のための費用を賃料と清算することは合意されていなかった。本件解約告知に対する被告らの異議は貫徹しなかった。本件使用賃貸借契約のより長い有効期間の合意によって自己防衛策を講じることは被告らのことがらであった。一年の明渡期間は被告らの利益を完全に正当に評価する、という理由であった。

これに対して、被告らは地方裁判所に控訴したのである。

［判決理由］

地方裁判所は、結論として、本件明渡しの訴えを棄却し、被告らの異議にもとづいて本件使用賃貸借関係を一九七一年一二月三一日まで継続したのである。

その判決理由において、地方裁判所は、被告（賃借人）らの異議が理由づけられていると判断した理由について大きく二つの点から論じたが、ここでは、経済的な支出の観点からの賃借人らの異議を認めた理由についてだけ考察しておきたい。地方裁判所は、次のように論じたのである。

「……両方の側の利益の比較衡量は、本件事案において、被告らの異議が理由づけられていることを明らかにした。その使用賃貸借関係の継続に対する請求は、賃借人がその住居の修復のための費用を自分自身で負担したし、その使用賃貸借契約にもとづいてその費用の償還を請求できない場合注目すべきものである。そのような事案において、賃借人は、少なくとも二三年その住居にとどまってしかるべきであることを信頼してもよかった。賃借人のそのような信頼は保護にも値する。その賃貸物を利用できる状態に維持することは建物所有者のことがらである。経済的な犠牲のもとでこの義務を建物所有者から引き受けたところの賃借人は、このようにして作り出されたところの彼の生活関係の中心点を自己とその家族のために維持するという重大な利益を有するのである。被告らは、本件住居を新たに修復するために相当な費用を費やした。被告らは、塗装屋に二二五〇ドイツマルクを、電気屋に全部の電気配線の交換と現代的な電化製品の使用を許容するところの回路の敷設のために一二五二ドイツマルク八四ペニヒを、そして、タイル工にタイル作業のために一一二ドイツマルク六一ペニヒを支払った。三六一五ドイツマルク四五ペニヒの全体額におけるこの費用は、本件賃貸物それ自体の利益になり、ぜいたくな支出を意味しなかった。原告もまた明らかにこのことを見誤らなかった。原告は、一九六九年八月二六日付の書面において、被告らが本件住居の修復および設備のために費やしたところの四三七八ドイツマルク九一ペニヒの金額における全体額から、被告らの特別な願望に割り当てられるところの一二七五ドイツマルク三七ペニヒの金額だけが差し引かれなければならないことを申し立てたのである」(901)。

なお、その他の利益の侵害の観点からの被告(賃借人)らの異議については、Ⅱの二の2の(4)において取り上げる。

第六に、ケルン地方裁判所一九七二年二月一八日判決をみておきたい。

【173】ケルン地方裁判所一九七二年二月一八日判決(902)

〔事案の概要と経緯〕

原告（賃貸人）は、一九六九年三月一〇日の本件使用賃貸借契約にもとづいて本件住居を被告（賃借人）らに賃貸していたが、一九七〇年三月三一日付で、被告らとの本件使用賃貸借関係を解約告知した。これに対して、被告らは、本件住居の修復作業のために相当な支出を行ったことを理由として本件解約告知に異議を述べたのである。

地方裁判所に控訴したのは被告らであった。

〔判決理由〕

地方裁判所は、結論として、「……本件控訴は許容しうるし、本件事案においても正当化されていた。本件訴えは理由づけられていなかった。原告には、被告らに対して……原告によって賃貸された本件住居の明渡しと返還に対する請求権が当然帰属すべきものではなかった。

むしろ、ＢＧＢ五五六ａ条……にしたがって、一九七三年三月三一日までの本件使用賃貸借関係の継続が言い渡されなければならなかったのである」(903)、と判断した。

その判決理由において、地方裁判所は、そのように判断した理由について、次のように論じたのである。

「一九七〇年三月三一日付の本件解約告知は……被告らによって行われたところの本件住居のための支出、および、その時までの短い使用賃貸借期間のことを考えて正当化されていなかった。……

原告によって意思表示された本件解約告知は……被告らとの本件使用賃貸借関係を終了させなかった。というのは、被告らによって述べられた異議は理由づけられていたからである。被告らは、原告の請求にもとづいて、あるいは、原告の許容をもって本件住居の修復作業のために相当な支出を行ったことを顧慮して正当なことに本件解約告知に異議を述べた。鑑定人は、一九七一年一一月二八日付の彼の鑑定書において、被告らが一九六九年に被告らによって賃借された本件住居において全部で三七六一ドイツマルクの価値における支出を行ったことを確認した。確かに、そのうちで、圧倒的な部分、すなわち、二〇六一ドイツマルクは被告らが一九六九年三月一〇日の本件使用賃貸借契約の九条三号にしたがって原則として義務づけられていたところの美的な修復に割り当てられた。

しかし、この大規模な美的な修復は本件において原告の願望にもとづいて行われたところの深夜電力を蓄える暖房装置の作りつけによって必要となったのである。そのことから、この美的な修復の費用は、価値を改善する作業のための費用と全く同様に、被告らの支出として考慮に入れられなければならなかったのである。この支出を顧慮して、本件解約告知において意思表示された時点での本件使用賃貸借関係の終了は被告らにとって正当化されない苛酷さを意味するのである。そのことから、本件使用賃貸借関係の継続に対する請求権が被告らに当然帰属すべきものである。したがって、本件訴えは棄却されなければならなかったし、BGB五五六a条にしたがって……本件使用賃貸借関係の継続について決定されなければならなかったのである」(904)。

第七に、ミュンスター区裁判所一九七二年二月二二日判決(905)をみておきたい。

区裁判所は、結論として、「……本件明渡しの訴えは理由づけられていなかった。

……

原告（賃貸人）は、確かに、解約告知期間にしたがって本件使用賃貸借関係を解約告知した。しかし、被告（賃借人）は、BGB五五六a条一項にしたがって正当なことに本件使用賃貸借関係の継続を請求した。この規定の要件は認められていたのである」(906)、と判断した。

その判決理由において、区裁判所は、そのように判断した理由について、次のように論じたのである。

「……本件使用賃貸借関係の契約にしたがった終了は、被告にとって原告の正当な利益を考慮に入れても正当化されることができないところの苛酷さを意味した。当裁判所は被告とその妻によって利用された本件土地・建物を実地調査した。本件建物はすでにその前にも全く居住できたかもしれないが、被告が本件土地・建物の価値の改善に行き着いたところの相当な支出を行ったことは明らかであった。このような支出は社会的条項の適用を正当化するのに適当である。当裁判所は、当事者の間に存在する本件使用賃貸借関係を一九七二年一二月三一日まで延長することを適当であると考えたのである」(907)。

第八に、ディンスラーケン区裁判所一九八一年五月一三日判決をみておきたい。

【174】ディンスラーケン区裁判所一九八一年五月一三日判決(908)

［事案の概要と経緯］

被告（賃借人）らは、一九七九年九月二九日に原告（賃貸人）から本件住居を賃借した。原告は、一九八〇年七月三一日付の書面をもって、「自己必要」を理由として、一九八〇年一〇月三一日付で、被告らとの本件使用賃貸借関係を解約告知した。これに対して、被告らは、BGB旧五五六a条にしたがって本件解約告知に異議を述べたのである。

［判決理由］

区裁判所は、結論として、「自己必要を理由とする原告の本件解約告知はBGB五六四b条にしたがって権限のあるものであった。しかし、本件使用賃貸借関係の終了は、被告らにとってBGB五五六a条にしたがって要求できない苛酷さを意味したのであり、その結果、本件使用賃貸借関係は継続されなければならなかったのである」(909)、と判断した。

その判決理由において、区裁判所は、そのように判断した理由について、次のように論じたのである。

「……本件解約告知のときに被告らはようやくおよそ半年本件住居に居住していた。証拠調べが明らかにしたように、被告らは本件住居を修復したことによって本件住居に相当な作業コストと時間の消費をつぎこんだ。この修復は、もっぱら趣味という理由からだけ行われたのではなく、むしろ、証人らの証言にしたがっても、本件住居を居住できる状態に置くために必要であったのである。……

確かに、原告は、原告が長い居住期間を約束したという被告らの主張を認めなかったが、しかし、本件住居から快適なマイホームが作り出されたという被告らの作業にかんがみて、本件住居の維持についての被告らの利益は優勢であると考えられなければならなかった。特に、短い居住期間において、行われた支出はなお決して居住によって使い古されたものであると考えられることができないからである。それに加えて、すでにそのように短い期間の後に再び転居することは被告らに要求されることもできないのである。……すべてのことにしたがって、本件使用賃貸借関係の継続が命じられなければならなかった。そのときに、当裁判所は一九八四年九月三〇日までの期間を定めた。というのは、その時点まで被告らの支出は居住によって使い古されたものであると考えられなければならないからである」(910)。

第九に、ハンブルク地方裁判所一九八九年九月四日決定(911)をみておきたい。

被告（賃借人）らの経済的な支出が問題とされ、結論として、賃借人らにとっての「苛酷さ」が肯定された事案である。

その決定理由において、地方裁判所は、そのように判断した理由について、次のように論じたのである。

「……立証された被告（賃借人）らの申立てにしたがって、被告・一は、特に、それ自体議論の余地のない暖房と浴室の作りつけのために相当な金額における投資を行ったが、その投資はその短い使用賃貸借期間（四年）にかんがみてなお居住によって使い古されていなかった。賃貸人らは、本件使用賃貸借契約の九条、二九条にもとづいてその投資に同意したのみならず、被告・一の対応する義務を契約上文書に書き記したのであるから、本件使用賃貸借関係の契約にしたがった終了は、被告・一にとって原告（賃貸人）らの正当な利益を評価しても正当化されることができないところの苛酷さを意味したのである。その限りでは、本件明渡しの訴えは棄却されなければならなかったし、本件使用賃貸借関係は、この投資が居住によって使い古されるまで一定の期間の間継続されなければならなかったのである」(912)。

第一〇に、キール地方裁判所一九九〇年一〇月一八日決定(913)をみておきたい。

地方裁判所は、結論として、「確かに、正当な利益が原告（賃貸人）らの自己必要を理由とする本件解約告知の基礎にあった。しかし、被告（賃借人）によって主張された異議は、本件使用賃貸借関係の継続―場合によっては期間の定めのある継続―に行き着いた。というのは、本件使用賃貸借関係の終了は、被告にとって原告らの正当な利益を評価しても正当化されることができないところの苛酷さを意味したからである」[914]、と判断した。

その決定理由において、地方裁判所は、そのように判断した理由について、次のように論じたのである。

「苛酷さについての理由は、被告が、入居のときに相当な修復のための給付をもたらしたにもかかわらず、その使用賃貸借関係が使用賃貸借の開始の後短い間に―本件においては五ヶ月後に―解約告知された点において見て取られなければならなかった。つまり、賃借人が、自由意思から、かつ、法的な義務なしに比較的長い使用賃貸借期間を信頼して―本件においては三年の勉学の期間のために―本件賃借物に少なからぬ費用を費やした場合、苛酷さは、賃借人がもはや完全に彼の投資の享受に達しないし、引き払うときにこのために補償を請求することができない点に存在することができる。その際、原則として、その費用が必要不可欠であったのか、有益であったのか、あるいは、ぜいたくであったのかという点は重要でない。むしろ、賃貸人が彼の態様によって作り出したところの信頼の事実の内容が決定的である。この信頼の事実の内容は、賃貸人が黙示的にもその投資に同意していた場合肯定されなければならない。そのような同意は、賃貸人が、本件のように、修復されていない住居を賃借人に委譲した場合はじめから認められたものとして妥当するのである。……

その理由から、当部は……建築費用の補助金の居住による使い古しの期間に依拠し、その他の点では両方の側の利益の比較衡量のもとで、たぶん被告の継続の請求に対応し本件訴えを棄却したのである」[915]。

③賃借人にとっての「苛酷さ」が否定された事案

最後に、経済的な支出が問題とされたが、結論として、賃借人にとっての「苛酷さ」が否定された事案を考察することにする。

第一に、デュッセルドルフ地方裁判所一九七〇年六月一一日判決をみておきたい。

【175】デュッセルドルフ地方裁判所一九七〇年六月一一日判決(916)

［事案の概要と経緯］

本件使用賃貸借関係は、原告、および、被告とその妻との間において一九四五年一〇月三〇日に基礎づけられた。原告（賃貸人）は、一九六八年四月三日付の書面をもって、一九六九年四月三〇日付で、本件使用賃貸借関係を解約告知した。これに対して、被告（賃借人）は、一九六九年二月二四日付の書面をもって本件解約告知に異議を述べたのである。

被告は次のように主張した。すなわち、本件使用賃貸借関係の終了は、被告にとって要求できない「苛酷さ」を意味した。被告は、一九四五年に相当な支出のもとで本件住居を築いた。さらに、被告は、一九六二年に、二四〇〇ドイツマルクで新たな浴室設備を調達した。また、本件住居は、被告にとって、六〇〇ドイツマルクという月あたりの年金収入において特に格安であった。というのは、被告はひとつの部屋を転貸する可能性を有したからである。それに加えて、被告がすでに二四年以来本件住居を利用し、六八歳であったことが考慮に入れられなければならなかったのである。

これに対して、原告は次のように主張した。すなわち、被告は、一九四五年に、彼の嗜好にしたがって本件住居を修復するために最低限の支出だけをもたらした。それに加えて、その金額は居住によって使い古された、とみなされなければならなかった。六〇〇ドイツマルクという月あたりの収入において、被告は相当な代替住居を賃借する可能性を有した。本件使用賃貸借関係の継続は、原告に要求されることができなかった。というのは、本件使用賃貸借関係は当事者の間において恒常的に意見の相違に行き着いたからである。

区裁判所は、被告に一九七〇年三月三一日までの明渡期間を認めたうえで本件明渡しの訴えを認容した。区裁判所は、被告の異議は理由づけられていなかった、と判断した。というのは、本件使用賃貸借関係の終了は、被告にとって「苛酷さ」を意味しなかったからである。一九四五年からの支出は清算ずみであると考えられなければならなかったのである。

これに対して、被告は地方裁判所に控訴したのである。

［判決理由］

地方裁判所は、結論として、「被告は、原告に対して、本件使用賃貸借関係の継続を請求することができる。というのは、現在の時点における本件使用賃貸借関係の終了は、被告にとって原告の正当な利益を評価しても正当化されることができないところの苛酷さを意味したからである」[917]、と判断し、本件控訴を認容した。

その判決理由において、地方裁判所は、「被告が両方の審級において貧困証明書の提出によって十分に証明したところの被告の経済的な諸関係」[918]を重要視して、一九七一年一二月三一日まで本件使用賃貸借関係を延長するという結論を導き出したのである。

他方において、地方裁判所が、経済的な支出の観点からの被告（賃借人）の異議についてはその異議を退け、賃借人にとっての「苛酷さ」を否定したことには留意しなければならない。すなわち、地方裁判所は、次のように論じたのである。

「もっとも、その場合に、当部は、被告が一九四五年に本件住居を再び入居可能にするために資金とほかの給付を費やしたという事実はＢＧＢ五五六ａ条の意味における苛酷さについての理由として正当と認められることができないという点において区裁判所と意見が一致した。この給付は、被告が総じて見積もることができる限りで言えば、二五年という賃借期間によってとうに居住によって使い古されていた。その他の点では、被告がまず第一に自分自身の利益においてこの建築のための給付をもたらしたことは見誤られることができなかった。……被告は、そのために二四〇〇ドイツマルクを費やしたところの被告によって一九六二年に修復された浴室設備をもその間に……利用することができたのである」[919]。

第二に、マンハイム地方裁判所一九八四年一〇月一七日判決をみておきたい。

【176】マンハイム地方裁判所一九八四年一〇月一七日判決[920]

［事案の概要と経緯］

原告（賃貸人）と被告（賃借人）らとの本件使用賃貸借関係は一九八一年二月にはじまった。原告は、「自己必要」を理由として、被告らとの本件使用賃貸借関係を解約告知した。原告は、本件住居を原告の息子とその家族に委譲するつもりであった。これに対して、被告らは、より長い居住期間を予期して本件住居に相当な投資を行ったことを理由として本件解約告知に異議を述べたのである。

［判決理由］

地方裁判所は、結論として、「原告の本件解約告知によって本件使用賃貸借関係は終了させられた。その理由から、被告らは、本件住居を明け渡し、原告に返還するように義務づけられているのである」[921]、と判断した。

その判決理由において、地方裁判所は、そのように判断した理由について、次のように論じたのである。

「……被告らは、ＢＧＢ五五六ａ条を引き合いに出し、その理由づけのために、被告らがより長い居住期間を予期して相当な投資を行ったことを申し立てた。裁判例において、この関連において、使用賃貸借関係の終了は次の場合にＢＧＢ五五六ａ条の意味における特別な苛酷さを意味することができることが正当と認められている。すなわち、賃借人が、『特別な事情のために、その使用賃貸借関係の早期の解約告知を考慮に入れることができなかったし、その支出が相当であり、その支出の相当な部分のために、退去のときに補償が請求されることができない場合、および、その支出が、その使用賃貸借期間によってもなお居住によって使い古されていないし、それで、その結果において賃借人の本質的な損失に行き着く場合』[922]である。

本件事案において、被告らは、被告らの申立てにしたがって、本件住居の修復のためにおよそ一万二千ドイツマルクを費やした。その場合に、本件住居の修復のための義務は次のような本件使用賃貸借契約の二三条から判明した。すなわち、『賃借人らは、入居のとき、自分自身で壁紙を張り、その使用賃貸借関係の終了の後、壁紙をはがしてその住居から出ることができる。』、という条項であった。

このような種類の合意は、住居使用賃貸借契約において何ひとつ異例なことはない。当部は、その何年間もの経験にもとづいて、美的な修復を賃借人に転嫁することは通例のことに対応することを知っている。……圧倒的には、入居可能な住居が賃借人にゆだねられる。これらの場合には、賃借人は、契約上、その使用賃貸借期間の間に修復し、退去のときに修復された住居を返還するように義務づけられる。このような契約の様式において、賃借人は、退去のときに修復の費用を甘受しなければならない。その費用の負担は賃借人にとって痛烈な打撃となるかもしれない。しかし、その費用の負担は、それが多数の事案において発生するのであるから、ＢＧＢ五五六ａ条の意味における特別な苛酷さを意味しない。本件のように、賃借人が修復を必要とする住居を引き受け、その代わりに修復を必要とする住居を返還してしかるべきである場合にも何ひとつ異なることは妥当することができない。その使用賃貸借関係が短い期間だけ継続した場合、ひとつの例外が考慮に値するのかどうかという点は不確定であってもかまわない。本件事案において、本件使用賃貸借関係は一九八一年二月にはじまった。したがって、被告らは三年半を過ぎて本件住居を占有したのである」[923]。

第三に、カールスルーエ区裁判所一九八七年三月二四日判決をみておきたい。

【177】カールスルーエ区裁判所一九八七年三月二四日判決[924]

［事案の概要と経緯］

原告（賃貸人）らは、原告・二が一九八五年一〇月に卒中発作を被った後で、「自己必要」を理由として、一九八六年一二月三一日付で、被告（賃借人）らとの本件使用賃貸借関係を解約告知した。原告らは、次のように主張した。すなわち、原告・二の右半身は完全に麻痺し、原告・二は四六時中ベッドにおいて世話されなければならないし、起き上がることも動くこともできない。そのことから、原告・二の息子が、被告らの本件住居に入居し、その世話を部分的に引き受けることを意図した。本件建物は、原告らの建物のすぐ横にあり、その結果、原告・二の息子は夜も原告らの住居に到達でき、すぐに原告・二の援助を行うことができる。一方、原告・二の息子の現在の住居からの走行時間は、少なくとも一五分かかった。また、原告・二の息子は、原告らの住居に居住させられることもできなかった。というのは、原告らの住居は、被告らの本件住居と同じく、一階に二つの部屋を、および、上階に二つの部屋だけを有し、すでに三人の人々によって居住されていたからである。

これに対して、被告らは、本件使用賃貸借関係の開始時に、原告らは被告らが常に本件住居にとどまることができることを表明したことのほか、本件住居に広範な投資を行ったことを理由として本件解約告知に異議を述べたのである。

［判決理由］

区裁判所は、結論として、「本件訴えは理由づけられていた」(925)、と判断した。

その判決理由において、区裁判所は、はじめに、原告（賃貸人）らは本件使用賃貸借関係の終了について「正当な利益」を有したことについて、次のように論じた。

「証拠調べにもとづいて、当裁判所は、原告・二の息子が被告らの本件住居に入居し、必要とあれば原告・二の世話を引き受けることを意図したことを証明されたものである、と判断した。証人（原告・二の息子）は、原告らのより近くにいて、その結果、必要とあれば原告・二の世話において救援にかけつけることができるために被告らの本件住居に入居するつもりであることを信ずべく証言したのである。

原告・二は、議論の余地もなく昼も夜も世話人を必要とした。というのは、原告・二は動くことができなかったからである。

証人は、彼の申立てに対応して、S通りに居住しており、その結果、原告らの建物のすぐ横にある被告らの本件住居は証人にとって意図された世話を顧慮して本質的により好都合に位置している。

そのことから、当裁判所の見解にしたがって、本件使用賃貸借関係の終了についてBGB五六四b条二項二号の意味における正当な利益が存在したのである。

このことは、原告・二の息子の現在の使用賃貸借関係が議論の余地もなく解約告知されたし、したがって、原告らが、その息子の居住の必要を満たすために被告らの本件住居を必要とするのであるからますます妥当したのである」(926)。

さらに、区裁判所は、次のように論じることにより、原告（賃貸人）らの利益と被告（賃借人）らの利益とのあいだの比較衡量において、経済的な支出の観点からの賃借人らの異議を退け、賃借人らにとっての「苛酷さ」を否定したのである。

「被告らが、彼らの申立てに対応して、賃借した本件住居に新たに壁紙を張り、ペンキを塗り、浴室に板を敷き、新たなシャワーを設置し、ならびに、本件住居の階段に手すりを取りつけ、電力線を敷設し、新たな天井をはめ込んだという事情を考慮に入れても、本件使用賃貸借関係の契約にしたがった終了は、被告らにとって、当裁判所の見解にしたがって、原告らの正当な利益を評価しても正当化されることができないところの苛酷さを意味しなかった。BGB五五六a条にしたがって行われなければならない利益の比較衡量において、当裁判所の見解にしたがって、被告らの本件住居を（卒中発作の結果として寝たきりの原告・二の）世話を引き受けるということになる証人（原告・二の息子）のために（利用する）という原告らの利益は、本件使用賃貸借関係の継続についての被告らの利益を凌駕した。その場合に、被告らはともかく三年間彼らによって行われた投資を居住によって使い古すことができたし、そのことを越えて、本件住居は、月あたりの基本的な賃料が三〇〇ドイツマルクだけであったのであるから、簡素な住居として賃貸されたことが考慮に入れられなければならなかったのである。……

したがって、本件使用賃貸借関係は、一九八六年九月二九日の原告らの本件解約告知にもとづいて、一九八六年一二月三一日付で終了させられたのである。

それとともに、被告らは……彼らによって居住された本件住居の明渡しと返還を義務づけられていたのである」[927]。

なお、その他の利益の侵害の観点からの被告（賃借人）らの異議については、Ⅱの二の2の（4）において取り上げる。

第四に、カールスルーエ地方裁判所一九八七年七月九日判決[928]をみておきたい。

地方裁判所は、「被告（賃借人）らは、まず第一に、六ヶ月の延長条項をともなう本件使用賃貸借契約を締結したし、その延長条項に手を加えるときに、原告（賃貸人）が、五年の経過の後に本件建物を自分自身で利用するか、あるいは、本件建物を売買することを意図したことを知った」(929)、という事実を踏まえたうえで、「このような契約の形態にもとづいて、本件使用賃貸借関係において、被告らは、特に彼らが本件住居への入居のときに相当な支出を行ったことを引き合いに出すことができない……。その他の点では、その支出は、被告らが今や六年の間本件建物に居住したことを顧慮して部分的に居住によって使い古されていたのである」(930)、と判断したのである。

第五に、すでにⅡの一の2、およびⅡの二の2の（2）の③のⓑにおいて取り上げたところのフェルベルト区裁判所一九八八年三月九日判決（裁判例【136】）をみておきたい。

区裁判所は、すでに考察したように、その判決理由において、代替住居の調達の観点からの被告（賃借人）らの異議を退けたが、それに加えて、経済的な支出の観点からの賃借人らの異議をも退け、賃借人らにとっての「苛酷さ」を否定した。区裁判所は、その理由について、次のように論じたのである。

「被告らによって申し立てられた経済的な支出は、BGB五五六a条の枠組みにおいて同じく本件解約告知が要求できない苛酷さを意味することに行き着かなかった。被告らによって申し立てられた経済的な支出は、わずかな部分においてだけ原告によって許可された。その際、一九七七年に取りつけられたステンレス鋼の流し台セット、および、シャワー室にかかわる問題であった。そのことから、現在の本件解約告知は邪悪なものであると評価されることができないし、特に、それらの設備は被告らによって取り外され、さらに続けて利用されることができるのである。それによって、支出のための費用について申立てによって三五〇〇ドイツマルクが生じたという点は不明確なままである。その金額は、書類となった費用の計算書からいずれにせよ読み取られることができないのである。さらに、BGB五五六a条の枠組みにおいて、その費用の計算書において挙げられたところの一九八七年六月の新たな申出は顧慮されないままである。……一九八七年六月にはすでに本件解約告知の意思表示が被告らのもとに存在したのであるから、被告らはもはや本件使用賃貸借関係の継続をも信頼することができなかったのである。

そのことから、BGB五五六a条の枠組みにおいて、最後におよそ六〇〇〇ドイツマルクの金額における絶縁されたガラスを入れたこと、衛生設備と電気の作業のための支出だけが残る。そのうちで、その投資のほぼ九〇パーセントが一九六九年ないし一九七七年に割り当てられる。そのことから、その投資は居住によって使い古されたものとして妥当したのであり、いずれにせよ特別な経済的な苛酷さを理由づけなかったのである」[931]。

第六に、ショルンドルフ区裁判所一九八八年七月二二日判決をみておきたい。

【178】ショルンドルフ区裁判所一九八八年七月二二日判決[932]

［事案の概要と経緯］

原告（賃貸人）は、被告（賃借人）が一九八六年一月一九日から居住したところの本件住居の所有者であった。原告は、一九八八年一月に、ＢＧＢ旧五六四ｂ条四項[933]にしたがって、一九八八年七月三一日付で、被告との本件使用賃貸借関係を解約告知した。

これに対して、被告は、本件解約告知に異議を述べ、本件使用賃貸借関係の継続を請求した。被告は、ほんの二年半の使用賃貸借期間がすぎてから本件住居を明け渡さなければならない場合、それは被告にとって要求できない「苛酷さ」を意味する、と主張した。というのは、被告は、本件住居に少なからぬ費用を費やしたからである。被告の費用は、特に、被告が、板張りの天井をはめ込み、じゅうたんを敷きつめ、さらに、本件住居を部分的に修復した点に存在したのである。

［判決理由］

区裁判所は、結論として、「ＢＧＢ五六四ｂ条四項にしたがって解約告知権が原告に当然帰属すべきものである。……被告は、ＢＧＢ五五六ａ条にしたがって本件使用賃貸借関係の継続に対する請求権を有しないのである」[934]、と判断した。

その判決理由において、区裁判所は、被告（賃借人）が本件使用賃貸借関係の継続を請求することができないと判断した理由について、次のように論じたのである。

「……もっぱら、本件住居に対する被告の費用だけが考慮に値する。しかし、本件において、より長い期間の使用賃貸借関係が被告に見込まれなかったことは議論の余地もなかったあとで、その支出にもとづいて被告により長い期間の使用賃貸借の保障が約束されるか、あるいは、早すぎる引払いのときに場合によっては起こり得る償還請求権が約束されることに関して賃貸人と合意することなしに被告が経済的に相当な支出を本件住居のために行った場合、それはもっぱら被告の危険領域にだけ属さなければならないことが述べられなければならない。そのことから、被告は、本件の事案において、本件住居における被告の居住の質の改善が原告との申合せが欠けているためにもっぱら被告の危険領域にだけ割り当てられなければならないこと、ここから、今や二年半の使用賃貸借期間の後に正当化されることができない苛酷さは導き出されることができないことが参照するように指示されなければならないのである」(935)。

第七に、ハノーファー地方裁判所一九八九年二月二四日判決をみておきたい。

【179】ハノーファー地方裁判所一九八九年二月二四日判決(936)

［事案の概要と経緯］

原告（賃貸人）は、「自己必要」を理由として、被告（賃借人）らとの本件使用賃貸借関係を解約告知した。原告は、現在妻と二人の子供らとともに二つの部屋から構成されていた住居に居住したが、屋根裏部屋のほかに四つの部屋から構成されていた本件住居に入居したかったのである。

これに対して、被告らは、一九八五年に一万五千ドイツマルクの価値の台所を本件住居のために調達したことを理由として本件解約告知に異議を述べたのである。

［判決理由］

地方裁判所は、その判決理由において、はじめに、「当部は、控訴審においても、原告の側に本件住居について自己必要が存在することから出発しなければならなかった。本件住居においては、さらに付け加えてなおひとつの屋根裏部屋が属するところの四つの部屋から構成されていた住居にかかわる問題であった。それに対して、原告は、現在妻と二人の子供らとともに二つの部屋から構成されていた住居に居住したのである。……原告は……何故原告が彼の四人家族とともに現在居住した二つの部屋から構成されていた住居（八〇平方メートル）から屋根裏部屋のほかに四つの部屋から構成されていた本件住居（全部で一一〇平方メートル）に入居したかったのかという点について、筋の通り、あとづけることができる理由を申し立てたのである」[937]、と論じた。

さらに、地方裁判所は、「被告らは、原告の自己必要に対して、本件使用賃貸借関係の終了が被告らにとって賃貸人の正当な利益を評価してBGB五五六a条の意味における要求できない苛酷さを意味するという異議を申し立てることができなかった」[938]、と判断した。

そのように判断した理由について、地方裁判所は、次のように論じたのである。

「……被告らが一九八五年に一万五千ドイツマルクの価値の台所を本件住居のために調達したという事実もまたBGBの意味における要求できない苛酷さを意味しなかった。その調達がすでにおよそ四年前のことであったことを度外視しても、賃借人が一定の期間の間確固たるものとして賃借人に賃貸されていなかった賃借住居のためにこのような調達を行った場合、それは賃借人の通常の危険を意味するのである」[939]。

第八に、筆者の既存の研究[940]においても取り上げたところのデュッセルドルフ区裁判所一九八九年三月二〇日判決[941]をみておきたい。

すでに考察したところに被告（賃借人）らの異議の点を加えると、事案の概要の要点は、次のようであった。

原告（賃貸人）らは、一九八七年三月から、本件建物の二階に所在し、およそ七〇平方メートルの広さの本件住居を被告（賃借人）らに賃貸していたが、一九八八年一〇月に、次のような「自己必要」を理由として、被告らとの本件使用賃貸借関係を解約告知した。すなわち、原告らは、現在本件建物の増築部分に所在し、かろうじて三〇平方メートルの広さの住居に居住していたところの原告らの娘とその夫のために本件住居を必要とする。原告らの娘とその夫は、かつてほかの住居に居住していたが、その住居は一九八八年一月に確認されたところの原告らの娘のアレルギーのために手放されなければならなかった。というのは、その住居の床はじゅうたんを敷きつめられていたからである。一方、被告らの本件住居は、七〇平方メートルの広さで、かつ、寄せ木張りの床からなり、原告らの娘らにとってより適切な住居である、という理由であった。

これに対して、被告らは、本件住居は本件使用賃貸借関係の開始時に完全に居住によって使い古された不適切な状態であったし、三〇〇〇ドイツマルクを越える費用をもって完全に修復されなければならなかったことを理由として本件解約告知に異議を述べたのである。

区裁判所は、その判決理由において、はじめに、「自己必要を理由とする本件解約告知はすでに理由づけられていた。というのは、原告らの家族構成員らは現在あまりに狭い住居に居住させられていたからである。本件建物の増築部分に所在する三〇平方メートル（の住居）だけが原告らの家族構成員らの自由になった。それに対して、被告らによって居住された本件住居は、七〇平方メートルの広さであり、その結果、より適当な居住が可能である。

原告によって提出された証拠書類にもとづいて、原告らの娘において一九八八年一月以来家のほこりアレルギーが確認されていたこともまた確かである。そのことから、原告らの娘が、今や、もはやじゅうたんを敷きつめられた床を備えた住居においてではなく、むしろ、ほかの床に張る建材を備えた住居において居住させられている場合、それは全く筋の通っていることである。被告らの本件住居は寄せ木張りの床をもっているのであるから、本件住居はじゅうたんを敷きつめられた床を備えた住居よりもよりよく適当である」(942)、と論じた。

さらに、区裁判所は、被告（賃借人）らの利益との比較衡量において、「それに対して、被告らの側には保護に値するわずかな利益だけが存在した。これらの保護に値するわずかな利益は、一方において被告らが本件住居のために支出を行ったことによって理由づけられていることができた。しかし、この点では、被告らは二年の本件使用賃貸借期間の間にも改善された居住環境を享受したのである」(943)、と論じたのである。

第九に、すでにⅡの一の2において取り上げたところのベルリン地方裁判所一九八九年六月二三日判決をみておきたい。

【180】ベルリン地方裁判所一九八九年六月二三日判決[944]

［事案の概要と経緯］

原告（賃貸人）らは、その母親とおばのために、「自己必要」を理由として、被告（賃借人）らとの本件使用賃貸借関係を解約告知した。原告らの母親とおばは、彼女らの年金つき退職の後一緒に原告らの本件建物に所在する被告らの本件住居に居住するつもりであったのである。

これに対して、被告らは、特に本件住居のために行ったところの経済的な支出を理由として本件解約告知に異議を述べたのである。

地方裁判所に控訴したのは原告らであった。

［判決理由］

地方裁判所は、結論として、「本件控訴は成果があり、区裁判所の判決の変更に行き着かなければならなかったのである」[945]、と判断した。

その判決理由において、地方裁判所は、はじめに、「原告らの明渡請求は……理由づけられていた。というのは、本件使用賃貸借関係は本件解約告知の意思表示によって終了させられていたからである。区裁判所は、正当なことに、原告らの自己必要を肯定したのである。……

……

……原告らの母親とおばがベルリンの範囲外で相当な住居を自由に使用できるのかどうか、あるいは、彼女らが彼女らの世話の必要のために原告らの近くに引っ越さなければならないのかどうかという点は審理されなければならないわけではなかった。もっぱら、母親とおばが、彼女らの年金つき退職の後一緒に原告らの本件建物に所在する被告らの本件住居に居住するつもりであるという筋の通り、あとづけることができる理由で、しかも、まず第一に、祖母（原告らの母親）が彼女の孫の面倒もみたがっているという理由で十分である」[946]、と論じた。

さらに、地方裁判所は、「区裁判所の見解に反して、BGB五五六a条にしたがった本件解約告知に対する異議の権利は被告らに当然帰属すべきものではなかった」[947]、と判断した。

そのように判断した理由について、地方裁判所は、次のように論じたのである。

「……特別な苛酷さは、賃借人がその住居のためにより長い使用賃貸借期間を予期して行ったところの特別な経済的支出を有した場合、そして、これまでの使用賃貸借期間がその支出の金額との相当な関係に立たない場合にも存在することができる。（しかし、）本件において、本件住居の賃借のときに行われた投資は考慮に入れられることができなかった。というのは、その投資は、本件使用賃貸借期間の長さとの関係においてもはや不相当な関係に立たなかったし、その他の点では、原告らによっても否認されていたからである。原告らによってきっかけが作られた近代化措置の後に被告らによって実行されたところの本件住居を再び居住に適した状態に置くための本件住居における大規模な修復作業もまたBGBの意味における特別な苛酷さとして考慮に入れられることができなかった。確かに、被告らの対応する申立ては、第一審においても、第二審においても立証的に否認されていなかった。しかし、被告らは、彼らによって主張された経済的な支出を全然あとづけることができるように説明しなかった。被告らが本件住居の修復のために五〇〇〇ドイツマルクを費やしたと申し立てた限りで言えば、その計算書の提出は見込まれていただけであった。本件住居の契約にしたがった状態を修復するためにどのような作業が個別的に必要不可欠であったのかという被告らの申立てもまた、このために五〇〇〇ドイツマルクの金額が費やされなければならなかったことのための具体的な根拠を提供しなかった。被告らが近代化措置の終了の後に本件住居の修復のための支出を行った場合さえも、その支出について……木の天井、あるいは、タイル張りの床と壁のための支出は計算されることができなかった。被告らは、契約上義務が負わされた本件住居の状態を越えて居住の快適さを高めるための支出を原則として原告らに差し出すことができなかったのである」[948]。

第一〇に、すでにⅡの二の2の（2）の③のⓑにおいて取り上げたところのドルトムント区裁判所一九九〇年三月七日判決（裁判例【152】）をみておきたい。

区裁判所は、すでに考察したように、その判決理由において、代替住居の調達の観点からの被告（賃借人）らの異議を退けたが、それに加えて、経済的な支出の観点からの賃借人らの異議をも退け、賃借人らにとっての「苛酷さ」

を否定した。区裁判所は、その理由について、次のように論じたのである。「被告らによって主張された投資（二万ドイツマルクの代価としての台所）もまたＢＧＢ五五六ａ条一項の意味における正当でない苛酷さを意味しなかった。仮にその台所の設備が現存する台所の部屋の寸法に合わせて選び出され購入されていたとしても、その事柄の状況にしたがって、確かに、このような家財は通常はほかの場所にも設置されうることは見誤られることができなかった。ともかく、住居を賃借するときには常にいつかまたその住居の解約告知が起こることが考慮に入れられなければならないのである」(949)。

第一一に、ベルリン地方裁判所一九九〇年七月三一日判決をみておきたい。

【181】ベルリン地方裁判所一九九〇年七月三一日判決(950)

［事案の概要と経緯］

原告（賃貸人）は、その娘のために、「自己必要」を理由として、被告（賃借人）らとの本件使用賃貸借関係を解約告知した。これに対して、被告らは、本件住居の近代化のために支出を行ったことを理由として本件解約告知に異議を述べたのである。

区裁判所は本件明渡しの訴えを認容したため、被告らは地方裁判所に控訴したのである。

［判決理由］

地方裁判所もまた、結論として、「区裁判所は、正当なことに、被告らに本件住居の明渡しの判決を下した。というのは、本件使用賃貸借関係は、一九八九年六月一五日の本件解約告知をもってＢＧＢ五六四ｂ条二項二号にしたがって有効に終了させられていたし、それに応じて、被告らは……明渡しを義務づけられていたからである」(951)、と判断した。

その判決理由において、地方裁判所は、はじめに、「区裁判所の的確な評価にもとづいて、本件住居をその娘に委譲するという原告の願望と本件住居を利用もするという原告の娘の願望は、真摯なものであることから出発されなければならなかった」[952]、と論じた。

さらに、地方裁判所は、「被告らによって行われたところの本件住居の近代化のための支出に関係する申立ては、せいぜいのところ、BGB五五六a条一項の枠組みにおいて、本件解約告知が被告らにとって特別な苛酷さを意味するのかどうかという問題において考慮に入れられなければならなかった。しかし、このことはそうではなかった」[953]、と判断した。

そのように判断した理由について、地方裁判所は、「区裁判所が正当なことに確定したように、その作業の実行から七年が経過した後に本件解約告知が正当化されない苛酷さであると考えられうるように大きな意義はその支出に認められることができなかった」[954]、と論じたのである。

すなわち、本判決の判例集の要約にあるように、地方裁判所は、「二万八千ドイツマルクの金額における賃借人の投資は、期間の経過―本件において七年―によってその投資が本質的に居住によって使い古されたものであると考えられうる場合、正当化されない苛酷さであるという理由で解約告知された使用賃貸借関係の継続を正当化しないのである」[955]、と判断したのである。

第一二に、すでにⅡの二の2の（1）の②、および、Ⅱの二の2の（2）の③のⓑにおいて取り上げたところのハンブルク区裁判所二〇〇九年八月四日判決（裁判例【80】）をみておきたい。

区裁判所は、被告（賃借人）らの多様な観点からの異議について大きく四つの点に整理して論じた。このうち、身体・健康の侵害の観点からの賃借人らの異議を退けた理由についてはすでにⅡの二の2の（1）の②において、代替住居の調達の観点からの賃借人らの異議を退けた理由についてはすでにⅡの二の2の（2）の③のⓑにおいて考察した。ここでは、さらに、区裁判所が、経済的な支出の観点からの賃借人らの異議を退けた理由について考察しておきたい。区裁判所は、次のように論じたのである。

「苛酷さは……被告らの経済的な支出においても見て取られることができなかった。経済的な支出は、賃貸人が、賃貸人の態様によってより長い使用賃貸借期間に対する信頼を賃借人のなかに作り出した場合にのみ正当化されることができない苛酷さを理由づけることができる。当事者の間で締結された二〇〇六年七月二一日の本件使用賃貸借契約の補遺はこのために十分ではなかった。特に、その補遺において行われた作業のために五年の保証が引き受けられたという事情は、被告らが本件使用賃貸借契約がその期間において解消されないことを信頼してしかるべきであったことに行き着かなかったのである」[956]。

なお、その他の利益の侵害の観点からの被告（賃借人）らの異議については、Ⅱの二の2の（4）において取り上げる。

第一三に、連邦通常裁判所二〇一三年三月二〇日判決をみておきたい。

【182】連邦通常裁判所二〇一三年三月二〇日判決[957]

［事案の概要と経緯］

原告（賃貸人）は、被告（賃借人）らによって二〇〇八年二月以来賃借されたところのWに存在する本件建物（一家族用住宅）の返還を「自己必要」を理由として被告らに請求したうえで、二〇一一年三月二九日付の書面をもって、二〇一一年七月三〇日付で、被告らとの本件使用賃貸借関係を解約告知した。本件建物は、原告の孫、および、その妻と娘のために必要とされるという理由であった。本件使用賃貸借契約の締結のときに、原告の孫が彼の家族とともに本件建物に居住するつもりであったことは見通すことのできることではなかった。原告の孫は、その時点においてHで働いていたし、Sに転勤させられることが計画されていたのであり、そのために、Wに存在する本件建物は原告の孫にとって考慮の対象にならなかった。原告の孫の後妻は二〇〇八年四月に妊娠した。共通の娘の出生の後にはじめて将来の人生計画についての考えが改められ、原告の孫は、彼の出世の計画を取り下げ、彼の家族とともに周囲の地域にとどまることを決心したのである。

これに対して、被告らは、特に居住によって使い古されていない投資を理由として本件解約告知に異議を述べたのである。

区裁判所は本件明渡しの訴えを認容したし、地方裁判所は被告らの本件控訴を棄却した。

これに対して、被告らは連邦通常裁判所に上告したのである。

［判決理由］

連邦通常裁判所もまた、結論として、「原告にはＢＧＢ五七三条二項二号にしたがって解約告知する権限が付与されていた。というのは、法的な誤りから自由な控訴審裁判所の確定にしたがって自己必要が存在したし、自己必要の主張は権利の濫用でもなかったからである。被告らによって申し立てられた苛酷さについての理由は、ＢＧＢ五七四条一項一文、二項にしたがって本件使用賃貸借関係の継続をも命じなかったのである」[958]、と判断した。

その判決理由において、連邦通常裁判所は、次のように論じることにより、経済的な支出の観点からの被告（賃借人）らの異議を退け、賃借人らにとっての「苛酷さ」を否定したのである。

「本件上告が、本件使用賃貸借関係はいずれにせよＢＧＢ五七四条以下にしたがって当分の間継続されなければならない、と主張した限りで言えば、これに従われることはできなかった。控訴審裁判所は、正当なことに、被告らの側から主張されたすべての苛酷さについての理由が最終的に転居と不可避に結びつけられた不愉快なことだけを意味することを考慮に入れた。被告らが本件使用賃貸借契約において被告らの側から職業上の理由から場所的な観点において柔軟なままであるために（相互の）期間の定めのある解約告知の排除を原告と合意することを見合わせたことは、原告の負担として評価されることができなかったのである。……

ＢＧＢ五七四条の意味における苛酷さは、本件上告の見解に反して、特に空間的な状態に特別に適合させられたシステムキッチンのための被告らの経済的な支出からも判明しなかった。被告らは、自分自身の申立てにしたがって、意識的に本件賃借物のより長い期間の利用の可能性を（相互の）期間の定めのある解約告知の排除の合意によって保障することを見合わせた。というのは、被告らは、職業上の理由から場所的に柔軟なままであるつもりであったからである。そのことから、被告らは、わかっていながら本件住居への経済的な投資が短い使用賃貸借期間だけの場合において相当に償却されないという危険を引き受けたのである。このような危険の甘受は、ＢＧＢ五七四条一項にしたがった利益の比較衡量のときに被告らの不利益にならなければならないのである」[959]。

④小括

本節（Ⅱの二の2の（3））においては、ここまで、具体的な利益の比較衡量に関する裁判例を整理・考察する作業において、第三に、経済的な支出が問題とされた事案を取り上げ、①経済的な支出に関する一般的なことがらにかかわる裁判例、②賃借人にとっての「苛酷さ」が肯定された事案、および、③賃借人にとっての「苛酷さ」が否定された事案、という三つの類型に分けて、関係する裁判例を考察してきた。

㋐　契約によって義務づけられていなかったところの賃借物の維持および改善のために賃借人が行った経済的な支出に関する一般的なことがらにかかわる裁判例においては、次のような法規範が形成されている。

すなわち、①賃借人が、十分に補償を請求することができないし、作り出された設備を本質的な損失なしに収去することができないし、その支出を居住によって使い古さなかったという理由で、その結果において、賃借人の本質的な経済的な損失に行き着く場合、そして、賃借人が、期間の定めなく締結された使用賃貸借関係のより長い期間を考慮に入れるところの正当な根拠を有したという理由で、賃借人がこのような危険を受け入れることができなかった場合にだけ、要求できない「苛酷さ」が判明する。②もっとも、そのような信頼は、正当化されてもいなければならない。賃借人が、賃貸人の同意なしに、あるいは、そのうえさらに、賃貸人の表明された意思に反して、その住居のために費用を費やした場合、賃借人は、保護に値するのでなく、むしろ、自分自身の危険にもとづいて行動する。賃貸人が、彼の態様によって、その使用賃貸借関係の契約にしたがった終了を「苛酷さ」であると思わせしめるところの信頼の要件を作り出したことが決定的である。

㋑　経済的な支出が問題とされ、結論として、賃借人にとっての「苛酷さ」が肯定された事案のより重要な事実だけを指摘しておくと、次のようである。

すなわち、①賃借人らは、本件住居の入居のときに本件住居の修復のために相当な支出を行った。そして、賃借人らは、行われた範囲における支出をより長い使用賃貸借期間を考慮に入れたという理由でのみ行った場合、②賃借人らが本件住居の修復のために相当な支出を行った場合、③彼の職業活動を今しがたはじめて始めたところの賃借人は、現在の本件住居を自分自身の費用でステンレス鋼の流し台セットの設置によって改善し、この点では今日比較できる住居のために少なくとも通例の標準にもたらした場合、④賃借人は本件住居の設備のために賃借人の収入関係と比べて相当な金額を費やしたが、本件使用賃貸借期間がこの支出との関係において相当でなかった場合、⑤賃借人らは本件住居を新たに修復するために相当な費用を費やしたが、本件使用賃貸借契約にもとづいてその費用の償還を請求できなかった場合、⑥賃借人らは、賃貸人の請求にもとづいて、あるいは、賃貸人の許容をもって本件住居の修復作業のために相当な支出を行ったが、本件解約告知までの期間は短かった場合、⑦裁判所の実地調査によって、賃借人が本件土地・建物の価値の改善に行き着いたところの相当な支出を行ったことは明らかであった場合、⑧本件解約告知のときに、賃借人らはようやくおよそ半年本件住居に居住していた。証拠調べが明らかにしたように、賃借人らは本件住居を修復したことによって本件住居に相当な作業コストと時間の消費をつぎこんだ。この修復は、本件住居を居住できる状態に置くために必要であった場合、⑨立証された賃借人らの申立てにしたがって、賃借人は暖房および浴室の作りつけのために相当な金額における投資を行ったが、その投資は、その短い使用賃貸借期間（四年）にかんがみてなお居住によって使い古されていなかった。賃貸人らは、その投資に同意したのみならず、賃借人の対応する義務を契約上文書に書き記した場合、⑩賃借人は入居のときに相当な修復のための給付をもたらしたにもかかわらず、本件使用賃貸借関係は五ヶ月後に解約告知された。賃借人は、自由意思から、かつ、法的な義務なしに比較的長い使用賃貸借期間を信頼して本件賃借物に少なからぬ費用を費やしたし、賃貸人は黙示的にもその投資に同意していた場合である。

㋒　これに対して、経済的な支出が問題とされたが、結論として、賃借人にとっての「苛酷さ」が否定された事案のより重要な点だけを指摘しておくと、次のようである。

すなわち、①賃借人が一九四五年に本件住居を再び入居可能にするために費やしたところの給付は、二五年という賃借期間によってとうに居住によって使い古されていたし、賃借人はまず第一に自分自身の利益においてこの建築のための給付をもたらした。さらに、賃借人は、一九六二年に修復された浴室設備をもその間に利用することができた場合、②本件住居の美的な修復のための賃借人らの義務は、本件使用賃貸借契約から判明したが、美的な修復を賃借人に転嫁することは、住居使用賃貸借契約において通例のことであると判断された。さらに、賃借人らは、三年半を過ぎて本件住居を占有した場合、③賃借人らはともかく三年間彼らによって行われた本件住居への投資を居住によって使い古すことができたのに対して、賃貸人らは、本件住居を卒中発作の結果として寝たきりの賃貸人の世話を引き受けるということになる賃貸人の息子のために利用する場合、④賃借人らは、本件使用賃貸借契約の延長条項に手を加えるときに、賃貸人が、五年の経過の後に本件建物を自分自身で利用するか、あるいは、本件建物を売買することを意図したことを知った。さらに、賃借人らが本件住居への入居のときに行った支出は、賃借人らが今や六年の間本件建物に居住したことから部分的に居住によって使い古されていた場合、⑤賃借人らによって申し立てられた経済的な支出は、わずかな部分においてだけ賃貸人によって許可されたものであり、それらの設備は、賃借人らによって取り外され、さらに続けて利用されることができた。さらに、それ以外に問題となった本件住居への投資のほぼ九〇パーセントは、居住によって使い古されたものとして妥当した。なお、新たな経済的な支出の申出は、すでに本件解約告知の意思表示が賃借人らのもとに存在した時点のものであった場合、⑥賃借人は経済的に相当な支出を本件住居のために行ったが、より長い期間の使用賃貸借関係は賃借人に見込まれなかった。さらに、本件住居における賃借人の居住の質の改善は、賃貸人との申合せが欠けているためにもっぱら賃借人の危険領域にだけ割り当てられなければならないし、本件使用賃貸借関係は今や二年半経過した場合、⑦賃借人らは一万五千ドイツマルクの価値の台所を本件住居のために調達したが、その調達はすでにおよそ四年前のことであった。そのことを度外視しても、賃借人は、一定の期間の間確固たるものとして賃借人に賃貸されていなかった賃借住居のためにこのような調達を行った場合、⑧賃借人らは本件住居のために支出を行ったが、二年の本件使用賃貸借期間の間にも改善された居住環境を享受した。これに対して、賃貸人らは、現在かろうじて三〇平方メートルの広さの住居に居住していたところの賃貸人らの娘とその夫のために本件住居を必要とした。本件住居は、七〇平方メートルの広さで、かつ、アレルギーのある賃貸人らの娘にとってより適切な住居であった場合、⑨本件住居の賃借のときに行われた投資は、本件使用賃貸借期間の長さとの関係においてもはや不相当な関係に立たなかったし、賃貸人らによっても否認されていた。さらに、賃貸人らによってきっかけが作られた近代化措置の後に賃借人らによって実行されたところの本件住居を再び居住に適した状態に置くための本件住居における大規模な修復作業についても、賃借人らは彼らによって主張された経済的な支出を全然あとづけることができるように説明しなかった場合、⑩賃借人らによって主張された投資（一万ドイツマルクの代価としての台所）は、仮にその台所の設備が現存する台所の部屋の寸法に合わせて選び出され購入されていたとしても通常はほかの場所にも設置されうる場合、⑪賃借人らによって行われたところの本件住居の近代化のための支出は、七年という期間の経過によってその投資が本質的に居住によって使い古されたものであると考えられうる場合、⑫賃借人が本件住居の居間における化粧塗りの毀損を装飾的に取り除いた作業のために五年の保証が引き受けられたが、その事情は、賃借人らが本件使用賃貸借契約がその期間において解消されないことを信頼してしかるべきであったことに行き着かなかったと判断された場合、⑬賃借人らは空間的な状態に特別に適合させられたシステムキッチンのために支出したが、賃借人らは、意識的に本件賃借物のより長い期間の利用の可能性を（相互の）期間の定めのある解約告知の排除の合意によって保障することを見合わせた。そのことから、賃借人らは、わかっていながら、本件住居への経済的な投資が短い使用賃貸借期間だけの場合において相当に償却されないという危険を引き受けたと判断された場合である。

(884) OLG Karlsruhe NJW 1971, 1182.
(885) OLG Karlsruhe NJW（Fn.884）, S.1182f.
(886) OLG Frankfurt WuM 1971, 168.
(887) OLG Frankfurt WuM（Fn.886）, S.169.
(888) LG Münster NJW 1964, 2306.
(889) LG Münster NJW（Fn.888）, S.2307.
(890) LG Münster NJW（Fn.888）, S.2307.
(891) LG Essen ZMR 1966, 214.
(892) LG Essen ZMR（Fn.891）, S.214.
(893) LG Essen ZMR（Fn.891）, S.214.

(894) LG Essen ZMR (Fn.12).
(895) LG Essen ZMR (Fn.12), S.330.
(896) LG Essen ZMR (Fn.12), S.330.
(897) AG Wuppertal MDR 1971, 397.
(898) AG Wuppertal MDR (Fn.897), S.397.
(899) AG Wuppertal MDR (Fn.897), S.397.
(900) LG Mainz WuM 1970, 101.
(901) LG Mainz WuM (Fn.900), S.101f.
(902) LG Köln WuM 1972, 144.
(903) LG Köln WuM (Fn.902), S.144.
(904) LG Köln WuM (Fn.902), S.144.
(905) AG Münster ZMR 1973, 331.
(906) AG Münster ZMR (Fn.905), S.331.
(907) AG Münster ZMR (Fn.905), S.331.
(908) AG Dinslaken WuM 1981, 233.
(909) AG Dinslaken WuM (Fn.908), S.233.
(910) AG Dinslaken WuM (Fn.908), S.233.
(911) LG Hamburg WuM 1989, 571.
(912) LG Hamburg WuM (Fn.911), S.571.
(913) LG Kiel WuM 1992, 690.
(914) LG Kiel WuM (Fn.913), S.690.
(915) LG Kiel WuM (Fn.913), S.690.
(916) LG Düsseldorf WuM 1971, 98.
(917) LG Düsseldorf WuM (Fn.916), S.98.
(918) LG Düsseldorf WuM (Fn.916), S.99.
(919) LG Düsseldorf WuM (Fn.916), S.98f.

(920) LG Mannheim DWW 1985, 182.
(921) LG Mannheim DWW (Fn.920), S.182.
(922) マンハイム地方裁判所は、ここで、カールスルーエ上級地方裁判所一九七一年三月三一日決定（すでにⅡの二の2の（3）の①で取り上げた）を引用裁判例として掲げた。
(923) LG Mannheim DWW (Fn.920), S.182.
(924) AG Karlsruhe DWW 1988, 49.
(925) AG Karlsruhe DWW (Fn.924), S.49.
(926) AG Karlsruhe DWW (Fn.924), S.49.
(927) AG Karlsruhe DWW (Fn.924), S.49.
(928) LG Karlsruhe ZMR 1987, 469.
(929) LG Karlsruhe ZMR (Fn.928), S.470.
(930) LG Karlsruhe ZMR (Fn.928), S.470.
(931) AG Velbert WuM (Fn.42), S.431.
(932) AG Schorndorf WuM 1989, 20.
(933) 同規定については、前掲注（191）参照。
(934) AG Schorndorf WuM (Fn.932), S.20.
(935) AG Schorndorf WuM (Fn.932), S.20.
(936) LG Hannover WuM 1989, 302.
(937) LG Hannover WuM (Fn.936), S.302.
(938) LG Hannover WuM (Fn.936), S.302.
(939) LG Hannover WuM (Fn.936), S.302f.
(940) 拙著・前掲注（3）一八五―一八六頁参照。
(941) AG Düsseldorf WuM 1989, 301.
(942) AG Düsseldorf WuM (Fn.941), S.301f.
(943) AG Düsseldorf WuM (Fn.941), S.302.
(944) LG Berlin ZMR (Fn.48).

(945) LG Berlin ZMR (Fn.48), S.425.
(946) LG Berlin ZMR (Fn.48), S.425.
(947) LG Berlin ZMR (Fn.48), S.425.
(948) LG Berlin ZMR (Fn.48), S.426.
(949) AG Dortmund DWW (Fn.781), S.28.
(950) LG Berlin WuM 1990, 510.
(951) LG Berlin WuM (Fn.950), S.510.
(952) LG Berlin WuM (Fn.950), S.511.
(953) LG Berlin WuM (Fn.950), S.511.
(954) LG Berlin WuM (Fn.950), S.511.
(955) LG Berlin WuM (Fn.950), S.510.
(956) AG Hamburg ZMR (Fn.473), S.455.
(957) BGH NJW 2013, 1596.
(958) BGH NJW (Fn.957), S.1597.
(959) BGH NJW (Fn.957), S.1597.

（4） その他の利益の侵害が問題とされた事案

第四に、その他の利益の侵害が問題とされた事案を取り上げる。

ここでは、①賃借人にとっての「苛酷さ」が肯定された事案、および、②賃借人にとっての「苛酷さ」が否定された事案、という二つの類型に分けて、関係する裁判例を考察することにする。

①賃借人にとっての「苛酷さ」が肯定された事案

㋐ まず、すでにⅡの二の2の（2）の②のⓑの㋑の（ii）において考察したところの、賃借人の側の家族的な事情から相当な代替住居が要求できる条件で調達されることができない、もしくは、調達されることが困難であることを理由として賃借人にとっての「苛酷さ」が肯定されている事案との区別が截然としないかもしれないが、賃借人の側の家族という利益の侵害が問題とされ、結論として、賃借人にとっての「苛酷さ」が肯定された事案を考察することにする。

第一に、フライブルク区裁判所一九九三年一月一四日判決をみておきたい。

【183】フライブルク区裁判所一九九三年一月一四日判決(960)

［事案の概要と経緯］

原告（賃貸人）は、一九八五年六月二二日の契約によって被告（賃借人）らに本件住居を賃貸した。被告・二は、その間に被告・一と別居したが、本件使用賃貸借契約から退いたことなしに本件住居から引き払った。原告に帰属する本件建物には六つの住居があったが、それらの住居は全部賃貸されていた。原告は、一九九一年一二月二七日付の書留によって、彼の娘のために、「自己必要」を理由として、一九九二年六月三〇日付で、被告らとの本件使用賃貸借関係を解約告知した。原告は、次のように主張した。すなわち、原告の娘は、無条件に現在の彼女の住居から引き払わなければならなかった。原告の娘は、彼女の伴侶と共同で、その両親の一家族用住宅において湿っぽい住居に居住していた。その住居は寝室と居間から構成されており、台所は存在しなかったし、専用の入口もなかった。その湿気は、部分的に個々の壁の部分に生じているわけでは決してなかった。むしろ、一階全体が防湿材で防護することが欠けていることにもとづいてすっかり湿らされているように思われた。それが原因で、原告の娘は、すでに健康上の損害、すなわち、腎臓の病気を被ったのである。

これに対して、被告らは本件訴えの棄却を求めたが、補助的にBGB旧五五六a条にしたがってこれまでの条件で本件使用賃貸借関係を継続することを請求した。被告らは、原告の「自己必要」を否認した。被告・一は、その「自己必要」についての原告の申立ては十分でなかったのであるから、原告は有効に解約告知しなかった、と申し立てた。さらに、被告・一の見解にしたがって判断するならば、原告は、本件解約告知の名宛人において社会的な選択をするという義務に違反した。そのような選択の正しい結果は、二人の子供らをもち、職業に従事し、ひとりで子供らを育てている母親には解約告知されないということでなければならなかっただろう。一方、被告・一は、本件使用賃貸借関係の継続の請求について、被告・一が彼女の子供らとともに本件住居に頼らざるを得なかったことを申し立てた。被告・一はL銀行の銀行員であり、本件住居は、被告・一の二人の就学義務のある子供らが交互に付近に居住するところの被告・一の母親によって、および、被告・二によって世話されることができるように位置していた。考えられるあらゆる努力にもかかわらず、代替住居を見出すことは被告・一にうまくいかなかった。特に、二人の子供らをもち、ひとりで子供らを育てている母親にとって、フライブルクの住居市場の状況は見込みのないものであった。被告・一は、彼女によって放棄された代替住居の広告に関して二十三の計算証拠書類を提出したのである。

〔判決理由〕

区裁判所は、結論として、「当裁判所は、確かに、原告の本件解約告知を形式的に有効であると考えたし、自己必要という本件解約告知理由をも証明されたものである、と判断した。もっとも、BGB五五六a条一項にしたがって行われなければならない比較衡量は、本件使用賃貸借関係の契約にしたがった終了が被告・一にとって賃貸人の正当な利益を評価しても正当化されることができないところの苛酷さを意味するという結果をともなったのである」(961)、と判断した。

その判決理由において、区裁判所は、次のように論じることにより、賃借人の側の家族という利益の侵害の観点から被告（賃借人）・一にとっての「苛酷さ」を肯定したのである。

「……被告・一の存続保護についての利益は、少なくとも原告の取戻しについての利益と同じ程度に重要である。被告・一が、彼女の異議、および、判決によって本件使用賃貸借関係を継続するという申立てのために引き合いに出したところの理由は説得力のあるものであった。被告・一は、ひとりで子供らを育てているし、彼女の完全な仕事のほかに就学義務のある二人の子供らの面倒をみるように義務づけられている。それは、現在、被告・一の母親がなお近くに居住し、子供らの父親、すなわち、被告・二もまた近くにおいて職についていて手伝うことができる限り被告・一に可能である。完全ではない家族組織は、両方の援助の可能性の空間的な近さに頼らざるを得なかった。それに加えて、被告・一がその間に同じような空間的状態にある代替住居を見出さなかったことが被告・一に負担させられることはできないという事態になった。われわれの社会があまり子供に対して理解のあるわけではなく、そのうえさらに就学義務のある二人の子供らをもち、ひとりで子供らを育てている女性には適当な住居を見出す機会がめったに認められないことは依然として裁判所に周知である。被告・一は、彼女が代替住居を得ようと努力したことを賃貸借の申請書のための二十三の計算書の提出によって証明したのである。

被告・一が今本件住居を放棄するように義務づけられているならば、それは正当化されることができない苛酷さであろう。というのは、被告・一は、彼女の子供らをともなうこれまでの生活共同体を放棄しなければならないか、あるいは、彼女の仕事を失った場合に社会保障に滑り落ちるという危険が大きかったからである。

……

両方の側の利益の状況がどれほど長くそのようなままであるのかという点は目下のところ予測されることができないのであるから、本件使用賃貸借関係は期間の定めなく継続されるのである」[962]。

第二に、ヴィンゼン（ルーエ）区裁判所一九九四年二月一七日判決をみておきたい。

【184】ヴィンゼン（ルーエ）区裁判所一九九四年二月一七日判決[963]

［事案の概要と経緯］

原告（賃貸人）は、一九九〇年六月一日の本件使用賃貸借契約をもって被告（賃借人）らに本件住居を賃貸した。本件使用賃貸借関係は、本来一九九〇年一二月三一日まで期限づけられていた。被告は彼の家族とともに本件住居に入居したが、現在本件住居に居住していない妻と四人の扶養義務のある子供らを有した。原告は、過去において何度か成果なく本件使用賃貸借関係を解約告知したが、一九九三年三月三〇日付の書面をもって、「自己必要」を理由として、一九九三年六月三〇日付で、本件使用賃貸借関係を解約告知した。原告は、ハノーファーにおける勉学を終えたあと家に帰ってくるつもりであるところの原告の娘のために本件住居を必要とする、と主張した。原告自身の住居にはその娘のための場所がなかった。被告らとの本件使用賃貸借関係は、すでに一九九二年一〇月に終了させられていた。被告は、かなり前に彼の家族と別居し、彼の家族に本件住居から出て行けと命じた。被告は、現在ひとりの人として本件住居に居住した。それに対して、被告の家族は別に住居を見出したのである。

これに対して、被告は次のように申し立てた。すなわち、原告は、数年以来本件住居から被告を追い立てようとした。さらに、被告の婚姻は依然として存続しているのであり、被告の妻は、その子供らとともに、夫婦の本件住居に、すなわち、被告のところに帰ることが考慮に入れられることができる。被告の妻は、これまでこのような危機のあと常に帰ってきたのである。

［判決理由］

区裁判所は、結論として、「原告は、彼の解約告知の書面において本件住居を本当に彼の娘のために必要とすることを十分に説明しなかった……

そのことを超えて、被告は、ＢＧＢ五五六ａ条にしたがって本件使用賃貸借関係の継続に対する請求権を有する」[964]、と判断した。

その判決理由において、区裁判所は、次のように論じることにより、原告（賃貸人）の利益と被告（賃借人）の利益とのあいだの比較衡量において、賃借人の側の家族という利益の侵害の観点から賃借人にとっての「苛酷さ」を肯定したのである。

「……本件住居においては、被告にとっての家族の住居にかかわる問題である。その婚姻は解消させられていないし、被告の妻は依然として本件住居に居住する権利を有するのであるから、被告の妻が被告のところに帰るという可能性もまた存在する。そのとき、被告の妻とともに四人の扶養義務のある子供らが帰ってくる。被告は、これらの子供らにひとつの部屋を提供しなければならない。これほどに大きな家族のために適当な住居を見出すこともまた困難である。それに対して、適当な住居を見出すことはひとりの人としての原告の娘にとってより容易であるといってよいだろう」(965)。

区裁判所は、右のように、本判決の判例集の要約にあるように、「家族にとっての本件住居を維持することは、社会的条項にしたがった比較衡量において、賃借人の利益として、賃借人の妻が四人の子供らとともに一時的に本件住居を引き払ったときにも考慮に入れられなければならない」(966)、と判断したのである。

(イ) 次に、賃借人の側の居住環境への定着という利益の侵害が問題とされ、結論として、賃借人にとっての「苛酷さ」が肯定された事案を考察することにする。

第一に、ヴッパータール地方裁判所一九七〇年六月二五日判決をみておきたい。

【185】ヴッパータール地方裁判所一九七〇年六月二五日判決(967)

［事案の概要と経緯］

被告（賃借人）らは、現在五〇歳もしくは六四歳であったが、原告（賃貸人）の本件建物において一〇年を超えて以来本件住居に居住していた。本件住居は、二つの部屋等から構成され、本件建物の四階に所在した。原告は、一九六八年一一月二五日付の書面によって、一九六九年一一月三〇日付で、被告らとの本件使用賃貸借関係を解約告知し、本件訴えをもって本件住居の明渡しと返還を請求した。原告は次のように主張した。すなわち、被告らは、四六平方メートルの広さの本件住居に申合せに反して二人の孫らを受け入れたほか、ほとんど毎日被告らの娘がこれ以外の二人の子供らとともに本件住居に滞在した。その子供らはスケート靴などで廊下じゅうを走ったし、被告らはかつてベビーカーを廊下に置き、それによってほかの居住者らが通行について妨げられていた。さらに、被告らが行った家内労働によって相当な騒音が本件建物内に発生し、その騒音はほかの賃借人らにこれ以上要求されることができないのである。

これに対して、被告らは、一九六九年九月二五日付の書面をもって本件解約告知に異議を述べ、本件使用賃貸借関係を期間の定めなく延長することを求めた。被告らは次のように申し立てた。すなわち、被告（夫）は、若年身体障害者であり、年金手続きがなお完了していなかったので目下のところ収入がなかった。その年金額は、将来四〇〇ドイツマルクと四五〇ドイツマルクの間にあるだろう。被告（妻）は、家内労働によって月あたり正味でおよそ二五〇ドイツマルクを得た。被告らには、本件住居に受け入れられた二人の孫らについての保護権が委ねられていたのである。

区裁判所は、本件訴えを棄却し、当事者の間の本件使用賃貸借関係を期間の定めなく延長した。というのは、区裁判所は、本件解約告知に対する被告らの異議を理由づけられたものである、と考えたからである。

これに対して、原告は地方裁判所に控訴したのである。

［判決理由］

地方裁判所もまた、結論として、「許容しうる本件控訴は理由づけられていなかった。

原告によって意思表示された本件解約告知によって有効に一九六九年一一月三〇日付で終了させられたところの当事者の本件使用賃貸借関係は、ＢＧＢ五五六ａ条にしたがって被告らの異議に応じて期間の定めなく延長されなければならなかったのであり、その結果、本件明渡しの訴えは成果がなかったという点において区裁判所に賛意が表明されなければならなかった。被告らによって形式と期間に適合して述べられた本件解約告知に対する異議は理由づけられていた。というのは、当事者の本件使用賃貸借関係の契約にしたがった終了は、被告らにとって原告の正当な利益を評価しても正当化されることができないところの苛酷さを意味したからである」(968)、と判断した。

その判決理由において、地方裁判所は、次のように論じることにより、被告（賃借人）らの側の経済的な事情をも考慮に入れたものの、まず第一に、賃借人らの側の居住環境への定着という利益の侵害の観点から賃借人らにとっての「苛酷さ」を肯定したのである。

「区裁判所が正当なことに強調したように、本件使用賃貸借関係の終了は、五〇歳もしくは六四歳の被告らにとって、すでに被告らが原告の本件建物に所在する本件住居にすでに一〇年を越えて以来居住し、そのことから彼らのこれまでの居住地域に定着していることを考慮に入れて相当な苛酷さを意味した。彼らのこれまでの周辺の地域に比較的高齢の人々が定着していることは、BGB五五六a条にしたがった利益の展開の枠組みにおいて、その使用賃貸借関係の存続についての賃借人の保護に値する利益として、それとともに、その解約告知に対する異議を裏づける事情として正当と認められている。より近い周辺の地域において被告らにとって負担できる条件で賃借できる代替住居が意のままになることは明らかでもなかったし、証明されてもいなかったのである。

その他の点では、被告らの収入関係もまた、代替住居の調達および転居のために費用をもって負担をかけられることが被告らに要求されることができるほどに好都合ではなかった。被告（夫）が、原告の申立てにしたがって、少なくとも六〇〇ドイツマルクという月あたりの実質収入をもっている場合、被告（夫）は、若年身体障害者のために開始された年金手続きの完了まで、それを用いて彼自身の生活費、および、部分的に、その家内労働にもとづいて月あたりおよそ二五〇ドイツマルクの収入だけを有したところの被告（妻）の生計の必要を保障するためにその金額に頼らざるを得なかったのである」(969)。

なお、地方裁判所は、「それに対して、当事者の本件使用賃貸借関係の終了についての原告（賃貸人）の優先する利益は明らかにされてもいなかったし、証明されてもいなかった」(970)、と判断したのである。

第二に、ミュンヘン第一地方裁判所一九八八年三月二三日判決をみておきたい。

【186】ミュンヘン第一地方裁判所一九八八年三月二三日判決[971]

［事案の概要と経緯］

原告（賃貸人）らは、一九八六年六月一八日付の書面をもって、「自己必要」を理由として、被告（賃借人）らとの本件使用賃貸借関係を解約告知した。これに対して、被告らは、ＢＧＢ旧五五六a条にしたがって本件解約告知に異議を述べ、本件使用賃貸借関係の期限をつけられた継続を請求したのである。

地方裁判所に控訴したのは原告らであった。

［判決理由］

地方裁判所もまた、「許容しうる本件控訴は、その結論において、理由づけられていなかった。確かに、一九八六年六月一八日付の書面をもって、被告らに対して、有効に通常の解約告知がされた。しかし、本件使用賃貸借関係は、ＢＧＢ五五六a条にしたがって一九九〇年三月三一日まで期限をつけられて継続されなければならなかったのである」[972]、と判断した。

その判決理由において、地方裁判所は、次のように論じることにより、被告（賃借人）らの側の居住環境への定着という利益の侵害の観点から賃借人らにとっての「苛酷さ」を肯定したのである。

「継続の請求は、被告らの訴訟代理人によって適時に立てられた。本件使用賃貸借関係の延長のための実体的な要件もまたＢＧＢ五五六a条にしたがって存在した。被告らが、被告らによって本件訴訟において申し立てられたように、本当に健全でない健康状態にあるのかどうかという点は未決定のままでありうる。今や二五年という長い使用賃貸借期間、および、被告らの年齢（六八歳と七二歳）は全部でＢＧＢ五五六a条の意味における苛酷さについての理由を明らかにする。被告らの高齢も、長い使用賃貸借期間も、被告らが彼らのこれまでの周辺の地域と本件住居に特に定着しているし、住居の交替が被告らにとって特別な精神的な負担とも結びつけられていることを理解できるように思わせるのである」[973]。

他方において、地方裁判所は、「本件使用賃貸借関係の継続の妨げになっていることができるところの賃貸人の利益は十分な程度において存在しなかった」[974]、と判断したが、その理由について、次のように論じた。

「……確かに……すべての事情を考慮に入れて、原告らの自己必要は肯定されることができる。しかし、結局、原告らの自己必要はむしろ考えられる自己必要の事案の下位の領域に位置しているのであり、本件使用賃貸借関係の即時の終了を正当化しなかった。確かに、本件住居からの仕事場への道のりは、原告・二にとって、現在の住居からの仕事場への道のりよりもほとんど面倒でなかった。しかし、その際、原告らが即時に転居しなければならないことを理解できるように思わせるところの改善にかかわる問題ではなかった。被告らが現在わずかな賃料だけを支払わなければならないという事実に関して、これは、原告らにとって、本件使用賃貸借関係の継続が問題にならないような重要さをもたなかった。本件住居は、ともかくも見通すことのできる将来において相当な賃料の増額が被告らから獲得されてはならないという事実を認識して原告らによって購入されたのである」[975]。

最後に、地方裁判所は、「賃借人と賃貸人の反対の利益の比較衡量のもとで、当部には、本件使用賃貸借関係を二年の期間の間継続することが相当であるように思われた。この期間は、被告らにとって、じっくりと新たな状況に適応し、被告らの必要に対応する住居を探すためにも十分であるように思われたのである」[976]、と付言したのである。

第三に、フォルヒハイム区裁判所一九九一年二月六日判決をみておきたい。

【187】フォルヒハイム区裁判所一九九一年二月六日判決[977]

［事案の概要と経緯］

原告（賃貸人）らは、BGB旧五六四b条四項[978]にしたがって、二つよりも多くない住居を備えた居住用建物に所在する住居に関する使用賃貸借関係の解約告知の可能性を援用し、一九九〇年二月一日付の書面をもって、一九九〇年七月三一日付で、被告（賃借人）との本件使用賃貸借関係を解約告知した。本件使用賃貸借関係の終了のためのそれ以外の理由は本件解約告知の書面において挙げられなかった。これに対して、被告は、一九九〇年五月二一日付の書面をもって、BGB旧五五六a条を援用して本件解約告知に異議を述べ、期間の定めのない本件使用賃貸借関係の継続を請求したのである。

原告らは次のように主張した。すなわち、原告らは、すでに本件解約告知にさきだって、一九八九年五月一六日付の書面をもって、一九八九年一一月三〇日付で、本件使用賃貸借関係を解約告知した。被告はほかの住居に転居する状況にあった。それに加えて、被告の娘はPにおいてひとつの自宅をもち、被告は何の問題もなく娘の自宅に入居することができるのである。

これに対して、被告は、身体的な障害（血行不全、高血圧症による）のほか、次のように申し立てた。すなわち、被告は、一九八六年に、彼女の夫の死亡のあとで彼女の居住地をRからPに移した。というのは、被告の娘がそこに居住するからである。しかし、被告の娘の自宅において居場所は被告の意のままにならなかった。その間に、被告は、Pにおいて被告が手離したくないところの交際範囲を築いた。Pに居住している被告のかかりつけの医者は、毎週被告を往診した。被告は、なお杖の助けをもってのみ移動することができた。二〇〇メートルないし三〇〇メートルの周辺地域に、パン屋を備えた食料品店、二つの肉屋、郵便局、および、貯蓄銀行があるのであるから、被告はなお自炊生活をすることができた。Pには被告の亡くなった夫の移しかえられた墓もあった。Pにおける本件住居の立地条件にもとづいて、被告は、職業に従事していない被告の娘による援助を受けることができた。さらに、被告は、範囲の広い探索にもかかわらず、Pにおいてそのほかの代替住居を見出すことができなかったのである。

［判決理由］

区裁判所は、結論として、「本件訴えは理由づけられていなかった。

被告は、期間の定めなく本件使用賃貸借関係の継続を請求することができた。

……

被告の異議は、一九九〇年五月に適時に表明された。賃貸人と賃借人とのあいだの利益の比較衡量は、期間の定めのない本件使用賃貸借関係の継続に行き着いたのである」(979)、と判断した。

その判決理由において、区裁判所は、はじめに、「その際、賃貸人らの利益は考慮に入れられることができなかった。というのは、賃貸人らの利益は、本件解約告知の書面においても、本件訴訟においても申し立てられなかったからである」(980)、と論じた。

さらに、区裁判所は、次のように論じることにより、被告（賃借人）の高齢だけではなく、身体的な障害とともに、賃借人の周辺の地域における強度の定着という利益を考慮に入れて賃借人にとっての「苛酷さ」を肯定したのである。

「もっぱら高齢（八一歳）だけでその異議を十分になお正当化するわけではない。しかし、高齢は、身体的な障害、および、周辺の地域における強度の定着と結びついて本件使用賃貸借関係の期間の定めのない延長に行き着くことができる。原告らの側から被告の身体的な侵害は否認されなかった。一般的に、このような年齢の人々が同じような苦痛をもつのかどうかという点は未決定のままでありうる。身体的な能力の衰えは、他の人々もまたそれに苦しめられることによってよりわずかに注目すべきものにはならないのである。

被告がRからPへの転居によって自分自身でよりどころを失ったし、その理由から引き続いての転居が被告に要求できることもまた被告に負担させられることはできなかった。より高齢の人々の生活領域は、彼らの制限された行動範囲によって、その場所によってのみならずより近い周辺の地域によっても影響を及ぼされる。特により高齢の人々がなお自分自身でその所帯をきりもりする場合、商店等々に容易に到達しうることという問題は重大な意義がある。

……Pのような地方自治体においては、構造上制限された住居市場だけが意のままになる。その結果、住居の欠乏という一般的な問題はここで強められて表面化する。原告らもまた……意のままになる住居を挙げなかったのである。

ほかの地方自治体に転居することは、当裁判所には要求できるように思われなかった。被告は彼女の娘の居住地であるという理由で（さまざまな援助の可能性があるという理由で）Pを選んだ。被告は彼女の夫の墓をもPへ移しかえたのである」(981)。

第四に、ケルペン区裁判所一九九一年四月一二日判決をみておきたい。

【188】ケルペン区裁判所一九九一年四月一二日判決(982)

［事案の概要と経緯］

ほとんど八四歳であった被告（賃借人）・一は、一九七二年八月一日以来賃借人として本件建物に居住していた。本件建物には、それに加えて、被告・一の息子である被告・二が居住していた。原告（賃貸人）は、所有権者として登記されたあとで、一九九〇年七月二七日に被告・一に到達したところの書面をもって、「自己必要」を理由として、一九九一年七月三一日付で、被告らとの本件使用賃貸借関係を解約告知した。

原告は次のように主張した。すなわち、原告は、目下のところ、彼女の夫と息子とともに、七〇平方メートルの広さの住居において使用賃貸借で生活していた。原告は本件建物を自分自身の建物の快適と居住の便利を享受することができるために取得した。それに加えて、原告は、今後彼女の一七歳の息子を顧慮してもより以上の住居を意のままにするつもりであった。原告の家族は、人的な理由から、その居住地域とも密接に結びつけられていた。本件土地・建物の取得のときに、原告は、本件建物に入居することが近いうちに可能であることから出発した。というのは、すでに、本件建物の前の所有者が解約告知したし、明渡訴訟が係属中であったからである。原告の利益は優先に値した。被告らは、いずれにしてもほかの階層はむだに空いていたのに対して、本件建物のひとつの階層にだけ居住していた。それに加えて、一九九〇年四月のはじめから、被告・一は主としてKに存在する別の建物において生活していた。被告・一は、そのうえさらに、一九九〇年八月まで恒常的にそこに居住した。したがって、転居することは、その他の点ではきわめて壮健であるように思われるところの被告・一の高齢のために不成功に終わったのではなかった。最後に、原告は、被告らが本件建物にとどまり続けることと結びつけられる相当な経済的な負担を長い間引き受けることができなかったのである。

［判決理由］

区裁判所は、結論として、「確かに、原告は、自己必要を理由として本件解約告知について正当な利益を有するかもしれない。しかし、被告・一は、ＢＧＢ五五六ａ条一項、三項二文にしたがって期間の定めなく本件使用賃貸借関係の継続を請求することができる。というのは、本件使用賃貸借関係の終了は、被告・一にとって原告の利益を評価しても正当化されることができないところの要求できない苛酷さを意味するからである」[983]、と判断した。

その判決理由において、区裁判所は、次のように論じることにより、八四歳の被告（賃借人）・一がほとんど一九年本件建物に居住し、本件建物とより近い周辺の地域に定着していたことを重要視して賃借人にとっての「苛酷さ」を肯定したのである。

「両方の側の利益の比較衡量にとって、もっぱら被告・一の高齢だけが決定的である。被告・一が、ほとんど一九年被告・一によって賃借された本件建物において生活し、ほんの数ヶ月のうちに八四歳を完結するあとで、原告の自己必要についての利益を有利に扱うことは考慮に値しなかった。被告・一が彼女の高齢のほかに健康的な理由からも転居を自力でやってのけることができなかったのかどうかという点が重要であることなしに、すでに、相当な居住期間と高齢がなお新たな住居を探すことを被告・一に要求することを許さないのである。被告・一が彼女の現在の本件住居において最近の一九年を使い果たしたあとで、被告・一は彼女によって居住された本件建物とより近い周辺の地域に定着していた。八四歳という被告・一の高齢は、すべての人生経験にしたがって、新たな住居においてなお勝手がわかり、その晩年を楽しむことを被告・一に不可能にする。原告は被告・一による本件建物の継続された利用において原告の経済的な任意の処理を新たに熟考するように強いられている—これは本件建物の取得の時点において全く予見されなければならなかった—かもしれないのに対して、被告・一の熟知している周辺の地域からの強制された引払いにおいて人生の幸福の少なからぬ部分が被告・一から取り去られるだろう。被告・一によって到達された年齢において強制された引払いと結びつけられる生活の切替えは、なおほとんど自力でやってのけられることができなかった。それに対して、原告の利益は後方に退いていなければならなかったのである。

被告・一が一九九〇年四月から主としてKに存在する別の建物に居住したという原告の主張は、ほかの評価を正当化しなかった。時々親族を訪問することは被告・一に拒絶されていなかった。そのときに、その訪問の期間を定めることは、もっぱら被告・一と彼女の親族の権限に属した。その生活関係の相当な変更はより長い訪問とさえも結びつけられていなかった。特に、その生活関係の相当な変更は、それがそのとき存在するならば、自由意思から出た決心にもとづいて生じるのである。それに対して、強制された引払いは何か完全に異なることを意味する。被告・一が一九九〇年八月までの期間においてそのうえさらに恒常的にKに存在する別の建物に居住したという原告のなおこれ以上の主張は、正しいと信じられることができなかったのである」(984)。

なお、控訴審において、地方裁判所もまた区裁判所の判決理由にしたがった(985)。

第五に、ハンブルク地方裁判所一九九一年四月二六日判決をみておきたい。

【189】ハンブルク地方裁判所一九九一年四月二六日判決(986)

［事案の概要と経緯］

原告（賃貸人）は、一九八九年六月二八日の本件解約告知によって、「自己必要」を理由として、一九九〇年六月三〇日付で、被告（賃借人）との本件使用賃貸借関係を解約告知した。これに対して、被告は、BGB旧五五六a条にしたがって本件解約告知に異議を述べ、期間の定めのない本件使用賃貸借関係の継続を請求したのである。

地方裁判所に控訴したのは原告であった。

［判決理由］

地方裁判所もまた、結論として、「許容しうる本件控訴は……成果がなかった。

本件訴えは理由づけられていなかった。

区裁判所がその判決において的確に述べたように、確かに、BGB五六四b条二項二号にしたがって有効であるところの一九八九年六月二八日の本件解約告知は、一九九〇年六月三〇日付で本件使用賃貸借関係を終了させた。しかし、本件使用賃貸借関係は、BGB五五六a条三項にしたがって期間の定めなく継続されなければならなかったのである。

当部は、本件解約告知の有効性の問題、および、原告の正当な利益を評価しても本件使用賃貸借関係の契約にしたがった終了のときに被告にとって苛酷さを意味するところの事情の評価と考慮を顧慮して、区裁判所の判決の的確な理由にしたがう。控訴審における原告の論述は、区裁判所の判決を変更する動機を当部に与えなかったのである」[987]、と判断した。

その判決理由において、地方裁判所は、まず、「もっぱら一方の使用賃貸借当事者の高齢だけで苛酷さについての理由を受け入れるのに十分であるのかどうかという点は未決定のままでありうる。この点ではすでに、どのような時点から高齢について語られうるのかという点は不確かである。これに関して、たとえば、もっぱら平均的な寿命だけが考慮に入れられることはできない。というのは、そのとき、女性と男性の平均寿命との間でも区分されなければならないし、地域的な相違も考慮に入れられなければならないからである。このような量ることのできないことにかんがみて、当部にはもっぱら高齢という事情だけを考慮に入れることは許されないように思われる」[988]、と論じた。

次に、地方裁判所は、「さらに……長い居住期間から苛酷さが導き出されることもできない。まず第一に、長い居住期間が肯定されなければならないところの期間の長さの点での問題もまた立てられる。たとえば、なお活動的に職業生活に勤めている五五歳の使用賃貸借当事者において、三五年以来存続する使用賃貸借関係が存在しうる。そのときに……確かに、長い居住期間について語られることができるが、他方において、なお高齢は存在しないのであり、この理由から苛酷さは否定されなければならないだろう」[989]、と論じた。

そのうえで、地方裁判所は、「BGB五五六a条の意味における苛酷さの存在のためには、長い居住期間をともなうより高齢の使用賃貸借当事者において、当部の見解にしたがって、たとえば（年齢に条件づけられた）病気のようなこれ以外の要素とはかかわりなく、居住環境への定着が決定的である」[990]、と論じたのである。

地方裁判所は、この点を敷衍して次のように論じたのである。

「長い居住期間と関連した高齢からその居住地域と緊密に結ばれていること、および、通例はその社会的な環境への結びつきが出てくる。承知していること、および、仮に進捗する年齢とともに通例はますますわずかになるとしても、その居所とのつながりはより高齢の人々を支える。その居住地域を熟知していることは、より高齢の人々にまさしく進捗する年齢とともにますます必要不可欠になるところの他人の援助に頼らざるを得ないことなしに自主的な生活を継続するための自信を与え、それとともに、持続的に特に強制的な転居によっても生ぜしめられる健康の侵害を予防するのである。

……

被告は高齢に達し、すなわち、その間に七七歳であり、本件使用賃貸借関係は四〇年以来存続したのであるから、長い居住期間が与えられている。これらの事実にかんがみて、当部の見解にしたがって、対立する利益の比較衡量のときに全く格別な意義を獲得するところの現在の周辺の地域における定着が存在するのである。

この点では、提出された医師の診断書にもとづいて、そこなわれた被告の健康に決定的な重要さが当然与えられるのかどうかという点は未決定のままでありうる。……

また、被告が、原告によって居住された住居への転居についての原告の申出を受け入れなかったという事情は被告にとって不利益になるように評価されることができなかった。その住居はほかの市区に存在し、その理由から被告の定着のために考慮に値しなかったのである。

それに対して、筋の通り、あとづけることができる理由によって裏づけられたところの原告の自己使用についての利益は後順位であったのである」(991)。

第六に、ハンブルク地方裁判所一九九五年五月一八日判決をみておきたい。

【190】ハンブルク地方裁判所一九九五年五月一八日判決(992)

［事案の概要と経緯］

今や七四歳の被告は、一九六三年一一月一日以来本件建物の二階に所在する本件住居の賃借人であった。本件住居は、四つの部屋から構成され、九三平方メートルの広さであった。被告（賃借人）は、一九六三年に、その間に死亡した彼女の夫、および、当時未成年の彼らの二人の子供らとともに本件住居に入居した。被告の夫は上級の行政事務職員であった。彼らの子供らは、一九七一年もしくは一九七七年まで本件住居で生活した。被告の姑もまた本件住居に入居し、一九七四年に死亡するまで本件住居で生活した。

一九八三年一月一八日に、本件住居について住居所有権が設定された。本件住居（住居所有権）の所有者は変遷した後、原告（賃貸人）が本件住居についての所有権を取得し、一九九三年九月二〇日に登記簿に登記された。原告は、一九九三年一〇月二八日付の書面をもって、「自己必要」を理由として、一九九四年一〇月三一日付で、被告との本件使用賃貸借関係を解約告知した。その書面において、原告は、彼女の婚約者とともに家族を構え、そのために被告の本件住居に入居することを意図した、と説明した。

一九六五年にチリで生まれた原告は、ハンブルクにおいて成長した。原告は、およそ四年半前までハンブルクの彼女の両親の列状住宅に所在するひとつの部屋に居住した。それから、原告はルフトハンザのスチュワーデスになったが、その理由から、雇用者の願望にもとづいてフランクフルトに正式の住所を受け入れた。そうこうするうちに、原告は、ルフトハンザのもとでハンブルク空港において地上の職場を獲得した。原告は、一時的に再び彼女の両親のもとに居住した。原告はH氏と婚約したが、一九九四年一一月に彼の子供を待ち望んでいた（予定期日は一九九四年一一月二九日であった）。H氏は第一次法学国家試験を上首尾に完了し、かけ出しの法学の試補見習であり、目下のところ商業的に住宅金融金庫の区域の長のために働いていたし、仲介業者の仕事もそれに属した。H氏は、ハンブルクにおいて三二平方メートルの広さの住居に居住した。原告は、一九九四年五月二三日付の書面をもって、本件住居の自己使用についての原告の「正当な利益」を理由づけたところの本件解約告知の主張以来生じたこれ以外の事情、特に原告の妊娠と原告の職場をハンブルクに移したことを指摘した。

これに対して、被告は、一九九四年七月の本件住居の検分の機会に、原告の婚約者に、被告が一九九四年一〇月三一日付で本件住居を明け渡すつもりではないことを最終的に知らせたが、一九九四年八月八日付のハンブルクの賃借人協会の書面をもって本件使用賃貸借関係の本件解約告知に異議を述べたのである。

原告は、彼女によって意思表示されたところの本件使用賃貸借関係の本件解約告知は彼女の「自己必要」にもとづいて有効であるという見解であった。原告は、彼女の婚約者と待ち望まれた子供とともに家族として同居するためのほかの具体的な可能性をもたなかった。来る四年のうちに、原告の婚約者は彼の試補見習を終了するのに対して、原告は、彼女の子供の面倒を見るために養育休暇を取るつもりである。原告らは、原告の婚約者の試補見習の給与と商業的な副業からの僅少な追加収入によって生活しなければならなかった。したがって、本件住居の自己使用に対する現実的な選択肢は原告らに残らなかった。原告らの両親のもとに居住することもまた原告らに可能ではなかった。というのは、原告は、そこで一二平方メートルの広さの部屋だけを使えるからである。原告の二一歳の兄弟は薬物中毒であり、彼の卒業資格をもたらさなかった。原告の兄弟もまた、たぶんなおより長く一二〇平方メートルの広さの両親の列状住宅に居住するだろう。その理由から、原告の両親はさらにH氏をも自分らのもとに受け入れる心構えをしていなかった。H氏の三二平方メートルの広さの住居は、同じくそこでカップルとして子供とともに生活するために不適当であった。それに対して、転居することは被告に要求されることができた。というのは、被告は、少なくとも二五〇〇ドイツマルクの国家の年金を受け取り、適応力のある、柔軟な人であるからである。被告は、身体的・精神的に完全に好調であり、旅行し、車を運転したし、転居することが被告に可能でないようにその地域に定着していなかった。

これに対して、被告は、本件解約告知はすでに法的な理由から許容できないという見解であった。というのは、本件解約告知は社会的条項のために不成功に終わったからである。本件住居からの引払いは被告に要求できなかった。被告は、被告の家族についての数えきれないほどの思い出と被告の生活がしみついていたところの本件住居から離れられないのである。

地方裁判所に控訴したのは原告であった。

［判決理由］

地方裁判所もまた、結論として、「区裁判所は、本件明渡しの訴えを正当なことに的確な理由づけをもって棄却し、当事者の間の本件使用賃貸借関係はこれまでの条件で期間の定めなく継続されることを述べた。

一九九三年一〇月二八日付の原告の……書面をもって意思表示されたところの自己必要を理由とする本件使用賃貸借関係の本件解約告知は、確かに……形式的・実体的な観点において有効であった。……原告は……彼女の両親のもとではなく……彼女の婚約者、すなわち、証人（H氏）とともに、その婚約者のひとつの部屋から構成されていた住居に生活していたことを信ずべく説明した。……原告の婚約者は、そこにすでに五年以来居住したし、これ以外の住居をもたなかった。

しかし、本件使用賃貸借関係の契約にしたがった終了は……当部の見解にしたがっても、被告にとって原告の正当な利益を評価しても正当化されることができないところの苛酷さを意味したのである」[993]、と判断した。

その判決理由において、地方裁判所は、被告（賃借人）が逃亡と放逐の歴史のあとで本件住居を獲得し本件住居に定着したのであり、本件住居は、賃借人にとって、「わが家」であり、「生活の中心点」であり、「人生」であるのであり、本件住居を明け渡すことは、高齢によって明確に影響を与えられた賃借人の現在の状況において、「五〇年前の放逐の打撃を苛酷さについてなお凌駕するところの運命の打撃であると賃借人によって感じられる」ことを重要視して賃借人にとっての「苛酷さ」を肯定したのである。すなわち、次のような詳細な論述であった。

「被告は現在七四歳であった。被告は、キュストリンで生まれ、そこで一九四五年まで生活した。ソビエト軍の前で、被告は、まず第一にメクレンブルクに逃亡し、メクレンブルクも占領されたあとで再びキュストリンに戻った。被告は、それからキュストリンから放逐され、およそ一年オーデルブルフにとどまった。続いて、被告はそこから追い立てられ、一九五一年までノイルピーンにおいて生活した。ノイルピーンにおいて、一九四八年と一九五〇年に被告の娘らが生まれた。一九五一年に、被告の家族はいわゆる緑の境界（Grüne Grenze）を越えてハンブルクに移り住み、ハンブルクで一九六一年に職員住居として本件住居を割り当てられるまで、かつての孤児院の建物に所在したひとつの部屋から構成されていた住居において生活した。

被告は……当時、彼女の家族とともに逃亡と放逐のあとで自由ハンザ都市ハンブルクの市政府から被告に委譲された本件住居にとどまることができたことから出発した。被告は本件住居でようやく再び根をおろすことができたのであり、本件住居に定着もした。本件住居から再び移動させられることは被告にとって考えられなかったのである。

被告は、本件住居において彼女の二人の娘らを育て上げた。被告は、本件住居において数年を超えて重い癌にかかっていた夫の世話をした。被告は、本件住居で彼女の母親をもその死亡まで面倒をみた。

本件住居は……逃亡と放逐のあとで被告の新たなわが家となった。ここに、同じく一九六一年に入居を命じられ、ハンブルクにおける再出発以来被告を知っているところの人々が生活しており、被告は、それらの人々に対して、ゆるい強いられないつながりを維持し、場合によってはそれらの人々から援助を期待することができた。その周辺の地域には……特に、教会、薬局、および、公共図書館があった。本件住居は……被告の生活の中心点であった。被告は、本件住居を獲得した一九六一年の幸運を何度か信ずべく言葉に表現した。被告の言葉にしたがって、確かに、被告の娘ら、特にハンブルクに生活する娘とその子供らのほかにさらにまた何ひとつより多くのものをもっていないところの被告にとって、本件住居は被告の人生であった。被告は、経済的に使わずに残すことができたところのすべてのものを本件住居につぎこんだ。被告が本件住居を明け渡すということになることを心に思い描くことができなかったし、被告を支えたところの被告の隣人らと全く同様に、被告は本件建物から離れられなかった。被告の娘らと孫らは本件住居へ来ることができたし、週末の間本件住居にとどまることもできた。特に、三人の孫らがおよそ三週間ごと週末の間喜んでやって来たし、それは被告にとってひとつの使命でもあった。それに応じて、被告は、全く同様に作られているところの本件建物に残っている三つの住居のなかのほかのひとつの住居への転居をおそらくまさしくなお心に思い描くことができたが、しかし、被告が何ひとつ扱うことができないところの巨大なリビングキッチンを備えた隣接する建物に所在する住居への転居を、あるいは、娘らと、とりわけ孫らが、なおコーヒーを飲むためにだけ訪問することができるところのより狭い住居への転居を心に思い描くことができなかったのである。

　本件住居を明け渡すことは……高齢によって明確に影響を与えられた被告の現在の状況において、五〇年前の放逐の打撃を苛酷さについてなお凌駕するところの運命の打撃であると被告によって感じられるだろう。被告は……新たにすべてを失い、高齢の人としてまさに押しのけられたことをそもそも心に思い描くことができなかった。人はそれをもたらすことができないし、被告はそれをもたらすつもりがない。被告は、若い人のように再び最初からあらためて始めることもできないのである。

　当部は、被告から……区裁判所の裁判官と全く同様に、被告が、原告によって描かれたところの生気にあふれた、人生の可能性を利用しつくし、享受するより高齢の婦人の表象に対応するという印象を得なかった。逆に、被告は……D博士の医師の診断書、および、おそらく被告自身の判断にも対応して、むしろ健康的に明確にやつれた、あわせてみて不安的な、ならびに、被告の生命力において、おそらくその年齢にしたがって期待されなければならなかったよりいっそう制限されているという印象を与えた。……被告はもはやハンブルクの外へ車で行くことがなかったし、なお医者にだけ車で行った。その車は、とりわけ講義委嘱にもとづいて五年前からポーランドのオペルンにおいて生活する被告の娘によって彼女がハンブルクにいるとき利用された。かつて被告は本当にきわめて旅行好きであったし、常に旅行のためにすべてを節約した。被告は、一〇年前に世界旅行を行った。被告は、一九八六年ないし一九八七年に東南アジアに被告の最後の旅行をした。しかし、現在もはやそうはいかなかった。休暇においては、子供が被告を休暇施設に連れて行くのである」[994]。

地方裁判所は、右のように、本判決の判例集の要約にあるように、「もし若い家族の自己必要が実現されるならば、高齢の賃借人がその生活の中心点を失うだろう場合には、社会的条項の苛酷さについての理由から期間の定めのない使用賃貸借関係の継続が考慮に値する」[995]、と判断したのである。

第七に、ゲラ地方裁判所一九九九年五月五日判決[996]は、その判決理由において、次のように論じたのである。「……被告（賃借人）が、議論の余地もなく、一九三八年以来、したがって今や六〇年を超えて以来本件住居を利用し、その間に七五歳であったことが考慮に入れられなければならなかった。それほどに長期の利用期間において、当部の見解にしたがって、なおこれ以上の説明なしに、被告は本件建物……について定着していることから出発されなければならなかったのである」[997]。

第八に、ベルリン地方裁判所二〇一〇年五月四日判決をみておきたい。

【191】ベルリン地方裁判所二〇一〇年五月四日判決[998]

［事案の概要と経緯］

本件住居に関する使用賃貸借契約は、一九五一年に原告（賃貸人）の前主とB夫婦との間で締結されたのち、本件使用賃貸借関係の当事者は、原告と被告（賃借人）となった。当初賃借人であった被告の夫は二〇〇七年に死亡した。原告は、二〇〇七年四月三〇日に、成人した彼女の娘とその家族のために、「自己必要」を理由として、被告との本件使用賃貸借関係を解約告知した。これに対して、本件住居に三五年を超えて居住していたところの被告は、二〇〇八年一月一四日付の書面をもって本件解約告知に異議を述べたのである。

地方裁判所に控訴したのは原告であった。

［判決理由］

地方裁判所もまた、結論として、「成人した娘とその家族のための自己必要に依拠したところの二〇〇七年四月三〇日の原告の本件解約告知は、確かに、当事者の間の本件使用賃貸借関係を終了させるに適当であった。しかし、当事者の間の本件使用賃貸借関係は、被告の異議にもとづいて……正当なことに……期間の定めなく継続されたのである」(999)、と判断した。

その判決理由において、地方裁判所は、はじめに、「本件使用賃貸借関係の終了についての原告の正当な利益は、BGB五七三条一項、五七三条二項二号にしたがって存在した」(1000)、と判断したが、そのように判断した理由について、次のように論じた。

「原告は、BGB五七三条二項二号の意味における家族構成員のために本件住居を必要とした。というのは、BGB五七三条二項二号の意味における家族構成員は、いずれにせよ、原告の娘とその家族を包括するからである。原告は、彼女の娘とその夫がその間にその幼児と一緒に本件住居に入居するつもりであることを証明することができた。自分自身の娘とその家族に本件住居を委譲するという願望は、筋の通り、あとづけることができるものでもあった。というのは、三人の人々をもって意図されたところの本件住居の利用は、いずれにせよ、被告がその間に全くひとりで本件住居に居住したことにかんがみて無分別ではなかったからである。その住居を自己、あるいは、本件のようにその娘のために利用するつもりであるという所有者の願望は、原則として尊重されなければならない。原告が本件において……証明したところの願望は、その取戻しについての願望の真摯さにもといづいてだけ審理されてしかるべきである。さらに、その願望が権利の濫用であるのかどうかという点、あるいは、その住居の願望が賃貸人が所有者として等価値の住居をもっているという理由から別のやり方で満たされることができるのかどうかという点が裁判所によって審理されてしかるべきである。本件においては、筋の通り、あとづけることができる自己利用の願望が、本件解約告知の時点において、および、本件解約告知期間の満了とともに存在したこと、および、権利の濫用性のための根拠、あるいは、その居住の必要を別のやり方で同じように満たすことができる可能性は本件において認められていなかったことから出発されなければならなかったのである」[1001]。

しかし、地方裁判所は、「被告の異議にもとづいて、当事者の間の本件使用賃貸借関係は期間の定めもなく継続されなければならなかったのである」[1002]、と判断した。

そのように判断した理由について、地方裁判所は、次のように論じたのである。

「というのは、当部は、被告の個人的な聴聞にしたがって、および、区裁判所によって求められた鑑定書、ならびに、提出されたところの二〇一〇年三月一五日付のごく最近の医師の態度決定を評価して次のことを確信していたからである。すなわち、被告の個人的な事情は、被告にとって、被告が本件住居を去り、ほかの住居に入居しなければならない場合、もはや受け入れられることができない要求できない苛酷さに行き着くのであり、その苛酷さは原告の正当な利益を考慮に入れても本件使用賃貸借関係の終了をもはや正当化しなかったことである。被告は、きわめて強くはっきり打ち出されたやり方において、一九七〇年代以来被告によって居住された本件住居に定着していた。当部は、被告が有意義な人生の継続を本件住居の維持に従属させたのであり、見通すことのできる期間の間予見することができる被告の現在の精神的・健康的な状態がその考え方の変化を予期させなかったことに関する心象をもたらすことができた。被告は、残った彼女の生きがいを本件住居と結び合わせた。被告は、彼女の夫の死後ほとんど三年前に明らかに彼女の生き方において、共同生活の思い出の保存、その夫を失ったことについての悲しみ、および、本件住居の維持に限定されていた。被告は、当部の印象にしたがって、被告の人生のために、自分自身の将来をほかの住居においてととのえ、このことをまた行う心構えがないのみならず、その状況にもないのである。……全部の事情の要求された比較衡量の枠組みにおいて、本件においては次のことが考慮に入れられなければならなかった。すなわち、被告は、その間に七三歳であったし、被告のこれまでの態様は、譲歩する能力と新たな方法をとる能力の場合によっては高齢の人とも結びついている進行性の喪失にかんがみて、ある変化をもはや予期させておかなかったが、他方において、原告の娘は、若く、彼女の職業的な活動にかんがみて、なお相対的に小さな子供にもかかわらず、明らかに能力のあり、柔軟であることである。相対的に高い被告の年齢という背景のもとで、被告に対して、まさに、被告が適当な医療措置、特に精神療法の措置、もしくは、よりよく調整された投薬によって新たな住居においても生活することを被告に可能にするところの状態を作り出すことができる、と責められることはできなかった。被告は、すでに薬を飲んでいたが、その薬は（被告の生活を）本件住居に留めることに関してある変化をもたらすことができることに至らなかった。仮に、いずれにせよ、本件住居の喪失の場合のために差し迫る自殺傾向に依拠する被告の態様がある程度の恐喝的な要素をはらんでいるとしても、当部は、それにしたがって、被告のための人生は、本件住居の喪失とともに、被告にとって回復不能に被告の最終的な意味と内容を失うことを確信していた。当部の見解にしたがって、本件住居の喪失から立ち直るために、被告の知覚、および、被告の経験、ならびに、感じることと考えることを制限するというやり方において、永続的に向精神薬をもって治療されることは被告にもはや要求されることもできなかった。本件において認められた状況において、たぶん時間的に制限された治療可能な精神病から出発されることはできなかったのである。

被告が要求できるやり方と見通すことのできる時間において彼女の現在の状態を克服することができることに関して有利な予測も存在しなかったのであるから、本件使用賃貸借関係は期間の定めなく継続されなければならなかったのである。

その場合に、当部は、原告の娘のために代わりの解決を見出すことが、原告の個人的な背景の前で、本件住居を失ったときに意義に満たされた晩年を送ることができることが被告にのしかかるよりも、比較できるほど原告にとってより容易であるといってよいだろうことをも考慮に入れたのである」[1003]。

㋒　最後に、賃借人の側の何らかの活動にかかわる利益の侵害が問題とされ、結論として、賃借人にとっての「苛酷さ」が肯定された事案を考察することにする。

(ⅰ) 賃借人の側の職業活動にかかわる利益の侵害が問題とされた事案

(ⅰ) にかかわる裁判例として、「賃貸借法の規定の改正に関する第三次法律」が妥当する以前の裁判例であるが、ケルン上級地方裁判所一九六八年六月二八日決定[1004]をみておきたい。

地方裁判所は、上級地方裁判所に、「賃借人が、解約告知された本件住居において、同時に理髪業に専念し、確固たる常連客を今にも失いそうであることによって、BGB五五六a条一項の意味における苛酷さは賃借人のために理由づけられることができるのかどうか」、という法的問題を提出した。

この法的問題について、上級地方裁判所は、「……常連客の喪失が全く苛酷さについての要素を意味することは疑問の余地がない。……職業上の関係への侵害によって理由づけられた苛酷さもまた社会的条項の適用のために考慮に入れられなければならないのである」[1005]、と答えたのである。

(ⅱ) 賃借人の側の教育活動にかかわる利益の侵害が問題とされた事案

第一に、ヴッパータール地方裁判所一九六九年一〇月二日判決[1006]をみておきたい。

地方裁判所は、結論として、「賃借人の異議は事柄にそくして理由づけられていた。本件使用賃貸借関係の終了は、被告（賃借人）とその家族にとって痛烈な打撃となったのである」[1007]、と判断した。

その判決理由において、地方裁判所は、そのように判断した理由について、次のように論じたのである。

「……被告の家族は、これまで夫婦と一一歳の息子から構成されていた。今や、被告の家族は、ひとりの里子、すなわち、一四歳の娘だけ拡大されていた。当部の見解にしたがって、住居の交替は、被告の二人の就学義務のある子供らにとって、たぶんそれと不可避的に結びつけられたすべての不利益をともなって学校の交替の必然性をともなう。学校の交替は、特に来年卒業資格の前にあるところの被告の里子にとって不利である。

被告の家族にとって本件使用賃貸借契約の解消と結びつけられた社会的な苛酷さにもかかわらず、それとともに本件使用賃貸借関係の継続についての被告の利益が後退しなければならなかったような重要さをともなう原告（賃貸人）らの正当な自分自身の利益は確認されることができなかったのである」[1008]。

第二に、ヴッパータール区裁判所一九七〇年六月一五日判決をみておきたい。

【192】ヴッパータール区裁判所一九七〇年六月一五日判決[1009]

［事案の概要と経緯］

原告（賃貸人）は、被告（賃借人）らが賃料の支払いを遅滞し、共同受信アンテナの料金や建物・土地所有者協会の分担金の支払いを拒絶したことなどを理由として、被告らとの本件使用賃貸借関係を解約告知した。これに対して、被告らは、ＢＧＢ旧五五六ａ条にしたがって本件解約告知に異議を述べたのである。

［判決理由］

区裁判所は、結論として、「本件解約告知は成果をもつことができなかった。被告らは、成果をもって本件解約告知に異議を述べた。被告らにとって本件住居の明渡しは苛酷さを意味したのである」[1010]、と判断した。

その判決理由において、区裁判所は、そのように判断した理由について、次のように論じたのである。

「……被告らは、就学義務があり、本件住居の近くの学校に通っているところの三人の子供らをもっていた。それほどに大きな家族において、裁判所に周知の市場の状況において、住居に関して、民事訴訟法七二一条にしたがって場合によっては認められなければならない明渡期間の範囲内でまさしくその学校の近くに代替住居を見出すことが被告らにうまくいくことは考慮に入れられることができなかった。……転校を受け入れなければならないことは、本当に被告らの子供らにとって適当でなかった……この苛酷さは、原告の正当な利益を評価しても正当化されることができなかった。というのは、原告の正当な利益は認識できなかったからである。本件住居を自由に意のままにするという原告の意思は十分な正当な利益ではなかったのである」[1011]。

最後に、区裁判所は、本件使用賃貸借関係は二年間だけ継続されなければならなかったという結論について、次のように論じたのである。

「すべてのことにしたがって、当事者の間の本件使用賃貸借関係は継続されなければならなかった。本件使用賃貸借関係をこれまでの条件のもとで継続することが原告に要求できなかったという事情は明らかでなかった。この継続の期間は二年にわたると定められなければならなかった。子供の多い家族にとって住居市場に存在するところの困難さを考慮に入れても、十分な蓋然性をもってこの期間の範囲内で被告らの子供らが通っている学校の近くに相当な代替住居を見出すことが被告らにうまくいくことが考慮に入れられなければならなかったのである」[1012]。

第三に、ミュンヘン第二地方裁判所一九九一年一一月一四日判決をみておきたい。

【193】ミュンヘン第二地方裁判所一九九一年一一月一四日判決[1013]

［事案の概要と経緯］

原告（賃貸人）らは、被告（賃借人）らが居住する本件住居の所有権を取得したうえで、「自己必要」を理由として、被告らとの本件使用賃貸借関係を解約告知した。原告らは、現在定期賃貸借契約の形で原告・一の両親が所有する住居に居住していたが、その定期賃貸借契約の期間はすでに満了していた。

これに対して、被告らは、ＢＧＢ旧五五六ａ条にしたがって本件解約告知に異議を述べ、本件使用賃貸借関係の継続を請求したのである。

地方裁判所に控訴したのは原告らであった。

［判決理由］

地方裁判所もまた、結論として、「区裁判所は、その結果において、正当なことに本件明渡しの訴えを棄却したのであるから、区裁判所の判決に対する原告らの本件控訴は理由づけられていないものとして棄却されなければならなかった。本件使用賃貸借関係は、今後はＢＧＢ五五六ａ条にしたがって一九九三年八月三一日まで延長されなければならなかったのである」[1014]、と判断した。

その判決理由において、地方裁判所は、はじめに、「本件賃貸住居の賃貸人としての原告らは、本件使用賃貸借関係の終了についてＢＧＢ五六四ｂ条の意味における正当な利益を有した。というのは、原告らは……賃貸された本件住居を自己と彼らの共通の子供のための将来の住居として必要とするからである。つまり、原告らは、現在彼らの側で賃借住居にだけ居住していた。……ＢＧＢ五六四ｂ条の意味における本件解約告知についての原告らの正当な利益を肯定するために原告らの側からなおこれ以上の説明は必要とされなかったのである」[1015]、と論じた。

しかし、地方裁判所は、「……被告らは、賃借人として、一九九一年四月三〇日付の弁護士の書面をもって本件使用賃貸借関係の本件解約告知に異議を述べ、彼らの賃貸人としての原告らに対して、ＢＧＢ五五六ａ条にしたがって社会的な理由から本件使用賃貸借関係の継続を請求したことが顧慮されなければならなかった」[1016]、と述べたうえで、原告（賃貸人）らの利益と被告（賃借人）らの利益とのあいだの比較衡量において、賃借人らの側の教育活動にかかわる利益を重要視して賃借人らの利益が優位にある、と判断したのである。ただし、地方裁判所は、それとともに、賃借人らの子供の学校の学年が終了する時点までに限って本件使用賃貸借関係が継続されなければならない、と結論づけた。すなわち、次のような論述であった。

「被告らにとって有利な結果になるように、被告らの世帯になお二人の未成年の子供らが居住しており、ひとりの子供は幼稚園に、ひとりの子供は基礎課程学校に通っていたことが効果をあらわした。さらに、被告・二の病気が被告らにとって有利な結果になるように効果をあらわした。そのほかに、公証人が作成した売買契約の締結のときに、原告らが賃貸された住居を購入したことは原告らに周知であった。したがって、原告らは、本件住居には賃借人が居住しており、本件住居はすぐに原告らによって入居されることができないことを知っていたのである。

……もともとは原告らの側から締結されたところの原告らの現在の賃貸人らとの定期賃貸借契約は、確かに形式的にすでに満了していた。それにもかかわらず、原告らは差し迫って現在の本件住居にすぐに頼らざるを得ないことはなかった。というのは、原告らと彼らの賃貸人らの家族的な状況が考慮に入れられないままであることはできなかったからである。というのは、議論の余地もなく、原告らは、現在原告・一の両親のもとに居住していたからである。

両方の当事者の利益の比較衡量において、現在の時点において、被告らの（本件住居を）維持するという利益が優位にあることが確認されなければならなかった。というのは、本件使用賃貸借関係を現在解消する場合、被告らの子供の学校についての困難さが懸念されなければならなかったからである。他方において、原告らの（本件住居を）取り戻すという利益は、いずれにせよ現在なおBGB五五六a条にしたがって原告らにとって有利な結果になるように決定されなければならなかったほど大きくなかったのである。このような全部の事情を考慮に入れると、一九九三年八月三一日まで被告らの本件使用賃貸借関係を延長することだけが考慮に値したのである。

……本件事案において、当部は、これまでの賃借条件を維持して一九九三年八月三一日付で本件使用賃貸借関係を終わらせることが被告らにとってもはや苛酷さを意味しないという見解であった。というのは、その時点においてその学年が終わり、被告らは変化した事情に適応するところの時間を十分に自由に使用できるからである」[1017]。

(iii)賃借人の側の養成専門教育・職業教育活動にかかわる利益の侵害が問題とされた事案

第一に、すでにⅡの二の2の(3)の②において取り上げたところのマインツ地方裁判所一九七〇年三月四日判決(裁判例【172】)をみておきたい。

地方裁判所は、すでに考察したように、その判決理由において、経済的な支出の観点からの被告(賃借人)らの異議を認めたが、それに加えて、賃借人らの側の養成専門教育活動にかかわる利益の侵害の観点からの賃借人らの異議をも認め、賃借人らにとっての「苛酷さ」を肯定した。地方裁判所は、その理由について、次のように論じたのである。

「さらに、養成専門教育のための困難さは、試験を受けることが住居の交替あるいは住居を探すことによって賃借人に本質的に困難にされる場合、正当でない苛酷さであると認められなければならない。この要件もまた本件において認められている。被告・一は、目下のところ彼の博士学位請求論文を片づけることに取り組んでおり、それを一九七〇年の秋に完結するつもりである。それから被告・一は法律家としての大きな国家試験に対する準備をしなければならない。また、被告・二はマインツで薬学を学んでおり、遅くとも一九七一年の夏のはじめに彼女の修了試験を受けるようになるのである。

また、住居を探すことと住居の交替は被告らから要求できない経済的な犠牲を代償として要求する。彼らの試験に対する集中的な準備によって、収入を獲得することは被告らに可能でないのである」[1018]。

第二に、アーヘン地方裁判所一九八五年二月二七日判決をみておきたい。

【194】アーヘン地方裁判所一九八五年二月二七日判決[1019]

［事案の概要と経緯］

原告（賃貸人）は、学生相互扶助会であり、本件学生用寄宿舎を運営していた。被告は、本件学生用寄宿舎に所在する本件住居の賃借人であった。原告は、被告との本件使用賃貸借関係を解約告知したのに対して、被告（賃借人）は、BGB旧五五六a条にしたがって本件解約告知に異議を述べ、本件使用賃貸借関係の継続を請求したのである。被告は、被告がこれまで代替住居を要求できる条件で見出すことができなかったこと、および、被告が目下のところ修了試験中であり、彼の大学卒業証書請求論文を作成していることを引き合いに出したのである。

［判決理由］

地方裁判所は、結論として、「BGB五五六a条の規定は、原則として学生用寄宿舎の部屋に関する使用賃貸借関係に対しても適用されることができる。……

被告は、BGB五五六a条一項にしたがって本件使用賃貸借関係の継続を請求することができる。本件使用賃貸借関係の終了は、被告にとって原告の正当な利益を評価しても正当化されることができないところの苛酷さを意味したのである」[1020]、と判断した。

その判決理由において、地方裁判所は、はじめに、被告（賃借人）はこれまで代替住居を要求できる条件で見出すことができなかったことを引き合いに出すことができない、と判断したが、その理由について、次のように論じたのである。

「区裁判所とともに、被告は、この点では……被告がこれまで代替住居を要求できる条件で見出すことができなかったことを引き合いに出すことができないことが確認されなければならなかった。被告の側に存在するところのこのような苛酷さは、原告の正当な利益に対して優勢なものではなかった。原告は、公法上の協会として、住居の場所を与えるときには公平な割当てのために配慮することを義務づけられている。住居の場所が十分に自由にならないのであるから、原告は、居住の場所を待つ学生らの利益において、それらの学生が相当な期間において学生用寄宿舎における場所を獲得することを保障しなければならない。この理由から、原告は議論の余地もなく循環交代制度を取り入れたのであり、それにしたがって、原告の寄宿舎における居住期間は五年に制限されている。……原告は、その住居を希望者らに相当に割り当てることについて固有の公的な利益をもつ。この利益は、ＢＧＢ五五六ａ条一項の枠組みにおいても考慮に入れられなければならない。このような原告の利益に対して、相当な代替住居を見出さないという被告の苛酷さは優勢なものだと考えられることができなかった。その寄宿舎における場所を待つところの多くの学生が存在するのである」(1021)。

しかし、地方裁判所は、被告（賃借人）は、賃借人が目下のところ修了試験中であり、彼の大学卒業証書請求論文を作成していることを引き合いに出すことができる、と判断した。その理由について、地方裁判所は、次のように論じたのである。

「しかし、被告は、成果をもって、被告が目下のところ修了試験中であり、彼の大学卒業証書請求論文を作成していることを引き合いに出すことができる。確かに、原告は……被告が本当に彼の大学卒業証書請求論文に向かっていることを疑った。しかし、被告は、一九八五年二月六日の弁論期日に、一九八五年二月五日付の研究所の証明書を提出した。その証明書から、被告がその研究所において彼の大学卒業証書請求論文の実験にもとづく部分を作り上げることが読み取れたのである。

彼の大学卒業証書請求論文の開始を引き合いに出すことは被告に妨げられてもいなかった。最終口頭弁論の時点の事実の諸関係が社会的条項の適用可能性のために決定的である。それに加えて、被告は、すでに区裁判所の審理において、修了試験中であり、一九八四年の終わりに彼の大学卒業証書請求論文を始めることを申し立てた。……修了試験を受けることの遅滞、および、大学卒業証書請求論文を書くことの遅滞は、被告にとってＢＧＢ五五六ａ条一項の意味において苛酷さをも意味した。住居を探すことと住居の交替は、間近に迫っている修了試験を危険にさらし、大学卒業証書請求論文の不成功に行き着きうる。それで、養成専門教育を困難にすることはＢＧＢ五五六ａ条一項にしたがった比較衡量において賃借人にとって苛酷さとして考慮に入れられなければならないことは正当と認められている。当部の見解にしたがって、被告の側におけるこのような苛酷さには、原告の正当な利益に対して優位が認められなければならなかった。この点では、修了試験の不成功は被告のひき続いての人生行路にとって深刻な結果を有しうることが考慮に入れられなければならなかった。原告によって世話をやかれた学生が修了試験を上首尾に受けることは原告にとっても重要であるはずである。それに応じて、原告は、自分自身でも……明渡しが被告にとって修了試験のあいだに特別な苛酷さを意味することを認めたのである」[1022]。

最後に、地方裁判所は、本件使用賃貸借関係は被告（賃借人）の修了試験中のあいだだけ継続されなければならなかったという結論について、次のように論じたのである。

「しかし、本件使用賃貸借関係は……一九八五年九月三〇日までだけ継続されなければならなかった。当部は、被告がその時まで彼の修了試験を修了するであろうことから出発する。この時点において被告はおよそ一年修了試験中である。

本件使用賃貸借関係を期間の定めなく継続することは考慮に値しなかった。被告の側における苛酷さについての理由がいつ存在しなくなるのかという点は不確定ではないのである」[1023]。

第三に、テュービンゲン区裁判所一九八五年三月二七日判決[1024]をみておきたい。

本件解約告知に異議を述べたところの賃借人は、彼の医学の養成専門教育の終了のあとすぐにドクターの学位を獲得する論文を書くところの医師であった。

区裁判所は、結論として、「右に述べた事情は、ＢＧＢ五五六ａ条にしたがった本件使用賃貸借関係の継続を一年だけ正当化する」[1025]、と判断した。

その判決理由において、区裁判所は、そのように判断した理由について、本判決の判例集の要約によると、次のように論じたのである。

「彼の医学の養成専門教育の終了のあとすぐにドクターの学位を獲得する論文を書くところの医師のドクターの学

位を獲得する論文を作成する期間は、修了試験の期間と等しく取り扱われなければならない苛酷さについての理由である、と考えられなければならない。

そのような事案において、その医師は、さらに続けて、BGB五五六a条一項二文[1026]を引き合いに出すことができる。というのは、見通すことのできる期間（一年ないし二年）内の二重の転居は、支配的な見解にしたがってBGB五五六a条一項一文の意味における要求できない苛酷さを含むのであり……二重の転居は、なお勉学の場所において生活し、まさしく養成専門教育とともに論文を作成する医師において、きわめて高い蓋然性をもって認められているからである。若い医師は、今日の労働市場の状況において、勉学の場所あるいはそのより近い周辺の地域において労働の場所を見出すことをほとんど考慮に入れることができないからである」[1027]。

第四に、テュービンゲン区裁判所一九八五年四月二二日判決[1028]をみておきたい。

本件解約告知に異議を述べたところの賃借人は、第三の裁判例と同じように、彼の医学の養成専門教育の終了のあとドクターの学位を獲得するつもりの医師であった。

区裁判所は、その判決理由において、本判決の判例集の要約によると、「医師がドクターの学位を獲得することは医師のための彼の職業教育の継続である、と考えられなければならない。職業の初心者の雇用が高い蓋然性をもって養成専門教育の場所の範囲外で接続するだろうところの職業教育の終わりが予測されなければならない場合、その使用賃貸借関係は、二重の住居の交替を避けるために期間の定めをもって継続されなければならないのである」[1029]、と論じたのである。

第五に、リューベック区裁判所一九八九年一月二三日判決をみておきたい。

【195】リューベック区裁判所一九八九年一月二三日判決[1030]

［事案の概要と経緯］

被告（賃借人）は、一九八四年七月八日にLに存在する本件住居に関する本件使用賃貸借契約をS婦人と締結した。S婦人は一九八六年一〇月に死亡したが、彼女の息子、すなわち、原告（賃貸人）によって相続された。原告は二人の成人した子供らを有した。年長の息子は主としてアフリカに滞在し、およそ年に一ヶ月のあいだだけLにおいて生活した。原告の息子は本件建物のまた別の住居の所有者であった。一方、現在二八歳の原告の娘は、目下なおLに存在する両親の本件建物に居住していた。原告の娘は、そこで全部で一四平方メートルの居住面積の二つの狭い空間を占有していた。原告の娘は、職業教育をする学校の教師という職業を目指して努力していた。原告の娘は、第一次国家試験に合格し、現在全部で二年間の試補見習養成専門教育の最初の年にあった。原告の娘は、この養成専門教育の経過においてLに存在する実業学校に勤めていた。

これに対して、被告もまた特殊学校の教師という目標とする職業をもっていた。被告は、同じく全部で二年間の試補見習養成専門教育の二年目の養成専門教育の年度にあった。被告は、この二年目の養成専門教育の年度を修了試験の段階と呼んだ。被告は、最初の養成専門教育の年度の終わりに受けなければならなかったところの中間試験にきわめてよい成果をもって合格した。

原告は、一九八八年一〇月三一日付で、被告との本件使用賃貸借関係を解約告知した。原告は、本件住居を彼の娘のために必要とする、と主張した。原告の娘にとって両親の本件建物における居住関係は不十分であった。被告は、その異議をもって一九八九年八月三一日まで本件解約告知を見合わせるように頼んだ。しかし、原告は、一九八九年一月三一日まで本件使用賃貸借関係を延長することに同意していると表明した。

これに対して、被告は、本件使用賃貸借関係を一九八九年八月三一日まで継続することが命じられる、と主張したほか、補助的に相当な明渡期間が認められることを申し立てた。被告にとって第二次国家試験を可能な限りきわめてよい成果をもって締めくくることは重要であった。というのは、なんらかの採用の機会が存在するからである。被告は、転居を通して惹起されるところの被告の養成専門教育の妨げを避けなければならなかった。場合によっては、被告は、いずれにしても彼女の養成専門教育の終了のあとでL地域を離れなければならなかった。被告は、彼女の養成専門教育の終わりに彼女がL地域において職業に従事していることができる場合でさえも本件住居を明け渡すつもりであった。わずかなたった数ヶ月のために住居を探すことはいずれにしろ困難である。

［判決理由］

区裁判所は、結論として、「当事者の本件訴訟は結局本件使用賃貸借関係が一九八九年一月末に終わるのか、あるいは、一九八九年八月末に終わるのかという点の問題について経過したのであるから、その結論において……原告の敗訴から出発されなければならなかったのである」[1031]、と判断した。

その判決理由において、区裁判所は、はじめに、「BGB五六四b条という法律上の規定が示すように、住居に関する使用賃貸借関係は、賃貸人によって……狭い要件のもとでだけ解約告知されることができる。いわゆる自己必要は、これらの狭い要件に属する。そのような解約告知理由が本件において原告が彼の成人した娘に本件住居を自由に使用させたいという理由から認められていることは肯定されなければならないし、被告によっても否定されないのである」[1032]、と論じた。

しかし、区裁判所は、「本件解約告知の理由が肯定されるとき、それが必然的に賃貸人によって望まれた時点での賃借人の明渡義務に行き着くことはなかった。むしろ、本件においても存在するところの賃借人の異議が考慮に入れられなければならないのであり、この異議は結局契約当事者の間の利益の比較衡量が行われなければならないことに行き着くのである。その場合に、本件事案においては、たとえば、本件使用賃貸借関係の期間の定めのない延長が問題であったのではなく、むしろ、一九八九年八月三一日（その学年の終わり、それとともに被告の試補見習の養成専門教育の終わり）までの期間の定めのある延長が問題であったのである」[1033]、と論じたうえで、「当裁判所は、被告に対して一九八九年八月三一日前に本件住居の明渡しが請求される場合、BGB五五六a条の意味における苛酷さについての事案が存在するという見解である」[1034]、と判断した。

そのように判断した理由について、区裁判所は、原告（賃貸人）の利益と被告（賃借人）の利益とのあいだの比較衡量にもとづいて次のように論じたのである。

「……被告にとって、彼女の引き続いての職業生活の可能性は決定的に第二次国家試験の成績に依存する。住居の交替が時間的な消費と神経的負担と結びつけられていることはその脈絡のなおこれ以上の理由づけを必要としないように当然である。同じく、このような負担が被告の成績に否定的な影響をもたらしうることは自然である。場合によっては、BGB五五六a条一項二文の意味における苛酷さについての理由もまた存在した。というのは、わずかな数ヶ月だけの間ある住居を賃借することは特別な困難さを免れないといってよいだろうからである。

原告の娘は現在狭められた諸条件のもとで生活していた。もっとも、当裁判所は、平方メートル数にしたがっただけの比較を作り出すことを適当でないと考えた。というのは、原告の娘の住居はその両親の本件建物内にあり、他人の間では通例であるところの境界は主張されなかったからである。……原告と彼の娘は、立法者が賃貸人の所有者としての地位を社会的な理由から制限したことと折り合わなければならなかった。原告の娘の家庭における職業的な活動の可能性が彼女の居住領域の狭さによって制限されていることはそうかもしれないが、しかし、当裁判所は、原告の娘が数ヶ月の間より広い居住領域を断念することが、被告が彼女の養成専門教育の終了の前に必然的に引払うことと同じように原告の娘の職業的な進捗に対する強い影響をもちうることを認識することができなかった。原告の娘の説明は、原告の娘が彼女の引き続いての人生行路のためにこれが被告においてそうであるような程度において修了試験の成績に依存しているわけではないことにプラスの材料を提供したのである」(1035)。

②賃借人にとっての「苛酷さ」が否定された事案

㋐ まず、賃借人の側の居住環境への定着という利益の侵害が問題とされたが、結論として、賃借人にとっての「苛酷さ」が否定された事案を考察することにする。

第一に、「賃貸借法の規定の改正に関する第三次法律」が妥当する以前の裁判例であるが、ミュンヘン区裁判所一九六六年六月二八日判決(1036)をみておきたい。

原告（賃貸人）が被告（賃借人）らとの本件使用賃貸借関係を解約告知したのに対して、被告・一が本件解約告知に異議を述べたという事案であった。

区裁判所は、結論として、「本件訴えは理由づけられていた。被告らは、本件住居を明け渡して返還するように義務づけられていたのである」(1037)、と判断した。

その判決理由において、区裁判所は、被告(賃借人)・一がもっぱら賃借人らの長年にわたる居住と高齢を異議の理由としたこと(したがって、賃借人らの側の居住環境への定着という利益の侵害が直接に申し立てられたわけではない)について、次のように論じたのである。

「被告・一は十分な異議の理由を証明しなかった。立法者は、自分自身で、BGB五六五条二項(住居に関する使用賃貸借関係における解約告知期間についての規定)において長年にわたる居住を顧慮した。そのことから、BGB五五六a条の枠組みにおいてこの事情をさらに再び賃貸人にとって不利な結果になるように考慮に入れることは原則としてできないのである。……賃貸借の一方の当事者の高齢は……BGB五五六a条にしたがった判決において注目すべきものである。しかし、それは隔絶して考察されなければならないわけではなく、むしろ全体の諸関係の枠組みにおいて評価されなければならないのである」(1038)。

第二に、すでにⅡの二の2の(2)の③のⓑにおいて取り上げたところのハンブルク・アルトナ区裁判所一九六九年五月六日判決(裁判例【141】)をみておきたい。

区裁判所は、すでに考察したように、その判決理由において、代替住居の調達の観点からの被告(賃借人)らの異議を退けたが、それに加えて、賃借人らの側の居住環境への定着という利益の侵害の観点からの賃借人らの異議をも退け、賃借人らにとっての「苛酷さ」を否定した。区裁判所は、その理由について、次のように論じたのである。

「もっぱらその使用賃貸借契約の長さだけが苛酷さを理由づけることはない。というのは、立法者は、この点では解約告知期間の対応した延長によって法律上の調整をもたらしたからである。

被告らが一三年の本件使用賃貸借期間において本件住居とその周辺の地域に定着し、本件住居が被告らにとっても好都合であるという被告らの申立ては、なお苛酷さの受入れを正当化しなかった。つまり、被告らは、彼らの定着のためにどんな種類の具体的な根拠も申し立てなかった。しかし、具体的な根拠なしには評価する結論は引き出されることができないのである。賃借人がその解約告知によってよりわずかに好都合である住居を賃借するように強いられるという事実は、同じくもっぱらそれ自体だけで苛酷さを受け入れるために適当でないのである」(1039)。

第三に、カストロプ・ラウクセル区裁判所一九八八年四月一三日判決をみておきたい。

【196】カストロプ・ラウクセル区裁判所一九八八年四月一三日判決(1040)

［事案の概要と経緯］

原告（賃貸人）らは、本件建物（二戸建住宅の半分）の所有者であった。本件建物には二つの住居があり、一方の住居は一階に、他方の住居は二階と屋階にあった。およそ四五平方メートルの広さの一階の本件住居は、被告（賃借人）によって一九七九年以来居住されており、被告の祖母が他方の住居に居住していた。一方、原告らは、現在三つと半分の部屋から構成されていた住居に居住していた。原告らは、一一歳の娘と四歳の息子をもっているが、自分自身で本件住居に入居するつもりであった。原告らは、隣接して存在する二戸建住宅の他方の半分に所在する全く同様の広さの一階の住居を賃借し、両方の住居を突破によって結びつけることができた。

原告らは、一九八六年九月一二日付の書面をもって、一九八七年三月三一日付で、被告との本件使用賃貸借関係を解約告知した。原告らは、彼らの現在の住居が四人家族にとって十分でないし、転居することは被告にとって正当でない「苛酷さ」を意味しないという見解であった。原告らは、これについて、被告がほとんどなお本件住居に滞在することはなく、むしろ全く主として被告の恋人のところで彼の自由時間を過ごし、少なくとも時々本件住居にも泊まっている、と主張したのである。

［判決理由］

区裁判所は、結論として、「原告らは……本件住居の明渡しと返還を請求することができる。というのは、もともとは前所有者と被告との間で基礎づけられ、原告らが……（その関係に）入ったところの本件使用賃貸借関係は、一九八六年九月一二日の本件解約告知によって一九八七年三月三一日付で終了させられていたからである」[1041]、と判断した。

その判決理由において、区裁判所は、はじめに、「本件住居についての原告らの自己必要もまた存在した。まず、ひとりの娘とひとりの息子をもつ原告らは、ひとつの子供部屋だけをもっているところの原告らの現在の住居において不十分に居住させられていたし、住居についての欠乏は自己必要を理由とする解約告知のための要件ではなく、むしろ、自己必要は賃貸人が自己のためにその住居を請求するために筋の通り、あとづけることができる理由を有する場合にも受け入れられなければならない。これは本件においてそうであったのである」[1042]、と論じた。

さらに、区裁判所は、「本件解約告知は、被告にとってＢＧＢ五五六ａ条の意味における正当でない苛酷さをも意味しなかった」[1043]、と判断した。

そのように判断した理由について、区裁判所は、第一に、「被告の祖母は世話を必要とするし、被告が祖母と同じ建物に居住する場合にだけ被告が必要な援助を提供することができることは確認されることができなかったのである。

被告の祖母は年齢に起因する多数の病気をもつが、しかし、世話を必要とするのではなく、むしろ、窓をきれいにすることとカーテンを掛けることを度外視して、なお自力によって彼女の所帯をきりもりし、さらに、被告のためにある程度の家事をも行う、と証言した。被告は、祖母のために小さな世話だけを行ったのであり、たとえば、被告は、地下室から石炭を、時々医師から処方箋を、あるいは、薬局から薬を取ってきたり、買い物や墓地に祖母と一緒に行ったりした。

被告は、もはや祖母と同じ建物に居住しない場合にもこのような援助を祖母に与えることができる。被告の祖母は被告が恒常的にいずれにせよ被告の仕事時間外に彼女の面倒を見ることに頼らざるを得ないわけではないことは、証拠調べにもとづいて被告が彼の自由時間の間に主として本件住居に滞在していないことが確定していることからも判明したのである」[1044]、と論じたのである。

第二に、区裁判所は、被告（賃借人）の側の居住環境への定着という利益の侵害の観点からの賃借人の異議を退け、賃借人にとっての「苛酷さ」を否定した。区裁判所は、その理由について、次のように論じたのである。

「本件住居を七年以来賃借したところの被告は、実際に祖父母のもとで成長したし、それゆえに転居することが被告に要求されることができないほど本件の居住環境に定着していたことを引き合いに出すことができなかった。まず、より近い周辺の地域において相当な住居を賃借するという可能性が存在するし、本件住居への入居についての原告らの利益にかんがみて、本件の居住環境を変えることは相対的になお若い被告に要求されることもできるのである。

そのことから、被告は本件住居を明け渡すように判決が下されなければならなかったのである」(1045)。

第四に、ハンブルク地方裁判所一九九三年一〇月二六日判決をみておきたい。

【197】ハンブルク地方裁判所一九九三年一〇月二六日判決(1046)

［事案の概要と経緯］

原告（賃貸人）は、一九九〇年五月三〇日に、「自己必要」を理由として、一九九一年五月三一日付で、被告（賃借人）らとの本件使用賃貸借関係を解約告知した。原告は、彼の仕事場への走行時間、ならびに、彼の妻の仕事場への走行時間を短縮するために本件住居に入居したかったのである。

これに対して、被告らは、本件住居における彼らの定着、ならびに、転居することは被告らの健康状態への侵害となることを理由として本件解約告知に異議を述べたのである。

地方裁判所に控訴したのは被告らであった。

［判決理由］

地方裁判所は、はじめに、「一九九〇年五月三〇日の原告の本件解約告知は、自己必要を理由として一九九一年五月三一日付で被告らとの本件使用賃貸借関係を終了させた」(1047)、と判断した。

その判決理由において、地方裁判所は、そのように判断した理由について、次のように論じた。

「……区裁判所は、的確に、原告がBGB五六四b条二項二号にしたがって本件使用賃貸借関係の終了について正当な利益を有することを確認した。これに対して、控訴審における被告らの申立てはほかの決定を正当化しなかった。BGB五六四b条二項二号の意味における正当な利益は、最上級審裁判所の裁判例にしたがって、すでに賃貸人が彼の利用の願望のために筋の通り、あとづけることができる理由を有する場合に存在する。これは、本件においてそうであった。原告は、彼の仕事場への走行時間、ならびに、彼の妻の仕事場への走行時間を短縮するために本件住居に入居したかったのである」(1048)。

さらに、地方裁判所は、「被告らは、原告に対して、期間の定めなく本件使用賃貸借関係を継続することをも請求することができない」(1049)、と判断した。

その判決理由において、地方裁判所は、被告（賃借人）らが転居することを要求できないものにするところの本件住居における賃借人らの定着を立証的に申し立てなかったことについて、次のように論じたのである。

「……被告らは、BGB五五六a条一項の意味における苛酷さについての理由の存在を立証的に申し立てなかったし、もしくは、証明することができなかった。被告らは、転居することを要求できないものにするところの本件住居における被告らの定着を立証的に申し立てなかった。被告らは、確かに、本件住居にすでに三四年以来居住していた。しかし、この長い居住期間は被告らの年齢と関連しても定着を受け入れることができるために十分でなかった。つまり、議論の余地もなく、被告らは、一年の数ヶ月ジュルトの彼らの休暇用建物に滞在し、しかも、たとえば五月から九月までという夏のすべての月々の間ずっとであった。すでにこれは被告らが本件住居に対して特に緊密な関係をもつことにマイナスの材料を提供した。このような長い不在にもかかわらず、本件住居に対して強い結びつきが存在することは立証的に証明されていなかった。被告らは、むしろ自分自身で、被告らがHの全部の領域に居住し、すべての人々が本件住居の直接の周辺の地域に居住するわけではないところのHにおける無数の友人、親族、および、知人を有することを申し立てた。すべての人々が本件住居の直接の周辺の地域に居住することは……良好な公的な交通の結びつきのために必要でもなかった。しかし、定着のためには、まさしく特にそこに同じく居住するところの人々との個人的な関係にもとづいてその住居と特に離れられないことが本質的である。被告らの息子もまたH通りのすぐ近くに生活していなかった。……本件使用賃貸借関係の期間を度外視して、本件住居に対する被告らの特別な関係にプラスの材料を提供することができるところのこれ以外の事情は申し立てられていなかった。そのことから、転居することを要求できないように思わせるところの定着から出発されることはできなかったのである」(1050)。

なお、地方裁判所は、転居することは被告（賃借人）らの健康状態への侵害となることを理由とする賃借人らの異議をも退けた。

第五に、すでにⅡの二の2の（1）の②、および、Ⅱの二の2の（2）の③のⓑにおいて取り上げたところのブレーメン地方裁判所二〇〇三年五月二二日判決（裁判例【79】）をみておきたい。

地方裁判所は、被告（賃借人）らの異議について大きく三つの点に整理して論じたが、このうち、身体・健康の侵害の観点からの賃借人らの異議を退けた理由についてはすでにⅡの二の2の（1）の②において、代替住居の調達の観点からの賃借人らの異議を退けた理由についてはすでにⅡの二の2の（2）の③のⓑにおいて考察した。ここでは、さらに、地方裁判所が、賃借人らの側の先祖伝来の居住環境における社会的な定着という利益の侵害の観点からの賃借人らの異議を退けた理由について考察しておきたい。地方裁判所は、次のように論じたのである。

「被告らにとって転居することは要求できないわけでもなかった。

先祖伝来の居住環境における社会的な定着という観点は、本件において断固とした処置を取らなかった。

転居することは、被告らにとって彼らの高齢とこれまでの本件住居における長い居住期間にかんがみてより若い夫婦よりもより大きな負担であることが考慮に入れられなければならないだけである。区裁判所が法的な誤りなしに確認したように、確かに、先祖伝来の環境における定着は原則として利益の比較衡量において考慮に入れられなければならないところのひとつの理由である。もっとも、地域の団体の会員であることで明らかになるところの居住環境における定着は……それ自体としてだけで社会的な苛酷さを理由づける根拠としてあまり受け入れられない。定着という観点は、高齢の賃借人が彼の年齢にもとづいて、あるいは、彼がひとりで生活しているという理由でもはや新たな居住環境に適応することができない場合に特別な重要さを獲得することができる。被告らの場合において、彼らの現在の本件住居における長く続く居住は社会的なつながりの成立、および、隣人たちへの結びつきに到達したところのきずなに行き着いた。この論拠の重要さにとっては、被告らがその明渡しによって彼らの社会的な環境から引きずり出され、その変化をもはや補うことができないのかどうかという点が重要である。当裁判所は、被告らが新たな居住環境に適応することができる、と判断する。……被告らはひとりでもなく、新たな環境に適応することができないわけでもない。被告らは、病弱さも精神的な不足も申し立てなかったし、当裁判所に決してそのような印象をもたらさなかった。被告らによって彼らの定着のための中心的な証拠となるものとして申し立てられたところの速度制限の導入のための地域の住民運動における社会参加は、このような背景の前で主張された社会的な結びつきの存在のための徴候的な意義だけをもつのである。そのことを超えて、被告らによって主張されたところのPにおいて出資することのできる代替住居が欠けているために社会的な環境を去らなければならないという必然性は存在しなかった。これは、原告によって提出された住居についての新聞広告から判明する。被告らが明渡しまでの時間を利用する限り、被告らはこれまでの本件住居のすぐ近くにおいて新たな住居を見出す十分な見込みが存在するのである」(105)。

第六に、すでにⅡの二の2の(2)の③のⓑにおいて取り上げたところのデッサウ・ロスラウ地方裁判所二〇一六年一二月七日決定(裁判例【168】)をみておきたい。

地方裁判所は、被告(賃借人)らの多様な観点からの異議について大きく二つの点に整理して論じた。このうち、地方裁判所が代替住居の調達の観点からの賃借人らの異議を退けた理由についてはすでに考察した。ここでは、それに加えて、地方裁判所が賃借人らの側の居住環境への定着という利益の侵害の観点からの賃借人らの異議を退け、賃借人らにとっての「苛酷さ」を否定した理由について考察しておきたい。地方裁判所は、次のように論じたのである。

「……区裁判所が正当なことに述べたように、およそ一歳の子供をいつもながらの環境から去らせることもまた要求できない苛酷さを意味しなかった。その年齢において本件解約告知の時点になお幼稚園にも通っていなかったところの被告らの子供は、規則的に転居を要求できないように思わせしめるところのその周辺の地域に対するこれほどに確固たる関係をなお築いていなかったのである」[1052]。

㋑　次に、賃借人の側の教育活動にかかわる利益の侵害が問題とされたが、結論として、賃借人にとっての「苛酷さ」が否定された事案を考察することにする。

第一に、すでにⅡの二の2の（3）の③において取り上げたところのカールスルーエ区裁判所一九八七年三月二四日判決（裁判例【177】）をみておきたい。

区裁判所は、すでに考察したように、経済的な支出の観点からの被告（賃借人）らの異議を退けたが、それに加えて、賃借人らの側の教育活動にかかわる利益の侵害の観点からの賃借人らの異議をも退け、賃借人らにとっての「苛酷さ」を否定した。区裁判所は、その理由について、次のように論じたのである。

「……被告らが国民学校の七学年に通う娘を有するという事情もまた、当裁判所の見解にしたがって本件使用賃貸借関係の継続を正当化しなかった。というのは、学校の交替はこの年齢において要求できるように思われるからである」[1053]。

第二に、ジーゲン地方裁判所一九八八年一一月二四日判決をみておきたい。

【198】ジーゲン地方裁判所一九八八年一一月二四日判決[1054]

［事案の概要と経緯］

原告（賃貸人）は、一九八七年一二月一六日に、原告の息子のために、「自己必要」を理由として、一九八八年一二月三一日付で、被告（賃借人）らとの本件使用賃貸借関係を解約告知した。原告の息子は、彼の家族とともに本件住居に引っ越したかったのである。

これに対して、被告らは、主として、転居することが被告らの娘にとって場合によっては学校の交替と結びつけられていることを理由として本件解約告知に異議を述べたのである。

［判決理由］

地方裁判所は、結論として、「原告の本件明渡しと返還の請求は理由づけられていた」[1055]、と判断した。

その判決理由において、地方裁判所は、はじめに、「……一九八七年一二月一六日の原告の自己必要を理由とする本件解約告知によって、当事者の本件使用賃貸借関係は一九八八年一二月三一日付で終了させられていた。区裁判所は、正当なことに、本件解約告知を有効であると考えたのである。

主張された本件の自己必要は存在する。連邦通常裁判所の裁判例にしたがって、自己必要は、賃貸人が自己、その世帯に属する人々、または、その家族構成員のためにその住居を利用することに関して筋の通り、あとづけることができる理由を有する場合に受け入れられなければならない。本件においてそのような筋の通る理由が存在する。原告の息子が、彼の家族とともに、およそ六四平方メートルの広さの狭い二つの部屋から構成されていた住居から、およそ九三平方メートルの居住面積をもち、彼の職場のより近くにあるところの原告の本件建物に所在する本件住居に引っ越したかったことは何の問題もなく理解できたのである」[1056]、と論じた。

さらに、地方裁判所は、「被告らは、ＢＧＢ五五六ａ条一項にしたがって本件使用賃貸借関係の継続を請求することができなかった。本件使用賃貸借関係の終了は、被告らにとって正当化できない苛酷さを意味しなかった。長い居住期間は、すでに解約告知期間の長さを通して顧慮されている。転居することが被告らの娘にとって場合によっては学校の交替と結びつけられていることはＢＧＢ五五六ａ条の意味における苛酷さを理由づけなかった。その他の点では、被告らはこれについて詳しいことを申し立てなかったのである」[1057]、と論じたのである。

最後に、地方裁判所は、「四ヶ月の明渡期間―本件使用賃貸借関係の終了の時点（一九八八年一二月三一日）から計算されて―は相当であり、十分であるように思われる。その期間の範囲内で新たな住居を賃借することは、集中的な努力において被告らにうまくいくに違いなかったのである」[1058]、と論じたのである。

第三に、ノイミュンスター区裁判所一九八九年四月二八日判決[1059]をみておきたい。

賃借人の側の教育活動にかかわる利益の侵害が問題とされたが、結論として、賃借人にとっての「苛酷さ」が否定された事案である。

本判決の判例集の要約によると、区裁判所は、「賃借人の三歳の子供が一九八九年八月に幼稚園についての場所を確実に約束されて獲得したという事情（子供のために幼稚園についての場所を手に入れることがどれほど困難であるかという点は当裁判所にとって自分自身の経験から周知である）はBGB五五六a条の適用を必要とするところの苛酷さであることが明らかにならない。むしろ、その状況は試験の状態における学校の交替という状況と異なって評価されなければならないのである」[1060]、と論じたのである。

第四に、すでにⅡの二の2の（1）の②、Ⅱの二の2の（2）の③のⓑ、および、Ⅱの二の2の（3）の③において取り上げたところのハンブルク区裁判所二〇〇九年八月四日判決（裁判例【80】）をみておきたい。

区裁判所は、被告（賃借人）らの多様な観点からの異議について大きく四つの点に整理して論じた。このうち、身体・健康の侵害の観点からの賃借人らの異議を退けた理由についてはすでにⅡの二の2の（1）の②において、代替住居の調達の観点からの賃借人らの異議を退けた理由についてはすでにⅡの二の2の（2）の③のⓑにおいて、および、経済的な支出の観点からの賃借人らの異議を退けた理由についてはすでにⅡの二の2の（3）の③において考察した。ここでは、さらに、区裁判所が、賃借人らの側の教育活動にかかわる利益の侵害の観点からの賃借人らの異議を退けた理由について考察しておきたい。区裁判所は、次のように論じたのである。

「特別な苛酷さについての理由は、被告らの息子が来年彼の高校卒業資格試験を受け、かなり近隣の学校に通う点においても見て取られることができなかった。被告らの転居は不可避的に彼らの息子の学校の交替と結びつけられていなかった。当裁判所は、被告らの息子がむしろ残りの学年の間これまでの学校にとどまる可能性をもつことから出発する。確かに、転居することは被告らの息子にとってたぶんより長い通学路と結びつけられているだろう。しかし、その通学路は被告らの息子に要求されなければならない。経済的にもこのための負担は被告らにとって負担できる。学割乗車券は月あたり三三ユーロ六〇セントである」[1061]。

㋒ 続いて、賃借人の側の養成専門教育・職業教育活動にかかわる利益の侵害が問題とされたが、結論として、賃借人にとっての「苛酷さ」が否定された事案を考察することにする。

第一に、ギーセン区裁判所一九八九年一一月九日判決をみておきたい。

【199】ギーセン区裁判所一九八九年一一月九日判決(1062)

［事案の概要と経緯］

学生用寄宿舎を経営するところの原告（賃貸人）は、一九八五年八月に被告（賃借人）に本件住居を賃貸した。本件使用賃貸借契約は一九八九年九月三〇日を越えての延長が原則として排除されていた。原告は、一九八九年六月八日付の書面をもって、被告との本件使用賃貸借関係を解約告知し、本件明渡しの訴えを提起したのである。

［判決理由］

区裁判所は、結論として、「被告は……本件賃借物を明け渡し、賃貸人としての原告に返還するように義務づけられていた」(1063)、と判断した。

その判決理由において、区裁判所は、はじめに、「……本件使用賃貸借関係は本件解約告知によって有効に終了させられていたことが確認されなければならなかった。原告は……最大限一九八九年九月三〇日まで期限づけられた本件使用賃貸借関係を有効に解約告知した」(1064)、と論じた。

さらに、区裁判所は、「本件使用賃貸借関係の継続のために被告によって申し立てられた事情は、当裁判所の見解にしたがって、BGB五五六a条にしたがった本件使用賃貸借関係の延長を正当化しなかった。……BGB五五六a条の要件は被告にとって有利な結果になるように存在しなかった」(1065)、と判断した。

そのように判断した理由について、区裁判所は、次のように論じた。区裁判所は、原告（賃貸人）の利益と被告（賃借人）の利益とのあいだの比較衡量において、賃借人の側の養成専門教育活動にかかわる利益の侵害の観点からの賃借人の異議を退け、賃借人にとっての「苛酷さ」を否定したのである。すなわち、次のような論述であった。
「確かに、被告が明らかに大学の勉学の終わりに近づき、その修了試験の時期が……被告が……一九九〇年二月にはじめて最も近い試験の期日をもつ場合にも特別な問題を投げかけることが確認されることができる。かなり前からギーセンの住居市場は明白に困難な状況であるし、代替住居を求めるさまざまの努力も成功を収めなければならないわけではないこともまた周知であった。もっとも、ギーセンの住居市場においてもはや住居が見出されることができないことはそうでもない。特に学期の終わりには、住居を探すことは場合によってはより長い時間を要求するのではあるが、経験上配置換えが行われる。本件事案において、これらの諸条件は確かに被告にとって個人的な苛酷さが存在することを明らかにするが、しかし、その苛酷さは、原告の利益を考慮に入れると正当化されていた。つまり、その際、被告がはじめから本件住居の委譲の特別な情勢について承知していたこと、および、いちばんはじめに締結された本件使用賃貸借契約の取り入れのもとでも原告の寄宿舎において全部で一九八九年九月三〇日までの最大限の居住期間だけが可能であったことが考慮に入れられなければならなかった。その最大限の居住期間、および、その理由づけは、そのうえさらに本件使用賃貸借契約の基礎になった……

……その最大限の使用賃貸借期間の合意は必要である。というのは、それらの賃貸において間接的な国家の助成にかかわる問題であるところの制限された数の学生用寄宿舎の場所だけが自由になるからである。そのようにしてだけ大学で勉学する多数の人々が国家によって助成された寄宿舎の場所を享受するのである。

この合意がその意義をもつことは、すでに有利な賃借住居の十分でない供給がギーセンの領域において存在するという理由から疑わしくはありえなかった。原告によって請求されたところの（付帯費用なしで）九〇ドイツマルクの金額における賃料は明白に有利であり、自由な住居市場における賃料と比較できなかった。……これらの有利な賃料の諸条件が少数の人々だけに自由に使わせられることができないことは自明のことであり、特に……間接的な国家の助成にかかわる問題である。しかし、その最大限の居住期間を通して取り入れられた循環交代の原則、および、それとともに場合によってはなお社会的により弱いほかの学生にも住居を自由に使わせるという原告の可能性は、賃借人がその最大限の居住期間の満了後に要求できる条件の相当な住居が欠けていることを引き合いに出すことができる場合に疑問視されるのである。その場合に、ギーセンにおいてすでに何年にもわたって大学で勉学している学生は、これがたとえば遠方からやって来る新入生においてそうであるよりも、つながりを通して、もしくは、住居市場を常に注目することを通して住居を賃借することができる本質的によりよい機会をもつことが考慮に入れられなければならないし、これは特に被告にも妥当する。原告は……明白に困難な住居市場にあるほかの人々に住居を提供することができる状態にも置かれなければならなかった。そうでなかったら、契約の基礎にもなったところの原告の住居についての目的の方向、それとともに、社会政策的な目的の方向が実現されることができなかった。それにもかかわらず、賃借人がその最大限の居住期間を越えて本件使用賃貸借関係の延長を達成することができるならば、これは一般的にも具体的な事案においても正当化されていないところの特権付与に行き着く。被告は、七〇〇ドイツマルクをもって、住居市場においても住居を探すのに十分な資金をもっていた。さらに、被告の両親はかなり好ましい境遇に置かれ、その結果、必要とあれば短期間でより高い賃料の住居も無理なく賃借されることができることがつけ加わったのである。

当裁判所は、いずれにせよ被告が当事者の特別な関係にもとづいて相当な代替住居が欠けていることを引き合いに出すことができないことを確信していた。

申し立てられた勉学についての諸条件もまた要求できない苛酷さの受入れを正当化しなかった。確かに、被告が一九九〇年二月における懸案の修了試験のために今や個人的にも極度に緊張させる修了試験の準備中であることは信じられることができた。もっとも、大学での勉学の終わりに必要な大学学位記請求論文がすでに一九八七年ないし一九八八年の冬学期に書かれていたこともまた確認されなければならなかった。すでにずっと以前から書かれた大学学位記請求論文にかんがみて、当裁判所は、その点で何ひとつ意外なことはなく、被告が今や相対的に修了試験寸前であることを認識することができた。被告に周知であったし、被告に周知の最大限の居住期間をも顧慮して、何年も前からすでに困難なギーセンにおける住居市場の状況にかんがみて時宜を得て代替住居を手に入れようとするためにきっかけを与えなければならなかったところの事情がこれである。同時に、この努力は決して見込みのないものであるとみなされることはできないことが確認されなければならなかった。というのは、仮にますますよりわずかな程度においてであるとしても繰り返し代替住居の調達の可能性が存在するからである。

被告によく知られた事情を顧慮して、当裁判所は、最終的に、被告によって保持された本件住居の明渡しと返還の場合に要求できない苛酷さは被告に向けられていないという見解であった。むしろ、存在する住居の場所を可能な限り社会的に割り当てることについての原告の正当な利益を守るために明渡しが必要であった。この点では、明渡しについての原告の利益が本件住居を維持することについての被告の利益を凌駕するのである」(1066)。

最後に、区裁判所は、「異議を述べられることができない論究された原告の目的の方向にかんがみて、民事訴訟法七二一条にしたがった大がかりな明渡期間もまた認められることができなかった。すでに……ほかの賃借人らに住居を遅滞なく用意することについての原告の……本質的な利益がそれと対立している。もっとも、一九八九年一二月一五日までの明渡期間が被告に認められなければならなかったという限りでは、代替住居の調達における困難な諸関係もまた顧慮されなければならなかったのである」(1067)、と論じたのである。

第二に、ボン区裁判所一九九〇年六月二六日判決をみておきたい。

【200】ボン区裁判所一九九〇年六月二六日判決(1068)

[事案の概要と経緯]

公法上の施設である原告（賃貸人）は、被告（賃借人）に賃貸されたところのボンに存在する学生用寄宿舎に所在する家具付の本件住居の明渡しと返還を請求した。被告は、一九八三年三月八日の本件使用賃貸借契約をもって、原告から、最後に一六三ドイツマルク五〇ペニヒの月あたりの賃料で本件住居を賃借した。本件使用賃貸借関係は一九八三年三月にはじまり、一九八六年三月三一日まで期限づけられていた。その後、被告がいくつかの住宅局を利用したという事情にもとづいて、本件使用賃貸借関係は何度か、ただし、最終的に一九八九年三月三一日まで延長されたのである。

被告は、高等学校の教職のためのドイツ語と歴史の分野を学んでいた。被告は二〇学期目の学生であり、一九八八年一一月から国家試験中であった。そのときどきの被告の申立てにもとづいて、本件使用賃貸借関係は国家試験を顧慮して新たに二度延長されていた。つまり、本件使用賃貸借関係は、いちばんはじめに一九八九年九月三〇日まで、それから新たに一九九〇年三月三一日まで延長されていた。最新の延長のとき同時に被告にはなおこれ以上の延長をもはや考慮に入れることができないことが知らされていた。それに応じて、本件使用賃貸借関係の延長に対する一九九〇年二月八日の被告の再度の申立てもまた、一九九〇年二月二一日付の書面をもって拒絶されていたのである。

　原告は、被告と基礎づけられ、はじめから期限づけにねらいが置かれた使用賃貸借関係の特殊性を強調した。その特殊性は、まず第一に、原告が学生用寄宿舎における居住に対する多数の志願者の正当な願望を顧慮するように義務づけられているし、その賃借人らの滞在期間が原則として学生用寄宿舎に妥当する循環交代の原則に方向づけられ最後に際限のないことに延長されないことに価値を置かなければならないことによって特徴づけられているのである。被告は、はじめから本件使用賃貸借関係の終了に対する心構えをしなければならなかったし、心構えをすることができた。その結果、被告は今や「苛酷さ」についての理由をも主張することができなかったのである。

　これに対して、被告は、原告によって請求されたところのすでに一九九〇年三月三一日付の引払いは被告にとって特別な「苛酷さ」を意味する、と申し立てた。被告は、原告によって述べられた長い勉学期間の責任を負わなければならないわけではないし、原告によって同じく述べられた長い修了試験期間の責任を負わなければならないわけでもない。さらに、被告の経済的な諸関係は、特に住居市場についての現在の状況という背景のもとで被告によって出資もできる適当な住居を獲得することを被告に許さなかった。これまで被告によって展開されたところのこの方向におけるすべての努力は、成果のないものであった。それで、被告は、主として補習時間の授業をし、自宅学習用課題の手伝いをし、さらに、語学センターにおいて外国語としてのドイツ語の授業をすることによって彼の生活費を出資した。これは、結果として、被告は、原告が自由に使わせるものと同じように有利な住居だけを賃借することができることをともなった。というのは、そうでなかったら、被告は増やされた授業によって彼の生活費とより高い賃料を調達することに頼らざるを得ないのであるから、勉学の終了が必然的に遅滞しなければならないからである。

［判決理由］

区裁判所は、結論として、「原告施設は、被告に対して、原告によって維持された寄宿舎に所在するところの被告に賃貸された本件住居の明渡しと返還に対する請求権を有する」[1069]、と判断した。

その判決理由において、区裁判所は、はじめに、「確かに、被告は、学生用寄宿舎の居住者として、立法者の明確な決定にもとづいて解約告知からの保護を享受しない。それにもかかわらず、それにかかわりなく、被告にとって有利な結果になるように、いわゆる社会的条項に関する規定が制限されることなく適用可能である」[1070]、と論じた。

そのような法的な状況を踏まえたうえで、区裁判所は、次のように論じることにより、原告（賃貸人）の利益と被告（賃借人）の利益とのあいだの比較衡量において、賃借人の側の養成専門教育活動にかかわる利益の侵害の観点からの賃借人の異議を退け、賃借人にとっての「苛酷さ」を否定したのである。

「被告によって申し立てられたところの彼自身および彼の個人的な事情における理由、ならびに、まず第一に住居市場についての市場の動向によって特徴づけられたところの客観的な実状は、それにもかかわらず、被告によってその事柄にしたがって要求された……本件使用賃貸借関係の継続を、しかも、いくら長くとも被告によって現在果たされたところの高等学校の教職のための国家試験の期間のために命じることを正当化しなかった。その場合に……より長い期間の間学生用寄宿舎において居住された本件住居をまさしく今手放すということになるという原告の請求が被告に痛烈に打撃を与えるに違いないことは見誤られることができなかった。他方では、被告は、しかも、特に契約上の合意にもとづいて、はじめからこの状況を考慮に入れなければならなかったし、そうでなくてもすでに長い間原告によって被告に認められた居住期間を超えてより長い期間被告に割り当てられた本件住居にとどまることができることをあてにすることはできなかったことが強調されなければならないのである。その理由から、この場合のためにあらかじめ配慮し、時宜を得て適当な代替住居を得ようと努めることは被告の課題であったのである。

……被告がこの点では十分な努力を発揮したのかどうかという点は未決定のままでありうる。……

というのは、原告施設が公的な資金をもって補助金を与えられた学生用寄宿舎の担い手として多数の志願者に対して寄宿舎の場所のために有するところの義務にかんがみて、規約にのっとった課題を果たすために適用され実行されなければならない循環交代の原則の実現についての……利益は、被告によって主張された苛酷さについての理由に対して優位に値するからである。これを異なって判断することは、同時に、寄宿舎の場所を巧みに手に入れ、そのことを越えて学士試験あるいは国家試験の開始までそこにとどまることをいわば自動的にもたらしたところのおのおの大学生に、しかも、試験という状態を顧慮してだけ、かなり多数の場合にきわめて広範囲に及ぶ学生用寄宿舎における滞在を社会的に保護を必要とする志願者の負担において許すことを意味したのである。これは、ドイツ学生相互扶助会が社会的な施設として大学生の後続の世代の育成という領域において有するところの課題にかんがみて全く正しいはずがない」(1071)。

最後に、区裁判所は、「……緊張した住居市場の状況という背景のもとで、被告にとって適当な代替住居を賃借するという機会を被告に与えるために、ほとんど二ヶ月の、すなわち、一九九〇年八月三一日までの明渡期間が被告に認められなければならなかった」(1072)、と付言したのである。

第三に、すでにⅡの二の2の(1)の②、および、Ⅱの二の2の(2)の③のⓑにおいて取り上げたところのドルトムント区裁判所一九九〇年七月一二日判決(裁判例【74】)をみておきたい。

区裁判所は、被告(賃借人)らの多様な観点からの異議について大きく三つの点に整理して論じた。このうち、身体・健康の侵害の観点からの賃借人らの異議を退けた理由についてはすでにⅡの二の2の(1)の②において、代替住居の調達の観点からの賃借人らの異議を退けた理由についてはすでにⅡの二の2の(2)の③のⓑにおいて考察した。ここでは、さらに、区裁判所が、賃借人らの側の職業教育活動にかかわる利益の侵害の観点からの賃借人らの異議を退けた理由について考察しておきたい。区裁判所は、次のように論じたのである。

「被告・一によってやりとげられるところのケーキ製造業者としてのマイスター試験をめざしての準備課程もまたBGB五五六a条の意味における要求できない苛酷さを意味しなかった。その場合に、被告・一が、目下のところ中間試験に合格し、それから一九九〇年八月六日から一九九一年七月一〇日までそのつど一七時から二〇時一五分までかかるところの夜間課程に参加することが考慮に入れられなければならなかった。

その場合に、当裁判所は、試験に参加すること、および、対応する準備が全くBGB五五六a条の意味における要求できない苛酷さでありうることを見誤らなかった。しかし、その試験は今ちょうど行われ、次の試験はほとんど一年のうちにはじめて行われる。それ以外に、被告・一は、自分自身の申立てにしたがって失業しており、したがって、その課程に参加することは彼女の唯一の職業上の活動であることが考慮に入れられなければならなかった。そこから、被告・一は、午前中ずっと、および、午後一七時までほかの住居を手に入れようとし、場合によっては転居の準備をし、転居を実行する状態にあることが出てくる。被告・一が近いうちに仕事を見出すという場合さえも、これはおそらく目下のところ病気のために被告・一に全く可能ではないが、被告・二が失業しており、転居と関連している仕事を終日気にかけることができることがそれ以外に考慮に入れられなければならなかったのである」[1073]。

最後に、区裁判所は、「しかし……ドルトムントの住居市場における困難な状況、および、被告・一が今ちょうど受けた試験のために代替住居を探すための彼女の可能性において制限されていたという事実にもとづいて、当裁判所は、民事訴訟法七二一条にしたがって五ヶ月の明渡期間を定めることを相当である、と判断した」[1074]、と付言したのである。

㋓ 最後に、賃借人の側のそれ以外の活動にかかわる利益の侵害が問題とされたが、結論として、賃借人にとっての「苛酷さ」が否定された事案を考察することにする。

第一に、「賃貸借法の規定の改正に関する第三次法律」が妥当する以前の裁判例であるが、ヴィースバーデン地方裁判所一九六六年三月三〇日決定[1075]をみておきたい。

原告（賃貸人）の本件建物において、一九六平方メートルの居住面積であり、五つの部屋から構成されていたところの本件住居にひとり暮らしの人として居住していた被告（賃借人）が、転貸借、それとともに、追加的な収入源という可能性を維持するために本件解約告知に異議を述べたという事案であった。

地方裁判所は、結論として、「BGB五五六a条にしたがった本件使用賃貸借関係の継続に対する被告の請求は正当化されていなかった」[1076]、と判断した。

その決定理由において、地方裁判所は、そのように判断した理由について、次のように論じたのである。「被告は、自分自身の申立てにしたがって、原告の本件建物において一九六平方メートルの居住面積を示すところの五つの部屋から構成されていた本件住居に居住していた。被告は、ひとり暮らしの人として、そのように広い住居を維持するところの保護に値する利益を有しない。それによって、転貸借、それとともに追加的な収入源という可能性を個人に得させるためにほとんど二〇〇平方メートルの広さの住居を個人に維持することはＢＧＢ五五六ａ条の社会的条項の意味に対応しない。その場合に、被告が、特に賃料を提供することができるために、被告の社会扶助という援助のために副収入に頼らざるを得ないのかどうかという点は考慮に入れられなければならないわけではない。基本法一四条から出てくるところの所有権の社会的な拘束は、その費用にもとづいて、その所有権をもって第三者に収入の可能性を得させ、もしくは、維持するように賃貸人を義務づけることまでは及ぶことができないのである。より狭い住居で満足することが被告に要求される場合、それは苛酷さを意味しなかった。原告は、反論されることなく、原告が二つの部屋から構成されていた住居を被告に提供したことをも申し立てた。被告がほかの住居のために賃料を調達することができる状態にないという場合には、被告は住居補助金法にしたがって住居補助金を申請する可能性をもつのである」[1077]。

第二に、すでにⅡの二の2の（3）の①において取り上げたところのカールスルーエ上級地方裁判所一九七一年三月三一日決定をみておきたい。

地方裁判所は、上級地方裁判所にいくつかの法的問題を提出した。このうち、経済的な支出に関する一般的なことがらにかかわる法的問題に対する上級地方裁判所の論述についてはすでに考察した。ここでは、さらに、賃借人の側の余暇活動にかかわる法的問題に対する上級地方裁判所の論述について考察しておきたい。

地方裁判所は、上級地方裁判所に、さらに、次の法的問題を提出した。すなわち、「賃借人が、賃貸人の同意をもって、たいていのほかの住居において行うことができないところの趣味を妨げられることなく行うことができるところの住居に入居しているとき、その結果、賃借人が、期間にしたがった明渡しの場合にその余暇活動を経済的な損失のもとで断念しなければならないことはBGB五五六a条一項の意味における正当化されていない苛酷さを意味するのか」、という法的問題であった。

その決定理由において、上級地方裁判所は、この法的問題について、「……賃借人がおのおの住居において可能でない余暇活動を行うという事情が代替住居を探すことを困難にする場合、これは、当部の見解にしたがって、なお本件使用賃貸借関係の終了に対する異議を理由づけなかった。というのは、代替住居の問題は、執行からの保護権の構成要素であり、代替住居を探すために必要な時間は明渡期間の供与によって認められうるからである。それに加えて、伝書鳩の飼育という本件事案におけるような多くの事案において、および、たとえば庭作りの愛好家におけるような多くの事案において、賃借人は、説得力をもって賃借人が居住するところと同じ土地において彼の趣味を行うことができることに頼らざるを得ないことはないし、それを請求することはできないのである」[1078]、と論じたのである。

第三に、すでにⅡの二の2の（2）の③のⓑにおいて取り上げたところのハンブルク地方裁判所一九八九年一二月一二日判決（裁判例【149】）をみておきたい。

地方裁判所は、すでに考察したように、代替住居の調達の観点からの被告（賃借人）の異議を退けたが、それに加えて、賃借人の側の事業上の活動および政治的な活動にかかわる利益の侵害の観点からの賃借人の異議をも退け、賃借人にとっての「苛酷さ」を否定した。地方裁判所は、その理由について、次のように論じたのである。

「被告のこれ以外の理由もまた原告らの取戻しについての利益と対立しているところの苛酷さにならなかった。確かに、被告にとって、住居と彼が営むところの写真スタジオとの空間的な近さが経済的に目的にかなっていることは理解できる。しかし、被告の私的な電話番号の場合によってはあり得る変更が彼の事業上の活動に決定的に否定的な影響をもたらすことは明らかでなかった。……被告が管区の会議における選出母体からの委任の担い手としてH管区庁の中心地域に居住しなければならないことは、同じく苛酷さについての理由にならなかった。場合によってはあり得る転居によって政治的な活動が被告に妨げられ、あるいは、要求できないほど困難にされることはないし、特に、被告は、市のほかの地域においても、あるいは、そこからその活動を引き受けることができるのである。住居の交替によって中心地域の委員会における会員資格を失うことが結びつけられているという場合には、被告は、原告らの取戻しについての願望に対してこれを甘受しなければならない。被告の生活関係への侵害はこれと結びつけられていないのである」(1079)。

第四に、すでにⅡの二の2の（2）の③のⓑにおいて取り上げたところのマンハイム地方裁判所一九九一年一一月一三日判決（裁判例【161】）をみておきたい。

地方裁判所は、被告（賃借人）の異議について大きく二つの点に整理して論じた。このうち、代替住居の調達の観点からの賃借人の異議を退けた理由についてはすでに考察した。ここでは、さらに、地方裁判所が、賃借人の側のそれ以外の活動にかかわる利益の侵害の観点からの賃借人の異議を退けた理由について考察しておきたい。地方裁判所は、次のように論じたのである。

「被告は、これについて、被告がマンハイムのRに彼の生活関係の中心点を有する、と申し立てた。被告はそこに存在する体育協会の構成員である。被告のすべての知人はRに居住する。被告は同じくRにあるところの彼の両親の墓所の面倒をみなければならないのである。

これらの事情はBGB五五六a条の意味における苛酷さを理由づけなかった。被告はようやく四〇歳である。その理由から、一定程度の可動性が被告に要求されることができる。特に、マンハイムの一部であるRはほかのおのおのの市区から何の問題もなく公的な交通機関あるいは乗用車をもって到達されることができるのである」(1080)。

第五に、ケルン地方裁判所一九九二年六月二九日判決をみておきたい。

【201】ケルン地方裁判所一九九二年六月二九日判決[1081]

［事案の概要と経緯］

原告（賃貸人）はケルンに存在する本件建物の所有者であった。原告は、一九八七年一一月九日の本件使用賃貸借契約をもって、一階に所在するおよそ五四平方メートルの広さをともなう本件住居を一九八七年一二月一日から期間の定めなく被告（賃借人）・一に賃貸した。さらに、一九九〇年六月一〇日に、被告・二が本件使用賃貸借関係に入った。原告は、一九九一年一月一四日付の書面をもって、「自己必要」を理由として、一九九一年四月三〇日付で、本件使用賃貸借関係を解約告知した。原告は、四人の子供らとともに本件建物に所在するおよそ九〇平方メートルの広さの二階と屋階の住居に居住していたところの原告の娘とその家族のために本件住居を必要とした。本件建物の閉鎖的でない建築様式はひとつの家族だけによる居住のために特に好都合である。

原告は、およそ九〇平方メートルの居住面積は四人の子供らをもつ原告の娘の家族にとって不十分である、と主張した。四人目の子供が妊娠していたことは一九八七年一二月二九日にはじめて確認されていた。また、原告は、被告・二の本件使用賃貸借関係への受入れの前にその娘の家族の変化の願望について何ひとつ知らなかった。原告の娘の家族の決心は一九九〇年の終わりにはじめて熟したのである。

これに対して、被告らは、原告の娘の家族の現在の居住は十分である、と申し立てた。今や必要とされた原告の娘の家族の居住の必要は、すでに被告・一との本件使用賃貸借契約の締結のときに、そして、いよいよもって被告・二の本件使用賃貸借関係への受入れのときに存在した。さらに、本件住居を引き払うことは、被告・一が彼女の旅行仲介業務をケルンの市場範囲において行い、場所として近い住居に頼らざるを得ないという理由からも要求できない「苛酷さ」を意味したのである。

［判決理由］

地方裁判所は、はじめに、その娘の家族の居住の必要のために主張されたところの原告（賃貸人）の「自己必要」が証明されていたことについて、次のように論じた。

「本件使用賃貸借関係の終了は、一九九一年一月一四日の原告の本件解約告知にもとづいた。本件解約告知は有効であり、ＢＧＢ五六四ｂ条にその正当化を見出す。……ＢＧＢ五六四ｂ条二項二号の要件は存在する。ＢＧＢ五六四ｂ条二項二号にしたがって、当部は、原告が、許容しうる形態において、原告の娘、その夫、ならびに、彼らの共通の四人の子供らのために自己必要を主張したことから出発した。

被告らはそれらの人々のための自己必要を否認した。それに応じて、当部は、一九九二年五月二五日の弁論期日において、証人（原告の娘）の尋問によって証明を立てた。証人は、その住居を拡張するという願望が一九九〇年一二月に具体的になったことを証言した。……証人の証言によって本件の自己必要は証明されていた。証人は、委曲を尽くして、彼女の家族が現在どのような空間的な状態にあるのかという点を述べた。……現在二つの子供部屋が証人の家族の自由になり、そこに三人の子供らが居住させられていた。一〇平方メートルよりもわずかな広さのこれ以外の子供部屋が四番目の子供のために必要とされた。全部で八四平方メートルの面積の空間が証人の家族の自由になった。証人の住居はひとつのトイレだけを使えた。居間は、一七平方メートルの空間とおよそ一四平方メートルの空間に二分されていた。……およそ一四平方メートル空間部分は証人の夫のための仕事部屋に用いられた。

証人の家族の側で被告らによって賃借された本件住居の空間が自由になるならば、帰結として、これまで利用された諸々の部屋においてそれぞれひとりの子供にひとつの子供部屋が自由になることが判明する。それに応じて、四人の子供らをもつ家族のための居住の必要は十分な形態において保障されているだろう。当部は証人の説得力のある証言にしたがう。証人の申立ては明確で疑問の余地のないものであったし、それ自体において、筋の通った、矛盾のないものであった」[1082]。

さらに、地方裁判所は、被告（賃借人）らの側の旅行仲介業務にかかわる利益の侵害の観点からの賃借人らの異議を退けた。地方裁判所は、その理由について、次のように論じたのである。

「当部は、被告らにとって有利な結果になるように、ＢＧＢ五五六ａ条を考慮に入れた。……被告らは婚姻によらない生活共同体において同居し、両者は経済的に独立していた。仮に被告らが……彼らの経済的な発展の可能性において諸々の制限を免れないとしても、被告らの利益は、もっと低い程度に重大ものとして六人家族を相当に居住させるという原告の願望の背後に後退した。被告らが彼らによって営まれた旅行仲介業務を考慮に入れた限りで言えば、被告らは、補足的に彼らが確固たる顧客の根幹部分を働いて得た、と述べた。被告らがその顧客の根幹部分の維持について相当な利益を有するかもしれないことは正しかった。しかし、転居することは、その確固たる顧客の根幹部分を担当することの妨げになっていなかった。特に、被告らに割り当てられた電話番号は不可避的に変更されなければならないわけではなかったのである。……双方の利益を比較衡量する場合、六人家族のための原告の居住の要求に被告らの利益に対する優位が認められなければならなかったのである」(1083)。

③小括

本節（Ⅱの二の2の（4））においては、ここまで、具体的な利益の比較衡量に関する裁判例を整理・考察する作業において、第四に、その他の利益の侵害が問題とされた事案を取り上げ、①賃借人にとっての「苛酷さ」が肯定された事案、および、②賃借人にとっての「苛酷さ」が否定された事案、という二つの類型に分けて、関係する裁判例を考察してきた。

㋐　賃借人の側の家族という利益の侵害が問題とされ、結論として、賃借人にとっての「苛酷さ」が肯定された事案において、賃借人にかかわる事実だけを指摘しておくと、次のようである。

すなわち、①賃借人は、就学義務のある二人の子供らをもち、自分の母親と別居した夫の援助も受けつつ基本的にひとりで子供らを育てている母親であり、完全な仕事にも従事していた。さらに、賃借人は、代替住居を得ようと努力したことを賃貸借の申請書のための二十三の計算書の提出によって証明した場合、②賃借人は現在単独で本件住居に居住していたが、その婚姻は解消されていないし、賃借人の妻と四人の扶養義務のある子供らが本件住居に戻ってくる可能性が存在した場合である。

㋑　賃借人の側の居住環境への定着という利益の侵害が問題とされ、結論として、賃借人にとっての「苛酷さ」が肯定された事案の賃借人にかかわる点だけを指摘しておくと、次のようである。

すなわち、①賃借人らは五〇歳もしくは六四歳であり、本件住居にすでに一〇年を越えて以来居住していた場合、②賃借人らは六八歳と七二歳であり、今や二五年という使用賃貸借関係が経過していた場合、③賃借人は八一歳であり、身体的な障害があった。また、賃借人は、彼女の夫の死亡のあとで、彼女の娘の居住地であるという理由で彼女の居住地を本件住居に移した。さらに、賃借人は、なお自分自身でその所帯をきりもりしていたため、その生活領域はより近い周辺の地域と結びついていた場合、④賃借人はほんの数ヶ月のうちに八四歳を完結し、ほとんど一九年本件建物に居住していた。さらに、熟知している周辺の地域からの強制された引払いにおいて人生の幸福の少なからぬ部分が賃借人から取り去られると判断された場合、⑤賃借人はその間に七七歳であり、本件使用賃貸借関係は四〇年以上存続していた場合、⑥賃借人は、現在七四歳であるが、逃亡と放逐のあとで本件住居にとどまることができ、ようやく再び根をおろすことができた。本件住居は、賃借人の新たなわが家となったし、賃借人の生活の中心点であり、賃借人の人生であった。さらに、賃借人は本件住居から再び移動させられることを心に思い描くことができなかったし、本件住居を明け渡すことは、五〇年前の放逐の打撃を「苛酷さ」についてなお凌駕するところの運命の打撃であると賃借人によって感じられると判断された場合、⑦賃借人は今や六〇年を超えて以来本件住居を利用し、その間に七五歳であった場合、⑧賃借人はその間に七三歳であるが、本件住居に三五年を超えて居住していた。賃借人は有意義な人生の継続を本件住居の維持に従属させたのであり、賃借人の現在の精神的・健康的な状態はその考え方の変化を予期させなかった。さらに、賃借人は、賃借人の人生のために、自分自身の将来をほかの住居においてととのえ、このことをまた行う心構えがないのみならず、その状況にもなかった。なお、本件住居の喪失から立ち直るために、永続的に向精神薬をもって治療されることは賃借人にもはや要求されることもできないと判断された場合である。

㋒ これに対して、賃借人の側の居住環境への定着という利益の侵害が問題とされたが、結論として、賃借人にとっての「苛酷さ」が否定された事案のより重要な点だけを指摘しておくと、次のようである。

すなわち、①一三年という本件使用賃貸借期間だけが「苛酷さ」を理由づけることはないし、賃借人らは彼らの定着のためにどんな種類の具体的な根拠も申し立てなかったと判断された場合、②賃借人は本件住居を七年以来賃借していたが、本件住居への入居についての賃貸人らの利益にかんがみて、本件の居住環境を変えることは相対的になお若い賃借人に要求されることもできると判断された場合、③賃借人らは確かに本件住居にすでに三四年以来居住していたが、一年の数ヶ月、たとえば五月から九月まで彼らの休暇用建物に滞在していた。それにもかかわらず、本件住居に対して強い結びつきが存在することは賃借人らによって立証的に証明されていなかったと判断された場合、④賃借人らは本件住居に長く居住していたが、賃借人らによって彼らの定着のための中心的な証拠となるものとして申し立てられたところの速度制限の導入のための地域の住民運動における社会参加は、社会的な結びつきの存在のための徴候的な意義だけをもつ。さらに、賃借人らはひとりでもなく、新たな環境に適応することができないわけでもないと判断された場合、⑤およそ一歳であり、本件解約告知の時点になお幼稚園にも通っていなかったところの賃借人らの子供は、その周辺の地域に対する確固たる関係をなお築いていなかったと判断された場合である。

㊁　賃借人の側の教育活動にかかわる利益の侵害が問題とされ、結論として、賃借人にとっての「苛酷さ」が肯定された事案のより重要な点だけを指摘しておくと、次のようである。

すなわち、①住居の交替は賃借人の二人の就学義務のある子供らにとって学校の交替の必然性をともなうが、学校の交替は、特に来年卒業資格の前にあるところの賃借人の里子にとって不利であると判断された場合、②賃借人らは就学義務があり本件住居の近くの学校に通っているところの三人の子供らをもっていたが、転校を受け入れなければならないことは賃借人らの子供らにとって適当でなかったと判断された場合（なお、二年間の期間の範囲内で賃借人らの子供らが通っている学校の近くに相当な代替住居を見出すことがうまくゆくという理由から、本件使用賃貸借関係は二年間だけ継続されなければならなかったと判断された）、③賃借人らのひとりの子供は幼稚園に、もうひとりの子供は基礎課程学校に通っていたが、本件使用賃貸借関係を現在解消する場合、賃借人らの子供の学校についての困難さが懸念されればなければならなかった。これに対して、賃貸人らは、差し迫って本件住居にすぐに頼らざるを得ないことはなかった。したがって、賃借人らの子供の学校の学年が終わる時点まで本件使用賃貸借関係は継続されなければならないと判断された場合である。

㋔　これに対して、賃借人の側の教育活動にかかわる利益の侵害が問題とされたが、結論として、賃借人にとっての「苛酷さ」が否定された事案のより重要な点だけを指摘しておくと、次のようである。

すなわち、①賃借人らは国民学校の七学年に通う娘を有するが、学校の交替はこの年齢において要求できるように思われると判断された場合、②賃借人らは、転居することが賃借人らの娘にとって場合によっては学校の交替と結びつけられていることについて詳しいことを申し立てなかったと判断された場合、③賃借人の三歳の子供が幼稚園についての場所を確実に約束されて獲得したという事情は、試験の状態における学校の交替という状況と異なって評価されなければならないと判断された場合、④賃借人らの息子は来年彼の高校卒業資格試験を受け、かなり近隣の学校に通うが、賃借人らの転居は、より長い通学路と結びつけられているだろうが、不可避的に彼らの息子の学校の交替と結びつけられていなかったと判断された場合である。

㋕ 賃借人の側の養成専門教育・職業教育活動にかかわる利益の侵害が問題とされ、結論として、賃借人にとっての「苛酷さ」が肯定された事案において、賃借人にかかわる事実だけを指摘しておくと、次のようである。すなわち、①賃借人・一は、目下のところ彼の博士学位請求論文を片づけることに取り組んでおり、それを一九七〇年の秋に完結し、それから国家試験に対する準備をしなければならない。また、賃借人・二は、遅くとも一九七一年の夏のはじめに薬学の修了試験を受けるようになる場合（本件使用賃貸借関係は一九七一年一二月三一日まで継続された）、②賃借人は、目下のところ修了試験中であり、彼の大学卒業証書請求論文を作成している場合（本件使用賃貸借関係は賃借人の修了試験中のあいだだけ継続された）、③賃借人は、医学の養成専門教育の終了のあとすぐにドクターの学位を獲得する論文を作成する場合（これらの場合、その使用賃貸借関係は期間の定めをもって継続された）、④賃借人は特殊学校の教師という職業を目指していたが、全部で二年間の試補見習養成専門教育の二年目の養成専門教育の年度にあった。賃借人は、最初の養成専門教育の年度の終わりに受けなければならなかったところの中間試験にきわめてよい成果をもって合格したが、賃借人の引き続いての職業生活の可能性は決定的に第二次国家試験の成績に依存した。したがって、賃借人は、本件使用賃貸借関係を賃借人の試補見習の養成専門教育の終わりまで継続することを請求した場合である。

㋖ これに対して、賃借人の側の養成専門教育・職業教育活動にかかわる利益の侵害が問題とされたが、結論として、賃借人にとっての「苛酷さ」が否定された事案のより重要な点だけを指摘しておくと、次のようである。すなわち、①学生用寄宿舎を経営するところの賃貸人は、制限された数の学生用寄宿舎の場所を可能な限り社会的に割り当てなければならないために学生用寄宿舎に所在する住居の賃借人との本件使用賃貸借関係を解約告知した。賃借人は、大学での勉学の終わりに必要な大学学位記請求論文をすでに書いていたものの、一九九〇年二月における修了試験の準備中であった。しかし、賃借人は、はじめから本件住居の委譲の特別な情勢について承知していたし、全部で一九八九年九月三〇日までの最大限の居住期間だけが可能であったことについて合意していた。さらに、賃借人には代替住居の調達の可能性も存在したと判断された場合、②賃貸人（ドイツ学生相互扶助会）は、多数の志願者に対して寄宿舎の場所のために有するところの義務にもとづいて賃借人に賃貸されたところの学生用寄宿舎に所在する本件住居の明渡しと返還を請求した。賃借人は、すでに国家試験中であったが、賃借人の申立てにもとづいて、本件使用賃貸借関係は国家試験を顧慮して新たに二度延長されていた。しかし、最新の延長のとき、賃借人にはなおこれ以上の延長をもはや考慮に入れることができないことが知らされていた場合、③賃借人はケーキ製造業者としてのマイスター試験をめざしていたが、目下のところ中間試験に合格し、それから一七時から二〇時一五分までかかるところの夜間課程に参加することになっていた。しかし、その試験は今ちょうど行われ、次の試験はほとんど一年のうちにはじめて行われるし、賃借人は失業しており、その課程に参加することが唯一の職業上の活動であった。したがって、賃借人は、ほかの住居を手に入れようとし、場合によっては転居の準備をし、転居を実行する状態にあると判断された場合である。

㋗　最後に、賃借人の側のそれ以外の活動にかかわる利益の侵害が問題とされたが、結論として、賃借人にとっての「苛酷さ」が否定された事案において問題とされ、結論として、賃借人にとっての「苛酷さ」が否定されたところの賃借人の側のそれ以外の活動は、具体的には次のようである。

すなわち、①賃借人は、一九六平方メートルの居住面積であり、五つの部屋から構成されていた本件住居にひとり暮らしの人として居住していたが、転貸借によって追加的な収入源を得ていた場合、②賃借人は、伝書鳩の飼育という、たいていのほかの住居において可能でない余暇活動を行っていた場合、③賃借人は、管区の会議における政治的な活動を行っていた場合、④賃借人は、現在の居住地に存在する体育協会の構成員であり、そこにあるところの彼の両親の墓所の面倒をみなければならなかった場合、⑤賃借人らは、旅行仲介業務を行い、確固たる顧客の根幹部分を得ていた場合（しかし、転居することは、その確固たる顧客の根幹部分を担当することの妨げになっていなかったと判断された）である。

(960) AG Freiburg WuM 1993, 402.
(961) AG Freiburg WuM（Fn.960）, S.402.
(962) AG Freiburg WuM（Fn.960）, S.403.
(963) AG Winsen（Luhe）WuM 1994, 430.
(964) AG Winsen（Luhe）WuM（Fn.963）, S.430.
(965) AG Winsen（Luhe）WuM（Fn.963）, S.430.
(966) AG Winsen（Luhe）WuM（Fn.963）, S.430.
(967) LG Wuppertal WuM 1970, 186.
(968) LG Wuppertal WuM（Fn.967）, S.187.
(969) LG Wuppertal WuM（Fn.967）, S.187.
(970) LG Wuppertal WuM（Fn.967）, S.187.
(971) LG München I WuM 1988, 365.
(972) LG München I WuM（Fn.971）, S.365.
(973) LG München I WuM（Fn.971）, S.365.
(974) LG München I WuM（Fn.971）, S.365.
(975) LG München I WuM（Fn.971）, S.365.
(976) LG München I WuM（Fn.971）, S.365f.
(977) AG Forchheim DWW 1991, 115.
(978) 同規定については、前掲注（191）参照。
(979) AG Forchheim DWW（Fn.977）, S.115.
(980) AG Forchheim DWW（Fn.977）, S.115.

(981) AG Forchheim DWW (Fn.977), S.115.
(982) AG Kerpen WuM 1992, 247.
(983) AG Kerpen WuM (Fn.982), S.247.
(984) AG Kerpen WuM (Fn.982), S.247.
(985) LG Köln WuM 1992, 247.
(986) LG Hamburg DWW 1991, 189.
(987) LG Hamburg DWW (Fn.986), S.189.
(988) LG Hamburg DWW (Fn.986), S.190.
(989) LG Hamburg DWW (Fn.986), S.190.
(990) LG Hamburg DWW (Fn.986), S.190.
(991) LG Hamburg DWW (Fn.986), S.190.
(992) LG Hamburg WuM 1995, 439.
(993) LG Hamburg WuM (Fn.992), S.439.
(994) LG Hamburg WuM (Fn.992), S.439f.
(995) LG Hamburg WuM (Fn.992), S.439.
(996) LG Gera WuM 2000, 35.
(997) LG Gera WuM (Fn.996), S35.
(998) LG Berlin ZMR 2010, 962.
(999) LG Berlin ZMR (Fn.998), S.962.
(1000) LG Berlin ZMR (Fn.998), S.962.
(1001) LG Berlin ZMR (Fn.998), S.962f.
(1002) LG Berlin ZMR (Fn.998), S.963.
(1003) LG Berlin ZMR (Fn.998), S.963f.
(1004) OLG Köln NJW 1968, 1834.
(1005) OLG Köln NJW (Fn.1004), S.1834.
(1006) LG Wuppertal MDR 1970, 332.

(1007) LG Wuppertal MDR (Fn.1006), S.332.
(1008) LG Wuppertal MDR (Fn.1006), S.332.
(1009) AG Wuppertal WuM 1971, 25.
(1010) AG Wuppertal WuM (Fn.1009), S.25.
(1011) AG Wuppertal WuM (Fn.1009), S.25f.
(1012) AG Wuppertal WuM (Fn.1009), S.26.
(1013) LG München II WuM 1993, 331.
(1014) LG München II WuM (Fn.1013), S.332.
(1015) LG München II WuM (Fn.1013), S.331.
(1016) LG München II WuM (Fn.1013), S.331.
(1017) LG München II WuM (Fn.1013), S.331f.
(1018) LG Mainz WuM (Fn.900), S102.
(1019) LG Aachen WuM 1986, 252.
(1020) LG Aachen WuM (Fn.1019), S.252.
(1021) LG Aachen WuM (Fn.1019), S.252f.
(1022) LG Aachen WuM (Fn.1019), S.253.
(1023) LG Aachen WuM (Fn.1019), S.253.
(1024) AG Tübingen ZMR 1986, 60.
(1025) AG Tübingen ZMR (Fn.1024), S.60.
(1026) BGB旧五五六a条一項二文は、「相当な代替住居が要求できる条件で調達されることができない場合にも苛酷さが存在する」、という規定であった。
(1027) AG Tübingen ZMR (Fn.1024), S.60.
(1028) AG Tübingen WuM 1989, 240.
(1029) AG Tübingen WuM (Fn.1028), S.240.
(1030) AG Lübeck WuM 1989, 413.
(1031) AG Lübeck WuM (Fn.1030), S.413.

(1032) AG Lübeck WuM (Fn.1030), S.413.
(1033) AG Lübeck WuM (Fn.1030), S.413.
(1034) AG Lübeck WuM (Fn.1030), S.413.
(1035) AG Lübeck WuM (Fn.1030), S.413.
(1036) AG München DWW 1966, 296.
(1037) AG München DWW (Fn.1036), S.296.
(1038) AG München DWW (Fn.1036), S.296.
(1039) AG Hamburg-Altona ZMR (Fn.730), S.31.
(1040) AG Castrop-Rauxel DWW 1988, 215.
(1041) AG Castrop-Rauxel DWW (Fn.1040), S.215.
(1042) AG Castrop-Rauxel DWW (Fn.1040), S.215.
(1043) AG Castrop-Rauxel DWW (Fn.1040), S.215.
(1044) AG Castrop-Rauxel DWW (Fn.1040), S.215.
(1045) AG Castrop-Rauxel DWW (Fn.1040), S.215.
(1046) LG Hamburg NJW-RR 1994, 204.
(1047) LG Hamburg NJW-RR (Fn.1046), S.204.
(1048) LG Hamburg NJW-RR (Fn.1046), S.204f.
(1049) LG Hamburg NJW-RR (Fn.1046), S.205.
(1050) LG Hamburg NJW-RR (Fn.1046), S.205.
(1051) LG Bremen WuM (Fn.469), S.334.
(1052) LG Dessau-Roßlau NZM (Fn.880), S.327.
(1053) AG Karlsruhe DWW (Fn.924), S.49.
(1054) LG Siegen WuM 1989, 389.
(1055) LG Siegen WuM (Fn.1054), S.389.
(1056) LG Siegen WuM (Fn.1054), S.389.
(1057) LG Siegen WuM (Fn.1054), S.390.

（1058）LG Siegen WuM（Fn.1054）, S.390.
（1059）AG Neumünster WuM 1989, 298.
（1060）AG Neumünster WuM（Fn.1059）, S.298.
（1061）AG Hamburg ZMR（Fn.473）, S.454.
（1062）AG Gießen NJW-RR 1990, 653.
（1063）AG Gießen NJW-RR（Fn.1062）, S.653.
（1064）AG Gießen NJW-RR（Fn.1062）, S.653.
（1065）AG Gießen NJW-RR（Fn.1062）, S.653f.
（1066）AG Gießen NJW-RR（Fn.1062）, S.654.
（1067）AG Gießen NJW-RR（Fn.1062）, S.654.
（1068）AG Bonn WuM 1991, 100.
（1069）AG Bonn WuM（Fn.1068）, S.101.
（1070）AG Bonn WuM（Fn.1068）, S.101.
（1071）AG Bonn WuM（Fn.1068）, S.101.
（1072）AG Bonn WuM（Fn.1068）, S.102.
（1073）AG Dortmund DWW（Fn.444）, S.367.
（1074）AG Dortmund DWW（Fn.444）, S.367.
（1075）LG Wiesbaden ZMR 1966, 302.
（1076）LG Wiesbaden ZMR（Fn.1075）, S.303.
（1077）LG Wiesbaden ZMR（Fn.1075）, S.303.
（1078）OLG Karlsruhe NJW（Fn.884）, S.1183.
（1079）LG Hamburg WuM（Fn.769）, S.119.
（1080）LG Mannheim DWW（Fn.834）, S.141.
（1081）LG Köln WuM 1992, 542.
（1082）LG Köln WuM（Fn.1081）, S.543.
（1083）LG Köln WuM（Fn.1081）, S.543f.

総括と日本法への示唆

以上、本書は、すでにⅠの1と3において述べたように、日本法の判例における借家権の存続保護に関する判断枠組み（総合判断方式・利益比較原則）は必ずしも十分に有効な判断枠組みとして機能しているとはいえない面がある（あるいは、詳細な事実の認定と結論としての判断とを結びつける理由をあまり十分に判示しなかったり、十分に判示できなかった判例が存在する）ものの、日本法における学説の理論状況は、既存の判断枠組みの再検討、さらには、再構成をどのような形で試みることができるのかという点について不明な状態にある、という問題意識にもとづいている。そして、そのような問題意識にもとづいて、本書においては、ドイツの住居使用賃借権の存続保護という法領域に関して、「二重の存続保護」の第二段階であるところのBGB五七四条における賃借人にとっての「苛酷さ」の認否をめぐる裁判例を包括的に考察することによって、賃借人にとっての「苛酷さ」をめぐる住居使用賃貸借関係の解約告知に関する裁判例の判断枠組みを明らかにするという作業を行ってきた(1)。

すなわち、まず、比較衡量の前提となることがらにかかわる裁判例から考察をはじめた。次に、比較衡量それ自体にかかわる裁判例を整理・考察する作業に入り、利益の比較衡量の基本的な枠組みにかかわる裁判例と、具体的な利益の比較衡量に関する裁判例という二つの範疇に分けて、考察を進めた。このうち、具体的な利益の比較衡量に関する裁判例を整理・考察する作業においては、第一に、生命・身体・健康の侵害が問題とされた事案、第二に、代替住居の調達が問題とされた事案、第三に、経済的な支出が問題とされた事案、および、第四に、その他の利益の侵害が問題とされた事案、という四つの類型に分けて、関係する裁判例を整理・考察した。

最後に、ここでは、本書における考察を総括し、あわせて、日本法への示唆にも触れておくことにする。

1 総括

(1) すでにⅠの1において確認したように、「二重の存続保護」という法的仕組みにおいて中核的な役割を担っているのはBGB五七三条であり、BGB五七四条は今日補充的な機能のみを有しており、住居使用賃貸借関係の終了にあたってより重要となる法的判断は、第一段階における賃貸人の「正当な利益」の認否をめぐる法的判断である、と理解されている。確かに、すでにⅠの2において確認したように、住居使用賃貸借関係の終了についての賃貸人の「正当な利益」が欠けていた場合にはもはやBGB五七四条の適用は問題とならないという意味においては、BGB五七四条の役割は補充的かもしれない。しかし、本書において包括的に考察したところのドイツの裁判例における個々の事案における賃貸人と賃借人の諸々の利益の包括的な比較衡量の実体にかんがみると、BGB五七四条は補充的な機能のみを有しているという認識は改めるべきではなかろうかという印象を強く受ける。

一方で、すでにⅠの2において確認したように、BGB五七四条は、BGBにおける社会的な使用賃貸借法の核心に属する規定であり、BGB五七四条の目的は、その使用賃貸借関係の終了のために場合によっては起こりうるところの、賃借人、その家族、または、その世帯の他の構成員の社会的な窮境を可能な限り回避することである、とも理解されている。そして、このような理解のほうがBGB五七四条の正しい位置づけである、と評価することができると考えられる。本書における考察からは、法的判断を行う個々の裁判官・裁判所、さらには住居使用賃貸借関係にかかわる司法全体の真摯さの充満を十分に感じ取ることができるのである。

Ⅱの一の1において考察したところの裁判例においても、「法的な観点において……BGB五五六a条は、例外的な規整の内容をもつのではなく、むしろ、BGB五六四b条における賃貸人の解約告知権限と同価値の対をなすものを意味する」[2]、あるいは、賃貸人のあとづけることができ、筋の通った理由にもとづくところの自己の所有物に自分自身で居住するという願望が原則として「自己必要」を理由とする解約告知を正当化することがはっきりさせられたという背景のもとで、「社会的条項は、将来、これまでよりもより大きな意義を獲得することが明らかとなる」[3]、と論じられたとおりである。

(2) Ⅱの一の2においては、賃借人にとっての「苛酷さ」の意義について、「賃貸借法の規定の改正に関する第三次法律」が妥当する以前の裁判例をも含めて関係する裁判例を考察した。このうち、「賃貸借法の規定の改正に関する第三次法律」が妥当した以後の現在の裁判例においては、賃借人にとっての「苛酷さ」の意義について、次のような解釈が行われている。

①その契約の終了の結果として賃借人に生じうるところの経済的、資金的、健康的、家族的、または、個人的な性質のすべての不利益が「苛酷さ」である、と理解されなければならない。その使用賃貸借関係を継続するより低い程度に重大な事情であっても、賃借人にとっての「苛酷さ」にあたる。

②しかし、その不利益はいくばくかの重要さを有することが必要であり、賃借人にとっての要求できない「苛酷さ」は、転居と平行して不可避的に現れる不愉快なこと・煩わしさ・通常の苦労を越えるところの賃借人の生活関係への侵害を意味する。

③賃借人に生じる不利益は、絶対的な確実性をもって確定していなければならないわけではない。そのような不利益がいくばくかの蓋然性をもって予期されることができる場合に十分である。もっぱら確実に生じる健康上の不利益だけが考慮に入れられることができるのではなく、むしろ、相当な健康上の悪化という真摯な危険もまた、要求できない「苛酷さ」の受入れを正当化することができる。しかし、その不利益の発生の理論的なだけの可能性は十分でない。

④賃借人にとっての「苛酷さ」についての理由が一時的なだけであるのか、または、継続的であるのかという点は、その契約の継続の期間のためにだけひとつの役割を演じる。

⑤事案によっては賃借人にとっての「苛酷さ」に当然あたる、と解釈される場合もある。たとえば、賃貸人がその使用賃貸借関係がようやく一ヶ月存続した後でその使用賃貸借関係を解約告知した場合である。

⑥それに対して、事案によってはBGB五七四条の枠組みにおいて考慮することが可能な利益ではない、と解釈される場合もある。すなわち、㋐賃借人であった母親が死亡した後本件使用賃貸借関係に入った賃借人が、母親から相続した家具を収容するという利益だけをもっていた場合、㋑賃借人らがもっぱら本件住居にさらにより長くとどまるという願望だけをもっていた場合、㋒賃借人が世界最高のエペ競技者に属し、メダル獲得の見通しをもってオリンピックに参加することができるというスポーツ上の大望である私的な利益だけをもっていた場合である。

(3)　Ⅱの二の1の（1）においては、利益の比較衡量の基本について、第一に、連邦憲法裁判所および連邦通常裁判所等の裁判例を、第二に、下級審裁判所の裁判例を考察した。そして、それらの考察を通して明らかにされたところの裁判例における利益の比較衡量の基本について、大きく三つの項目にしたがってまとめておいた（Ⅱの二の1の（1）の③の小括参照）。特に、賃貸人の取戻しについての利益と賃借人の存続についての利益とのあいだの比較衡量においては、賃貸人と賃借人のそれぞれの基本権としての地位の対立が生じるが、そのような基本権の対立・相克という状況において、具体的な裁判例の考察にもとづいて、裁判例における具体的な判断の枠組みをまとめている箇所、および、利益の比較衡量において、具体的に、個々の裁判官・裁判所に求められる点、個々の裁判官・裁判所が留意しなければならない点をまとめている箇所には十分に留意しなければならない。

(4)　Ⅱの二の1の（2）においては、当事者の態様・認識について、三つの類型に分けて、関係する裁判例を考察した。事案によっては、賃貸人の利益と賃借人の利益とのあいだの比較衡量において、当事者の態様・認識についても考慮されることがあるのである。特に、㋐その使用賃貸借契約の締結時またはその住居の取得時における賃借人または賃貸人の態様・認識についても考慮されたうえで賃借人にとっての「苛酷さ」が否定されたり、肯定されたりすること、㋑賃貸人は、その「自己必要」が生じる前に賃貸されていた諸々の住居のなかで、その解約告知の対象を選択することにおいて原則として自由に決定することができる（意図された解約告知を、その解約告知ではなくてほかの使用賃貸借関係の解約告知もまた可能であったのかどうかという点まで吟味するという義務は所有権者に課せられない）。しかし、賃貸人の利益と賃借人の利益とのあいだの比較衡量において、賃貸人によって解約告知されなければならない対象である住居の選択における賃貸人の態様・認識についても十分に考慮されたうえで賃借人にとっての「苛酷さ」が判断されることがあること、㋒賃貸人の利益と賃借人の利益とのあいだの比較衡量において、賃貸人および賃借人の過去における態様・認識についても考慮に入れられたうえで賃借人にとっての「苛酷さ」が判断されることがあることには十分に留意しなければならない。

(5)　Ⅱの二の1の（3）においては、当事者の利益が均衡している場合について、関係する裁判例を考察した。事案によっては、当事者の利益が均衡している場合が存在するが、裁判例によると、㋐当事者の利益が少なくとも均衡していた場合、その解約告知に対する賃借人の異議は正当化されていない、㋑当事者の利益がほぼ同一である場合、建物所有者としての賃貸人の利益に優位が認められなければならない、㋒賃貸人の利益と賃借人の利益が同価値で相対峙する場合、賃貸人の明渡しについての利益が優先する、㊁賃貸人は高齢および健康上の理由にもとづいて自己の所有権を行使して解約告知したのに対して、賃借人も同じく高齢および健康上の侵害等を理由としてその解約告知に異議を述べたという事案において、賃借人の側における「苛酷さ」についての理由は賃貸人の「正当な利益」よりも優位を占めていなかったと判断され、そのような場合、賃借人は有効にその解約告知に異議を述べることができない、㊄賃貸人の利益と賃借人の利益が同等である場合には、利益の比較衡量は、結果において、所有権者もしくは賃貸人にとって有利な結果にならなければならない。両方の側の利益が同等な場合に賃貸人を優先させるための決定的な観点は、憲法にしたがって保障された所有権の保護にその根拠がある、㊅ＢＧＢ五七四条にしたがった契約の継続は、利益の比較衡量の実行にしたがって、賃借人のその住居を維持するという利益に明確に優位が当然与えられるべきであるという場合にだけ考慮に値する。このように、ドイツの裁判例においては、当事者の利益が均衡していると評価されなければならない場合にも判断の基準が存在するのである。

(6)　Ⅱの二の2の（1）においては、具体的な利益の比較衡量に関する裁判例を整理・考察する作業において、第一に、生命・身体・健康の侵害が問題とされた事案を取り上げ、結論として、賃借人にとっての「苛酷さ」が肯定された事案と否定された事案に分けて、関係する裁判例を考察した（その考察の整理については、Ⅱの二の2の（1）の③の小括参照）。賃借人にとっての「苛酷さ」が肯定された事案と、賃借人にとっての「苛酷さ」が否定された事案を対比すると、改めて次のようにまとめることができる。

①賃借人にとっての「苛酷さ」は、より一般的にまとめるならば、次のような場合に肯定されている。すなわち、㋐賃借人の病気・障害が、賃借人の住居の明渡し・転居を相当に困難にする、あるいは、要求できなくする場合、㋑賃借人の住居の明渡し・転居が、病気や障害のある賃借人にとって、重大な身体的・精神的な状態の悪化・損害の発生、生活状態の重大な悪化、場合によっては、生命の危険、あるいは、自殺行為や疑似自殺行為の危惧をともなう場合である。

②ただし、正当化されることができない賃借人にとっての「苛酷さ」は、病気・障害のある賃借人に、生命の危険・死、重大な精神的損害が差し迫っていることまでは必要とされないし、明渡しをする力をもたらすために賃借人

を強制的に病院に収容することは、利益の比較衡量において不釣り合いである。

③これに対して、賃借人にとっての「苛酷さ」は、より一般的にまとめるならば、次のような場合に否定されている。すなわち、㋐賃借人の病気・障害がその住居の明渡し・転居を妨げたことは確認されることができない場合（明渡しのときに賃借人において存在する自殺の危険は、治療可能・制御可能であり、明渡しの時点において考えられる差し迫った自殺の意図は、専門医の意見を聞いて阻止されうる場合をも含む）、㋑賃借人の住居の明渡し・転居が、賃借人の重大な身体的・精神的な状態の悪化、生活状態の重大な悪化、場合によっては、生命の危険に行き着くことは確認されることができない場合、㋒賃借人は長期的にみてすでに病気という理由からもはやその住居を管理することができないために、避けられない転居という措置をあとでというよりもむしろ今賃借人に要求することがより筋の通ったものである場合、あるいは、医師の見地からは、賃借人らの病気がなおそれ以上に悪化することを妨げるために、賃借人らが老人ホーム・社会福祉施設に転居することが必要不可欠である場合である。

(7) Ⅱの二の2の（2）においては、具体的な利益の比較衡量に関する裁判例を整理・考察する作業において、第二に、代替住居の調達が問題とされた事案を取り上げ、①代替住居の調達に関する一般的なことがらにかかわる裁判例、②賃借人にとっての「苛酷さ」が肯定された事案、および、③賃借人にとっての「苛酷さ」が否定された事案、という三つの類型に分けて、関係する裁判例を考察した（その考察の整理については、Ⅱの二の2の（2）の④の小括参照）。

(8) Ⅱの二の2の（3）においては、具体的な利益の比較衡量に関する裁判例を整理・考察する作業において、第三に、経済的な支出が問題とされた事案を取り上げ、①経済的な支出に関する一般的なことがらにかかわる裁判例、②賃借人にとっての「苛酷さ」が肯定された事案、および、③賃借人にとっての「苛酷さ」が否定された事案、という三つの類型に分けて、関係する裁判例を考察した（その考察の整理については、Ⅱの二の2の（3）の④の小括参照）。

(9) Ⅱの二の2の（4）においては、具体的な利益の比較衡量に関する裁判例を整理・考察する作業において、第四に、その他の利益の侵害が問題とされた事案を取り上げ、①賃借人にとっての「苛酷さ」が肯定された事案、および、②賃借人にとっての「苛酷さ」が否定された事案、という二つの類型に分けて、関係する裁判例を考察した（その考察の整理については、Ⅱの二の2の（4）の③の小括参照）。

2 日本法への示唆

日本法への示唆としては、特に、次の四つの点を指摘しておきたい。

（1）賃貸借における「協力関係」という理念の機能について

すでに筆者の既存の研究において指摘した[4]ように、一九六〇年以降、ドイツの住居使用賃貸借法においては、賃貸借における「協力関係」という理念が重要な役割を果たすことになった。賃貸借における「協力関係」という理念は、賃貸人と賃借人は、賃貸借契約によってパートナーとして結びつけられ、共に法的生活を営むという考え方である。そして、この賃貸借における「協力関係」という理念が実際にどのような形で機能しているのかという点は、具体的な裁判例の考察において明らかにされなければならないのである。

この点について、本書において考察した裁判例においてまず第一に注目されるのが、賃借人の代替住居調達（探索）義務である。この賃借人の代替住居調達義務をめぐって裁判例において形成されている法規範の内容については、特に、Ⅱの二の2の（2）の④の㋐においてまとめておいたところである。

それ以外において、賃貸借における「協力関係」という理念が機能していると考えられるところの裁判例における論述をいくつか指摘しておくと、次のようである。

①賃借人は、その住居の明渡しをする力をもたらすことに協力しなければならない。たとえば、医師の助けを借りて賃借人の明渡しをする力をもたらすことは賃借人に要求されることができる。原則として、明渡しについての障害を取り除くことについての協力、および、可能であり好ましい限りで言えば、要求できる医師の治療に入るという義

務が賃借人の責任である。したがって、賃借人が、鑑定人において証明された成果を期待させる治療の可能性にもかかわらず明確にどんな入院治療をも拒否し、あらゆる協力を拒絶した（賃借人が、自分自身の精神的な状態を改善し、自殺の意図を阻止するために考えられる治療を拒絶した）場合、その点をも考慮に入れたうえで賃借人にとっての「苛酷さ」が否定される場合がある。ただし、明渡しをする力をもたらすために賃借人を強制的に病院に収容することは、行われなければならない利益の比較衡量において不釣り合いである(5)。

②専門的知識をもった鑑定の結果にしたがって、その住居の喪失が賃借人にとって具体的な生命の危険と結びつけられていることが確定しているならば、賃貸人には、その危険を妨げるために、高められた努力、すなわち、賃貸人の居住の必要を場合によっては一時的にだけでも他の方法で満たすこと（たとえば、賃貸人によって締結されたこれ以外の使用賃貸借関係において、賃貸人に開かれた法律上の終了の可能性を利用すること）が要求されなければならない(6)。

③賃貸人らには、その住居を取得したときに、かなり高齢の二人の賃借人らがいたことが周知であった場合、賃貸人らは、特別な注意と慎重さをはたらかせることができるし、場合によっては、特別な社会的な保護に関する新たな法的な状況について照会しなければならない(7)。

（2） 憲法上の法規範・法命題の対立・相克について

この点もすでに筆者の既存の研究において指摘した(8)ように、住居使用賃借権の存続保護に関する裁判例においては、憲法上の法規範・法命題との関係が問題となることが多い。すなわち、住居使用賃貸借法に属する法規範の解釈・適用においても、憲法上の法規範・法命題の侵害がもたらされることがあり、憲法上の法規範・法命題に反する解釈・適用がなされてはならない、と解されている。本書において考察した多数の裁判例においても、賃貸人と賃借人のそれぞれにかかわる憲法上の法規範・法命題が対立する状況において、個々の裁判官・裁判所によって、具体的な状況における憲法上の法規範・法命題の意義と重要さ、ならびに、それらの憲法上の法規範・法命題に差し迫っている侵害の強さが対比され、ひとつの判断・解決が探し求められているのである。

この点についてはⅡの二の1の（1）の③の小括において、本書における具体的な裁判例の考察にもとづいて、裁判例における具体的な判断の枠組みをまとめておいた。個々の事案から引き離されて、すべての事案に妥当する確実性をもって判断枠組みが述べられることはできないのは事実であるが、具体的な裁判例の包括的な考察にもとづいて判断枠組みを述べることは可能である。ここでは改めて日本法への示唆という形でまとめておくことにするが、次の点に留意しなければならない。

①一方において、賃貸人は、自己の所有権を行使して、自由な人生の形成に対する権利を有するが、他方において、賃借人は、身体的に損傷のないことに対する権利を有する場合、利益の比較衡量において、一般に、優位は、後者に認められなければならない。所有権によって保護された賃貸人の取戻しについての利益は、身体的に損傷のないことによって保護された賃借人の存続についての利益の背後に後退しなければならないのである。

②また、賃貸人の利益が、憲法上保護された所有権に加えて、婚姻と家族の保護にかかわる利益によって、その重要性の点で相当に高められていたとしても、賃貸人の権利は、抽象的な考察において、人間の尊厳と結びついた生命および身体を害されない権利、および、人格の自由にしたがった賃借人の権利よりも、憲法上より少ない重要さがある。

③さらに、自己の健康・生命を維持することについての賃借人の利益（その住居は賃借人の病気にもとづいて強く制限された生活状態において賃借人の唯一の安定性のある要素であり、その住居の明渡しは賃借人の健康状態の相当な悪化・差し迫った自殺傾向に至りうるという重大な侵害を意味したこと）は、一般に、賃貸人の資金的な利益（賃貸人が一四年前の癌の病気にもとづいて医学的なアフターケア診察と予防診察を受けることにともなう宿泊によって、より高い資金的な費用が賃貸人のために生じること）に対して優先する。明渡しが賃借人にとって生命の危険と結びつけられているときにも、賃借人の存続についての利益が優位にある。このとき、おびやかされた法益が価値の高いものであればあるほど、危険、もしくは、危険の確認について、ますますわずかな要求が立てられなければならないことから、生命のようなきわめて高い法益においては、発生の蓋然性についてのよりわずかな程度が要求されなければならないのである（鑑定書にしたがって認められているところの生命をおびやかす痙攣の発作の理論的なだけではない可能性で十分でなければならない。また、鑑定人の論述にしたがって、確実に、賃借人の精神的な破滅と健康的な全状態の重大な悪化が起こることが考慮に

入れられなければならないならば、それで十分である）。

④もっとも、賃貸人または賃貸人の家族もまた、自己のために、身体的に損傷のないことに対する憲法上の保護を請求することができるのであるから、賃貸人の側の健康的な侵害に対して、行われなければならない利益の比較衡量のために、少なからぬ重要さが当然与えられる。賃貸人の側に、同じく、賃貸人の側の健康の維持について、同様の、もしくは、似ている程度において保護に値する利益が存在するならば、どのような選択肢が当事者の住居の問題の解決において当事者の意のままになるのかという点もまた、考慮に入れられなければならないのである。

⑤しかし、賃貸人の所有権は、賃借人の側において考慮の対象になるあらゆる健康の侵害という危険のときに、それだけでもう、後方に退いていなければならないわけではない。予期されなければならないところの賃貸人の所有権の縮減が、本質的に、場合によっては起こり得る賃借人のための健康の侵害という危険よりも、より間近に迫っていて、より徹底的である場合には、当事者にかかわる憲法上の法規範・法命題の比較衡量もまた、賃貸人の利益が優位を占めなければならないのである。

⑥さらに、健康上強くおびやかされた状況にあったところの賃貸人が、その住居の所有権者として、賃貸人の所有権を賃貸人の娘が賃貸人を世話するために賃借人らの住居に入居することができることを達成するために利用するつもりであるのに対して、確かに、賃借人らの病状は、現在、賃貸人の病状よりも、質的に、より重大であったが、医師の見地からは、賃借人らの病気がなおそれ以上に悪化することを妨げるために、賃借人らが老人ホームもしくは社会福祉施設に転居することが必要不可欠であるという事情があった場合には、本件住居にとどまるという賃借人らの願望は、利益の比較衡量において、客観的に無分別な、十分でないものである、と考えられなければならないのである。確かに、利益の比較衡量において、裁判所は、許容できないやり方において、当事者の人生の計画策定に介入してはならないし、特に、裁判所の価値決定を当事者の価値決定の代わりに置いてはならない。しかし、利益の比較衡量の枠組みにおいて、裁判所に課されたところの逆方向の利益の重要さの程度を判定することは、一定の人生の計画策定が現実的であるのかどうかという問題を考慮に入れることをも必要としうるのである。

（3）利益の比較衡量において裁判官・裁判所に求められる点について

個々の裁判官・裁判所は、賃貸人の取戻しについての利益と賃借人の存続についての利益とのあいだの比較衡量において、ひとつの判断・解決を探し求めなければならない。この点についてもⅡの二の1の（1）の③の小括において、具体的な裁判例の包括的な考察にもとづいて、利益の比較衡量において、具体的に、個々の裁判官・裁判所に求められる点、個々の裁判官・裁判所が留意しなければならない点をまとめておいた。ここでも改めて日本法への示唆という形でまとめておくことにするが、次の点に留意しなければならない。

①賃貸人もしくは賃借人の利益が完全におろそかにされ、一方の側の筋の通り、あとづけることができ、かつ、重大な論拠が見過ごされてはならないし、徹底的かつ綿密な事実の確定にしたがって、両方の側の利益が評価されなければならない。

②賃借人の存続についての利益の意義と射程範囲は、十分に把握され、考慮に入れられなければならないし、賃貸人の筋の通り、あとづけることができる理由は、賃借人の利益との比較衡量の枠組みにおいて、必要な重要さをもって考慮に入れられなければならない。

③賃借人にはなぜ変化した人生の計画策定が要求されることができないのかという点について、あとづけることができる理由づけが認められることなしに、賃借人によって申し立てられた理由を賃貸人の理由よりもより重要なものであると評価してはならない。

④賃借人によって説明されたところの賃貸人の自己使用の願望の真摯さについての全部の疑念が究明されなければならないのと全く同様に、賃借人の存続についての事情に対する賃貸人の相当な抗弁・申立ては考慮に入れられなければならないのであり、必要とあれば、証拠調べの方法において、どのような具体的な不利益が賃借人に実際に生じ、その理由から、賃借人の利益を賃貸人の取戻しについての利益に対して優先すると思わせたのかという点に関する確定を行わなければならない。賃借人によって主張されたところの健康の侵害の性質と重要さはより詳細に解明され、場合によっては、鑑定書が求められなければならない。

⑤賃借人が強制された住居の交替の重大な健康上の侵害を主張したならば、専門的知識をもった援助（場合によっ

が手に入れられなければならない。

のことがどのような蓋然性をもって生じるのかという点に関して、表面にだけはり付いているのではない綿密な観念

かという点、予期されなければならない健康の侵害がどのような重大さの程度に達しうるのかという点、および、こ

ては鑑定書を求めること）によって、その賃借人にとって、どのような健康上の結果が転居と結びつけられているの

⑷ 賃貸人と賃借人の利益の調整の在り方について

①期間の定めのない賃貸借関係の継続と一定の期間の間の賃貸借関係の継続との選択について

ドイツの裁判例においては、その使用賃貸借関係が、期間の定めなく継続されるのではなく、期間の定めをもって継続されることが相当である、と判断される場合がある。すなわち、ドイツの裁判例においては、賃貸人と賃借人の利益の調整の在り方について、期間の定めのない賃貸借関係の継続と一定の期間の間の賃貸借関係の継続について、選択が認められているのである。しかも、賃借人は、期間の定めのない賃貸借関係の継続ではなく、一定の期間の間の賃貸借関係の継続を請求することもできるのである。

賃借人にとっての「苛酷さ」についての理由が存在しなくなるのかどうか、および、いつ存在しなくなるのかという点が不確かである場合、すなわち、賃借人にとっての「苛酷さ」についての理由が継続的である場合、その使用賃貸借関係は期間の定めなく継続される。これに対して、そうでない場合には、その使用賃貸借関係は一定の期間の間だけ継続される。

たとえば、一例だけを挙げておくと、ある裁判例は、賃借人の病気は内因性の抑鬱症であり、転居することの健康上の危険は本質的な悪化が考慮に入れられなければならないほど重大であることから、賃借人にとっての「苛酷さ」を肯定したが、一定の時点における転居という一定の目標に向けられた治療は全く成功の見込まれるものであるという理由から、その使用賃貸借関係は、期間の定めなく継続されるのではなく、一定の時点まで期限づけられて継続されなければならないと判断したのである(9)。

このように、ドイツにおいては、期間の定めのない賃貸借関係の継続と一定の期間の間の賃貸借関係の継続との選

択が認められているために、賃貸人と賃借人の利益をより柔軟に調整することができるのである。

②民事訴訟法にしたがった明渡期間の承認について

Ⅱの一の3において考察したように、BGB五七四条（旧五五六a条）の適用の問題と、民事訴訟法七二一条にしたがった明渡期間の承認の問題とは、根本的に次元が異なっている。すなわち、考察したドイツの裁判例において論じられたように、BGB五七四条は、実体法上の規整であり、その規整によって、賃借人が明渡しを義務づけられているのかどうか、または、その使用賃貸借関係が継続・延長されなければならないのかどうかという点が判断されるのに対して、民事訴訟法七二一条は、強制執行の前段階における訴訟法の規定であり、明渡しについての賃借人の義務を前提とし、明渡期間は、特に、代替住居の調達のときに明渡義務によって引き起こされた困難さを乗り切ることにだけ役立つ。BGB五七四条が適用される場合には、その使用賃貸借関係は、これまでのすべての権利・義務をともなって存続したままであるのに対して、民事訴訟法七二一条にしたがった明渡期間の間、その使用賃貸借関係は終了させられており、なお特別に整えられなければならない使用関係だけが存在するのである。

しかし、機能的にみるならば、BGB五七四条が適用されることと民事訴訟法七二一条にしたがって明渡期間が認められることは、どちらも、賃借人にとっての「苛酷さ」を取り除き、または、軽減する可能性を与えることになることは確かである。

この点について、考察したドイツの裁判例においては、個々の事案の事情にしたがって、民事訴訟法七二一条にしたがった明渡期間の認否、ならびに、明渡期間の量定について、賃貸人の利益と賃借人の利益とのあいだの比較衡量にもとづいて決定されているのである。

（1）本書における考察を補う研究ノートとして、拙稿「住居使用賃借権の存続保護に関する最近の二つのドイツ連邦通常裁判所の判決について」西南学院大学法学論集五三巻二・三合併号（二〇二一年）一七一頁以下がある。

（2）ハンブルク地方裁判所一九八八年一二月一三日判決。
（3）デュッセルドルフ地方裁判所一九九〇年六月二六日判決。
（4）拙著『ドイツ借地・借家法の比較研究―存続保障・保護をめぐって―』（成文堂、二〇〇一年）一六八頁、拙著『住居をめぐる所有権と利用権―ドイツ裁判例研究からの模索―』（日本評論社、二〇一三年）六頁参照。なお、すでに筆者の既存の研究において考察した裁判例、ならびに、今後の筆者の研究において考察する裁判例を振り返ることによって、賃貸借における「協力関係」という理念の機能をより明確に整理・考察することは筆者の今後の課題である。
（5）①の論述については、ミュンヘン第一地方裁判所二〇一四年七月二三日判決（裁判例【27】）、ベルリン地方裁判所二〇一五年七月八日判決（裁判例【30】）、ボン地方裁判所一九九九年八月一六日判決（裁判例【77】）。
（6）ベルリン地方裁判所二〇一五年五月七日判決（裁判例【29】）。
（7）ツヴィカウ地方裁判所一九九七年一二月一二日判決（裁判例【38】）。
（8）拙著・前掲注（4）『住居をめぐる所有権と利用権―ドイツ裁判例研究からの模索―』一〇―一七頁参照。
（9）アウリッヒ地方裁判所一九九一年一一月二九日判決（裁判例【62】）。

【連邦憲法裁判所等】

連邦憲法裁判所 1992 年 1 月 28 日決定［BVerfG NJW 1992, 1220］……353
連邦憲法裁判所 1993 年 2 月 12 日決定［BVerfG WuM 1993, 172］……71
連邦憲法裁判所 1993 年 8 月 4 日決定［BVerfG NJW-RR 1993, 1358］……87
連邦憲法裁判所 1999 年 5 月 20 日決定［BVerfG GE 1999, 834］……90
ベルリン憲法裁判所 2002 年 5 月 16 日決定［BerlVerfGH NZM 2003, 593］……76
ベルリン憲法裁判所 2014 年 6 月 18 日決定［BerlVerfGH NZM 2014, 784］……99

【日本の裁判例】

最 2 判昭和 25 年 2 月 14 日民集 4 巻 2 号 29 頁……9
最 2 判昭和 25 年 6 月 16 日民集 4 巻 6 号 227 頁……17

ミュンヘン第 1 地方裁判所 2012 年 8 月 17 日判決〔LG München I ZMR 2013, 198〕……225
ハンブルク地方裁判所 2013 年 2 月 14 日判決〔LG Hamburg ZMR 2013, 635 (JURIS)〕……241
ミュンヘン第 1 地方裁判所 2014 年 7 月 23 日判決〔LG München I NZM 2014, 638〕……43, 142, 293, 678
リューベック地方裁判所 2014 年 11 月 21 日判決〔LG Lübeck WuM 2015, 97〕……44, 150, 294
ベルリン地方裁判所 2015 年 5 月 7 日判決〔LG Berlin WuM 2015, 439〕……45, 156, 294, 678
ベルリン地方裁判所 2015 年 7 月 8 日判決〔LG Berlin WuM 2016, 180〕……46, 162, 294, 678
デッサウ・ロスラウ地方裁判所 2016 年 12 月 7 日決定〔LG Dessau-Roßlau NZM 2017, 326〕……532, 636

【上級地方裁判所】

ケルン上級地方裁判所 1968 年 6 月 28 日決定〔OLG Köln NJW 1968, 1834〕……618
シュトゥットガルト上級地方裁判所 1968 年 11 月 11 日決定〔OLG Stuttgart NJW 1969, 240〕……54
オルデンブルク上級地方裁判所 1970 年 6 月 23 日決定〔OLG Oldenburg ZMR 1970, 329〕……56
カールスルーエ上級地方裁判所 1970 年 7 月 3 日決定〔OLG Karlsruhe NJW 1970, 1746〕……345
バイエルン上級地方裁判所 1970 年 7 月 21 日決定〔BayObLG NJW 1970, 1748〕……104
カールスルーエ上級地方裁判所 1971 年 3 月 31 日決定〔OLG Karlsruhe NJW 1971, 1182〕……555, 648
フランクフルト上級地方裁判所 1971 年 6 月 23 日決定〔OLG Frankfurt WuM 1971, 168〕……556
ケルン上級地方裁判所 2003 年 3 月 10 日判決〔OLG Köln ZMR 2004, 33〕……319, 525
ベルリン上級地方裁判所 2004 年 5 月 6 日判決〔KG GE 2004, 752〕……278

【連邦通常裁判所】

連邦通常裁判所 2004 年 10 月 20 日判決〔BGH WuM 2005, 136〕……96
連邦通常裁判所 2013 年 3 月 20 日判決〔BGH NJW 2013, 1596〕……585
連邦通常裁判所 2017 年 3 月 15 日判決〔BGH NJW 2017, 1474〕……80

ザールブリュッケン地方裁判所 1992 年 7 月 31 日判決［LG Saarbrücken WuM 1992, 690］……309
マンハイム地方裁判所 1992 年 11 月 26 日決定［LG Mannheim ZMR 1993, 79］……355
ミュンヘン第 1 地方裁判所 1993 年 1 月 13 日判決［LG München I WuM 1994, 538］……182
ケルン地方裁判所 1993 年 2 月 25 日判決［LG Köln WuM 1993, 675］……185
ヴァルツフート・ティンゲン地方裁判所 1993 年 3 月 11 日判決［LG Waldshut-Tiengen WuM 1993, 349］……468
リューベック地方裁判所 1993 年 6 月 24 日判決［LG Lübeck WuM 1993, 613］……113
リューベック地方裁判所 1993 年 9 月 7 日判決［LG Lübeck WuM 1994, 22］……31
ベルリン地方裁判所 1993 年 9 月 9 日判決［LG Berlin GE 1993, 1219］……522
ハンブルク地方裁判所 1993 年 10 月 26 日判決［LG Hamburg NJW-RR 1994, 204］……633
ケンプテン地方裁判所 1993 年 10 月 27 日判決［LG Kempten WuM 1994, 254］……127, 332
ハノーファー地方裁判所 1994 年 2 月 18 日判決［LG Hannover WuM 1994, 430］……444
ハンブルク地方裁判所 1994 年 6 月 17 日判決［LG Hamburg WuM 1994, 683］……425
ハンブルク地方裁判所 1995 年 5 月 18 日判決［LG Hamburg WuM 1995, 439］……609
ヴッパータール地方裁判所 1995 年 8 月 30 日判決［LG Wuppertal WuM 1995, 654］……277
フライブルク地方裁判所 1996 年 6 月 11 日判決［LG Freiburg WuM 1996, 705］……313
ケルン地方裁判所 1996 年 7 月 18 日判決［LG Köln NJW-RR 1997, 1098］……435
ハンブルク地方裁判所 1996 年 12 月 19 日判決［LG Hamburg NJW 1997, 2761］……314
ツヴィカウ地方裁判所 1997 年 12 月 12 日判決［LG Zwickau WuM 1998, 159］……190, 678
ボーフム地方裁判所 1999 年 3 月 16 日判決［LG Bochum NZM 1999, 902］……217, 287
エッセン地方裁判所 1999 年 3 月 23 日判決［LG Essen WuM 2000, 357］……116
ゲラ地方裁判所 1999 年 5 月 5 日判決［LG Gera WuM 2000, 35］……614
ボン地方裁判所 1999 年 8 月 16 日判決［LG Bonn NZM 2000, 331］……316, 678
ハンブルク地方裁判所 2003 年 1 月 9 日判決［LG Hamburg ZMR 2003, 265］……524
ブレーメン地方裁判所 2003 年 5 月 22 日判決［LG Bremen WuM 2003, 333］……322, 527, 635
アーヘン地方裁判所 2005 年 9 月 28 日判決［LG Aachen WuM 2006, 692］……281
ボーフム地方裁判所 2007 年 2 月 16 日決定［LG Bochum ZMR 2007, 452］……42, 288
ベルリン地方裁判所 2010 年 5 月 4 日判決［LG Berlin ZMR 2010, 962］……614
フランクフルト地方裁判所 2011 年 8 月 23 日判決［LG Frankfurt NJW 2011, 3526］……329
ベルリン地方裁判所 2011 年 8 月 29 日判決［LG Berlin ZMR 2012, 15］……531

ベルリン地方裁判所 1990 年 7 月 31 日判決［LG Berlin WuM 1990, 510］……583
ベルリン地方裁判所 1990 年 8 月 7 日判決［LG Berlin GE 1990, 1039］……505
ベルリン地方裁判所 1990 年 8 月 13 日判決［LG Berlin WuM 1990, 504］……238
シュトゥットガルト地方裁判所 1990 年 8 月 22 日判決［LG Stuttgart WuM 1991, 589］……382
オルデンブルク地方裁判所 1990 年 10 月 17 日判決［LG Oldenburg DWW 1991, 240］……118
キール地方裁判所 1990 年 10 月 18 日決定［LG Kiel WuM 1992, 690］……568
ハンブルク地方裁判所 1990 年 10 月 25 日判決［LG Hamburg WuM 1991, 38］……505
ハノーファー地方裁判所 1990 年 10 月 26 日判決［LG Hannover WuM 1991, 346］……402
デュッセルドルフ地方裁判所 1990 年 11 月 27 日判決［LG Düsseldorf ZMR 1991, 178］……506
シュトゥットガルト地方裁判所 1990 年 12 月 6 日判決［LG Stuttgart WuM 1991, 347］……63, 440
コーブレンツ地方裁判所 1991 年 1 月 14 日判決［LG Koblenz WuM 1991, 267］……111, 286
トリーア地方裁判所 1991 年 2 月 5 日判決［LG Trier WuM 1991, 273］……506
オルデンブルク地方裁判所 1991 年 2 月 7 日判決［LG Oldenburg WuM 1991, 346］……122, 286
カールスルーエ地方裁判所 1991 年 4 月 18 日判決［LG Karlsruhe DWW 1992, 22］……508
ハンブルク地方裁判所 1991 年 4 月 26 日判決［LG Hamburg DWW 1991, 189］……607
ハイデルベルク地方裁判所 1991 年 6 月 14 日判決［LG Heidelberg DWW 1991, 244］……511
ボン地方裁判所 1991 年 6 月 17 日判決［LG Bonn WuM 1992, 16］……513
ハノーファー地方裁判所 1991 年 9 月 5 日判決［LG Hannover WuM 1992, 609］……240
ベルリン地方裁判所 1991 年 10 月 25 日判決［LG Berlin GE 1992, 103］……124, 332
ベルリン地方裁判所 1991 年 10 月 31 日判決［LG Berlin GE 1992, 153］……268
マンハイム地方裁判所 1991 年 11 月 13 日判決［LG Mannheim DWW 1993, 140］……514, 650
ミュンヘン第 2 地方裁判所 1991 年 11 月 14 日判決［LG München II WuM 1993, 331］……620
アウリッヒ地方裁判所 1991 年 11 月 29 日判決［LG Aurich WuM 1992, 609］……271, 678
マンハイム地方裁判所 1991 年 12 月 3 日決定［LG Mannheim DWW 1992, 87］……515
ランダウ・イン・デア・プファルツ地方裁判所 1992 年 3 月 17 日判決［LG Landau in der Pfalz ZMR 1992, 396］……516
ボン地方裁判所 1992 年 3 月 19 日判決［LG Bonn WuM 1992, 610］……49, 518
デュッセルドルフ地方裁判所 1992 年 4 月 10 日判決［LG Düsseldorf WuM 1992, 371］……422
シュトゥットガルト地方裁判所 1992 年 6 月 10 日判決［LG Stuttgart WuM 1993, 46］……273
ケルン地方裁判所 1992 年 6 月 29 日判決［LG Köln WuM 1992, 542］……651

ジーゲン地方裁判所 1988 年 11 月 24 日判決［LG Siegen WuM 1989, 389］……637
ハンブルク地方裁判所 1988 年 12 月 13 日判決［LG Hamburg WuM 1989, 238］……29, 120, 286, 678
ハノーファー地方裁判所 1989 年 2 月 24 日判決［LG Hannover WuM 1989, 302］……578
シュトゥットガルト地方裁判所 1989 年 3 月 1 日判決［LG Stuttgart WuM 1989, 249］……463
ミュンヘン第 1 地方裁判所 1989 年 4 月 12 日判決［LG München I WuM 1989, 296］……29, 400
カッセル地方裁判所 1989 年 4 月 19 日決定［LG Kassel WuM 1989, 416］……31, 481
ヴッパータール地方裁判所 1989 年 6 月 9 日判決［LG Wuppertal WuM 1989, 386］……261
ベルリン地方裁判所 1989 年 6 月 23 日判決［LG Berlin ZMR 1989, 425］……40, 581
デュッセルドルフ地方裁判所 1989 年 7 月 4 日判決［LG Düsseldorf WuM 1989, 414］……483
ジーゲン地方裁判所 1989 年 8 月 30 日判決［LG Siegen WuM 1990, 23］……201
ハンブルク地方裁判所 1989 年 9 月 4 日決定［LG Hamburg WuM 1989, 571］……568
コーブレンツ地方裁判所 1989 年 9 月 22 日判決［LG Koblenz WuM 1990, 20］……110, 286
シュトゥットガルト地方裁判所 1989 年 10 月 11 日判決［LG Stuttgart WuM 1990, 20］……485
ベルリン地方裁判所 1989 年 10 月 26 日判決［LG Berlin GE 1990, 493］……26
ハンブルク地方裁判所 1989 年 12 月 12 日判決［LG Hamburg WuM 1990, 118］……488, 649
フライブルク地方裁判所 1989 年 12 月 21 日判決［LG Freiburg WuM 1990, 152］……490
ブラウンシュヴァイク地方裁判所 1990 年 1 月 19 日判決［LG Braunschweig WuM 1990, 152］……265
ボン地方裁判所 1990 年 2 月 1 日判決［LG Bonn WuM 1990, 151］……266, 344
カールスルーエ地方裁判所 1990 年 2 月 9 日判決［LG Karlsruhe DWW 1990, 238］……492
フライブルク地方裁判所 1990 年 3 月 1 日判決［LG Freiburg WuM 1990, 209］……216
ハノーファー地方裁判所 1990 年 3 月 5 日判決［LG Hannover WuM 1990, 305］……209
ベルリン地方裁判所 1990 年 3 月 22 日判決［LG Berlin GE 1990, 491］……496
ベルリン地方裁判所 1990 年 3 月 26 日判決［LG Berlin GE 1990, 543］……497
デュッセルドルフ地方裁判所 1990 年 4 月 26 日決定［LG Düsseldorf ZMR 1990, 380］……499
カイザースラウテルン地方裁判所 1990 年 5 月 29 日判決［LG Kaiserslautern WuM 1990, 446］……235
デュッセルドルフ地方裁判所 1990 年 6 月 26 日判決［LG Düsseldorf WuM 1991, 36］……30, 179, 678
シュトゥットガルト地方裁判所 1990 年 7 月 19 日判決［LG Stuttgart WuM 1991, 198］……502

エッセン地方裁判所 1966 年 7 月 14 日判決［LG Essen ZMR 1966, 330］……28, 560
エッセン地方裁判所 1967 年 1 月 16 日判決［LG Essen WuM 1968, 198］……404
エッセン・ルール地方裁判所 1967 年 7 月 10 日判決［LG Essen/Ruhr WuM 1968, 199］……51
コーブルク地方裁判所 1968 年 3 月 1 日判決［LG Coburg WuM 1969, 26］……37
ヴッパータール地方裁判所 1968 年 5 月 22 日判決［LG Wuppertal WuM 1968, 109］……405
ヴッパータール地方裁判所 1969 年 10 月 2 日判決［LG Wuppertal MDR 1970, 332］……618
カイザースラウテルン地方裁判所 1969 年 11 月 18 日判決［LG Kaiserslautern WuM 1970, 202］……471
マンハイム地方裁判所 1970 年 2 月 4 日判決［LG Mannheim WuM 1970, 61］……254
マインツ地方裁判所 1970 年 3 月 4 日判決［LG Mainz WuM 1970, 101］……563, 622
デュッセルドルフ地方裁判所 1970 年 6 月 11 日判決［LG Düsseldorf WuM 1971, 98］……570
ヴッパータール地方裁判所 1970 年 6 月 25 日判決［LG Wuppertal WuM 1970, 186］……598
マンハイム地方裁判所 1970 年 12 月 16 日判決［LG Mannheim WuM 1971, 58］……349
ダルムシュタット地方裁判所 1971 年 6 月 30 日決定［LG Darmstadt WuM 1972, 31］……59
カールスルーエ地方裁判所 1971 年 12 月 17 日判決［LG Karlsruhe DWW 1972, 201］……296, 472
ケルン地方裁判所 1972 年 2 月 18 日判決［LG Köln WuM 1972, 144］……565
ケルン地方裁判所 1975 年 12 月 8 日判決［LG Köln ZMR 1976, 148］……229
マンハイム地方裁判所 1976 年 3 月 26 日決定［LG Mannheim WuM 1976, 269］……369
マンハイム地方裁判所 1981 年 1 月 14 日判決［LG Mannheim WuM 1981, 234］……375
アーヘン地方裁判所 1982 年 9 月 3 日判決［LG Aachen WuM 1985, 265］……474
レーゲンスブルク地方裁判所 1982 年 10 月 5 日判決［LG Regesburg WuM 1983, 141］……439
マンハイム地方裁判所 1984 年 10 月 17 日判決［LG Mannheim DWW 1985, 182］……572
アーヘン地方裁判所 1985 年 2 月 27 日判決［LG Aachen WuM 1986, 252］……623
コーブレンツ地方裁判所 1986 年 12 月 2 日判決［LG Koblenz WuM 1987, 201］……48
カールスルーエ地方裁判所 1987 年 7 月 9 日判決［LG Karlsruhe ZMR 1987, 469］……575
ケルン地方裁判所 1987 年 7 月 14 日判決［LG Köln DWW 1988, 252］……450
ハノーファー地方裁判所 1988 年 1 月 21 日判決［LG Hannover WuM 1989, 298］……432
ミュンヘン第 1 地方裁判所 1988 年 3 月 23 日判決［LG München I WuM 1988, 365］……601
リューベック地方裁判所 1988 年 4 月 26 日判決［LG Lübeck WuM 1988, 269］……376
ヴィースバーデン地方裁判所 1988 年 6 月 21 日判決［LG Wiesbaden WuM 1988, 269］……378

ボン区裁判所 1996 年 1 月 30 日判決［AG Bonn WuM 1997, 559］……413
ケルン区裁判所 1996 年 4 月 25 日判決［AG Köln WuM 1997, 495］……187, 287
ミュンスター区裁判所 1998 年 6 月 15 日判決［AG Münster WuM 1998, 731］……452
リューベック区裁判所 2002 年 9 月 26 日判決［AG Lübeck WuM 2003, 214］……211, 287
ドルトムント区裁判所 2003 年 10 月 7 日判決［AG Dortmund NZM 2004, 499］……385
アンスバッハ区裁判所 2006 年 5 月 23 日判決［AG Ansbach ZMR 2006, 938］……528
ヴィッテン区裁判所 2006 年 10 月 20 日判決［AG Witten ZMR 2007, 43］……193
ハンブルク区裁判所 2009 年 8 月 4 日判決［AG Hamburg ZMR 2010, 453］……326, 530, 584, 639
ベルリン・ミッテ区裁判所 2013 年 11 月 20 日判決［AG Berlin-Mitte WuM 2013, 746］……197, 292
シェーネベルク区裁判所 2014 年 4 月 9 日判決［AG Schöneberg GE 2014, 1278（JURIS）］……43, 135, 292
ベルリン・ミッテ区裁判所 2016 年 6 月 7 日判決［AG Berlin-Mitte WuM 2016, 568］……166

【地方裁判所】

ブラウンシュヴァイク地方裁判所 1964 年 1 月 31 日判決［LG Braunschweig NJW 1964, 1028］……455
ヴッパータール地方裁判所 1964 年 7 月 16 日判決［LG Wuppertal WuM 1964, 155］……436
ミュンスター地方裁判所 1964 年 8 月 17 日判決［LG Münster NJW 1964, 2306］……558
カッセル地方裁判所 1964 年 8 月 20 日判決［LG Kassel DWW 1964, 363］……34
マンハイム地方裁判所 1964 年 10 月 7 日判決［LG Mannheim NJW 1964, 2307］……61, 357
ハーゲン地方裁判所 1964 年 11 月 12 日判決［LG Hagen ZMR 1965, 140］……456
カッセル地方裁判所 1965 年 1 月 7 日判決［LG Kassel MDR 1965, 831］……62
ヴュルツブルク地方裁判所 1965 年 2 月 2 日決定［LG Würzburg WuM 1965, 63］……360
マンハイム地方裁判所 1965 年 8 月 18 日判決［LG Mannheim NJW 1965, 2203］……458
ドルトムント地方裁判所 1965 年 10 月 8 日決定［LG Dortmund NJW 1965, 2204］……396
フライブルク地方裁判所 1965 年 12 月 15 日判決［LG Freiburg MDR 1966, 419］……62, 362
カッセル地方裁判所 1966 年 2 月 17 日判決［LG Kassel WuM 1966, 76］……27, 63, 363
ヴィースバーデン地方裁判所 1966 年 3 月 30 日決定［LG Wiesbaden ZMR 1966, 302］……647
エッセン地方裁判 1966 年 6 月 4 日判決［LG Essen ZMR 1966, 214］……559

ヴァルツフート・ティンゲン区裁判所 1989 年 8 月 4 日判決［AG Waldshut-Tiengen NJW 1990, 1051］……107, 451
バイロイト区裁判所 1989 年 9 月 21 日判決［AG Bayreuth WuM 1991, 180］……305
ケルン区裁判所 1989 年 10 月 30 日判決［AG Köln WuM 1990, 77］……487
ギーセン区裁判所 1989 年 11 月 9 日判決［AG Gießen NJW-RR 1990, 653］……640
ミュンヘン区裁判所 1989 年 11 月 10 日決定［AG München NJW-RR 1990, 911］……263
シェーネベルク区裁判所 1990 年 2 月 9 日判決［AG Schöneberg GE 1990, 499］……390
ドルトムント区裁判所 1990 年 3 月 7 日判決［AG Dortmund DWW 1991, 28］……494, 582
ベルクハイム区裁判所 1990 年 6 月 1 日判決［AG Bergheim WuM 1990, 432］……418
ボン区裁判所 1990 年 6 月 26 日判決［AG Bonn WuM 1991, 100］……643
ドルトムント区裁判所 1990 年 7 月 12 日判決［AG Dortmund DWW 1990, 366］……306, 500, 646
ニュルンベルク区裁判所 1990 年 8 月 13 日判決［AG Nürnberg WuM 1991, 39］……379
シュトゥットガルト区裁判所 1990 年 11 月 23 日判決［AG Stuttgart WuM 1991, 103］……409
フライブルク区裁判所 1990 年 12 月 14 日判決［AG Freiburg WuM 1991, 686］……419
フォルヒハイム区裁判所 1991 年 2 月 6 日判決［AG Forchheim DWW 1991, 115］……602
ケルペン区裁判所 1991 年 4 月 12 日判決［AG Kerpen WuM 1992, 247］……605
ハノーファー区裁判所 1991 年 5 月 17 日判決［AG Hannover WuM 1991, 553］……412
ハンブルク区裁判所 1991 年 9 月 5 日判決［AG Hamburg WuM 1992, 373］……41, 465
ドルトムント区裁判所 1992 年 5 月 27 日判決［AG Dortmund DWW 1993, 238］……520
フライブルク区裁判所 1993 年 1 月 14 日判決［AG Freiburg WuM 1993, 402］……594
レヴァークーゼン区裁判所 1993 年 1 月 26 日判決［AG Leverkusen WuM 1993, 124］……184
ランダウ区裁判所 1993 年 3 月 10 日判決［AG Landau NJW 1993, 2249］……441
リューベック区裁判所 1993 年 5 月 26 日判決［AG Lübeck WuM 1993, 674］……423
フリートベルク（ヘッセン）区裁判所 1993 年 9 月 29 日判決［AG Friedberg (Hessen) WuM 1993, 675］……275
ノイブランデンブルク区裁判所 1993 年 12 月 8 日判決［AG Neubrandenburg WuM 1994, 374］……384
ヴィンゼン（ルーエ）区裁判所 1994 年 2 月 17 日判決［AG Winsen (Luhe) WuM 1994, 430］……597
レラハ区裁判所 1995 年 12 月 6 日判決［AG Lörrach WuM 1996, 704］……310, 523

ディンスラーケン区裁判所 1981 年 5 月 13 日判決［AG Dinslaken WuM 1981, 233］……567
ダルムシュタット区裁判所 1981 年 12 月 3 日判決［AG Darmstadt WuM 1983, 151］……438
バート・フィルベル区裁判所 1983 年 3 月 24 日判決［AG Bad Vilbel WuM 1983, 236］……297
ルートヴィヒスブルク区裁判所 1984 年 6 月 1 日判決［AG Ludwigsburg WuM 1985, 265］……474
テュービンゲン区裁判所 1985 年 3 月 27 日判決［AG Tübingen ZMR 1986, 60］……625
テュービンゲン区裁判所 1985 年 4 月 22 日判決［AG Tübingen WuM 1989, 240］……626
ミュンスター区裁判所 1985 年 6 月 18 日判決［AG Münster WuM 1988, 364］……298
カールスルーエ区裁判所 1987 年 3 月 24 日判決［AG Karlsruhe DWW 1988, 49］……573, 637
フェルベルト区裁判所 1988 年 3 月 9 日判決［AG Velbert WuM 1988, 430］……39, 460, 576
アルンスベルク区裁判所 1988 年 3 月 9 日判決［AG Arnsberg DWW 1988, 182］……47
ゲルゼンキルヒェン・ブエル区裁判所 1988 年 4 月 13 日判決［AG Gelsenkirchen-Buer DWW 1988, 326］……475
カストロプ・ラウクセル区裁判所 1988 年 4 月 13 日判決［AG Castrop-Rauxel DWW 1988, 215］……631
デットモルト区裁判所 1988 年 5 月 27 日判決［AG Detmold DWW 1988, 216］……49
ショルンドルフ区裁判所 1988 年 7 月 22 日判決［AG Schorndorf WuM 1989, 20］……577
ベルギッシュ・グラートバッハ区裁判所 1988 年 10 月 18 日判決［AG Bergisch Gladbach WuM 1989, 412］……231
ケルン区裁判所 1988 年 12 月 21 日判決［AG Köln WuM 1989, 250］……462
シュトゥットガルト区裁判所 1989 年 1 月 11 日判決［AG Stuttgart WuM 1989, 297］……206
リューベック区裁判所 1989 年 1 月 23 日判決［AG Lübeck WuM 1989, 413］……627
コースフェルト区裁判所 1989 年 3 月 7 日判決［AG Coesfeld DWW 1989, 230］……40, 233
デュッセルドルフ区裁判所 1989 年 3 月 20 日判決［AG Düsseldorf WuM 1989, 301］……579
レーゲンスブルク区裁判所 1989 年 3 月 22 日判決［AG Regensburg WuM 1989, 381］……301
ミュンヘン区裁判所 1989 年 4 月 5 日判決［AG München WuM 1989, 378］……258
シュトゥットガルト区裁判所 1989 年 4 月 12 日判決［AG Stuttgart WuM 1989, 414］……477
バート・ホンブルク区裁判所 1989 年 4 月 13 日判決［AG Bad Homburg WuM 1989, 303］……177
レムシャイト区裁判所 1989 年 4 月 18 日判決［AG Remscheid WuM 1989, 388］……433
ノイミュンスター区裁判所 1989 年 4 月 28 日判決［AG Neumünster WuM 1989, 298］……638

裁判例索引

【区裁判所】

ヘルフォルト区裁判所 1964 年 4 月 10 日判決［AG Herford MDR 1964, 1007］……393
デューレン区裁判所 1964 年 4 月 22 日判決［AG Düren WuM 1964, 138］……33
ホッホハイム区裁判所 1964 年 7 月 9 日判決［AG Hochheim MDR 1965, 489］……295
オーバーハウゼン区裁判所 1964 年 7 月 13 日判決［AG Oberhausen ZMR 1965, 113］……395
ブルクシュタインフルト区裁判所 1964 年 11 月 17 日判決［AG Burgsteinfurt WuM 1965, 28］……391
ボーフム区裁判所 1964 年 12 月 10 日判決［AG Bochum WuM 1965, 64］……358
アーヘン区裁判所 1965 年 8 月 26 日判決［AG Aachen MDR 1966, 55］……395
ベンスベルク区裁判所 1965 年 11 月 16 日判決［AG Bensberg MDR 1966, 508］……35, 447
ドルトムント・ヘルデ区裁判所 1966 年 3 月 29 日判決［AG Dortmund-Hörde DWW 1966, 279］……448
ミュンヘン区裁判所 1966 年 6 月 28 日判決［AG München DWW 1966, 296］……629
ハンブルク・アルトナ区裁判所 1969 年 5 月 6 日判決［AG Hamburg-Altona ZMR 1971, 31］……469, 630
ハノーファー区裁判所 1969 年 11 月 27 日判決［AG Hannover WuM 1970, 41］……365
ヴッパータール区裁判所 1970 年 1 月 22 日判決［AG Wuppertal MDR 1971, 397］……562
フェルベルト区裁判所 1970 年 1 月 27 日判決［AG Velbert WuM 1970, 79］……398
ヴッパータール区裁判所 1970 年 6 月 15 日判決［AG Wuppertal WuM 1971, 25］……619
フレンスブルク区裁判所 1971 年 4 月 16 日判決［AG Flensburg WuM 1971, 154］……449
ミュンスター区裁判所 1972 年 2 月 22 日判決［AG Münster ZMR 1973, 331］……566
ケルン区裁判所 1972 年 4 月 24 日判決［AG Köln WuM 1972, 144］……415
ケルン区裁判所 1972 年 6 月 13 日判決［AG Köln WuM 1972, 130］……367
ケルン区裁判所 1973 年 6 月 19 日判決［AG Köln WuM 1973, 252］……429
ケルン区裁判所 1974 年 2 月 19 日判決［AG Köln WuM 1977, 29］……256
ミュンスター区裁判所 1977 年 7 月 8 日判決［AG Münster WuM 1978, 51］……371
ミースバッハ区裁判所 1979 年 2 月 22 日判決［AG Miesbach WuM 1979, 190］……39, 284
ボーフム区裁判所 1979 年 8 月 22 日判決［AG Bochum WuM 1979, 256］……373
テトナング区裁判所 1980 年 4 月 3 日判決［AG Tettnang WuM 1980, 222］……416
ボーフム区裁判所 1980 年 4 月 23 日判決［AG Bochum WuM 1980, 226］……26, 407
エバースベルク区裁判所 1981 年 3 月 4 日判決［AG Ebersberg WuM 1981, U20］……548

著者略歴――――

田中 英司（たなか えいし）

1958年　鹿児島市に生まれる
1983年　同志社大学法学部卒業
1990年　神戸大学大学院法学研究科博士後期課程単位修得
2000年　神戸大学博士（法学）
現　在　西南学院大学法学部教授
著　書　『ドイツ借地・借家法の比較研究――存続保障・保護をめぐって――』
（成文堂、2001年）
『住居をめぐる所有権と利用権――ドイツ裁判例研究からの模索――』
（日本評論社、2013年）
『住居の転貸借をめぐる法規範――ドイツ裁判例研究からの模索――』
（日本評論社、2015年）
『住居の賃貸借と経済的利用の妨げ――ドイツ裁判例研究からの模索――』
（日本評論社、2019年）

住居の賃貸借の終了と利益の比較衡量
ドイツ裁判例研究からの模索

2025年4月1日　第1版第1刷発行

著　者――田中英司
発行所――株式会社 日本評論社
〒170-8474 東京都豊島区南大塚 3-12-4
電話 03-3987-8621　FAX 03-3987-8590
振替 00100-3-16　https://www.nippyo.co.jp/
印刷所――平文社
製本所――松岳社　装　幀――レフ・デザイン工房
検印省略　
ISBN978-4-535-52797-3　Printed in Japan